JN437083

國家論

이 승 우 저

도서출판 두남

머리말

학문의 길에 들어선 이후 국가론에 눈을 뜬 것은 박사과정 2학기 때였다. 국가란 무엇이고, 국가의 본질이 어떤 것이며, 국가의 과제는 어떠한 것인가? 그리고 국가권력이 정당성을 인정받으려면 어찌하여야 하는가? 과거 많은 국가사상가들은 국가가 어찌해야 정당성을 인정받을 수 있다고 했는가? 등에 대한 국가론세미나는 그야말로 흥미진진한 것이었다. 결국 이러한 모든 물음이 박사과정을 이수하는 내내 필자의 마음을 사로잡았고, 결국 박사학위의 논문을 '현대입헌국가에서 국가권력의 정당성에 관한 연구'라는 제목으로 연구하여 제출하기에 이르렀다. 박사학위논문을 심사하는 과정에서 부족한 부분이 지적되어 많은 손질을 했지만, 심사위원 대부분은 지금까지 국내에서 심사한 박사학위논문 가운데서 보기 힘든 우수한 논문이라는 평가를 해주었다. 또한 출간된 논문을 국내 헌법학교수님들께 모두 보내드렸더니 여러 대학에서 박사학위논문의 모델로 지적되었다는 말을 이후에 듣기도 했다. 뿐만 아니라 당시에 유행이던 것처럼 일반저서로 곧 출판하라는 권유도 여러 차례 받았다.

그러나 위와 같은 평가와 격려에도 불구하고 필자의 마음 한구석에는 무엇인지 모르지만 아쉬움이 항상 남아 있었고, 그것을 채우기까지 출판할 수 없다는 생각을 하게 되었다. 다른 저서의 머리말에서 지적했듯이, 헌법학을 연구하는 입장에서 국가론의 핵심문제를 학위논문으로 제출한 것이기 때문에, 국가론을 헌법학에 접목시키기 위한 이론적 바탕을 정리하여 보충하지 않고서는 출판할 수 없다는 생각 때문이었다. 즉 '헌법학과 국가론의 관계' 또는 '헌법과 국가의 상호관계'에 대한 의문이 풀려 정리되지 않는 한 국가론이란 저서로 출간할 수 없다는 것이었다. 그리하여 이러한 의문을 해결하고 또한 통일독일에 대한 관심을 해결하기 위하여 휴직을 하며 1990년 8월에 독일에 1년간 연구차 갔고, 마침 초청해주셨던 Josef Isensee교수가 '국가와 헌법'(Handbuch des Staatsrechts)이란 논문을 쓴 직후였기 때문에 그 내용과 함께 그 밖의 관련된 자료를 많이 내어주어 흥분에 싸여 돌아왔다. 그리고 그 자료들을 토대로 10여년에 걸쳐 '국가와 헌법'이란 논문을 번역하여 단행본으로 출판하고(세창출판사, 2001), 그 논문 외에 여러 자료에 근거하여 '헌법과 국가의 상호관계에 관한 연구'란 논문을 제출하였으며(공법연구 제29집 제3호, 2001), 특히 현대적 관점에서의 정당성이론이 무엇인가를 토대로 '국가권력 내지 통치구조의 정당화원리'란 논문으로 현대적 정당성이론의 보완을 시도하였다(공법연구 제35집 제1호, 2006). 한편 헌법학과 국가론의 문제는 "헌법

과 국가론'이라는 제목으로 국가론의 위치와 과제를 밝히는 작업을 하였다(헌법의 규범력과 법질서, 박영사, 2002).

결국 1988년 8월 학위논문을 제출한지 20년이 지난 2009년 10월 학위논문을 토대로 한 국가론이라는 저서를 출간하기로 결심하게 되었다. 출판을 결심하면서도 20년이 지난 학위논문의 제목인 국가론의 문제가 오늘날에도 가치를 가지는 것일까라는 의문이 계속 들었던 것이 사실이다. 그러나 국가론의 문제는 과거의 문제가 아니고 오늘의 문제일 뿐만 아니라 내일의 문제이기도 하다는 확신이 섰고, 지금도 국가론의 문제는 헌법학은 물론이고 모든 공법학의 이론적 토대가 되어야 한다는 생각에 있어서 변함이 없다는 것을 확신하게 되었다.

누구나 학문을 시작하면서 꿈을 가지고 시작했으리라 믿는다. 문제는 그 꿈이 학문외적인 것에서부터 학문내적인 것에 이르기까지 다양할 것이라는 점이고, 필자의 꿈도 어떻게 생각하면 다른 많은 사람들과 마찬가지로 학문외적인 것에 생각이 미치지 않았던 것은 아니었다. 그러나 그 학문외적인 모든 꿈은 지금까지 이루어지지 않았고 앞으로도 이루어질 가능성이 없다. 그것은 필자 자신이 허황된 꿈을 꾼 것이었다는 것을 의미하는 것으로 보며 반성하게 된다.

하나님이 내게 주신 은혜와 직분은 신약성서 고린도전서 제12장 4절에서 6절까지에 나오는 것처럼 오로지 학문내적인 꿈을 실현하게 하신 것이라는 생각이 최근에 들면서, 그것을 지금 하나하나 결실로 맺어가고 있는 중이라고 생각한다.

학위논문을 심사하여 주셨던 권영성교수님께서 얼마 전에 작고하셨다. 평소 자주 찾아뵙지 못한 것이 못내 아쉬움으로 남아 있었는데, 그의 영전에 꽃한송이 바치는 것으로 고마움을 표시할 수밖에 없었던 것이 죄송스럽기 그지없다. 영원한 안식과 함께 교수님의 업적도 헌법학계에 영원히 남을 것으로 생각한다. 또한 지도교수님이신 허영교수님을 비롯하여 심사위원이셨던 양승두교수님, 허경교수님, 계희열교수님의 만수무강을 이 기회를 통하여 빈다. 그리고 최근까지도 필자의 학위논문의 가치를 인정하고 출판을 독려해준 몇몇 동료 및 후배교수들의 관심에 감사드리며, 선후배의 문제를 떠나 서로의 가치를 존중하며 학문하는 동반자로서 학문의 길을 계속 갈 수 있기를 기대한다.

2010년 1월 20일

잠실동의 장막에서　이 승 우

차 례

4장 國家論의 核心內容인 國家權力의 正當性

1장 國家論과 研究動向

제1절 國家論에 대한 研究目的과 槪觀

모든 인간은 國家(Staat, state)라는 지역에 바탕을 둔 정치공동체에 속하면서 그와 밀접한 관련을 맺고 산다. 아무리 주관적으로 국가에 대하여 무관심한 태도를 취하려 하거나, 또는 국가에 승복하기를 거부하는 경우에도, 국가는 인간으로 하여금 법률을 매개로 하여 강제적 명령에 따르게 한다. 더욱이 과거와 같이 국가의 기능이 국방과 치안유지에 그치지 않고 국민의 정치적·법적·실질적 자유와 평등을 보장하는 것이 국가의 당연한 과제로 되고 있기 때문에, 즉 국가는 국민생활에 깊숙이 관여하여 그의 목적과 과제를 실현해 나가야 하기 때문에, 인간에 대한 국가의 강제적 구속력은 피할 수가 없다. 따라서 모든 인간은 이렇게 인간생활에 다양한 모습으로 부딪혀 오는 국가현상을 올바로 파악하고, 그에 대하여 적절히 대응할 뿐만 아니라, 보다 나은 새로운 국가의 건설을 위해 노력해야 할 권리와 의무를 언제나 가지고 있다.

그런데 광의의 國家學(Staatswissenschaft)에 속하는 憲法學에 있어서 조차도 우리나라의 경우 國家 내지 國家權力의 本質과 課題 등에 대한 논의도 없이 실정헌법의 해석에 몰두해왔던 것이 사실이다. 그 결과 우리나라의 헌법학은 政治生活을 主導하는 機能과 課題를 주도적으로 수행하지 못하고 현실정치를 헌법이론적으로 뒷받침해 주는 수동적 역할만을 해왔다고 해도 과언이 아니다. 즉 헌법을 가지지 않은 국가를 생각할 수 없고, 또한 역으로 국가를 떠나서 헌법의 존재의미를 설명할 수 없음에도 불구하고,[1] 그리고 국가에 관한 확고한 지식이 없이는 장기적으로 볼 때 생산적 국가이론이 있을 수 없고, 또한 이러한 국가이론이 없이는 만족할 만한 헌정생활자체도 기대할 수 없음에도 불구하고,[2] 우리나라의 헌법학은 國家論(Staatslehre)에 대한 튼튼한 밑바탕이 없이 이루어져 헌정생활 전반에 관한 헌법이론을 확립하지 못했을 뿐만 아니라 국가가 지향해 나가야 할 방향과 목표를 제시하고 수단과 방법을 강구함에 있어서 소극적이었다고 할 수 있다.[3]

1) 허영, 헌법이론과 헌법, 박영사, 2008, 146면.
2) Rudolf Semend, "Verfassung und Verfassungsrecht," in: Staatsrechtliche Abhandlungen, 2. Aufl., Dundker & Humblot, 1968, S.121.
3) K. Hesse는 헌법규범이 헌정생활을 주도하지 못하고 끊임없이 변화하는 사실상황의 반영에 불과하다면 법적 헌법학은 결국 실제정치에 의하여 창조되는 사실을 확인하고 주석하는 임무밖에 수

"국가의 개념, 본질, 임무 및 기능에 관해 생각해 본 일이 없는 자는 국가를 위해 비판하거나 제안하는 권리를 가질 수 없다"고 말한 I. Kant의 말을 생각할 때,[4] 우리나라 헌법학의 학문적 허약성을 느끼지 않을 수 없다. 다만 근래에 와서 일부 헌법학자에 의해서 헌법이 한 국가의 이념적 지표로 평가되고 이에 대한 이론적 접근의 필요성이 강조되면서부터 우리나라의 헌법학계도 변화의 조짐이 보이기 시작했다.[5] 예를 들어 헌법이란 국가가 일정한 가치실현을 위하여 기능하는데 있어서의 규범적 지침 내지 테두리를 뜻한다고 하면서, 국가기능을 전제로 국가질서를 논하고 있는 점이 헌법학계의 관심을 끌게 되었다.[6] 그리고 이러한 경향에 부응하여 필자는 헌법학의 토대인 국가론을 우리 헌법학계에 정착시키고자 하는 시도로서 國家論의 핵심주제인 國家權力의 正當性에 관한 문제를 고찰하여 "현대입헌국가에서 국가권력의 정당성에 관한 연구"라는 제목으로 법학박사학위논문으로 제출하게 되었다.

아무튼 이 책은 학위논문으로 제출되었던 국가론의 문제 중 많은 부분을 보완하여 현대에 맞는 이론서로 개편하여 출간하게 된 것이다. 특히 이 국가론에 관한 연구는 국가권력의 정당성의 문제가 핵심을 이루는데, 이 문제는 전통적으로 권력찬탈(usurpation), 쿠데타(coup d'état), 혁명(revolution)과 같은 경우에 新政權에 대한 국민의 승인여부의 문제로 다루어져 왔음을 인정하면서 논의된다. 즉 新政權의 출범이 전통적인 정당성원리를 따랐느냐에 따라 그 정권의 정당성여부가 결정되었음을 전제하며 논의한다.[7] 하지만 國家機能論의 입장에서는 일정한 정권의 출범도 중요하지만, 일단 승인된 정권도 주어진 기간동안 무제약적인 상태로 방임된 것으로 볼 수 없기 때문에, 국가권력의 정당성에 관한 논의는 정권의 변화와 관련

행할 수 없는 '법 없는 법학'이 되어 버릴 것이라고 한다. 그리고 그렇게 되면 헌법학은 부과된 정당한 국가질서에 봉사하는 것이 아니라 현존하는 세력관계를 정당화하는 보잘 것 없고 학문으로서 가치가 없는 기능을 하게 되며, 이때는 규범과학으로서의 성격을 상실하고 순수한 현실과학이 될 것이라고 한다. Konrad Hesse, 계희열譯, "헌법의 규범력", 헌법의 기초이론, 삼영사, 1985, 28면 이하.

4) Woldemar Oskar Döring, 김용정譯, 칸트철학입문, 중원문화, 1985, 195면.

5) 우리나라에서 이러한 시도를 한 저서는 권영성교수의 독일헌법론(상)(법문사, 1976)이 있으나, 보다 체계적으로 이론적 접근을 소개한 것은 허영교수의 헌법이론과 헌법(박영사, 1983)이란 저서를 통해서이다. 그 후 허영교수의 헌법관에 반박하며 한태연교수가 헌법학(법문사, 1983)을 저술하였고, 반대로 계희열교수는 "헌법관과 기본권이론"(공법연구 제11집, 1983)을 통하여 국가관에 바탕을 두고 헌법관과 기본권이론을 전개할 것을 주장하고 있다.

6) 허영, 헌법이론과 헌법, 145면.

7) Dolf Sternberger, "Legitimacy", in: Internatitional Encyclopedia of the Social Sciences, vol. 9., The Macmillan Company & The Free Press, 1974, p.244.

해서는 물론이고 국가권력이 존재하고 기능하는 한 항상 문제로 된다는 점에 착안하여 현대에 맞게 새로 구성하고자 한다.[8)] 대의민주주의를 택하지 않을 수 없는 현대의 자유민주주의국가에서 국가권력의 권능행사가 주권자인 국민의 뜻에 합치되고, 그 과제적 한계 내에서 이뤄지고 있는가에 대한 가치판단의 문제는 항상 제기되기 때문이다. 즉 산업사회를 거쳐 정보화사회로 접어든 현대사회가 안고 있는 대립과 갈등을 극복하고 국민의 자발적인 복종을 얻을 수 있도록 국가권력은 스스로를 정당화시켜 나가지 않으면 안 된다고 보기 때문이다.

이러한 관점에서 이 책에서는 현대의 國家 내지 國家權力의 本質과 課題를 전제로 하면서 國家權力이 正當化 될 수 있는 모델을 제시하려고 한다. 그 중에서도 현대의 입헌민주국가의 국가권력이 정당화되는 계기를 헌법학적인 측면에서 살펴보려고 한다. 즉 국가권력의 존립근거이고 헌법의 목적인 '人間의 尊嚴과 價値'의 구현 내지 '正義에 입각한 人間의 自由와 平等'의 실현을 위하여 필요로 하는 제반조건들을 正當性이라는 價値概念을 통하여 고찰하고자 한다.

다만 국가는 그 자체로서 복잡하기 이를 데 없는 주제를 형성하고 있음을 알 수 있기 때문에, 즉 국가는 정치적 · 경제적 · 사회적 · 법학적 연구의 대상이 될 뿐만 아니라 철학적 · 신학적 · 인류학적 · 역사적 · 현상학적 · 이념사적 연구의 대상도 되고 있기 때문에, 여기서는 광의의 국가학(Staatswissenschaft)의 일부분영역에 해당하는 국가론(Staatslehre)에 관해서만 관심을 두면서 헌법학의 토대를 마련하는 데에 목적을 두려고 한다.[9)] 그리고 전통적으로 國家論은 國家의 本質, 國家의 起源, 國家의 存在理由, 國家의 機能, 國家와 社會의 關係 등을 다룸은 물론 국가권력의 통제와 구조 등의 문제를 규명하기 위하여 국가에 대해 실증적 · 귀납적 · 과학적 방법을 통하여 연구하는 학문분야로 발전해 왔으나,[10)] 여기서는 국가의 본질과 기능을 바탕으로 하여 國家權力의 正當性에 관한 國家哲學的 내지 法學的 國家論에 중점을 두어 고찰하고자 한다. 즉 이 책에서의 국가론에 관한 고찰은 경험적 국가학이 이뤄놓은 국가에 대한 사실적 인식에 바탕을 두고 설득력 있는 당위를 제시하는 규범적 학문의 측면에서 논하려고 한다.[11)] 또한 경험적인 국

8) D. Sternberger, "Legitimacy", p.244.

9) Roman Herzog, Allgemeine Staatslehre, Althenäum, 1971, S.15, 17.

10) 이영재, "국가론", 정치학대사전, 박영사, 1983, 178면 이하.

11) R. Herzog, Allgemeine Staatslehre, S.34. 하지만 허영교수는 국가론이 국가라는 현상에 대한 존재론적 연구(Ontologische Studien)이기 때문에 국가라는 이름으로 징표되는 사회현상을 경험적 · 체계적으로 정리하고, 이에 대한 학문적이고 경험적인 해답의 실마리를 얻으려고 하는 사실의 학문인 정치학의 한 분야에 속하는 것으로 본다. 다만 허영교수는 국가론도 정치학적 국가론과 헌법

가학이 이론적으로 해석하고자 하는 사실들에 대하여 독자적인 결과에 따라 바람직한 것인가에 대한 심사와 평가를 가장 중요한 과제로 보는, 다시 말해서 先在하는 것으로 여겨지는 사실에 대한 정확한 인식의 바탕에서 설득력 있는 당위를 제시하는 규범적 학문의 측면에서 논하고자 한다.[12] 다만 법학적 국가론과 기타 경험적인 국가학이 이론적으로 상이함에도 불구하고 바람직한 병존이 기대되는 것이 오늘날의 현실이기 때문에,[13] 규범의 배후에 있는 다른 학문적 성과를 개략적으로 고려하면서 헌법학의 토대를 확고히 하고자 한다.

따라서 이 책은 法學的 國家論 가운데서도 國家權力의 正當性에 관한 문제를 핵심적으로 다룬다.[14] 다만 국가권력의 정당성에 관한 고찰을 위해, 제2장에서는 헌법학의 토대인 국가에 관한 연구를 개괄적으로 보여주기 위해 "國家論과 憲法學"에 관한 연구를 새로이 첨부하였으며, 제3장에서는 "國家와 國家權力"이란 주제아래 국가현상, 국가의 본질, 국가와 국가권력의 개념, 국가와 국가권력의 과제 등을 살펴보려고 한다. 그리고 제4장에서 國家權力의 正當性에 관한 핵심문제를 다루려고 한다. 특히 국가권력의 정당성에 관한 문제는 중요한 사상가들의 주장에 전적으로 힘입은 것이기 때문에 먼저 사상사적인 측면에서 주요 사상가들의 견해를 살펴보고 현대자유민주국가의 국가권력이 정당화 될 수 있는 가치기준을 제시하려고 한다.

학적 국가론으로 구분되고 그 연구대상도 다르다고 하고 있는데, 이때의 헌법학적 국가론이 이 책이 고찰하고자 하는 국가론과 일치한다고 본다. 허영, 헌법이론과 헌법, 145면 이하.

12) 대체로 법학을 제외하고 국가에 대해 실증적으로 이해하려고 하는 사회학이나 정치학 등이 대표적인 경험적 국가학에 해당한다.

13) R. Herzog, Allgemeine Staatslehre, S.31f.

14) M. Kriele는 국가론의 중심문제는 주권론과 정당성이론이라고 하면서, 주권의 문제는 국가권력의 자기관철력에 관한 것이고, 정당성의 문제는 국가권력에 대한 정당성 부여의 문제라고 한다. Martin Kriele, 국순옥譯, 민주적 헌정국가의 역사적 전개, 종로서적, 1983, 7면.

제2절 國家論에 관련된 國內憲法學者들의 研究動向

국가에 관한 우리의 헌법교재에서의 논의가 빈약하기도 하지만, 국가론에 관한 학문분야에 대한 설명은 허영교수의 간단한 지적을 제외하고는 없었다. 즉 허영교수가 국가론이란 학문분야에 대한 설명에서 "헌법학은 국가현상에 대한 존재론적 연구를 그 대상으로 하는 이른바 '국가론'과 다르다. '국가론'이 국가의 발생, 국가의 존립근거, 국가의 요소, 국가의 형태, 국가의 연합 등을 현상학적 · 존재론적 방법으로 관찰함으로써 국가라는 이름으로 징표되는 사회현상을 경험적 · 체계적으로 정리해 보고 이와 관련해서 제기되는 여러 가지 문제들에 대한 역사적이고 경험적인 해답의 실마리를 얻으려 하는 것인데 비하여, '헌법학'은 국가의 가치실현적 기능형태를 일정한 규범적 테두리 내에서 살피려 하는 것이기 때문이다. 국가라는 현상이 사실의 학문인 정치학뿐 아니라 규범의 학문인 헌법학의 연구분야로 간주되는 이유이다. 그 결과 국가에 대한 연구는 국가가 왜 발생했으며 국가의 존재근거가 어디에 있느냐 등 이른바 국가의 본질에 대한 이해와, 구체적인 가치실현의 규범적 · 기능적인 조직형태로서의 국가기능의 메카니즘에 대한 이해를 통해서만 비로소 그 소기의 성과를 거둘 수 있다"라고 정의하고 있을 뿐이다.[15] 그리고 여기서 허영교수는 국가라는 현상을 연구하는 정치학이란 사실적 학문분야와 국가의 본실에 대한 이해를 구하는 존재론적 학문분야인 국가론의 헌법학과의 통합적 이해를 위한 학문분야를 서구에서 국법학(Staatsrecht)이라고 부르고 있다고 하면서도, 다른 곳에서는 헌법과 행정법을 통칭한 개념을 국법학이라고도 한다.[16] 특히 「헌법이론과 헌법」이란 저서에서는 제2편 국가기능론이란 주제 아래 독일에서 국가론에서 다루는 국가의 본질, 국가와 사회, 국가형태, 현대국가의 구조적 원리 등의 내용이 자세히 언급되고 있다.[17] 허영교수의 이러한 주장을 정리하면 연구방법과 연구내용에 있어서 국가론과 헌법학이 학문분야로서 독자성을 가진다는 전제하에 통합적 이해의 필요성을 강조하며, 또한 그 통합적 이해를 전제로 하는 학문분야가 국법학이라고 한다. 다만 여기서도 국가학(Staatswissenschaft)

15) 허영, 한국헌법론, 박영사, 2008, 3면.
16) 허영, 헌법이론과 헌법, 3면.
17) 허영, 헌법이론과 헌법, 145-343면.

과의 관계가 논의되고 있지 않다.

한편 기타의 헌법교재들에서는 국가론의 학문적 독자성에 관한 문제나 헌법학 등과의 개념상의 차이 등을 설명하는 내용이 눈에 띄지 않는다. 권영성교수는 독일헌법학을 소개하면서 헌법학을 곧 국법학이라 보고 있으며, Georg Jellinek가 집대성한 일반국가론(Allgemeine Staatslehre)을 일반국가학이라고 번역하고 있다.[18] 이것은 헌법학과 국가론의 상호관계를 전혀 고려하고 있지 않은 결과이며, 국가학(Staatswissenschaft)과 국가론(Staatslehre)을 구별하지 않고 혼동하는 문제점이 드러난다. 김철수교수는 헌법학의 연구방법과 관련하여 헌법학을 자세하게 분류하면서도 국가론과의 관계는 전혀 언급이 없고, 독일의 Staatslehre를 헌법학으로 부르고 있다.[19] 그리고 국가의 본질에 관한 간단한 언급에서 "국가는 이를 파악하는 사람의 입장에 따라서 생물학·철학·사회학·경제학·정치학·법학 등의 관점에서 설명된다. 국가의 본질에 관하여 어느 하나의 관점에서 고찰하려는 것을 一元的 國家論, 다면적 성질에 비추어 설명하는 二元的 國家論과 多元的 國家論이 있다"고 하면서도,[20] 그 국가론에 관한 논의가 헌법학과 어떤 관계에 있는가는 설명하고 있지 않다.

결국 국내헌법학자들의 연구업적에서 국가에 관한 단편적인 것은 없지 않으나, 헌법학과 관련된 교재나 저서에서는 허영교수를 제외하고 국가론에 관한 언급이 없는 것이나 다름없고, 몇 가지의 학위논문이 이를 다루고 있을 뿐이다.[21] 국가에 관한 연구가 다양하게 이뤄지고 있기 때문에 그에 대한 이해와 헌법학의 구별이 전제되어야 함에도 불구하고 국가에 관한 포괄적인 연구를 의미하는 국가학과의 관계도 필자의 학위논문에서 지적한 것 이상으로 설명되고 있지 않다. 따라서 헌법학과 국가론의 통합적 이해를 위해서나 헌법학의 확고한 토대확립을 위해서도 '국가론의 위치와 과제'를 중심으로 하는 연구의 필요성과 중요성을 살펴볼 수 있다.

18) 권영성, 헌법학원론, 법문사, 2009, 34면.
19) 김철수, 헌법학개론, 박영사, 2007, 24면 이하.
20) 김철수, 헌법학개론, 153면.
21) 이승우, 현대입헌국가에서 국가권력의 정당성에 관한 연구, 연세대학교 대학원 박사학위논문, 1988, 4-6면. 특히 박영도, Hermann Heller의 국가관에 관한 분석적 연구, 한국외국어대학교 대학원 박사학위논문(1990)에서는 독일의 국가론에 관한 많은 내용이 나오지만 국가학, 국가론, 국법학에 관한 개념구분 없이 혼합되어 사용되고 있다.

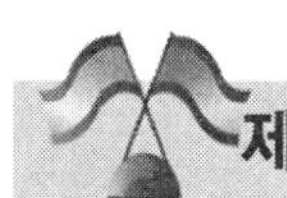

제3절 憲法과 國家의 相互關係에 관한 國內學者들의 論議

국가론에 대한 연구의 핵심이 국가와 헌법의 상호관계를 통하여 헌법학의 토대를 굳건히 하는 것이라고 보는 경우, 이에 대한 국내헌법학자들의 논의도 살펴보는 것이 필요하다. 현재 국가와 헌법의 상호관계에 관한 국내학자들의 논의는 國家 내지 國家權力의 先在性을 부인하는 것과 憲法의 國家創設的 機能에 대해 논하고 있는 것으로 나누어 볼 수 있다. 그러나 이 2가지 문제는 서로 무관계한 것이 아니라 국가 내지 국가권력의 선재성을 부인한 결과 헌법의 국가창설적 기능의 문제가 제기된 것으로 볼 수 있다. 아래에서는 이 2가지 문제를 별도로 논의할 것이지만, 국내의 학자들은 결국 하나의 연관된 문제로 보고 있는 것으로 파악되기 때문에 포괄하여 그 내용을 정리해 보기로 한다. 그리고 여기서 소개하는 국내학자들은 국가와 헌법의 상호관계를 분명하게 거론하고 있는 대표적 학자들에 한정하였음을 밝혀둔다.

Ⅰ. 허영교수

헌법학을 국가기능론의 시각에서 출발한 허영교수는 국가와 헌법의 상호관계를 국내에서는 처음으로 언급하였고, 그것을 '헌법의 국가창설적 기능'으로 요약하여 설명하고 있다. 즉 "헌법은 우선 비조직적인 사회를 정치적으로 통일시켜 하나의 국가사회를 창설하는 기능을 갖는다. 헌법이 현대국가의 필수적인 성립요소로 간주되는 이유도 그 때문이다. 따라서 헌법을 가지지 아니한 사회공동체는 적어도 정치적으로는 국가로서 그 실체를 인정받을 수 없다"고 한다.[22] 특히 헌법국가의 성립 이전의 단계를 고려하여 "물론 사회공동체는 헌법을 가지지 아니한 상태에서도 사회의 자율기능에 의해서 사회생활과 문화생활 그리고 경제생활 영역에서 사회구성원 상호간에 접촉과 교류가 이뤄질 수 있다. 그러나 그와 같은 자율적인 상호접촉과 교류는 사회의 자율기능이 그 힘을 잃게 될 때에는 여러 가지 혼란을 야기하기 마련이다. 그렇기 때문에 사회의 자율기능을 최대한 존중하면서도 사회

22) 허영, 한국헌법론, 20면.

구성원 각 개인의 능력과 개성이 최대한으로 발휘될 수 있고 정의로운 사회질서와 사회평화의 확립·보장을 위해서는 어느 형태로든지 사회활동에 대한 조정적·통합적 간섭기구가 필요한데, 헌법에 의하여 창설되는 국가의 기능이 바로 그것이다. 이렇게 볼 때 헌법의 국가창설적 기능은 헌법의 본질에서 나오는 가장 핵심적인 기능이라고 할 수 있다"고 하였다.[23] 그리고 이러한 결론은 헌법과 국가의 상호관계를 살펴볼 수 있는 대표적 내용의 다른 하나인 '국가 내지 국가권력의 선재성'을 인정할 수 없다는 주장에 근거한 것임은 물론이다. 즉 "국가란 국민을 떠나서 존재하는 것도 아니고 또 국민을 떠나서는 존재가치도 없다. 인간적인 사회생활과정에서 일정한 목적에 의해서 조직된 사회의 정치적인 활동단위가 바로 국가를 뜻하기 때문에 '국가권력'은 이 사회의 조직과정에서 비로소 창설된 것이지, 이 조직과정을 떠나서 독자적으로 존재하는 것일 수 없다"고 한 것이 그것이다.[24] 특히 허영교수는 법실증주의적 기본권관에서 국민과 국가를 처음부터 유리된 별개의 존재로 보고 국민의 국가에 대한 지위를 논하는 것과, 결단주의적 기본권관이 기본권과 통치구조를 이념적으로나 기능적으로 단절관계로 보는 점에서 국가 내지 국가권력의 선재성을 바탕으로 기본권이론이 전개되고 있는 것으로 비판한다. 그리하여 그는 통합과정론을 창시한 R. Smend가 기본권이론에서 국가지향적인 기본권의 동화통합기능을 주장한 것을 받아들여 국가 내지 국가권력은 기본권(그 중에서도 참정권)의 행사로 창조되는 것이지 선재하는 것이 아니라는 점을 강조하여 '기본권의 국가창설적 기능',[25] '기본권의 input기능' 또는 '기본권의 민주적 기능'[26] 등을 강조하고, 그와 함께 '헌법의 국가창설적 기능'을 주장하기에 이르고 있다.

Ⅱ. 권영성교수

국가와 헌법의 상호관계를 고려하지 않고 헌법이론을 전개하던 권영성교수가 최근의 교재에서 "헌법의 특질과 기능"이라는 주제 아래 헌법의 기능을 설명하면서 국가와 헌법의 상호관계에 대한 일면을 보여주고 있다. 그리고 그는 헌법의 기능을 '정치적 기능'과 '규범적 기능'으로 구분하고, 정치적 기능에서는 여기서 논

23) 허영, 한국헌법론, 20면 이하.
24) 허영, 한국헌법론, 213면.
25) 허영, 한국헌법론, 221면.
26) 허영, 한국헌법론, 231면.

의하려고 하는 헌법의 '국가구성적 기능'을 대표적인 기능으로, 그리고 규범적 기능에서는 '법질서창설기능'을 대표적인 것으로 내세우고 있다. 즉 "국가라는 정치적 통일체는 선험적으로 존재하는 것이 아니라 헌법에 의하여 구성되고 조직되는 공동체이다. 국가이기 위해서는 최소한 국민 · 영토 · 국가권력이라는 요소를 구비해야 하지만, 국민의 자격 · 영토의 범위 · 국가권력의 소재와 그 행사자 등은 헌법에 의하여 비로소 확정된다. 이와 같이 헌법에 의거하여 국가가 조직되고, 헌법에 의거하여 국가기관이 구성되며, 헌법에 의거하여 국가의 권리 · 의무주체성이 확립된다는 의미에서 헌법은 국가를 구성하고 조직하는 기능을 수행한다고 볼 수 있다"고 하여, 헌법의 국가구성적 기능을 강조한다.[27] 그리고 법질서창설기능과 관련하여 "일정한 생활공간에서 국가구성원들이 국가적 공동목표를 실현하고 원활한 공동생활을 영위할 수 있으려면 그 준거가 될 법규범과 법질서가 필요하다. 국가적 공동생활에 있어서 불가결한 전제인 이러한 기본적 법질서를 창설하고 유지하는 기능은 헌법이 수행하는 본질적 기능이다"라고 하고 있을 뿐만 아니라, 법질서와 관련된 국가기관을 창설하고 그 행사방법과 절차규정을 마련하며, 그 국가기관의 한계와 통제방법 등을 마련하는 기능을 헌법이 수행하고 있다고 한다.[28] 아무튼 권영성교수는, 허영교수와 같이 기본권의 성격을 논함에 있어서나 통치구조의 본질을 논함에 있어서 구체적인 언급을 하고 있지 아니하나, 헌법의 '국가구성적 기능'을 강조하고 또한 그 설명 가운데서 '국가라는 정치적 통일체는 선험적으로 존재하는 것이 아니라 헌법에 의하여 구성되고 조직되는 공동체'라고 함으로써 국가 내지 국가권력의 선재성을 부인하고 있음을 알 수 있다.

Ⅲ. 계희열교수

가장 최근에 교재를 출판하였고 허영교수와 대체로 유사한 헌법이론을 전개하고 있는 계희열교수는 국가와 헌법의 상호관계에 대해서는 가장 자세하게 설명하고 관심을 보이고 있고, 그것을 헌법이론의 바탕에 깔고 있음을 알 수 있다. 그는 헌법의 개념이라는 교재의 첫 장에서부터 국가와 헌법의 상호관계를 소개하고 있다. 즉 "헌법이란 국가의 법적 기본질서를 말한다"고 하면서, "국가의 헌법이라고 할 때 국가를 어떻게 이해할 것인가의 문제는 헌법을 어떻게 이해하느냐에 있어

27) 권영성, 헌법학원론, 법문사, 2009, 15면 이하.
28) 권영성, 헌법학원론, 17면.

서 매우 중요하다. 이와 관련하여 특히 '국가가 헌법을 갖는가?' 또는 '헌법이 국가를 창설하는가?'의 문제에 대하여는 주의를 기울일 필요가 있다"고 하면서 헌법이론을 전개한다.[29] 특별히 헌법의 역사를 전개하면서, 그는 입헌주의적 헌법이 확립되기 전에는 "헌법이 국가를 창설한 것이 아니라 국가가 헌법을 가졌다"고 하였다.[30] 그리하여 그는 '국가와 국가권력의 기초로서의 헌법'을 논하면서 "과거 군주국가에 있어서의 국가권력은 군주를 정점으로 하여 이미 형성되어 존속하였고 정치적 통일체로서의 국가도 군주를 중심으로 형성되어 유지되고 계승되었다. 그러나 국민주권이 확립되고 민주주의가 관철됨에 따라 국가권력의 구성 및 정치적 통일의 형성과 유지는 후천적으로 헌법이 정하는 절차에 따라 이루어지게 되었다. 즉 헌법이 국가와 국가권력을 창설하고 구성하게 되었다"고 한다.[31] 그리고 그는 이러한 헌법의 국가 내지 국가권력의 창설기능을 인정하는 바탕 하에, 법실증주의적 헌법개념과 결단주의적 헌법개념의 가장 큰 문제점이 "정치적 통일체로서의 국가를 (이미 형성되어 존재하는 것으로) 전제하고 있다는 데 있다. … 오늘날과 같은 민주주의시대에 있어서 또한 다원적 산업사회에 있어서 국가와 국가권력은 후천적으로 인간의 끊임없는 의식적 노력에 의하여 형성되고 유지되는 것이다"라고 강조한다.[32] 결국 계희열교수의 경우 허영교수와 같이 국가와 국가권력의 선재성을 부인하고 헌법의 국가창설적 기능을 강조하는 헌법이론을 전개하고 있음을 알 수 있다.

IV. 國內學者들의 見解에 대한 評價

우리 헌법이론 내지 국가이론이 서양의 이론을 전수받은 것이고, 그 가운데서도 독일의 영향을 많이 받고 있음은 의심의 여지가 없다. 국가와 헌법의 상호관계와 관련된 헌법이론의 경우도 그 예외가 아니다. 따라서 국가와 헌법의 상호관계에 대한 국내학자들의 견해를 평가하기 위해서는 결국 독일의 헌법이론 내지 국가이론의 변천을 전제해야 한다.

독일에서는 19세기 중엽 이후 얼마전까지도 국가 내지 국가권력을 시원적인 것으로 전제하고 그 밖의 제사회세력과의 관계를 통하여 국가의 본질이 설명되어

29) 계희열, 헌법학(상), 박영사, 1995, 4면.
30) 계희열, 헌법학(상), 8면.
31) 계희열, 헌법학(상), 9면.
32) 계희열, 헌법학(상), 23면, 30면 이하.

왔다. 즉 G. Jellinek에 의하여 국가권력이 시원적인 것이냐 아니면 파생적인 것이냐 하는 문제가 제기된 이후로 한동안 국가 내의 모든 고권적 권력(Hoheitsgewalt)은 국가권력으로부터 파생된 것이라는 말이 자명한 것으로 여겨져 왔다.[33] 그리고 국가유기체설에 기반을 둔 국가주권이론에 의하면 국가는 하나의 법인격체이며, 국가란 그 자체의 고유한 의사능력을 가진 단체로 평가되기도 했다.[34]

그러나 오늘날 국가 내지 국가권력의 본질에 대한 상기한 설명은 아무런 가치도 없다. 오히려 상기한 주장은 국가나 국가권력을 이해함에 있어서 그의 남용을 이론적으로 뒷받침하는 여지를 주게 될 뿐이다. 예를 들어 유럽의 역사에서 찾아볼 수 있듯이 귀족과 교회, 그리고 도시들은 국가권력이 성립되기 이전부터 자주적인 통치를 실현하고 있었고,[35] 오늘날의 지방자치단체의 자치권은 일종의 자율적 권리로서 단지 국가권력의 확인과 승인을 받은 것에 지나지 않는 것이며, 마찬가지로 친권이나 자력구제권 및 정당방위권은 국가권력의 위임에 의하여 비로소 존립하는 것이 아니라 이것들은 오히려 국가와는 별도로 존재하는 일종의 자생적 권력으로서 국가에 의해 승인된 것에 불과하다는 주장이 나오고 있기 때문에,[36] 국가의 본질에 대한 위와 같은 설명은 오늘날 의미가 없다.[37] 그리고 국가유기체설에 바탕을 둔 국가주권이론은 주권이 법인격체로서의 그 자체에 귀속된다고는 하지만, 그 행사는 국가의 기관을 의미하는 군주의 권한에 속한다고 함으로써, 또한 인간은 그 육체적 개체성과 그 정신적 자기중심성에도 불구하고 궁극의 독자적 존재가 아니라 국가의 부분에 불과하다고 봄으로써 인간 개개인을 국가권력 앞에 무방비의 상태로 놓이게 할뿐이었다.

결국 우리의 헌법학계가 독일에서 논의된 위와 같은 문제점을 인식하고 국가와 헌법의 상호관계에 있어서 국가의 선재성을 부인하고 헌법의 국가창설적 기능을 강조하게 된 것은 매우 중요한 것이었음은 말할 것도 없다. 즉 오늘날의 국가 내지 국가권력의 본질에 관한 논의에 있어서 그것이 선재하는 것이 아니라 인간에 의해 인간을 위해 의식적으로 창조된, 그리고 일정한 목적을 위하여 창조된 정치적 · 조직적 통일체요 정치적 힘이라는 전제하에서 출발하고 있고, 또한 국가 내

33) Reinhold Zippelius, Allgemeine Staatslehre, C. H. Becksche Verlagsbuchhandlung, 1978, S.59.
34) 한태연, 헌법학, 법문사, 1983, 130면 이하.
35) R. Zippelius, Allgemeine Staatslehre, S.59.
36) R. Herzog, Allgemeine Staatalehre, S.88f.
37) 이런 점에서 국가 내의 모든 사회세력들에 관한 개념은 단지 국가권력의 수권성과 통일성을 하나의 경직된 도그마로 지향하지 못하게 하는 신중성을 제기하는 것으로 인식할 필요가 있을 뿐이다. R. Zippelius, Allgemeine Staatalehre, S.61.

지 국가권력은 자기 자신 속에 안주하고 있는 제도적인 것도 아니고 그렇다고 해서 정치세력의 그때그때의 영원한 대결의 소산에 불과한 것도 아니라는 점에서 시작하고 있다고 볼 수 있다.[38)]

그러나 국가와 헌법의 상호관계에 대해 국가의 선재성을 부인하고 헌법의 국가창설적 기능을 강조하는 것만으로 완전하게 이해된 것이라고 보기는 어렵다. 왜냐하면 오늘날 헌법국가의 국가는 동적인 것과 현상유지적인 것, 형성하는 것과 형성된 것의 상호조건적인 병존이며, 역사적인 생활의 유동하며 생성되어 가는 것에 대한 개방성과 그 제도적 극복 가운데서 비로소 현실성과 생명을 획득하는 존재이기 때문이다.[39)] 즉 국가의 선재성을 부인하고 헌법의 국가창설적 기능을 가진다고 보는 것이 일면적인 타당성이 있는 것은 분명하나, 반면에 다음 장에서 자세히 살펴보듯이, 존재론적인 관점에서 국가는 헌법의 대상이고 그의 전제조건이라는 점을 부인할 수 없기 때문이다. 따라서 국가 내지 국가권력의 선재성에 관한 문제와 헌법의 국가창설적 기능에 관한 논의의 옳고 그름에 관한 문제로 이해할 것이 아니라, 반대의 시각에서 국가와 헌법의 상호관계를 살펴보는 것도 매우 중요하다고 본다.

---

38) 이점에 대해 가장 명확하게 설명하고 있는 것으로는 다음을 참조바람. Ernst-Wolfgang Böckenförde, Der Staat als sittlicher Staat, Duncker Humblot, 1978, S.12.

39) Konrad Hesse, Grundzüge des Verfassungsrechts der Bundesrepublik Deutschland, C. F. Müller Juristischer Verlag, 1982, S.105.

2장 國家論과 憲法學

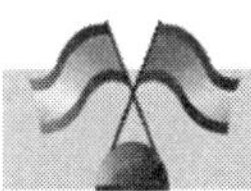

제1절 序 說

이 책에서 국가의 본질과 기능을 바탕으로 하여 國家權力의 正當性에 관한 國家哲學的 내지 法學的 國家論에 중점을 두어 고찰한다고 하였기 때문에 '憲法과 國家論의 相互關係'를 논의하는 것은 필수적이다. 특히 이 책에서는 국가론에 관한 고찰을 경험적 국가학이 이뤄놓은 국가에 대한 사실적 인식에 바탕을 두고 설득력 있는 당위를 제시하는 규범적 학문의 측면에서 논한다고 하였기 때문에 더욱 그렇다. 경험적인 국가학이 이론적으로 해석하고자 하는 사실들에 대하여 독자적인 결과에 따라 바람직한 것인가에 대한 심사와 평가를 가장 중요한 과제로 보는, 다시 말해서 사실에 대한 정확한 인식을 바탕으로 설득력 있는 당위를 제시하는 규범적 학문의 측면에서 국가론을 논하고자 하기 때문이다. 다만 법학적 국가론과 기타 경험적인 국가학이 이론적으로 상이함에도 불구하고 바람직한 병존이 기대되는 것이 오늘날의 현실이라고 하였기 때문에, 규범의 배후에 있는 다른 학문적 성과를 개략적으로 고려하면서 헌법학의 토대를 확고히 하는 목적에서 출발하고 있음은 물론이다.

헌법학은 같은 규범학문이면서도 다른 규범학문분야와 달리 정치·경제·사회·문화 등 모든 국가사회에서 일어나는 현상을 규율하고 규범적으로 주도하는 학문분야인 점이 특징이다. 한편 국가에 관한 연구인 國家學(Staatswissenschaft)도 헌법학은 물론이고 정치학·경제학·재정학·사회학·지리학·생물학 등 국가와 관련된 모든 학문분야와 연관되어 있다. 그런데 이렇게 거의 모든 사회과학분야에서 국가에 관한 연구가 이뤄지고 있고, 다른 한편으로 헌법의 규범력이 미치고 있음에도 불구하고, 국가에 관한 연구가 헌법학과 통합적으로 이뤄지고 있지 않음에 대하여 앞에서 지적했다. 특히 사회과학분야에서는 국가 그 자체에 대한 연구가 이뤄지기보다는 자신의 독자적 학문분야를 연구하는 과정에서 국가와의 관계를 부수적으로 연구함에 그치고 있다. 따라서 사회과학 전반에 관련되는 국가의 문제와 국가현상 전체에 규범적 효력을 발하는 헌법의 규범적 효력의 문제를 통합하여 이해하고, 그 가운데서 올바른 헌법학의 과제를 찾기 위해서는 국가 그 자체에 대한 연구를 수로 하는 학문분야인 국가론과 헌법학의 관계를 살펴보는 것이 무엇보다도 중요하다.

그런데 국가론에 관한 연구가 활발하게 이뤄졌던 독일에서는 '헌법과 국가론의 상호관계'와 관련하여 국가론의 위치와 과제에 대해 의문을 제기하는 것은 매우 무식한 것처럼 이해되어 왔다. 국가론의 역사와 전통에 비추어 독일의 법학자와 정치가들은 국가론이란 용어를 사용함에 있어서 무엇이 이러한 학문의 과제에 속하고, 이러한 학문이 어떠한 방법론을 이용하며, 그리고 이러한 학문이 유사한 학문과 어떠한 관계에 있는가에 관하여 명백한 관념을 가졌었기 때문이다. 그러나 독일 내에서도 그러한 확신은 점점 사라지고 있다고 한다. 그것은 국가론에 고전적 기반을 제공했고 그것을 만연케 했던 학문의 독자성에 대해 의문을 제기하기 시작했기 때문이라고 한다. 특히 국가학(Staatswissenschaft)의 영역에서 국가론이 가지는 위치에 대해 의문이 제기되는 점이 그것이라고 한다.[1]

따라서 이 장에서는 국가론의 위치와 과제를 밝혀 헌법과 국가의 상호관계를 제시하기로 한다. 먼저 국가학 및 다른 학문분야와의 관계를 통하여 국가론의 위치를 파악한 다음, 그에 바탕을 두고 국가론이 추구해야 할 과제가 무엇인가를 고찰하고자 한다. 다음으로 이러한 연구는 헌법학의 토대로서의 국가에 관한 연구를 목적으로 하기 때문에 '헌법학과 국가론'이란 주제 아래 '헌법과 국가의 상호관계'를 통해 국가론의 연관성을 살펴보고, 아울러 헌법학과 국가론의 연계연구의 필요성을 고찰하려고 한다. 그리고 마지막 결론으로서 실제헌정에 대한 헌법학의 비판적 기능을 되살리기 위해서 비판적 국가학에 속하는 국가론의 인식이 헌법학에서 필수적임을 강조하고자 한다.

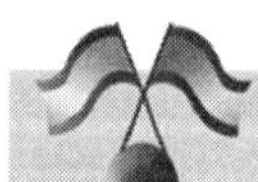

제2절 國家論의 位置와 課題

Ⅰ. 國家論의 歷史

국가론의 역사는 사회적 내지 정치적 변화를 반영하는 학문상의 분화과정의 역사라고 한다. Aristoteles적이고 또한 Machiavelli적인 '정치에 관한 이론'의 초기적 획득 이후로, S. Pufendorf, v. Leibniz, C. Wolff 등의 합리적 자연법론에 이르면서 국가론은 18세기에 포괄적인 국가학으로부터 독립하게 되었다고 한다. 19세기

1) Roman Herzog, Allgemeine Staatslehre, S.15.

초에 Stein, Mohl, Bluntschli 등에 의하여 포괄적인 국가학을 유지하려는 시도가 있었음에도 불구하고, 결국 모든 철학적·역사적·사회적 관계로부터의 해방이 주장되면서, 국법론이 19세기 후반기에 이르러 주된 연구대상이 되면서 국가론이 정립되게 되었다는 것이다. 그리고 국가학에서의 이러한 도그마틱한 반전은 1900년 G. Jellinek에 의하여 저술된 '일반국가론'의 등장으로 다시금 후퇴하게 되며, 이 일반국가론은 '사회적 국가론'과 '국법론'으로 분리되고 결과적으로 국가론에 있어서 고찰방법의 이원주의를 승인하게 되었다고 한다.[2)]

이렇게 G. Jellinek의 일반국가론에서 비롯된 국가론이 존재학문인 '국가의 사회이론'과 규범학문인 '국법론'으로 분리되어 이원주의적 경향을 낳았지만, 이러한 이원주의는 현실적으로 극복될 수 있는지의 여부에 대해 논쟁의 여지가 있게 되었으며, 바이마르공화국시대에 이러한 이원주의는 H. Kelsen의 규범주의학파와 R. Smend, C. Schmitt, A. Kaufmann, H. Triepel, 그리고 H. Heller 등의 반실증주의적 입장의 논쟁으로 발전한다. 그리고 이러한 논쟁의 결과 일반국가론의 확립과 전개는 사회학적 내지 정치학적 관계를 추방하는 방향으로 전개되며,[3)] 그리하여 당시 발간된 국가론에 관한 문헌들은 법학의 관점에서 주로 설명되고 있다. 그러나 H. Heller에 있어서 국가론은 아직 현실과학으로서의 정치학의 한 부분이었고,[4)] Kurt Sontheimer는 60년대 초에 정치학과 국법론의 공통점의 우선성을 회의하기 시작했으며, 무엇보다도 Wilhelm Hennis는 거의 동일한 시대에 이미 소위 국가론의 거의 완전한 사멸을 단언했었다.[5)]

결국 W. Hennis의 주장 이후 국가론에 대한 언급이 제대로 된 정치학적 저술은 사실상 사라지게 되었고, K. Stern은 "Staatsrecht der Bundesrepublik Deutschland"에 대한 그의 교재에서 정치학은 국가학적 인식에 있어서 보충적 기능을 갖는 것으로 지적하고 있다.[6)] 즉 정치학·경제학과 같은 사회과학은 그들에게 항상 고유한, 그럼에도 결코 있을 수 없는 국가부재와 같은 상태에서, 실체적 국가작용을 포함한 연구의 중요성을 잃어왔다고 지적하고 있다. 반면에 법학은 규범과학적 근

2) Joachim Jens Hesse, Aufgaben einer Staatslehre heute, S.57.

3) J. J. Hesse, Aufgaben einer Staatslehre heute, S.57f.

4) 상기한 박영도의 박사학위논문과 그의 공법학회에서의 발표 논문을 보면 H. Heller는 문화과학으로서의 국가학, 현실과학으로서의 국가학, 구조과학으로서의 국가학의 시각에서 국가학을 설명하고 있고, 특히 그는 국법학으로 퇴화한 독일국가학을 다시 서구적 의미에서의 정치학으로 재건할 것을 시도했다고 한다. 박영도, "Hermann Heller의 국가학 방법론" (공법학회 제10회 월례발표회 사료집, 1990. 4. 28.), 15면 이하.

5) J. J. Hesse, Aufgaben einer Staatslehre heute, S.58.

6) J. J. Hesse, Aufgaben einer Staatslehre heute, S.58.

거를 가진 논의에 빠진 결과, 오히려 헌법국가와 그의 요소들에 대한 일반적 설명에 한정되긴 했으나, 20세기의 국가론을 경험적으로 만족시켜왔다고 본다. 즉 독일을 중심으로 전개된 국가론은 헌법학과의 유기적인 연관관계 하에 명맥을 유지하면서 발전을 거듭하여 왔다는 것이다.

Ⅱ. 國家論의 位置 : 國家學과 國家論

국가에 관한 연구에 있어서 가장 큰 어려움은 국가라는 연구대상이 포괄적인 고찰을 거부한다는 점이다. 즉 국가라는 대상은 조직구조와 마찬가지로 복잡하고 이질적인 기능을 요구하는 존재이고, 공직자의 입장처럼 국가적인 것과 지역적인 것, 반국가적인 것과 私的인 과제의 인식 사이에서 유동적으로 변화하는 것이며, 문제점이 많고 투명하지도 않은 국가와 사회집단들 사이의 다양하게 뒤얽힌 과정 등 때문에 포괄적인 접근이 거부되는 존재이다.7) 그리하여 접근하는 학문적 경향에 따라 국가에 관한 연구는 매우 다양하게 전개되어 왔고, 이렇게 국가에 관한 연구가 다양하게 이뤄질 수 있기 때문에 國家에 관한 硏究를 總合하여 國家學이라는 용어가 사용될 수 있게 되었음은 물론이다.

그런데 국가학의 개념은 오늘날 다의적으로 사용되고 있다. "Zeitschrift für die gesamte Staatswissenschaft"라는 잡지제목이 등장한 이후 국가학이란 개념은 보다 좁은 의미에서 많이 사용되고 있다. 즉 국가학은 국가에 관한 모든 학문을 위한 포괄적인 관계를 의미하는 것이 아니라, 오히려 경제학의 다양한 분파 또는 사회학과 좁은 의미의 정치학과 같은 학문을 위한 포괄적인 관계를 의미하는 것으로 사용되기 시작한 것이다. 이것은 국가에 관한 연구 가운데서 法學的 硏究를 제외한 國家에 관한 모든 學問이라는 의미로 사용함을 의미하며, 아울러 이러한 國家學은 政治學으로 불리기도 한다.8)

그러나 이러한 경향이 있음에도 불구하고 국가학이란 개념을 국가를 포함하는 모든 학문분야에 대한 상위개념으로 이해하는 것이 필연적이라는 주장이 있다. 즉 R. Herzog의 주장에 따르면, 20세기에 있어서 국가론의 위치와 과제에 대한 의문에 관해서는 國家論이 國家學의 범주에 속한다고 하는 점만은 확립되어 있고, 國家論은 國家學의 部分領域을 포함한다는 점도 확실하다고 한다.9) 그리하여 국가

7) J. J. Hesse, Aufgaben einer Staatslehre heute, S.63.
8) Günther Küchenhoff/Erich Küchenhoff, Allgemeine Staatslehre, Verlag W. Kohlhammer, 1977, S.14.

에 대한 법학적 연구를 배제한 좁은 의미의 국가학이라는 개념이 별다른 의미를 가지기 어렵다고 보며, 따라서 R. Herzog의 주장에 따르면, 국가학을 넓은 의미에서 국가에 관한 모든 연구를 포괄하는 개념으로 이해하고, 국가론을 국가학의 범주에 포함되는 것으로 보는 것이 바람직하다고 본다.[10)]

이렇게 국가론을 국가학의 범주에 포함되는 학문영역이라고 한다면, 국가학의 범주에서 차지하는 국가론의 위치를 밝혀내야 하며, 그와 함께 국가론의 과제를 확정짓기 위해서도 4가지 유형의 국가학과의 상호관계를 통하여 그것을 도출해야 한다. 즉 經驗的 國家學, 理論的 國家學, 實踐的 國家學, 批判的 國家學이라는 학문영역이 추구하는 과제를 살펴보고, 그와 비교하여 國家論이 추구하는 課題가 과연 獨自性을 가지는가를 밝혀야 한다.[11)] 그리고 이러한 논의과정에서 國家學의 범주에 속하는 여러 學問領域들과 國家論의 差異點을 살펴보는 것이 이 단원의 목표가 된다.

1. 經驗的 國家學과 國家論

국가론은 물론이고 모든 국가학은 경험적 국가학의 시각에서 출발한다. 경험적 국가학이란 모든 현상계 가운데서 국가를 경험적으로 서술하고 분석하는 서술적 내지 기술적 국가학이다. 경험적 국가학은 모든 현상계가 이원적인 관점에서 연구되듯이 현실 또는 존재과학과 규범 또는 당위과학의 시각에서 경험적으로 국가를 연구한다.[12)]

먼저 현실과학 또는 존재과학은 객관적 실상의 파악 내지 분석과 관계가 있는 모든 학문영역과 관련되므로 자연과학과 사회과학이 그에 속한다. 그런데 국가론의 중심연구대상인 국가는 일단은 사회적 실상이기 때문에 사회학·정치학 등과 같은 사회과학의 주된 연구대상이다. 또한 국가에 대한 연구가 인간의 문제를 떠나서 논의될 수 없는 점에서 생물학과 같은 자연과학적 연구와 무관하지 않다. 그리하여 자연과학적 연구를 통하여 인간의 생물학적 조건들이 입증되면 될수록 사

9) Roman Herzog, Allgemeine Staatslehre, S.16. 여기서 그는 국가학이란 개념이 왜 이렇게 좁은 의미로 사용되게 되었는지에 대해 설명할 필요는 없다고 한다. 다만 국가학의 개념을 좁게 사용하는 것에서 벗어나게 하는 것은 중요하다고 한다.

10) R. Herzog이 국가론을 국가학의 범주에 회귀시킨 결정을 환영하는 비평으로는 다음의 글을 참조바란다. Peter Häberle, Allgemeine Staatslehre, demokratische Verfassungslehre oder Staatsrechtslehre?, S.123.

11) Roman Herzog, Allgemeine Staatslehre, S.19.

12) Roman Herzog, Allgemeine Staatslehre, S.19f.

회적 실상과 함께 국가적 실상들의 자연과학적 조건들도 경험적 국가학의 연구과제가 된다.

그런데 국가론은 경험적 국가학의 성과들을 포괄하고 이를 보다 깊이 있고 근접하게 기술한다는 점과 현존하는 경험적 틈바구니를 사고를 통하여 채워준다는 점에서 경험적 학문을 바탕으로 한다. 즉 국가론은 자연과학과 사회과학으로부터 특정한 선결문제의 명백화가 이루어져야 하며, 특히 國家論의 가장 중요한 先決問題인 人間의 本質에 관한 문제의 학문적 연구를 필요로 한다. 인간의 본질에 대한 생물학적 연구와 사회적 동물로서의 인간에 대한 사회학적 연구의 도움을 받아, 그것을 능가하는 인간의 본질에 대한 문제를 바탕으로 국가를 연구하는 것이 국가론의 과제가 된다. 따라서 국가론은 경험적 학문영역을 조망하기는 하나 그에 속하지 않기 때문에 경험적 국가학과 다르다. 특히 가장 밀접하게 관련되어 있어서 유사학문으로 자주 비교되고 있는 經驗的 國家社會學과의 관계에서도 國家論은 批判的 國家學으로서의 측면 때문에 理念的인 觀點에서 구분되고 있다.[13] 즉 국가사회학은 한 국가 내에서 사실상의 세력관계, 국가와 사회의 관계, 그리고 사회 내의 다양한 집단화 등을 설명하려 할 뿐 이념적인 것을 고려하지 않는다.[14]

한편 규범과학 또는 당위과학은 사실적 관계를 확립하고 분석하기를 추구하는 것이 아니라 사회 내에서 사실적 관계의 형성을 위하여 어떤 규칙이 존재하고 있는가를 탐구하고, 또한 그 규칙들을 떠받치고 있는 가치체계를 확립하고자 하는 학문영역이다. 그리고 이러한 규범과학은 사회적 내지 국가적 생활의 모든 영역을 규율하는 통일적인 법체계의 확립을 목표로 하기 때문에 국가현상을 토대로 연구한다. 따라서 規範科學을 대표하는 法學은 물론이고 宗教學 ·倫理學(도덕·관습·유행·정치적 기사도 등을 포함하여)도 결국 경험적 국가학에 속하며, 여기서 현대사회에서 가장 중요한 經驗的 國家學은 法學이고, 특히 憲法學이 가장 대표적인 經驗的 國家學에 해당한다. 그리고 모든 국가 또는 보다 많은 국가들에 공통적인 헌법원리들을 연구하고 비교하며 체계를 세우는 것에 관심을 가지는 일반적 내지 비교법적 國法論(Staatsrechtslehre) 같은 전문영역도 경험적 국가학에 속한다.[15]

---

13) Roman Herzog, Allgemeine Staatslehre, S.20.

14) Kuchenhoff, Allgemeine Staatslehre, S.15.

15) Roman Herzog, Allgemeine Staatslehre, S.21. 국가론과 국법론의 상호관계에 대해 국법론을 국가론의 일부분으로 보고, 국법론은 국가를 법질서의 제도로 설명하는 경우도 있다. Kuchenhoff,

그런데 이러한 규범학문들, 그 가운데서도 국법론 및 헌법학 등과 국가론의 관계는 현실과학에 대한 국가론의 관계와 비슷하다. 즉 국가론은 규범과학을 바탕으로 하기는 하지만, 국가론은 현실과학의 일부가 아닌 것처럼 규범학문의 일부도 아니다. 즉 국가론은 경험적 국가학에 속하는 규범과학의 일부분으로서 평가될 수 없으나, 규범학문들이 그에게 제공하는 국가에 관한 요소들이 없이는 연구가 불가능한 관계에 있다.[16)]

2. 理論的 國家學과 國家論

국가에 관한 연구들 가운데서 이론적 국가학은 분석을 통하여 선별된 경험적 국가학의 성과들을 명백히 하고 그와 더불어 그 대상들의 가장 적절한 이해를 가능하게 하는데 과제를 둔다. 따라서 이론적 국가학은 경험적 국가학과는 다른 차원에 존재하며, 여기서는 어떠한 문제설정과 어떠한 방법을 가지고 그 대상에 접근할 것인가의 문제가 중요시된다.[17)]

경험적 국가학을 바탕으로 국가현상을 이론적으로 설명하는 이론적 국가학은 철학과 신학 등에서 본질적으로 논의되는 것과 관련되기 때문에, 결국 國家哲學과 法哲學이 가장 대표적인 理論的 國家學의 학문분야이고, 그리고 國家論이 제3의 理論的 國家學으로 분류되고 있다. 물론 국가형이상학이라는 관점에서 국가철학과 법철학, 그리고 국가론의 관계가 이론적으로 명백하게 구분되는 것은 아니다. 다만 국가를 연구함에 있어서 神의 觀念에 대한 고려여부가 국가론을 구별하는 결정적 요인이 되는 것은 아니지만, 국가철학이나 법철학이 기독교신학의 문제설정과 근본주제로부터 영향을 받지 않을 수 없었던 반면에, 國家論은 神學의 개별적 영역과 독립하여 항상 世俗的이고 現世的인 學問으로 이해되었고, 특히 국가에 관한 연구에 있어서 그 대상에서 神의 觀念을 파악하는 것을 포기한 학문분야가 國家論이라는 점은 분명히 구별이 되고 있다.[18)]

이론적 국가학과 같이 이론적 학문분야에서의 만족할 만한 이론이란 역시 대상의 완전한 이해를 전제로 한다. 국가와 같이 복잡한 대상을 완전하게 파악하고자 하는 이론적 국가학은 국가현상에 대한 가능한 완전한 정보를 필요로 하기 때문에 경험적 국가학의 연구성과에 많이 의존하게 되며, 따라서 귀납적 연구방법의

Allgemeine Staatslehre, S.15.

16) Roman Herzog, Allgemeine Staatslehre, S.21f.

17) Roman Herzog, Allgemeine Staatslehre, S.22.

18) Roman Herzog, Allgemeine Staatslehre, S.22f.

필요성을 부인할 수 없다. 그러나 국가와 같이 그 대상에 관한 정보가 매우 복잡한 경우 진실로 완전한 설명이 불가능한 것이기 때문에, 그 대상에 대한 분석에 있어서나 이론적 설명에 있어서 인간의 직관을 통한 연역이 불가피해진다. 그리하여 이론적 국가학에 속하는 국가철학과 법철학, 그리고 국가론의 경우도 연구방법에 있어서 귀납적 연구방법과 연역적 연구방법이 사용되고 있음은 의심의 여지가 없다. 다만 研究方法에 있어서 國家論은 國家哲學의 形而上學的 부분과 구별된다. 국가철학이 사실에 대한 고찰보다 사변에 몰두한 반면에, 국가론은 정도에 있어서 다양하기는 했지만 항상 사실에 중점을 두어왔다. 그리고 이러한 연구방법의 차이로 인하여 국가론의 형태는 자연히 국가형이상학의 그것과는 근본적으로 다른 형태로 발전하였다.[19]

3. 實踐的 國家學과 國家論

실천적 국가학은 국가현상에 대한 연구를 통해 국가의 실천적 과제를 찾아내려는 학문분야이기 때문에 응용국가학이라고도 불린다. 즉 국가영역에서 일정한 결과가 기대된다고 할 때, 현존하는 관계가 충분한 것인지 아니면 주어진 관계가 변경되어야 하는 것인지, 그리고 변경되어야 한다면 어떻게 변경되어야 하는지에 관하여 안내하는 것을 과제로 하는 것이 실천적 국가학이다. 이렇게 國家領域에서의 豫測과 保障을 연구하는 것이 實踐的 國家學의 特性인 것이기 때문에, 이러한 실천적 국가학에는 경제학, 재정학, 사회정책학 등이 이에 속하나 가장 대표적인 학문분야는 政治學이고, 國家論은 경험적 국가학에 의존하는 점에서는 같지만 實踐的 國家學에 속하지 않는다.[20] 따라서 실천적 국가학과 국가론의 관계에 있어서 핵심은 정치학과 국가론의 관계문제로 집약되며, 政治學과 國家論의 구분은 특히 研究對象의 차이와 研究方法의 상이점에서 찾아지고 있다.[21]

研究對象에 있어서 國家論은 여타의 사회현상으로부터 가리어진 국가를 끄집어내 연구대상으로 하고, 반면에 政治學은 대상에 대한 어떤 제한을 함이 없이 모든 '公的인 現象의 研究'를 目的으로 하고 있다. 다만 국가론과 정치학이 대표적인

19) R. Herzog, Allgemeine Staatslehre, S.24.

20) R. Herzog, Allgemeine Staatslehre, S.28f.

21) 정치학이란 용어는 과거나 오늘날에 있어서도 역사학을 포함하여 국가에 관한 모든 학문분야들을 포함하는 경향도 있으나, 좁은 의미에서는 그의 비판적 측면에서 볼 때, 정치학은 국가생활의 운영과정에서 나타나는 이론적·실천적 경험과학이고, 또한 그것은 공적인 문제에 대한 합목적적인 행위와 그의 합목적적인 형성의 측면에서는 하나의 규범과학이기도 하다고 한다. Kuchenhoff, Allgemeine Staatslehre, S.14.

경험적 국가학 분야인 사회학의 성과를 바탕으로 하고 또한 정치학의 중요부분이 국가와 관련되기 때문에 그 중첩부분의 경우 정치학과 국가론을 구분한다는 것은 쉬운 일이 아니고 명료한 결론이 얻어지기 어렵다.[22]

한편 硏究方法과 土臺에 있어서 양자는 분명히 구별된다. 정치학은 경험적으로 이해된 사회학과 현실과학의 성과에서 그의 연구토대를 찾는 반면에, 국가론은 주로 법학의 경험적 축적물에 기초하고 있다는 점이 그것이다. 즉 政治學은 자신이 기초하지 않으면 아니 되는 사회학 자체가 학문으로서 발전의 초기단계에 있고 또한 유동적인 정치현상을 연구대상으로 하기 때문에 광범위한 영역에서 단순한 가설에 근거하여 논의되지 않으면 안 된다. 그러나 國家論의 경우는 상황이 전혀 다르다. 국가론의 경험적 기반인 법학의 경우 제정된 법률의 경우는 물론이고 판례와 이론에 관한 문헌과 자료가 엄청나게 축적되어 있어서 이러한 경험기반에 근거하여 매우 정교한 사고전개가 가능하기 때문이다. 즉 법적인 관점에서 아직 한번도 상론되지 않은 국가생활과 국가형성의 문제는 전혀 없었고, 또한 국가론의 고찰에 있어서 법이론을 통한 문제해결에 직접 도입될 수 없는 문제는 전혀 없다. 따라서 근본적 경험기반으로서의 法理論에 기초한 國家論은 필연적으로 실천적 경험에 기초한 정치학보다 국가의 문제에 관한 한 세대를 초월하여 보다 상세하고 정교한 설명을 할 수 있는 것이다. 그리고 이렇게 국가론의 경험바탕은 다양한 법규정에 의해 규율되는 국가생활의 문제와 이러한 법규정에 의해서 추구되는 문제해결의 시도들과 결합된 총합체이지만, 國家論은 現實學問 또는 存在學問과의 접촉을 거부하는 것이 아님은 분명하다.[23]

4. 批判的 國家學과 國家論

국가에 관한 연구는 궁극적으로 국가현상에 대한 비판과 함께 국가가 지향해 나가야 할 방향을 제시하는 것이어야 한다. 비판적 국가학은 모든 국가학의 최종적 종착점인 것이다. 그런데 이 비판적 국가학에 속하는 것으로는 정치학의 여러 분야가 이에 속하는 것으로 설명될 수 있다. 즉 기능론, 제도론, 정책론의 대표자들은 비판적 국가학을 지향하는 것으로 주장한다.[24] 그러나 서양사에 있어서 국

22) R. Herzog, Allgemeine Staatslehre, S.30f.

23) R. Herzog, Allgemeine Staatslehre, S.31f.

24) R. Herzog, Allgemeine Staatslehre, S.33. 그러나 R. Herzog의 주장에 따르면 실제로 독일의 경우 정치이론은 압도적으로 일반적인 정치적 신조에 연구가 한정되었고, 더 나아가서는 정치적 이념사에 국한되어 온 것에 불과하다고 한다. 달리 표현하면 현재의 실천적 정치철학이 아니라 단지

가학 내부에서도 그러한 실제적 상황에 대한 비판이 행해졌고, 그에 관해 많은 정치철학의 작품들이 출현하였으며, 그 저자들은 많은 박해를 받았다. 이것은 결국 國家倫理學으로서의 國家形而上學과 함께 당시의 상황에 대한 내부적 정당화에 따르는 의문을 던지는 國家哲學이 批判的 國家學의 중요한 부분이었음을 의미한다.[25] 즉 국가철학은 인간존재의 총체적 상호관계에서 국가의 의미를 추구하며, 따라서 역사적 내지 현실적 국가형성에 구속됨이 없이 國家의 正當性, 國家의 目的, 그리고 보다 나은 國家의 形成을 탐구한다. 국가철학은 존재의 세계에 있는 국가의 의미내용과 상호의미관계를 확립하려고 할뿐만 아니라 그를 통하여 이념의 세계에서 국가를 평가하고 출현된 국가형태를 평가하려고 한다는 점에서 비판적 국가학의 주요 분야이다.[26]

그러나 국가론의 경우 그가 갖는 귀납적 내지 연역적 학문의 특성으로 인하여 비판적 국가학에서 가장 중요한 위치를 차지하고 있다. 일반적으로 경험적 토대에 기초한 학문들이 실증주의적 관점 때문에 현실에 쉽게 굴복하는 것에 비하여, 規範的 土臺에 기초한 國家論과 같은 학문은 오히려 실증주의에 경고와 주의환기를 한다는 점에서 주목받게 된다. 경험적 국가학이 현존하는 것으로서나 또는 실제로 가능성이 있는 것으로 제시한 것들과 경험적 국가학 자체가 그의 이론적 의미를 추구하는 모든 사실들에 대하여 심사하고 평가하는 것이 국가론의 가장 중요한 과제의 하나이기 때문이다.[27]

5. 小結

결국 國家論은 人間의 本質에 대한 문제를 바탕으로 國家를 硏究하는 학문분야이다. 그러나 국가론에 있어서 국가에 관한 연구는 자연과학과 사회과학에 속하는 생물학 · 정치학 · 사회학 · 경제학 · 재정학 등과 같이 단순히 存在論的인 觀點에서 이뤄지는 것이 아니라 경험적인 국가학을 바탕으로 하는 理論的 國家學으로 평가된다. 또한 이론적 국가학에 속하는 다른 학문분야인 國家哲學 및 法哲學과 달리 國家論은 神의 觀念을 포기한 세속적이고 현세적인 학문으로 이해된다. 한편 국가론은 실천적 국가학에 속하는 정치학 · 경제학 · 재정학 · 사회정책학 등과

정치철학의 역사 또는 기껏해야 이전 세대의 사변적 철학만이 정치이론에서 전개되어 왔다는 것이다.

25) R. Herzog, Allgemeine Staatslehre, S.34.

26) Kuchenhoff, Allgemeine Staatslehre, S.15.

27) R. Herzog, Allgemeine Staatslehre, S.33f.

달리 실천적 국가학에 속하지 않는다. 다만 국가론은 가설에 근거하기보다는 경험적 기반이 풍부한 법학적 연구성과를 기반으로 하기 때문에 실천적 국가학에 의존하지 않을 수 없다. 그리고 國家論은 政治學과 國家哲學 등과 함께 비판적 국가학의 중요한 부분임은 물론이나 國家論의 경우 그것이 갖는 귀납적 내지 연역적 학문의 특성으로 인하여 批判的 國家學의 가장 중요한 역할을 담당한다는 점을 알 수 있다.

따라서 국가론은 모든 국가학의 연구영역들과 다양하게 서로 교차되고 있고, 그러한 개별학문들의 요소들과 연관되어 있음을 알 수 있다. 다만 그럼에도 불구하고 國家論은 國家로서의 그것(國家性)의 本質과 意味를 설명하려는 것을 그의 특별한 과제로 하는 것이며, 그것이 다른 학문영역과 구별되게 한다. 아무튼 국가론은 광의의 국가학에 속하면서도 독자성을 가지는 중요한 학문분야임을 의심할 수 없다. 그리고 國家論은 국가에 관한 연구 가운데서 法學的 硏究를 주로 하는 학문영역임에 틀림없다. 그러나 국가학을 협의로 이해하려는 경향에 따른다면 국가학은 법학적 연구를 제외한 국가에 관한 모든 학문을 지칭하는 것으로 볼 수도 있고, 아울러 이러한 의미의 국가학은 넓은 의미의 정치학으로 불리기도 한다는 점을 주목해야 한다.

Ⅲ. 國家論의 課題

1. 國家論의 硏究對象 : 一般國家論과 特殊國家論

국가론은 그 연구대상을 중심으로 일반국가론과 특수국가론으로 구분된다. 특수국가론은 개별국가에 존재하는 국가성에 관한 이론의 전개를 연구대상으로 함에 비하여, 일반국가론은 개별국가의 특수성을 배제하고 대다수의 국가들에서 공통적으로 논의될 수 있는 국가성의 문제에 관한 포괄적 이론을 연구함을 목표로 한다. 대개 국가론을 논의하는 경우 그것은 주로 일반국가론을 의미함은 물론이며, 여기서도 국가론은 일반국가론을 의미한다.

그런데 일반국가론의 경우 대다수의 국가들을 연구대상으로 하는 것이기 때문에 거기에는 일정한 한계가 있게 마련이다. 즉 일반국가론에서 연구되는 국가의 수가 어떤 시점을 토대로 연구하더라도 너무 많기 때문에 그 모든 국가들을 동일한 기준으로 학문적으로 간파하고 일반국가론의 이론적 틀 속에 동일하게 접합시키는 것은 가능하지가 않다. 특히 헌법체제에 관하여 실로 세계적인 이해와 운용에 기초하여 저작된 것으로 알려진 G. Jellinek의 포괄적인 일반국가론의 경우도 모든 국가의 현상을 해석한 국가론과는 거리가 먼 것으로 보는 것이 확실하다. 즉 유럽 이외의 헌법체제를 끌어들여 쓴 것으로 되어 있으나, 핵심에 있어서는 유럽 국가들의 국가형태이론에 해당하는 법학적 내지 사회학적 실증주의 국가론인 것이다.[28]

뿐만 아니라 국가론이 시간적인 차원에서도 일반성을 요구한다면, 일반국가론의 한계는 더욱 문제가 된다. 앞에서 지적한 것처럼 조사해야 할 국가의 수가 엄청나게 많을 뿐만 아니라 하나의 국가의 지속적인 전개과정을 고려하려면 그 숫자는 무한하게 늘어갈 것이기 때문이다. 더군다나 국가학과 국가론의 관계를 통하여 살펴보았듯이 국가론이 다양한 국가학적 연구를 토대로 연구되어야 한다는 것을 고려한다면, 극복하기 어려운 한계들이 토대의 불확실성을 가져올 것이기 때문에 일반국가론은 한계에 부딪힐 수밖에 없다.[29]

그리하여 현대의 국가론 연구자들은 일반국가론의 학문적 일반성에 관한 딜레마로부터 탈출하기 위하여 일정한 주제에 적합하게 한정시킨 일반국가론의 전개를 주장하고 있다. 그 대표적인 예가 H. Krüger인데 그는 가장 분명하게 국가론의 연구대상에 대하여 한정을 시키고 있다. 즉 그는 풍부한 국가현상 내지 국가현상과 유사한 현상들로부터 자신에게 매력을 끌게 하였고 또한 유럽의 문화영역에 있어서 특히 중요한 하나의 국가형태를 도출해 냈고, 그 국가형태를 그는 현대국가로 명명했으며, 그 국가형태를 유일한 그의 연구대상으로 하였다. 그리고 다른 하나는 정치학에서 착수된 제한인데, 여기서는 민주국가의 이론이란 것에 근거하여 국가론의 주제에 적합한 절제가 행해진다. 즉 민주적 헌법을 소유하고 있거나 민주적 헌법을 얻으려고 노력하는, 아니면 적어도 과거에 민주적 헌법을 소유했던 국가들만을 연구대상으로 한다.[30] 결국 오늘날의 국가론은 유럽국가들을 비롯한 민주적이라고 타이틀이 붙은 현대국가들만이 그 연구대상이 될 수 있음을 알 수 있다.

28) R. Herzog, Allgemeine Staatslehre, S.36.
29) R. Herzog, Allgemeine Staatslehre, S.36.
30) R. Herzog, Allgemeine Staatslehre, S.37.

2. 國家論의 硏究內容

국가론의 연구내용에 대한 확립된 기준은 없다. 국가론을 전개한 학자들마다 강조점이 다르고 연구내용도 모두 다르기 때문이다. 즉 國家論은 특수한 國家의 國家性도 연구되어야 하겠지만, 결국 대다수 민주국가들이 공통으로 처하고 있는 國家性의 問題, 즉 民主國家들이 다른 사회적 현상들과 구별되는 것들의 理論을 발전시키는 것이 國家論의 課題요 內容이 되어야 한다는 점을 인정하면서도 다양하게 전개되고 있다. 다만 대표적 저작물들을 종합할 때 다음과 같은 공통점을 찾을 수 있다.

국가론의 연구내용은 앞에서 허영교수가 지적한 내용들이 핵심이 됨은 물론이다. 그것을 다시 정리하면 다음과 같이 설명할 수 있다. 첫째, 國家論은 무엇보다도 國家와 社會의 關係를 설명하는 것으로부터 출발한다. 國家性의 問題는 다원적인 사회세력(노조·경영자단체 등의 각종 압력단체 및 교회 등을 포함하여)과의 대립을 넘어 모든 사회세력을 통합시키는 것에서 그 의미를 찾을 수 있기 때문이다. 그와 더불어 國家論은 國民과 社會 및 國家의 相互關係도 논의해야 하며, 여기서는 國家의 槪念에서 시작하여 國家의 本質的 根本要素(3요소)가 설명되어야 할 것이다. 둘째, 國家論은 國家性의 徵標에 해당하는 것으로서 國家統治機構와 國家形態에 관한 것을 연구내용으로 한다. 여기서는 국가형태의 문제는 물론이고 主權에 관한 문제 및 國家의 權力獨占을 상징하는 國家權力의 문제, 國家機關과 그 국가기관의 조직원리로서의 權力分立의 문제 등이 고려되어야 한다. 셋째, 國家論은 國家의 本質과 관련하여 國家의 發生起源은 물론이고 國家의 目的과 課題가 언급되어야 한다. 그리고 국가의 목적과 과제를 실현함에 있어서 가장 핵심이 되는 國家의 意思形成의 方法과 節次 및 統制의 문제가 고찰되어야 한다. 뿐만 아니라 여기서는 그 목적과 과제의 실현여부와 관련하여 國家權力의 正當性에 관한 문제를 논의하는 것이 불가피하게 된다.[31] 넷째, 國家論은 國家의 目的과 課題를 그 자체에서 찾기 어렵다. 國家는 自己目的的인 존재가 아니기 때문이며, 또한 국가의 목적과 과제의 문제는 基本權이라는 價値 내지 規範的인 觀點에서 논의될 수 있는 것이기 때문이다. 따라서 國家論에서는 基本權保障과 그것을 관

31) 이와 관련하여 국가론은 단순히 국가의 본질적 근본요소(3요소)들의 결합물로서만 고찰하는 것은 충분하지가 않다는 주장이 대부분이다. 즉 국가론은 국가개념의 논의와 국가목적 및 국가형태에 관한 입승의 문제를 넘어서야 하며, 오히려 국가를 지향하는 학문적 작업은 국가권력의 정당성과 정치적 의사형성의 방법, 아울러 구체적인 국가적 급부제공과 문제해결 등을 연구주제로 해야 한다고 본다. J. J. Hesse, Aufgaben einer Staatslehre heute, S.60.

철시키기 위한 國家의 構造的 原理가 규명되어야 한다.32)

3. 國家論의 課題

국가론의 연구대상에서 지적했듯이 오늘날의 국가론은 이미 서구 선진국을 비롯한 민주국가를 전제로 연구되고 있다. 이것은 결국 국가론이 현존하는 국가에 대한 연구에 그치지 않고 現代國家가 나아가야 할 理想型을 찾고 있다는 것을 의미한다. 또한 이것은 국가론을 통하여 추구된 이상적 모델을 기준으로 그러한 기준에 달하지 못한 국가의 경우 비판의 대상이 되어야 함을 의미한다.

아무튼 국가론은 적어도 현실에 대하여 침묵하여서는 아니 된다. 國家論이 전통적으로 理論的 國家學에 해당하는 것으로 인식되었던 것이 사실이나, 國家論이 理論的 國家學의 범주에 머무르고 批判的 國家學으로서의 측면에서 요구되는 과제를 소홀히 한다면 학문으로서는 서론에 머무르고 마는 것이다. 따라서 국가론이 비판적 국가학으로서의 과제를 완수하기 위해서는 항상 독자적으로 탐구된 기준에 따라 國家라는 주어진 與件을 평가하는 규범적 학문이 되어야 하고, 또한 정치학의 가능성과 같은 국가라는 주어진 여건에 대하여 규범적 학문의 적확한 인식에 근거하여 설득력 있는 當爲를 제시하는 規範的 學問이 되어야 한다.33) 政治學과 같은 존재과학이 국가현상을 단순히 설명할 수 있음에 비하여, 國家論은 당위과학을 전제하기 때문에 국가론을 통하여 확립된 기준에 따라 國家가 자신에게 부과된 目的과 課題를 충실히 수행하고 있는가에 대한 監視를 통해 國家權力의 正當性을 평가하는 규범학문이 되어야 한다.

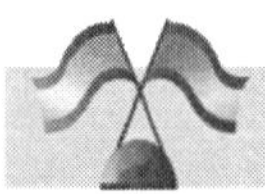

제3절 國家論과 憲法學의 相互關係

I. 國家論과 憲法學의 連繫의 重要性

국가와 헌법의 상호관계가 서로 영향을 주고받는 관계에 있음에도 불구하고,34)

---

32) 바로 이런 관점에서 허영교수가 국가기능론을 논하고 있는 것이라고 본다.

33) R. Herzog, Allgemeine Staatslehre, S.34.

34) Josef Isensee, "Staat und Verfassung", in: Handbuch des Staatsrecht, Zweite Aufl., Bd. I, C. F. Müller Verlag, 1995, S.591-661. Josef Isensee, 이승우譯, 국가와 헌법, 세창출판사, 2001.

우리의 학문적 조류에 따르면 국가와 헌법의 상호관계에 관한 논의는 헌법학에서는 다뤄지지 않고 있다. 그것은 우리의 헌법학이 오히려 순수한 헌법이론과 헌법해석에 치우쳐온 결과라고 본다. 그러나 앞에서 살펴본 것처럼 헌법학은 국가에 관한 연구를 도외시하고 설명될 수 없으며, 특히 법률학에 바탕을 두고 국가에 대한 연구를 하고 있는 국가론에 대한 인식과 도움 없이는 활력을 기대할 수 없다는 점을 알 수 있다. 여기서는 헌법학과 국가론의 연계의 중요성을 살펴보기로 한다.[35)]

오늘날 憲法學은 그 硏究對象을 憲法國家에 둔다. 그런데 헌법국가의 國家性은 규범적인 측면과 그것을 초월하는 측면을 동시에 내포하고 있다. 헌법학은 현실의 국가를 고찰하며 또한 현실의 국가는 필연적으로 헌법적 기초를 가진 국가이기 때문에, 헌법학의 대상인 헌법국가를 연구함에 있어서 우리는 불가피하게 국가성을 전제하지 않으면 안 되는 이유가 여기에 있다. 따라서 "헌법은 국가를 특징지어 주면서 또한 헌법의 입장에서는 헌법은 국가를 통해 특징지어 진다. 결국 국가성은 규범적인 것을 초월하는 개념이며, 국가는 헌법의 대상이자 전제조건에 해당한다. … 國家와 憲法은 憲法國家속에서 하나의 完全하고 특수한 統一體를 형성하는 것이기 때문에, 憲法學은 '國家와 憲法은 槪念的으로 區別된다'는 사실만은 承認하되, 양자와 관련된 여러 요소들을 실체적으로 나누거나 고립시켜 이해해서는 안된다"는 J. Isensee의 주장을 우리는 주목해야 하며,[36)] 이것은 또한 憲法學이 人間의 本質에 관한 문제를 바탕으로 國家性 내지 國家에 관한 硏究를 하는 國家論과 연계하여 연구되지 않으면 안 된다는 사실을 보여주고 있다.

뿐만 아니라 헌법학의 가장 중심이 되는 憲法解釋學을 전개함에 있어서도 J. Isensee의 다음과 같은 주장은 결코 간과해서 안 된다. "어느 國家의 憲法을 막론하고 國家性의 槪念을 명문으로 규정하고 있는 경우는 없다. 그러나 憲法規定上의 欠缺을 補充하며, 機能關係 내지 意味關係를 밝혀내는 해석과정에서 국가성의 개념이 간접적으로 추론되고 가시화되는 것을 헌법학은 배제하지 않는다. 예를 들면 自由民主主義의 決斷節次와 決斷權限의 이면에는 決斷의 統一體와 作用의 統一體라는 國家原理가 내포되어 있고, 國家機能에 관한 헌법적 규정은 國家의 最高性, 權力獨占, 그리고 對內的 主權과 같은 현대국가의 기본구조에 대한 귀납적

35) Josef Isensee, "Staat und Verfassung"를 번역하고 국가와 헌법의 내용을 정리하여 체계적으로 설명한 것으로는 다음 논문을 참조하라. 이승우, "헌법과 국가의 상호관계에 관한 연구", 공법연구 제29집 제3호, 2001, 203면 이하.

36) Josef Isensee, "Staat und Verfassung", S.592f.

추론을 가능하게 하는 의미가 들어 있다. 따라서 憲法解釋學에서는 國家에 대한 先理解(Vorverständnis)가 憲法條文에 대한 이해를 가능하게 하는 必須的 條件이다. 즉 국가란 무엇이고 또는 무엇일 수 있는가에 관한 豫備知識(Vorkenntnis)은 헌법조문에 내재하고 있는 국가구조에 관한 연구에 있어서 불가피하고, 마찬가지로 憲法內在的 分析은 헌법 이전의 전체형상, 즉 憲法制定權者가 根據를 둔 國家槪念에 의존하여 전개될 수밖에 없다"고 한 것이 그것이다.37) 이것은 헌법의 규정내용이 완전무결한 完成品이 될 수 없다는 것을 전제한다면 너무나 당연한 귀결이다. 즉 憲法은 解釋을 통한 欠缺의 補充이 너무나 당연한 未完成品이기 때문에 '國家' 또는 '國家機構' 등과 같은 개념과 권능의 범위를 해석할 때, 國家論을 통해 정리된 國家理解가 필수적으로 전제되어야 한다는 것이다.

II. 憲法과 國家의 相互關係

경험적 국가학에 관한 논의에서 지적했듯이 국가현상은 존재과학과 당위과학의 측면에서 고찰의 대상이 됨을 알 수 있다. 그리고 그 당위과학의 측면에서 볼 때, 모든 국가사회에는 모든 영역에 효력이 미치는 법체계가 존재한다는 것이며, 그 법체계는 국가를 이해함에 있어서 중요한 구성요소가 된다. 극단적인 경우 H. Kelsen의 경우와 같이 規範主義的 觀點에서는 國家는 法秩序로 이해되기도 한다. 아무튼 앞에서 살펴본 국가론의 위치와 과제에 비추어 국가론이 그 바탕으로 삼고 있는 법률 가운데서도 헌법과의 관계를 살펴보는 것은 매우 중요하다.

그런데 '헌법과 국가의 상호관계'에 관한 구체적 논의에 앞서 독일의 전통적 사고방식을 살펴보는 것은 중요하다. 독일에서는 헌법은 국가와 반목하는 것으로 되어 왔고, 그 국가는 前民主主義的인 구조의 잔재로서 이해되어 왔으며, 실제로 국가와 헌법을 모순된 크기로 간주하는 전통적인 독일식 사고방식이 존재한다고 한다. 예컨대 19세기와 20세기의 독일의 국법론은 그 자신의 국가개념 속에 전적으로 민주주의, 자유권, 그리고 다원주의에 역행하는 관료주의국가의 폐쇄성, 주권, 그리고 초당파적 중립성에 관한 진부한 이상, 즉 '반민주적 이상의 잔재'를 담고 있다는 비판이 있다고 한다.38) 그리고 이러한 국가와 헌법이라는 이름으로 논의되는 갈등은 민주주의와 관련하여 사실상 한쪽은 민주적인 것으로서의 순수한 헌

37) Josef Isensee, "Staat und Verfassung", S.598f.
38) Josef Isensee, "Staat und Verfassung", S.599f.

법으로, 다른 한쪽은 비민주적인 것으로서의 국가로 간주되는 점에서 비롯되는 것으로 보고 있다. 그러나 민주주의와 관련하여 논의되는 그와 같은 국가와 헌법의 상호관계는 국가에 대한 당면 문제점과 관련이 없는 잘못된 것이라고 본다. 즉 중요한 것은 민주주의를 선험적인 국가개념에 종속시키는 것이 아니라 민주주의에 적합하고 민주주의에 실체적 통일성을 형성해 주는 국가구조를 제시하는 것이 중요하기 때문에, 국가에 대한 전통적 해석들은 그 해석이 현대의 헌법적 소여들에 부합하는지, 아니면 그것들에 적응해 나갈 능력이 있는지, 그리고 있다면 어느 정도 부합하고 가능한지를 검증되어질 수 있도록 해야만 한다고 한다.[39)]

아무튼 헌법과 국가의 상호관계를 살펴봄에 있어서, 우선 헌법은 법질서의 최상위에 위치하는 최고규범이고 근본규범이기 때문에 국가론의 바탕인 법질서와 국가의 관계를 살펴보는 것으로부터 출발해야 한다. 다만 국가와 헌법의 상호관계를 이해하기 위하여 國家는 法秩序의 안과 밖에 동시에 존재한다는 사실을 주목할 필요가 있다. 여기서 법질서 밖에 국가가 존재한다고 하는 것은 국가가 법질서 창조의 원천이고, 국가가 법질서의 사실상의 관철의 보장자라는 점에서이고, 또한 국가는 전형적인 활동수단으로 법을 사용한다는 점에서 그러하다. 반면에 국가가 법질서 안에 존재한다는 것은 국가는 스스로 권리와 의무의 주체로서 법과 연결되어 있고, 법률관계의 그물 속에 얽혀 매여 있으며, 국가는 스스로를 법질서의 규율대상으로 삼고 있다는 점에서 그렇다.[40)]

이렇게 국가는 법질서의 안과 밖에 존재한다는 사실을 전제하면서 國家와 憲法의 相互關係를 살펴보면 다음과 같이 정리해볼 수 있다. 첫째 국가와 헌법의 상호관계를 단적으로 제시하는 主體의 관점에서 볼 때, 국가는 헌법의 의무수신인으로서의 과제와 헌법의 수호자로서의 과제를 이중적으로 가지고 있다는 점이다. 즉 국가는 헌법적 규율의 대상이지만 동시에 국가는 헌법의 효력을 뒷받침하는 조건이기도 하며, 국가는 헌법의 규범력에 스스로 복종하고 또한 헌법에 실제적 효력을 부여하는 주체가 되기도 한다.[41)] 둘째 국가와 헌법의 상호관계는 서로간에 어떤 영향을 미치고 있는가를 통해서도 알 수 있다. 먼저 存在論的인 觀點에서 國家는 憲法의 對象이고 前提條件이다. 國家는 憲法에 先行하며, 憲法은 國家를 創設하는 것이 아니라 國家를 보다 상세하게 形成하는 존재이다. 즉 國家를 통하여 憲法은 制限을 받는 關係에 있는 것이다.[42)] 다른 한편으로 國家는 憲法에서 완전한

39) Josef Isensee, “Staat und Verfassung”, S.600.
40) Josef Isensee, “Staat”, in: Staatslexikon, 7. Aufl. Bd. 5, Görres Gesllschaft, 1989, S.145f.
41) Josef Isensee, “Staat”, S.150.

形態를 갖추게 된다. 헌법은 국가로 하여금 형식적 조직으로서의 국가가 스스로에 의해서는 내세울 수 없는 실질적 정당화를 조달할 수 있게 하며, 그것을 통하여 국가적 통일을 의미 있게 완성하고 강화할 수 있게 한다. 즉 憲法을 통하여 國家가 制限받는 關係에 있다는 것이다.[43]

아무튼 과거 독일의 국법론에서 논의된 사항들이기는 하지만, 현대의 헌법국가의 시각에서도 의미를 잃지 않고 있는 '헌법과 국가의 상호관계'에 대해 살펴보면 다음과 같다.

1. 憲法과 國家의 相互關係에 관한 論議의 出發點으로서의 國家性

오늘날 헌법학의 시각에서 헌법과 국가의 상호관계를 논의하기 위해서는 국가성(Staatlichkeit)에 관한 규명이 전제되어야 한다.[44] 헌법학적 내지 헌법이론적 연구에 있어서 국가라는 용어는 다양하게 사용되고 있기 때문이다. 국가성에 관한 논의에서 주목할 내용은, 첫째 국가라는 용어는 좁은 의미에서 통치조직 내지 국가권력의 행사자(Staatsgewalt)로 사용되는 반면에, 넓은 의미에서는 국가와 사회를 포함하는 전체로서의 공동체(Gemeinwesen)로 이해된다. 여기서 俠義의 國家槪念은 국가를 사회의 대립물로서 이해하며, 국가는 기본권적 자유의 주체이면서 동시에 국가에 복종하는 개인과 단체들의 전체를 위한 국가이론적 대명사이고, 사회적 법치국가의 재분배과정에서 기본권의 수취인임과 동시에 보장자의 관계에 있다. 국가는 기본권적 자유에 대한 헌법적 보장자이고 기본권적 자유의 상대방인 것이다. 한편 廣義의 國家槪念은 국가를 사회의 대립물로서가 아니라 국가와 사

---

42) Josef Isensee, "Staat", S.150f. 이러한 국가의 선재성에 대해 국가와 헌법의 상호관계를 논의하는 국내학자들의 경우 대부분 반대하고 있음에 대해서는 제1장 제3절과 다음 글을 참조하기 바람. 이승우, "헌법과 국가의 상호관계에 관한 연구", 201면 이하.

43) Josef Isensee, "Staat", S.151. 이러한 문제가 국내학자들의 글 가운데 '헌법의 국가창설적 기능'으로 표현되고 있음을 주목하자.

44) Peter Häberle도 "Allgemeine Staatslehre, demokratische Verfassungslehre oder Staatsrechtslehre?"라는 논문(S.124.)에서 "국가성, 예컨대 주권, 권능, 공공복리, 산업사회 등과 같은 개념들의 되돌아갈 영역은 무엇인가? 민주적 헌법을 위한 가정되지 않은 이미 주어진 선재하는 국가성이란 존재하지 않는다. 그와 함께 국가성은 결코 정치공동체의 그때그때의 헌법에 만족하지 않는다. 다시 말해서 현상태는 실정화된 이상적인 것으로서 고정된 것으로 될 수 없다. 왜냐하면 국가성은 그의 공개적인 단초 때문에, 주권적 국가성과 같은 백지위임적 형식에 빠지지도 않고(Forsthoff), 상황의 기준에 따르는 과제에 빠지지 않으면서도(Krüger), 그때그때의 헌법을 축출해 버리는 방향점과 절차를 마음대로 처리하기 때문이다. 국가성은 한계가 없을 뿐만 아니라 평가할 수 없는 것이다"고 하면서, 오늘날 국가이론과 헌법이론의 핵심문제는 국가성과 헌법내용의 관계에 대한 의문점이라고 한다.

회를 포함하는 전체라는 의미로 사용한다. 즉 넓은 의미의 국가는 국가적으로 기초된 일반성, 국민의 결합체, 공동체로서 이해된다.[45]

둘째 국가는 수평적 측면에서는 전체국민의 협력체인 인간집단이고, 수직적인 측면에서는 국가권력 하에 종속하는 전체국민의 통치단체이다. 민주주의원리는 국민이 국가권력의 원천으로서 그리고 국가기관의 창조의 원천으로서 기초된다는 점을 통하여 이 국가의 수평적 측면과 수직적 측면을 결합시켜주고 있다.[46]

셋째 국가라는 용어는 현실적 존재임과 동시에 법적 존재이다. 국가는 현실세계의 현상임과 동시에 도덕적 내지 법학적 차원인 당위의 세계에서도 본질상 불가피하게 논의되는 존재이다.[47] 따라서 국가는 순수한 당위의 차원으로 올라가 법질서와 동일시 될 수 없다.[48] 국가는 법질서의 안과 밖에 동시에 존재하기 때문이다. 국가가 법질서 밖에 존재한다는 것은 국가가 법창조의 원천이고, 국가가 법질서의 사실상의 관철의 보장자라는 점에서이며, 또한 국가는 전형적인 활동수단으로서 법을 사용한다는 점에서 그러하다. 또한 국가가 법질서 안에 존재한다는 것은 국가는 스스로 권리와 의무의 주체로서 법과 연결되어 있고, 법률관계의 그물속에 얽혀 매여 있으며, 국가는 스스로를 법의 규율대상으로 삼고 있다는 점에서 그러하다.[49]

결국 국가라는 용어가 다의적으로 사용되고 있기 때문에 헌법과 국가의 상호관계도 이러한 국가성에 대한 이해아래 논의되어야 한다. 헌법은 오늘날 국가성의 징표로서 가치를 가지고 있기 때문이다. 특히 앞에서 지적한 것처럼 국가는 법질서의 안과 밖에 동시에 존재하는 것이라는 점에 주목하여 헌법과 국가의 상호관계를 살펴보는 것은 중요하다. 즉 모든 현실의 국가는 불가결하게 하나의 헌법을 가진다는 점과, 그 헌법은 국가의 정치적 존립에 관한 특정한 형식이고, 확정되어 있는 힘의 상태이며, 통치관할권에 대한 효율적인 질서이고, 승인된 정당화의 모형이라는 점을 통하여, 헌법과 국가의 상호관계가 설명되어야 한다. 이에 대한 자세한 논의는 다음에서 살펴보겠지만 결론을 먼저 제시한다면, 국가는 헌법의 의무수신인으로서의 과제와 헌법의 수호자로서의 중요한 과제를 이중적으로 가지고

45) Josef Isensee, "Staat", S.144.
46) Josef Isensee, "Staat", S.145.
47) 이러한 국가의 경험적 내지 법적 존재형식은 G. Jellinek에 의하여 사회학적 국가개념과 법학적 국가개념으로 확립되어 있다.
48) H. Kelsen이 국가를 법질서와 동일시 한 것은 법학적 국가개념을 규범주의적인 관점에서 단순화시킨 것이다.
49) Josef Isensee, "Staat", S.145f.

있다는 것이다. 그리하여 국가적 조직은 헌법적 규율의 대상이지만, 그러나 역시 헌법의 효력을 뒷받침하는 조건이기도 하다. 즉 국가는 규범력에 스스로 복종하고 헌법에 실제적 효력을 부여한다. 그러나 헌법은 국가에게 규범적 구조와 실질적 정당성을 제공한다. 이것은 실제적 헌법(Realverfassung)과 규범적 헌법(normative Verfassung)으로 구분하는 근거가 되며, 이 개념들은 국가권력이 헌법규범의 효율적인 관철을 보장하는 경우에 충족될 수 있게 된다.[50]

2. 國家를 통한 憲法의 제약 : 國家의 先在性 問題

(1) 序言

계몽주의시대 이후로 국가는 인간의 계획과 형성의 대상으로 나타나고, 조직적인 것, 조세를 받는 것, 규율하는 것으로 나타난다. 헌법은 그때부터 규범적 중요성을 획득하게 되고, 국가의 정당한 근본질서에 대한 법적 구속력이 있는 윤곽으로 나타난다. 즉 국가통치의 근거와 목적, 한계, 그리고 최고통치기관의 권한과 국가와 시민의 근본적 관계 등이 본격적으로 논의되며, 특히 실질적 의미의 헌법이 형식적 의미의 헌법으로 발전하는 과정에서 본격적으로 논의된다.[51] 그리고 이러한 경향에 비추어 앞에서 살펴본 국가 내지 국가권력의 선재성에 관한 문제가 제기되었음은 물론이다. 즉 국가 내지 국가권력이 당연히 선재하는 것이고, 그것은 당시의 군주의 소유대상으로 평가되었던 것이며, 이에 반하여 계몽주의시대 이후로 국가 내지 국가권력은 인간의 계획과 형성의 대상이란 사상이 대두되면서 의문이 제기된 것이다.

국가 내지 국가권력이 군주의 소유대상이 아니게 된 오늘날에 있어서는 과연 국가는 헌법에 의하여 창조된 것에 불과한가의 의문이 제기된다. 이에 대해 헌법 前文은, 특별히 독일법상의 테마라는 측면을 넘어서서, 국가가 헌법 이전에 존재하며 또한 국가의 존재가 헌법제정을 통하여 훼손되지 않는다는 것을 확실히 하고 있다. 그것은 독일의 기본법이 현실의 국가와 당시 분열되었으나 재통일되어 설립되어야 할 전체독일국가 사이의 상위점을 인식하며 제정될 수밖에 없었던 사실이 그것을 입증한다.[52] 아무튼 헌법전문의 추론 이외에도 다음과 같은 문제들을 고려함으로써 국가가 헌법 이전에 존재하는가의 의문점을 해결해야 한다. 즉

50) Josef Isensee, "Staat", S.150.
51) Josef Isensee, "Staat", S.150.
52) Josef Isensee, "Staat und Verfassung", S.595.

國家의 先在性은 存在論的으로나 法的으로, 그리고 歷史的으로 意味가 있다는 것이 그것이다.

(2) 國家의 存在論的 觀點 및 憲法制定權力理論의 觀點

존재론적인 관점에서 國家는 憲法의 對象이고 그의 前提條件이다. 그것은 헌법의 공간적·대인적·시간적 효력이 국가권력의 효력범위에 의존하게 된다는 점에서 그러하다. 그리고 만약 위와 같은 점들을 주목한다면 國家는 憲法에 先行하고 있음을 알 수 있다. 즉 憲法은 國家를 創設하는 것이 아니라 國家를 보다 상세하게 形成시키고 있음을 알 수 있다. 하나의 새로운 憲法은 無로부터의 創造物인 것이 아니라 現存하는 國家的 構造와 연관된 것이다.[53] 국가가 헌법에 선행하고 있다는 존재론적 관점에서의 문제는 헌법제정권력이론을 살펴보면 그 의미를 보다 분명하게 알 수 있다.

헌법제정권자는 있는 그대로의 자신의 국민들과 자신의 공간적 상황, 그 자신의 자기주장의 필연성들, 그리고 자신을 규율하고 있는 주어진 여건(소여)들에 맞춰 적응시켜야만 한다. 그리고 그 결정요인들에는 권력상황과 조직구조 뿐만 아니라 법률문화와 정치적 문화, 경제적 조건들과 사회적 조건들, 현실적인 정치적 요구들과 살아있는 전통들이 그에 속한다. Hegel의 시각에서 보면, 그것은 헌법을 위한 전제조건을 이루고, 헌법을 제정할 때에 주장되며, 또한 궁극적으로 헌법을 해석할 때에 효력을 발하게 되는 共同體의 客觀的 精神이 憲法制定의 對象이요 前提條件이다. 헌법의 대상은 추상적 모델로서의 국가가 아니라 특정한 국민의 특정한 국가이기 때문이다.[54] 이렇게 헌법제정권자는 주어진 대상으로서의 국가를 필요로 하며, 헌법을 실현시킬 주어진 활동능력이 있는 주체를 필요로 한다. 따라서 헌법제정 그 자체는 국가의 관점에서 볼 때 새로운 시작을 의미할 수 없다.[55] 헌법제정권자가 만들어 낸 헌법이란 이미 사람들이 합의하고 있거나 합의해야 하는 사항을 헌법전에 정형화하는 것 이상도 이하도 아닌 것이라는 주장도 국가의 선재성을 전제한 것이라고 할 수 있다.[56] 헌법제정권자는 "국가생활에 대해 하나의

53) Josef Isensee, "Staat", S.150f.
54) Josef Isensee, "Staat und Verfassung", S.636. 이런 관점에서 18세기 후반과 19세기의 고전적 모범헌법들도 단지 부분적으로 그 자신의 시간과 공간적 상황 속에서 개별적 국가의 특수성에 맞춰 조화시킨 것이라고 J. Isensee는 주장한다.
55) Josef Isensee, "Staat", S.151.
56) K. Hesse, 계희열譯, 서독헌법원론, 박영사, 1985, 47면.

새로운 질서를 부여할" 과제를 안고 활동을 한다. 이때 '국가생활'은 새로운 질서가 효력을 미치게 되는 현실의 영역이며, 그의 규범적 질서플랜의 대상이자, 그의 현실적 토대인 '규범영역'이다. 결국 헌법은 '국가생활'을 발견하고, 그 속에 존재하는 국가성의 동인을 발견한다. 헌법은 국가적 통일과 함께 민족적 통일을 유지하고자 한다. 헌법은 그러한 통일을 처음부터 실현시킬 필요가 없다. 憲法은 하나의 새로운 國家를 기초하는 것에 대한 결정을 하는 것이 아니라 일정한 부분영역에 現存하는 國家에 새로운 秩序를 부여하면서, 그 결과 간접적으로 '민족적 내지 국가적 통일'을 유지하는 것에 대한 결정을 한다.[57] 따라서 헌법제정에 있어서 그러한 작업이 갖는 전법률적 효력근거와 원천을 제시하고 있는 憲法前文을 통해 國家와 憲法의 基本關係를 살펴볼 때, 國家는 憲法 이전에 존재한다.[58] 즉 헌법전문은 국가가 헌법 이전에 존재하며 또한 국가의 존재가 헌법제정을 통하여 훼손되지 않는다는 것을 확실히 하고 있다. 국가성은 그 자체로서 헌법제정권자의 처분에 맡겨지는 것이 아니다. 헌법제정권자는 국가가 당연히 존재하여야 하는가 아니면 그렇지 않는가의 여부에 관하여 결단을 내리지 않는다. 憲法制定權者는 오히려 國家를 前提로 하고 또한 國家를 變貌시키는 것에 불과하다.[59]

(3) 民主主義原理의 觀點

민주주의원리의 관점에서도 국가는 헌법에 선행하고 있음을 알 수 있다. 民主主義原理는 憲法의 主權的 源泉으로서의 國民을 전제하고 있기 때문이다. 즉 민주주의원리는 무엇보다도 현존하는 정치적 통일체로서의 국가적(적어도 민족적) 통일을 전제하고 있으며, 또한 이를 위하여 정치적 통일체로서의 존립의 형태에 관한 결정권능을 국민이 가지고 있어야 하기 때문이다.[60] 民主主義原理는 無政府主義的 統治狀態에서는 논의될 여지가 없기 때문이다. 아무리 민주주의가 추구하는 핵심가치인 정치적 자유가 중요하다 하더라도 무정부주의적 자연상태에서는 의미가 없고 정치적 통일체를 의미하는 통치기구의 존재를 전제해야 한다는 것이다. 따라서 民主主義原理는 國家가 憲法에 先行함을 前提한다. 다만 중요한 것은 민주주의를 선험적 국가개념에 종속시키는 것이 아니라, 다음에 보듯이 헌법에 의하여 규정된 민주주의원리는 새로운 의미와 내용을 가지게 되며, 그것은 평화의

---

57) Josef Isensee, "Staat und Verfassung", S.593.
58) Josef Isensee, "Staat und Verfassung", S.594.
59) Josef Isensee, "Staat und Verfassung", S.595.
60) Josef Isensee, "Staat", S.151.

통일체요 결단의 통일체인 국가를 제한하고 한정하는 헌법적 보장원리로 기능하게 된다.

(4) 歷史的 觀點

국가의 선재성은 역사적으로 보더라도 의미가 있다. 1789년의 프랑스혁명 이후에 여러 헌법들이 소멸되고 국가와 민족의 동질성이 그대로 남아있는 경우를 고려한다면, 국가의 선재성은 법적으로나 역사적으로 명백해진다. 또한 국가의 기초와 헌법의 제정이 시간상으로 함께 이뤄지는 경우라도(1776-1789까지의 미국과 1871년의 독일제국), 헌법은 국가적 통일이 기초를 두지 않으면 아니 되는 여러 가지 조건들과 관련되게 된다.[61] 예컨대 미국에서는 국가와 헌법은 동시에 형성되었으나, 미국헌법의 아버지들은 국가를 고안해낼 필요가 없었다. 다만 그럼에도 불구하고 그들은 국가적 통일성에 대한 의지가 이미 미국국민들 사이에 존재함을 알았고, 국가를 질서의 모델에서 찾았으며, 그리하여 어떤 형식 하에 이러한 통일이 형성되어야 하고 어떤 조건하에 그리고 어떤 한계 내에서 국가권력이 행사되어야 할 것인가의 문제, 즉 정치적 통합과 법적 규율에의 필요성만을 의식했을 뿐이다.[62]

(5) 基本權과 基本義務의 觀點

개인의 기본권과 헌법상 지위의 문제는 국가의 선재성과 관련되어 있다. 능동적 지위에서 주장되는 국민이 정치적 의사형성에 참여하는 것은 예외적인 것이지만, 적극적 지위에서 논의되는 국가의 보호의무, 사법적 보장, 외교적 보호 등은 헌법 이전에 보장되는 것이었다. 전국가적 내지 자연법적 효력이 주장되고 나아가 국제법적 규율의 대상이 되는 소극적 지위의 人權의 경우도 헌법 이전에 보장되는 것이었다. 특히 인권 가운데서도 자유권의 경우 '전국가적'이고, 임의로 처리할 수 없는 우선적인 것으로서, 그것의 유지와 보호를 국가권력의 목적으로서, 그리고 그것의 보장을 국가권력의 과제로서 승인함으로써 현대국가는 존립근거가 인정된다. 또한 수동적 지위에서 논의되는 개인의 기본의무, 그 가운데서도 법률에의 복종의무와 평화의무는 모든 규범에 우선하여 존재했던 것이다.[63]

61) Josef Isensee, "Staat", S.151.

62) Josef Isensee, "Staat und Verfassung", S.598.

63) Josef Isensee, "Staat und Verfassung", S.627f.

(6) 憲法解釋의 觀點

이미 지적했듯이 憲法은 그 자신의 對象 없이는 이해될 수 없고, 헌법은 국가를 근거로 해서 기안되어 있음은 의심의 여지가 없다. 그렇지만 국가의 최고규범인 헌법은 모든 헌법사항을 성문헌법으로 규정하고 있지 못하기 때문에 해석을 통한 보충과 보완이 요구된다. 이때 국가란 무엇이고 또는 무엇일 수 있는가에 관한 豫備知識(Vorkenntnis)은 (헌법)조문에 내재하고 있는 국가구조에 관한 연구에 있어서 불가피하다. 解釋學이 보여주듯이, 先理解(Vorverständnis)는 헌법조문에 대한 이해를 가능케 하는 필수적 조건이다[64]. 규범에 근접하고, 규범에 해석상 필적하고, 궁극적으로 확인되고 수정되거나 거부될 수도 있는 가설이 처음에는 존재한다. 그래서 憲法內在的 분석은 국가란 무엇인가라는 憲法超越的 문제를 해결하지 못한다. 그러한 분석은 어쩔 수 없이 헌법 이전의 전체형상, 즉 헌법제정권자가 근거를 둔 국가개념에 의존할 수밖에 없다.[65]

그리하여 헌법해석의 경우 성문헌법의 해석이 그 중심이 될 것이지만, 성문헌법에 단지 불안전하게 표현되어 있는 실질적 의미의 헌법을 어떻게 이해하고 해석할 것인가의 문제가 제기된다. 결국 이때는 憲法의 對象이자 前提인 國家, 즉 憲法國家의 國家理論을 참조하지 않을 수 없게 된다. 즉 성문헌법 속에 불안전하게 규정되어 있어서 그 의미를 구체적으로 규명하기 어려운 경우에 국가라는 사물의 본성에 근거하여 해결할 수밖에 없다. 물론 시대착오적인 국가의 관념을 다시 활성화시키는 것이라면 아무런 의미가 없지만, 오히려 헌법우호적인 국가형상을 해명하고, 국민주권과 기본권적 자유에서 파생되며, 또한 다원주의사회에서 권리와 사회정의의 보장체로서의 국가를 확증하는 데에서 국가의 과제가 찾아진다면,[66] 국가이론에 근거한 헌법해석은 그 의미가 크다고 할 수 있다. 즉 民主主義를 先驗的 國家槪念에 從屬시키는 것이 아니라 現代的 民主主義 槪念에 적합하고 민주주의에 실체적 통일성을 형성해 주는 國家構造를 제시하며 憲法解釋을 하자는 것이며, 또한 국가에 대한 전통적인 해석들도 그 해석이 현대의 헌법적 소여들에 부합하는지, 아니면 그것들에 적응해 나갈 능력이 있는지, 그리고 있다면 어느 정도

---

64) 선판결의 해석학적인 필연성과 정당성에 대하여: Hans-Georg Gadamer, Wahrheit und Methode, 2Aufl., 1965, S.250ff. 법전의 해석에 대한 일치하는 조건에 대하여: Martin Kriele, Theorie der Rechtsgewinnung, 1967, S.203ff.(zur "Normhypothese"); Joachim Hruschka, Konstitution des Rechtsfalles, 1965, S.20ff.(zur "Grundfrage"). J. Isensee가 제시하고 있는 위 참고문헌 외에도 해석학이 요구되는 학문분야마다 이 내용은 정설로 되어 있다.

65) Josef Isensee, "Staat und Verfassung", S.599.

66) Josef Isensee, "Staat und Verfassung", S.648.

부합하고 가능한지를 검증하며 헌법해석을 하자는 것이다.67) 헌법해석은 포기될 수 없고, 명백한 헌법규정이 없다고 해서 헌법해석이 회피될 수 없는 것이기 때문이다.

3. 憲法을 통한 國家의 제약 : 憲法의 國家創設的 機能 問題

(1) 序言

대개 사회공동체 내의 이해관계의 대립과 갈등을 완화 내지 조정하기 위해서는 우선 다양한 이해관계의 주체 상호간에 어떤 일체감 내지 연대의식이 없으면 안 된다.68) 즉 사회공동체가 정치적 통일을 이룩하고 인간이 그 속에서 실제적인 존립이 가능하도록 하기 위해서는 무질서한 권력투쟁의 우연성에 맡겨져서는 안 되며, 사회 내의 일체감 내지 연대의식에 바탕을 둔 계획적이고 의식적인 그리고 조직적인 협동작용에 의해서 정치적 통일이 이룩되도록 해야 한다.69) 이것은 사회공동체가 정치적으로 조직된 통일체인 국가로서 기능하기 위해서 공통의 가치관에 입각한 법적 질서를 요구한다는 것이고, 따라서 국가는 사회공동체가 조직화를 통하여 구성되고 과제달성을 위하여 절차적으로 질서가 잡힌 정치적 통일체라고 하는 것이다.70) 그리고 국가는 헌법이라는 규범을 통하여 정치적 통일체로서의 완전한 형태를 갖추게 되고 확립된다.

헌법은 국가로 하여금 형식적 조직으로서의 국가가 스스로에 의해서는 내세울 수 없는 실질적 정당화를 조달할 수 있게 하며, 그것을 통하여 국가적 통일을 의미 있게 완성하고 강화할 수 있게 한다. 헌법은 다원적 사회를 위하여, 윤리적 동질성에 대한 최소한도의 담보 없이는 자유로운 공동생활이 불가능한, 즉 사회의 실질적 융화를 위한 필수적인 근거를 마련한다. 합리적 법질서로서의 헌법이 집단적 욕구를 완전하게 충족시켜 줄 수 없고, 특히 감정적 욕구를 충족시켜 줄 수 없다 하더라도, 종교・도덕・전통・역사와 문화, 민족적 이념과 애국심 같은 그 밖의 근본기초가 실패하거나 붕괴되는 경우, 헌법은 공동체의 정신적 통일을 위해 중요성이 증대되고 기능이 강조된다.71)

---

67) Josef Isensee, "Staat und Verfassung", S.600.
68) 허영, 헌법이론과 헌법, 16면.
69) Böckenförde, Der Staat als sittlicher Staat, S.9.
70) 정치적 통일이 형성되고 국가적 과제가 수행되는 데 있어서 준거가 되는 지도원리가 헌법이며, 이런 점에서 헌법은 곧 국가의 법적 기본질서이다. Böckenförde, Der Staat als sittlicher Staat, S.10.
71) Josef Isensee, "Staat", S.151f.

결국 國家는 그 자신이 憲法에 의하여 形成되고 또한 그럼으로써 概念上 確定되는 憲法의 對象임을 알 수 있다. 그리하여 지구상의 거의 모든 국가들이 18세기의 미국헌법과 프랑스헌법의 모델을 따라 성문헌법전을 가지게 되고, 그것이 국가성의 상징으로 간주되기 시작하면서, 대부분의 국가들의 헌법들 사이에 정치적 분열을 뛰어 넘어 공통점이 나타나게 된다. 초기에 각 민족국가만이 가지고 있던 고유한 헌법유형이 공화국의 전통, 유럽문화의 공통적 요소, 모든 인류에 보편적인 객관적 정신의 추구 등으로 발전하면서 많은 부분에서 공통점이 나타난 것이다. 특히 民主主義와 法治主義를 핵심으로 하는 憲法國家의 지향은 국민주권, 의회주의적 대의제도, 권력분립, 법률의 우위와 법률유보, 기본권보장, 사회적 국가목적의 실현 등에서 일치된 방향으로 나아가고 있다. 그리고 이러한 발전은 '規範的憲法'과 '實際的 憲法'의 명백한 區分과 相互關係의 고찰의 필요성을 낳는다. 實際的 權力關係를 토대로 하는 實際的 憲法은 憲法制定의 對象이기는 하나, 規範的 憲法은 실제적 권력관계를 있는 그대로 받아들인 반영물이 아니며, 따라서 規範的 憲法은 현실적인 국가의 상태가 아니라 當爲的 國家의 狀態를 나타낸다. 즉 憲法制定에 의해 國家的 形式은 憲法制定權者의 계획적 創造物이 된다.[72] 이것은 결국 개별국가들의 입장에서 보면 歷史의 發展과 더불어 새로운 형태의 憲法制定을 계속적으로 요구받는 것이 되고, 그 憲法制定은 새로운 國家形成이라는 國家創設的 機能을 가지게 되었다.

(2) 憲法制定의 觀點

헌법전문과 헌법제정권력이론에 비추어 국가가 헌법 이전에 존재한다 하더라도 그 국가는 하나의 미완성품에 불과하다. 즉 국가의 완전한 형태는 헌법 속에서 비로소 이뤄진다. 憲法制定은 國家性의 實現이자 展開이며 補完이다. 국민은 헌법제정에서 '국가적 · 민족적 통일성을 유지할' 의지를 표명한다. 이때 憲法은 國家的統一性에 기여하고, 憲法은 그러한 統一性에 대해 形式과 대내적 秩序를 제공한다.[73] 憲法制定에 있어서 國家는 주어진 實體이고, 憲法은 形式이다. 그러나 그 國家라는 實體는 전혀 形式이 없을 수 없고, 부분적으로 이미 形成되어 있으나, 앞으로 더 形成될 필요가 있고 또한 形成될 수 있는 實體이다.[74] 헌법의 국가창

72) Josef Isensee, "Staat und Verfassung", S.642.
73) Josef Isensee, "Staat und Verfassung", S.595.
74) Josef Isensee, "Staat und Verfassung", S.595.

설적 기능이 논의되는 것도 이러한 관점에서의 주장이다. 즉 역사적으로 근원적이고 영속적인 실정헌법의 과제는 국가의 권력을 제한하고 개인이나 사회의 자유를 보호하는 데 있고,[75] 의회민주주의의 성립과 함께 헌법에는 국가적 통치를 조직하는 보다 광범위한 기능이 주어진다. 헌법은 국가의 권력과 정치적 의사형성이 행사되어지는 기관 · 권한 · 형식과 절차의 방식들을 확정하고, 또한 국민들에 대해 국가에 대한 민주주의적 자유를 보장해야만 한다. 결단의 통일체요 작용의 통일체인 국가는 그럼으로써 비로소 실제로 구성된다. 왜냐하면 그때부터 결단의 수행자, 권한, 그리고 절차가 적용 가능해지기 때문이다. 헌법은 국가조직에 대해 법률적 형식과, 구속력 그리고 영속성을 부여하며, 또한 헌법은 국가적 통치에 대해 형식적인, 일정한 한도 내에서는 또한 실질적인 정당성을 부여한다. 즉 국민에 의한 국가행위의 민주주의적 유래에 대해서 논의되는 형식적 정당성을, 그리고 인간의 존엄성 · 자유보장 · 사회적 안정과 같이 공공복리를 구체화하는 헌법의 목적들에 대해서 논의되는 실질적 정당성을 부여한다.[76] 그리하여 모든 헌법제정은 국가가 그 자신의 올바른 질서로 소급되거나 또는 보다 나은 질서를 향해 계속 발전하게 된다는 약속을 내포한다.

(3) 國家槪念의 相對性의 觀點

國家가 憲法에 先在하는 것이라고 하더라도 國家의 구체적인 意味나 形象은 憲法에 의하여 形成되고 槪念上 確定된다. 국가라는 개념이 현실의 국가에 대한 하나의 규범적 상징 내지 개념적 징표로 불려진다 하더라도, 헌법규범은 언제나 특수하고 제한된 관점에서만 다양하게 국가개념을 사용하고 있다. 즉 국가의 재외국민의 보호의무(제2조 제2항), 국가의 전통문화의 계승 · 발전과 민족문화의 창달노력의무(제9조), 국가의 기본권보호의무(제10조 및 모든 기본권규정), 대통령의 국가대표기능(제66조 제1항), 국가와 다른 공공기관 및 지방자치단체간의 권한쟁의(제111조), 경제질서에 있어서의 국가와 개인의 관계 등에서 볼 수 있듯이 국가에 대한 헌법규범의 규정적 관점은 구별되어 진다. 이렇게 憲法에서 國家槪念이 상대적으로 다양하게 사용되는 것은 규율하고자 하는 사항들이 獨自性을 가지기 때문이며, 憲法은 個別的 사항에 따라 國家의 未分化된 槪念性을 필요로 하기 때문

75) 헌법의 기능에 관하여는: Badura, Verfassung(Bibl.), S.19ff.; Böckenförde, Geschichtliche Entwicklung(Bibl.), S.9ff.; Hofmann, Zur Idee des Staatsgrundgesetzes(Bibl.), S.266ff.; Stern, Das Staatsrecht der Bundesrepublik Deutschland I, ②1984, S.78ff.

76) Josef Isensee, "Staat und Verfassung", S.644f.

이다.[77] 특히 국가의 대외적 관점에 대해 규정하고 있는 헌법의 국가개념은 국제법상의 그것과 상응하기 때문에, 영토 · 국민 · 주권(국가권력)이라는 3요소에 의해 구성되는 통치조직을 의미하는 것으로 국가개념을 이해할 수밖에 없고, 그리하여 헌법은 국제법의 목적을 수용하고 국제적 협력에 대한 헌법적 결단을 선언하고 있다. 그러나 그러한 헌법상의 국가개념이 기본권적 자유의 영역, 즉 사회와의 관계에 동일하게 관련될 수 없다. 왜냐하면 國際法的 國家概念은 국가와 사회를 포괄하는 광의의 국가개념이고 미리부터 대외적으로 개방되어야 하고 또한 불가침의 것으로 이해되지만, 國內法的 國家概念은 국가와 사회의 대립을 전제로 하는 협의의 국가개념임과 동시에 불가침의 것이 아니라 오히려 제한적인 것임을 전제하기 때문이다.[78] 결국 국가개념은 헌법의 규정취지에 따라 다양하게 형성되고 있기 때문에 헌법의 국가창설적 기능의 현실성이 인정되지 않을 수 없다.

(4) 法治國家的 觀點

국가목적에 고유한 것으로 평화와 안전의 보장이 있다. 이것은 국가로서의 국가에 귀속되며 모든 가능한 헌법에 선행하여 국가라면 당연히 수행해야 할 제1차적 과제이다. 평화의 통일체로서의 국가의 확립과 함께 이러한 국가목적은 실현된다. 다만 이 평화의 통일체로서의 국가의 성립이 모든 국가목적을 확정하는 것은 아니다. T. Hobbes가 지적한 것처럼 단순한 안전보장체로서의 국가는 양면적이어서 국민 모두를 보호할 권력을 가진 자인 반면에 모두를 억압할 권력도 가지고 있다고 보아야 하기 때문에,[79] 헌법을 통하여 무제한적 국가권력으로 나타나지 않게 하여야 한다. 즉 폭넓은 國家目的은 憲法의 制定과 동시에 정해지며, 또한 그 국가목적을 실현함에 있어서 보다 중요한 역할을 하는 수단들이 헌법제정에서 정해진다. 이것이 오늘날 국가가 가지는 제2차적 내지 궁극적 과제에 해당하는 정치적 · 법적 · 실질적 측면에서의 자유와 평등의 보장이다.[80] 결국 역사적으로 근원적이고 영속적인 헌법의 과제는 국가권력을 제한하고 개인이나 사회의 자유를 보장하는 데 있다. 의회민주주의의 성립과 함께 憲法에는 國家的 統治를 組織하는

77) Josef Isensee, "Staat und Verfassung", S.649.
78) Josef Isensee, "Staat und Verfassung", S.649f. 협의의 국가개념은 필연적으로 광의의 국가개념, 즉 국가와 사회의 통일체로서의 국가개념에 대해 그 자신의 보충이 요구된다는 점에 대해서는, Josef Isensee, "Staat und Verfassung", S.654.
79) Thomas Hobbes, De cive, 1647, caput I, 7.
80) 제3장 제6절 참조.

보다 광범위한 機能이 주어진 것이다. 즉 헌법은 국가권력과 정치적 의사형성이 행사되어지는 기관·권한·형식과 절차의 방식들을 확정하고, 또한 국민들에 대해 국가에 대한 민주주의적 자유를 보장하게 하며, 그럼으로써 결단의 통일체요 작용의 통일체인 국가가 비로소 실제로 구성되게 한다. 왜냐하면 헌법은 국가조직에 대해 법률적 형식과, 구속력 그리고 영속성을 부여하여 결단의 통일체요 작용의 통일체인 국가가 기능하게 하기 때문이다.

헌법제정에 있어서 논의되는 다양한 국가목적은 결국 법치국가의 출현을 요구한다. 국가는 국가목적의 달성을 위해 불가피하게 법치국가를 요구하고, 그 법치국가는 헌법의 제정으로 나타난다. 法治國家的 觀點에서 國家는 憲法에 의해 法治國家로 변모되는 것이다. 事實的 權力關係로 표현되는 先在하는 國家를 法治國家的 觀點에 맞게 制限함은 물론이고 새롭게 변화시킬 수 있는 계기를 憲法이 만들기 때문이다. 즉 헌법은 법치국가적 관점에서 국가, 즉 국가권력을 개인과 사회단체들에 비해 상위에 두고 법률을 규정하고 관철시킬 수 있는 권능을 가진 통치조직으로 만들면서도, 국가권력이 자유를 위협하는 주체가 아니라 자유보장의 도구로 기능하도록 하기 위해 그에 대한 대책으로 憲法은 法律을 手段으로 國家權力의 힘을 制限하고 調停하며 統制하려고 한다. 법치국가는 법의 실현과 자유수호를 위해 의무가 주어진 조직 그 자체일 뿐만 아니라 자유권을 가진 개인들을 위한 그 조직의 정서이기 때문이다. 그리고 헌법은 이러한 목적을 달성하기 위해 權力分立, 法律의 優位와 法律留保 및 基本權保障 등을 그 자체에 규정한다.[81] 결국 법치국가적 관점에서 볼 때 헌법은 헌법국가로서의 국가창설적 기능을 갖는 것이다.

(5) 社會國家의 觀點

오늘날 헌법이 매개하는 중요한 정당화의 이념이 법치국가의 관점에서 국민의 기본권적 자기결정으로서의 자유이며 또한 국민의 민주적 자기결정으로서의 자유에 있다고 하는 점은 부인하기 어렵다. 왜냐하면 국가는 자유주의적 관점에서 보면 필요악으로 나타나는데, 헌법은 국가권력에 한계를 긋고, 그럼으로써 자유의 영역을 보장한다. 법치국가적 관점에서 헌법은 자유에 대한 침해를 저지할 장애물을 구축하며, 헌법의 진정한 의미는 자유를 보장하는 것이다.[82]

---

81) J. Isensee, “Staat und Verfassung”, S.651.
82) J. Isensee, “Staat und Verfassung”, S.597.

그런데 헌법은 위와 같은 법치국가적 관점에서만 국가를 형성하지 않는다. 헌법은 사회국가적 관점에서도 중요한 국가창설(형성)적 기능을 담당하고 있다. 즉 憲法은 社會國家的 觀點에서 社會正義와 社會保障이라는 國家目的을 보장하는 制度를 創設하고 있으며, 법치국가의 목적을 실현함에 있어서 나타나는 분배과정이 사회통합의 계기가 될 것을 요구한다. 즉 법치국가적 관점에서 보장되는 정치적·법적 자유와 평등의 보장이 實質的 내지 物質的 측면에서도 실현되도록 요구하는 것이 社會國家의 目的이고, 憲法은 이러한 社會國家와 관련된 국가목적을 채택함으로써 새로운 國家創設에 기여하고 있는 것이다. 그리하여 결국 헌법은 국가통치에 대한 통치조직을 마련함과 동시에 정당성의 근거를 제시하여 주고 있다. 즉 憲法은 國家權力이 지향해 나가야 할 形式的 正當性과 일정한 한도 내에서는 實質的 正當性을 규정하고 있다. 예컨대 국민에 의한 국가행위의 민주주의적 유래에 대해서는 形式的 正當性을, 그리고 인간의 존엄성 및 자유의 보장과 사회적 안정과 같은 공공복리를 구체화하는 헌법의 목적들에 대해서는 實質的 正當性을 부여한다.[83] 아무튼 헌법에 의해 구체화된 사회국가의 모습을 고려할 때, 헌법은 국가창설적 기능을 갖고 있음은 의심의 여지가 없다.

(6) 民主主義的 觀點

헌법은 국가의 현실적인 권력관계와 통치형태를 반영하여 제정된 것임과 동시에 바람직한 방향을 내용으로 규정되기도 한다. 민주주의원리와 관련된 내용이 그 대표적인 규정이다. 실제의 국가생활이 현대적 의미의 민주주의정신에 비추어 문제가 있는 경우에도 헌법은 당위적인 관점에서 국가생활이 나아가야 할 민주주의의 이념을 전제로 제정된다. 특히 국가목적과 관련하여 헌법이 추구하는 보다 포괄적인 과제의 하나는 민주주의적 관점에서 국가 내지 하나의 민족을 하나로 일치시키고자 하는 내용을 확정하고, 이러한 통일성을 법을 매개수단으로 하여 확고히 하고 영속시키며, 더 나아가 그 통일성을 하나의 영구적 과정 속에서 개선해 나가는 데 둔다.[84] 헌법은 국가 내의 중심적 문제와 사건들을 반영하되 민주주의적 관점에서 그 해결에 대한 규범적 표준점을 정하고 통합목적을 달성해 간다.

뿐만 아니라 헌법은 국가 자체의 존립을 헌법적 보호의 대상으로 한다. 또한 헌

---

83) Josef Isensee, "Staat und Verfassung", S.644f. 여기서 국가권력의 형식적 정당성과 실질적 정당성에 관한 자세한 것은 제4장 제2절 Ⅳ를 참조하기 바람.

84) Rudolf Smend, Verfassung(Bibl.), S.189ff.; Konrad Hesse, Grundzüge des Verfassungsrechts der Bundesrepublik Deutschland, 1985, Rn. 29ff.

법은 국가를 자기목적적인 것으로서 보호하는 것이 아니라 국민의 자유와 생활여건을 가능하게 하는 목적에 대한 수단의 입장에서 보호한다. 따라서 헌법이 자유민주적 기본질서에 입각한 국가형태를 지향하고 있다면, 헌법은 또한 민주주의적 관점에서 그 국가형태와 관련된 민주주의를 지키기 위해 방어적 민주주의라는 방지책을 마련한다. 이렇게 헌법에 의해 일정한 민주주의적 가치가 결정되고 그것을 지향하는 국가형태가 결정되는 것은 헌법의 국가창설적 기능을 전제할 경우에만 설명될 수 있고, 따라서 오늘날의 헌법적 보호의 대상인 國家는 先立憲的 내지 超憲法的 國家가 아니라 憲法國家임을 알 수 있다.

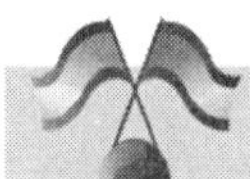

제4절 國家論과 憲法學의 相互關係에 대한 結論

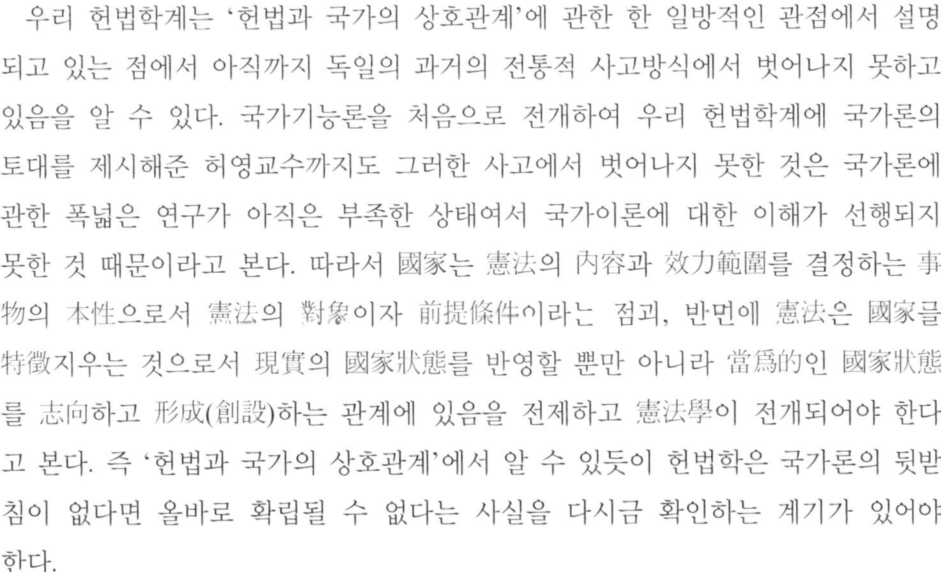

우리 헌법학계는 '헌법과 국가의 상호관계'에 관한 한 일방적인 관점에서 설명되고 있는 점에서 아직까지 독일의 과거의 전통적 사고방식에서 벗어나지 못하고 있음을 알 수 있다. 국가기능론을 처음으로 전개하여 우리 헌법학계에 국가론의 토대를 제시해준 허영교수까지도 그러한 사고에서 벗어나지 못한 것은 국가론에 관한 폭넓은 연구가 아직은 부족한 상태여서 국가이론에 대한 이해가 선행되지 못한 것 때문이라고 본다. 따라서 國家는 憲法의 內容과 效力範圍를 결정하는 事物의 本性으로서 憲法의 對象이자 前提條件이라는 점과, 반면에 憲法은 國家를 特徵지우는 것으로서 現實의 國家狀態를 반영할 뿐만 아니라 當爲的인 國家狀態를 志向하고 形成(創設)하는 관계에 있음을 전제하고 憲法學이 전개되어야 한다고 본다. 즉 '헌법과 국가의 상호관계'에서 알 수 있듯이 헌법학은 국가론의 뒷받침이 없다면 올바로 확립될 수 없다는 사실을 다시금 확인하는 계기가 있어야 한다.

그리고 헌법학이 국가론과의 연계를 통하여 전개되는 경우에도 國家論의 位置와 課題에 대한 이해가 필수적임을 알 수 있다. 특히 憲法學은 憲法解釋學을 중심으로 이뤄질 경우 現實에 대한 批判機能이 사라지고 오히려 現實을 合法化하는 無批判的 學問으로 발전할 가능성이 크다. 건국 이후 군사정권에 이르기까지의 짧은 우리의 헌정사를 돌아보더라도 그러한 경향을 쉽게 찾아볼 수 있다. 따라서 憲法學이 實際憲政에 대한 批判機能을 회복하기 위해서는 國家論에로 우리의 눈을 돌리지 않을 수 없다. 그것은 어차피 헌법학 자체로는 헌법해석학을 중심으로 하지 않을 수 없고, 憲法解釋學에서 벗어나 憲法政策學 또는 國家哲學으로 눈을 돌려보면, 결국 憲法學은 法律學에 바탕을 둔 비판적 국가학인 國家論으로 관심사가 돌아가지 않을 수 없기 때문이다. 즉 서유럽을 중심으로 한 현대의 민주국가들에 대한 국가 그 자체에 대한 연구만이 우리의 헌법학적 欠缺部分을 보충해줄 수 있는 유일한 대안이기 때문이다. 이것은 비교헌법학을 통해서는 해결할 수 없는 장점이 理論的 國家學이면서 동시에 批判的 國家學인 國家論에 있기 때문이다. 그리고 이러한 관점에서 평가할 때 헌법학을 전개하면서 국가론에 대한 눈을 뜨게 한 허영교수의 國家機能論은 우리 헌법학계에 남긴 업적 가운데서도 가장 중요한 부분이라 생각한다.

3장 國家論의 出發點인 國家와 國家權力

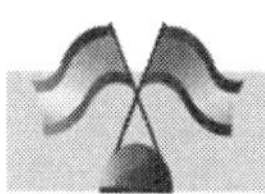

제1절 國家現象

Ⅰ. 序 言

국가론에 관한 구체적 논의는 국가현상에 관한 설명으로부터 출발하여야 한다. 논의 당시의 국가현상을 어떻게 평가하느냐에 따라 논술의 방향과 방법이 달라질 수 있기 때문이다. 대체로 보면 현실에 만족하지 않는 인간의 본성 때문인지 몰라도 국가현상에 대한 평가는 긍정적인 경우보다도 부정적인 경우가 더 많다. 그리고 국가현상을 부정적인 시각에서 바라보았다 하더라도 그러한 경향은 오히려 바람직한 현상으로 보인다. 왜냐하면 인간은 부정적인 현실을 극복하기 위하여 항상 투쟁하여 왔고, 그러한 노력이 역사발전의 원동력이 되어 왔기 때문이다. 따라서 평가가 긍정적이든 아니면 부정적이든 끊임없이 변화하는 국가현상을 우선은 올바로 진단한다고 하는 사실이 중요하고, 이를 체계적으로 분석하고 정리하는, 그리고 이에 대한 대비책을 마련해 나가는 학문적 태도가 요망되는 것이다.

따라서 다음에서는 국가현상에 대한 肯定的 視覺과 否定的 視覺에 따른 개괄적인 설명을 한 다음에, 오늘날 정치학 내지 헌법학에서 중요시되고 있는 政治的 過重負擔現象과 統治不能現象을 살펴봄으로써 국가권력의 정당성에 관한 논의의 필요성을 도출해 보고자 한다.

Ⅱ. 國家現象에 대한 相反된 視覺

오늘날 국가란 인간공동생활의 과정에서 제기되는 어려운 문제들을 효과적으로 또한 능률적으로 해결하기 위한 하나의 도구 내지 제도에 불과하다고 보기도 하고, 국가와 사회를 국민의 상이한 집합상태로 보면서 국가를 사회 내에서 제기되는 인간생활의 복잡하고 불가결한 사항들을 합리적으로 처리하기 위하여 마련된 하나의 생활수단 내지 제도라고 보기도 하며, 그리하여 국가는 사회의 '보다 나은 양심' 내지 '보다 나은 두뇌'를 뜻한다고 설명하면서 국가를 긍정적으로 보는 경향이 있다.[1)] K. Hesse의 견해처럼 오늘날 인간의 공동생활은 국가에 있어서만 그

1) R. Herzog, Allgemeine Staatslehre, S.136ff; 허영, 헌법이론과 헌법, 191면.

리고 국가를 통해서만 가능하다는 주장이 설득력 있게 제기되고 있는 것도 이와 관련된 것이다.[2)]

그럼에도 불구하고 국가는 오늘날 어느 나라에서나 평판도 좋지 않고 인기도 없다. 심지어 '국가권력'이란 이름은 자유에 대한 최대의 억압자로 불리는 것이 당연한 것처럼 보인다.[3)] 그것은 결국 국가권력이 인간을 위한 것임에도 불구하고 오히려 인간을 해치며 인간성을 상실하게 하여 왔다는 것을 의미하는 것이다. 즉 근대의 자유주의 국가사상가들이 생각했던 것처럼 국가형성이야말로 자유와 진보, 정의와 공정을 보증해 주리라 생각했던 것과는 달리,[4)] 마르크스주의이론을 언급할 필요도 없이 국가는 특정인 또는 특수집단의 이익을 위하여 대다수 국민을 억압하는 실체로 등장하기도 하는 것이다.[5)] 예를 들어 국가는 국가안보, 국민전체의 이익, 공공복리를 위한다는 미명하에 인간으로서의 존엄과 가치가 존중되는지를 의심할 정도로 국민의 기본권을 제한하고, 국민경제의 균형 있는 발전을 위한 규제와 조정이 지나침으로 인하여 국민의 자율적인 경제생활을 저해하며, 한편으로는 독과점현상을 초래하여 급기야는 부의 편재현상을 낳아 사회적 정의에 역행하는 결과를 가져오기도 한 것이다.[6)]

물론 이처럼 국가현상을 부정적으로 보고, 극단적인 경우 국가는 소멸되어야 할 존재로 평가하는 경향이 있다고 하더라도 국가의 존재와 필요성을 부인할 수는 없다. 문제는 國家의 否定的 現象을 '必要惡' 내지 '必要한 苦痛'으로 받아들이고,[7)] 그것을 최소화시키는 노력이 요구된다고 하겠다. 즉 국가 내지 국가권력의 기능을 그때그때의 시대감각에 맞게 유지해 나가고 일정한 정당성의 틀 속에서 행사되게 함으로써 國家의 順機能을 촉진시키고 그의 逆機能을 최소화하는 태도가 요청되는 것이다. 그러므로 이러한 요청에 부응하기 위하여 국가권력의 정당성에 관한 논의의 필요성이 존재한다고 본다.

---

2) Konrad Hesse, Grundzüge des Verfassungsrechts der Bundesrepublik Deutschland, S.5.

3) G. H. Sabin & T. L. Thorson, A History of Political Theory, Holt-Saunders Japan, Ltd., 1981, p.608; 田中浩, "국가란 무엇인가", 국가사상사, 거름, 1985, 14면.

4) 田中 浩, "국가란 무엇인가", 15면.

5) H. Laski는 이처럼 국가의 운용에 편향이 있었다는 점을 역사를 통하여 지적한다. 즉 그리스의 도시국가에 있어서의 노예에 대한 편견, 로마제국에서의 노예와 가난한 자에 대한 편견, 중세의 국가들에 있어서의 비토지소유자들에 대한 편견, 산업혁명 이후의 국가들에 있어서의 노동력밖에 소유하지 못한 사람들에 대한 편견이 그것이다. Harold J. Laski, The State in theory and practice, 김영국譯, 국가란 무엇인가, 두레, 1983, 78면.

6) 이와 관련하여 국가의 국내적 불편에 관한 적나라한 표현은 P. J. Proudhon이 적절하게 지적하고 있다. Robert Nozick, Anarchy, State, and Utopia, Basic Books, Inc., 1974, p.11.

7) 이를 Humboldt는 'notwendiges Übel'이라고 표현하고 있다. 허영, 헌법이론과 헌법, 159면.

Ⅲ. 國家의 政治的 過重負擔(politische Überlast)現象

현대의 모든 자유민주주의국가들은 국내외적으로 많은 도전을 받고 있다. 예를 들어 눈앞에 전개되고 있는 세계경제의 위기, 생활수준의 저하, 분배투쟁의 격화, 새로 개발된 압력수단, 양극화현상, 기타 이데올로기대립의 재현 등으로 인하여 그 기능수행에 있어서 심각한 어려움에 직면하고 있다.[8] 특히 오늘날과 같이 자본주의경제의 고도성장과 과학기술문명의 급진적인 발달은 사회 · 경제적인 많은 문제점을 노출시키고 있음과 동시에 인간의 생활환경을 위협하는 심각한 현상을 초래하였다. 뿐만 아니라 경제의 불균형한 발전과 함께 인구의 폭발적인 증가, 도시집중, 각종의 공해현상과 환경파괴, 국제적인 시장경쟁 등 더 이상 개인의 자유로운 활동에 방임하여 둘 수 없는 현대산업사회의 심각하고도 근본적인 문제점들이 나타남으로 인하여 국가의 기능과 과제에 있어서 근본적인 변화를 가져왔다.[9] 즉 학문, 기술, 산업발전 및 그에 따른 인구증가, 전문화, 분업화와 더불어 생활관계의 복잡화에 따르는 급속한 변화는 현대국가로 하여금 경제적 · 사회적 · 문화적인 생활을 계획하고 조종하며 형성하게 하고, 생존배려의 과제를 더욱 증대시키기 위하여 사회보장과 사회부조를 중요한 과제로 여기게끔 한 것이다.[10]

이와 같이 현대의 자유민주주의국가들이 당면하고 있는 과제들은 복잡하고 어려울 뿐만 아니라 과중한 상태에 있다. 즉 광범위한 경제정책적, 사회정책적, 그리고 그 밖의 형성적 업무들로 인하여 거의 그 해결이 불가능하게 보이는 딜레마에 봉착하고 있다.[11] 예를 들어 현대의 국가는 한편으로는 국가 내의 제사회세력, 곧 경제단체나 노동단체 등 보다도 항상 강력한 위치에 있어야 하는 한편, 다른 한편으로는 野黨의 위치에 있는 사람들, 예술가들, 분파주의자들, 지식인들, 소수민족들 등 사회경제적으로 힘이 없는 개개인들에게 신뢰할 만한 보호를 베풀어주어야 하기 때문이다. 특히 20세기 말에 불어닥친 신자유주의 경제질서를 표방한 세계화의 물결은 국가의 역할과 기능에 대한 과중한 부담을 주고 있다. 다시 말해서 사회적 법치국가를 추구하고 있는 오늘날의 대다수의 자유민주국가에 있어서 모든 국민들에게 '자유'와 '빵'과 '일자리' 및 '재난으로부터의 해방'을 동시에 안겨주기 위해서 노력은 하지만 방법상의 어려움에 봉착하고 있다.[12] '자유'를 희생하

---

8) M. Kriele, 국순옥譯, 민주적 헌정국가의 역사적 전개, 머릿말 iv면.
9) 이상규, 신행정법론(상), 법문사, 1986, 476면.
10) K. Hesse, Grundzüge des Verfassungsrechts der Bundesrepublik Deutschland, S.7.
11) M. Kriele, 국순옥譯, 민주적 헌정국가의 역사적 전개, 124면.

지 않는 상태에서 국민의 생활수준을 상향식으로 조정한다고 하는 것이 어려울 뿐만 아니라, 사회정책실현에 필요한 재원확보가 용이하지 않고, 또한 사회정책에 필요한 재원이 전체예산규모에 비추어 과중한 비중을 차지하고 있기 때문이다.[13] 이처럼 현대국가가 당면하고 있는 정치적 과중부담현상을 인식하고 이를 극복하기 위해서도 국가권력의 기능과 과제에 따른 올바른 시각과 그것을 정당화할 수 있는 모델에 대한 새로운 논의가 필요하다고 하지 않을 수 없다.

Ⅳ. 國家의 統治不能(Unregierbarkeit)現象

현대의 자유민주주의국가는 모든 국민의 정치적인 자주성과 자결력을 그 존립의 바탕으로 하고 있고, 그 결과 민주정치가 제대로 기능하기 위해서는 모든 국민이 올바른 사고력과 판단력을 가지고 정치문제에 대한 자주적이고 독자적인 의사결정을 할 수 있는 것이 절대적으로 요구된다.[14] 하지만 모든 국민이 민주주의 실현에 필요로 하는 수준 높은 윤리적 생활철학을 가지고 있지 못할 뿐만 아니라 현대의 대중사회가 안고 있는 여러 가지 민주정치에 대한 장애요인들을 합리적으로 극복하기 위해서 현대의 자유민주주의국가는 대의제도를 통치를 위한 기관의 구성원리로 택하지 않을 수 없다.[15] 즉 현대의 자유민주주의 국가는 주권자인 국민이 직접 국가의 정책결정에 참여하는 대신 정책결정을 맡을 대의기관을 선거하고, 이 대의기관의 정책결정 내지 통치권행사를 여론 내지 주기적인 선거를 통해 통제 내지 정당화시킴으로써 국민주권을 실현시키는 대의제도를 통치기관의 구성원리로 하지 않을 수 없다.[16]

그러나 대의의 원리가 지나치게 실현됨으로 인하여 현대의 자유민주주의국가들은 또 다른 문제에 봉착하고 있다. 고도의 산업사회로 접어들어 기술문명이 발달하면서 전통적인 의미에 있어서의 정치적 고려에 의한 정책결정보다는 전문적인 지식인 내지 기술인들의 의견이 존중되는 사항강제(Sachzwang)가 중요시되면서,[17] 국민의 정치적인 의사와는 관계없는 대의기관의 독자적인 결정이 불가피하

12) 허영, "헌법과 사회국가와 사회보장", 성곡논집 제6집, 1975, 56면.
13) 허영, 헌법이론과 헌법, 318면 이하.
14) 허영, 헌법이론과 헌법, 856면.
15) 허영, 헌법이론과 헌법, 856면 이하.
16) 허영, 헌법이론과 헌법, 887면.
17) 허영, 헌법이론과 헌법, 246면 이하.

다고는 하지만, 대의기관의 지나친 엘리트화가 국민과의 거리를 넓히고 있는 것이다. 더욱이 代議가 과두적으로 변질 될 뿐만 아니라 그러한 代議를 매개하는 정당도 과두체제로 운영됨으로 인하여 국민의 경험적 의사를 무시하는 경향이 나타나 대의기관의 정치적 의사결정에 대한 정당성을 의심하는 상황에 이르렀다. 그리하여 우리나라는 물론이고 세계 각국에서 국민들이 직접 개개문제에 대하여 자기들의 정치적 의사를 관철시키고자 하는 운동이 일어나고 있다.[18] 왜냐하면 대의기관을 비롯한 기존의 정치체제가 국민의 다양한 이해관계를 모두 흡수하는 것이 불가능해졌기 때문이기도 하고, 국민들은 정치인들이 그들 집단 내에서만 야합·대립하면서 현실적인 필요성에 대한 고려 없이 정치를 한다는 인상을 갖게 되었기 때문에, 이에 따라 정치를 담당하고 있는 정치인들을 더 이상 신뢰할 수 없다는 느낌이 점점 심화되면서 그러한 양상으로 나타난 것이다.[19]

물론 오늘날과 같은 다원주의사회가 모든 주장과 이익에 관한 다양하고 독자적인 태도를 전제로 한다는 점에서 그러한 시민운동이 항상 해롭다고 할 수는 없고 오히려 활발한 민주화를 위하여 유용하다고 할 수 있다. 다만 이러한 시민운동이 민주적 제도에 반하거나, 민주적 경쟁규칙을 벗어나 공공복리에 대한 고려 없이 요구되며, 민주적 제도를 거부하고 조직적으로 저항하는 경향으로 발전할 때에는 심각하지 않을 수 없다. 더욱이 이러한 저항의 조직자들이 좌익 내지 우익의 성향을 가진 소수 급진주의자들이라면 그다지 우려할 만한 것이 아닐 것이지만, 선의의 민주적 참여시민이 다양한 시민운동과 그 밖의 활동단체로 조직되어서 민주적 정당성을 확보하고 있는 대의기관의 결정에 반대하여 항쟁한다면 우려할 만한 것이 아닐 수 없다.[20] 즉 정치인들이 국민의 정당한 저항의 대상이 된 잘못된 결정을 스스로 시정을 한다면 좋은 평가를 받을 수도 있으나,[21] 사실상 정당하지도 못한 일부국민의 이기적인 주장을 물리치지 못하고 압력에 굴복하거나 양보하고 만다면,[22] 그리고 전문가의 판단으로 꼭 필요하고 긴급하다고 판단하는 결정을 다

---

18) 이러한 운동을 서독에서는 Bürgerinitiative(시민운동)라고 부르고 있고, 그 대표적인 예가 반핵운동이라고 한다. 우리나라에서 자주 일어나고 있는 집단적인 시민항의 내지 서명운동 등도 이에 해당한다고 할 수 있다.

19) Hans Ulich Klose, "Legitimationskrise unserer Demokratie Identitätskrise der Demokraten", in: Zeitschrift für Parlamentsfragen, 4/1978, S.556.

20) Klose, "Legitimationskrise unserer Demokratie Identitätskrise der Demokraten", S.556.

21) 정부가 수자원확보의 차원에서 추진하다가 환경단체의 반대로 철회한 동강댐건설사업의 경우가 그 대표적 예이다.

22) 2003년말 경부고속철도 노선변경문제, 새만금간척사업문제, 부안 핵폐기물저장시설설치문제 등에 대한 정부의 결정과 주민 및 환경단체들의 반대로 나타난 갈등문제가 그 대표적 실례이다.

수국민의 반대에 부딪혀 관철시키지 못한다면, 자유민주주의국가는 결국 활동무능력 내지 통치불능의 상태에 빠지고 말 것이다.[23]

따라서 현대의 자유민주주의국가는 대의제도를 택하는 것이 불가피하다고 하더라도 대의제가 갖는 문제점을 제거함으로써 정당화되지 않으면 안 된다. 대의제도의 이념적 기초인 '기관구성권'과 '정책결정권'의 분리를 전제로 대의기관의 의사결정이 국민전체에 기속력을 미치되, 그 국가의사는 국민의 기본권행사 또는 선거 등을 통해서 그 민주적 정당성이 유지되도록 해야 한다.[24] 뿐만 아니라 대의제도를 바탕으로 하면서도 국민의 정치적 의사가 국정에 그대로 반영되도록 함으로써 사항강제의 경향에도 불구하고 '국민의 정치적인 무력화'가 이뤄지지 않도록 함으로써 국가권력의 정당화가 이룩되도록 해야 한다. 즉 '국민과의 근거리정치'가 유지되도록 함으로써 자유민주국가가 통치불능에 빠지지 않도록 새로운 정당화 모델이 요구된다고 본다.

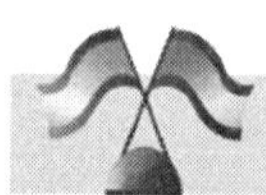

제2절 國家와 國家權力의 本質

Ⅰ. 序言

근대국가에서는 물론이고 현대국가에서도 국가는 국민·영토·국가권력이라는 3요소의 총합체 이상의 것이라는 것은 분명하다. 그 3요소는 국가가 가지는 조직적 전체의 법적 골격을 형성할 뿐이지 국가의 본질을 포괄적으로 설명한 것이라고 할 수 없다. 즉 국가의 본질을 논의할 때, 국가는 통치의 대상이기도 하고 통치의 주체이기도 하며, 세대를 연속하여 묶어주는 하나의 살아움직이는 조직적 통일체이다. 또한 국가라는 조직적 통일체는 필연적으로 주어진 여건과 관련된 것이기는 하지만, 그것은 자연적인 것이 아니라 합목적적으로 조직되고 실질적 이성의 살아있는 산출물이다.[25] 이것은 또한 오늘날 우리가 살고 있는 민주적 법치국가 내지 민주적 사회국가는 선재하는 제도가 아니라 의식적으로 창조된, 더욱이 일정한 목적을 위하여 창조된 제도이며, 그것은 평화와 안정과 자유로운 인간의 공동

---

23) Klose, "Legitimationskrise unserer Demokratie Identitätskrise der Demokraten", S.557.
24) 허영, 헌법이론과 헌법, 250면.
25) Josef Isensee, "Staat", S.135f.

생활을 위하여 인간에 의하여 그리고 인간을 위하여 고안된 것임을 의미한다.[26] 따라서 국가 내지 국가권력의 본질이 무엇이냐를 설명하기 위해서는 국가가 고안되고 창조된 목적으로부터 출발하여야 하며,[27] 국가의 본질은 무엇인가 존재하는 것으로서가 아니라 그의 과제를 찾음으로써 규명되어야 하는 것이다.[28] 더욱이 국가를 시간을 초월한 불가결한 인간생존의 요소로 이해하기 위해서는 국가를 단지 그의 운영과정의 기술로서만 이해할 수 있는 것이 아니고 인간존재를 위한 포괄적인 그의 사명의 이해가 요청되며,[29] 뿐만 아니라 국가라는 통일체는 공직수행자와 마찬가지로 국민의 실제적 통합을 통하여 실현되고 생명력을 얻으며 항상 새로이 갱신되고, 아울러 현실성을 갖게 되고 존립하게 된다는 사실을 인식해야 한다.[30]

그런데 19세기 중엽 이후 최근까지도 국가 내지 국가권력을 시원적인 것으로 전제하고 그 밖의 제사회세력과의 관계를 통하여 국가의 본질이 설명되어 왔음에 대해서는 전술했다(제1장 제3절). 그리고 국가 내지 국가권력의 본질에 대한 그러한 논의는 국가권력의 남용을 이론적으로 뒷받침해줄 뿐 오늘날 국가의 본질에 대한 설명으로서는 의미가 없다고 하였다.[31] 결국 오늘날의 국가 내지 국가권력의 본질에 관한 논의는 그것이 선재하는 것이 아니라 인간에 의해 인간을 위해 의식적으로 창조된, 그리고 일정한 목적을 위하여 창조된 정치적·조직적 통일체요 정치적 힘이라는 전제하에서 출발되어야 하고, 또한 국가 내지 국가권력은 자기 자신 속에 안주하고 있는 제도적인 것도 아니고 그렇다고 해서 정치세력의 그때그때의 영원한 대결의 소산에 불과한 것도 아니라는 점에서 시작되어야 하다. 왜냐하면 오늘날 헌법국가의 국가는 동적인 것과 현상유지적인 것, 형성하는 것과 형성된 것의 상호조건적인 병존이며, 역사적인 생활의 유동하며 생성되어 가는 것에 대한 개방성과 그 제도적 극복 가운데서 비로소 현실성과 생명을 획득하는 존

---

26) Böckenförde, Der Staat als sittlicher Staat, S.12.

27) Böckenförde, Der Staat als sittlicher Staat, S.12.

28) Ulrich Scheuner, "Das Wesen des Staates und der Begriff des Politischen in der neueren Staatslehre", in: Staatstheorie und Staatsrecht, Duncker & Humbolt, 1978, S.73.

29) U. Scheuner, "Das Wesen des Staates und der Begriff des Politischen in der neueren Staatslehre", S.73. 이와 같은 입장은 고대철학에서는 물론이고, 근대의 국가사상에서, 그리고 현대의 국가사상에서 바탕을 이루고 있음은 의심의 여지가 없다.

30) Josef Isensee, "Staat", S.136.

31) 이런 점에서 국가 내의 모든 사회세력들에 관한 개념은 단지 국가권력의 주권성과 통일성을 하나의 경직된 도그마로 지향하지 못하게 하는 신중성을 제기하는 것으로 인식할 필요가 있을 뿐이다. R. Zippelius, Allgemeine Staatslehre, S.61.

재이기 때문이다.[32] 이러한 관점에서 국가 내지 국가권력의 본질은 다음과 같이 몇 가지로 설명될 수 있다.

Ⅱ. 政治的 統一體(politische Einheit)

오늘날 우리들은 국가를 통일체라고 말하고 그 중에서도 정치적으로 조직된 통일체라고 말하며, 또한 국가를 그러한 것으로 체험하며 생활한다.[33] 이것은 사회공동생체가 본질적으로 다양한 이해관계를 포용하고 있기 때문에 복합적인 이해관계의 갈등과 대립이 존재한다는 것을 전제로 하면서 이렇게 다양한 이해관계의 갈등과 대립을 어느 형식으로든지 극복하고 하나의 정치적 통일체를 형성하고 있는 것이 국가라는 것이다.[34] 즉 우리는 인간의 공동생활에 있어서 갈등과 대립이 존재한다는 것을 부인할 수 없고, 그 사회의 갈등과 대립이 우군 대 적군이라는 극단적 관계에까지 상승하여 투쟁의 상태에 이르지 않도록 이 갈등과 대립을 극복하는 것이 필요한데,[35] 국가가 바로 일정한 영역 내에서 구속력 있는 결정을 내리고 그것의 준수를 강제함으로써 정치적 통일체로 기능하게 하고 있다고 보는 것이다.[36] 그리고 국가는 이러한 정치적 통일을 형성하고 유지하는 과제를 달성하는 경우에야 비로소 현실적인 것이 되며,[37] 따라서 모든 사회공동체는 국가로 승화되기 위해서 이해관계의 갈등과 대립을 완화 내지 조정시키는 부단한 노력이 요구되고 있다고 할 수 있다.[38]

그런데 사회공동생활체 내의 이해관계의 대립과 갈등을 완화 내지 조정하기 위해서는 우선 다양한 이해관계의 주체상호간에 어떤 일체감 내지 연대의식이 없으

32) K. Hesse, Grundzüge des Verfassungsrechts der Bundesrepublik Deutschland, S.105.
33) Böckenförde, Der Staat als sittlicher Staat, S.12.
34) 허영, 헌법이론과 헌법, 15면 이하.
35) Carl Schmitt, Der Begriff des Politischen, 3. Aufl., Duncker & Humblot, 1963, S.10.
36) Böckenförde, Der Staat als sittlicher Staat, S.6. 이에 관하여 마르크스주의 이론에서는 계급갈등으로 파악하고 있으며, 신좌파에 속하는 학자인 뿔랑자는 국가란 하나의 사회적 관계로 보아야 한다고 하였고, 이것은 곧 본질적으로 국가권력이란 계급관계의 형태결정적 응축이라는 것을 의미하며, 국가는 사회적 응집(정치적 통일체)의 유지가 제1차적인 기능으로 된다고 한다. Bob Jessob, The Capitalist State, New York Univ. Press, 1982, 이양구・이선용譯, 자본주의와 국가, 돌베개, 1985, 254면; David Easton, "The Political System Besieged by the State," in: Political Theory, vol. 9, 임영일・이성형編譯, 국가란 무엇인가, 까치, 1985, 198면.
37) 왜냐하면 국가권력만이 인간이 정치권력으로부터 기대하는 보호기능과 질서기능을 충분하게 실현시킬 수 있기 때문이다. R. Zippelus, Allgemeine Staatslehre, S.61.
38) 허영, 헌법이론과 헌법, 16면.

면 안 된다.39) 즉 사회공동체가 정치적 통일을 이룩하고 인간이 그 속에서 실제적인 존립이 가능하도록 하기 위해서는 무질서한 권력투쟁의 우연성에 맡겨져서는 안 되며, 사회내의 일체감 내지 연대의식에 바탕을 둔 계획적이고 의식적인 그리고 조직적인 협동작용에 의해서 정치적 통일이 이룩되도록 해야 한다.40) 이것은 사회공동체가 정치적으로 조직된 통일체인 국가로서 기능하기 위해서 공통의 가치관에 입각한 법적 질서를 요구한다는 것이고, 따라서 국가는 사회공동체가 조직화를 통하여 구성되고 과제달성을 위하여 절차적으로 질서가 잡힌 정치적 통일체라고 하는 것이다.41)

Ⅲ. 平和의 統一體(Friedenseinheit)

정치적 통일체를 의미하는 국가는 국가 내의 인간을 위하여 평화의 통일체를 형성한다는 데에서 그 의미를 찾을 수 있다.42) 특히 현대국가가 중세의 국가들과 구별되는 것은 시민들을 무장해제시키고 사적 재판을 금지시킨 것, 즉 분쟁해결수단으로서의 물리력의 사용과 같은 위협적인 행위를 포기하고 시민에게 평화의무를 지운 대신에 국가에게 권력독점을 허용하면서 평화의 통일체로 기능하게 하는 데서 찾을 수 있다. Hobbes가 지적했듯이 '만인의 만인에 대한 투쟁상태'를 의미하는 자연상태(시민전쟁)를 제도적으로 극복하고 사회상태로 이행하면서 전면적인 사회평화에 대한 합의와 권력이 보강된 보장체로서의 국가에의 복종에 근거하여 확립된 것이 현대국가인 것이다.43) 현대국가가 평화의 통일체로 인식되는 것은 오직 통일체인 국가권력만이 인간이 정치권력으로부터 기대하는 보호기능과 질서기능을 충분하게 실현하기 때문이며,44) 국가권력은 일정한 영역 속에서 최고의 권위를 가지고 평화와 질서의 보장이 위임되어 있는, 그리고 합리적으로 결합

---

39) 허영, 헌법이론과 헌법, 16면.

40) Böckenförde, Der Staat als sittlicher Staat, S.9.

41) 정치적 통일이 형성되고 국가적 과제가 수행되는 데 있어서 준거가 되는 지도원리가 헌법이며, 이런 점에서 헌법은 곧 국가의 법적 기본질서이다. Böckenförde, Der Staat als sittlicher Staat, S.10.

42) Böckenförde, Der Staat als sittlicher Staat, S.12. 정치적 통일체로서의 국가와 국가의 평화적 통일형성과의 상호관계에 관하여 기초를 세운 사람은 Carl Schmitt이다. 즉 그의 "Der Begriff des Politischen"이란 논문에서 어느 국가 내에나 정치세력들(Freund-Feind)의 대립이 있으며, 그것이 의미하는 핵심은 항상 무력충돌 가능성이 존재한다는 데 있다고 한다. C. Schmitt, Der Beriff des Politischen, S.39f.

43) Josef Isensee, "Staat", S.136.

44) R. Zippelius, Allgemeine Staatslehre, S.61.

되어 있는 인간활동의 통일체이기 때문이다.[45] 다시 말해서 국가 내의 개인 사이의 모든 다툼이나 투쟁 또는 국가 내의 집단들 사이의 모든 다툼이나 투쟁이 평화롭게 물리적인 힘을 사용함이 없이 법적으로 정서된 절차에 따라 수행되도록 하는 것이 국가권력을 본체로 하는 국가질서의 근본요소인 것이다.[46] 즉 이것은 인간의 생존에 있어서 기본적인 전제조건인 국가의 평화를 수립하기 위한 방법으로 가장 바람직한 것은 제3자인 국가권력이 분쟁당사자들을 자기의 지배 하에 두고 우월적인 입장에서 양자로 하여금 승리를 포기하고 상대방에 대하여 관용을 베풀도록 함으로써 개인 또는 집단간에 분규가 발생한 경우 직접 실력을 통한 해결을 회피하게 하는 것이 모든 공권력의 본질적 징표인 것이다.[47]

따라서 국가질서의 구조적 특징인 평화의 통일체로서의 국가는 자연으로부터 주어진 것이 아니기 때문에 특별한 정치적 노력 없이는 가능하지가 않다. 국가는 평화의 통일체의 회복과 유지를 위하여 탁월한 정치적 과제로서의 문화적 급부를 제공하여야 한다.[48] 즉 국가는 외부의 적으로부터 국민을 보호할 뿐만 아니라 국가 내의 평화와 질서, 그리고 안정을 유지해야만 한다.[49] 다시 말해서 국가는 안정된 상황 하에 규범적 상태를 보장하는 것이며, 국가 내의 정치세력 사이의 반목이 무력투쟁의 수준에까지 달하지 않도록 보증하는 것이기 때문에 그의 첫째 목적은 평온과 안정과 질서를 유지하는 것이다.[50] 물론 개별적인 모든 가해행위로부터 국가의 보호를 받는 것이 불가능한 것이기는 하지만 부득이 두려워해야 할 정당한 이유가 존재하지 않도록 배려하는 것이 좋다. 결국 국가권력은 신뢰할 수 있게 규칙화된 인간의 공동생활을 보장하고 만인의 만인에 대한 투쟁을 예방하는 법적 평온과 법적 안정성을 실현하는[51] 평화의 통일체를 의미한다.

Ⅳ. 決斷의 統一體(Entscheidungseinheit)

국가는 평화의 통일체를 회복하고 유지하기 위하여 동시에 결단의 통일체이어야 한다.[52] 국가는 평화의 통일체를 유지하기 위하여 국가 내의 최고의 권위 있는

45) U. Scheuner, “Das Wesen des Staates und der Begriff des Politischen in der neueren Staatslehre”, S.25.
46) Böckenförde, Der Staat als sittlicher Staat, S.12f.
47) M. Kriele, 국순옥譯, 민주적 헌정국가의 역사적 전개, 42면 이하.
48) Böckenförde, Der Staat als sittlicher Staat, S.13.
49) Joseph W. Bendersky, Carl Schmitt -Theorist for the Reich-, Princeton Univ. Press, 1983, p.91.
50) Carl Schmitt, Der Begriff des Politischen, S.46.
51) R. Zippelius, Allgemeine Staatslehre, S.57.

기관임과 동시에 국가의 의사주체로서 기능하는 것이다. 즉 국가는 인간들과 집단들 사이의 다툼을 평화롭게 해결하려면 그 판정을 효과적으로 행할 수 있는 행위규범과 절차규범이 필요하다. 이때 이러한 규범과 규칙들은 사회공동체 구성원들 사이의 공통의 가치공감대에 바탕을 두고, 최고의 권위 있는 기관인 국가에 의하여 확립되어야 하며, 국가는 자신의 판정에 반하는 더 이상의 반론이 있을 수 없도록 최종적인 결단을 하게 된다. 다시 말해서 인간은 국가를 사회공동생활에 있어서 결단의 통일체 또는 최종적인 판정의 주체로서 받아들이지 않고서는 국가적인 통일과 평화를 기대할 수 없다.[53)]

물론 결단의 통일체로서의 국가가 행하는 결단은 다양하다. 사회의 자율영역에 맡겨질 수 없는 모든 내용이 결단의 대상이기 때문이다. 특히 국가는 현실의 도전에 대응할 능력까지 요구하고 있어서 자연환경은 물론 공동생활에서 변화하는 정치적 욕구까지도 파악하고 항상 새롭게 형성해 나가야 할 과제를 내포하고 있다. 즉 국가는 사회의 자율영역을 제외하고 백지위임적 작용영역과 활동영역을 갖고 있고, 그 활동 및 작용영역에 대해 구속력 있는 결단을 내릴 위치에 있다.[54)]

그리고 결단의 통일체인 국가는 법질서의 창조자요 주도자인 점에서 출발한다. 국가의 결단은 법질서를 마련하고 그 법을 해석하고 집행하는 과정에서 결단이 이뤄지는 것이기 때문이다.[55)] 또한 결단의 통일체인 국가는 이렇게 법적 통일체를 전제하기 때문에 국가는 국가에 있어서 근본적이고 중요한 결단인 헌법제정으로부터 결단을 행한다. 헌법제정 이후에는 헌법이 규정하고 있는 것, 즉 인간의 존엄성에 바탕을 둔 개성신장의 자유의 보장, 사회적 정의, 경제적 성장과 안정, 질서와 법적 평화의 보장, 그리고 외적의 침입으로부터의 보호를 구체화함에 있어서 이러한 다양한 목적들을 올바로 정서하고, 특히 그들 사이의 올바른 우선순위와 최선의 타협점을 찾아야 할 과제가 국가에게 있다.[56)] 즉 결단의 통일체인 국가에게는 구체적인 정치문제에 있어서 사회 내의 의식변화와 법적 기준의 변화에 적응하고, 또한 여기서 특정한 목적, 무엇보다도 그러한 목적들 사이의 지혜로운 형량을 위하여 지속적으로 결단을 내리도록 자극된다. 예를 들어 개성신장의 특정

---

52) Böckenförde, Der Staat als sittlicher Staat, S.13.

53) Böckenförde, Der Staat als sittlicher Staat, S.13f.

54) Josef Isensee, "Staat", S.137.

55) Josef Isensee, "Staat", S.137. 따라서 국가는 H. Kelsen이 생각한 것처럼 법질서와 동일시 될 수 없다. 국가 자신은 법의 대상이고 수신인이기는 하지만, 국가는 실정법에 선행하는 존재이기 때문이다.

56) R. Zippelius, Allgemeine Staatslehre, S.325.

한 형태들과 가치기준을 위해서라든가, 개인의 자유에 반하는 한 사람의 자유를 제한하는 특정한 원리들을 위해서, 그리고 국가의 규제와 개인적 자기실현 사이의 이성적인 관계를 위하여 국가는 계속적인 결단을 내려야 한다.[57]

또한 국가는 결단의 통일체로서 기능하고 일반적인 국가의사를 형성함에 있어서 결단의 원리(Prinzip der Selbstbestimmung)를 통하여 결단을 하는 것이 국가의 조직과 작용방법을 위하여 결정적이다.[58] 그것은 개개인의 의사가 일반의지에 결합되는 것으로 보이게 하고 체득하게 하는 형식과 절차를 국민과 국가권력에 부여하는 것이기 때문이다. 즉 자결의 원리는 정치적 의사형식과 국가적 결단과정에 국민을 참여시키는 것을 제도화하고 실현하는 것인데, 국가의 존립을 위해서 그것은 불가결한 것이다.[59] 이것은 곧 모두가 원하는 공동생활의 법원리와 질서의 원리에 관한 국가작용의 방향제시는 국가권력의 결단에 의하여 제공되는 것이 필요하나, 그러한 결단행위는 동시에 국민의 대표기관인 의회와 같은 통치기관들에 의하여 수행되도록 함으로써 국민전체에 대한 방향설정적 결단행위가 되도록 해야 한다는 것이다.[60]

V. 權力의 統一體(Machteinheit)

결단의 통일체로서의 국가의 필요성은 아울러 권력의 통일체로서의 성격도 요구한다.[61] 사회 내의 집단들로부터의 저항에 부딪혀 분쟁상태에 있으면서도 자신의 활동목표를 실현하고자 하고, 국가 내의 평화를 보장하고자 하며, 국제적인 협조체제를 주장하고자 하는 국가는 필연적으로 권력의 통일체로서의 성격을 요구하는 것이다.[62] 국가 내지 국가권력에 의하여 내려진 결단으로서의 행위규범과 절차규범은 그것이 현실적으로 관철될 수 있을 때에만 국내외적 평화가 유지되고, 효과적인 사회적 타협이 가능해지며, 안정이 이뤄지기 때문이다.[63] 즉 인간들과

---

57) R. Zippelius, Allgemeine Staatslehre, S.324.
58) Böckenförde, Der Staat als sittlicher Staat, S.19.
59) Böckenförde, Der Staat als sittlicher Staat, S.20.
60) Böckenförde, Der Staat als sittlicher Staat, S.39.
61) Hermann Heller, Staatslehre, 1970, S.128ff.
62) Josef Isensee, "Staat", S.137.
63) M. Weber는 이러한 측면에서 국가를 권력조직으로 파악하고 이를 구조적으로 파악하려고 했다. 즉 그의 사상의 핵심에는 권력투쟁에서 획득될 수 있는 합리적인 권력기구를 포함하고 있다. 다만 그가 물리적인 힘에 관하여 언급하고 있지만 그에 있어서의 힘은 하나의 정신적인 현상이었다는 점을 그의 통치의 정당화유형이 가르쳐 주고 있다. U. Scheuner, "Das Wesen des Staates und

집단들의 상호협력을 위하여 마련된 행위규범과 그들 사이의 분쟁해결을 위하여 확립된 절차규범들이 준수되고, 그에 입각하여 내려지는 결단들이 관철될 때에만 국가 내지 국가권력은 자발적인 복종과 충성을 받게 되며 또한 결단의 통일체로서 계속 존재할 수 있게 된다. 즉 국가가 통일체를 형성하고 유지하게 도와주는 가장 중요한 도구는 사인의 자력구제를 포기하는 대신에 갖게 되는 권력독점이다. 비국가적인 조직에 대한 국가적 특성과 징표는 국가 자신의 목적을 관철시키기 위하여 구체적인 유형적 강제수단을 동원해도 좋다는 점에서 유효성이 나타난다. 正當한 物理的 强制力의 獨占이 國家의 徵標인 것이다.

그러므로 권력의 통일체로서의 국가의 성격은 국가 내지 국가권력을 사회 내지 사회 내의 제세력들과 구별을 가능하게 하는 결정적인 징표이다. 국가는 사회 내에 존재하며 스스로 세력을 형성해 가고 있는 집단들에 대해서 우월적인 위치에 있어야 하며, 이러한 권력집단들을 정돈시킬 능력이 있어야 하고, 그를 위하여 강제적이고 물리적인 권력의 사용이 허용되어 있는 것이 국가인 것이다.64) 즉 국가는 합리적이고 물리적인 강제의 독점에서 다른 사회 내의 권력집단들에 대한 특성을 가지며 그 결과 권력조직으로 이해되기도 한다.65) 또한 이것은 국가영역 내에는 국가권력이 처리할 수 없는 사항이 존재하지 않을 뿐만 아니라, 국가권력의 본원적이고 독립적인 통치권에 대항하여 무엇인가를 주장할 수 있는 무국가적인 권위 있는 권한들이 존재하지 않는다는 것을 의미한다. 결국 국가 내지 국가권력은 이렇게 법적으로 조직된 힘의 통일체요 사회의 제세력을 통합해 나갈 수 있는 권력의 통일체라는 점에서 그 특징을 찾을 수 있다.66)

다만 국가의 권력독점을 전제로 한 권력의 통일체로서의 국가의 성격은 국가가 공동체를 위한 급부를 제공한다는 것과 국가적 규범에 복종할 것이라는 국민의 승인 및 준비에 기초를 두고 있다. 즉 국민의 법에의 복종은 국가(통치자)가 정당성을 얻기 위한 노력을 끊임없이 기울여 자발적인 복종을 이끌어 내는 경우를 전제한 것이며, 오히려 예외적인 경우에만 강제력이 행사되어야 한다. 특히 현대국가는 그때그때의 국가의 합법적 권능과 절차규정에 비례하여 선험적인 국민의 복종의무가 요구되는 토대 위에 있다. 따라서 국가의 작용형식은 그에게 고유하게

der Begriff des Politischen in der neueren Staatslehre", S.58.

64) 국가권력이 조직화된 물리적 강제력이라고 하더라도 그와 같이 물리적 강제력을 본질로 하는 폭력과는 구별되어야 한다. 즉 국가권력은 일정한 가치실현을 위하여 정당화된 물리적 강제력이지만 폭력은 그렇지 못한 것을 의미한다. 이극찬, 정치학, 법문사, 1977, 131면 이하.

65) U. Scheuner, "Das Wesen des Staates und der Begriff des Politischen in der neueren Staatslehre", S.58.

66) R. Zippelius, Allgemeine Staatslehre S.65.

인정되고 있는 강제형식인 법에 종속하는 작용형식(법률, 행정행위, 판결 등)에 한정되는 것이 아니라 협력의 형식(계약, 협조 등)을 이용할 수도 있다.[67] 그리고 오늘날의 헌법국가는 헌법의 측면에서 실제로 효력을 발휘하도록 권력의 통일체에 하나의 근거를 필요로 한다. 국가적 권한체재와 절차체제 내에서 합법적으로 결단되어질 수 있도록 최종적으로 헌법재판소를 통하여 결단되어지도록 보장하는 것이 그것이다. 결단은 법률적 판단에 따라야지 결코 정치적 투쟁과 잠재적 위협에 의하여 이뤄져서는 아니 되기 때문이다.[68]

제3절 國家와 國家權力의 槪念

Ⅰ. 國家槪念의 語源과 國家性의 特徵

1. 國家槪念의 語源

국가자신이 역사적인 산물인 까닭에 정치적 공동생활을 지칭하는 명칭은 역사발전과 더불어 많은 변화를 거쳐 왔다. 즉 인류의 사회생활이 매우 합리적이고 조직적으로 보장되는 공동생활형식으로 원시적인 국가 및 혈족공동체의 단계를 발전·극복시킨 이후로 정치공동체는 다양한 역사적 형상 속에서 인간존재의 근거를 성립시켰고, 인류의 사회생활로부터 완성된 궁극적인 질서의 책무와 인간공동생활의 골격형성은 다양한 방법으로 형태를 갖추었었다.[69] 다시 말해서 정치공동체의 구조와 범위, 명칭은 종교적인 것에 기반을 두고 확립된 고대동방이나, 고대도시국가, 헬레니즘시대, 그리고 그 후의 로마제국의 도시중심적 통치로부터, 중세의 개인적 영지관계와 군주적 중앙집권체제를 거쳐, 현대의 동일한 형태에 해당하는 국가에 이르기까지 많은 변천을 겪어 왔다.[70] 예를 들면 고대 그리스에서는 Polis라는 어휘가 역사적인 한 유형으로 사용되었었고, 로마시대에는 res publica

---

67) Josef Isensee, “Staat” S.137f. 김성수교수가 21세기의 변화된 국가와 국민간의 기본적인 법적 관계는 ‘협조적 법치주의’(kooperativer Rechtsstaat)를 실현하는 통치구조라고 특징지운 것도 그것을 강조한 것이라고 본다. 김성수, 일반행정법, 법문사, 2001, 7면 이하.

68) Josef Isensee, “Staat und Verfassung”, S.620f.

69) U. Scheuner, “Staat”, in: Staatstheorie und Staatsrecht, Duncker & Humblot, 1978, S.2.

70) U. Scheuner, “Staat”, S.2.

또는 civitas라는 용어가 정치공동체에 대한 명칭으로 사용되었으며, 이것이 중세에까지 계속되었다.[71)]

그러나 오늘날 사용되고 있는 국가(Staat, state)라는 정치공동체를 지칭하는 개념은 라틴어인 Status에서 유래한다는 주장이 제기되기도 한다. 하지만 오늘날의 국가개념에 해당하는 전체적인 정치공동체를 지칭하는 개념으로 당시에는 res publica가 사용되었었고, Status는 상태(Zustand) 또는 지위(Stand)라는 의미로 사용되고 있었기 때문에 Status로부터 국가개념이 유래했다는 흐름을 명확히 포착하기는 힘들다.[72)] 따라서 오늘날의 국가개념은 15세기 르네상스시대에 사용되던 lo stato라는 개념에서 그 어원을 찾는 것이 오히려 일반적인 경향이다.[73)] lo stato라는 개념은 처음에는 힘의 소유자 또는 공권력(지배자)을 장악한 영주와 그 지배대상(Genitiv)을 총칭하는 뜻으로 사용되고 있었으며,[74)] 또한 다양한 통치형태를 포괄하는 추상적 개념으로 사용되기 시작했다. 즉 권력소유, 통치자의 부속물, 지배이익, 국가이성 등 정치적으로 다양한 의미들이 결부되어 나타난다.[75)] 그리고 17-18세기 이후에야 비로소 政治的 統一體를 결합하는 人間의 總體(Gesamtheit)를 지칭하는 權力所有(Machtbesitz)의 징표로 나타나게 된다.[76)] 또한 이 개념이 곧 프랑크왕국에 전파되었고, 18세기 말경에 정치공동체라는 의미로 독일에 전래되었으며, 19세기에야 비로소 학문적으로나 정치적으로 오늘날의 국가개념으로 확립되기에 이르렀다.[77)]

2. 國家性의 特徵

앞에서 지적한 것처럼 '정치적 공동체' 내지 '정치적 통일체'를 의미하는 개념이 전혀 다른 어원으로부터 출발하여 오늘에 이른 것으로 보고 있지만, 현대의 국

---

71) U. Scheuner, "Staat", S.20.

72) H. Krüger, Allgemeine Staatslehre, W. Kohlhammer Verlag, 1966, S.9ff.

73) U. Scheuner, "Staat", S.20; Hans Peters, "Staat", in: Staatslexikon, 7. Band, Verlag Herder Freiburg, 1962, S.520; F. M. Watkins, "The Concept of State", in: International Encyclopedia of the Social Sciences, Vol. 15., p.144; 허영, 헌법이론과 헌법, 147면. 특히 Machiavelli의 작품 속에서 현대적 의미의 국가를 지칭하는 개념으로 stato가 사용되고 있고, 뿐만 아니라 당시에는 stato를 사용한 사람은 현존하는 정치적 전통을 반대하는 의미로 사용했다. 따라서 당시의 사람들에게 있어서는 국가란 현존하는 사실이 아니라 바람직한 대상 내지 목표를 의미했다. F. M. Watkins, "The Concept of State", pp.150.

74) H. Krüger, Allgemeine Staatslehre, S.13; 허영, 헌법이론과 헌법, 147면.

75) Josef Isensee, "Staat und Verfassung", S.609.

76) U. Scheuner, "Staat", S.20.

77) Hans Peters, "Staat", S.520.

가개념이 내포하고 있는 징표는 국가개념의 성립 이전이나 이후라고 해서 크게 다를 것은 없다. 다만 국가의 개념이 발전되어 오는 과정에서 불규칙적으로 도입된 것이지만, 국가성의 징표로 간주되는 것으로는 다음과 같은 것들을 들 수 있다.[78]

- 군주주권의 관철 : 대외적으로 황제와 교황에 대항하며, 대내적으로 봉건적 세력에 대항하여
- 독립성과 동등성에 대한 상호존중에 기초한 국가들의 다원주의
- 통치영역에 대한 상호간의 영토적 차단과 비침투성
- 봉건제도하에서 분산되었던 통치권능의 한사람으로의 집중, 즉 중심적 · 독점적 · 통일적 국가권력의 구축
- 모든 개인과 비국가적인 단체에 대한 국가의 우월적 지위, 국민에 대한 일방적인 법률제정권과 법률집행권으로서의 국가의 독점적 고권, 사인과 국가간의 종속관계법으로서의 공법과 사인들간의 대등관계법으로서의 사법의 구별
- 개별적 행위권능과 개별적인 왕권으로부터 잠재적인 최고관할권과 대규모적 국가권력으로의 국가적 효력범위의 확대
- 국가의 세속화, 종교에 대한 중립화, 교회와의 제도상 분리
- 신분상의 중간권력에 대한 독립권의 폐지, 국가와 개인간의 직접적이고 이원적인 통치관계
- 자력구제권 및 자기판결권, 도전권, 그리고 교회와 같은 단체의 저항권의 배제, 합법성, 법률보호, 그리고 국가의 권력독점에 기초한 국가적 평화질서의 정립
- 국민이든 외국인이든 상관없이 영토 내에 체재하는 모든 인간에 대한 영토고권의 관철, 단순한 종족적 또는 소작법적인 인적 단체로부터 영토주체로의 국가의 발전
- 단체로 조직된 국민의 국내법적인 기초와 인적 고권의 국제법적 제한으로서의 국적의 도입
- 발견된 법(관습법)의 단순한 구전으로부터 실정법으로의 이행과 법수호국가로부터 법제정국가로의 이행
- 행정국가의 구축

78) Josef Isensee, “Staat und Verfassung”, S.610f.

- 행정상의 관직체계와 직업공무원제도
- 상비군대의 조직
- 정규적인 재정원으로서의 세금징수, 즉 조세국가성

국가라는 개념의 발전이 이뤄짐과 동시에 위와 같은 국가성의 징표들이 오랜 세월에 걸쳐 도입되었고, 그것은 19세기에 이르러 현대국가와 같은 모습으로 만개하게 되었다. 따라서 이러한 징표를 아직 갖추지 못한 경우 완전한 국가라고 할 수 없음은 물론이다.

Ⅱ. 國家의 槪念

1. 序言

국가는 현실이기 때문에 그 자체로서 모든 개념적인 것 이전에 존재한다. 국가는 따라서 궁극적으로 개념화될 수도 없는 것이지만,[79] 그럼에도 불구하고 국가는 개념이라는 도구로써 측량될 수밖에 없고, 그럼으로써 국가는 인식 · 파악 · 지배 가능한 현실의 한 부분으로 된다. 국가의 개념적 재구성은 국가의 법적 형성 및 규율의 선결조건이다.[80] 아울러 국가란 그 자체로서 복잡하기 이를 데 없는 주제를 형성하고 있어서 궁극적이고 확정적인 개념으로 답해질 수 없는 것이지만, 부분적으로나마 인식하고 파악하는 것은 불가결한 다양성과 상대성을 가진 다의적 개념이라는 점이다. 따라서 국가는 정치적 · 이데올로기적 · 인류학적 · 경제적 · 역사적 · 논리적 · 현상학적 측면의 문제들을 제기해 주고 있을 뿐만 아니라 특히 법학적 측면에서도 빼놓을 수 없는 기초적 주제가 되고 있다.

그런데 지금까지의 국가의 개념에 관한 설명은 어떠한 맥락에서 사용되고 있으며 그 이유는 무엇인가에 관하여 상세한 설명을 하지 않았기 때문에 많은 혼란을 가져 왔다.[81] 즉 지금까지 국가의 개념으로 법학적 국가개념과 사회학적 국가개념, 윤리적 요청을 전제로 하는 국가개념과 몰가치적 국가개념, 구체적-특수적 국

79) A. Müller는 1809년의 저서 "정치의 기본요소"에서 국가의 개념은 전혀 변하지 않고 있지만, 국가는 매우 다양하게 변화하고 있다는 점을 강조하면서, '국가에 대하여는 여하한 어떠한 개념도 존재하지 않는다'고 하였다. Adam Müller, Die Elemente der Staatskunst(1809), ed. Jakob Baxa, 1. Hbbd., 1922, S.20.

80) Josef Isensee, "Staat und Verfassung", S.602.

81) M. Kriele, 국순옥譯, 민주적 헌정국가의 역사적 전개, 87면.

가개념과 구체적-일반적 국가개념 등 다종다양하게 사용되고 있으나, 이러한 유형의 국가개념은 국가에 대한 논의가 진행되고 있는 객관적인 상황을 정확히 이해하지 않고서는 의미가 없고 오히려 혼란만 야기할 뿐이다. 따라서 국가가 논의되는 상황을 명확히 하고 국가개념을 이해함으로써 국가의 한계도 설정될 수 있고 그에 대비되는 선택안도 마련될 수 있다고 보아,[82] 몇 가지 관점에 따른 국가개념을 살펴보기로 한다. 다만 여기서 전제하고자 하는 것은 구체적인 정의를 내리기 위한 논술이 아니라 국가를 바라보는 관점에 따른 차이, 즉 국가관에 따른 시각의 차이를 주로 하여 설명하려고 한다. 왜냐하면 구체적인 정의는 모든 사람마다 다르게 표현되고 있어서 일반적인 개념을 찾아내기 어렵기 때문이다.[83]

2. 社會學的 國家槪念과 法學的 國家槪念

모든 학문적 연구의 대상이 방법론적 출발점으로부터 정하여지고 규정되듯이 방법론상의 전제에 의하여 국가개념도 결국 사회학적 개념과 법학적 개념으로 나눠지게 된다.[84] 국가에 관한 고찰을 자연과학적인 방법론에 의할 때는 객관적이고 몰가치적인 체계를 건설하고자 하기 때문에 국가개념에 있어서도 윤리적·도덕적 고려를 포기하는 사회학적 국가개념이 생겨나며,[85] 반면에 사회학적 방법론을 따를 때는 응당 윤리적·도덕적 인식을 바탕으로 하므로 국가개념에 대해서도 헌법정책적 문제제기를 내용으로 하는 법학적 국가개념이 생겨난다.[86]

(1) 社會學的 國家槪念

국가에 대한 사회학적 연구는 사회적 형태로서의 국가의 생성과 존립과정의 과학적 인식에 그 목적이 있다. 즉 국가의 본질 및 그 생활의 인식, 그리고 국가와

82) M. Kriele, 국순옥譯, 민주적 헌정국가의 역사적 전개, 83면. 특히 여기서 M. Kriele는 국가개념에 관한 법학적 논의가 갖는 의의는 인간의 유한한 인식능력을 동원하여 가능한 한 완전히 그리고 거시적인 안목에서 여러 결과를 개관하고 합리적으로 비교형량하려는 데 있다고 한다.

83) 물론 국가론의 입장에서 당연히 추구되어야 하는 것은 모든 국가에 공통적으로 적용할 수 있는 국가개념을 찾아내는 점일 것이다. 즉 모든 국가간의 차이점을 이루고 있는 요소들을 사상해 버리고 보편적 성격을 지니는 국가개념과, 현존의 국가는 물론이고 과거에 존재하였으며, 그리고 미래에도 존재할지도 모르는 일반·추상적 국가개념을 추출해 내는 것이 국가론의 과제일 것이다. 그런데 이러한 국가개념은 대체로 국제법상의 국가개념에 해당하는 것으로 볼 수 있다. 왜냐하면 국제법은 국가의 법적 독립과 평등의 원칙에서 출발하기 때문이다. 이에 대해서는 다음에서 자세히 살펴볼 것이다.

84) U. Scheuner, "Das Wesen des Staates und der Beriff des Politischen", S.53f.

85) U. Scheuner, "Das Wesen des Staates und der Beriff des Politischen", S.53.

86) M. Kriele, 국순옥譯, 민주적 헌정국가의 역사적 전개, 83면.

他社會團體와의 관계를 현상학적 측면에서 남김없이 기술하는 것을 목표로 한다.[87] 따라서 국가에 대한 사회학적 연구의 핵심은 G. Jellinek에 있어서처럼 국가생활과정에서 결정적인 영향력을 미치는 강제권력을 어떻게 인식하는 가에 있기도 하고,[88] M. Weber에 있어서와 같이 국가를 목적기관 내지 합리적 통치구조로 보는 경향도 나타난다.[89] 그 중에서도 특히 M. Weber를 비롯한 사회학적 국가론에서는 국가를 권력조직으로 이해하고 구조적으로 분석하려고 했다. 즉 지배와 합리적이고 물리적인 강제의 독점에서 다른 단체들에 대한 국가의 특성을 파악하려고 했던 것이다.[90]

그리하여 국가에 대한 사회학적 연구는 사회관계의 구조에 관한 연구로부터 직접 국가와 권력에 관한 실체적 사고의 확립을 가능하게 하였고, 다양한 국가의 생성 내지 발전과정에 관한 상호질서의 인식을 가능하게 하였다.[91] 뿐만 아니라 이러한 연구방법은 프랑스나 독일에서 19세기에 관료국가와 시민사이의 분리로 표현되고 전개되었던 국가와 사회의 대립관계의 유지를 촉진시켜 주었다.[92]

그러나 사회학적 방법론과 경향은 국가를 분석함에 있어서 정치생활의 윤리적 기준과 국가영역에의 모든 국민의 참여를 간과하였고, 단지 국가의 기술적 · 제도적 측면과 합리적 통치가능성만을 주시하게 됨으로써 철학적 기본문제에 민감하지 못하게 되었다.[93] 즉 국가는 단순히 권력을 중심으로 한 물리적 현상일 수만은 없고, 인간의 정신세계와 불가분의 관계에 있을 뿐만 아니라 인간상호간의 생활관계를 합리적으로 조정하려는데 국가의 본질이 있는 것이기 때문에, 가치관을 떠나서 국가를 생각할 수 없음에도 불구하고 국가의 존립근거 내지 정당성에 관한 가치관적 논증을 문제시하지 않고 있는 것이다. 따라서 이러한 국가에 대한 사회학적 연구는 국가의 본질과 존립근거를 설명함에 있어서 큰 도움을 주지 못한다.[94]

---

87) U. Scheuner, “Das Wesen des Staates und der Beriff des Politischen”, S.65.

88) 이러한 관점에서 G. Jellinek은 ‘국가란 원시적 지배력이 부여된 정주하는 인간의 단체통일체’라고 하고 있다. Georg Jellinek, Allgemeine Staatslehre, 3. Aufl., Verlag Athenäum, 1976, S.394ff.

89) U. Scheuner, “Das Wesen des Staates und der Beriff des Politischen”, S.65.

90) U. Scheuner, “Das Wesen des Staates und der Beriff des Politischen”, S.58. 물론 이와 같은 몰가치적 국가인식이 M. Weber의 논술방향이기는 하지만, 그의 사상의 심연에는 권력억제 요구와 국가의 책임 있는 행동의 요구가 유지되고 있었다. 그리고 그의 지배의 정당화유형에 있어서 비록 ‘물리적 힘’을 즐겨 말하고 있지만, 그에게 있어서 힘이라고 하는 것은 하나의 정신적 현상이었음을 인식해야 한다.

91) U. Schcuncr, “Das Wesen des Staates und der Beriff des Politischen”, S.69.

92) U. Scheuner, “Das Wesen des Staates und der Beriff des Politischen”, S.57.

93) U. Scheuner, “Das Wesen des Staates und der Beriff des Politischen”, S.65.

(2) 法學的 國家槪念

국가에 대한 법학적 연구는 국가생활의 표준인 법률규범을 중심으로 해서 국가를 인식하려는 방법이다. 즉 국가에 대한 사회학적 연구에서처럼 국가현상을 남김없이 기술하고 정의를 내리는데 그치지 않고, 권력행사의 윤리적 내지 도덕적 문제에 대한 분석, 다시 말해서 국가의 본질을 바탕으로 하여 국가의 과제와 존립근거를 연구대상으로 함으로써 논의의 중심이 바뀐다. 따라서 국가에 대한 법학적 연구는 인간의 유한한 인식능력을 동원하여 가능한 한 완전히 그리고 거시적인 안목에서 제 결과를 개관하고 합리적으로 비교형량하는 것이 필요하고, 그렇게 하여 정립된 국가개념을 통하여 국가작용의 범위를 설정하는 데 그 의의를 둔다.[95]

그런데 국가에 대한 법학적 연구는 19세기 중엽부터 고개를 들기 시작한 실증주의적 법이론과 신칸트주의의 영향을 받아 법실증주의적 국가관으로 발전하였는데, 이들의 시각에서는 국가란 하나의 순수한 법적 연결점이 되었고 법질서에 용해되어 버리는 결과를 가져왔다.[96] 즉 대표적 법실증주의자인 H. Kelsen은 국가를 법질서로 이해하기도 하고,[97] 국가를 법학적으로 사고가능한 것으로 보는, 다시 말해서 국가의 모든 법적 특성을 모순 없이 사고할 수 있는 개념을 발견하려고 한다. 반면에 C. Schmitt를 중심으로 한 결단주의적 국가관에서는 국가를 규범의 측면보다도 실질적 측면, 즉 국민의 의사에 바탕을 둔 실재적인 힘에 중점을 두고 국가를 설명하려고 한다.[98]

이와 같이 법실증주의적인 국가관은 물론이고 결단주의적 국가관이 법학적인 국가이해를 전제로 하고 있으면서도 국가의 본질을 객관적인 가치의 세계를 떠나서 설명하려고 한 점을 반성하고, 국가의 본질이나 국가현상을 도덕적, 정치적, 사회적, 역사적, 철학적 측면에서 고찰하려는 가치관적 국가관이 R. Smend에 의하여 추구된다.[99] 그에 의하면 국가란 시대의 변천과 역사의 발전에 따라 그때마다 새로이 형성되는 객관적 가치관에 입각해서 사회구성원의 동화적 통합을 추구하는 사회공동체의 부단한 생활과정을 뜻한다고 하면서, 일정한 가치실현을 지향하

---

94) 허영, 헌법이론과 헌법, 179면 이하.

95) M. Kriele, 국순옥譯, 민주적 헌정국가의 역사적 전개, 83면.

96) U. Scheuner, “Das Wesen des Staates und der Beriff des Politischen”, S.54.

97) Hans Kelsen, Reine Rechtslehre, 2. Aufl., Verlag Franz Deuticke, 1960, S.289f.

98) 따라서 C. Schmitt에 있어서 ‘국가란 한 국민의 존재상태, 즉 정치적 통일의 상태’로 설명된다. Carl Schmitt, Verfassungslehre, Duncker & Humblot, 1983, S.3.

99) 허영, 헌법이론과 헌법, 164면.

는 동화적 통합이 국가의 목적이라고 한다.[100]

한편 이렇게 국가에 대한 법학적 연구와 이해가 여러 갈래의 국가관에 따라 전개되어 왔으나 오늘에 있어서 어느 측면이나 전적으로 무시할 수는 없다. 다만 우리는 오늘날 결론적으로 국가는 정신과학의 인식모체로만 파악된다는 방법론상의 필연적인 통찰이 요구된다. 즉 국가는 정신적 실재이고, 이것은 삶의 과정이요 인간을 정신적으로 연결시키는 힘이며, 그리고 인간상호간의 관계를 만드는 틀이기 때문에, 결국 국가란 정신적 유대를 포괄하는 것으로 인식하는 것이 중요하다고 본다.[101] 다시 말해서 국가를 법학적으로 고찰하는 데 있어서는 여러 통찰력의 조화가 필요하다. 물론 법학적 국가개념은 법이 사회적 소여와 물적 관계들(Sachzusammenhängen)로부터 발전된 단순한 질서의 표현이며 통일적으로 파악되어야 할 것이라는 점을 전제로 하기 때문에 불명확한 난점이 있다 하더라도, 법학적 국가개념은 사회학적인 것에 비하여 높은 수준의 일반성과 정확하고 형식적인 표현의 틀을 가지고 있을 뿐만 아니라 사회학적 연구처럼 사회적인 현실성을 지향하기도 한다는 점에서 우리가 보다 깊은 관심을 가지고 인식할 필요가 있다.[102]

3. 靜態的 國家槪念과 動態的 國家槪念

오늘날 국가란 인간의 역사에 있어서 단순히 우연한 발견품도 아니고 단순히 생명과 재산의 보호를 위한 완성된 고안품도 아니라고 한다. 원시적인 자연상태를 특징지우는 고립을 유지하는 것이 비현실적인 것으로 받아들여지고, 또한 여러 조건들 속에서 인간이 생존방법을 발견해야만 하게 되자 곧 국가라는 실체가 인간본성의 근본적 필요에 부응하여 나타나게 된 것이다.[103] 그런데 앞에서 살펴본 바와 같이 그러한 국가를 보는 관점에 따라서는 여러 가지 국가관이 성립되고 그에 따른 이해가 달라질 수 있는데, 그러한 국가관 가운데는 국가를 정태적으로 보는 경우와 동태적으로 이해하려는 경우로 나뉘어 진다.

100) Rudolf Smend, “Verfassung und Verfassungsrecht” in: Staatsrechtliche Abhandlungen, Duncker & Humblot, 1968, S.119ff.

101) U. Scheuner, "Das Wesen des Staates und der Beriff des Politischen", S.67f.

102) U. Scheuner, "Das Wesen des Staates und der Beriff des Politischen", S.68.

103) G. D. H. Cole, The Social Contract -Discourse-, J. M. Dent & Sons Ltd., 1955, pp.xxxv.

(1) 靜態的 國家槪念

국가에 대한 정태적 이해란 국가를 그 자체로서 그리고 자기목적적으로 존재하는 실체적 본질로 간주하면서, 그 여건은 전혀 문제삼지 않은 채 오로지 이 본질을 어떻게 파악하여야 하는가라는 것만을 문제삼는 경향이다.[104] 또한 정태적 국가이해란 보수적 국가관에 있어서처럼 국가의 개념을 국가기구에 한정시키고, 그 국가기구란 우선 관료집단과 군부, 그리고 실효적인 권력수단을 소유하고 있는 집행기관의 수반을 의미한다고 하면서 국가란 지배 및 의사주체로서 선험적으로 존재한다는 가정으로부터 출발하고 있는 국가관의 표현을 의미한다.[105] 예를 들어 19세기 중엽의 헌법학에서 국가를 '윤리적 조직체', '윤리의 왕국'으로 표현한 경우라든가, 금세기로의 전환기에 법실증주의적 국가관에서 국가를 '법인'으로 파악하는 경우가 있었는데, 바로 그러한 경우가 국가를 정태적으로 이해한 예이다.[106] 다시 말해서 국가를 이해함에 있어서 역사적·정치적·사회적 내지 모든 존재적 요소를 배격하면서, 국가를 하나의 법인으로 보고 국가를 법질서와 동일시하며, 이러한 규범체제로서의 국가를 이미 존재하고 있는 것으로 전제하는 것이 정태적 국가이해인 것이다.[107] 따라서 이러한 견해에 있어서는 정치적 통일체로서의 국가가 어떻게 형성되느냐와 같은 문제는 제기되지 않으며, 이미 선재하고 있는 국가를 법적인 측면에서, 그리고 국가기구와 그의 법적 권한 및 그 한계 등에 관하여 윤리적으로 설명하려고 한다.

그런데 규범체계로서의 국가이해나 구조적인 관점에서의 국가이해는 국가의 조직사상이나 아니면 관계이론에서 볼 수 있듯이 생물학이나 기구학에서 볼 수 있는 것처럼 사실을 은폐하는 기술이 되기 때문에 의미가 없다. 또한 국가의 구조와 제도에 대하여 향하여진 시각은 국가에 대한 구조적 합리성의 중요성을 인식하기는 하나, 국가가 갖는 정치적 통일체로서의 전체적 통합과 그의 정신적 작용의 집행과정을 이해하지 못한다.[108] 국가에 관한 고찰에 있어서는 따라서 국가를 단순

104) K. Hesse, Grundzüge des Verfassungsrechts der Bundesrepublik Deutschland, S.6.

105) M. Kriele, 국순옥譯, 민주적 헌정국가의 역사적 전개, 385면 이하.

106) 따라서 정태적 국가개념은 법실증주의적 국가관에 의하여 내려지고 있는 국가에 대한 정의라고 할 수 있다.

107) 계희열, "헌법관과 기본권이론," 공법연구 제11집, 1983, 16면.

108) U. Scheuner, "Das Wesen des Staates und der Beriff des Politischen", S.25. 특히 여기서 U. Scheuner는 국가유기체설과 같은 물리학적 접근을 비판하고 있다. 국가유기체설이란 인간의 단체생활을 그 자체가 살아서 움직이는 자체목적적인 완전체라 보고, 그 구성분자와 전체와의 관계 내지 구성분자 상호관계는 이러한 완전체의 자족적 생활을 위하여 결합되는 불가분의 상호관계이며, 이러한 완전체의 생성·발전은 구성분자의 이성적·의식적 행위에 의존하지 않고 무의식적·자

히 존재로서만이 아니라 인간의 실존에 관한 발전과정으로서 파악하는 것이 필요하고, 이러한 기초로부터 국가는 인간존재와 그의 목적에 관한 세계관과 결부되고 평가되도록 해야 한다.109)

(2) 動態的 國家概念

상기한 정태적 국가이해를 바탕으로 한 법형식주의(Rechtsformalismus)를 의식적으로 기피하면서 20세기의 국가론에서는 국가를 동태적으로 이해하려는 새로운 경향이 나타났다. 이러한 노력의 공통적인 특성을 살펴보면 먼저 규범적 고려를 다시금 정치 내지 사회적 현실의 폭넓은 상호관계와 접합시키려 한다는 점과, 다음으로 초개인적 구성체에 관한 새로운 사회학적 탐구와 철학적 이론의 수용에 있어서 국가를 더 이상 실체적인 것으로 생각되는 통치유형으로서가 아니라, 그리고 의지 또는 힘으로서가 아니라, 변증법적인 정신적 통합과정으로서, 그리고 항상 새로워지는 생활과정으로 이해하는 것이 중요하다는 것이다.110) 즉 '활동의 통일체'로서의 국가의 사회학적 분석에 근거를 두는 경우와 '정신적 의미관계'로서의 국가에 대한 인간공동체의 철학에 엄격히 근거하는 국가관이 그것이다.111)

이러한 동태적 국가이해는 R. Smend와 C. Schmitt에 의하여 전개되기 시작했는데, 특히 R. Smend는 국가란 결코 규범주의적 국가관에서처럼 고정적인 규범조직일 수도 없고, 또 '정적인 존재'일수도 없으며, 국가란 다양한 이해관계가 일정한 가치세계를 바탕으로 하여 동화 통합되어 가는 과정을 뜻한다고 한다.112) 또한 C. Schmitt도 그의 헌법관을 전개함에 있어서 헌법이란 헌법제정권자가 국민공동체의 정치적 생활방식에 대해서 내린 '정치적 결단'이라고 보고 있고, 그에 의해서 한 국가가 존립하기 위한 구체적인 정치형태가 확립된다고 보며,113) 그러한 '정치적 결단'은 한번에 완성되고 종결되는 것이 아니고 부단히 계속되는 것으로 보는 점에서 국가를 동태적으로 파악하려고 했다.114)

연적인 것이라고 하는데, 이러한 사고가 곧 국가의 본질과 국가권력의 실체를 은폐시키고 있는 것으로 보는 것이다.

109) U. Scheuner, "Das Wesen des Staates und der Beriff des Politischen", S.25.

110) U. Scheuner, "Das Wesen des Staates und der Beriff des Politischen", S.66.

111) U. Scheuner는 전자의 경우가 H. Heller의 견해이고, 후자는 R. Smend의 견해라고 한다. U. Scheuner, "Das Wesen des Staates und der Beriff des Politischen", S.66.

112) R. Smend, "Verfassung und Verfassungsrecht" S.189; 허영, 헌법이론과 헌법, 16면.

113) C. Schmitt, Verfassungslehre, S.22f.

114) 다만 C. Schmitt는 동태의 양상을 지나치게 미시적으로 파악함으로써 동태의 거시적 측면이 소홀히 되고 있다는 지적을 받는다. 허영, 헌법이론과 헌법, 14면.

아무튼 국가현상을 정태적 이론에 의해서 파악하는 것은 우리에게 만족을 주지 못한다. 국가가 국민에게 윤리적 존재로서 실현할 수 있는 여러 조건을 확보해 주는 것이라고 할 때, 그러한 조건들은 항구적인 것이 아니라 끊임없이 변화하는 환경에 따라 계속 발전되어 나가는 것이기 때문에 일시적이고 상대적인 가치를 점하고 있는 것이라는 점을 인식해야 한다.

4. 國內法的 國家概念과 國際法的 國家概念

국가를 법적으로 정의할 필요성은 국내법적으로는 물론이고 국제법적으로도 나타난다. 국내법은 자기 영역 내에서 유일하고 독특한 크기로서의 국가를 겨냥한다. 따라서 국내법적 국가개념에 있어서는 국가의 본질과는 동떨어진 거짓 가상과 같은 모습으로 나타날 수도 있고,[115] 그 결과 구체적-특수적 국가개념으로 나타남과 동시에, 윤리적 요청을 전제로 하는 국가개념이 논의의 초점이 된다. 반면에 국제법적 국가개념에 있어서는 국제사회의 정규적인 주체들인 다수의 국가들과 관련된다. 따라서 여기서는 국가가 대체가능한 사물로, 대량생산의 산출물로 변화한다. 즉 국가의 개별적인 특성들, 예를 들면 지정학적 · 인종적 · 문화적 · 법적 특수성들이 사라지고, 하나의 보편적 개념을 생성시키는데 필요한 일반적이고 공통적인 징표만이 논의의 대상이 된다. 그리하여 국제법적 국가개념은 몰가치적 국가개념 내지 구체적-일반적 국가개념으로 불리어 진다.

(1) 國內法的 國家概念

국내법적 국가개념은 주로 국가의 권력독점의 문제와 국가형태의 문제로 나타난다. 먼저 국가의 권력독점의 문제는 국제법적 국가개념의 본질적인 것이지만,[116] 국내법적으로도 중요한 문제이다. 국가가 대내적으로 안정된 통치기관을 구성하고 주권적으로 통치권을 행사하지 못한다면, 그 국가는 기능을 발휘할 수 없을 것이기 때문이다. 국가가 권력독점을 바탕으로 사회의 제세력을 통제할 수 있을 때에만 국가성은 유지되는 것이기 때문에, 국내법적 국가개념에 있어서 최우선적 과제는 권력독점의 획득과 지속적 유지에 두면서 논의되어야 한다.

다음으로 국가형태의 문제는 무엇보다도 그 국가의 헌법에 의하여 결정됨으로 국내법적 국가개념은 헌법상의 국가개념을 중심으로 논의된다. 즉 헌법이 어떠한

115) Josef Isensee, “Staat und Verfassung”, S.602f.
116) Josef Isensee, “Staat und Verfassung”, S.605.

국가개념을 바탕으로 국가형태를 규정하고 있고, 그 국가형태가 국가의 본질에 비추어 문제가 없는지를 논의의 대상으로 한다. 그러므로 국내법적 국가개념은 필연적으로 이데올로기에 입각한 정당성의 원리를 중심으로 윤리적 평가를 항상 수반한다. 즉 혁명적인 헌법 전복, 즉 국가형태의 급격한 변화는 국가개념의 변화를 의미하고, 또한 그에 대한 정당성의 평가가 뒤따른다.

(2) 國際法的 國家槪念

국제법적 국가개념은 유럽중심의 국가개념에 라틴아메리카 공화국들의 승인과 20세기의 제3세계국가들의 형성 이후로 전세계적으로 통용되고 있는 국가개념이다. 그리고 국제법적 국가개념은 개별국가의 헌법적 다양성과 정치적 대립을 뛰어넘어 전개될 수 있고, 모든 국가에 적용될 수 있는 개방적이고 만능성을 가진 것을 특징으로 한다. 물론 국제법적 국가개념을 논의함에 있어서도 국가에 대한 실정법적 정의를 인정하지 않는다.[117] 국가개념에 대한 유일한 국제조약상의 언급으로는 1933년 12월 16일에 있었던 국가의 권리와 의무에 관한 몬테비데오회의에서 선언된 선언문 제1조에 삽입되어 있다. 즉 "국제법의 주체로서 국가는 다음과 같은 자격을 구비하여야 한다. (a) 항구적인 인구, (b) 일정한 영토, (c) 정부, 그리고 (d) 타국가들과 관계를 맺을 수 있는 능력"에 관한 규정이 그것이다. 즉 국제법적 국가개념은 G. Jellinek의 3요소론을 받아들여 국민, 영토, 국가권력이라는 3요소를 결정적인 국가의 징표로 인정하며, 개별국가의 통치질서의 효율성과 지속성에 주안점을 두고 있다. 국가론에서 이 3요소론에 대해 정치적 통일성의 형성과 국가창설의 복잡한 과정을 소홀히 하고 단지 개별적이고 靜的인 動因만을 종합한다는 비판이 가해지고 있음에도 불구하고, 국제법에서는 이것이 장점으로 부각되고 있다.[118]

5. 俠義의 國家槪念과 廣義의 國家槪念

국가라는 개념은 국가사회 전체를 아우르는 추상적인 의미의 광의의 국가개념과 국가를 사회와 국민 개개인에 대한 대립물로 이해하는 협의의 국가개념으로

---

117) 국가의 정의를 국제연합헌장에 받아들이려고 한 샌프란시스코회에서의 노력에 대해서, 그리고 그것의 좌절에 대한 이유를 보고한 것으로는 다음을 참조하기 바란다. Thomas Darsow, Zum Wandel des Staatsbegriffs, 1984, S.112ff.

118) J. Isensee, "Staat und Verfassung", S.603f.

사용된다. 특히 헌법학적 관점에서 이러한 구별은 매우 중요한 의미를 갖는다. 즉 헌법에서 사용되고 있는 국가라는 개념이 모두 동일한 의미를 가지는 것이 아니라는 점과 어느 의미로 이해하느냐에 따라 헌법해석이 달라질 수 있기 때문에 중요성이 크다. 특히 다음에서 살펴보게 될 국가권력의 개념과 관련하여 중요한 의미를 갖는다.

(1) 俠義의 國家概念

헌법학 내지 헌법이론적 관점에서의 국가라는 용어는 대체로 협의의 국가개념으로 사용된다. 즉 국가란 통치조직 내지 국가권력의 행사자(Staatsgewalt)로 나타난다. 여기서 국가는 국가와 사회를 이원론적인 시각에서 바라보면서 사회의 대립물로 존립하며, 국가는 기본권적 자유의 주체이면서 동시에 국가에 복종하는 개인과 단체들의 전체를 위한 국가이론적 대명사이고, 사회적 법치국가의 재분배 과정에서 기본권의 수취인임과 동시에 보장자의 관계에 있다. 국가는 기본권적 자유에 대한 헌법적 보장자이고 기본권적 자유의 상대방인 것이다.[119] 아무튼 협의의 국가개념에 입각하여 국가에 대립하는 국민은 사인의 고유권한이 보다 넓어지고 시민들의 통합이 주제가 되는 곳에서 현실화된다. 즉 기본권, 법치국가 또는 사회적 국가목적이 논의되는 경우에 협의의 국가개념이 전제되고, 이러한 국가개념은 제도 내지 메카니즘으로서의 통치기관(M. Weber)에 주목하게 되며, 다음에서 살펴보듯이 국가권력을 협의의 시각에서 통치구조 내지 통치권력으로 보는 것과 일맥상통한다. 따라서 협의의 국가개념이 특히 자유주의 국법사상을 주도하게 된다.

(2) 廣義의 國家概念

한편 국가라는 용어는 넓은 의미로 사용되기도 한다. 광의의 국가개념은 사회의 대립물로서가 아니라 국가와 사회를 포함하는 국가사회 전체(Gemeinwesen)라는 의미로 사용된다. 즉 넓은 의미의 국가는 국가적으로 기초된 일반성, 국민의 결합체, 공동체로서 이해된다.[120] 그리고 이러한 廣義의 國家概念은 국가의 도덕적 중요성, 공공복리, 관직, 국민의 의무, 그리고 국가적 통합 등을 요소로 하는 공화주의 전통을 전제하므로 헌법이론 내지 국가이론에서 특히 국가윤리학을 중시하게

---

119) J. Isensee, "Staat", S.144f.
120) J. Isensee, "Staat", S.144.

된다. 즉 국가는 도덕적·문화적·역사적 가치를 가진 것으로서 충성심·공동체 의식·희생의 각오를 요구할 수 있는 공공복리의 중심점인 공동체로 나타난다. 그리하여 공동체의 본질을 강조하는 광의의 국가개념은 살아있는 전체로서의 유기체(Aristoteles, Schelling, A. Müller)로 주목되기도 하고, 통일체형성을 위한 계속적인 과정으로서, 통합과정(R. Smend)으로, 사회학적 관계의 얽힘으로 나타나기도 한다.[121)]

Ⅲ. 國家權力의 槪念

국가개념이 다의적이고 정의를 내리기 어려운 개념이라고 했듯이 국가를 현실적으로 움직여 나가는 실체로서의 국가권력은 더욱더 파악하기 힘들다. 물론 국가권력도 국가개념에서와 마찬가지로 선재하는 것이 아니고 의식적으로 창조된 존재라는 점은 말할 나위도 없으나 무엇인가를 위하여 존재하는 정치적 힘으로서의 국가권력의 본질과 특징이 무엇인가에 대해서는 한마디로 말하기 쉽지 않다. 그러나 國家가 決斷의 統一體요 權力의 統一體라는 점에서 그 본질을 찾는다고 한다면 國家權力은 國家意思의 主體요 命令과 强制를 本質로 하는 權力性에서 그 특징을 찾을 수 있다.[122)]

1. 國家權力이란 槪念의 成立

인류의 역사상 政治共同體가 성립되고 유지되는 과정에서 政治的 統一體를 지칭하는 개념과 명칭들은 상당히 많았다. 뿐만 아니라 오늘날에 있어서도 정치적 통일체를 지칭하는 개념에 있어서는 그렇지 않지만 그 본질과 관련된 개념들은 보는 관점에 따라 여러 가지로 불리고 있다. 즉 국가라는 개념이 정치공동체 내지 정치적 통일체를 지칭하는 개념으로 사용되고 있지만, 그 본질과 관련하여 주권·헌법제정권력·국가권력·통치권력 등이 관점을 달리하여 사용되고 있다. 예를 들어 主權을 국가의사와 국가적 질서를 전반적·최종적으로 결정할 수 있는 최고의 권력으로 이해한다면, 主權은 國家權力과 동일한 권력으로 이해된다고 보며,[123)] 다만 헌법제정권력의 행사로 인하여 조직되고 구성된 통치권력은 主權과

121) J. Isensee, “Staat”, S.144.

122) Herbert Krüger, Allgemeine Staatslehre, W. Kohlhammer Verlag, 1966, S.837f.

123) 권영성, 헌법학원론, 48면; 한태연, 헌법학, 법문사, 1983, 123면.

國家權力의 하위에 위치하는 종속된 권력이라고 한다.[124]

보댕에 의하면 주권이론이 주장되기 전에는 국가라는 개념을 떠나 국가권력이나 통치권력 등의 개념이 사용되지 않았었다. 즉 정치적 통일체로서의 국가는 곧 군주 자신을 의미했고 군주는 국가 내의 사실상의 주권자로서 전제되어 있었다. 다시 말해서 당시에는 국민은 군주의 신민(Untertan)으로서의 지위에 있었기 때문에 국가 내에는 군주를 제외한 다른 어떤 공권력이 존재하지 않았다. 그리고 그러한 질서로서의 국가와 군주는 이미 신에 의하여 주어져 있었으며, 그것은 신에 의하여 임명되어 통치하는 것으로 전제되어 있었다.[125] 이러한 가운데 보댕은 주권이론을 통하여 정치적 통일체로서의 국가개념에서 국가권력의 개념을 분리해 내게 되었고, 그 후 본격적으로 논의되기 시작한 입헌주의사상과 더불어 헌법제정권력의 개념과 통치권력의 개념들이 성립되게 한 계기를 만들었다. 즉 보댕은 먼저 주권의 주체에 관하여 관심을 가지고 있었는데, 이때 주권이란 주권자의 최고의 정치적 결정권을 의미한다고 하였고, 아울러 주권자의 정치적 결정권이 정치공동체에 관한 결단 내지 헌법제정에 관한 결단을 의미한다고 할 때에는 주권이란 동시에 헌법제정권을 의미하게 되고, 주권자는 곧 헌법제정권력의 주체를 뜻하는 것으로 발전하게 되었다. 한편 보댕은 주권의 주체와는 별도로 객관적인 국가권력을 고찰하고 있었으며, 이때 주권은 절대적이고 항구적인 권력 그 자체를 의미한다고 하였다. 그 결과 그의 주권이론은 입헌주의사상과 결합하여 주권이란 헌법에서 규정하고 있는 국가권력이요, 그 내용은 입법권 · 집행권 · 사법권 등의 구체적 권한을 뜻하는 것으로 보게 되었다.[126]

이처럼 Bodin의 주권이론을 중심으로 하여 전개된 국가의 본질과 관련된 개념들은 근대이후 20세기 초까지도 국가사상의 핵심적 논점으로 다뤄져왔다. 그렇지만 國家 내지 國家權力을 先在하는 것으로 보았던 점에 있어서는 보댕 이전과 다름이 없었다. 예를 들어 법실증주의국가관을 대표하는 H. Kelsen이나 결단주의국가관을 대표하는 C. Schmitt가 선재하는 국가권력을 전제로 하면서 헌법이론을 전개하고 있는 것은 단적인 예라 할 수 있다.[127] 그러나 오늘날에 있어서는 국가 내지 국가권력을 탐구함에 있어서 神的 또는 自然的으로 先在하는 생활형태 내지

---

124) 권영성, 헌법학원론, 48면; 한태연, 헌법학, 123면.

125) U. Scheuner, "Staat", S.21.

126) 한태연, 헌법학, 117-119면.

127) 이에 대한 자세한 소개는 허영, 헌법이론과 헌법, 356면 이하; 계희열, “헌법학과 기본권이론”, 15-43면 참조.

정치공동체로 파악하지 않는다.[128)] 뿐만 아니라 현대의 국가사상에서는 국가 내지 국가권력의 원천과 본질, 그리고 제도적 구조 등에 관심을 보이기보다는 세계관에 따라 기초가 세워진, 즉 자결적이며 정신적으로 자유로운 인격체로서의 인간이 자신의 생존을 보장하고 제고시키는 방안으로 고안된 것으로 국가 내지 국가권력을 바라보게 되었다.[129)] 이것은 곧 주권, 국가권력, 헌법제정권력, 통치권력 등의 개념상의 논의가 역사적 발전과정에서만 의미를 가질 뿐 오늘날의 국가사상에서는 비교의 실익이 별로 없다고 하는 것을 의미한다.[130)] 다시 말해서 오늘날에 있어서의 主權槪念은 '國家權力의 源泉'을 가리키는 개념일 뿐이며, 그것이 규범질서와 관련을 가질 때 헌법제정권력으로 기능하여 새로운 법질서를 창조하는 국가권력의 근원을 가리킬 뿐이다. 즉 주권자인 국민이 주권의 주체로서 선천적이고 천부적인 자유와 권리를 행사하여 국가권력을 창설하되, 특히 주권자인 국민은 헌법제정권력의 주체로서 헌법을 제정함으로써 그 헌법에 따른 국가권력을 창설하는 것이 된다.[131)] 따라서 오늘날은 주권 내지 헌법제정권력과 국가권력과의 관계는 '힘의 우열의 관계'로 논하는 것은 의미가 적고 시간적으로 선후관계에 있는 것으로 보는 것이 바람직하다. 그러할 때에야 비로소 우리나라의 현행헌법 제2조 제2항이 규정하고 있듯이 "대한민국의 주권은 국민에게 있고, 모든 권력은 국민으로부터 나온다"는 의미가 분명해지기 때문이다. 또한 다음에 보듯이 협의의 국가권력과 통치권력의 관계에 대해서는 이론이 없지 않으나 동일 한 것으로 보는 것이 타당하다.[132)] 대개 국가권력이나 통치권력이란 정치적 통일체인 국가가 국가이기 위해서 국가의사의 주체요 명령과 강제를 본질로 한다는 점에서 차이가 있을 수 없기 때문이다.

2. 國家權力의 本質

(1) 國家權力의 主體性

먼저 국가권력은 결단의 통일체로서의 국가의 의사주체에 해당한다. 인간들과

128) U. Scheuner, "Das Wesen des Staates und der Beriff des Politischen", S.24.
129) U. Scheuner, "Das Wesen des Staates und der Beriff des Politischen", S.25.
130) 특히 주권개념이 대내적으로 최고이고 대외적으로 독립하는 국가권력을 확립하기 위한 의도로 J. Bodin에 의해서 주장된 사실과, 헌법제정권력의 개념이 입헌주의사상이 확립되면서 헌법제정의 주체와 더불어 논의되었던 사실을 상기하면 쉽게 이해할 수 있다.
131) 이에 대한 자세한 설명은 제3장 제5절 참조.
132) 구병삭, 헌법학I, 박영사, 1983, 150면.

집단들 사이의 분쟁을 평화롭게 해결하고 효과적으로 실천하기 위한 최종적인 판정의 주체가 곧 국가권력인 것이고, 그 결과 국가권력은 단지 법적으로 병존하는 권한들의 총체로서 형성된 것이 아니라 그러한 권한들을 확장시키거나 제한시킬 수 있는 법적인 힘을 의미한다.[133] 즉 국가권력에 의하여 마련되는 여러 행위규범과 절차규범들을 통하여 국가 내의 제사회세력의 범위가 결정되고 국민에게 일정한 의무나 권리가 부여되기도 하기 때문에 국가권력은 다른 사회 내의 제권력과는 달리 권한고권(Kompetenzenhoheit) 또는 권한 중의 권한(Kompetenzkompetenz)을 갖는 법적인 의사주체를 의미한다.[134] 따라서 국가영역 내에서는 국가권력이 처리할 수 없는 자주적인 고권적 권한들이 존재할 수 없으며, 아울러 국가권력의 본원적이고 독자적인 통치권에 대항하여 무엇인가를 주장하는 無國家的인 권위 있는 권한들이 존재해서는 안 된다는 것을 의미한다. 즉 국가권력은 법적인 통일체로서, 그리고 법적으로 조직된 힘의 통일체로서 사회 내의 諸勢力을 통합해갈 수 있는 국가작용의 의사주체라고 할 수 있다.[135]

(2) 國家權力의 權力性

다음으로 국가권력은 권력의 통일체로서 국가의 의사를 실현하는 권력성을 특징으로 한다. 국가권력에 의하여 내려진 의사로서의 결단이 현실적으로 관철될 수 있을 때에만 국내외적 평화가 유지되고 효과적인 사회적 타협이 가능해지며 안정이 이뤄지기 때문에 국가권력은 명령과 강제를 그의 불가결한 수단으로서 택하지 않을 수 없다.[136] 즉 국가권력은 국가영역 내에서 극단적인 경우 물리적인 힘을 동원해서라도 인간의 행위를 강제할 가능성이 귀속되어야 하는 존재이며, 그 결과 국가권력은 법적인 규제기능(명령)과 법적인 관철능력(강제)으로 표명되기도 하고, '법적으로 조직된 정치적 힘'을 의미한다고도 한다.[137] 그러나 여기서 국가권력의 권력성은 단지 국가만이 모든 저항을 물리칠 수 있는 물리적 의미에서의 절대적 권력 내지 강제적 권력을 가지고 있다는데 있는 것이 아니고 오히려 이러한 수단을 창출하고 보유하며 강구할 수 있는 능력을 국가권력이 가지고 있다는 의미이다. 즉 국가권력은 물리적 수단을 가지고 있을 뿐만 아니라 현실적 필요성이나 사

133) R. Zippelius, Allgemeine Staatslehre, S.63.
134) R. Zippelius, Allgemeine Staatslehre, S.63.
135) R. Zippelius, Allgemeine Staatslehre, S.65.
136) H. Krüger, Allgemeine Staatslehre, S.838.
137) R. Zippelius, Allgemeine Staatslehre, S.57.

실상의 이행을 떠나 복종의 불가피성에 관한 통찰을 넘어서 복종을 인간존엄의 문제로 승화시키는 특성을 가져야 하는 것이기 때문에 정신적 존재이기도 한 것이다.[138] 예를 들어 민주주의에서는 명령이라는 수단에 의하여 의무를 지우고 실행이 이뤄지는 것이기는 하지만 이러한 명령은 인간의 존엄성을 위하여 제기되는 것으로서 단순히 물리적인 수단만을 의미하는 것은 아니다.[139] 또한 국가권력의 특징이자 조건인 반항불가능성이라는 수단도 단순히 강제에 굴복하는 것 이외에 그러한 수단이 공공복리를 위하여 불가피하게 요구되는 것이라는 점에서 국가권력은 정신적 존재인 것이다.[140] 국가권력은 단순한 폭력과 달리 국민의 자발적인 복종을 이끌어 낼 수 있는 권위를 가진 물리적 강제력의 행사주체라는 것이다.

3. 國家權力이란 槪念의 多義性

이와 같이 국가권력이 국가의사의 주체요 명령과 강제를 본질로 하는 권력성을 본질과 특성으로 한다고 하더라도 국가권력이란 개념이 一義的으로 사용되고 있는 것은 아니다. 廣義의 國家權力 개념과 俠義의 國家權力 개념이 그것이다.

(1) 廣義의 國家權力

먼저 광의의 국가권력은 법적인 통일체로서, 그리고 법적으로 조직된 힘의 통일체로서 사회 내의 諸權力을 통합해갈 수 있는 국가작용의 의사주체라는 의미에서 사용된다. 이러한 의미에서 국가권력은 주권적이라고 볼 수 있다. 여기서 국가권력이 주권적이란 말은 국가가 고유한 사율권을 인정하는 경우를 제외하고 국가권력의 의사가 기타의 권력에 비하여 우월적이라는 것을 의미한다. 즉 국가권력은 주권이론에서의 주권을 필요로 한다는 주장이 있는 것처럼,[141] 국가권력은 주권과 동일시되는 것이기 때문에 헌법을 제정하는 힘으로서 헌법제정권력으로 작용한다. 헌법제정권력에 의하여 창조된 협의의 국가권력에 비하여 국가 그 자체의 창조목적 내지 국가목적을 구체적으로 결정하고 실현해 나가는 최고의 권력으로서의 주권을 의미한다.

따라서 광의의 국가권력이란 개념은 국가와 사회를 구별하지 않는 광의의 국가

138) H. Krüger, Allgemeine Staatslehre, S.838.

139) H. Krüger, Allgemeine Staatslehre, S.839.

140) H. Krüger, Allgemeine Staatslehre, S.840. 그러나 국가권력이 정신적 존재로서 명령과 강제를 일방적이고 배타적으로 행사할 수 있다고 하더라도 정당성의 요청이 포기될 수 있는 것은 아니다.

141) J. Isensee, “Staat”, in: Staatslexikon, S.135.

개념, 즉 국가사회 전체 내지 정치적 통일체 전체를 전제로 국가의사의 주체성과 권력성을 지칭하는 개념임을 알 수 있다. 헌법제정권력에 의하여 창조된 협의의 국가개념과 달리 헌법을 제정하는 주권과 같은 개념이다. 그러므로 광의의 국가권력이란 개념에서는 주권개념에서와 같이 분할되지 않고 통일적인 시각에서만 사용된다.

(2) 俠義의 國家權力

한편 국가권력이란 개념은 항상 단일한 행위주체로서만 기능하는 최고의 권력일 수는 없다. 그리하여 모든 국가의 결정권능들은 하나의 법적 원리에 따라 분리되고 서로 협조되며 모순된 결정이 회피되도록 하나의 통일적인 질서도식으로 결합되는 것이 요구된다.[142] 즉 국가권력을 국가작용의 기능 내지 성질에 따라 분리하여 서로 다른 통치기관들에 맡기고 그 기관들 사이에 기능질서가 이룩되도록 하는 것이 필요하고 가능하다는 것이다.[143] 이것은 바로 국가권력의 원천을 의미하는 주권개념과 헌법제정권력의 개념처럼 단일불가분의 것으로 전제되는 것이 아니라 헌법학에서 사용하는 통치권력이란 개념과 같은 것으로서 입법권·행정권·사법권 등으로 분리되어 창설되고 기능하되 통일적인 헌법질서가 유지되도록 해야 한다는 것이며,[144] 이러한 의미에서 협의의 국가권력이란 개념이 사용된다.

따라서 협의의 국가권력이란 개념은 헌법학에서 일반적으로 사용되는 통치권력 내지 통치권과 같은 개념임을 알 수 있다. 즉 광의의 국가권력이란 개념과 달리 국가와 사회를 대립물로 파악하면서 사회에 대비되는 국가의 의사주체성과 권력성을 지칭하는 개념으로 사용하고 있음을 알 수 있다. 특히 광의의 국가권력의 개념과 달리 국가작용의 기능과 성질에 따라 분할이 가능함을 전제하고 있는 것이 협의의 국가권력이란 개념이란 것이다.

---

142) R. Zippelius, Allgemeine Staatslehre, S.65.

143) 따라서 오늘날은 권력분립원리가 선재하는 국가권력을 전제로 그것을 분리 · 견제 · 통제함으로써 국민의 자유와 권리를 보호하려는 소극적 원리로서의 성격을 갖는 것으로 보지 않고, 모든 국가권력이 기능에 따라 창설(분할) · 정서 · 균형을 이루게 하는 헌법상의 구조적 조직원리로 파악하려고 한다. 허영, 헌법이론과 헌법, 904면.

144) K. Hesse, Grundzüge des Verfassungsrechts der Bundesrepublik Deutschland, S.118. 이러한 점에서 이 책에서는 국가권력이라는 개념을 많은 부분에서 통치권력과 동의어로 사용한다는 점은 전술했다.

4. 小結論

국가권력이란 개념이 크게 2가지 관점에서 사용되고 있음을 알았다. 다만 광의의 국가권력의 개념이 국제법적 관점에서의 독립된 국가권력 내지 주권과 같은 의미에서 제한적으로 사용되는 경우를 제외하면, 대부분의 국가권력의 개념은 협의로 사용되고 있음을 알 수 있다. 그리고 여기서 통치권력과 협의의 국가권력이란 개념 가운데서 국가권력이란 협의의 개념을 많이 사용하는 것은 통치권력처럼 헌법에 의하여 창설된 권력인 것은 마찬가지이지만 자율적인 사회세력과의 관계를 보다 분명하게 구별하는 의미에서라고 할 수 있다. 즉 국가와 사회의 구별을 전제로 국가는 자율적인 사회생활에 대해서 보충적으로 기능할 때에만 의미가 있는 것으로 보기 때문에 사회 내의 諸勢力과 구별하는 의미에서 국가권력이란 개념을 사용하는 경우가 많다.

Ⅳ. 結論

지금까지 국가론의 시각에서 논의되는 국가와 국가권력의 개념에 대해서 살펴보았다. 이제 이 논의를 헌법학의 문제로 접목시키는 것이 이 연구의 목적이 되기 때문에 결론적으로 헌법학의 시각에서 이 문제를 어떻게 이해할 것인가를 지적하고자 한다.

서론에서 지적했지만 우리 헌법에서는 국가라는 용어만 사용하고 있을 뿐 국가권력이란 용어는 사용하고 있지 않다. 그런데 헌법교과서나 여러 연구물에서는 국가라는 개념에 대한 이해나 해석을 전제하지 않고 많은 연구가 이뤄지고 있다. 물론 국가라는 개념이 많은 경우 너무나 일반화된, 그리하여 설명이 필요치 않는 개념으로 보아 그에 대한 해석이 필요치 않다고 보기 때문인 것으로 짐작할 수 있다. 그러나 이미 살펴본 것처럼 국가라는 개념이 여러 관점에서 사용될 수 있음을 알 수 있을 뿐만 아니라, 특히 많은 경우 국가권력을 지칭하는 개념으로 사용되고 있음을 주목해야 한다.

헌법상의 국가라는 개념이 사실상 국가권력이란 개념으로 사용되고 있는 한편, 우리 헌법교과서나 연구물에서는 국가권력이란 용어 대신에 통치구조라는 개념을 널리 사용하고 있다. 국가라는 헌법상의 개념에 내포된 국가권력이라는 개념을 사용하기보다는 헌법의 규정과 관계없이 관례적으로 통치구조론이란 주제아래 통치구조라는 용어를 사용하는 것이다. 그것도 헌법상의 명문의 개념인 국가라는 개념과 어떤 관계에 있는지도 밝히지 않고 그러하다. 특히 통치구조가 국가권력 그 자체라는 사실이 지적되고 있지 않다. 즉 국가는 정치적 통일성과 평화를 유지하기 위하여 국가 내의 모든 문제에 대해 일반적인 국가의사를 형성하고 이를 관철시키기 위해 합리적이고 물리적인 권력의 사용이 허용된 권력조직이라는 사실이 전제되지 않고 통치구조라는 설명이 이뤄지고 있다.

결국 통치구조란 한 나라의 국가의사를 결정하고 집행할 수 있는 권력조직 또는 통치권을 행사하는 권능구조를 의미한다. 그리고 통치구조는 창조목적 때문에 자기목적적인 권능구조가 아니라 다양한 이해관계를 내포하고 있는 사회공동체를 일정한 공감대적 가치의 실현을 통해서 동화시키고 통합시켜 정치적 통일체를 실현시켜야 하는 기능적 과제가 주어진 권능구조다. 따라서 통치구조는 국가권력의 권능과 기능에 관련된 포괄적인 개념으로 사용되고 있음을 전제로 사용되어야 함을 알 수 있고, 마찬가지로 통치기구, 통치형태, 통치기능 등의 개념들도 국가권력 내지 통치권력의 행사와 관련하여 전개되어야 할 개념들임을 주목해야 한다.

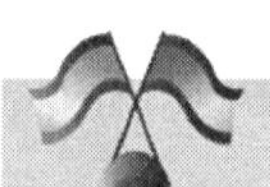

제4절 國家의 發生起源과 國家權力의 形成

Ⅰ. 序 言

인간은 이성적 존재이며 사회적 존재이기 때문에 원시적인 가족 또는 혈족공동체의 단계에 머무르지 않고 보다 합리적이고 조직적인 정치적 공동생활방식을 고안해 냈다. 즉 원시적인 가족 또는 혈족공동체의 단계를 극복한 이후로 다양한 역사적 현상 속에서 정치적 생활공동체로서의 인간존재의 토대를 성립시켰다.[145] 하지만 선사시대에서 역사시대로 넘어오는 과정에서 어떤 경로와 과정을 거쳐 인간의 집단이 국가와 같은 정치적 공동생활방식으로 조직되게 되었느냐에 대하여는 여러 가지 추측이 있을 뿐 명백하게 입증되지 않고 있다.[146] 즉 관점에 따라 支配關係(實力說 또는 征服說), 所有關係(領主說), 機能關係(分業說), 家族關係(家族說)

---

145) U. Scheuner, "Das Wesen des Staates und der Beriff des Politischen", S.19.
146) 허영, 헌법이론과 헌법, 147면 이하.

契約關係(契約說)등으로부터 국가가 발생했다고 하는 학설들이 있지만 어느 것도 보편타당한 것으로 받아들여지지 않는다.

다만 어느 경우이거나 공통적인 현상으로서 부인할 수 없는 것은 神의 存在가 국가성립에 결정적인 요인으로 작용하였을 것이라는 점이다.[147] 다시 말해서 정치적 생활공동체의 구조와 영역(Umfang), 그리고 명칭은 종교적인 것에 기반을 두고 확립된 것이며,[148] 이것은 후에 王權神授說로 발전하게 되는 것을 알 수 있다. 하나의 지배・복종의 관계를 형성하고 유지하기 위해서는 그 지배복종의 관계를 정당화하여야 하는데 초월적인 그 무엇에 의존하는 것이 가장 손쉬운 방법일 것이기 때문이다.

아무튼 다음에서는 국가는 어떻게 발생하였으며, '법적으로 조직된 정치적 힘'이며 국가의 목적을 달성하기 위하여 국가의사를 결정하고 표시하고 관철시키는 힘을 의미하는 국가권력은 어떠한 과정을 거쳐 확립되는가를 살펴보겠다. 그리고 국가권력은 사회 내의 제세력을 규제하고 조정할 수 있는 고권적 권력으로 표현되는데, 국가권력에 의한 그러한 통치의 기초에는 어떠한 정당성의 신념이 내재되어 있는지도 간단히 고찰해 보겠다. 그런데 국가의 발생기원은 곧 국가권력의 형성을 의미하는 것이기 때문에 논술의 맥락에 따라 구분하여 사용하기는 하나 실질적 내용은 차이가 없다. 다만 국가는 권력을 본질로 하는 통일체이고 그에 의하여 구체적 징표를 찾아 볼 수 있는 것이기 때문에 여기서는 국가권력의 형성이라는 개념에 따라 논술하고자 한다.

Ⅱ. 國家의 發生起源과 國家權力의 形成過程

권력을 M. Weber처럼 "타인의 행동에 자신의 의지를 부여하는 능력" 또는 "권력이란 한 사람 또는 다수의 사람이 공적인 행위에 참여하고 있는 타인의 의지에 반하여 그 행위에 있어서 자신의 의지를 실현시킬 수 있는 능력"이라고 한다면,[149] 권력은 소수의 엘리트가 다수를 지배하는 힘을 말하며, 그것은 지배복종의 관계를 본질로 한다. 그리고 그러한 권력은 그 근원을 찾아볼 때, 인간이 사회생활을 하면서 나타내게 되는 '소질상의 차이'에 기인함을 알 수 있다.[150] 즉 개인

147) 유병화, 법철학, 박영사, 1984, 598면 이하.
148) U. Scheuner, "Das Wesen des Staates und dcr Beriff des Politischen", S.20.
149) Max Weber, Wirtschaft und Gesellschaft, Edited by Guenther Roth and Claus Wittich, Economy and Society, Bedminster Press, 1968, p.942.

과 개인 사이에는 지능·인격 등과 같은 정신적인 측면과 체력·완력과 같은 육체적 능력상의 차이가 있고, 이러한 인간들이 집단생활을 하면서부터 그러한 소질상의 차이에 따라 지배복종의 관계가 발생하기 시작한다는 것이다. 특히 사회적 존재인 인간은 한 사회를 형성하고 이를 계속 유지·발전시켜 나가기 위하여 그 사회 내의 분열적 내지 반항적 경향을 억제하여 질서를 수립하고 외부의 침입으로부터 그 사회의 존립을 방어하고 공고히 할 필요성 때문에 지배복종의 권력관계를 형성하는 것이다.[151] 그리고 이러한 지배복종의 권력관계는 역할분담을 통한 조직화를 전제로 하는데, 이때 우월적인 능력을 가진 자들이 지배적 지위를 차지하게 되고, 이들이 결국 조직적인 지배계층을 형성하여 비조직적인 일반대중을 조직력을 통하여 복종케 함으로써 완성되게 된다.[152]

그런데 권력현상으로서의 지배복종의 권력관계는 물리적 강제만으로 성립되지 않는다. 일시적인 경우를 제외하고는 피지배자들의 여러 가지 욕구를 전적으로 무시하고서는 그러한 관계는 유지될 수 없다. 즉 인간사회의 모든 권력관계는 지배자와 피지배자의 '利益指向의 對立性'이 아니라 진실된 의미에서의 '利益指向의 同一性'이 존재할 때에만 계속적으로 유지될 수 있는 것이다.[153] 따라서 지배계층의 사람들은 물리적 강제력을 행사함에 있어서 정당화를 위한 어떤 가치를 부여하지 않으면 안 된다. 즉 사회 내의 평화와 질서를 유지하는 것이 모든 사회구성원의 행복을 위하여 불가피한 현상임을 인식시키고, 그러한 사명과 과제달성을 위한 존재임을 지배계층이 지속적으로 설득함으로써 피지배자들의 복종을 얻어내지 않으면 안 된다. 예를 들어 지배자가 갖는 인격(pesonality)을 내세워 복종을 유도해 내거나, 재산(property)의 보상에 의해 복종을 얻어내거나, 아니면 조직력(organization)을 통하여 설득하고 복종심이 우러나오게 하기도 하며, 또한 이들을 교묘하게 다양한 형태로 결합시킴으로써 복종을 창출하고 지배복종의 권력관계를 형성한다.[154]

그리고 국가를 '정치적 통일체'로 이해하고 국가권력을 '법적으로 조직된 정치적 힘'을 의미하는 것으로 판단할 때, 오늘날의 경우는 소수의 지배계층이 일반대

150) 이극찬, 정치학, 박영사, 1977, 127면.
151) 이극찬, 정치학, 128면.
152) 이런 점에서 조직된 소수자가 조직되지 못한 다수자를 지배한다고 하는 점은 시공을 초월한 보편적 현상이라고 할 수 있다. 이극찬, 정치학, 135면.
153) 이극찬, 정치학, 139면.
154) John Kenneth Galbraith, The Anatomy of Power, Houghton Mifflin Company, 1983, 박현채譯, 권력의 해부, 한벗, 1984, 18면 이하.

중을 사실상으로 지배하고 복종하게 한다고 해서 국가 내지 국가권력이 형성되었다고 보기는 어렵다. 오늘날의 국가 내지 국가권력은 헌법이 제정됨과 동시에 형성되는 것으로 보는 것이 일반화되어 있기 때문이다. 즉 오늘날의 국가 내지 국가권력은 이해관계를 달리하는 여러 사회세력들이 어떤 구심점을 바탕으로 하여 성립되며, 비조직적이던 사회를 정치적인 일원체로 통일시킴으로써 하나의 행위주체로 창설되는 것으로 본다. 또한 그러한 국가 내지 국가권력은 일단 성립되고 나면 고정적이고 불변하는 존재가 아니다. 오늘날 국가란 시대의 변천과 역사의 발전에 따라 그때마다 새로이 형성되는 객관적인 가치관에 입각해서 사회구성원의 동화적 통합을 추구하는 사회공동체의 부단한 생활과정으로 보는 견해가 일반화되면서,[155] 국가는 새로운 의사와 통일체의 형성, 그리고 끊임없는 변신과 새로운 체험의 과정가운데서 파악되고 존재하는 것이라는 점이 지적되고 있기 때문이다.[156] 따라서 오늘날은 국가권력을 완성된 사실로서만 볼 것이 아니라 그때마다의 객관적 가치관에 따라 부단히 발전하고 갱신되어 나가는 과정 속에서 그 의미를 찾아야 한다.

Ⅲ. 國家의 發生起源과 國家權力의 形成에 관한 論議의 意義

사실상 국가의 발생기원이나 국가권력의 형성에 관한 문제는 엄격한 의미에서 역사학적인 성격을 띠고 있기 때문에 그 사실여부를 경험적으로 정확히 입증한다고 하는 것은 쉬운 일이 아니고 어느 의미에서는 불가능하기까지 하다. 따라서 국가발생에 관한 이론은 오늘날의 안목에서 볼 때 역사적인 과거사실에 대한 하나의 가설의 범주를 벗어나지 못한다.[157]

이렇게 국가의 발생기원이나 국가권력의 형성에 관한 문제가 입증되기 어렵기 때문에 역사적 사실의 문제가 아니고 또한 하나의 가설로 그칠 수밖에 없음에도 불구하고, 오늘날 사회학 내지 국가론에서 논의의 대상이 되는 이유는 어디에 있는가를 살펴보는 것이 중요하다.

그것은 이 문제가 國家의 存立根據 내지 目的과의 사이에 간접적이기는 하지만 일정한 함수관계가 존재하기 때문이다.[158] 즉 현존하는 국가 내지 국가권력의

155) U. Scheuner, "Das Wesen des Staates und der Beriff des Politischen", S.71ff.
156) 계희열, "헌법학과 기본권이론", 48면 이하.
157) 허영, 헌법이론과 헌법, 148면 이하.
158) 허영, 헌법이론과 헌법, 152면 이하.

정당화를 위한 근거로서나 아니면 그것을 부정하기 위한 근거로서 국가의 발생기원에 관한 문제가 제기된다는 것이다. 예를 들어 앞서 언급한 왕권신수설이 그러하고, 가족설, 영주설, 실력설, 분업설 등이 모두 현실적으로 존재하는 지배복종의 관계를 있는 그대로 받아들이도록 하기 위해서 주장된 것으로 보아야 한다는 것이다. 그 중에서도 계약설은 국가의 발생기원에 관한 이론이라고 하기보다는 오히려 국가의 존립근거 내지 정당성에 관한 이론으로 평가되고 있다.159) 즉 소수의 지배계층에 의하여 다수의 피지배자들을 지배하고 복종케 하는 것을 본질로 하는 권력현상을 합리적으로 설명하기 위하여 나온 이론이 계약이론이라는 것이다.160)

물론 국가의 사실상의 성립에 관한 모델이 국가권력의 정당화이론으로 사용되는 것을 발견하고, 이것은 "국가의 사실상의 성립에 관한 이론을 사람들은 관습적으로 국가의 정당화를 위한 이론에 속한다고 하지만, 그러나 사실상의 역사적인 전체적 과정은 정당화의 기초인 것이 아니고 단지 인과적 설명을 해 줄 수 있을 뿐이다"고 보면서 사실로부터 규범을 입증하려고 한 오류를 범하고 있다는 비난도 있다.161) 즉 국가의 발생기원에 관한 문제는 국가권력의 정당성에 관한 설명과 밀접한 관련성이 있기는 하지만, 국가의 발생기원에 관한 이론이 곧 국가권력을 정당화시키는 근거로 될 수는 없다는 것이다.162) 하지만 오늘날 현실적으로 국가권력을 행사하고 있는 입장에서 자신을 정당화하기 위한 수단으로서 계약설과 같은 국가발생의 기원에 관한 논증이 자주 언급되고 있음은 부인할 수 없다고 본다.

---

159) 허영, 헌법이론과 헌법, 150면.

160) 물론 계약사상은 현존하는 권력현상의 모순을 지적하고 올바른 지배복종의 권력관계로의 이행을 위하여 제기된 것이라는 점에서 다른 국가발생의 기원에 관한 학설에 대립되는 양상을 띤다. 하지만 과거나 지금이나 계약이론에 바탕을 둔 지배계층의 자기합리화는 무시할 수 없다.

161) R. Zippelius, Allgemeine Staatslehre, S.304.

162) T. Würtenberger, Die Legitimität staatlicher Herrschaft, Duncker & Humblot, 1973, S.15. 여기서 T. Würtenberger는 정당성개념의 성립과 변천이 개별적으로 추구되어야 하지만, 하나의 국가공동체 속에서 특정한 국가의 기원을 지배한 정당성개념의 사회학적 개관을 하는 것은 중요하지가 않다고 한다.

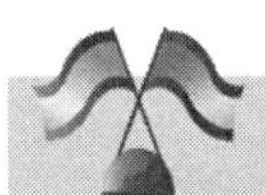

제5절 國家權力의 源泉과 行使方法

Ⅰ. 國家權力의 源泉으로서의 主權理論

국가권력과의 관계에서 국가론은 主權(Souveränität)에 대한 문제를 제시하지 않으면 안 된다.163) 주권의 문제는 국가론의 중추적 역할을 담당하고 있을 뿐만 아니고, 그것은 국가권력의 자기관철력에 관한 것이며,164) 국가권력의 원천에 관한 문제이기 때문이다. 뿐만 아니라 후술하는 바와 같이 국가권력의 정당성에 관한 문제는 객관적 합법성의 문제와 달라서, 그것은 언제나 국가권력의 원천과 관련된 주관적 문제를 의미하기 때문에 국가권력에 관한 논의에서는 주권의 문제를 전제로 하지 않을 수 없다. 더군다나 주권의 개념을 일반적으로 국가의 능력(Können)과 관련시키는 한 주권은 국가권력의 법적 제한에 관한 의문에 앞서 탐구되어야 한다.165)

국민주권이론이 과거에는 헌법학의 가장 핵심적인 연구의 장르로서 간주되었던 것이 사실이나, 오늘날은 하나의 역사적인 의미밖에 갖지 못한다는 주장이 있다. 즉 주권이론은 역사적으로 Bodin과 Hobbes의 君主主權論에서 시작하여, Krabbe의 法主權論과 Jellinek의 國家主權論을 거쳐, Roussrau와 Locke의 주장에 기반을 둔 오늘날과 같은 國民主權論으로 발전하여 왔음을 설명하는 것에서 의미를 찾아야 한다고 한다.166) 또한 주권개념의 불명확성 내지 주권의 절대무제한의 권력성 때문에 주권개념을 부정하거나 주권의 개념정의를 포기하려는 경향도 있다.167)

그러나 오늘날에 있어서도 국민주권의 본질을 어떻게 이해하고 또한 그 국민주권의 이념을 어떻게 구현할 것인가의 문제는 끊임없이 요구되는 헌법학의 과제임

---

163) R. Herzog, Allgemeine Staatslehre, S.176.

164) M. Kriele는 국가론의 핵심개념은 주권과 정당성이라고 하고, 이 두 개념은 상호 밀접한 연관성을 갖고 있으며, 어느 의미에서는 동일한 문제의 표리를 이루고 있다고 한다. M. Kriele, 국순옥譯, 민주적 헌정국가의 역사적 전개, 7면.

165) R. Herzog, Allgemeine Staatslehre, S.180.

166) 허영, 한국헌법론, 박영사, 2008, 137면.

167) Leon Duguit, 이광윤譯, 일반 공법학 강의, 민음사, 1995, 108면 이하; Martin Kriele, 국순옥譯, 민주적 헌정국가의 역사적 전개, 279면 이하.

에 대해서는 부인하기 어렵다. 주권개념은 근대국가의 성립 이후 국가의 존립과 관련된 핵심적인 사항이기 때문이다. 즉 현대국가에서도 국가는 대내적으로 여러 사회세력들의 끊임없는 도전에도 불구하고 평화와 안정을 확보해야 하며, 대외적으로도 국가는 국가간의 관계와 국제조직과의 관계에서 주권국가로서 독립성을 유지하면서 기능을 발휘해야 하기 때문에, 오늘날의 헌법학에서 주권개념을 부정하거나 개념정의를 포기하면서 국가의 존립을 논의할 수 없다. 더군다나 주권이란 개념이 헌법에 명문으로 규정되고 있기도 하지만, 국민주권이념과 국민주권원리가 일반적으로 받아들여지고 있는 현시점에서, 주권개념을 부정하는 것은 국가의 존립근거를 부정하는 것과 다를 바 없다. 즉 주권개념을 부정하는 한 국민과 국가권력의 상호관계를 설명하기가 불가능하게 된다는 점을 고려하면 더욱 그렇다. 특히 국민주권이란 개념이 주권자인 국민의 기본권보장을 궁극적 목적으로 하여야 한다는 점을 감안하면, 오늘날의 헌법학은 주권개념에 대한 설명 없이 성립될 수가 없다.

아무튼 우리 헌법학계는 다행히 주권개념을 부정하는 경향은 나타나지 않고 있고, 다만 주권개념에 대한 설명에 있어서 크게 2가지 경향을 보이고 있다. 하나는 전통적인 주권이론인 主權概念 實體說에 따라 설명하는 것이고, 다른 하나는 國民主權原理를 統治秩序의 正當化原理로 설명하는 학설로 나눠고 있다. 따라서 여기서는 오늘날 헌법학에서 논의되는 국민주권이념과 국민주권원리에 대한 이해를 위해 필요한 논의를 하되 2가지 경향의 조화를 위한 시도를 하려고 한다. 즉 양자의 견해가 모두 무시될 수 있는 것이 아니라는 점에서 그 의의를 찾아보려고 한다.[168)]

Ⅱ. 國民主權理念의 憲法的 根據와 位置

1. 國民主權理念의 憲法的 根據와 核心內容

오늘날 모든 헌법이 그러하지만 우리 헌법도 국민주권의 이념을 가장 중요한 근본이념으로 하고 있다. 헌법이 前文에서 주권자인 國民이 憲法을 制定하였음을

168) 지금까지 주권이론에 대한 많은 연구를 바탕으로 박경철 박사가 박사학위논문으로 정리한 바가 있고, 그 학위논문심사과정에 참여했던 본인은 그와 다른 견해를 가졌었기 때문에 그에 대한 반론을 토대로 새로이 정리하게 되었다. 박경철, 국민주권의 본질과 실현조건에 관한 연구, 연세대학교 대학원 박사학위논문, 2000. 12.

밝힌 것이나, 제1조에서 "大韓民國은 民主共和國이다. 대한민국의 主權은 國民에게 있고, 모든 權力은 國民으로부터 나온다"고 한 것은 국민주권의 이념을 명시적으로 규정하고 있는 것이다. 즉 이 규정은 君主主權論, 國家主權論 및 法主權論 등을 배제하고 國民主權의 理念을 적극적으로 선언하고 있는 우리 憲法秩序의 根本的 理念의 표명이다.

그러면 위와 같은 헌법적 근거를 가진 國民主權理念의 核心內容은 무엇인가. 국민주권의 이념이 주권자인 국민이 국가의사결정에 어떻게 참여하느냐를 중심으로 논의되어 온 것이 사실이지만, 그것은 결국 국민주권이념을 실현하는 수단에 불과하다. 국민의 기본권보장이 전제되고 나서야 주권자로서의 국민이 어떻게 국가의 의사결정과정에 참여할 것인지가 논의될 수 있는 것이기 때문이다. 이것은 주권자인 국민의 기본권보장이 전제되지 않으면 주권자로서의 국민의 지위는 무의미한 것으로 된다는 것을 의미한다. 따라서 國民主權의 理念은 國民의 基本權保障이 그 核心內容이요 前提條件임을 알 수 있고, 국민주권원리와 모든 국민주권의 실현원리도 국민의 기본권보장을 목적으로 하지 않으면 안 된다. 국민주권의 이념 자체를 내포하고 있는 헌법 그 자체가 '人間의 尊嚴과 價値'의 실현을 그 핵심으로 하는 기본권보장을 그 이념적 출발점으로 하고 있기 때문이다.

한편 국민주권이념이 국민의 기본권보장을 목적으로 한다면 그것은 통치권의 기본권기속성을 요구하는 것일 뿐만 아니라 통치권의 민주적 정당성 및 절차적 정당성을 동시에 요구한다. 대의민주주의를 채택할 수밖에 없는 오늘날의 정치현실을 감안할 때, 대의기관의 민주적 정당성과 절차적 정당성의 확보는 국민주권이념을 실현하는데 필수불가결한 것이라고 보아야 하기 때문이다.

2. 國民主權理念의 憲法上 位置

민주주의원리가 국민주권이념 내지 국민주권원리에 기초하고 있다는 사실에 대하여는 이론이 없다.[169] 그럼에도 불구하고 국민주권이념과 민주주의원리의 상호관계를 설명함에 있어서는 근본적인 차이를 보이는 2가지 경향이 나타나고 있다. 하나는 국민주권이념을 상위개념으로 보고 민주주의원리를 그 실현원리로 보는 견해이고,[170] 다른 하나는 민주주의의 핵심적 내지 본질적 징표로 널리 인정되던

169) 계희열, 헌법하(상), 박영사, 2003, 217면.
170) 허영, 한국헌법론, 141면 이하. 권영성교수는 양자를 병렬적으로 편성하고 있으나 설명 방법에 있어서는 이에 가깝다. 권영성, 헌법학원론, 2009, 131면과 136면.

국민주권은 역사적으로 볼 때 군주주권에 대항하는 항의적·투쟁적 이데올로기로 기능해왔을 뿐 구체적으로 국가질서를 형성하는 원리로 작용하지 못했다는 전제하에 국민주권원리를 민주주의원리의 실현 내용인 하위개념으로 설명하는 견해가 그것이다.[171] 따라서 이에 대한 평가가 주권이론에 대한 논의의 전제가 된다고 보아 먼저 살펴보고자 한다.

아무튼 여기서 민주주의원리가 국민주권에 기초하고 있다는 점에 대하여 인정하면서도, 후자의 견해가 "국민주권원리는 민주주의원리의 필수적인 부분이기는 하나 그렇다고 민주주의원리의 전체는 아닌 구성부분이다"라고 보는 것에 대해 의문을 품지 않을 수 없다.[172] 특히 이 견해는 "국민주권이론이 인간의 이성에 기초하는 모든 개인의 인격적 평등을 전제로 하였으며, 개인의 최대한의 자율성의 보장에 그 정당성을 두고 있다"고 하였고, 또한 "국민주권은 국가질서의 정당성에 대한 근거 내지 기준으로 작용하며, 국가질서가 지향해야 할 방향을 제시하는 것"으로 보면서도, 국민주권이 관철됨으로써 구체적인 국가질서가 곧바로 민주적인 것으로 완성되지 않았다는 이유만으로 국민주권이념을 민주주의원리의 하위개념으로 보아야 하는지 이해하기 어렵다. 더군다나 "국민주권만으로써 민주주의가 완성되는 것은 아니지만 국민주권을 부정하는 민주주의는 있을 수 없다"고 하는데,[173] 국민주권에 비해 민주주의를 상위개념으로 보는 한 이것은 자체로서 모순되는 주장이라고 보기 때문이다.

생각건대 후자의 견해와 같이 근대민주주의의 발전과정에 있어서 국민주권이 민주주의와 동일시되고 또 국민주권이 관철·보편화되는 과정이 민주주의의 실현과정과 동일시될 수 있었던 것은 양자가 동일한 이념에 의해 이끌어지고 있었기 때문이라고 본다. 그렇다면 동일한 이념을 추구하는 양자의 관계를 고려함에 있어서 주목할 것은 보다 궁극적인 가치를 추구하는 개념이 어느 것인가를 찾아 상위개념으로 평가했어야 하는 것이지, 무엇이 구체적 국가질서의 형성원리로 오늘날 기능하고 있는가를 중심으로 평가할 사항은 아니라고 본다. 특히 국가형태와 현대국가의 구조적 원리(국가질서의 형성원리)를 찾아나감에 있어서 주의해야 할 사항은 "국민주권사상에 입각한 국가의 정치질서를 어떻게 형성하는 것이 인권존중과 개성신장을 최대한으로 보장해 주고 사회정의의 실현을 촉진시킬 수 있을 것인가

---

171) 계희열, 헌법학(상), 217면, 221면. 김철수교수는 명확한 견해표명은 없으나 교과서의 편제가 이에 해당한다. 김철수, 헌법학개론, 2007, 182면 이하.

172) 계희열, 헌법학(상), 221면 이하를 참조하여 정리한, 홍성방, 헌법학, 현암사, 2002, 100면 이하.

173) 계희열, 헌법학(상), 222면.

의 문제로 집약된다"고 보는 점에서 더욱 그렇다.[174] 예컨대 고대의 그리스나 로마시대를 제한민주주의시대라고 하는데, 그 이유는 주권자가 소수의 시민들에게만 인정되는 민주주의였기 때문이었고, 또한 현대에 있어서도 민주주의의 실현방법과 관련하여 직접민주주의와 간접민주주의로 구분되고 있는 이유도 국민주권의 이념을 어떤 방법으로 실현할 것인가를 전제로 논의되고 있는데, 결국 이러한 논의는 모두 민주주의원리를 논의하는 바탕에 국민주권이념이 전제되고 있다는 것을 의미한다.

따라서 완전한 의미의 민주주의원리의 실현여부와 관계없이, 그리고 국민주권이 국민에게 실제로 의미하는 바가 군주주권의 그것과 같지 않다는 지적과 관계없이, 국민주권이념을 민주주의원리의 상위개념으로 보는 경우에만 후자의 견해가 주장하는 것과 같이 "국민주권만으로써 민주주의가 완성되는 것은 아니지만 국민주권을 부정하는 민주주의는 있을 수 없다"는 주장이 설득력 있게 되고, 또한 "민주주의가 국민주권에 기초하고 있다는 사실에 대하여 이론이 없다"고 주장한 논리가 올바르게 된다.

결국 국민주권이념은 모든 헌법이 추구하는 이념적 지표로 이해되는 '인간의 존엄과 가치'와 그것을 가치적 핵으로 하는 기본권보장정신의 토대이다. 국민주권이념을 전제하지 않고 인간의 존엄성이 논의될 수 없고, 기본권보장을 논할 이유가 없으며, 또한 민주주의원리를 논할 가치가 없게 되기 때문이다. 따라서 앞의 후자의 견해가 주장하는 것처럼 국가질서 내지 헌법질서를 형성하는 원리가 아니기 때문에 국민주권이념이 민주주의원리보다 하위개념으로 평가할 것이 아니라, 전자의 견해처럼 국민주권이념은 민주주의원리를 비롯한 모든 구체적 헌법질서의 형성원리가 추구해야 할 최고의 근본이념에 해당한다고 본다.

Ⅲ. 國民主權理論의 歷史的 展開

1. 君主主權理論의 登場과 發展

중세의 교황에 의한 신권체제와 황제에 의한 봉건질서가 무너지기 시작하면서 유럽은 혼란에 빠지게 된다. 절대적 권위가 무너지면서 끊임없는 시민전쟁과 종교전쟁을 겪고 있던 유럽사회는 새로운 권위를 찾기 시작했고, 그 혼란을 수습하

174) 허영, 헌법이론과 헌법, 2008, 209면.

고 질서를 회복시켜줄 권위로 군주주권이론을 Bodin이 제시한다. Bodin 이후로 近代國家의 본질적 특징이 主權槪念을 통하여 제시되기 시작한 것이다.

Bodin에 따르면 主權은 絶對的이고 恒久的인 最高의 國家權力이라고 하였고, 이 주권은 對外的으로 (교황과 황제에 대하여) 독립되고 對內的으로 (봉건영주들에 대하여) 최고의 권력으로서 이 국가권력 이외의 독자적인 힘을 모두 부정하는 배타적인 성격을 가진 것으로 보았으며, 이 주권은 입법권과 선전・강화권, 관리임명권, 최고재판권, 사면권, 화폐주조권, 조세징수권, 충성서약요구권 등과 같은 실체적 권력을 내용으로 한다고 하였다.[175] 아무튼 Bodin의 이 주권개념을 통하여 國家의 獨立性과 國家의 統一性, 그리고 질서에 대한 가치판단이 가능하게 되고, 국가 내의 모든 다른 권력들을 우월하는, 그리고 국가의 현실성을 획득하고 역사적 발전과 일정한 정치적 상황에서 그의 근거를 갖는 단순한 경험적 개념으로서의 국가의 통치권이라는 개념이 형성된다.[176] Bodin이 주권개념을 통하여 근대국가의 본질적 특징을 지적하기 전까지는 사회 내의 여러 세력들 사이의 갈등이 끊임없이 진행되고 있었는데, 이 때문에 Bodin은 일정한 영토 내에서 모든 정치적 논쟁을 지양하고 평화와 질서를 우선적으로 보장할 수 있는 主權者를 요구했던 것이다.[177] 그 결과 Bodin 이후로 절대군주들이 나타나 독립적이고 통일적인 국가권력을 형성하고 이를 행사하기에 이르렀으며, 이들은 국가 내의 평화와 질서를 보장해 줄 수 있게 되었다. 그들은 중세를 통하여 면면하게 내려오던 사회 내의 제세력(특히 諸領主들의 권력)을 국가권력 속으로 흡수함으로써 통일적인 국가권력으로 형성해 냈던 것이다.[178] 뿐만 아니라 Bodin은 주권개념을 제시하고 군주를 주권자로 받아들이는데 그치지 않고, 자연법과 아울러 法과 正義에 君主를 羈束시키는 것이 정당한 통치를 실현하는 것이라고 보았으며, 보다 고차원의 자연법에 정당한 군주를 기속시키고 군주에 의하여 제정된 법률에 국민을 기속시

175) Jean Bodin, On Sovereignty: Four Chapters from The Six Books of The Commonwelth, ed. Julian H. Franklin, Cambridge University Press, 1992, p.1f. 박경철, 국민주권의 본질과 실현조건에 관한 연구, 20면 재인용.

176) R. Zippelius, Allgemeine Staatslehre, S.60f.

177) 따라서 근대국가권력의 역사는 본질적으로 영토지배권의 자기관철력의 역사라고 볼 수 있고, 그 국가의 특성을 우선적으로 규정하던 요소는 연방국가적 요소였다. R. Zipellius, Allgemeine Staatslehre, S.49.

178) 이런 측면에서 J. Bodin이 주장한 주권개념에 의해서만이 신분제적 헌법, 곧 아직도 이원적인 신분제적 잔재가 유지되고 분권적인 신분제적 권리의 유물들이 유지되고 있던 헌법을 지양할 수 있었다. 그리고 또한 이 주권개념만이 모든 신분제적 권리들을 제거하고 국가권력을 자주적이게 하였다고 한다. R. Zippelius, Allgemeine Staatslehre, S.65.

킴으로써 Bodin은 국가권력에 법적 근거를 제공하려고 했다.179)

한편 Bodin의 군주주권이론은 Hobbes에 이르러 한층 강화된 군주주권이론으로 발전한다. 즉 이성을 통하여 확인된 자연법에도 불구하고 자연상태에서는 '만인의 만인에 대한 투쟁상태'가 계속될 수밖에 없기 때문에 사회계약(사실은 복종계약)을 통하여 인간이 자연상태에서 가지고 있던 자연권을 주권자인 군주에게 양도하고 그에 복종할 것을 그는 주장한다.180) 그리고 주권자에게 양도된 권력(주권)은 무제한의 것이고, 주권자는 법률을 제정하고 개정 및 폐지를 할 수 있으되 자기 자신은 그 법률에 구속되지 않으며, 그럼으로써 절대적이고 무제한적인 권력으로 군주주권을 정립하려는 경향을 보였다.181)

2. 國民主權理論의 登場

Bodin이 주권개념을 제시하여 君主主權이 어느 정도 확립된 이후, Althusius는 그에 반대되는 國民主權論을 주장하고 나왔다. 그리고 오늘날은 Althusius의 이론에 따라 국민이 주권의 소유자이며, 모든 국가권력은 국민으로부터 나온다고 하는데 이론이 없게 되었다. 특히 國民主權理論을 발전시킨 Rousseau에 따르면, 國民만이 自己自身의 운명에 대한 궁극적인 支配者이고 궁극적인 權力의 所有者라고 주장함으로써 國民主權을 주장하였음은 물론이고, 社會契約을 통하여 모든 구성원들이 국가에 준 국민에 대한 절대적 권력, 즉 一般意志 하에 행사되는 바로 그 權力을 主權이라고 하였다. 그리고 이 주권은 一般意志의 행사이기 때문에 絶對的이고 不可讓이며 不可分한 것이라고 보았고, 따라서 국가에 있어서의 주권은 스스로의 정당성을 일반의지의 진실성으로부터 받고 있기 때문에 이 주권에 대한 승인만이 유일한 인간사회의 실제적 기초임을 강조한다.182)

아무튼 국민주권이론은 영주를 비롯한 사회 내의 제세력들의 권력을 통합한 것에 불과한 것으로 제시되었던 연방국가적 요소 대신에 민주주의원리가 국가권

179) Thomas Würtenberger, "Legitimationsmuster von Herrschaft im Laufe der Geschichte," in: JuS, Heft 5. (1986), S.345.

180) 보다 자세한 내용은 제4장 제3절 Hobbes의 국가관 참조.

181) 계희열, 헌법학(상), 218면 이하; 박경철, 국민주권의 본질과 실현조건에 관한 연구, 22-25면. 그러나 T. Hobbes가 신법과 자연법조차도 주권자의 권능에 대한 한계로 인정하지 않으려고 하는 점에서 J. Bodin에 비해 한층 강화된 군주주권을 주장한 것으로 보기도 하지만, 그럼에도 불구하고 T. Hobbes의 사상이 무조건적인 군주의 절대권력을 정당화하려고 한 것은 아니라는 지적도 있다. 이에 대한 자세한 지적은 제4장 제3절 Hobbes의 국가관 참조.

182) 보다 자세한 내용은 제4장 제3절 Rousseau의 국가관 참조.

력을 형성함에 있어서 지배적인 원리로서 역할을 담당하게 되었음을 의미한다. 즉 민주주의원리는 주권자인 국민에 의하여 국가권력이 창설되고 국가권력이 작용하게 되는 정치과정에 관한 질서의 원리로서 국가권력에 근거를 부여하게 된다.[183] 이러한 관점에서 국가권력은 이제 주권자인 국민이 사회의 조직과정에서 창시한 것이며,[184] 그러한 국가권력은 궁극적으로 국민의 합의, 즉 승인에 근거하지 않으면 안 된다는 것을 의미하게 된다.[185] 다시 말해서 정치생활의 체제가 어떠하든지 국가 내에서 지도하고 명령하는 국가권력은 국민으로부터 나오며, 그것은 국민의 의지 또는 합의, 그리고 국민의 자치권에서 유래하는 것이라고 할 수 있다.[186]

3. 그 밖의 主權槪念들

주권이론이 군주주권이론에서 국민주권이론으로 발전하여 오늘에 이르는 동안 여러 주권개념이 주장되었다. 議會主權, 法主權, 國家主權 등의 개념이 그것이다. 먼저 議會主權이란 개념은 영국의 정치상황에서 군주주권이 약화되고 의회가 통치의 중심이 되는 현실을 가리켜 부른 개념이다. 즉 영국의회가 현실정치적 세력관계에 비추어 어떠한 법률도 제정할 수 있게 되고, 그 입법권이 군주의 집행권이나 사법권에 비하여 우월적 지위에 있게 되면서, 의회제정법률의 우위사상을 대변한 개념으로 의회주권이란 개념이 등장한 것이다. 아무튼 의회주권 개념은 의회의 민주화와 더불어 국민주권이론에 접근하는 형태로 발전하였지만,[187] 다음에 살펴보려고 하는 기관주권이론의 토대라고 볼 수도 있다.

다음으로 法主權槪念과 國家主權槪念이 독일을 중심으로 나타났다. 국가를 하나의 법인격으로 보고 법인으로서의 국가에게 주권이 있다고 보는 것이 國家主權이란 개념이며, 國家權威의 기초가 되는 法 그 자체에 主權이 있다고 보는 것이 法主權이란 개념이다. 다만 법 그 자체는 법인격체로 인정되기 어렵기 때문에 대체로 법인격이 인정될 수 있는 국가에게 주권이 있다는 경향으로 발전한다.[188]

---

183) K. Hesse, Grudzüge des Verfassungsrechts der Bundesrepublik Deutschland, S.51.

184) 허영, 헌법이론과 헌법, 216면.

185) John Dunn, Locke, Oxford Univ. Press, 1984, p.49.

186) Jacques Maritain, Man and State, The Univ. of Chicago Press, 1956, 한용희譯, 인간과 국가, 카톨릭출판사, 1978, 117면.

187) 계희열, 헌법학(상), 220면.

188) 대표적인 경우가 H. Kelsen에게서 나타난다. 그는 국가는 법질서로 인식하였고, 법주권은 곧 국가주권을 의미하는 것으로 보는데, 그 이유는 국가적인 법질서가 모든 것을 결정하는 '최고의

아무튼 국가주권은 Albrecht에 의하여 주장된 후 Gerber를 거쳐 Jellinek에 의하여 체계화되고 완성된 개념이다.[189] 그리고 이 국가주권론은 당시 주권자가 누구인가를 중심으로 대립하고 있던 전제군주와 귀족, 시민세력 등을 타협시키기 위한 문제회피수단으로 등장한 이론이며,[190] Jellinek는 형식적 권력분립원리에 입각하여 국가가 주권을 보유하지만 주권의 행사는 각 국가기관이 담당한다고 하면서 각 국가기관 상호간에 간섭하거나 침해해서는 안 된다고 한다.[191] 그러나 이 이론이 전체주의국가에서 남용될 수 있는 주권이론이라는 점에서 경계해야 한다.

4. 小結論

주권이론의 역사적인 전개과정을 평가할 때, 주권이론은 정치적 혼란을 수습할 주권자를 찾아 그에게 '정치적 공동체의 최고의 정치적 결정권'인 주권을 주어 평화와 안정을 추구하기 위한 것임은 분명하다. 그러나 主權이란 槪念은 결국 당시의 主權者가 누구인가를 전제로 그 主權者를 正當化하기 위한 正當化原理 내지 正當化이데올로기로 발전하고 있음을 쉽게 알 수 있다. 神學的 측면에서 제기된 主權이란 개념이 정치현상에 접목되어 君主主權說을 낳았고, 이어 각종의 이데올로기와 결합하여 議會主權說, 國家主權說, 法主權說, 國民主權說로 발전하였음을 발견하게 된다.[192]

그런데 지금까지 국민주권에 관한 논의가 '주권자가 누구인가?'를 전제로 국가권력의 정당화이데올로기의 문제로 발전하여 왔음에도 불구하고 이에 대한 평가가 분명하지 않은 점이 있었다. 따라서 국민주권이 확립된 오늘날은 國民主權理念과 國民主權原理라는 시각에서 국가권력의 원천이 국민에게 있기 때문에 국가권력이 어떻게 정당화되어야 할 것인가를 우선적으로 평가해야 할 것이고, 그러한 바탕 하에 국민주권의 본질에 대한 탐구와 함께 그러한 국민주권이 어떻게 行使되어야 正當化될 수 있을 것인가를 찾아 국민주권이론의 현대적 의미를 찾아야 한다.

그리고 유일한 것'으로 보기 때문이다. 허영, 헌법이론과 헌법, 347면 이하.

189) H. Quaritsch, Staat und Souveränität, Athenäum Verlag, 1970, S.498ff.

190) 계희열, 헌법학(상), 221면; 권영성, 헌법학원론, 116면.

191) G. Jellinek, Allgemeine Staatslehre, 3. Aufl., 김효전譯, 일반국가학, 태화출판사, 1980, 462면 이하.

192) 정종섭, 대의제에 관한 비판적 연구, 연세대학교 대학원 박사학위논문, 1989, 153면.

Ⅳ. 國民主權의 本質에 대한 再考察

1. 國民主權의 本質에 관한 古典的 說明

군주주권이론에서 국민주권이론으로 발전하는 과정에서 변화가 있었던 것은 주권자가 절대군주에서 국민으로 바뀌는 것이었다. 그러나 주권개념이 내포하고 있는 본질에 대하여 오늘날도 논란이 발생하고 있음은 전술했다. 특히 지금까지 주로 주권이론이 주권개념 실체설을 중심으로 전개되어 왔기 때문에 그에 대한 설명과 비판으로 논의되고 있고, 국민주권이란 개념을 전제로 국민의 개념과 의미를 중심으로 2가지 견해가 전개된바 있다. 따라서 이에 대한 대략적 소개와 문제점을 찾아보려고 한다.

(1) 主權槪念 實體說

국민주권의 본질에 대한 주권개념 실체설은 '主權'이라는 개념을 실체적인 권력으로 평가하고 그 主權의 主體가 '國民'이어야 한다는 점을 강조하며 국민주권을 논의하는 시각이다. 그리고 여기서 주권의 개념을 실체적인 것이라고 볼 때, 主權은 "國家意思를 결정하는 最高의 獨立的이고 不可分的이며 不可讓의 權力"이라고 하며, 여기서 主權의 本質은 "국내에서 최고의 권력이고, 국외에 대하여 독립하는 권력이며, 그 속성은 절대적이고 항구적인 권력"이라고 한다.[193] 따라서 이렇게 주권개념을 실체적으로 보는 결과 고전적 이론에서는 주권의 주체에 대한 논쟁이 벌어졌고 또한 주권과 국가권력 · 헌법제정권력 · 통치권이라는 개념들과의 구별의 문제가 발생한다.[194]

그런데 이 주권개념 실체설에 대해 비판하는 지적이 있다. 주권이론은 하나의 정당화원리 내지 정당화이데올로기로 등장한 것이지 기본권과 같이 그 내용을 가진 실체개념이 아니라는 것이다. 특히 주권개념 실체설은 先在하는 주권을 누가 갖느냐에 관심을 가지고 있었으나, 主權은 權利도 權限도 아니고, 실체개념이 아니기 때문에 行使의 對象이나 目的物 내지 客體도 아니라고 한다.[195] 또한 주권개념 실체설에 따르면 "主權을 포괄적이고 통일적인 권력이며 불가분 · 불가양의 권

---

193) 보다 자세히 말하면 주권의 본질은 최고성 · 독립성 · 시원성 · 포괄성 · 자율성 · 단일불가분성 · 불가양성 · 항구성 · 초실정법성을 갖는다고 한다.

194) 특히 주권개념 실체설에 따른 결과 그 힘의 우열관계를 전제로 논란이 있으나, 이것은 무의미한 논쟁임은 후술한다.

195) 정종섭, 대의제에 관한 비판적 연구, 153면.

력이기 때문에 絶對無制限의 權力"으로 이해하나, 이것은 군주주권을 주장하는 학자들 사이에서도 군주의 주권이 절대권력이 아니라 항상 유보와 제한이 따랐음을 간과한 것이고, 또한 근대국가 이후 권력분립과 권력통제의 시각에서 국가기능이 어떻게 변화하여왔는지를 고려하지 않은 반역사적 태도이며, 주권과 국가권력 내지 통치권을 혼동한 오류에 기인한 것으로 본다.[196)]

(2) 國民概念 2分說

국민주권을 논의함에 있어서 국민개념 2분설을 주장하는 것은 國民이라는 概念을 2분하여 nation(국민)과 peuple(인민)로 구분하고 이것을 주권론과 결합시켜 국민주권의 본질을 설명하려는 입장이다. 즉 국민주권의 본질을 설명함에 있어서 主權의 所有者와 行使者를 구별하고 그 실체적 주체가 누구인가를 찾으려는 것이 국민개념 2분설이다.

먼저 nation주권이란 전체로서의 국민에게 주권이 있다는 것을 의미한다. 그리고 여기서 nation은 意思無能力者와 行爲無能力者를 모두 포함하는 전체국민이기 때문에 스스로 어떤 意思를 가지고 직접 무엇을 결정하거나 표시할 수 없다. 그러므로 主權의 保有와 行使가 분리되어 主權의 保有者는 전체국민이지만 主權의 行使者는 국민의 대표기관이 된다. 따라서 nation주권에서는 命令的 委任關係가 불가능하기 때문에 자유위임관계를 전제로 한 代議制가 실현될 수밖에 없게 된다. 반면에 peuple주권이란 유권자 전체에게 주권이 있다는 것이다. 그런데 여기서 peuple은 현실적으로 살아서 직접 자신의 의사를 결정하고 행동하는 有權者의 總體를 의미한다. 그러므로 유권자 개개인은 총유권자수를 분모로 하는 하나만큼의 주권을 가지는 것이 된다. 따라서 peuple주권은 主權의 保有와 行使가 분리되지 않고 自身이 直接 主權을 行使하며 또한 이것을 양도할 수 없는 것이 원칙이다. 만약 主權이 委任되는 경우에는 위임자의 지시나 명령에 기속되어야 하는 명령적 위임관계가 성립되는 것이 당연하며, 이것은 直接民主主義가 실현되는 이론적 근거가 된다.[197)]

그러나 국민개념 2분설은 다음과 같은 문제점을 안고 있다. 첫째 全體國民이든 아니면 有權者의 總體이든 그것이 포함하는 여러 개체가 하나의 의사주체로서의 기관으로 되고 스스로 통일된 행동을 한다는 것은 하나의 擬制에 불과하다. 국민

196) 박경철, 국민주권의 본질과 실현조건에 관한 연구, 39-50면.
197) 정종섭, 대의제에 관한 비판적 연구, 149-151면.

이란 개념은 다양한 개성과 능력과 이해관계를 가지는 무수한 인간의 집단을 상징적으로 표현하기 위한 관념적 크기에 지나지 않기 때문이며,[198] 따라서 국민이라는 개념이 갖는 관념적 크기로서의 측면은 전체국민이든 유권자의 총체이든 차이가 있을 수 없다. 둘째로 代議制나 直接民主制의 문제는 통치기관의 구성원리에 의해 결정되는 문제이지 국민개념 2분설에 의해 論理必然的으로 결정되는 것은 아니다. 즉 直接民主主義나 間接民主主義 모두가 國民主權의 정신과 조화된다.[199]

2. 國民主權의 本質에 관한 現代的 論議

(1) 國民主權의 概念과 本質에 대한 現代的 意味

국민주권이란 개념이 正當化原理 내지 正當化이데올로기로 등장한 것은 분명하다. 神學的 측면에서 제기된 主權이란 개념이 정치현상에 접목되어 君主主權說을 낳았고, 이어 각종의 이데올로기와 결합하여 議會主權說, 國家主權說, 法主權說, 國民主權說로 발전하였다는 지적은 매우 타당하다. 즉 지금까지 국민주권에 관한 논의가 '주권자가 누구인가?'를 전제로 국가권력의 정당화이데올로기의 문제로 발전하여 왔음에도 불구하고 이에 대한 평가가 제대로 이루어지지 않은 점이 있었다. 따라서 국민주권이 확립된 오늘날은 國民主權原理라는 시각에서 國家權力의 源泉이 어디에 있고, 그러한 국가권력은 어떻게 行使되고 있는가 보다는 어떻게 正當化되어야 하는가를 판단하는 이론적 근거에서 국민주권의 본질에 대한 현대적 의미를 찾아야 한다. 즉 국가권력이 국민으로부터 나오기 때문에 國家權力의 正當性이 국민에게 있고, 또한 모든 국가권력 내지 통치권력의 행사는 최후적으로 國民의 意思에 귀착되어야 한다는 것을 지적하는 정당화원리에서 그 본질을 찾아야 한다. 다시 말해서 國民主權의 概念과 本質은 主權의 所在와 統治權의 擔當者가 같아야 하는 것은 아니기 때문에, 國民이 國民投票의 경우와 같이 直接 主權을 行使하는 경우를 제외하고, 통치권을 담당하는 대의기관의 통치권 행사가 궁극적으로 국민의 의사에 의해 정당화되어야 한다는 것에서 국민주권의 현대적 의미를 찾아야 하고,[200] 따라서 그러한 논의는 국민주권원리라는 개념을 통해 시작되어야 한다.

---

198) 허영, 한국헌법론, 139면.
199) 정종섭, 대의제에 관한 비판적 연구, 155면 이하.
200) 허영, 한국헌법론, 141면.

(2) 主權概念의 本質과 主權概念 實體說에 대한 評價

국민주권에 관한 논의의 초점이 국가권력에 대한 정당화원리 내지 정당화이데올로기로 기능한다는 점을 인정하여 국민주권원리로 이해한다 하더라도 주권개념에 대한 실체적 의미를 인정할 것인가의 문제는 별도로 논의될 수 있다. 즉 국민주권원리라는 개념을 떠나 주권개념을 실체적으로 이해하는 것은 의미가 있다고 본다.

원래 주권개념을 처음 사용한 Bodin에 따르면 그의 최고의 관심사는 주권자(군주)가 누구냐 하는 것이었음은 의심의 여지가 없다. 그리고 당시 主權이란 概念은 '政治共同體의 最高(主權者)의 政治的 決定權'이라는 의미로 이해하였다. 그런데 現代의 國家에서도 '政治共同體의 最高의 政治的 決定權'이라는 의미의 개념이 필요하고 이를 지칭할 개념으로 주권개념이 필요하다고 본다. 물론 주권개념 실체설을 부인하는 입장에서는 그 개념이 국가권력 내지 통치권이란 개념으로 발전하였기 때문에 구별할 것을 주장하고 있고, 그들은 입헌주의의 정착과 더불어 헌법에 기초하고 있는 통치권이란 개념을 사용하는 것이 올바르다는 의미에서 주권개념 실체설을 부인하는 것으로 보인다.[201] 특히 主權概念이 본질적으로 絶對無制限의 권력으로 인식되어 온 것에 비추어, 통치권이란 개념은 "정치공동체의 법적 평화를 확보하고 통일적 지배권을 확립하기 위해서는 공동체 내에서 法의 一般的 效力性과 法의 예외 없는 適用과 執行이 요구된다는 의미에서 통치권의 法에의 羈束을 전제해야 한다"는 것이고, 바로 이러한 의미에서 主權과 統治權은 區別된다는 것이다.[202] 근대 이후의 주권이론의 역사적 전개과정과 그 밑바탕에 깔려 있는 목적과 기능을 통찰할 때, 주권의 본질은 정치공동체의 법적 평화를 위한 통일적 지배권, 즉 통치권의 확립과 이를 위한 통치권의 제한이라는 정치공동체의 조직원칙이자 이러한 목적에 봉사하는 통치권의 정당화원리로 이해되어야 한다는 점에서 그 의미를 찾고 있다.[203]

그런데 전통적인 주권개념을 통치권이란 개념이 대부분 대체하여 사용되고 있기 때문에 주권개념 실체설을 부인하는 주장이 설득력이 없는 것은 아니지만 主權概念의 實體的 意味를 완전히 부인하기는 어렵다. 현행 헌법이 명문으로 규정하고 있는 점에서도 그러하고, 또한 현대민주국가에서도 '主權이란 政治的 統一體

---

201) 박경철, 국민주권의 본질과 실현소건에 관한 연구, 44면.
202) 박경철, 국민주권의 본질과 실현조건에 관한 연구, 48면.
203) 박경철, 국민주권의 본질과 실현조건에 관한 연구, 48면, 49면 이하.

인 國家의 意思를 全般的·最終的으로 결정할 수 있는 最高權力'을 의미하는 것으로 이해되고 있으며, 전통적인 주권개념이 내포하고 있는 불가분성과 불가양성 같은 성격을 부인하면서도, 통치권이란 개념이 내포하고 있는 것과 다른 의미에서 주권개념이 실체적인 관점에서 의미를 가진다고 보기 때문이다. 특히 주권개념 실체설을 부인하는 주장 가운데서도 주권의 본질에 해당하는 "통일적 지배권의 확립이란 국가 내에서는 國家權力과 上位 내지 同位의 다른 私的 權力이 존재할 수 없다는 것을 의미하고, 그렇다고 통일적 지배권의 확립요청이 국가의사의 결정에 관한 권한을 하나의 국가기관에게만 부여하여야 한다는 것을 뜻하지 않으며, 國家權力의 分離가 國家의 主權性, 즉 정치공동체의 통일적 지배권의 확립요청을 해치는 것은 아니다"라고 함으로써,[204] 국가권력이 가지는 主權性을 부인하지 않고 있기 때문이다. 즉 주권이 국가권력이나 통치권과 다르다고 하면서도 정치공동체의 통일적 지배권이 확립된 국가권력의 주권성을 인정하고 있는 것을 보면 논리상의 문제점이 발견된다. 이것은 결국 주권개념 실체설을 부인하는 입장은 전통적인 주권개념이 가졌던 본질과 의미, 즉 主權의 絶對無制限性을 否認한다는 것과 입헌주의의 확립과 더불어 통치권의 개념이 보편화되고 있기 때문에 불명확한 主權概念 대신에 統治權의 概念을 사용하면서 주권이론은 오로지 통치권의 정당화원리로 이해하자는 것으로 요약된다.

그러나 주권개념 실체설을 따른다고 해서 전통적인 절대무제한성을 따라야 하는 것은 아니라고 본다. 또한 주권개념이 항상 불가분·불가양의 권리로 이해해야만 주권이론에 충실한 것이라고 볼 수 없다.

즉 오늘날의 主權國家에서 國家는 主權的 國家意思決定權을 가진 것을 부인할 수 없고, 그 主權的 國家意思가 단일의 國家機關에 의하여 결정되지 않는다는 점을 인정하여야 하며, 그 主權的 國家意思를 결정하는 權力은 主權者인 國民으로부터 委任받은 것이기 때문에 언제든지 國民으로부터 正當化되어야 한다는 의미로 主權概念을 이해하면 된다. 따라서 정치공동체의 통일적 지배권이 확립된 국가 내에서는 國家權力의 主權性을 부인할 수 없기 때문에 주권개념 실체설에 따라 설명할 수밖에 없으며, 그 경우에도 주권개념이 다음의 도표에서 보는 바와 같이 다양하게 설명되고 그 행사주체가 다름을 주목해야 한다. 그리고 이때의 主權이란 개념은 대내적으로는 權利上의 主題가 아니라 힘의 範疇에 속하는 것이고, 대외적으로는 國際法上의 權利의 範疇에 속하기 때문에,[205] 오히려 '주권적'이라

204) 박경철, 국민주권의 본질과 실현조건에 관한 연구, 48면 이하.

는 형용사의 의미로 이해해야 할 것이다.

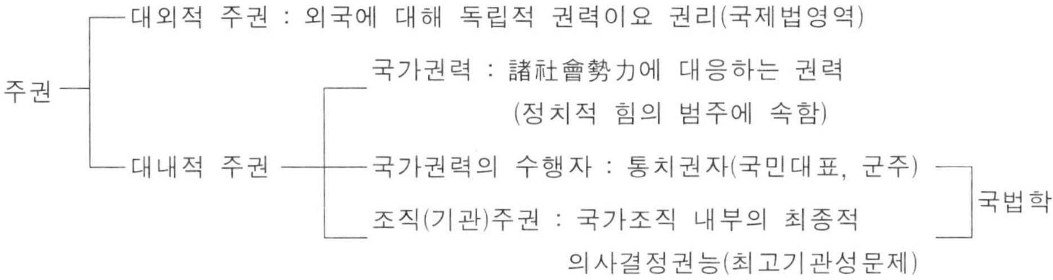

(3) 主權概念과 他概念의 區別

주권개념을 실체적 개념으로 이해할 때, 주권개념과 헌법제정권력·국가권력·통치권 등의 개념과 구별이 가능하고 실익이 있게 된다. 다만 전통적인 이론에서 논의된 것처럼 각 개념을 힘의 優劣關係로 논하는 것은 의미가 적다. 오히려 이들에 대하여는 時間的으로 先後關係로 파악하거나 또는 適用되는 힘의 範疇의 차이로 이해하는 것이 바람직하다. 그리고 각 개념에 대한 비교의 實益 보다는 그 개념들이 갖는 역사적 발전과정에서의 의미를 파악하는 것이 중요하다.

1) 主權

主權이란 國家意思를 全般的·最終的으로 決定할 수 있는 最高權力이다. 또한 주권은 대내적으로 모든 사회세력들을 우월하고 대외적으로 독립적인 최고권력이다. 디민 주권은 단일불가분의 것이지만 앞에서 살펴본 것처럼 '주권적'이라는 의미를 주목할 때 그것을 구체적으로 행사하는 주체가 다양하게 나눠질 수 있다. 즉 입법을 통한 국가의사의 결정은 국회만이 주권적으로 할 수 있고, 법률을 집행하는 과정에서 요구되는 국가의사의 결정은 집행부만이 주권적으로 할 수 있으며, 법률상의 분쟁해결을 위한 법률의 해석은 법원이 주권적 결정권을 갖는다. 특히 국회는 법률을 제정하지만 그 위헌여부에 대해서는 헌법재판소가 심판권을 가지듯이 헌법재판과 관련된 사항에 대해서는 헌법재판소가 주권적 결정권을 가진다. 그렇다고 해서 헌법재판소가 국회를 대신하여 법률을 제정할 수는 없다. 바로 이 점에서 기관주권의 논리가 성립됨을 알 수 있다.

205) Josef Isensee, "Staat und Verfassung", S.626.

2) 憲法制定權力

헌법제정권력은 主權이 規範秩序와 관련을 가질 때 나타나는 가장 대표적 실현형태이다. 즉 사회공동체를 정치적인 통일체로 조직하기 위해서 통일적인 法共同體의 法的인 基本秩序를 마련하는 法創造行爲를 담당하는 정치적 의사인 동시에 法創造的 權能이 憲法制定權力이다. 따라서 헌법제정권력은 국가사회의 全般的이고 包括的인 법적 결정권을 의미하나 最終的 결정권은 아닌 점에서 주권 그 자체는 아니다. 즉 主權이 곧 憲法制定權力인 것이 아니라,[206] 主權은 憲法制定權力을 포괄하는 것이다.[207] 왜냐하면 헌법제정권력의 행사로 모든 국가의사가 전반적·최종적으로 결정되는 것이 아니기 때문이다. 헌법은 그 자체가 전반적이고 포괄적인 국가의사이기도 하지만, 헌법은 또한 구체적인 국가의사를 결정하도록 끊임없이 요구하고 있다. 헌법제정권력이 행사되고 난 이후에도 구체적 사안에서 주권행사의 필요성이 계속 요구되는 것이다.

3) 國家權力

국가권력이란 개념은 다양하게 사용되고 있다. 主權國家의 國家權力이라고 할 때는 國家權力은 主權과 같은 의미로 사용되고, 다른 한편으로는 國家權力은 헌법에 의하여 창조된 권력으로서 統治權과 같은 의미로 사용되기도 한다. 후자의 경우는 통치권에서 설명하고 여기서 전자의 경우만을 살펴보면 다음과 같은 점을 지적할 수 있다. 즉 주권적인 권력조직으로서의 현대국가만이 평화질서를 보장할 수 있다고 할 때, 국가권력은 주권의 본질적 징표를 의미한다. 즉 主權은 바로 最高의 獨立的인 國家權力을 의미한다고 하는 것이다.[208]

4) 統治權力

통치권력이란 헌법에 의하여 창설된 권력을 의미한다. 따라서 국가권력을 협의로 이해할 때는 이 통치권력과 서로 같은 의미로 사용된다. 이러한 통치권력은 오늘날 헌법이 정하는 바에 따라 사실상 주권을 행사한다. 즉 주권자인 국민을 대신하는 대의기관으로서 최종적인 국가의사를 결정하고 집행하는 기관주권의 주체이다. 다만 이 통치권력은 권력의 남용과 악용을 막기 위하여 기능에 따라

206) 많은 국내학자들이 주권을 곧 헌법제정권력과 동일시하고 있음을 주목하기 바란다. 권영성, 헌법학원론, 48면; 구병삭, 신헌법원론, 박영사, 1995, 171면; 강경근, 헌법학, 법문사, 1997, 117면.
207) Josef Isensee, "Staat und Verfassung", S.606; 김철수, 헌법학개론, 184면, 1180면.
208) 이승우, "국가와 국가권력의 개념", 헌법판례연구 제4집, 박영사, 2002, 40-44면.

입법기능·행정기능·사법기능 등으로 분할되어 행사된다. 그러나 통치권력이 분리되어 행사될 수 있다 하더라도 그것이 완전하게 독립적으로 행사될 수 없다. 정치적인 통일체로서의 국가로 기능하기 위해서는 통치권력도 상호간에 견제와 균형을 이루면서 궁극적으로 불가분적으로 통합되어 행사되는 것이 불가결하기 때문이다.

3. 小結論

주권이론의 역사적 전개과정을 보더라도 주권이란 개념이 당시의 주권자가 누구인가를 전제로 그 주권자를 정당화하기 위한 정당화원리 내지 정당화이데올로기로 주장되었고 또한 발전하여 왔음에도 불구하고 이를 간과하여 왔던 것이 사실이다. 국민주권이 일반화된 오늘날에 있어서도 그것은 예외가 될 수 없기 때문에 통치권의 행사가 어떻게 국민에 의하여 정당화될 수 있는가를 설명하는 것이 국민주권이념 내지 국민주권원리의 핵심임을 알 수 있다.

다만 주권이론을 정당화원리로 이해한다고 해서 그 이론을 전개함에 있어서 주권개념의 정의를 포기하거나 부인할 필요는 없다고 생각한다. 비록 오늘날 헌법학에서 일반적으로 사용되고 있는 國家權力이나 統治權이란 개념으로 대부분의 설명이 가능하다고 하더라도 主權이란 概念을 무시할 수 없다고 보기 때문이다. 더군다나 주권자인 국민이 統治權에 대하여 가지는 권리 개념인 基本權의 개념만으로 포섭할 수 없는 그 무엇이 주권이란 개념 속에 자리잡고 있는 것이며, 단순한 參政權行使 또는 그 基本權行使 전체를 포괄하는 의미를 넘어 국민의 主權行使라는 의미가 이미 자리잡고 있다고 보는 것이다. 그리고 그것이 개개 국민으로서는 물론이고 全體國民의 시각에서 행사되는 주권행사의 경우도 그러하다. 만약 主權이라는 것을 權利도 權限도 아니기 때문에 행사의 對象이나 目的物 내지 客體가 되지 못한다고 보는 경우,[209] 代議機關의 統治權行使를 權能과 權限行使가 아닌 어떤 개념으로 설명할 수 있을 것인가의 문제가 제기된다. 특히 주권개념 실체설을 부인하는 견해는 주권개념을 지나치게 '전반적이고 최종적인 국가의사를 결정하는 힘'의 시각에서 논의하고 있지만, 현실적으로 이루어지고 있는 국민의 주권행사는 그에 그치지 않는다는 점을 고려할 때 의문이 제기된다. 따라서 지나치게 전통적인 주권개념에 얽매여 주권개념 실체설을 부인하기보다는 정치적 통일체인 국가 내에서 "국가의사를 전반적이고 최종적

209) 정종섭, 대의제에 관한 비판적 연구, 153면.

으로 결정할 수 있는 최고권력"이라고 주권개념을 정의하면서 주권이론을 전개하더라도 문제될 것이 없다고 본다. 그리고 비록 그러한 의미를 대신하여 통치권이란 개념이 사용되고 있지만, 통치권이 결정한 국가의사는 아직 다른 국가기관의 견제와 통제를 받지 않은 유동적이라는 의미를 갖는 것으로 볼 수 있고, 그 과정을 거쳐 최종적인 국가의사로 확립되면 그것은 이제 主權的 決定權을 의미하는 (機關)主權概念으로 바뀌면서 통일된 최종적 國家意思가 되는 것으로 보아야 한다.[210]

V. 國民主權原理의 現代的 適用

1. 우리 憲法上 國民主權規定의 意味

우리 현행헌법이 헌법전문에서 헌법제정의 주체가 '국민'임을 밝히고 있고, 헌법 제1조가 우리나라가 '민주공화국'임을 선언하고 있으며, 또한 "대한민국의 주권은 국민에게 있고, 모든 권력은 국민으로부터 나온다"다고 하였다. 그런데 이에 대한 해석에 있어서 우리 헌법학계는 주권이론을 지나치게 주권개념에 치우쳐 전개하는 경향을 보여왔다. 즉 주권자인 국민이 가지는 주권의 본질이 어떠하고 그 실체가 있는지를 중심으로 논의되어 왔으며, 그리하여 주권개념 실체설과[211] 그에 대한 부인설이[212] 대립되고 있음을 전술했다. 그리고 본인의 입장에서 양자의 조화가 가능함을 앞에서 지적하였다.

그러나 여기서 주목할 것은 이 헌법규정이 국민주권의 이념과 원리를 선언하고 있는 것으로 보아야지 주권자인 국민이 가지는 주권의 본질이 무엇이냐에 중점이 있지 않다는 점이다. 즉 우리 헌법규정은 국민주권이념 내지 국민주권원리를 선언한 것이지 구체적인 주권의 개념을 전제로 국민이 그것을 행사한다고 하는 점에 중점이 있지 않다. 즉 국민주권이념 내지 국민주권원리의 시각에서, 이 헌법규정은 국가권력의 정당성이 국민에게 있고, 국가 내의 모든 통치권력의 행사가 이념적으로나 최후적으로 국민의 의사에 귀착시킬 수 있어야 한다는 점에 그 핵심이 있는 것으로 보아야 한다.[213] 국민주권원리는 한 나라의 주인은 국민이라는 것이

---

210) 여기서 최종적인 국가의사라 하더라도 절대적인 것은 아니다.

211) 권영성, 헌법학원론, 131면 이하; 김철수, 헌법학개론, 183면 이하. 기타 자세한 주장은 박경철, 국민주권의 본질과 실현조건에 관한 연구, 7면 각주 참조.

212) 허영, 한국헌법론, 139면 이하; 정종섭, 대의제에 관한 비판적 연구, 153면; 이에 근거하여 박경철, 국민주권의 본질과 실현조건에 관한 연구, 13면 이하.

고, 그 나라에서 행사되는 모든 국가권력은 국민으로부터 나온다는 것이며, 그 결과 모든 국가권력의 행사는 궁극적으로 국민의 심판을 받아야 한다는 정당화원리에 그 핵심이 있다는 것이다. 따라서 이 헌법규정이 오늘날의 자유민주주의국가의 헌법규정과 다르지 않다고 보는 한, 이 국민주권의 이념과 원리가 올바로 실현될 수 있는 통치를 위한 국가기관의 구성원리가 갖추어지도록 하는 것이 중요하다. 즉 자유민주주의원리와 법치주의원리 등과 관련된 통치를 위한 여러 국가기관의 구성원리가 국민주권의 이념과 원리를 실현하기에 적합하게 조직되고 구성되어야 한다.[214]

또한 오늘날 자유민주국가에서의 주권이론은 국민의 자기지배의 전제로서의 통일적인 국민의사로부터 출발할 수는 없고 현실의 기본적 전제조건, 즉 의견 · 이해 · 의사방향 · 장래를 향한 계획의 다양성과 대립, 그리고 그것에 기인하는 국가내부의 갈등의 존재로부터 출발한다. 이 때문에 모든 국가권력이 국민으로부터 나온다고 하는 규정은 국민의 의사의 통일을 가정하는 것이 아니라 국가권력의 성립 및 작용의 조건으로서의 정치적 통일을 이룩하는 것을 항상 새롭게 필요로 하는 전술한 다양성과 대립을 전제로 한다.[215] 뿐만 아니라 오늘날 주권의 주체로서의 국민은 전체로서의 국민을 의미하며, 이것은 국민 개개인의 총화로서의 국민이 아닌 가치공동체로서의 국민을 말하고,[216] 개개국민의 총화로서의 국민을 초월한 '추상적이고 자주적인 하나의 실체'로서의 이른바 '전체국민'을 의미한다.[217] 그리고 주권의 소유자인 국민은 그 자신이 행위능력을 가지고 있는 것이 아니고, 그렇다고 해서 행위능력이 있는 국가기관과 동일시할 수도 없기 때문에, 그것은 전체로서의 하나의 관념적 크기(ideele Größe) 내지 의제적인 크기(fiktive Größe)에 불과하다.[218] 따라서 Hobbes나 Locke 등의 근대 자유주의국가 사상가들이 주장한 바와 같이 국가권력을 자연상태에서 누구나가 가졌던 자연권을 사회의 수중에 양도함으로써 형성된 권력이라고 주장하는 것은 오늘날 설득력이 없다.[219]

213) 허영, 한국헌법론, 141면.
214) 허영, 한국헌법론, 140면.
215) K. Hesse, Grundzüge des Verfassungsrechts der Bundesrepublik Deutschland, S.53.
216) 한태연, 헌법학, 137면.
217) 한태연, 헌법학, 304면.
218) 허영, 헌법이론과 헌법, 216면.
219) T. Hobbes, J. Locke 등의 국가관은 후술함.

2. 主權者인 國民의 憲法上 地位

(1) 憲法制定權力者로서의 地位

主權者인 國民은 憲法制定權者로서 憲法에 관한 主權的 決定權을 갖는다. 다만 헌법제정권력의 발동형식은 각 나라마다 다르기 때문에 주권자인 국민의 참여형태는 다르게 나타난다. 대의제도를 극단적으로 택하고 있는 독일의 경우 국민은 헌법제정에 참여하는 대표를 선출하는데 그친다. 그러나 우리나라의 경우 주권자인 국민은 먼저 憲法制定에 참여하는 代表를 選出하고, 다음으로 그 대표에 의하여 마련되어 國民投票에 회부된 憲法案에 대한 최종적 承認權을 갖는다.

(2) 憲法制定 以後의 國民의 憲法上 地位

헌법이 제정되고 난 이후에 주권자인 國民의 地位는 '主權의 擔當者로서의 地位'와 '主權의 行使者로서의 地位'가 확연하게 구별된다. 먼저 헌법이 제정되고 나면 주권의 담당자로서의 지위는 헌법 속에 해소되어 '憲法에 의하여 組織된 權力'으로 남는다는 주장과[220] 헌법 속에 잠재적인 상태로 존재하다가 새로운 헌법의 제정 또는 헌법개정이 요구되는 시기에 '주권의 담당자로서의 지위'가 발동된다는 주장이 대립하고 있다.[221] 다만 이에 대한 결론으로 주권의 담당자로서의 지위는 여전히 국민에게 있다고 본다. 그것은 헌법에 의하여 제도화된 국민의 주권행사를 통해서 엿볼 수 있다.

한편 '主權의 行使者로서의 地位'는 헌법이 제정되고 나면 극히 예외적인 경우를 제외하고 헌법상의 국가기관에게 맡겨진다. 주권을 "국가의사를 전반적·최종적으로 결정할 수 있는 최고권력"이라고 보는 경우, 국민이 직접 국가의사의 결정에 참여하는 국민투표의 경우를 제외하고 모든 주권행사는 국가기관에게 맡겨진다. 왜냐하면 대의민주주의가 불가피한 오늘날 주권자인 국민에 의한 직접통치는

---

220) M. Kriele, 국순옥譯, 민주적 헌정국가의 역사적 전개, 280면.

221) Böckenförde는 헌법과 헌법의 효력을 정당화하기 위하여 국민의 헌법제정권력은 필요한 것이며, 헌법제정권력이 헌법을 정당화했다고 하더라도 법적으로 無의 상태로 사라지게 되는 것은 아니다. 헌법이 정당화된 이후에도 국민의 헌법제정권력은 정치적 크기와 힘으로써 계속 남아 현존하게 된다고 한다. Ernst Wolfgang Böckenförde, Die verfassunggebende Gewalt des Volkes - Ein Grenzbegriff des Verfassungsrechts, Alfred Metzner Verlag, 1986, S.16f. 한편 비슷한 견해로 J. Isensee는 국민의 헌법제정권력은 헌법제정행위와 함께 국민의 법적 자기구속이 설정되는 것이기는 하지만, 헌법제정이라는 한번의 행위와 함께 소멸되어 버리는 것이 아니라고 한다. 국민의 헌법제정권력은 국민에 의한 헌법의 수용과 헌법의 변개(개정 등)라는 비공식적인 항구적 과정에서 효과적이고 잠재적으로 남아있다고 한다.

사실상 불가능하기 때문이다.

결국 헌법이 제정되고 난 이후에 주권자인 국민은 잠재된 '主權의 擔當者로서의 地位'와 함께 憲法에 의해 制度化된 제한된 의미의 主權行使를 하게 된다. 즉 대부분의 주권행사는 대의기관에 의하여 행해질 수밖에 없지만, 주권자인 국민은 그 대의기관을 구성함에 있어서 選擧나 投票를 통한 憲法機關의 構成에 참여한다. 특히 선거를 통한 국회의 정치적인 세력구도는 國民의 主權的이고 政治決斷的인 선택에 해당한다.222) 뿐만 아니라 主權者인 國民은 政黨活動에의 參與, 言論·出版·集會 및 結社의 自由의 행사, 請願權의 행사, 기타 輿論形成 등을 통하여 국가의 정치적 의사형성과정에 참여함으로써 國家作用의 民主的 調停者로 기능한다.

3. 우리 憲法上의 國民主權理念의 具體的 實現形態

오늘날 헌법은 일정한 내용적 특성에 따라 국가권력을 창설하고 그 국가기관들에 과제영역을 위임한다고 하더라도 오늘날 국가권력이 담당해야 할 모든 과제를 규정하고 있지 못하다. 즉 국가권력의 근본조직과 목적에 관한 규정을 제외하고는 그 과제에 대하여 구체적으로 정하지 않고 헌법은 개방된 상태로 남겨두고 있는 것이다. 따라서 국가권력은 헌법상의 적극적 내지 소극적 권한규정에 의하여 당초부터 법적으로 구성된 권력으로서 이들 권한규정에 의하여 주어진 범위 내에서만 합법적으로 권력을 행사할 권한을 갖게 된다.223) 그 중에서도 특히 중요한 것은 헌법이 확정하지 않은 상태로 개방해 두고 있으면서 규범화를 필요로 하는 공동체생활의 기본문제들을 일반적 규정으로서의 법률의 형식으로 제정하여야 할 과제를 국가권력은 가지고 있으며,224) 또한 국가작용에 있어서의 창조적 결단, 정치적인 이니셔티브, 국가전체에 대한 총괄적 지도, 그리고 施行的 활동에 대한 감독적 통제와 같은 통치상의 과제처럼 법률에 기속되지 않는 국가의 정치적 지도 내지 방향제시와 같이 고도의 정치적 성격을 띤 정치적 행정기능은 물론이고,225) 법

---

222) 따라서 선거에 의하여 확정된 국회의 세력구도를 인위적으로 바꾸는 시도는 국민주권을 무시하는 것이며 또한 대의제도를 무너뜨리는 것이다. 허영, "정당국가적 대의민주주의와 선거", 공법연구 제28권 제2집, 1999. 12, 면 참조.

223) K. Hesse, Grundzüge des Verfassungsrechts der Bundesrepublik Deutschland, S.118.

224) K. Hesse, Grundzüge des Verfassungsrechts der Bundesrepublik Deutschland, S.193. 이것이 곧 입법권자에게 주어진 과제이다.

225) K. Hesse, Grundzüge des Verfassungsrechts der Bundesrepublik Deutschland, S.202. 이것이 곧 통치행위자에게 속하는 과제들이다.

률에 구속되어 통치의 지도와 방향에 따르는 그리고 그 활동이 기술적 · 전문적 · 사무적 기능수행을 과제로 하는 고유의미의 행정기능도 국가권력은 그의 과제로 보지 않으면 안 된다.[226] 뿐만 아니라 권리에 관한 다툼이 있거나 또는 권리가 침해된 경우에 특별한 절차에 따라 유권적으로 결정을 내리며 또한 구속적이고 자주적인 결정을 내리는 과제가 국가권력에게 부여되어 있는데, 이러한 사법기능은 오로지 법의 유지 및 법의 구체화와 계속적 형성에 봉사하는 과제를 수행하며,[227] 광의의 사법기능에 속하는 헌법재판기능을 통해서도 국가권력은 헌법에 대하여 다툼이 있거나 헌법이 침해된 경우에 제소에 기초하여 유권적으로 결정함으로써 타국가권력을 통제하고 그와 함께 헌법을 구체화하고 계속 형성하는 과제를 담당한다.[228]

이와 같이 권력분립원리에 입각하여 분리 · 정서된 국가권력은 헌법이 정하고 있는 절차규정과 자신이 입법권을 행사함으로써 제정한 절차와 방법에 관한 법률에 근거하여 자기에게 부여된 권능들을 행사해 나간다. 즉 헌법과 국회법이 정하고 있는 절차와 방법에 따라 입법권자는 법률을 제정하며, 집행기관들은 각종 법률을 행정절차법 등에 근거하여 집행하고, 사법기관 내지 헌법재판기관은 소송법 등 절차법에 따라 헌법 및 법률에 관한 해석 · 적용을 행한다. 그런데 오늘날은 국가권력이 일정한 절차와 방법에 따라 자신의 권능을 행사한다는 것만으로 만족할 수 없다. 국가권력의 권능행사는 남용 내지 악용되는 경우가 얼마든지 있기 때문에 그 권능행사에 대한 합리적이고 효율적인 통제수단이 요구되는 것이다. 즉 국가권력(통치권능)의 '목적적 정당성'(Zwecklegitimation)이 실효성 있게 되기 위해서는 권능행사의 '방법의 정당성'(Mittellegitimation)과 '과정의 정당성'(Prozeßlegitimation)에 의하여 뒷받침이 되어야 한다는 것이다.[229] 예를 들어 국가권력은 권능의 분산과 권능 사이의 균형관계가 유지되어야 하며, 권능에 대한 견제 · 감시수단의 형평성과 통제방법의 효율성 등이 강력히 요구되고 있는데, 이것은 국가권력이 행사됨에 있어서 '절차적 정당성'을 확보하는 것이 오늘날 강조되고 있기 때문이다.[230]

따라서 헌법이 제정되고 난 이후에 주권자인 국민은 잠재된 '主權의 擔當者로

226) K. Hesse, Grundzüge des Verfassungsrechts der Bundesrepublik Deutschland, S.204.
227) K. Hesse, Grundzüge des Verfassungsrechts der Bundesrepublik Deutschland, S.208f.
228) K. Hesse, Grundzüge des Verfassungsrechts der Bundesrepublik Deutschland, S.213f.
229) 허영, "통치구조의 기본이념과 기본원리," 고시연구(1985. 3), 55면.
230) 절차적 정당성에 관하여는 제4장 제2절에서 상세히 논술함.

서의 地位'와 함께 憲法에 의해 制度化된 제한된 의미의 主權行使를 하게 된다. 즉 우리 헌법은 대부분의 주권행사는 대의기관에 의하여 행해질 수밖에 없지만, 주권자인 국민은 그 대의기관을 구성함에 있어서 選擧나 投票를 통한 憲法機關의 構成에 참여함은 물론이고, 헌법 제2장이 규정하고 있는 여러 기본권행사를 통하여 주권을 행사한다. 특히 우리 헌법 제10조 제2문에서는 모든 국가권력의 행사를 기본권에 기속시킴과 동시에 국가의 기본권보호의무를 명시적으로 규정하여 국민주권이념을 실현하고자 하고 있다. 그리고 오늘날은 대의민주주의를 통한 국민주권의 실현을 불가피하게 받아들일 수밖에 없기 때문에 민주적 정당성의 확보를 위한 제도적 장치를 마련하고 있다. 국민의 참정권(제24조와 제25조)을 바탕으로 하고, 민주적 선거법의 기본원칙을 헌법(제41조 제1항, 제67조 제1항)에서 명문으로 규정하면서, 대통령선거제도(제67조)와 국회의원선거제도(제41조 제1항), 그리고 지방자치를 위한 선거제도(제118조) 등을 마련하여 민주적 정당성이 확보되도록 하여 국민주권이념을 실현하고자 한다.

또한 국가권력을 기능에 따라 입법 · 사법 · 행정으로 나눈 뒤, 그 기능을 각기 다른 국가기관에게 맡기고 있음은 물론이고, 그 각각의 기능이 기본권보호에 역행하지 않도록 한계와 통제장치를 마련해 둠으로써 절차적 정당성을 통한 국민주권이념의 실현에 만전을 기하고 있다. 즉 立法機能이 기본권보호에 역행하는 일이 없도록 그 한계를 정해주고 있음은 물론이고 그 한계를 일탈했을 경우 모든 法律과 하위 法令에 대한 違憲 · 違法審査를 받도록 하고 있고(제37조), 기본권보장에 핵심적 영향을 미치는 法治行政의 原則이 지켜지도록 행정작용의 내용과 범위를 법률로 정하도록 하고 있음(제96조, 제100조, 제114조 제7항)과 동시에 執行機能 가운데서 가장 남용되기 쉬운 國家緊急權에 대해서도 過剩禁止의 原則을 명문화(제76조 제1항과 제2항)하여 기본권보호에 만전을 기하고 있으며, 기본권보호의 마지막 보루인 司法機能이 효과적인 권리구제의 실효성을 거둘 수 있도록 司法權獨立을 보장하는 규정(제101조-제106조)과 헌법재판에 관한 규정(제111조-113조)을 우리 헌법은 두고 있다.

Ⅵ. 國家權力의 源泉으로서의 國民主權理論에 대한 結論

이미 앞에서 지적했듯이 역사적으로도 그러했고, 오늘날에 있어서도 국민주권원리가 갖는 의미가 국가권력의 민주적 정당성을 확보하게 하는데 있음을 알 수 있다. 즉 모든 통치권력의 행사를 최후적으로 국민의 의사에 귀착시킬 수 있는 정당화원리로 국민주권원리를 이해해야 한다는 점에 대하여는 의문이 없다.

다만 주권개념 실체설을 부인하는 견해는 주권개념을 지나치게 '國家意思의 決定權能'이라는 관점에서만 평가하여 통치권으로 대체하고 주권개념을 포기할 것을 사실상 요구하고 있다. 그러나 주권개념의 정의에 앞서 주권자인 '國民이 主權者로서 가지는 權利'의 시각에서 평가한다면 그것은 포기할 수 없는 개념이 된다. 국민이 주권자이기 때문에 헌법제정권력의 주체로 기능하게 되고, 그 헌법에 근거하여 모든 국가권력의 원천으로서 국가권력을 창설하여 민주적 정당성을 부여하며, 국가권력이 정치적인 의사결정을 하는 과정에 여론의 형태로 참여하여 영향력을 발휘하는 국가작용의 민주적 조정자로 역할을 담당하는 것이 국민이다. 그리고 지금까지 주권자인 국민이 가지는 위와 같은 모든 것을 포함하여 주권이란 개념이 사용되고 있다. 그런데 주권개념을 포기할 경우, 통치권의 개념과 이 통치권에 대비되는 기본권의 개념만으로 위와 같은 모든 현상을 설명할 수 있을지 우려하지 않을 수 없다.

결국 주권이란 개념을 사용함에 있어서 다음과 같이 2가지 관점에서 구별하여 사용하는 것이 적합하다고 생각한다. 먼저 主權槪念을 '國家意思의 決定權能'이라는 시각에서 사용할 때는 국가의사의 '主權的' 결정권능이라는 의미로 사용하여야 한다. 이 경우 主權槪念은 國家權力 내지 統治權을 포괄하는 의미로 사용되는 것이고, 이 때는 대외적으로 독립한 국가권력이고 대내적으로는 제사회세력에 대하여 우월적인 최고의 국가권력을 의미한다. 그렇지만 과거의 견해처럼 국가권력은 분할되어 행사될 수 없는 것이 아니라 분리된 국가기관 상호간에 견제와 균형관계를 유지하면서 전체로서 통일적인 국가의사가 지배해야 하고, 이것이 國家의 主權的 決定權能을 의미하는 主權槪念이다. 다음으로는 主權者인 國民의 시각에서 가지는 主權槪念이다. 이것은 기본권의 차원을 넘어서 전체로서의 국민이 가지는 '主權的' 권리를 말한다. 憲法을 制定하고, 國家權力을 創設하며, 國民의 信賴를 잃은 국가권력에 대하여 審判을 내리는 것 등은 全體로서의 國民이 主權者로서 主權的 決定權能을 행사한 것이다.

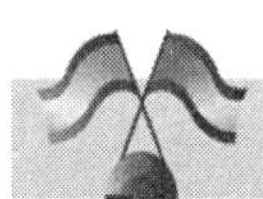

제6절 國家와 國家權力의 目的과 課題

Ⅰ. 序言

지금까지 우리는 인간이 국가 내에서 그리고 국가를 통하여 개인의 목적을 실현할 수 있다는 전제하에서 출발하였다. 그렇기 때문에 국가 내지 국가권력은 자기목적적인 존재가 아니라 무엇인가를 위하여 존재하는 수단적 존재임을 알았고, 따라서 국가권력은 그 본질에 따른 사명을 가지고 있을 뿐만 아니라 일정한 목적 내지 과제를 갖는다는 점도 인식했다. 즉 국가권력은 자신을 위하여 고안되거나 창조된 것이 아니라 근본적으로 인간의 생존목적을 실현하고 보장하기 위하여 창조된 것이다.

따라서 국가권력은 그의 행사자의 임의성에 따라 행사되지 않는다고 하더라도 그 이상의 대비책, 곧 국가권력을 제한하고 약화시키는 것만이 능사가 아니라 그것을 국가작용의 근본적인 목적에 기속시키고, 규칙화된 절차는 물론 책임성과 통제에 복종시키는 그러한 대비책이 요구된다.[231] 예를 들어 국가권력의 목적이 국가의 정신적 원리를 형성하고 공동체로서의 국가의 합리성(Vernünftigkeit)과 그의 성격을 기초지우는 데 있다고 할 때, 그리고 그러한 목적이 전체 속의 개개인의 법적인 자유와 평등의 원리를 형성할 뿐만 아니라 개개인의 주체성 내지 그의 특수성 그리고 개개인격성에 바탕을 둔 개개인의 주체적 지위의 승인과 보호에 관한 원리와 같은 일반성을 띤 원리들을 형성하고 기초지운다고 할 때,[232] 국가권력의 행사를 그 원리들에 기속시킬 필요성이 존재하는 것이다.

그런데 상기한 국가권력이 추구해 나가야 하는 정신적이고 이념적인 근본원리는 오늘날 헌법에 명시적으로 규정되어 있다. 따라서 국가권력은 이러한 헌법규정을 해석하고 실현해 나가기만 하면 된다는 안이한 생각을 가질 수 있다. 그러나 그러한 목적규정들은 역사적 조건의 변화에 따라 의미가 다르고, 또한 그것을 실현하는 수단과 방법에 있어서 견해차가 항상 존재하는 것이기 때문에 국가권력은 국가가 추구하는 다양한 목적들을 올바른 관계로 정립하고, 그러한 목적들이 상호

231) Böckenförde, Der Staat als sittlicher Staat, S.17.
232) Böckenförde, Der Staat als sittlicher Staat, S.18f.

모순될 때 이를 해결하는 절차와 방법을 규정해야 할 형성적 과제를 갖게 된다.[233] 즉 헌법은 오늘날 인간으로서의 존엄과 개성신장, 안정과 평화, 복지, 그리고 인간의 자유에 대한 필요성을 규정하고 있는데, 국가권력은 이러한 가치들을 인간의 목적에 적합하게 실현시킬 과제를 안고 있는 것이며, 이러한 목적들이 서로 충돌할 때 어떤 방법으로 어떤 기준에서 조정할 것인가에 관한 한계를 설정할 과제를 부여받고 있는 것이다.[234] 하지만 보다 구체적인 그러한 목적들을 어느 정도로 국가권력이 추구해야 하는지의 문제에 대해서는 일반적 가치를 갖는 보편타당한 기준이 확립되어 있지 않다. 이 문제는 역사적인 상황의 변화가 항상 반복하여 새로이 제기하는 정의의 문제와 같아서 사회의 지배적인 사회윤리적 관념, 즉 부분적이면서도 상호간에 공통적인 합일의 근거를 그때그때 찾아야만 해결할 수 있는 것이므로 국가권력은 구체적인 역사적 상황에서 최선의 타협점을 찾지 않으면 안 된다.

이러한 점에서 국가권력의 목적과 과제에 관한 문제는 국가론에 있어서 가장 중요한 문제에 속한다. 主權理論과 國家權力의 正當性에 관한 문제가 국가론에 있어서 핵심적인 두 개의 축이라고 하지만,[235] 이들을 떠받치고 있는 것이 곧 국가권력의 목적과 과제에 해당하기 때문이다. 부연하면 주권이론이란 국가권력이 누구를 위한 존재인가를 설명하는 것이며, 정당성이론이란 국가권력이 무엇을 추구할 때에 주권자인 국민으로부터 정당화될 수 있는지를 고찰하려는 이론인 것이다. 따라서 아래에서는 가장 일반적인 기준에 따라 3가지로 나누어 국가권력의 목적과 과제를 설명하고 그의 한계를 논술해 보고자 한다. 즉 현대의 헌법국가로의 발전단계에 따라 발전의 초기단계인 근대국가에서 시작하여 민주적 법치국가, 그리고 현대의 사회적 법치국가(사회국가)의 목적과 과제를 살펴보려고 한다. 다만 헌법국가의 발전단계마다 주목되는 국가목적 내지 국가의 과제는 일종의 단계적 피라미드를 형성하고 있음을 전제해야 한다. 즉 상위단계는 하위단계 위에 놓여있는 것이지만 그 하위단계를 무용한 것으로 보아서는 안 된다. 사회국가는 법치국가를 지양하는 것이 아니라 법치국가에 부가적인 차원을 첨부하는 것이며, 따라서 사회국가는 법치국가의 지평선 안에서 발전하며 또한 법치국가는 현대국가의 표상인 사회국가의 지평선 안에서 발전한다는 점을 주목해야 한다.[236]

233) R. Zippelius, Allgemeine Staatslehre, S.322.
234) R. Zippelius, Allgemeine Staatslehre, S.322.
235) M. Kriele, 국순옥譯, 민주적 헌정국가의 역사적 전개, 7면.
236) Josef Isensee, “Staat und Verfassung”, S.631.

Ⅱ. 秩序와 平和의 保障

국가의 본질이 정치적 통일체요 평화의 통일체로 인식되는 가장 중요한 이유는 국가권력이 추구해야 하는 근본목적 내지 과제 가운데서 가장 먼저 요구되는 것은 질서와 평화의 유지에 있기 때문이다. 그것은 인간의 자유와 권리, 그리고 개인의 개성신장을 위한 가능성을 확보해 주는 것으로서의 국가공동체를 유지하는 것이며, 이러한 국가의 보전은 매우 중요한 핵심이 되는 원칙일 뿐만 아니라 국가권력이 존립하기 위한 근본이유이다.[237] 즉 국가권력의 핵심적 과제는 개개인의 자유와 자기실현을 보장하는 것이며, 그 때에만 국가권력은 합리적이고 도덕적인 실체가 된다.[238] 따라서 국가권력이 미치는 범위와 한계에 있어서 국가권력이 추구해야 할 첫 번째 분야는 외적 자유(외적의 침입으로부터의 자유의 보장)와 안정, 그리고 평화를 유지하고 보증하는 배려를 하는 것이고, 그를 통하여 개개인의 인간으로서의 존엄과 가치가 실현될 수 있도록 자기실현의 다양한 차원을 확보하여 주는 데 있다.[239]

예를 들어 국가권력은 타인과의 관계에서 한 사람이 누릴 수 있는 자유와 권리를 규정하고 한계 지우며, 최대다수의 최대행복에 대한 권리평등의 인식과 실현, 반목하는 이익의 적정한 타협을 가능케 하는 조건을 제공해야만 하는 것이다. 이것은 곧 국가권력은 보다 중요한 가치들의 실현을 위하여 平和와 秩序의 우선적 保障을 그의 第一次的인 課題로 삼아야 한다는 것이다. 특히 현대국가와 같이 다원주의사회에서는 사회의 대립상태와 저항주의를 인정하면서 이를 극복할 수 있어야 한다. 그리하여 국가권력은 개별적인 사회그룹들과의 거리에 있어서 최소의 척도를 유지하고, 또한 그 사회그룹들과 독립하여 결단하며, 자신의 결단을 그들 중 가장 강력한 단체에 대해서도 또한 관철시킬 수 있는 권력을 소유하고 통일성을 유지해야 한다. 그리고 현대국가의 국가권력은 사회의 대립상태에서 한 당사자로서 분쟁에 휘말려들지 않아야 하며, 중립성을 지켜야 하고, 특히 특수이익을 초월한 일반적인 것의 이념에 목적을 두면서 평화와 질서를 보장하여야 정당화될 수 있다.[240]

237) 교황 레오13세 회칙, 노동헌장, 성바오로 출판사, 1983, 45면.
238) Böckenförde, Der Staat als sittlicher Staat, S.19.
239) Böckenförde, Der Staat als sittlicher Staat, S.21.
240) Josef Isensee, "Staat und Verfassung", S.612.

Ⅲ. 政治的 · 法的 自由와 平等의 保障

국가권력이 질서와 평화의 보장을 그의 일차적인 과제로 인식한다고 하더라도 그것은 그 자체가 목적이 될 수는 없다. 질서와 평화라는 가치는 다른 가치를 위한 수단적 존재로서만 그 의의를 가질 수 있는 것이다. 즉 國家權力이 추구하는 根本目的 내지 課題 가운데서 가장 核心이 되는 것은 人間의 權利와 自由, 그리고 個人 自身의 個性伸張을 위한 可能性을 政治的으로나 法的으로 확보해 주는 데 있다. 국가권력의 과제 가운데서 개개인의 자유와 자기실현을 보장하는 것이 핵심이고, 그때에만 국가권력은 합리적이고 도덕적인 실체로 실증이 되는 것이다.[241]

그런데 자기결정(Selbstbestimmung)의 가능성으로 이해되는 자유는 무한정한 자유로서가 아니라 법적으로 한정된 자유로서 이해하는 것이 필요하다.[242] 이것은 공동사회 내에서 한 사람의 자유는 언제나 다른 사람의 자유의 희생을 가져오기 때문에 자유는 언제나 상관관계에 있는 것이라는 말이다. 따라서 국가권력은 국민들 사이의 자유의 한계를 우선적으로 설정할 뿐만 아니라, 국민들 자신의 이익을 위하여 자유권을 제한해야 한다는 문제, 곧 개인의 기본적 자유권에 대한 한계를 설정하는 문제를 그 과제로 한다.[243] 물론 개인의 정신적 내지 윤리도덕적 자유와 자기실현의 영역에 있어서도 국가권력이 그 내용에 관한 방향설정을 해야 할 과제와 관할권을 갖는지가 문제될 수 있으나, 현대와 같은 정신적 · 윤리적 · 도덕적 다원주의에 직면하여, 국가권력은 개인적 이익과 개인의 임의성을 보장하고 촉진한다는 전제하에서 자유의 방향을 정할 과제를 갖는다고 할 수 있다.[244] 이러한 점에서 원래 자유권보장의 요청대상으로 생각되었던 國家權力은 점차 自由權의 調停者 내지 監視者로 등장하게 되었으며,[245] 이러한 자유의 실현을 통한 인간으로서의 존엄과 가치의 보장이 그의 최고의 문제가 된다고 볼 수 있다.[246]

---

241) Josef Isensee, "Staat", S.19.

242) Josef Isensee, "Staat", S.16. 따라서 어떤 한계설정과 정돈된 강제를 통하여 강제되지 않는 자유인 "Volle"는 단지 그때그때의 강자의 무한한 힘을 의미하고 본능적인 능력의 자유로운 관리를 의미한다.

243) R. Zippelius, Einführung in das Recht, 2.Aufl., 김형배譯, 법학입문, 삼영사, 1980, 143면 이하.

244) Böckenförde, Der Staat als sittlicher Staat, S.23.

245) 이러한 관점에서 다원주의국가관을 피력하고 있는 H. Laski는 국가권력은 각종 사회단체들이 각자의 이익을 실현하기 위하여 경합을 벌일 때 그것들을 조정하는 최종적인 권위일 뿐이라고 한다.

이와 같은 인간으로서의 존엄과 가치의 징표라고 할 수 있는 人間의 自由와 自己實現을 國家權力이 수행해야 할 最高의 課題로 받아들인다고 하더라도 다음으로는 그 구체적인 실현방법이 문제로 등장한다. 앞에서 살펴 본 바와 같이 자유가 강제되지 않고 제한되지 않는 자유일 때, 이것은 강자의 무한한 힘을 의미하기도 하고 본능적인 충동에 지나지 않게 된다.[247] 따라서 인간의 모든 생활영역에서 인간의 자유와 자기실현이 실효성 있게 확보될 수 있는 방법적 기초가 요구되는데 그것이 곧 평등이라는 가치이다. 즉 국가권력은 인간으로서의 존엄과 가치를 핵으로 하는 자유와 권리(기본권)를 실효성 있게 하고 또한 동화적 통합을 추구하기 위해서 그것을 평등하게 실현시킬 과제를 가진다.[248] 국가권력은 고전적인 정의의 원칙에 따라 각자에게 그의 몫이 돌아가게 하기 위하여 특히 입법권자로서 평등하게 취급하거나 차별을 함에 있어서 그때그때 공정한 기준에 따라야 할 과제가 부여되어 있는 것이다.[249] 이것은 곧 법률을 제정하는 영역은 물론이고 법률을 적용하고 집행하는 모든 영역에서 국가권력이 준수하지 않으면 안 될 가치, 즉 자유와 권리 등에 대한 기본권실현의 방법적 기초인 동시에 기본권실현의 방향을 뜻하는 근본적인 가치에 해당한다.[250] 따라서 평등이라는 가치는 국가권력이 인간으로서의 존엄과 가치를 실현해 나가는 데 있어서 요구되는 최고의 기본원리이고, 또한 국가권력의 과제이기도 하며,[251] 인간의 자유로운 개성신장을 추구해 나갈 수 있기 위한 전제조건이라는 측면을 가지고 있다.[252]

---

246) 이 점은 '법이란 한 사람의 자유가 다른 사람의 자유와 양립할 수 있는 조건의 총체'라고 한 칸트의 말과 관련시킬 때, 국가권력은 법을 실현하는 것이 자유를 실현하는 것으로 볼 수 있게 한다.

247) Harold J. Laski, The State in Theory and Practice (1935), 김영국譯, 국가란 무엇인가, 두레, 1983, 38면 이하.

248) 허영, 憲法理論과 憲法, 516면 이하.

249) K. Hesse, Grundzüge des Verfassungsrechts der Bundesrepublik Deutschland, S.168.

250) 허영, 헌법이론과 헌법, 517면.

251) 물론 여기서 말하는 평등은 절대적 평등이 아닌 상대적 평등을 의미하고, 이 때문에 국가권력은 우선적으로 평등의 가치기준을 정립할 필요가 있다. 이러한 기준을 정립함에 있어서 입법권자는 광범한 형성의 자유를 갖는 것이 원칙이나 정의의 관점에서 자의적이어서는 안 된다. 허영, 헌법이론과 헌법, 518면; K. Hesse, Grundzüge des Verfassungsrechts der Bundesrepublik Deutschland, S.168f.

252) 그렇기 때문에 평등은 여기서 '법앞의 평등'을 의미하며, 법앞의 평등의 핵심은 국민각자에게 기회균등을 확보하여 주는데 있다.

Ⅳ. 實質的 自由와 平等의 保障

국가권력이 질서와 평화를 보장하고, 또한 정치적으로나 법적으로 인간으로서의 존엄과 가치를 실현하기 위해 자유와 평등을 보장한다고 하더라도, 그것으로서 그의 목적과 과제가 완수되었다고 할 수 없다. 그러한 자유의 조건은 자유주의적인 입장에서 주장하는 바와 같이 정치적으로나 법적으로 모든 국민의 자유와 평등과 안정이 유지되었다는 것만으로 성취되지 않는다는 것이 이미 역사적으로 판명되었다. 따라서 국가권력은 인간의 정신적 내지 문화적 생활과 정치적 내지 법적 변화의 과정을 일관성 있는 법질서로써 보장하고 보호하는 것 이상의 가능성과 과제를 가지고 있는 것이다.[253] 즉 현대의 대다수 국가에 있어서 사회적 법치국가를 표명하고 있는 것은 국가권력의 과제가 더 이상 국민의 정치적 내지 법적 생활을 보호하고 유지하며 단지 경우에 따라서만 개입하는 것으로서 그치는 것이 아니라는 것을 의미하며, 헌법은 그러한 규정 내지 형식을 통하여 국가구성원에 대한 국가권력의 사회적 의무, 즉 사회부조, 생존배려, 사회적 화해에 대한 의무를 그의 과제로 부여할 뿐만 아니라 국가구성원 상호간의 사회적 의무나 국가에 대한 국가구성원 모두의 사회적 의무를 근거지우고 있다.[254]

다시 말해서 이것은 현대 산업사회에서 생활관계가 점점 기술화하고 전문화되며 복잡해짐에 따라 국가권력에 의한 광범위한 개입 · 조종 · 계획적 형식이 필요해 지고 있고, 이로 인하여 국가권력은 이전에는 알지 못했던 새로운 과제에 직면하고 있으며, 이제까지 자율에 맡겨졌던 사회생활영역에 국가권력이 밀고 들어가게 되어 경제적 · 사회적 생활에 있어서 국가의 중요성이 높아지고 국가생활의 성과에 대한 개인의 의존도가 증대되고 있음을 입증하는 것이다.[255] 지금까지는 사회적 제집단들이 그 대립을 국가질서의 고정된 테두리 밖에서 해결하여 온 데 반하여, 이제는 그들의 노력과 기대의 방향을 직접 정치권력과 그 중심, 즉 통치하고 정치하는 국가권력에 맞추고 있기 때문에 오늘날과 같은 산업사회의 모든 갈등은 국가적 의사형성의 과정 내에 흡수되어 거기에서 조정되고 해결되게 된 것이다.[256]

결국 오늘날은 다양한 사회적 기대, 특히 사회적 안정에의 기대가 국가권력에로

253) Böckenförde, Der Staat als sittlicher Staat, S.32.
254) K. Hesse, Grundzüge des Verfassungsrechts der Bundesrepublik Deutschland, S.82.
255) K. Hesse, Grundzüge des Verfassungsrechts der Bundesrepublik Deutschland, S.80f.
256) K. Hesse, Grundzüge des Verfassungsrechts der Bundesrepublik Deutschland, S.7.

향하고 있기 때문에 이들 기대는 민주주의원리에 입각한 정치적 의사형성의 영역에서 뿐만 아니라 사회국가적 과제가 수행되는 영역에서도 요구되고 있는 상태이며, 이러한 모든 기대가 충족될 수 있을 때 진정한 의미의 자유의 조건이 갖춰진다고 볼 수 있다.[257] 다시 말해서 물질적·실질적 자유와 평등을 구현하는 것이 현대국가가 추구하는 사회적 법치국가의 과제를 달성하는 것이다.

Ⅴ. 國家權力의 課題와 機能上의 限界

전술한 바와 같이 인간생활에 있어서 최고의 권위체인 국가권력의 근본적인 과제 내지 역할은 질서와 평화를 보장하고, 정치적 내지 법적 자유와 평등은 물론 실질적 측면에서의 자유와 평등을 보장하는 데 있으며, 다른 말로 표현해서 自主的 人間의 個性伸張 내지 人格伸張을 가능하게 하는 最適條件을 보장하는 데 있다고 할 수 있다.[258] 그리하여 현대입헌국가에 있어서 국가권력은 질서유지자로서의 기능, 사회봉사자로서의 기능, 산업경영자로서의 기능, 경제통제자로서의 기능, 중재자로서의 기능 등을 수행함으로써 자주적 인간의 개성신장을 가능하게 하는 최적조건을 보장하려고 한다.[259] 그 결과 국가권력은 그러한 최적조건을 보장하기 위하여 국가생활에 대해 적극적인 규제와 간섭을 하게 되고 급기야는 국민의 자유와 권리를 제한하거나 박탈하기까지 한다.

그와 같이 오늘날 국가권력이 국민생활의 질서와 평화를 보장함으로써 자유로운 개성신장을 가능하게 하고 최소한도의 인간다운 생활을 보장하기 위하여 적극적인 규제와 조정을 한다고 하더라고 모든 국민들에게 최적조건을 제공한다고 하는 것은 쉬운 일이 아니다. 오히려 국가권력의 지나친 개입은 부당한 간섭이 되며 자연적 정의에도 어긋나는 것으로 되기 때문이다.[260]

따라서 국가권력은 국민 스스로가 조직한 단체의 고유한 관심사나 조직자체에 대하여 간섭해서는 안 된다. 왜냐하면 모든 생명체나 조직은 그 자신 안에 내재하는 원리에 의해 생명력이 넘치는 활동을 하게 되며, 외부로부터의 간섭은 그러한 활동을 아주 쉽게 파괴하기 때문이다.[261] 결국 이러한 이유로 오늘날 구조적 원리

257) 허영교수는 법치국가원리나 사회국가원리 모두를 '자유의 조건'을 마련하기 위한 현대국가의 구조적 원리로 평가하면서 사회국가의 구현을 위한 국가권력의 과제를 강조하고 있다. 허영, 헌법이론과 헌법, 209면 이하.

258) R. Zippelius, Allgemeine Staatslehre, S.314.

259) W. Friedmann, Law in a Changing Society, 2nd. ed., Stevens & Sons, 1972, p.506.

260) 교황 레오13세 회칙, 노동헌장, 20면 이하, 46면.

로서의 보충의 원리(Subsidiaritätsgrundsatz)가 인간의 자주적 결정의 요구에 따라 주장되게 된다.[262] 즉 국가권력은 국민각자나 그들이 조직한 자주적 단체들의 기능과 활동을 보충하는데 그쳐야지 그 이상의 개입이 이뤄질 경우 인간의 자주적인 개성신장이 기대될 수 없다는 것이다.[263] 이것은 심한 경우 국가권력의 부당한 간섭이 국민을 참혹하고 감당하기 어려운 노예상태로 만들 것이며, 개인이 재능과 근면을 발휘하려는 의욕을 상실하게 함으로써 국부의 원천을 필연적으로 고갈시키는 결과를 가져올 것으로 인식되는 것이다.[264]

결국 국가생활에 관한 모든 법적 규율은 반드시 조직화된 국가권력의 행위에 의하여 수행되어야 하는 것은 아니다. 그것은 이해관계자에 의한 자율적 형식, 요컨대 이해관계자의 사적 자치에 맡겨지는 것이 필요하다.[265] 특히 오늘날은 국가권력에 의한 법적 규율기능이 독립된 권리능력이 있는 사단・영조물 또는 재단에 맡겨지는 것이 요구되며, 사회적 생활과정이 어느 정도로 국가권력에 의한 규율을 받으며 어느 정도까지 사적 자치에 의한 자율 또는 자치단체 내지 자치기관의 자율에 맡겨지고 있는가 하는 점이 자유민주국가에 대한 평가기준이 되고 있다.[266] 따라서 국가권력이 추구해야 할 목적과 과제의 수행에 있어서는 인간의 사적 자치에 바탕을 둔 가운데 국가권력에 의한 보충을 통하여 자주적 인간의 개성신장이 가능한 최적조건이 보장되도록 해야 할 것이다.

---

261) 교황 레오13세 회칙, 노동헌장, 65면.

262) R. Zippelius, Allgemeine Staatslehre, S.314. 보충의 원리에 관한 국내문헌상의 소개로는 다음 논문을 참조하기 바람. 허영, "헌법과 사회국가와 사회보장", 성곡논총 제6집, 1975, 76-80면.

263) 이러한 점에서 헌법상의 기본원리의 하나인 보충의 원리는 사회의 기능이 개개국가 구성원의 기능에 비하면 보충적인 것처럼 국가의 기능은 지방자치단체의 기능에 비하면 보충적이어야 한다. 이러한 점에서 보충의 원리는 국가와 지방자치단체가 각각 어떠한 권능과 의무를 가지고 있는가를 밝혀주는 '권능의 원칙'이라고 할 수 있고, 또한 국가권력의 과제에 한계가 있음을 지적해 주는 원리이다. 허영, "지방자치에 관한 헌법이론적 조명", 공법연구 제13집, 1985, 132면.

264) 이러한 점에서 레오 13세는 그의 회칙에서 사회주의자들이 그렇게 수없이 되풀이 하여 약속했던 평등의 실체는 결국 모든 사람들을 똑같은 굶주림과 헐벗음의 치욕적인 상태로 몰아넣는 것을 뜻한다고 했다. 교황 레오13세 회칙, 노동헌장, 22면.

265) R. Zippelius, 김형배譯, 법학입문, 46면.

266) R. Zippelius, 김형배譯, 법학입문, 131면 이하.

제7절 結 語

오늘날 국가권력이 주권자인 국민으로부터 나오고, 또한 그것이 선재하는 정치적 힘이 아니라 의식적으로 창조된, 더욱이 일정한 목적을 위하여 창조된 정치적 힘으로 평가된다고 하더라도 현실적으로 과두정치・엘리트적 요소는 없어지지 않고 있다.[267] 그리고 국가권력은 자기목적적인 존재가 아니고 상기한 바와 같이 여러 가지 목적과 과제들을 수행하기 위한 수단적 존재라는 점을 인식하면서도, 다시 말해서 국가권력은 인간을 인격의 완전한 형성과 발전에로 이끌며, 인간상호간의 필연적이고 공통적인 협력과 보완을 보증해주고, 인간의 이기심과 공격성을 막아주는 보장체라고 하면서 자유와 질서의 보장 및 정당한 질서의 예비와 같은 원론적인 기능을 앞세워 자신의 정당성을 입증하려고 하지만,[268] 경험적으로 확인한 국가권력의 현실은 언제나 그러한 윤리적 내지 과제적 요청에 미치지 못하고 있는 것이 사실이다.

뿐만 아니라 대의민주주의를 택하지 않을 수 없는 오늘날 국가권력은 동일성의 원리가 아니라 대표의 원리에 의하여 행사되는데, 이때 국가권력은 국민을 대표하고 이를 현재화시킨 것으로서 국민을 대신하여 국민의 이름으로 국민을 위하여 권력을 행사하는 것이 요구됨에도 불구하고,[269] 국가권력을 담당하는 공직자들은 사회의 일원임과 동시에 여러 가지 이해관계, 이데올로기, 전통, 그리고 편견 속에 사로 잡혀 있기 때문에,[270] 일단 국가권력을 확립하고 나면 그에 의하여 대표되는 국민의 정치적 의사결정의 대부분을 흡수해 버림으로써 남용의 가능성이 항상 배태되어 있다.[271]

예를 들어 국가권력의 담당자들은 정당한 것과 자신을 결부시키고, 그런 다음에 정당한 것과 부당한 것을 혼화시키려는 지적 유혹을 항상 받고 있으며, 그 결과 그들은 정당한 것에 부여되어 있는 동의를 은연중 부당한 것에까지 확대 적용시키려는 경향을 띠게 된다.[272] 더욱이 부당성이 중요사항을 의식적으로 탈락시키는

267) R. Zippelius, 김형배譯, 법학입문, 151면.
268) R. Zippelius, Allgemeine Staatslehre, S.410.
269) M. Kriele, 국순옥譯, 민주적 헌정국가의 역사직 전개, 299년.
270) M. Kriele, 국순옥譯, 민주적 헌정국가의 역사적 전개, 401면.
271) R. Zippelius, 김형배譯, 법학입문, 151면.

정도에 이르면 이와 같은 지적 유혹은 더욱 치밀해지고 눈에 드러나지 않게 된다. 심지어 어떤 경우에는 국민과 자신들을 동일시함으로써 국가권력의 담당자들에 의하여 국가권력은 국민이라는 이름 밑에 전제적인 잔악한 행위를 감행하기도 한다.[273] 위와 같은 경우에 국민은 국가권력에 대한 불신과 불만을 갖게 되고 급기야는 국가법공동체의 질서와 평화를 위협하기 시작한다. 뿐만 아니라 지금까지 국민 대다수에 의하여 국가 내의 유일한 '정당한 권력'으로 인정받던 사실까지도 부인되기 시작하면서 정의에 입각한 정당성의 위기가 초래된다. 즉 국민이 국가권력에 대하여 불만이 강해지면 강해질수록 국가권력은 안정된 체제의 창설을 위하여 물질적 급부에 기대해 보지만 단순한 물질적 충족만으로는 더 이상 그러한 기대를 충족시킬 수 없고, 그 체제는 점점 정당성의 위기를 맞게 된다.[274] 예컨대 국가권력은 물질적 급부를 충족시키지 못함으로써 나타나는 경제적 위기와 외적의 위협으로 인하여 초래된 위기 및 도덕적 위기[275]를 맞아 통치의 적정성에 긴장이 초래되고, 이때 통치의 적정성에 의문이 생기면 위기는 통치질서를 현실화시킬 수 없게 되며, 만약 물질적 급부의 기대를 만족시키지 못함으로 인하여 가치관념에 대한 불만이 상승작용을 일으킬 경우(Überlagerung) 국민은 불만을 폭발시키게 된다.[276]

이처럼 국가권력에 의한 통치가 정당하게 실현되고 있는가 없는가에 대한 의문제기는 언제나 일정한 상황에 부딪히면 자각된다는 점과, 그 의문이 계속적인 중요성을 갖게 하는 소수가 항상 존재한다는 점을 역사는 경험을 통하여 우리에게 가르쳐 주고 있다. 따라서 어떤 국가질서 내에서나 통치를 맡은 개인은 물론 사회공동체 내에서 지도적인 위치를 차지하고 있는 각 인간계층은 그들의 존재와 작용의 정당성에 대한 신뢰를 항상 새롭게 환기시키고 높이려고 하며, 각 통치는 높은 수준에서 정당화가 유지되고 그들의 본질에 따라 자기 자신과 세계에 내놓고 정당화되려고 노력한다.[277]

뿐만 아니라 어느 누구도 언제까지나 총검위에 앉아 있을 수는 없기 때문에, 사

272) M. Kriele, 국순옥譯, 민주적 헌정국가의 역사적 전개, 396면.
273) 이극찬, 정치학, 160면.
274) Peter Graf Kielmansegg, "Legitimität als analytische Kategorie", in: Politische Vierteljahresschrift, 12/1971, S.395.
275) 도덕적 위기의 대표적 예는 미합중국이 베트남전쟁과 인종문제에서 부딪혔던 경우를 들 수 있다.
276) P. G. Kielmansegg, "Legitimität als analytische Kategorie", S.395.
277) T. Würtenberger, Die Legitimität staatlicher Herrschaft, S.17.

실상의 폭군도 그의 통치체제의 안정성을 위하여 국민대중의 지지를 얻으려고 노력한다.[278] 어떠한 물리적 힘을 가졌다고 하더라도 그로서 국민의 복종을 강요할 수 있는 가능성을 항상 갖는다고 볼 수 없으므로 자발적인 복종과 희생심을 불러일으키는 것이 필요한 것이다. 그리하여 모든 국가권력은 신비적이고 비합리적인 측면의 것은 물론이고 사람들이 납득할 수 있는 합리적이고 정당한 권력유지수단을 동원하여 정당화되지 않으면 안 된다.[279] 여기에 국가권력의 정당성에 관한 논의의 필요성이 존재하며, 이것은 장을 바꾸어 이론적인 측면과 역사적인 고찰을 통하여 논술하고자 한다.

278) R. Zippelius, 김형배譯, 법학입문, 147면.
279) 이극찬, 정치학, 151면. 이때 신비적이고 비합리적인 권력의 정당화를 미란다(Miranda)라고 부르고, 합리적이고 정당한 권력의 정당화를 크레덴다(Credenda)라고 한다.

4장 國家論의 核心內容인 國家權力의 正當性

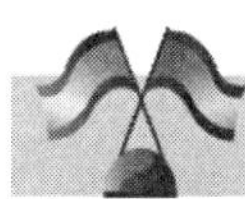

제1절 序 說

이미 前章에서 살펴보았듯이 인간이 국가생활을 시작함과 동시에 치자와 피치자의 구분이 생기고, 또한 치자와 피치자사이의 견해가 일치하지 않을 때, 국가권력의 정당화 문제가 발생함을 알았다. 즉 오늘날의 모든 국가에서는 국민투표를 통하여 주권자인 국민이 직접 일정한 국가정책결정을 내리는 경우를 제외하고는 국가권력의 행사가 모두 대의기관에 의하여 이뤄지고 있기 때문에, 이때 그 국가권력의 행사가 국민의 뜻에 합치되고 또한 그 과제적 한계 내에 있는가에 대한 가치판단의 문제가 발생한다.[1] 특히 상기한 바와 같이 국가권력의 정당성에 관한 논의는 전통적으로 권력찬탈(usurpation), 쿠데타(coup d'état), 혁명(revolution)과 같은 경우에 신정권의 국민에 의한 승인여부의 문제로 다루어져 왔다. 신정권의 출범이 전통적인 정당성원리나 혁명원리(이성에 따른 합리적 정당성의 원리)를 따랐느냐에 따라 그 정권의 정당성여부를 결정하려고 한 것이다.[2] 그러나 오늘날의 국가기능론의 입장에서는 일정한 국가권력(정권)의 출발이 정당성을 확보하고 있는가의 문제도 중요하지만, 일단 승인된 국가권력도 주어진 기간동안 무제약적으로 그 권능행사가 방임된다고 볼 수 없는 점에서 정당성의 문제는 끊임없이 제기된다. 국가권력의 정당성에 관한 문제는 정권의 변화와 관련해서는 물론이고, 국가권력이 존재하고 기능하는 한 항구적으로 문제되는 논제인 것이다.[3] 즉 국가권력의 정당성문제는 국민주권이 확립된 근대에서 뿐만이 아니라 언제 어디서나 제기되는 문제이고 현대국가의 본질과 가치에 관련된 우리의 관심 가운데 핵심적

1) 이러한 점에서 국가권력의 정당성에 관한 문제는 대의민주주의국가를 전제로 할 때 성립되는 개념임을 알 수 있다. 예를 들어 정치적 문제로서의 정당성개념의 성립은 고대의 직접통치의 붕괴로 인하여 대표의 정당성을 어떻게 정당화할 것인가라는 문제와 더불어 촉진되었음을 역사가 가르쳐 주고 있다. 즉 그것은 agora의 직접민주정 또는 지방전제군주의 개인적 통치에 대신하여 제국적 국가권력으로 대체된 데에 기인한다고 한다. J. G. Merquior, Rousseau and Weber, Routledge & Kegan Paul, 1980, p.2, 25; 한태연, 헌법학, 법문사, 1983, 175면.

2) Dolf Sternberger, "Legitimacy", in: Internatitional Encyclopedia of the Social Sciences, Vol.9., Macmillan and Free Press, 1974, p.244. 이와 관련하여 국내정치학 문헌들에서는 정통성이란 개념을 많이 쓰고 있다. 그러나 정통성이란 개념은 헌정사적인 측면에서 국가통치권의 승계가 왕권계승법에 따랐느냐 그렇지 못하느냐에 따라서 불려지던 개념인데 반해서, 오늘날은 국가권력(통치권)의 창설과정은 물론이고 그 행사가 일정한 가치기순에 합치하는가의 문제가 중요시 되므로 정당성이란 개념의 사용이 보다 적합하다고 보아 Legitimität를 정당성이란 개념으로 사용한다.

3) D. Sternberger, "Legitimacy", p244.

위치를 차지한다.[4)]

국가권력의 정당성에 관한 문제는 M. Weber 이후로 윤리적 · 법적 정당성의 요청과 더불어 사회학적 · 기술적 평가도 함께 분석되고 있으며, 이와 함께 전국민의 시각에서 국가의 통치(staatliche Herrschaft)가 정당한 것으로 보이게 하는 정당성 메카니즘이 추구된다.[5)] 하지만 여기에서의 정당성문제는 윤리적 · 법적 정당성 개념을 주로 논의한다. 이것은 사회학적으로 파악될 수 있는 정당성의 메카니즘을 기술하려는 것이 아니고, 도덕적 · 법적 원리(Maximen)들의 도움을 얻어 현존하는 국가권력의 정당성을 구하려는 데 있다는 것이다. 즉 이제는 오직 경험적으로 탐구되어 있는 사회적 · 개인적 메카니즘으로부터 국가적 · 정치적 작용의 정당화절차를 사회학 또는 인성학적으로 설명하기 보다는, 규범에 대한 존중이라는 측면에서(an der Würde des Normativen) 국가권력의 정당성에 따른 윤리적 · 법적 의문을 해결하여 제시하는데 중점을 둔다는 의미이다.[6)] 이것은 또한 국가론에 있어서 윤리학이나 법률학에서 확립되어 있는 정당성사상이 논의의 핵심에 놓여져야 한다는 것을 의미한다.[7)]

그런데 이러한 정당성에 관한 문제는 가치(Konsens)문제로 되고, 이것 때문에 국가권력의 정당성에 관한 논의는 항상 긴장관계를 수반하게 된다.[8)] 왜냐하면 국가의 통치는 실질적 정당화능력이 있는 요소와 정당화능력이 없는 요소를 모두 포괄하고 있고, 뿐만 아니라 정당한 관계와 부당한 관계를 동시에 포함하고 있어서 유동적이기는 하지만 항상 정당성위기의 상태가 존재하기 때문이며,[9)] 또한 국가권력의 정당화문제는 힘과 법의 긴장관계에 위치하여 법과 도덕에 의한 판단에 앞서 어려운 정치권력의 정당성문제와 관련된다는 사실 때문에 긴장관계를 수반하지 않을 수 없다.[10)] 뿐만 아니라 국가철학상의 당위의 요청과 국가통치의 정당성에 관한 사회적 존재관념 사이에는 계속되는 불일치(Diskrepanz)가 존재한다.

따라서 이러한 간격을 해소하고 긴장관계를 완화하기 위하여 내용상 올바른 가치공동체로 나아가고, 그와 함께 국가통치의 실현이 승인된 것으로 보이게 하는

4) J. G. Merquior, Rousseau and Weber, p.1.
5) Thomas Würtenberger, "Legitimationsmuster von Herrschaft im Laufe der Geschichte", S.344.
6) T. Würtenberger, Die Legitimität staatlicher Herrschaft, S.16.
7) T. Würtenberger, Die Legitimität staatlicher Herrschaft, S.16.
8) T. Würtenberger, "Legitimationsmuster von Herrschaft im Laufe der Geschichte", S.344.
9) Rudolf Steininger, "Thesen Zur formalen Legitimität", in: Politische Vierteljahresschrift, 3/1980, S.280.
10) T. Würtenberger, "Legitimationsmuster von Herrschaft im Laufe der Geschichte", S.344.

정치적 주도이념, 정치적 의사형성의 메카니즘, 그리고 사회질서의 원리들에 있어서 조화를 이루게 하는 방법과 절차를 추구하는 것이 국가권력의 정당화를 위하여 요청된다.[11] 이를 위하여 다음에서는 국가권력의 정당성에 관한 일반적 고찰과 함께 그러한 정당성이론이 확립되게 하는 데 영향을 미친 근대 이후의 국가사상가들의 핵심적 주장내용을 개략적으로 살펴보고자 한다.

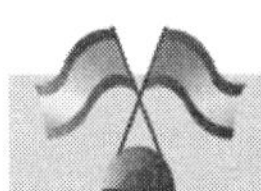

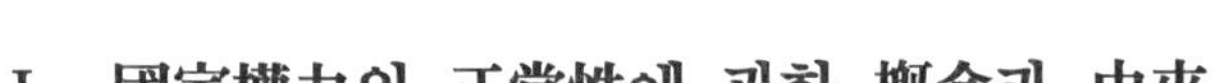

제2절 國家權力의 正當性에 관한 一般的 考察

Ⅰ. 國家權力의 正當性에 관한 概念과 由來

1. 考察의 必要性

국가권력의 정당성에 관한 개념은 과거나 현재에 있어서 국가사상의 최우선의 위치에 속하는 국법학적 내지 정치학적 개념임은 재언을 요하지 않는다.[12] 그렇지만 정당성이라는 단어가 매우 많은 다른 의미를 가지고 있기 때문에 정당성에 관한 논의에 있어서 관련되어 고찰될 문제의 종류도 또한 다양하다.[13] 따라서 정당성과 같은 국법학적 내지 정치학적 용어와 유사한 단어들의 개별적인 성립근거와 전파경로를 역사를 통하여 탐구하는 것은 매우 중요하다.[14] 그리고 그 개념의 역사는 순수한 단어와 용어의 역사에 머물러서는 안 되고, 정치학적 내지 국법학적 개념의 의미에 대한 역사로 확장되지 않으면 안 된다.[15] 뿐만 아니라 역사적인 사건들에서 나타난 정치학 내지 국법학 영역의 개념들은 그들의 내용상의 의미 속에서, 그리고 그들의 타개념과의 체계적인 관계 속에서 적절하게 파악되어져야 하며, 그리하여 정당성과 같은 용어의 언어상의 표현은 여러 가지 형태의 개념의

11) T. Würtenberger, "Legitimationsmuster von Herrschaft im Laufe der Geschichte", S.344.
12) T. Würtenberger, Die Legitimität staatlicher Herrschaft, S.13.
13) D. Sternberger, "Legitimacy", pp.245.
14) 독일어의 Legitimität, legitim, Rechtfertigung, Legitimation 등의 개념과 영어의 legitimacy, legitimate, legitimation 등의 개념이 그것이다. 그런데 그러한 용어들의 뉴앙스는 약간씩 다르지만 본고에서는 정당성이란 개념을 주로 사용한다. 다만 정당성이란 개념이 정적인 면이 보이므로 그 동태적인 측면을 강조하고자 할 때에는 정당화(Legitimation)라는 개념을 사용할 것이다. 그리고 정당화는 주로 위로부터 나오는데 반해서 정당성은 아래로부터 나온다는 점도 전제할 필요가 있다.
15) T. Würtenberger, Die Legitimität staatlicher Herrschaft, S.24f.

의미내용에로 일단 환원해야만 한다. 왜냐하면 역사적인 발전과정에서 단어가 내포하는 의미내용은 끊임없이 변화되고, 무엇보다도 용어와 용어를 통하여 징표되는 내용상의 관념사이의 원천적인 관계가 발전하기 때문이다.16)

또한 국가권력의 정당성에 관한 국법학적 내지 정치학적 개념의 구체적 의미를 파악하려면 그 의미가 필요하게 된 내용상의 문맥에 의하여 의문을 제기하도록 해야 한다. 포괄적인 의미의 맥락이 구체적인 언어사용에 있어서 개념의 의미를 밝혀 줄 수 있고, 문맥과 의미맥락의 해석을 통하여 개념이 내포하는 구속적인 의미가 도출될 수 있기 때문이다.17) 따라서 그러한 개념분석에 있어서 원전의 해석이 필요하고, 그 개념 속에 내재되어 있는 이념의 선택이 필요하며, 과학적인 전체구조 속에서 개념의 경향과 위치의 발견이 필요하다. 또한 처음에는 문맥의 비교를 통하여 개념의 개별적인 구성요소를 찾아내는 것이 주된 과제로 되고, 그때 동시대의 개념상호관계가 다뤄질 수 있게 된다. 그리고 그에 따라 개별적인 구성요소들을 포괄하는 정치학적 내지 국법학적 정당성이념의 내용이 만들어지게 된다.18)

이와 같이 국가권력의 정당성에 관한 개념의 역사를 살피는 것은 정당성이라는 개념이 추구하는 이념의 파악을 위한 중요한 전단계로 간주되기 때문이며, 정당성의 개념과 이념이 명백히 분리될 수 없는 것은 사실이나 정당성의 개념이 내포하는 의미가 정당성의 이념과 관련된 것보다도 본질적으로 좁은 의미의 것으로 고찰되기 때문이다. 뿐만 아니라 정당성의 개념사적 이해와 그 개념과 결부된 용어들의 이면에는 국가권력의 도덕적 정당성이라는 중대한 국법학적 내지 철학적 문제가 존재하기 때문이다.19) 다만 아울러 주의해야 할 점은 특정한 용어의 사용이 없는 가운데서도 국가권력의 정당성에 관한 문제점이 시대의 의식 속에 살아 움직이고 있던 국가이념의 초기시대가 존재했었다는 사실이다.20) 아무튼 다음에서는 오늘날 일반화된 개념에 관계없이 국가권력의 정당성과 관련된 개념의 유래를 먼저 살펴보기로 한다.

---

16) T. Würtenberger, Die Legitimität staatlicher Herrschaft, S.25.
17) T. Würtenberger, Die Legitimität staatlicher Herrschaft, S.26f.
18) T. Würtenberger, Die Legitimität staatlicher Herrschaft, S.27.
19) T. Würtenberger, Die Legitimität staatlicher Herrschaft, S.28.
20) T. Würtenberger, Die Legitimität staatlicher Herrschaft, S.29.

2. 正當性槪念의 由來

국가권력의 정당성에 관한 개념의 유래를 살펴보기 위해서는 단어 내지 용어의 역사를 분석하는 데서 출발해야 한다. 즉 어떤 단어가 언제부터 사용되기 시작했으며, 그 당시에 그 용어들은 어떤 의미로 사용되었는지를 밝히는 것이 필요하다.[21]

오늘날 국가권력의 정당성에 관한 개념으로 사용되는 것은 Legitimität (legitimacy)이다. 이 단어는 고대 Latin어인 legitimus 또는 legitimitas에서 유래하는 것으로 알려져 있고, 이들은 중세 문헌들 속에 처음으로 나타나는데 그때에도 매우 희귀하게 사용되고 있었다.[22] 이처럼 정당성개념의 유래를 중세의 문헌 속에 나타난 legitimus나 legitimitas에서 찾는 것은 고대 그리스시대에는 국가권력의 정당성과 관련된 논의가 전혀 없었다는 것이 아니라 합법성과 대비가 되는 정당성이념을 위한 특별한 용어가 없었음을 의미한다.[23] 즉 고대후기에 권력의 정당성과 관련하여 Aristoteles에 의하여 선한 국가형태와 악한 국가형태의 구분이 이뤄졌었고, Platon에 의하여도 강력하게 민주적 정체의 가치를 촉구하는 일이 있었다. 그러나 Platon도 정치적 정당성 그 자체에 대하여 이론화했다고 말하기는 힘들다.[24] 왜냐하면 정당성개념은 합법성과 대비되는 경우에 의미 있는 개념이 되고, 또한 정당성의 문제제기는 직접민주정의 소멸과 더불어 발생했다고 보기 때문이다. 따라서 정당성이라는 개념의 어원은 중세 Latin어인 legitimus 또는 legitimitas에서 찾는 것이 타당하며, 그 당시의 의미인 '법적인 것' 또는 '법률에 따르는 것'을 의미하는 것으로부터 출발하는 것이 필요하다.[25] 예를 들어 Cicero는 legitimum imperium과 potestas legitima(정당한 권력)라는 말을 하고 있는데, 이것은 법률에 의하여 구성된 권력 또는 통치자를 의미했으며, justus et legitimum hostis라는 말을 통하여 찬탈한 통치자와 구분하는 의미로 사용하고 있는 것을 볼 수 있다.[26] 또한 로마법전 속에서도 여러 가지 명사와 결합하여 - legitimus heres, legitimum imperium, magistratus legitimus - legitimus라는 단어가 나타나고 있는 것으로 지적된다.[27] 그런데 중세에 있어서의 legitimus라는 어휘는 처음에는 '법적인 것'으로 쓰이더니

---

21) T. Würtenberger, Die Legitimität staatlicher Herrschaft, S.23f.
22) D. Sternberger, "Legitimacy", p.245.
23) J. G. Merquior, Rousseau and Weber, p.25.
24) J. G. Merquior, Rousseau and Weber, p.25.
25) D. Sternberger, "Legitimacy", p.245.
26) D. Sternberger, "Legitimacy", p.245.
27) T. Würtenberger, Die Legitimität staatlicher Herrschaft, S.24.

차츰 '통치자의 지위를 맡을 자격'으로 변화되어 갔고, 특히 정당한 권력의 창조로서의 동의이론과 더불어 '자연법에 근거한 동의로부터 도출된 국가권력의 정당성'이라는 의미로 발전되어 갔다.[28)]

이처럼 중세말과 근대초의 문헌들에서도 다양한 의미로 사용되는 legitimus라는 단어는 16세기 이후로 프랑스어로 수용되어 légitime의 형태로 쓰이다가, 얼마 후 수많은 프랑스의 국법학 내지 정치학 原典 속에서는 légitimité의 형태로 나타나고 있다. 반면에 독일어의 영역에서는 legitim이나 Legitimität라는 용어가 상대적으로 늦게 나타난다. 즉 19세기초 이후에 국법학 내지 정치학 문헌 속에서 처음으로 사용된다.[29)] 그리고 프랑스어인 légitimité나 독일어인 legitim, Legitimität에 있어서야 비로소 - 왕권신수설에 근거하건 아니면 사회계약이론에 바탕을 둔 동의이론에 의하건 - 합법성에 대비되는 의미로서의 정당성의 개념으로 사용되게 되었다.

이러한 발전과정을 거쳐온 정당성개념에 대하여 중요성을 부여하고 개념정립에 많은 공헌을 한 사람은 M. Weber이다. 즉 M. Weber는 정당성의 개념을 통치사회학에 보편적으로 적용되는 개념으로 수용하여 사회정치적 현상을 분류 · 비교하는 데 처음 사용하였다.[30)] 그리하여 그는 오늘날의 정당성에 관한 논의가 있기 위한 기틀을 마련했고, 무엇보다도 정당성의 효력(Legitimitätsgeltung)과 정당성의 믿음(Legitimitätsglauben)의 현상에 대한 확고한 관심을 통하여 가장 정확하고 복잡한 정당성 문제의 유형화를 가져오게 되었다는 점에서 높이 평가되지 않을 수 없다.[31)] 이렇게 M. Weber가 정당성개념을 유형화한 이후로 정치학에서도 국가권력의 정당성에 관한 논의가 일어나기 시작했다. 즉 바이마르공화국 말기에 C. Schmitt에 의하여 본격화되기 시작한 정당성이론은 정치학은 물론 특히 헌법학에서 중심과제로 다뤄지기 시작했다. 뿐만 아니라 M. Weber에 대한 새로운 연구와 더불어 사회학적 측면에서 정당성에 관한 논의가 활발하게 이뤄져 왔고, 논의의 폭에 있어서도 국가권력의 정당성 뿐만 아니라 자본주의체제 전체를 분석의 대상으로 하는 정당성이론이 전개되기도 했다.[32)]

---

28) J. G. Merquior, Rousseau and Weber, p.2.
29) T. Würtenberger, Die Legitimität staatlicher Herrschaft, S.24.
30) D. Sternberger, "Legitimacy", p.247.
31) R. Steininger, "Thesen Zur formalen Legitimität", S.268.
32) 그 대표적인 학자는 J. Habermas인데, 그는 정당성에 관한 논의를 현존하는 권위나 정권, 즉 정치질서나 국가의 행위에 국한시키지 않고 자본주의체제 전체를 분석의 대상으로 삼아 역사적으로 구현된 특정사회의 질서와 위계 및 생산양식 그리고 이것을 유지시키기 위한 수단까지를 논의

3. 國家權力의 正當性의 槪念

정당성이란 개념은 올바른 것으로서의 사회적 가치를 의미한다.[33] 인간은 스스로를 자유로운 존재로 경험하며, 동시에 어떤 의지로부터나 자기 자신의 의지로부터 독립해 있지 않으면서 또한 마음대로 안 되고 자신을 무조건적으로 의무지우는 어떤 가치에 구속되는 존재로 경험한다. 인간은 자신의 위치(Disposition)에 관한 존재형태가 박탈되지 않는다는 것과, 동물과는 달리 본능(Instinkt)과 충동(Trieb)을 통하여 주어진 질서를 승인하게 된다는 것을 경험한다. 그러나 또한 인간은 자기 자신과는 물론이고 세계와의 교제가 고유한 자유의지에 내맡겨져 있지 않다는 점도 경험한다. 인간이 하고자 하고, 또한 하지 않으면 안 되는 이러한 이중적 경험은 인간존재의 조건이며 선재성(Vorgegebenheit)과 가능성(Ermöglichung)과 같은 두 가지 의미의 조건이다. 이러한 두 가지 조건이 없다면 인간은 세계에서 존재해 나갈 수 없다.[34] 바로 이러한 조건이 사회적 가치인 것이고 정당성이란 개념이 추구하는 이념이다.

그러므로 정당성이라는 개념은 인간의 근본경험과 관련되어 있고, 규범적 구속성에 관한 경험과 관련되어 있다.[35] 즉 정당성이란 개념은 특별한 가치, 다시 말해서 사회체제의 합법성에 관한 확신(Überzeugung)을 가리키며, 보다 자세히 말하면 그러한 확신으로부터 사회체제와 그 가운데서도 특히 정치체제(국가권력)를 강화시키는 질적인 것(Qualität)을 의미한다.[36] 이러한 점에서 정당성이란 개념은 특정한 가치확신을 추구하는 것이 아니라 정치체제(국가권력)가 가치확신에 근거하고 있다는 사실 그 자체를 추구한다.[37] 즉 정당성이념은 국가의 통치를 승인하고 복종하는 것이 옳고 적절하다는 확신과 결부된다.[38] 물론 그러한 확신은 단순히 피치자의 우연적인 감정에 입각한 유동적인 다수인의 확신이 아니라 "국가권력은 그의 산출의 결과가 사회의 가치패턴과 양립하는 경우에만 정당하다"는 말처럼

의 대상으로 한다. Jürgen Habermas, Legitimationsprobleme im Spätkapitalismus, Suhrkamp Verlag, 1979, S.131 ff.

33) P. G. Kielmansegg, "Legitimität als analystische Kathegorie", S.367.

34) P. G. Kielmansegg, "Legitimität als analytische Kategorie", S.368.

35) P. G. Kielmansegg, "Legitimität als analytische Kategorie", S.367f.

36) P. G. Kielmansegg, "Legitimität als analytische Kategorie", S.368.

37) P. G. Kielmansegg, "Legitimität als analytische Kategorie", S.368.

38) 다만 승인 또는 동의의 개념이 원래 자유로운 결단행위인데 반하여, 정당한 것으로서의 사회제제의 승인은 하나의 가치경험에 해당한다. 뿐만 아니라 동의는 많은 근거들을 가질 수 있으나 옳은 것으로서의 승인에 관한 개념인 정당성은 매우 특별한 하나의 사실(Tatbestand)일 뿐이다.

정당성은 국가권력의 산출결과가 사회 내의 절대다수의 그룹들에 의하여 지지되는 가치패턴과 양립하는 그러한 가치확신을 의미한다.[39] 이러한 점에서 정당성개념이 추구하는 가치확신은 단순히 승인에 근거하는 것이 아니라 그러한 승인이 가치로부터 나오는 것을 뜻하고, 따라서 사회적 가치의 질적인 가치확신 -가치가 있기 때문에 승인된 - 만이 정치체제(국가권력)를 정당화시키게 된다. 즉 정당성이라는 개념은 주어진 국가의 통치가 그에 복종하는 대다수의 사람들에 의하여 선한 자격에 근거한 것으로 믿어지는가 아닌가에 관한 가치경험으로서의 사실의 문제로 된다.[40]

Ⅱ. 國家權力의 正當性理論의 機能

1. 序

오늘날 모든 국가의 국가권력은 여러 가지 측면에서의 정당성의 위기를 맞고 있다.[41] 하나의 정권이 출범하면서 정당성원리나 혁명원리에 따랐느냐에 따라 국민적 정당성의 문제와 절차적 정당성의 문제가 제기되며, 일단 승인된 정권이 국가권력을 행사함에 있어서 국민의 기본권 실현이라는 목적적 정당성을 완수하고 있는지가 항상 제기됨으로 인하여 국가권력은 그때그때 정당화되지 않으면 안 되기 때문이다.[42] 따라서 국가권력의 정당성에 관한 논의는 정치적 권위나 국가적 힘의 행사가 전국민의 눈에 정당하게 비치는지에 관하여 목표가 주어지게 된다.[43] 이러한 이유로 국가권력의 정당성에 관한 논의는 정당성의 개념과 이념을 탐구하며, 그러한 탐구는 정당성이론이 갖는 기능적 관계를 통하여 설명되지 않으면 안 된다. 즉 국가권력의 정당성에 관한 문제는 통치구조(Herrschaftsstruktur)의 적법성에 관한 문제로 압축되기도 하는데, 이러한 주제를 상세히 설명하기 위해서는 하나의 정치제도에서 정당성이론이 어떠한 기능을 하는지를 명백히 하는 것이 필요한 것이다.[44]

---

39) J. G. Merquior, Rousseau and Weber, p.5.
40) J. G. Merquior, Rousseau and Weber, p.4.
41) J. Habermas, Legitimationsprobleme im Spätkapitalismus, S.66ff.
42) 허영, "통치구조 근본이념과 기본원리", 고시연구(1985.3), 51-55면. 여기서 특히 허영교수는 목적적 정당성을 확보하기 위하여 국가권력의 행사에 있어서 '방법의 정당성'과 '과정의 정당성'이 뒷받침되어야 한다고 강조한다.
43) T. Würtenberger, "Legitimationsmuster von Herrschaft im Laufe der Geschichte", S.344.
44) P. G. Kielmansegg, "Legitimität als analytische Kategorie", S.371.

대체로 정당성이론은 올바른 인간상호간 내지 인간과 국가의 관계를 창조할 목적으로 하고, 또한 자주 간과되는 것이기는 하지만 현존하는 또는 장래 창립될 통치체제(정치지배체제)를 정당화할 목적으로 탐구되면서도, 그것은 인간공동생활의 일반적 원리를 공식화하거나 또는 항상 새로운 정치구조를 위한 기본초안을 설계하는 탐구로 가장되고 있다.45) 즉 인간의 사회적 존립은 타인에 대해 구속력 있게 결단할 수 있는 가능성의 제도화를 요구하며, 이때 정치체제가 이러한 필요의 산물로 등장한다. 그리고 이러한 정치체제는, 첫째로 전체사회적인 구속력을 요구할 수 있는 결단이 내려 질 수 있는 조건들을 확립하고, 그러한 결단의 구속력을 원칙적으로 보장하는 기능을 수행하며, 둘째로 구속력의 요구가 실현되도록, 즉 결단이 확실하게 용인되도록 배려하는 기능을 갖는다.46) 이러한 측면에서 오늘날의 국가에 있어서 국가권력은 정당성의 관여 없이 안정된 그리고 논쟁의 여지가 없는 사회의 가치확신을 더 이상 얻을 수 없고, 오히려 국가권력의 정당성이론들은 새로운 대안들에 대항하며 항구적으로 주장되어져야 하는 것이다.47)

2. 個人의 側面에서 본 正當性理論의 機能

국가권력의 정당성에 관한 이론은 개인적인 측면에서 먼저 개인의 자기실현에 결정적인 기여를 하게 된다.48) 즉 인간은 본성에 따라 자포자기에 빠지기를 원하지 않고 또한 자신의 태도에 있어서 사회적 내지 법적 질서의 규범체제 내외로 방향을 정하려 한다. 사회제도 그 자체는 인간에게 이미 선재되어 있고 인간의 독자적인 성향을 억세시키고 있는 것이다. 따라서 인간은 그가 사는 사회체제의 요구에 복종함에 있어서 정신적인 갈등에 빠지지 않기 위해 이 사회체제의 법적합성과 정당성을 확신하지 않으면 안 된다.49) 왜냐하면 정당한 것으로 지켜지는 사회체제는 개인의 자유에 대한 필요를 완전히 충분하게 제공할 수도 있고, 국가권력이 올바른 방향의 이념의 실현을 통하여 정당화될 수 있다면 개인은 정당한 국가권력에 자발적으로 복종함으로써 그렇지 않은 경우에 생길 수 있는 심적인 고통, 즉 복종을 견디기 어려운 강제로 느끼는 그러한 고통을 겪지 않을 것이기 때

45) R. Steininger, "Thesen Zur formalen Legitimität", S.276.

46) P. G. Kielmansegg, "Legitimität als analytische Kategorie", S.371.

47) 정당성이론이 어떠한 기능을 위하여 제기되는가를 설명하기 위한 전단계라고 할 수 있는 정당성과 갈등이론의 관계에 대해서는 다음 문헌을 참조바람. James T. Duke, Conflict and Power in Social Life, 서울대학교 사회학과 연구실譯, 갈등과 권력, 법문사, 1981, 304-306면.

48) T. Würtenberger, Die Legitimität staatlicher Herrschaft, S.15.

49) T. Würtenberger, Die Legitimität staatlicher Herrschaft, S.15.

문이다.[50] 예컨대 국가의 법질서에 따르는 것이 자신의 인격적 가치의 파멸을 의미한다고 보는 양심범의 문제를 해소하는 방법이 된다.[51] 즉 완전히 정당한 것으로 승인된 질서만이 개개인에게 특정한 행동양식(Verhaltensweisen)의 준수가 요청될 때 양심상의 갈등이 발생하는 것을 저지할 수 있다.[52] 따라서 정당성이론은 개인의 측면에서 국가통치를 수용함에 있어서 거부감을 느끼지 않고 능동적으로 대처하게 하는 기능을 갖는다고 볼 수 있다.

3. 國家權力의 側面에서 본 正當性理論의 機能

(1) 國家權力(國家統治)의 正當化機能

이미 지적했듯이 한 국가 내에서 통치를 담당하는 개인이나 사회공동체 내의 지도적인 위치를 차지하고 있는 인간계층은 그들의 존재와 통치작용의 정당성에 대한 신뢰를 항상 새롭게 환기시키려고 하고 또한 신중하게 높이려고 한다. 왜냐하면 국민의 정당성에 대한 신뢰는 힘의 형태의 지속적인 존립을 위하여 가장 중요한 기초이기 때문이다.[53]

이와 관련하여 역사적인 고찰을 통하여 알 수 있는 중요한 사실 중의 하나는 국가권력의 정당성에 관한 필요성은 주로 역사적인 대변혁기에 나타났다는 사실이다. 왜냐하면 기존의 통치권자나 새로운 통치권자는 자신들의 통치를 지지해 줄 수 있는 그러한 가치들을 동원하여 자신의 존립을 강화하고 안정시키려 시도하기 때문이다.[54] 예를 들어 기존의 통치권자는 자신의 통치를 지지해 주었던 가치보다도 사회개혁을 바라는 Konsens와 이를 위하여 투쟁하는 소수를 통하여 국가주도기능에 대한 신뢰를 잃게 됨으로 인하여 마침내 체제가 전복될 수 있기 때문이고, 새로운 통치권자는 새로운 이념에 순응하고 새로운 원리에 근거하며 그러한 것에 기초한 새로운 질서를 창조하였음을 다수국민으로부터 인정받고자 하는 것이다.[55] 특히 성공한 혁명이후의 통치가 우선 물리적인 힘에 의해서만 뒷받침되고 있는 경우와 새로운 지배세력의 가치관과 舊지배세력의 전통적인 가치관 사이에 구속력이 중단되고 있는 경우에는 정당성의 필요성이 여실히 나타난다. 아무리

50) T. Würtenberger, Die Legitimität staatlicher Herrschaft, S.15.
51) 허영, 한국헌법론, 2006, 398면.
52) T. Würtenberger, Die Legitimität staatlicher Herrschaft, S.18.
53) T. Würtenberger, Die Legitimität staatlicher Herrschaft, S.16f.
54) T. Würtenberger, Die Legitimität staatlicher Herrschaft, S.21.
55) T. Würtenberger, Die Legitimität staatlicher Herrschaft, S.23.

강대한 지배세력도 자신의 존재와 존립에 대한 정당화 없이는 결코 계속적으로 존속할 수 없기 때문이다.[56)]

또한 국가권력은 대변혁기 뿐만 아니라 평상시에도 자신의 기능을 수행하면서 사회전체에 대하여 구속력 있는 결단을 내릴 수 있기 위하여 정당성이론이 요구된다. 하나의 국가권력(통치구조)이 형성된 경우일지라도 정당성이 없이는 특정의 결단에 대해서 구속력 있는 특권을 독점한다는 것이 불가능하고 또한 정당성이 없이는 구속력 있는 주장을 관철한다는 것이 불가능하기 때문이다.[57)] 따라서 정당성체계(Institut der Legitimität)는 국가전체에 대한 결단권능을 갖는 지위를 확립시키고, 결단의 구속력을 이러한 위치를 갖는 사람의 결단권력에서 도출함으로써, 다른 말로 표현해서 통치구조의 승인을 통해서 국가권력이 성취해야 할 것을 성취하게 한다.[58)] 따라서 정당성이론은 실질적 정의의 관철을 위하여, 그리고 절대적인 것은 아니지만 통치의 안정화를 위해서는 매우 확실한 기능을 담당한다.

(2) 國家權力의 正當性理論의 鬪爭的 機能

국가통치의 측면에서 정당성이론은 일종의 투쟁적 기능을 담당한다. 왜냐하면 정당화원리들이란 끊임없이 논쟁이 이뤄지는 통치구조와 무관하지 않을 뿐만 아니라, 국민들은 그 정당화원리들을 설정하고 방어하고 변화시키고자 하기 때문이다.[59)] 예를 들어 정당화원리는 단지 철학적 원리뿐만 아니라 정치적 원리를 정치적 논쟁 가운데서 체계화한 것이고, 이러한 논쟁에서 수단상 유용한 것으로 사용되었으며, 또한 그러한 가운데 정당화원리들은 자신들의 논리적 구조에 따라 보충되기도 하고 실제로 항상 보충되어 왔다.[60)] 특히 긴급한 위기상황에서도 대립하는 논쟁을 완전하게 종결시키는 정당화원리란 역사상 존재하지 않았으며, 혁명적 변화도 기존의 확립된 원리들을 폐기하고 대안을 제기하며 고유한 가치에 상응하는 새로운 원리들을 형성해 왔다. 결국 국가권력을 정당화시키는 가치는 변화하고 순환하는 것이기 때문에 선행하는 정당화원리들은 후행하는 정당화 원리들을 통

56) T. Würtenberger, Die Legitimität staatlicher Herrschaft, S.21.

57) P. G. Kielmansegg, “Legitimität als analytische Kategorie”, S.371. 이러한 관점에서 정당성은 최소한의 비용으로 국가권력이 기능할 수 있는 능력이라고 말하고, 또한 정당성은 매일 매일의 국민투표라고도 말한다. J. G. Merquior, Rousseau and Weber, p.5.

58) P. G. Kielmansegg, “Legitimität als analytische Kategorie”, S.371.

59) R. Steininger, “Thesen Zur formalen Legitimität”, S.274.

60) R. Steininger, “Thesen Zur formalen Legitimität”, S.274.

하여 가치를 잃게 되기도 하고 폐지되기도 한다. 그리고 이러한 과정은 항상 반복되고, 그러면서 하나의 완성을 향하여 투쟁해 나가는 것이다.[61]

이러한 점에서 현대국가에 있어서 국가권력은 정당성의 뒷받침이 없이 안정된 그리고 논쟁의 여지가 없는 사회의 가치확신을 지니게 된다는 것을 더 이상 기대할 수 없고, 또한 그 정당성원리는 대안들에 대항하여 항구적으로 주장되어져야 하며, 그렇게 함으로써만 국가권력은 본질적으로 완성에 가까워진다는 것을 알 수 있다. 그런데 이때 이러한 완성은 국가권력이 더 이상 스스로 선재하는 것으로 가정하는 것이 아니라 어느 정도까지는 항상 스스로를 창출하고 통찰하게 하는 과정을 통하여 가능해진다.[62]

이것은 정당성원리를 하나의 과정으로 이해할 수 있다는 것을 의미하는데, 정당성이라는 개념도 끊임없이 생성되고 변화하는 과정에 있고, 통치질서는 선재하는 것이 아니라 체제자체를 재생산하고 이해 가능하도록 함으로써 정당화과정을 계속하고 있는 것이라고 보는 것이다.[63] 이러한 측면에서 국가권력의 정당성에 관한 이론은 본질적인 척도에 있어서 국가권력이 유지되고 있는 기회로써만 이해될 수 있고, 국가권력의 정당성을 포함하는 과정과 구조를 포함하는 분석이 의미 있듯이, 하나의 국가권력이 이러한 기회의 현실화를 획득해야 한다는 것은 자명한 것으로 나타난다.[64]

이와 같이 하나의 통치질서 속에는 정당성의 원천과 근거가 구체적으로 여러 방향의 것이 있을 수 있기 때문에 국가권력은 항상 다른 방향의 정당성이론과 대립하며 이를 극복해야 한다. 즉 정당성이론은 국가통치의 정당화를 위한 투쟁적 기능을 갖는다고 할 수 있다.

(3) 國家權力의 正當性理論의 權力抑制的 機能

국가통치의 측면에서 정당성이론은 권력억제적 기능을 담당한다. 왜냐하면 정당성이론이 피치자의 복종을 유도하는 기능을 가지면 가질수록 객관적인 기준을 필요로 하게 되고, 결과적으로 국가권력도 이 정당성이론에 따르지 않을 수 없기 때문에 자의적이고 주관적인 권력행사를 억제하는 기능을 하게 된다. 이것은 정당성이론의 기초가 "통치의 타당성, 즉 통치자에 대한 관료들의 복종 및 통치자와

61) R. Steininger, "Thesen Zur formalen Legitimität", S.274.
62) P. G. Kielmansegg, "Legitimität als analytische Kategorie", S.373.
63) P. G. Kielmansegg, "Legitimität als analytische Kategorie", S.373.
64) R. Steininger, "Thesen Zur formalen Legitimität", S.276f.

관료에 대한 피지배자들의 복종에 대한 요청이 어떠한 원칙에 의하여 뒷받침될 수 있는가" 하는 것을 인식할 수 있게 한다는 것이며, "국가권력의 정당성은 어느 정도 적절한 태도가 유지되고, 실천적 행동이 그에 따라 일어날 수 있는 가능성으로서만 고려될 수 있다는 것과, 중요한 것은 국가권력의 고유한 정당성 요청이 그의 유형에 따라 상당한 정도로 타당한 것이며, 바로 이러한 점이 통치의 존속에 안정을 부여하고 통치수단의 선택방식의 결정에 기여한다는 사실에 있다"고 보는 점이다.[65)]

뿐만 아니라 이것은 국가권력의 정당성이론이 갖는 중요한 기능 가운데 하나가 개개인과 공동사회의 의식에 있어서 가치관념의 형성과 유지에 있다는 점을 의미한다.[66)] 그리하여 U. Scheuner는 정당성이란 단지 복종을 찾아내는 통치(정치지배)의 기회로서가 아니라 우선적으로 획기적인 가치설정을 근거지우지 않으면 아니 되는 법에 있어서의 승인의 문제로 이해했다.[67)]

(4) 國家權力의 正當性理論의 實定法의 妥當根據提示機能

국가권력의 정당성이론은 무엇이 도덕적이며 정당한 것이고, 그리고 각 국가기관들에게 기대되는 행위는 무엇인가를 구체적으로 명시해 주는 하나의 규범구조에 근거하고 있다. 이것은 정당화의 결과로서 국민들로 하여금 국가의 규범체계와 국가 내의 권력관계를 모두 자발적으로 받아들이도록 유도하는 기능을 가졌다고 보게 되는 근거가 된다.[68)] 즉 정당성이론은 단지 복종의 근원을 찾아내는 통치의 기회로써가 아니라 우선적으로 획기적인 가치설정을 근거지우지 않으면 안 될 법에 있어서의 승인의 문제로 이해하는 것을 전제로 하므로, 정당성이론은 실정법을 통한 정의실현의 기회를 상대적으로 극대화시켜주는 결정적인 요인인 것이다.[69)]

---

65) Max Weber, Wirtschaft und Gesellschaft, in: Jügen Habermas, Legitimationsprobleme im Spätkapitalismus, S.132.

66) T. Würtenberger, Die Legitimität staatlicher Herrschaft, S.19.

67) Wolfgang Meyer-Hesemann, "Legitimation des modernen Staates", in: AöR, 1981, S.131.

68) James T. Duke, 서울대학교 사회학과 연구실譯, 갈등과 권력, 88면.

69) M. Kriele, 국순옥譯, 민주적 헌정국가의 역사적 전개, 222면.

Ⅲ. 國家權力의 正當性의 類型

1. 序

M. Weber 이후로 Weber가 제시한 모형(Vorbild)에 따라 정당성의 범주에 관한 학문적인 노력이 주로 유형(Typologie)을 입안하는데 집중되었다.[70] 물론 정당성에 관한 이론의 내면적 동기는 인간과 국가와의 올바른 관계를 창조할 목적으로, 다시 말해서 현존하는 또는 장래 창설될 통치체제를 정당화할 목적으로 인간공동생활의 일반적 원리를 공식화하고 통치구조를 위한 그의 기본초안을 설계하는 것이라고 하는 점을 부인할 수 없다.[71] 그러나 문제는 그러한 내면적 동기 내지 기능은 개인의 측면에서, 즉 피지배자의 측면에서 인간의 자기실현 내지 양심상의 갈등을 저지할 수 있다는 긍정적인 면이 있지만, 한편으로 통치권자의 통치를 위한 수단으로 제기되고 있다는 점에서 거부감도 느끼게 한다. 하지만 상기한 바와 같이 정당성이론이 단순히 국가권력의 통치를 정당화하는 기능만이 있는 것이 아니라 권력억제적 기능 등을 갖고 있는 점에서 내면적 동기의 탐구는 의의가 있다. 따라서 정당성이론은 그의 내면적 동기에 대한 고찰에서 쉽게 정당성 유형론으로 발전하게 되며, 최근의 정당성논의에서도 국가권력의 정당성에 관한 모델을 찾으려고 한다.

국가권력의 정당성에 관한 유형적 탐구는 자기목적을 갖지 않는다.[72] 그러한 유형적 탐구는 정당성현상의 규명에 기여한다는 점을 통해서만 인간의 정치적 실존의 총체적 복합체(Gesamtkomplex)에 있어서 자신의 중요성을 의미 있고 가시적이게 한다.[73] 따라서 정당성에 관한 유형적 탐구는 다음과 같은 여러 관점에 대한 체계화에 집중되게 된다. 첫째, 국가통치가 관련될 수 있는 궁극적 타당근거가 무엇인가?[74] 둘째, 우리는 어떤 방법에 근거하여 그 가치를 도대체 인식하고 경험할 수 있는가?[75] 셋째, 통치질서의 적정성이 도대체 어떻게 각기 궁극적 기초에 환원

---

70) P. G. Kielmansegg, “Legitimität als analytische Kategorie”, S.374.
71) R. Steininger, “Thesen Zur formalen Legitimität”, S.276.
72) P. G. Kielmansegg, “Legitimität als analytische Kategorie”, S.384.
73) P. G. Kielmansegg, “Legitimität als analytische Kategorie”, S.384.
74) 대체로 이러한 타당근거에 신, 자연, 역사, 이성이 있다고 본다. 이때 순환 또는 결정적인 목적지향적인 과정으로서의 자연과 역사는 그의 질에 있어서 영원불변하는 존재로서의 가치를 확립하고, 신과 인간의 이성은 그의 질에 있어서 결단의 주체로서의 가치를 확립한다고 한다. P. G. Kielmansegg, “Legitimität als analytische Kategorie”, S.386.
75) 이러한 승인방법으로 게시를 통하여, 전수를 통하여, 또는 이성을 통하여 해답을 얻을 수 있지

될 수 있는가? 등의 문제에 집중되게 된다. 아무튼 이에 대한 결론은 다음과 같은 두 가지의 관계의 가능성으로 집약된다. 즉 하나의 통치질서가 그 자체로서 더 이상 추론될 수 없는 가치로서 본래적인 것인가 아니면 근원적인 효력을 가질 수 없는 그리하여 항상 추론될 수밖에 없는 것인가로 집약된다.[76)]

Weber가 정당성의 유형을 합리적·전통적·카리스마적 정당성으로 구분하여 설명한 이후로 이러한 개념들은 후대에 매우 중요한 논쟁을 일으켰다. 즉 많은 학자들에 의하여 바람직한 정당성의 유형들이 제시되었다. 다만 여기서 모두를 소개할 수는 없지만 중요한 몇 사람의 정당성 유형을 간단히 언급하고, 근대국가의 성립 이후로 대립되어온 정당성원리들을 3가지 관점에서 논술한 다음, 21세기에 들어 논의되는 정당성유형을 살펴보기로 한다.

Weber는 개인의 사회적 행동의 결정근거를 목적합리적(zweckrational), 가치합리적(wertrational), 감정적(affektuell), 그리고 전통적(traditional)범주로 나누고, 이러한 사회적 행동의 결정동기로부터 정당성을 파악하고 추구하려고 했다.[77)] 그는 국가권력의 정당성과 관련된 정당한 통치의 3가지 순수한 형태를 구분하면서 정당성의 가치는 본질적으로 합리적, 전통적, 아니면 결국 카리스마적 성격 중의 하나일 수 있다고 논증한다. 合理的 正當性은 제정된 질서의 합법성에 대한 믿음으로 특징지어지고,[78)] 傳統的 正當性은 무엇인가 가치 있는 것으로 전수되었고 우리 세대 이전에 이미 가치가 있었기 때문에 가치 있는 것으로서 타당근거를 갖는다고 불리며,[79)] 카리스마적 正當性은 신비적이면서도 습득되는 것이 아닌 그리고 현존하는 모든 질서에 구속되지 않고 사정에 따라서 자주 현존하는 모든 질서에 반하는 전권을 행사할 수 있는 인격적 힘에 타당근거를 인정하는 것이다.[80)]

그런데 여기서 Weber가 제시한 3가지 도식은 복종동기에 관한 유형으로 기술한 것이라는 점을 주의해야 한다.[81)] 그는 카리스마에 대한 믿음에 관해서도 언급하고, 반대로 통치질서에의 복종근거로서 공식적으로 정당하게 성립된 규범의 승

만 여기서는 이성이 결정적인 인식의 매개물이 된다고 본다. P. G. Kielmansegg, “Legitimität als analytische Kategorie”, S.386.

76) P. G. Kielmansegg, “Legitimität als analytische Kategorie”, S.385.
77) P. G. Kielmansegg, “Legitimität als analytische Kategorie”, S.376.
78) P. G. Kielmansegg, “Legitimität als analytische Kategorie”, S.376.
79) P. G. Kielmansegg, “Legitimität als analytische Kategorie”, S.378.
80) P. G. Kielmansegg, “Legitimität als analytische Kategorie”, S.379.
81) P. G. Kielmansegg, “Legitimität als analytische Kategorie”, S.375.

인에 해당하는 합법성의 믿음에 관해서도 언급한다. 그러나 이러한 측면은 Weber의 통치사회학의 핵심부분을 형성하는 도식의 전개에 있어서 본래 결정적인 것은 아니다. 아마도 Weber의 이해에 있어서 결정적인 것은 통치에 관한 출현형식의 유형을 정당성현상으로부터 추론해 내는데 있었다고 본다.[82] 즉 Weber에 있어서 정당성유형은 정당성의 원천(Legitimitätsquelle)을 구분하는데 있었던 것이 아니고, 이미 언급되었듯이 통치에 관한 출현형식을 정당성관념으로부터 파악하려는 연구에 관심이 있었던 것이다.[83] 따라서 통치에 관한 일정한 근본적 출현형식이 존재한다는 가정과, 이러한 출현형식이 특정한 타당성관념의 유형의 표시(Ausprägung)로 간주될 수 있다는 가정은 우리에게 많은 시사를 준다. 그러나 이러한 가정의 결과로 정당성현상에 관한 분석이 전적으로 각 구조유형의 분석으로 타락하는 위험을 갖게 됨으로 인하여 Weber의 이론은 비난을 면하지 못하게 된다.[84]

이에 대하여 David Easton은 정당성의 유형을 이데올로기적·構造的·人格的 正當性으로 구분한다.[85] 여기서 이데올로기적 정당성개념은 정당성이 근거할 수 있는 가치확신의 다양성을 포함한다는 점이 명백하고, 반면에 구조적·인격적 정당성의 범주는 Weber가 전통과 카리스마라는 개념 하에 분류했던 통치확립과정, 즉 보편적이고 모든 가치확신과 관련되는 구속적인 통치확립과정으로 나타난다.[86] 따라서 D. Easton의 유형은 Weber의 개념과 유사하다. 다만 그에 있어서 특별히 사용된 구조적 정당성이란 개념을 살펴보면, 그것은 하나의 정치질서가 사회 내에 확고하게 확립되면 모든 가치지향적 근거들과 독립하여 자기 자신에게로 환원되는 정당화효과가 그러한 정치질서로부터 나타난다는 사실을 가리킨다.[87]

또한 Dolf Sternberger는 神的(numinos) 正當性과 市民的 또는 實踐的(bürgerlich oder pragmatisch) 正當性으로 구분한다.[88] 이것은 Weber의 도식보다는 이해하기가 어렵지 않다. 즉 Sternberger의 구분은 통치질서가 그의 적정성을 신적 은혜(신에 의한 창출) 또는 인간적 합의에 기인하는지 어떤지의 문제로 귀결된다. 이러한 이해에 있어서는 신적 정당성은 통치자의 신성성을 통해서나 통치가문의 신적 혈통을 통하여, 통치관료의 신적 창조를 통해서나 신의 의지에 따른 계시를

82) P. G. Kielmansegg, "Legitimität als analytische Kategorie", S.375f. ; 허영, 헌법이론과 헌법, 180면.
83) P. G. Kielmansegg, "Legitimität als analytische Kategorie", S.377.
84) P. G. Kielmansegg, "Legitimität als analytische Kategorie", S.380.
85) P. G. Kielmansegg, "Legitimität als analytische Kategorie", S.380.
86) P. G. Kielmansegg, "Legitimität als analytische Kategorie", S.380f.
87) P. G. Kielmansegg, "Legitimität als analytische Kategorie", S.381.
88) P. G. Kielmansegg, "Legitimität als analytische Kategorie", S.381.

통하여, 즉 신의 의지를 인지하고 있음으로 해서 정당성을 인정받은 자 등을 통하여 통치질서에 부여되는 정당성을 의미한다.89) 이에 반하여 시민적 또는 실천적 정당성은 공동선을 지향하기 위하여 협력하기로 결합한 평등하고 자율적인 구성원들 사이의 합의에 국가권력이 근거하고 있을 때 주어지는 것이며, 이러한 합의는 오늘날의 입헌국가에서는 주기적인 선거제도에 의하여 드러나는 것이라고 한다.90)

그밖에 Guglielmo Ferrero는 국가권력의 승계와 선거에 관하여 언급하면서 정당성의 유형이 절차규칙과 관련되고 있음을 지적하고 있다.91) 뿐만 아니라 Carl Joachim Friedrich도 종교적 · 철학적 · 전통적 정당성을 언급하면서 4번째로 결과에 근거한 정당성, 즉 절차적 내지 실용적 정당성을 제안하고 있다.92) 그런데 이들의 주창처럼 절차규칙은 오늘날 각 통치체제에 있어서 의심의 여지가 없는 통치에 관한 위임을 위한 구조적 요소가 되었다. 왜냐하면 절차규칙은 현실적으로 구현된 통치권력과 정당성을 매개시켜주기 때문이다. 따라서 오늘날의 절차규칙 속에서 정당성의 이념이 구현된다고 까지 말해지고 있다.93)

2. 18世紀까지의 正當性類型 : 絶對主義國家의 正當性과 身分國家의 正當性

역사적으로 국가권력의 정당성에 관한 논의가 본격적으로 이루어진 것은 근대초의 경우이다. 군주주권사상에 바탕을 둔 절대주의국가에 대한 회의가 싹트기 시작하면서 국가통치의 정당성에 관한 논의가 이루어졌다고 할 수 있기 때문이다. 특히 국민주권사상이 주장되기 시작하면서 군주주권사상에 바탕을 둔 절대주의국가가 자신을 정당화하기 위하여 노력을 기울이게 되고, 그에 반하여 군주주권사상을 단숨에 무너뜨리지 못한 당시의 국민주권사상가들은 과도기적으로 신분국가적 정당성이론을 제기하기에 이른다.

아무튼 근대초기의 절대국가들은 18세기 초에 이르기까지 정당성유형으로 국가권력의 궁극적 타당근거에 관하여 관심을 가졌다. 즉 정당성의 궁극적 원천이

89) P. G. Kielmansegg, “Legitimität als analytische Kategorie”, S.381.
90) D. Sternberger, “Legitimacy”, p.245.
91) G. Ferrero, Macht, in: Kielmansegg, “Legitimität als analytische Kategorie”, S.383.
92) C. J. Friedrich, Man and His Government, in: Kielmansegg, “Legitimität als analytische Kategorie", S.384
93) P. G. Kielmansegg, “Legitimität als analytische Kategorie”, S.383.

신·자연·역사·이성 중에서 어느 것에 근거하고 있는지에 따라 정당성의 유형이 다르게 설명되고 있다.

(1) 君主主權에 바탕을 둔 絕對主義國家(absolutistischer Staat)의 正當性

16세기 후반 프랑크왕국의 역사적 상황에 근거를 두고, Bodin에 의하여 주장된 절대군주주권이론은 실효를 거두어 다양한 형태의 절대군주국가를 출현시켰다. 그리고 그 절대군주국가는 국가 내의 평화와 질서를 우선적으로 보장하게 되었고, 그 밖에도 정치적 신중성과 함께 공공복리도 어느 정도 지향하였다. 특히 후자와 관련하여 자연법과 함께 법과 정의를 지향하는 정당한 통치를 실현하기 위하여 군주를 구속시키려는 시도가 나타나기도 하였다. Bodin의 주장에 따르면 정당한 군주는 정당하고 공정하게 통치해야 하고 신민의 행복을 위해 배려해야 한다고 하였지만, 그러나 그것은 절대주의국가론의 상투어에 불과하였다.[94] 왜냐하면 절대주의국가에 있어서 군주는 유일한 명령권을 가지고 있고, 그 명령은 항상 정당한 것으로 간주되기 때문이다. 여기서 바로 가장 근본적이고 근원적인 문제로서 국가권력의 정당성에 관한 문제가 제기된다. 왜 군주의 명령권이 정당하고, 권리로서 명령하게 되며, 또한 신민은 그에 복종하지 않으면 안 되는가?

군주주권적 절대주의국가의 정당성은 여러 가지 관점에서 고찰되고 있다. 먼저 그것은 종교적 내지 정치신학적 측면에서 설명되고 있다. 즉 군주의 권력(국가권력)은 신으로부터 유래한다는 왕권신수설에 따른 것이 그것이다. Sternberger가 명쾌하게 지적하고 있듯이 군주는 신의 아들이거나 신으로부터 그러한 명령권을 부여받았기 때문에 정당성이 인정되는 것이며, 이것은 모든 법적 설명을 초월하는 것으로 평가된다고 하는 것이 그것이다.[95] 따라서 군주의 권력은 절대적이고 주권적이며, 군주가 제정한 법률은 군주 자신이 신적 근원을 가진 것처럼 신적 근거(성서)를 가지고 있다고 한다.[96]

뿐만 아니라 군주주권적 절대주의국가를 정당화하는 데 있어서 군주의 인격을 바탕으로 하는 정당화형식이 나타난다. Weber의 카리스마적 정당성과 Easton의 인격적 정당성 개념에서 지적하는 것이 그것이다. 이것은 인간이 신비적이고 초월적인 인격적 힘에 스스로 복종하는 것에 바탕을 두고 있는 것으로서 대체로 군주

94) T. Würtenberger, "Legitimationsmuster von Herrschaft im Laufe der Geschichte", S.345.
95) D. Sternberger, "Legitimacy", p.244.
96) T. Würtenberger, "Legitimationsmuster von Herrschaft im Laufe der Geschichte", S.345.

가 그 인격적 힘의 주체로 평가된다. 즉 군주는 신의 뜻을 묵시하는 예언자로서, 역사적인 필연성의 집행자로서, 그리고 민족의 실현체로서 가치 있는 것으로 생각되는 것이다.[97]

그리고 이 군주주권적 절대주의국가의 정당성이론은 군주주권시대에만 활용되었던 것은 아니다. 현대에 이르러서도 이와 유사한 정당성이론이 제기되는데, 공산주의국가의 정당성에 관한 것이 그것이다. 즉 정당성의 원천을 위와 같이 우월적인 힘에서 도출한다고 볼 때, 그의 신성성만 제외한다면 군주 또는 카리스마의 위치에 볼셰비키공산당이 들어설 수 있는 것이기 때문이다.[98] 대개 공산당이 통치하는 곳에서는 공산당은 하나의 정당으로서 그들만이 역사발전의 목적을 알고 있고, 그들만이 그곳에 도달하는 길(Weg)을 안다는 주장에 토대를 두고 있다.[99] 즉 마르크스적 사회주의국가에 있어서는 유물사관과 유물변증법에 입각한 역사의 법칙을 필연적인 것으로 보고, 이 역사의 법칙에 따라 행동하는 것이 국가권력을 정당화 한다고 본다. 따라서 공산주의국가에서는 국가권력을 정당화하는 것은 국민의 합의가 아니라 국민이 지향해 나가야 할 역사의 법칙 그 자체이며, 그 해석은 권력을 장악한 공산당과 그의 지도자가 담당한다고 하는 점에서 종교적 정당성의 유형으로 평가되는 것이다.[100] 그리하여 Sternberger는 자주 이러한 현상을 신적 정당성유형으로 평가하고 있다.[101]

(2) 國民主權에 바탕을 둔 身分國家(Ständestaat)의 正當性

神이나 카리스마와 같은 초월적 존재를 전제로 국가권력을 정당화한 절대주의국가의 정당성이론과는 달리 인간의 합의에 바탕을 둔 정당성유형이 출현한다. 그러한 사상의 선구자는 Johannes Althusius인데, 그는 Bodin의 군주주권적 절대주의국가사상에 반대하여 國民主權에 바탕을 둔 身分制的 國家思想을 전개한다.[102] 그는 연방국가이념이 기인하는 분권적 공동체의 신분질서를 위하여 봉건영주의 힘의 강화와 신분질서의 확립을 위한 결단을 하게 된 것이다. 즉 Althusius

97) P. G. Kielmansegg, “Legitimität als analytische Kategorie”, S.379.
98) D. Sternberger, “Legitimacy”, p.246.
99) P. G. Kielmansegg, “Legitimität als analytische Kategorie”, S.382.
100) 한태연, 헌법학, 177면.
101) P. G. Kielmansegg, “Legitimität als analytische Kategorie”, S.382.
102) T. Würtenberger, “Legitimationsmuster von Herrschaft im Laufe der Geschichte”, S.345. 물론 국가권력의 정당성을 자연법칙에 근기힌 동의로부터 도출해 낸 최초의 학자는 중세철학자 William of Occam이라고 한다. 그는 “모두를 지배하는 것은 모두에 의해 승인되어야 한다”고 함으로써 동의이념을 발전시켰다는 것이다. J. G. Merquior, Rousseau and Weber, pp.2.

는 주권적 군주권력에 반대하고, 그의 정당성을 뒷받침하던 모든 이론을 거부했으며, 전체(Gemeinde)로서의 국민이 주권의 소유자라고 주장했다. 뿐만 아니라 그는 '국민이 주권자이다'라는 말은 자연법상으로 정당화되는 것이며, 자연상태에서 모든 인간은 평등하고, 다만 의사결정의 토대, 즉 계약의 토대 위에서만 통치권은 위임된다고 한다. 즉 계약을 통하여 집단적으로 구성된 국민으로부터 정치권력에게 권위가 양도되고, 통치권을 양도한 국민은 그때그때의 권위(관권)보다도 상위에 있다고 하며, 그 결과 국가통치의 존속여부는 공동체의 Konsens에 달려 있다고 한다.[103)]

이렇듯 Konsens와 공동체전체의 의도가 집단들의 정치적 조직을 한데로 응집시키고 또한 본질적으로 국가를 응집시킨다고 보고, 정치적 힘의 양도뿐만 아니라 중요한 통치기능의 수행이 공동체(Körperschaft)의 Konsens를 필요로 한다고 주장하면서 국가권력의 정당성의 원천을 정치적 통합, 즉 계약(das pactum)에서 구한 Althusius의 견해는[104)] 곧이어 나타난 근대자유주의사상가들에게 지대한 영향을 미쳤다. 즉 Hobbes, Locke, Rousseau와 같은 사회계약론자들의 국가사상에 영향을 주어 국가권력의 정당성은 국민의 동의 내지 승인에 기인한다는 합의이론으로 체계화 되게 된다. Sternberger가 지적했듯이 인간의 합의에 바탕을 둔 시민적 정당성유형이 탄생한 것이다. 다시 말해서 하나의 국가권력은 몇 가지 공동선을 향하여 협력하기 위해 결합한 평등하고 자율적인 구성원들 사이의 합의에 근거할 때 국민적 정당성이 부여될 수 있다는 것이다.[105)] Althusius는 정치적 권위(국가권력의 정당성)를 Konsens 형성과정, 즉 계약유사의 합의과정으로 정당화하고 있는바, 사회계약 내지 통치계약을 규제적 근본원리로 추론해 낼 수 있는 단순한 가설로만 생각하지 않는 점은 그가 당시의 신분국가적 Konsens 형성과정을 염두에 두고 있기 때문이라고 본다.[106)]

그러나 오늘날 민주주의국가에서의 Konsens형성 메카니즘은 그의 주장과 중요한 차이를 보이고 있고,[107)] 따라서 Althusius의 정당성유형은 다음과 같은 중요한 문제점을 내포하고 있는 점이 드러나고 있다. 즉 정당성은 자신의 효력을 자기 스스로 근거지울 수 없다는 점과, 정당성은 무조건적 가치에의 환원을 통하여 성립

103) T. Würtenberger, "Legitimationsmuster von Herrschaft im Laufe der Geschichte", S.345.
104) T. Würtenberger, "Legitimationsmuster von Herrschaft im Laufe der Geschichte", S.345f.
105) D. Sternberger, "Legitimacy", p.245.
106) T. Würtenberger, "Legitimationsmuster von Herrschaft im Laufe der Geschichte", S.346.
107) 계약의 형태가 아니라, 선거와 여론에 의한다는 점에서.

하는 것이지 합의로부터 그 가치가 설명될 수 없다는 점이 그것이다.108) 즉 하나의 국가권력이 몇 가지 공동선을 향하여 협력하기로 결합한 평등하고 자율적인 구성원들 사이의 합의에 근거할 경우에 국민적 정당성이 부여된다는 말은 합리주의적 자연법의 공식을 생각나게 하고 원초적 합의의 정당성을 생각나게 한다. 그러나 이러한 사고방식은 하나의 사변적인 긴급해결책 이상의 것이 결코 되지 못하며, 또한 그러한 사고방식은 합의에 기인하는 통치질서라는 표현과 함께 다만 영속적인 자기합의(Sich-Vereinbaren)의 과정, 즉 계속적인 참여로서의 동의(Zustimmung)로 생각될 수 있을 뿐이다.109)

따라서 오늘날 동의나 합의는 정당한 통치실현의 가능성을 위한 조건으로 설명될 수 있으나, 이것이 곧 정당성의 원천이라고 할 수는 없다.110) 동의나 합의가 정당한 통치실현을 위한 필요조건인 것은 분명하나, 그 동의나 합의가 국가통치를 위한 충분조건이 될 수 없는 것은 정당성이라는 무조건적 가치가 합의로부터 나온다고 결코 말할 수 없기 때문이다.111)

3. 19世紀 前後의 正當性類型 : 扶養國家의 正當性과 夜警國家의 正當性

근대국가가 성립된 이후로 유럽의 대부분의 국가는 군주주권적 절대주의국가이었음은 말할 필요도 없다. 이때 주권자인 군주는 국가의 이름으로 명령하고 강제할 수 있는 권한을 가지고 있었다. 통치자인 군주자신의 도덕적 양심을 제외하고는 어떠한 성지적 견제 내지 통제작용의 가능성이 존재하지 않았고, 통치 · 입법 · 행정 · 사법 등의 권한이 광범하게 군주주권에 남겨져 있었다.112) 그런데 Althusius에 의하여 국민주권사상이 제기된 이후 18세기에 이것이 일반화되어 감에 따라, 그러한 절대주의국가사상은 점점 퇴조하고 개화된 절대주의국가사상이 성립된다. 그리고 이러한 사상은 국가의 과제와 기능이라는 측면에서 두 가지 방향으로 정립되고 발전한다. 즉 야경국가(protective state)와 부양국가(productive state)가 그것이다.113)

108) P. G. Kielmansegg, “Legitimität als analytische Kategorie”, S.381.
109) P. G. Kielmansegg, “Legitimität als analytische Kategorie”, S.381f.
110) P. G. Kielmansegg, “Legitimität als analytische Kategorie”, S.381.; Hofmann Hasso, Legitimität und Rechtsgeltung, Duncker und Humblot, 1977, S.61.
111) 유신헌법의 정당성의 문제를 고려하면 그 의미가 분명해진다.
112) T. Würtenberger, “Legitimationsmuster von Herrschaft im Laufe der Geschichte”, S.345.

(1) 扶養國家(警察國家)의 正當性

개화된 절대주의국가사상은 무엇보다도 모든 사람의 안녕(Wohlergehen)이 최고도로 보장되는 사회상태를 추구할 것을 정당한 권위(Autorität)에 대하여 요구하는 동시에 법치국가적 보장의 엄격한 준수가 지켜지길 요구한다. 이때에는 군주의 지위를 정당화하는 것은 왕권신수설, 국민의 동의, 또는 왕조적 지위가 아니고 구체적인 정치적 급부(Leistung)에 의하게 된다. 즉 개화된 절대주의적 법치국가의 급부는 사법제도의 개선, 명백한 법률을 통한 법적 안정성에의 노력, 범죄와 형벌의 비례, 재산권의 보장, 종교적 관용 등에서 찾아볼 수 있다.[114] 뿐만 아니라 이러한 국가는 오늘날의 사회국가 내지 복지국가에 대비되는 것으로서 모든 국민에게 최대의 행복(일반적 행복)을 보장하는 것을 목적이요 과제로 하게 된다. 예컨대 외적 내지 내적 안정을 위한 배려, 건전한 주민자치에 대한 노력, 산업적・지방경제적 재원의 양성, 수입과 수출규제를 통한 국가적 복지상태의 보장, 복지제도의 준비, 고도의 정신적・문화적 수준에로의 신민의 교육, 조세상의 정의의 보장 등등 '위로부터의 개혁'을 통한 일반적 복리실현 등이 소위 '경찰국가' 당시에 있어서의 그 시대를 특징짓는다.[115]

이와 같이 개화된 절대주의국가는 일반적 복지증진의 목적과 공동체의 건전한 질서목적, 그리고 주민의 사회적 안정의 목적을 지향하는 행정제도와 법제도로부터 그의 정당성을 이끌어 내고 있는데, 바로 이러한 정당성유형을 부양국가라고 부른다. 다시 말해서 이러한 국가는 국민총부양의 증가를 통하여 사회적 안정의 촉진, 국민의 복지상태의 증진, 그리고 사회적 평준화에로의 노력을 통하여 정당화된다는 것인데, 바로 이러한 정당성의 평가기준이 되는 것이 부양국가라는 것이다.[116] 이것은 결국 부양국가적인 측면에서 국가권력은 경제적 내지 사회적 영역의 다양한 계획과 규제를 통하여 공공복리의 실현화에 노력함으로써만 그 정당성을 인정받을 수 있다는 것을 의미한다.[117]

---

113) T. Würtenberger, "Legitimationsmuster von Herrschaft im Laufe der Geschichte", S.346.
114) T. Würtenberger, "Legitimationsmuster von Herrschaft im Laufe der Geschichte", S.346.
115) T. Würtenberger, "Legitimationsmuster von Herrschaft im Laufe der Geschichte", S.346.
116) T. Würtenberger, "Legitimationsmuster von Herrschaft im Laufe der Geschichte", S.346.
117) 그러나 여기서 말하는 부양국가는 오늘날의 사회국가와는 근본이념에 있어서 다르다. 부양국가는 개인의 자율적인 생활영역을 무시하고, 국가권력이 국민생활전체를 지배하고 간섭하면서 일반적 복지를 추구한 것임에 반하여, 사회국가는 국민개개인의 자율적인 생활설계와 생활영위를 바탕으로 보충적으로만 국가권력의 관여를 요구한다. 따라서 여기서 말하는 부양국가는 경찰국가시대의 내무행정개념에 해당하는 과제를 수행하는 정당성유형임을 주의해야 한다.

(2) 夜警國家의 正當性

개화된 절대주의국가사상의 한 부류는 정반대의 경향으로 나타난다. 특히 18세기 초 이후로 부양국가라는 정당성유형으로서는 당시의 국가통치를 정당화하는데 어려움이 나타난다. 이제 더 이상 일반적 행복에 대한 국가적 규제가 목표가 되는 것이 아니고 자율적인 개인의 행복추구가 주된 가치로 등장하게 된다. 인간의 개인적 행복추구권, 독자적 노동에의 자유권, 독자적인 가치신장의 권리 등이 대두되게 된 것이다.[118)]

이러한 반전은 개화된 통치의 비판가 중의 한 사람인 Justus Möser에 의해 관료주의적 복지국가에 대한 이의가 제기되면서부터 이뤄지기 시작했다. 즉 그에 의하면 상업, 농업, 사회기간시설 등등에 관한 자세한 계획에 의하여 인간의 이성이 크게 침해되는 결과가 초래되었을 뿐만 아니라 사유재산의 파괴와 자유의 훼손이 뒤따르게 되었다고 한다.[119)] 개개의 계획과 규칙에 따라 너무 많은 일들이 처리되기 때문에 반자유적 성격이 초래된다고 그는 본 것이다. 바로 이러한 이유 때문에 I. Kant 이후로 사회질서를 위한 새로운 원리(Maxime)가 전개되기 시작했다. 즉 행복에 대한 추구는 오직 이웃의 이해관계에 의해서만 제한될 수 있고, 각자의 행동은 일반적 법률제정의 기초로서 유용해야 한다는 원리를 통해서만 제한될 수 있다고 보기 시작한 것이다. 이에 따라 Kant는 국가권력을 안정화를 위한 목적에 한정시켰고, 이러한 국가권력의 정당화유형을 야경국가라 부르게 되었다.[120)] 이것은 경찰학상의 일반적 복지부양이 경찰개념에서 분리되어 나가고 경찰의 과제가 위해방지(Gefährenabwehr)에 국한되면서 나타난 개념이다.[121)] 따라서 야경국가라는 측면에서 평가한다면 국가권력은 자신의 과제를 제한함으로써만 정당화된다. 즉 부양국가적 정당성유형에서 요청하는 공공복리의 현실화라는 과제를 배제하고, 국가 내외의 평화와 질서를 보장하는데서 국가권력의 정당화가 이뤄져야 한다. 이것은 야경국가적 측면에서는 개인에게 중요한 자율적인 개성신장의 자유영역이 유보되어 있는 외적 내지 내적인 안정의 보장에만 국가권력의 과제가 제한될 때

118) T. Würtenberger, “Legitimationsmuster von Herrschaft im Laufe der Geschichte”, S.346.

119) T. Würtenberger, “Legitimationsmuster von Herrschaft im Laufe der Geschichte”, S.347.

120) T. Würtenberger, “Legitimationsmuster von Herrschaft im Laufe der Geschichte”, S.347.

121) T. Würtenberger, “Legitimationsmuster von Herrschaft im Laufe der Geschichte”, S.347. 특히 Wihelm von Humboldt는 국가권력이 민족의 행복과 복지를 위해 배려해야 한다는 원리는 거짓된 것이라고 했다. 왜냐하면 이러한 원리는 바로 전제정치로 통한다고 보았기 때문이다. 그리하여 그는 자유의 이름으로 국가권력의 행위는 공공의 인정을 보장하는데 국한해야 한다고 요구했다. W. v. Humboldt, Ideen über Staatsverfassung, in : Würtenberger, “Legitimationsmuster von Herrschaft im Laufe der Geschichte”, S.347.

정당화된다는 것을 의미한다.[122)]

그러나 위와 같은 자유주의적 국가사상에 바탕을 둔 야경국가적 정당성유형은 복지를 지향하는 방향으로 접근하지 않을 수 없다. 즉 개개인의 위해를 방지하고 그들의 정당한 권리를 보호하는 것이 국가의 과제임은 틀림없지만, 자율적인 개인생활의 형성을 위해서는 인간의 생활에 필요한 기본적인 수요, 즉 최저한의 인간다운 생활이 보장되어야 하기 때문에 국가의 질서보장적 기능은 물론 생활보장적 기능이 광범한 국가의 관할권내로 귀속되지 않으면 안 된다.[123)] 따라서 정치적 자유주의로부터 발전된 국가적 정당성유형은 성립당시와 같은 상태에 머물러 있을 수 없고, 현대의 사회국가적 추세에 순응해야만 하게 된 것이다.

4. 20世紀의 正當性類型 : 傳統的 正當性과 合理的 正當性

앞에서 지적된 부양국가적 정당성과 야경국가적 정당성유형은 20세기에 들어서면서 중요성이 적어졌다. 이미 국가권력의 과제와 기능이라는 측면에서 양 유형은 통합되어 가는 경향을 보이고 있기 때문이다. 즉 평등을 핵심가치로 하여 실현하려는 부양국가적 정당화원리와 최대한의 개인의 자유를 보장하려는 야경국가적 정당화원리는 조화되기 어려운 근본적인 간격이 있지만, 20세기의 국가에 있어서는 어느 한쪽의 정당화원리만 가지고는 설득력이 없기 때문에 두 정당화원리 사이에서 Konsens에 입각한 타협이 이뤄지지 않을 수 없었다.[124)] 예를 들어 부양국가는 항상 전체적으로 조세부담의 위험을 자체 내에 지니고 있어서 개인적 내지 집단적 개성신장의 자유를 억제하고, 특히 재산권에 대한 많은 침해를 통해서만 이뤄질 수 있으며, 또한 사회보장, 생존배려, 혹은 환경보호와 같은 영역에 있어서는 다양한 국가의 규제와 조정이 요구되는 점을 간과할 수 없었다. 다시 말해서 20세기의 국가권력의 정당성은 정당한 기준에 입각하여 자유와 평등이 추구되고, 또한 개개인의 독자적인 개성신장의 영역과 국가적 급부 및 생존배려가 병존적으로 추구되는 성공적인 국가생활을 통해서만 인정되는 것이었다.[125)]

따라서 20세기에는 국가권력이 그의 과제와 기능을 수행함에 있어서 핵심적 가치인 자유와 평등의 조화를 어떻게 추구하느냐 하는 것만이 문제이므로 이에 따른 정당화유형이 요구되었다. 결론적으로 Weber에 의하여 제시된 전통적 정당성

---

122) T. Würtenberger, "Legitimationsmuster von Herrschaft im Laufe der Geschichte", S.346.
123) T. Würtenberger, "Legitimationsmuster von Herrschaft im Laufe der Geschichte", S.347.
124) T. Würtenberger, "Legitimationsmuster von Herrschaft im Laufe der Geschichte", S.347.
125) T. Würtenberger, "Legitimationsmuster von Herrschaft im Laufe der Geschichte", S.347.

(Legitimität durch Tradition)과 합리적 정당성(Legitimität durch vernunftorientierte Gestaltung)이 상기한 요청에 부응하는 정당성유형이었다. 왜냐하면 국가권력이 자유와 평등의 조화를 실현해야 하는 구체적인 문제에 직면했을 경우 Konsens에 입각한 타협을 시도해야 하는데, 그것을 위한 방법은 전통 내지 관례를 따르느냐 아니면 혁명적인 시도가 될지 모르지만 이성이 주도하는 바에 따라 합리적인 판단을 하느냐의 기로에 서는 것이었기 때문이다. 그러므로 아래에서는 Weber 이후 20세기말까지 국가권력의 정당성유형으로서 위력을 발휘한 전통적 정당성과 합리적 정당성을 설명하기로 한다.

(1) 傳統的 正當性

Weber의 정당성유형에 있어서 전통적 정당성은 절대주의국가나 가부장적 내지 봉건적 국가의 정당성을 설명하기 위하여 제기된 것으로 볼 수 있다. 그러한 점에서 오늘날의 국가권력을 정당화함에 있어서 그리 중요하지 않는 것으로 볼 수도 있다. 특히 Weber가 현대국가는 합리적 통치로 특징지어진다고 했기 때문에 더욱 그렇다. 그러나 전통적 정당성이라는 개념은 정당성현상을 분명하게 파악하는데 있어서 없어서는 아니 될 중요한 개념이며, 오늘날도 그의 중요성이 완전히 사라진 것이 아니다.

전통적 정당성이란 고래로부터 전승되어온 질서와[126] 통치자의 권력을 신성한 것으로 받아들이는 것을 말하며, 전통에 대한 무조건적 신앙에 입각한 정당화원리를 의미한다.[127] 그러면 왜 국가권력은 전통으로부터 정당하될 수 있는가? 한 마디로 얘기하면 전통은 타당근거이기 때문이라고 한다. 즉 전통은 무엇인가 가치 있는 것으로 전승되어 왔기 때문에, 그리고 우리 세대에 앞서 이미 가치가 있었기 때문에 타당근거라고 불리어지고 있다.[128] 이것은 모든 사회질서가 가치확신에 효력을 인정하는 그러한 상태를 지향하는데, 결국은 오랫동안 그 권력에 의하여 지속되어온 정당성확신만이 그러한 상태에 도달한다는 것을 의미한다. 다시 말해서 하나의 새로운 결단이 이뤄진다고 해서 그의 가치확신이 성취되는 것이 아니고,

126) 최문환, 막스 베버연구, 삼영사, 1981, 121면.

127) 이와 같이 전통에 대한 무조건적 신앙을 가진 대표적인 사람은 영국의 E. Burke이다. 그는 전통이란 단순히 사적인 편의나 개인권리의 향유에 대한 기여로만 측정될 수 없는 어떤 공리성을 지니고 있고, 또한 전통은 모든 문명의 보고이자 종교 및 도덕의 원천이며, 심지어 이성 그 자체에 대한 척도라고 하였다. George H. Sabine & Thomas L. Thorson, A History of Political Theory, 4th ed., Holt-Saunders Japan, Ltd., 1981, p.558.

128) P. G. Kielmansegg, “Legitimität als analytische Kategorie”, S.378.

일단 완성되고 승인된 결단이 전승되는 도중에 가치, 즉 정당성이 획득되어 진다. 하나의 새로운 정당성이념은 항상 점진적으로만 세대를 극복하고서 완성된다는 것이다.[129)]

따라서 이러한 전통적 정당성원리에 따르면 더 이상 논쟁의 여지가 없이 정치적 계속성이 유지되는 상태는 정당화가 된다.[130)] 즉 시간에 대한 판단에 앞서 하나의 국가권력(통치구조)이 역사적으로 형성된 법과 일치되게 행사되면 그것은 정당한 것이 된다.[131)] 이에 반하여 혁명적이고 급진적인 혁명은 전통적 정당성원리에 따르면 정당화 될 수 없다. 왜냐하면 이러한 혁명은 그의 정당성에 관한 확신이 아직 완전하게 완성되지 않은 상태에 있기 때문이다.[132)] 따라서 이러한 경우에는 그 혁명이 정당성의 위기를 극복할 수 있느냐 아니면 그렇지 못하느냐의 문제에 직면하는데, 이것은 대립하는 가치에 대한 국민의 Kosens가 어떻게 이뤄지느냐에 달려 있게 된다. 즉 국민의 Kosens가 새로운 것을 갈구하지 않고 있음에도 불구하고 그러한 변혁을 시도한 국가권력은 정당성을 인정받을 수 없게 된다.

(2) 合理的 正當性

Weber가 주장한 합리적 정당성은 전통적 정당성, 즉 오랜 인습적 통치형태의 유지에 의한 정당성과 대비되는 정당성유형의 하나로서 이성이 주도하는 정치적 형성의 정당성을 의미한다.[133)] 이것은 전통적 정당성원리의 틀을 벗어나 새로운 정치질서를 이성에 의해 형성해 나가고자 하는 정당성원리를 의미하는 것이다.

그런데 합리적 정당성은 전통적 정당성과의 갈등을 통하여 확립되는데, 이러한 갈등은 19세기 초에 정당성과 합법성의 분리가 이뤄지면서 드러나게 되었다.[134)] 즉 "새로운 질서의 근본원리는 합법성이다"고 말하면서 합법성의 중요성을 제기하고 나선 Duvergier de Hauranne의 영향으로 정당성과 대립되는 합법성의 개념

---

129) P. G. Kielmansegg, "Legitimität als analytische Kategorie", S.378.

130) 즉 전통사회에 있어서 보통 종교 내지 형이상학과 같은 초월적인 형태의 지식적인 수단을 통하여 불평등의 불가피성이 기정사실화되어 있는 경우 그 사회적 불평등은 정당화된다.

131) T. Würtenberger, "Legitimationsmuster von Herrschaft im Laufe der Geschichte", S.347. 바로 이러한 근거에서 왕위찬탈자에 대한 불승인론이 주장되었었다.

132) 이러한 상태를 Ferrero는 선행하는 정당성(Vorlegitimität)이라는 개념을 가지고 설명하고 있는데, 이러한 경우에는 전통적 정당성원리에 의해서는 정당화될 수 없으나 다른 유형의 정당성원리에 의하면 정당화될 수도 있다는 것을 의미한다. P. G. Kielmansegg, "Legitimität als analytische Kategorie", S.378.

133) T. Würtenberger, "Legitimationsmuster von Herrschaft im Laufe der Geschichte", S.347.

134) T. Würtenberger, "Legitimationsmuster von Herrschaft im Laufe der Geschichte", S.348.

이 사용되면서 그에 바탕을 둔 합리적 정당성의 개념도 확립된다.[135] 예를 들어 인간에 관한 신의 섭리를 통하여 성립된 법, 즉 자연 그대로의 법 내지 역사적으로 성립된 법만이 정당하다고 보든가, 또는 고도의 신성한 힘으로부터 나온 법률만이 정당하다고 보는 전통적 정당성원리에 반하여,[136] 합리적 정당성은 자연법에 바탕을 두고 이성의 힘을 빌어 새로운 정치질서를 확립하고자 하던 자유주의(진보주의)와 합리주의사상에 바탕을 둔 것으로서, 모든 가능한 규범을 실정법규로 흡수하고자 하면서 나타난 정당성유형이다.[137] 더욱이 곧 이어 나타난 법실증주의 운동은 합법성의 중요성을 더욱 강조하여 정당성을 배격한 극단적인 정당성유형, 즉 합법성을 본질로 하는 합리적 정당성원리가 나타나게 되었다. 그 결과 Weber도 현대국가는 합리적 정당성에 기반을 두고 있다고 하였지만, 사실상 그것은 합법적인 법률 내지 합법적으로 제정된 규칙에 복종하는 것은 정당하다는 의미에서 합법성에 대한 믿음으로 이해되고 있다.[138]

오늘날 합리적이고 그때마다 상황에 상응하는 법질서의 장치(실정법체계)는 현대국가의 기능을 위하여 필연적인 조건이고, 또한 현대국가들이 그들의 질서과제를 효과적으로 완수할 수 있기 위한 필수조건이다.[139] 뿐만 아니라 민주적 입헌국가의 정당화 모델에 있어서 '법률의 우위'현상은 물론 '법률유보'의 현상을 평가할 때, 모든 행정적 내지 사법적 결단에 있어서 합법성원리가 중심적 역할을 한다는 것은 명백하다.[140] 더욱이 합법성은 국가권력과 국민을 구속하는 법률이 국민의 대표기관인 국회에서 다수결원리에 의하여 정립되고, 일단 정립된 법률은 최고의 가치로 인정받는다는 점에서 민주주의원리에 합치될 뿐만 아니라 법치국가원리에도 합치되며, 바로 그러한 이유로 구속의 정당화가 이뤄지고 있다.[141] 그런 의미에서 합법성은 헌법적질서의 테두리 안에서는 모든 자의적인 목적을 위해 봉사하는 단지 형식적인 원리로 파악될 수는 없고, 또한 이런 의미에서 최종적으로 결정을 내리는 실질적 정당성과 대립될 수 없다.[142] 즉 국회가 제정한 법률 그 자

---

135) Duvergier de Hauranne, Del'ordre légal en France et des abus d'autorité, in: T. Würtenberger, "Legitimationsmuster von Herrschaft im Laufe der Geschichte", S.348.

136) Friedrich Julius Stahl, "Die gegenwärtigen Parteien in Staat und Kirche," in: T. Würtenberger, "Legitimationsmuster von Herrschaft im Laufe der Geschichte", S.348.

137) 정치학대사전, 1731면 이하.

138) P. G. Kielmansegg, "Legitimität als analytische Kategorie", S.375.

139) R. Zippelius, Allgemeine Staatslehre, S.311.

140) Hasso Hofmann, Legitimität und Rechtsgeltung, Duncker & Humbolt, 1977, S.78f.

141) 미국헌법 제6조는 연방헌법 및 이 헌법에 의하여 제정된 법률은 국가의 최고법규라고 함으로써 법률의 최고가치성을 분명히 하고 있다.

체가 '일반의사' 내지 '국민의 의사'를 의미하게 되고, 법률은 바로 국민의 주권적 의사의 표현으로 간주되게 되며, 그 결과 여기에 있어서는 법률의 지배를 의미하는 합법성이 바로 정당성 그 자체를 의미하게 된다.[143] 따라서 현대자유민주국가에 있어서는 법치국가를 그 내실로 하는 한, 그 국가권력의 정당성은 오로지 그 합법성에 내재한다고 하거나, 또는 법치국가적 합법성이 무시될 때에는 민주국가에 있어서의 국가권력의 정당성도 의문시되게 된다는 견해가 성립할 수 있게 된다.[144] 바로 이러한 점이 Weber가 주장한 합리적 정당성개념이고, Hart가 법과 도덕을 결부시키려고 했던 규범이론인 것이다.[145]

그러나 합리적 정당성이 합법성과 정당성을 동일시하는 견해라는 것은 아니다. 의회주의적 입법행위가 충분히 공정하게 이뤄지지 못하는 경우 '법률의 우위'의 주장은 마르크스주의자들의 주장을 빌릴 필요도 없이 합법한 부정의가 실현될 것이기 때문이다. 더욱이 법실증주의자들과 같이 법률을 무흠결한 것으로 전제하면서 정당성의 문제를 다루는 것은 현존하는 질서를 무조건 정당화하고 가치판단을 부인하는 결과를 가져오게 된다.[146] 따라서 법치국가로서의 성격을 전제한다고 하더라도 형식적인 합법성의 요소만으로 국가권력의 정당화가 충분하게 이뤄지는 것은 아니며, 그 결과 의회주의적 법률제정의 질적·양적인 결함으로부터 법률의 우위에 대한 원칙이 항상 유지되기 어려움을 알 수 있다. 왜냐하면 합법성의 문제는 단순히 국가권력의 행사에 있어서 적나라한 법률적합성을 가리키는데 반하여, 정당성에 따른 문제는 힘을 부여하는 국가법질서를 초월하는 것이며, 법질서에 내포된 윤리적·법적 근본원리를 주목하는 것이기 때문이다.[147] 다시 말해서 현대의 민주적 헌법국가에 있어서 합법성은 국가권력의 정당성을 전제로 하여 성립됨을 부인할 수는 없으나, 순수한 합법성은 그 자체만으로는 충분한 정당성의 근거를 제공하지 못한다. 규범화의 단순한 일반성은 이미 그의 정당성을 보장하지 못한다는 것이 윤리적 형식주의를 포함한 논의에서 지적되고 있는 것이다. 즉 법치국가성이라는 개념은 이미 형식적인 합법성의 요소만으로 충분하게 되는 것이 아니고 정당성이라는 내용상의 기준을 그 속에 포함시킨 경우에 그것에 일치됨을 알 수 있다.[148] 특히 가치판단을 요하는 상황이 평화로운 평상시의

142) K. Hesse, Grundzüge des Verfassungsrechts der Bundesrepublik Deutschland, S.76f.
143) 한태연, 헌법학, 177면.
144) 한태연, 헌법학, 177면.
145) M. P. Golding, Philosophy of Law, in: J. G. Merquior, op.cit., p.3.
146) M. Kriele, 국순옥譯, 민주적 헌정국가의 역사적 전개, 19면.
147) T. Würtenberger, Die Legitimität staatlicher Herrschaft, S.22.

상황이 아니고 노도와 광풍이 일어나는 경우와 같이 비상사태 내지 혁명적 상황이라면 합법성에 근거한 주장은 국가권력에 대한 저항을 감행하는 정당성요청을 제기하게 된다.

이와 같이 합법성과 정당성 사이에 갈등이 생길 때에는 합법적 정당화란 기대할 수 없다. 이때는 Weber의 합리적 정당성이 의미하듯이 합법성과 정당성이 합일된 개념으로 파악될 수 없고, 서로 대립되고 교차되는 양극개념으로 나타난다.[149] 결국 합법성과 정당성사이에 대립과 갈등이 생기면 오늘날 언제나 '정당성 우위의 원칙'에 입각하여 해결하지 않으면 안 된다.[150] 그렇지 않으면 합법성이란 미명아래 법감정이나 정의감정에 반하는 '불법적인 합법'(unrechtes Recht)이 이뤄질 것이기 때문이다. 따라서 합법성과 정당성의 관계에 있어서 "합법성은 정당성의 필요조건이기는 하지만, 합법성이 정당성의 충분조건은 아니다"라는 공식이 성립됨을 알 수 있다.

5. 20世紀末 이후의 正當性類型 : 民主的 正當性, 節次的 正當性 및 目的的 正當性

앞에서 살펴본 것처럼 정당성유형의 역사적인 발전과정을 보면 정당성에 관한 가치판단기준이 끊임없이 변화하고 있고, 정당성에 관한 가치판단이 그때그때의 지배적 국가이념과 관련되어 있음을 알 수 있다. 즉 국가이념의 변천은 정당화하는 가치들의 위계질서의 결정적 변화로 나타난다.[151] 뿐만 아니라 국가권력의 정당성에 관한 가치판단기준은 다양한 존재영역과 경험영역으로부터 시대정신에 상응하여 이끌어져 왔기 때문에 국가통치를 정당화할 수 있는 정당성의 원천은 다양함을 알 수 있다.[152] 즉 정당성의 원리는 일정한 시점에서 창조되는 것이고, 따라서 절대적인 것이 아니라 일정한 시점에서 파악되어져야 하는 것이며, 모든 인간적인 것이 그러하듯이 시간을 통하여 수정되어야만 하는 것이다.[153] 그리하여 18세기에 이르기까지 기나긴 인류의 역사에서 국가권력의 정당성에 관한 논점이 군주주권적 정당성과 국민주권적 정당성의 문제였고, 18세기말 이후 19세기를 거

148) R. Zippelius, Allgemeine Staatslehre, S.311.
149) 한태연, 헌법학, 180면.
150) 허영, 헌법이론과 헌법, 11면.
151) T. Würtenberger, Die Legitimität staatlicher Herrschaft, S.20.
152) Jochim Heidorn, Legitimität und Regierbarkeit, Duncker & Humbolt, 1982, S.10.
153) Jochim Heidorn, Legitimität und Regierbarkeit, S.10.

치는 동안 경찰국가적 정당성과 야경국가적 정당성의 대립이 있었다면, 20세기의 정당성 논의는 국민주권이 확립되는 과정이라고 볼 수 있기 때문에 전통적 정당성과 합리적 정당성의 문제에 주안점이 주어졌다.

그런데 20세기 후반부터 21세기에 접어든 오늘날까지 국가권력의 정당성에 관한 논의를 살펴보면 관점의 변화가 이루어졌음을 알 수 있다. 20세기가 대체로 국민주권이 관철되어 가는 과정에 있었기 때문에 전통적 정당성과 합리적 정당성의 갈등이 대립되었음에 비하여, 20세기 후반 이후는 이미 국민주권이 확립되고 그것을 바탕으로 국가의사의 형성과정과 절차를 중심으로 국가의 기능과 과제가 논의의 핵심으로 등장하였기 때문이다. 즉 현대에 있어서 국가권력의 정당성의 문제는 입헌국가 내지 헌법국가를 전제하면서도 국가의사결정의 과정과 절차에 대하여 헌법이 부여하고 있는 기능과 과제를 국가권력이 제대로 구현하고 있는가를 평가하는 것이 핵심으로 등장한다. 특히 오늘날의 국가권력은 선재하는 것이 아니라 헌법에 의하여 비로소 창설된 것을 의미하기 때문에 항상 헌법에 기속되어야 하고, 헌법이 추구하는 최고의 가치인 인간의 존엄과 가치를 바탕으로 하는 기본권보장을 통하여 국가권력은 사회정의를 실현하는 것이 과제이며, 그러한 과제달성을 위하여 국가권력의 창설에 있어서는 물론이고 그 행사과정에 있어서 남용 내지 악용이 불가능하도록 권능에 대한 합리적이고 효율적인 통제수단을 마련함으로써 그 행사가 방법과 과정의 측면에서도 정당화되지 않으면 안 된다고 본 것이다.

결국 현대의 헌법국가 내에서 국가권력은 다음과 같은 정당성의 요청이 핵심으로 등장했음을 인정하고 또한 그것을 정당화원리로 받아들이지 않으면 안 된다. 즉 국가권력은 국민주권을 실현시킨다는 점에서 '민주적 정당성'이 요구되고 있고, 국가권력은 기본권적 가치를 실현시키기 위한 수단적 존재라는 의미에서 '목적적 정당성'이 확보되어야 하며, 또한 민주적 정당성과 목적적 정당성이 추구하는 절차와 방법에 있어서 합리적일 것을 요구하는 '절차적 정당성'이 국가권력에게 요구되고 있다.[154] 그리고 이 민주적 정당성, 목적적 정당성, 절차적 정당성의 문제가 현대국가의 정당화원리 내지 통치구조의 정당화원리로 평가되는 한, 그것은 헌법국가를 지향하는 모든 국가에서 통치구조와 관련된 헌법해석에 있어서 그 지침이 되지 않을 수 없다. 헌법에 근거하여 구성되는 통치구조이기 때문에 그 통

154) 허영, 헌법이론과 헌법, 834면 이하. 권영성교수도 '통치구조의 민주적 · 절차적 정당성'이라는 주제로 간략히 언급하고 있다. 권영성, 헌법학원론, 2009, 725면.

치구조의 구성과 작용에 대한 헌법해석에 있어서 정당화원리가 그 토대가 되는 것은 너무나 당연한 일이다. 다만 이에 대한 자세한 내용은 다음의 현대국가의 정당화원리에서 살펴보기로 한다.

Ⅳ. 現代國家에 있어서 國家權力의 正當性의 源泉 내지 價値判斷基準

1. 序

국가권력의 정당성에 관한 문제는 국가통치의 지도이념과 통치현실이 정당한가를 탐구하는 개념이고, 여기서 가장 핵심이 되는 것은 어떠한 가치척도에 의해서 정당화될 수 있을 것인가에 관한 정당성의 원천(Legitimitätsquellen) 내지 가치판단기준의 문제이다. 앞에서 살펴본 것처럼 역사적인 발전과정을 보면 가치기준의 비중과 감정은 끊임없이 변화하고 있고, 정당성에 관한 가치판단의 다양한 양상도 본질과 구성에 있어서 아주 밀접하게 그때그때의 지배적 국가이념과 관련되어 있음을 알 수 있다. 즉 국가이념의 변천은 정당화하는 가치들의 위계질서의 결정적 변화로 나타난다.[155] 뿐만 아니라 국가권력의 정당성에 관한 가치판단기준은 다양한 존재영역과 경험영역으로부터 시대정신에 상응하여 이끌어져 왔다는 점을 역사가 가르쳐주고 있다. 그 결과 국가통치를 정당화할 수 있는 정당성의 원천은 하나 또는 소수의 몇몇이 존재하는 것이 아니라 질적으로 다양한 정당성원천이 존재함을 지적하지 않을 수 없다.[156] 예를 들어 신성화된 선통에 대한 고십, 합리적 근거가 없는 신앙, 특정한 지배적 윤리 내지 법적 가치관념, 현존하는 법질서의 정당성에 관한 신뢰, 또는 특정한 정치이데올로기의 승인 등에 정당성의 근거를 둘 수도 있고,[157] 합리적이고 설득력 있는 절차, 국가의 사회경제적 수행능력으로서의 효율성, 국가지도자의 인격성 등에 의해서도 국가권력의 정당화는 이뤄지고 있다. 따라서 이제 하나의 정당화원리 내지 가치기준은 다른 경쟁적이며 실질적인 원리들에 반하여 관철될 것을 더 이상 요구해서는 아니 되며, 실질적인 문제들이 더 이상 구속적으로 결정되지 않고 오히려 공식적인 공개성과 기회균등을 통하여 실질적인 경쟁이 정상적이고 또한 유용한 것으로 수용되고 지속되도록 해야 한다.

155) T. Würtenberger, Die Legitimität staatlicher Herrschaft, S.20.
156) Jochim Heidorn, Legitimität und Regierbarkeit, Duncker & Humbolt, 1982, S.10.
157) T. Würtenberger, “Legitimationsmuster von Herrschaft im Laufe der Geschichte”, S.348.

즉 모순된 원리들의 존재가 인정되며, 국가권력의 정당화는 이제 실질적인 결정권능으로부터 끌어내는 것이 아니고 형식적인 공개성으로부터 자신의 승인을 이끌어 내야 함을 알 수 있다.[158] 이것은 또한 국가통치의 정당화구조에 있어서 정당한 관계를 침해하고 지양하며 파괴하고 항상 새롭게 등장할지도 모르는, 그리하여 우위를 차지하게 되는 정당한 관계가 존재한다고 하는 사실을 인정하는 것이며, 또한 정치문화의 근본가치의 영역에서 정당한 정치관계를 창조하는 것은 각 세대에게 새롭게 부과된다는 것을 의미한다.[159] 왜냐하면 정당성의 원리는 일정한 시점에서 창출되는 것이고, 따라서 절대적인 것이 아니라 다만 일정한 시점에서 파악되어져야 하는 것이며, 모든 인간적인 것이 그러하듯이 시간을 통하여 수정되어야만 하는 것이기 때문이다.[160]

이와 같이 정당성이라는 개념이 본질적으로 다양적인 것이기 때문에 국가권력의 정당성에 관한 가치판단기준은 한마디로 단정할 수가 없다. 오히려 자연법적 정당성의 공식화(Formalisierung)는 역사적으로 무한한 것으로 보이기도 한다.[161] 그리하여 정당성관념의 변천에 있어서 가치에 관한 수많은 투쟁이 이미 공식적으로 치뤄졌고, 그때마다 사회나 또는 국가주도적 측면으로부터 인용된 가치관념들은 다른 법적·도덕적 가치관을 통하여 배척되기도 했다.[162] 하지만 오늘날의 시점에서도 국가권력을 정당화할 수 있는 정당성의 원천을 찾아내고 이것을 모형화하는 것이 요구된다. 또한 오늘날의 자유주의국가사상으로부터 복지를 추구하는 사회국가로 이행된 상태에 있기 때문에 현대국가의 정당성을 위한 모형을 세움에 있어서는 자유와 평등에 관한 올바른 기준과 자율적인 개성신장의 영역 및 국가적 생존배려에 관한 올바른 기준이 성공적인 정치적 경험(업적)으로부터 발견되는 것을 전제로 해야 하며,[163] 그와 함께 국가권력의 정당성을 근거지우는 세계관적 지향틀(Orientierungsrahmen)을 찾아내지 않으면 안 된다. 즉 현대국가의 특징이 전통적 정당성을 바탕으로 하면서 합리적 정당성의 유형에 속한다고 볼 수 있고, 또한 민주적 정당성과 절차적 정당성 및 목적적 정당성을 추구하는데 있다고 볼 수 있는데, 이러한 전제하에 국가권력의 정당성을 합리적으로 설명할 수 있고 설득할 수 있는 보다 구체적인 모형을 설정하는 것이 필요한 것이다.

158) R. Steininger, “Thesen Zur formalen Legitimität”, S.273.
159) T. Würtenberger, “Legitimationsmuster von Herrschaft im Laufe der Geschichte”, S.349.
160) T. Würtenberger, “Legitimationsmuster von Herrschaft im Laufe der Geschichte”, S.349.
161) R. Steininger, “Thesen Zur formalen Legitimität”, S.272.
162) T. Würtenberger, Die Legitimität staatlicher Herrschaft, S.20.
163) T. Würtenberger, “Legitimationsmuster von Herrschaft im Laufe der Geschichte”, S.347.

그리하여 다음에는 현대국가의 정당성유형에 입각하여 구체적인 정당성의 원천을 크게 2가지 유형으로 나누어 살펴보고자 한다.[164] 즉 국가권력의 형식적 정당성과 실질적 정당성이 그것이다. 여기서 국가권력의 형식적 정당성이란 국가통치의 정당화를 위한 구속적 근거들을 도출해 낼 수 있는 세계관적 지향들을 찾는데 실패할 경우에 정당화능력을 가질 수 있는 형식적 조건(원천)들을 말하며,[165] 국가권력의 실질적 정당성이란 가치실현과 공공복리의 실현을 통한 국가권력의 정당화를 의미하는 것으로서 국가권력이 인간의 존엄성을 인정하는 바탕 하에서 어떠한 정치적 급부(성취)를 제공하여야 정당화될 수 있는가를 제시하고자 하는 형식이다.[166]

2. 國家權力의 形式的 正當性

(1) Konsens形成節次를 통한 正當化(節次的 正當性)

오늘날 사회 내지 개인의 심리학적 측면에서 국가통치는 Konsens를 통하여 정당화된다. 그리고 민주적 입헌국가에서 Konsens는 선거를 통해서, 다수결원리를 통해서, 임기의 구속을 받는 공무원의 업무처리를 통해서, 정치적 내지 행정적 결단에의 참여를 통해서, 또는 여론의 활성화를 통해서 그의 형성이 추구된다.[167] 이것은 정당성의 원천이 다양하고 시대에 따라 변화하는 것이기 때문에 현대의 모든 국가통치가 일정한 운영규칙에 의하여 수행되어야 한다는 것을 의미한다.[168] 즉 국가통치에 있어서 모든 관계자에게 스스로 절차에 참여하여 사실진술을 행하고 법적 견해를 표명할 공평한 기회가 주어지지 않으면 안 되고, 국가권력은 공평하게 행동하여야지 일방적으로 행동하여서는 안 되며, 그 절차가 일반대중의 통제하에 수행되지 않으면 안 된다는 것을 말한다. Hesse도 적절하게 지적하고 있듯이 정치적 통일체인 국가가 인간의 행위 속에서 비로소 실재적인 것이 되려면 국가내의 갈등을 극복하고 정치적 통일을 형성하며 국가권력의 행사를 명백하고 통찰할 수 있게 하는 일정한 절차규범이 요구된다고 한다.[169] 그의 주장에 따르면 오

164) 이러한 유형화는 T. Würtenberger가 상게논문에서 시도하고 있는데, 여기서 그러한 형식에 따르되 보다 상세하게 보충하여 설명하려고 한다.
165) T. Würtenberger, Die Legitimität staatlicher Herrschaft, S.348.
166) T. Würtenberger, Die Legitimität staatlicher Herrschaft, S.349.
167) T. Würtenberger, Die Legitimität staatlicher Herrschaft, S.348.
168) R. Zippelius, 김형배譯, 법학입문, 157면.
169) K. Hesse, Grundzüge des Verfassungsrechts der Bundesrepublik Deutschland, S.13.

직 계획적이고 의식적인, 즉 조직된 협동작용을 통해서만 정치적 통일은 성립되는 것이고, 이러한 정치적 통일의 성립은 끊임없는 권력투쟁의 과정이며, 그것이 무질서한 권력투쟁의 우연성에 맡겨져서는 안 되기 때문에 질서 있는 절차가 요구된다는 것이다.170) 왜냐하면 국가권력이 중요한 결단을 통하여 통치를 함에 있어서, 이후의 계속되는 결단의 절차에서 소수가 다수로 되는 기회가 있을 때에만 소수가 인내심을 가지고 다수의 결단이 옳은 것으로 승인하게 되기 때문이라는 것이다.171) 이것이 바로 '절차상의 정의'의 고전적 요청내용이고, 정의의 내용적 기준을 통해서가 아니라 국가권력의 결단이 내려지는 절차와 방식을 통해서만 그의 정당성을 발견하게 된다는 '절차적 정당성'에 관한 문제이다.172)

사실 이러한 절차규정이 국가권력의 정당성과 밀접하게 관련되어 있음은 의심의 여지가 없다. 왜냐하면 절차규정은 실현될 국가권력의 정당성을 매개하지 않으면 안 되기 때문이며, 어떠한 정당성개념도 그러한 절차규정 속에 구체화되지 않는다면 국가통치를 구체적으로 정당화할 수 없기 때문이다. 즉 대체로 국가통치에의 복종규칙으로서의 그러한 절차규정의 시행과정에서 정당성현상이 문화의 발전을 위하여 어떤 결정적인 의미를 갖는지가 분명해지고, 그때 그 정당성현상이 원리원칙상 갈등을 회피하고자 하는 국가권력의 입장으로부터 갈등을 규제할 가능성을 창출하기 때문이다.173)

그리하여 현실적 합리성을 법해석상 무의미한 것으로 사상해버리고 이를 경험의 세계 속으로 해소시키려는 노력을 시도한 예가 Luhmann에 의하여 이뤄졌다. 그는 정당성 부여에 관한 사회학적 기초를 제시하는 가운데 재판절차, 입법절차, 선거절차, 그리고 행정절차가 국가권력의 정당성에 본질적인 기여를 하고 있다는 사실과 그 과정을 아주 설득력 있게 보여 주고 있다.174) 즉 Luhmann은 정당성 부여에 관한 사유가 하나의 오해임을 폭로하고, 이렇게 함으로서 정당성 부여에 관한 사유를 제거함과 동시에 체계이론적 내지 사회학적 고찰방식의 우월성을 확립하려는 데 목적이 있었으며,175) 정당성을 창출하는 사회적 과정과 이 과정을 가능

170) 오늘날 기본권이 그 기능을 수행할 수 있게 하기 위해서도 절차규정이 불가결하다고 한다. 허영, 헌법이론과 헌법, 498면 이하. 뿐만 아니라 위와 같은 점 때문에 현대국가에 있어서 조직과 절차는 변화된 인간의 자유의 조건에 적절히 대처할 수 있는 수단으로 평가되기도 한다. K. Hesse, Grundzüge des Verfassungsrechts der Bundesrepublik Deutschland, S.143.

171) T. Würtenberger, "Legitimationsmuster von Herrschaft im Laufe der Geschichte", S.348.

172) R. Zippelius, 김형배譯, 법학입문. 157면.

173) P. G. Kielmansegg, "Legitimität als analytische Kategorie", S.383.

174) Niklas Luhmann, Legitimation durch Verfahren, Luchterhand, 1969, S.13ff; M. Kriele, 국순옥譯, 민주적 헌정국가의 역사적 전개, 30면 이하.

케 하는 구조적 조건들을 핵심으로 다루고 있기 때문에,[176] 정치적 내지 사회적 현실에서 국가권력의 정당성을 근거지울 수 있는 규범적 정당성 부여의 과정이 불가결하다는 사실들을 반증하고 있다.

그러면 절차가 정당성을 부여한다는 것은 어떤 이유가 있기 때문인가? 그것은 절차가 모든 중요한 관점들의 고려의 대상이 됨은 물론 시간적 내지 내용적 우선순위에 대한 충분한 토의가 이루어질 가능성을 제고시켜 주고, 따라서 그 결정이 합리적 정당성을 가질 가능성을 높여준다는 점과, 절차의 지속적인 제도화는 국가권력이 내린 결정이 과거에도 정당성을 가졌었고 미래에도 정당성을 갖게 될 가능성을 제고시켜 주며, 이 가능성이야말로 이미 내려진 그리고 앞으로 내려질 결정이 이성적이고 정당하다는 신뢰를 갖게 해준다는 데 있다.[177] 예를 들어 절차가 진리발견의 확률을 제고시켜 준다고 가정하는 경우에만 다수결원리가 정당화될 수 있고, 이와 같은 가정 하에서만 다수결원리의 여러 한계, 즉 소수의 보호 및 소수의 협력을 둘러싼 제반규정에 대한 평가 및 이해가 가능해진다. 다시 말해서 진리발견의 가능성은 합리적 논거와 합리적 반대논거가 자유스러운 분위기 속에서 어느 정도 자웅을 겨루어 볼 수 있는가에 달려있는 것이기 때문에, 진리발견의 가능성이 실현되기 위해서는 소수반대파에게 정치적 의사형성과정에 참여할 권리가 보장되어야 한다는 것이다.[178]

그러나 Luhmann은 왜 이러한 절차들이 실질적 정당성의 원천이 없이도 그 자체로서 정당성 부여의 기능을 수행하는가 하는 점을 제시하지 못하고 있다.[179] 즉 절차가 정당성 부여의 계기가 된다는 사실과 그 과정에 관해서만 언급하고 있을 뿐 절차가 정당성 부여의 계기가 되는 이유를 밝히지 못하고 있다.[180] 그러한 점에서 결국 Luhmann은 실질적 정당성의 의미에서 정당화에 관하여 말하고 있는 것이 아니고 정당성믿음(Legitimitätsglauben)의 운용(management)이란 의미에서 단순히 언급하고 있는 것이다.[181]

그러한 까닭에 하나의 정당성형식을 절차적인 것으로만 기술하는 연구는 결국 분규를 초래할 뿐이다.[182] 왜냐하면 이미 지적했듯이 절차적 정당성의 원리란 내

175) M. Kriele, 국순옥譯, 민주적 헌정국가의 역사적 전개, 32면.
176) R. Steininger, "Thesen Zur formalen Legitimität", S.276.
177) M. Kriele, 국순옥譯, 민주적 헌정국가의 역사적 전개, 31면.
178) M. Kriele, 국순옥譯, 민주적 헌정국가의 역사적 전개, 230면.
179) M. Kriele, 국순옥譯, 민주적 헌정국가의 역사적 전개, 31면.
180) M. Kriele, 국순옥譯, 민주적 헌정국가의 역사적 전개, 229면.
181) R. Steininger, "Thesen Zur formalen Legitimität", S.277.

용적으로 정당한 결정을 내리기 위한 과제에 이바지하기 위한 것일 뿐이기 때문이다. 즉 절차상의 정의의 원칙들은 내용적으로 정당한 결정을 가장 잘 기대할 수 있는 절차상의 조건으로서 이바지하는 것이다. 그러므로 아무리 훌륭한 절차도 보통 정당한 결정의 필요조건은 되지만 그 자체만으로 충분한 조건은 되지 못한다.[183]

(2) 政治的 繼續性을 통한 正當化(傳統的 正當性)

역사적인 측면에서 평가할 때 전통과 역사적인 계속성은 중요한 국가통치(정치지배)의 정당화 원천이었다.[184] 그리고 전술했듯이 전통과 정치적 계속성에 타당근거로서의 지위를 인정하는 전통적 정당성원리는 오늘날도 그 중요성이 사라지지 않고 있다. 왜냐하면 오늘날도 정당성현상을 다룸에 있어서 전통은 국가권력을 정당화함에 있어서 없어서는 안 될 중요한 타당근거의 하나로 기능하고 있기 때문이다. 즉 전통은 무엇인가가 가치 있는 것으로 전승되어 왔기 때문에, 그리고 우리 세대에 앞서 가치가 있었기 때문에 그러한 전통은 그 자체로서 정당성의 추정력을 갖는 것이고, 새로운 것만이 정당화가 요구된다는 것이다.[185] 전통은 E. Burke가 지적했듯이 일정한 합리성을 가지며, 전통은 모든 문명의 보고이자 종교 및 도덕의 원천이고 심지어 이성 그 자체에 대한 척도라고 간주되기도 하기 때문에[186] 정당성이 추정되고 있는 것이다. 어떠한 정치적 결단이든지 일정한 타당근거를 가졌다고 하더라도 곧바로 정당성을 획득하는 것이 아니고, 일단 완성되고 승인된 결단도 그것이 계속성을 유지하고 전수가 이뤄지는 과정에서 정당성이 점차 획득되는 것이다. 다시 말해서 하나의 정당성원리는 항상 점차적이고 세대를 극복하고서만 완성될 수 있는 것이기 때문에 전통적 정당성의 의미가 사라지지 않고 있는 것이다.[187]

따라서 오늘날 더 이상 논쟁의 여지가 없이 정치적 계속성이 유지되는 상황에서는 국가권력은 전통에 의해 정당성이 부여된다.[188] 즉 하나의 통치질서가 역사

---

182) P. G. Kielmansegg, "Legitimität als analytische Kategorie", S.384. 이러한 이유에 대해서는 히틀러정권이 합법적인 형식과 절차를 통하여 부정의한 조치를 취하였던 점을 상기하라.
183) R. Zippelius, 김형배譯, 법학입문, 157면 이하.
184) T. Würtenberger, "Legitimationsmuster von Herrschaft im Laufe der Geschichte", S.348.
185) T. Würtenberger, "Legitimationsmuster von Herrschaft im Laufe der Geschichte", S.348.
186) Sabine, A History of Political Theory, p.558.
187) P. G. Kielmansegg, "Legitimität als analytische Kategorie", S.378.
188) T. Würtenberger, "Legitimationsmuster von Herrschaft im Laufe der Geschichte", S.347.

적으로 생성된 법과 일치한다면 그 통치질서는 정당한 것으로 받아들여지며, 오래 지속된 국가통치에 있어서 국민이 그러한 통치를 동의했다는 것이 모든 예측에 의해 추정된다.[189] 왜냐하면 국가통치는 인간으로부터 이미 자신들의 존립을 위해 정당한 것으로 유지되어 오고 있기 때문이다. 이러한 점에서 우리는 시간이 통치를 신성하게 한다는 점을 알 수 있다. 시간은 정당성의 원천을 국민의 의식에서 사라지게 하고 그와 함께 논의를 사라지게 만들기 때문이다.[190]

(3) 政治的 權威를 통한 正當化(카리스마적 正當性)

정치적 권위를 통한 정당화는 정치적 계속성을 통한 정당화와 밀접하게 연결된다.[191] 전통적으로 완성되고 승인된 가치체제는 그 자체가 정치적 권위를 점점 추구해 나가는 것이 상례이기 때문이다. 그런데 지금까지 그러한 정치적 권위는 대체로 神政的 절대주의에서 신의 은총을 받은 통치자나 또는 카리스마적 통치자의 인격에 귀속시켜 왔다.[192] 즉 카리스마적 권위를 통하여 국가권력은 정당화되어 온 것이다. 그리고 이때 카리스마라는 개념은 정치적 지도자가 가지는 인격적 특성을 지적한 것인데,[193] 이 특성은 비범하고 초인간적·초자연적인 것으로서 모든 현존하는 질서에 구속되지 않고 사정에 따라서는 현존하는 질서에 반하여 전권을 행사할 수 있으며 추종자들로부터 복종을 받아낼 수 있는 인격적 권위였다.[194] 그러나 카리스마는 그 본질상 불안정한 것이다. 따라서 오랜기간 계속하여 카리스마를 유지한다는 것은 어려운 일이며, 더욱이 하나의 지도자로부터 다른 지도자에게 카리스마를 이양시킨다는 것은 더욱 어렵다. 그 결과 카리스마는 전통화되거나 합법화되지 않으면 안 되며, 신속히 평화적인 조직으로 전이되어야 한다.[195]

카리스마의 본질과 관련하여 Weber는 민주적 통치는 본질적으로 카리스마적 통치에 근거한다는 주장을 한다.[196] 무엇보다도 그는 선거는 갈채의 발전된 형태

189) T. Würtenberger, “Legitimationsmuster von Herrschaft im Laufe der Geschichte”, S.347.
190) T. Würtenberger, “Legitimationsmuster von Herrschaft im Laufe der Geschichte”, S.347. 여기서 정당성에 관한 논의가 사라지게 된다는 것은 곧 현실을 정당화한다는 의미가 되기 때문이다.
191) T. Würtenberger, “Legitimationsmuster von Herrschaft im Laufe der Geschichte”, S.348.
192) T. Würtenberger, “Legitimationsmuster von Herrschaft im Laufe der Geschichte”, S.348
193) James T. Duke, Conflict and Power in Social Life, 서울대학교 사회학과연구실譯, 갈등과 권력, 법문사, 1981, 70면.
194) P. G. Kielmansegg, “Legitimität als analytische Kategorie”, S.379.
195) J. T. Duke, 서울대학교 사회학과연구실譯, 갈등과 권력, 72면 이하.
196) M. Weber, Wirtschaft und Gesellschaft, S.198f.

이상의 다른 것이 아니며, 갈채는 카리스마를 위한 카리스마적 통치요청의 승인에 관한 전형적인 것이라고 함으로써 약간의 혼란을 야기했다.197) 이에 대하여 대략적으로 살펴볼 때 모든 선거가 결코 갈채의 책략으로부터 성립되는 것은 아니라는 점과, 선거에 있어서 경쟁적인 정당지도자들의 인격이 항상 중요한 것은 아니라는 점에서 항변이 이뤄지고 있으나,198) 오늘날의 민주적 입헌국가에서도 그 의미가 사라진 것은 아니다. Weber의 카리스마의 개념을 인격적 특성으로서만 평가하는 것은 지나치게 좁게 평가하는 것이라고 하면서, 인격은 물론이고 관직·규범·제도들 속에서 유래하는 질적인 것으로 카리스마를 이해하려고 하는 학자들이 있는 것은 그에 대한 좋은 예이다.199) 즉 현대의 민주적 입헌국가에서도 국가권력은 각각 특별한 사물관할(Sachkompetenz)의 올바른 행사를 통하여 정치적 권위를 높임으로써 정치체제의 정당화에 기여하고 있는 것이다.200) 예를 들면 의회는 입법행위의 정당성에 관한 신뢰가 깨어지지 않는 한 고도의 정치적 권위를 향유하게 되며, 헌법재판기관도 자신의 관할사항, 즉 권력집중에서 초래되는 국가권력의 남용에 대한 헌법적 심사를 통하여 국민들에게 법질서의 정당화라는 측면의 신뢰를 창출하고 이러한 방법으로 정치적 권위를 전개시키는데 성공할 수 있는 것이다.201) 따라서 오늘날도 지도자의 인격적 질의 문제는 아니라 하더라도, 각 국가권력이 그들의 사물관할에 대한 권위를 획득함으로써 정당화가 이뤄지고 있다는 점은 부인할 수 없다.202)

(4) 合理性을 통한 正當化

국가통치(정치지배)는 이성의 심판에 있어서 승인의 가치가 있는 것으로 나타나면 그 때는 정당성을 획득한다. 합리적인 것이 내포된 정치적 결단은 따르기가 쉽고 또한 적정한 것이 내포된 정치적 결단은 유지되기가 쉽기 때문이다.203) Weber

---

197) P. G. Kielmansegg, "Legitimität als analytische Kategorie", S.380.
198) P. G. Kielmansegg, "Legitimität als analytische Kategorie", S.380.
199) Dennis Wrong, Max Weber (New Jersey : Prentice-Hall Inc., 1970), p.44.
200) T. Würtenberger, "Legitimationsmuster von Herrschaft im Laufe der Geschichte", S.348.
201) T. Würtenberger, "Legitimationsmuster von Herrschaft im Laufe der Geschichte", S.348. 이와 관련하여 M. Kriele는 직무상의 권위라는 표현을 통하여 국가권력의 정당성을 이해하는데 중요한 시사를 하고 있다. M. Kriele, 국순옥譯, 민주적 헌정국가의 역사적 전개, 11면 이하.
202) 이러한 경우의 대표적 예는 영국의 의회, 독일의 헌법재판소, 미국의 연방대법원을 들 수 있다. 특히 미국의 연방대법원이 헌법재판과 관련하여 정당성에 관한 신뢰를 얻고 있는 점에 대한 자세한 예는 다음 문헌을 참조바람. Archibald Cox, The Role of the Supreme Court in American Government, 양승두·최양수譯, 미국의 법원과 정치, 학연사, 1983, 138-153면.
203) T. Würtenberger, "Legitimationsmuster von Herrschaft im Laufe der Geschichte", S.348.

는 정당성의 3가지 유형을 논하면서 그것은 본질적으로 역사발전의 3가지 단계에 대응하는 것이며, 그 가운데 우리는 오늘날 합리적 정당성의 시대에 살고 있다고 보았다.[204] 왜냐하면 국가권력은 피지배자인 국민의 눈으로 보아 대체로 정당한 것으로 통용될 때에만 정당성을 갖으며, 현대에 있어서 국가권력이 정당화 될 수 있는 경우란 그것이 본질적 합리성의 관점에서 정당화될 수 있는 때에 한하는 것으로 보기 때문이다. 다시 말해서 실질적 합리성은 근대국가가 시작된 이후로 세계사를 움직여 온 원동력이며, 그것은 바로 근대국가의 생동하는 심장이었고, 따라서 정당성의 문제는 오늘날 바로 국가권력에 대한 실질적 · 합리적 정당성 부여의 문제로 귀착되기 때문이다.[205]

그런데 오늘날 국가권력의 정당성을 규정짓는 실질적 합리성을 통찰한다는 것은 쉬운 일이 아니다.[206] 또한 우리들은 오늘날 누구나 본능적으로 진리를 믿으며 진실하고 합리적이라고 판단되어 정당하다고 인정하는 것에 대해서만 동의하려고 하기 때문에 합리적 정당화가 필수적이지만 실질적 합리성에 합의를 이루기는 쉽지 않다.[207] 따라서 실질적 합리성은 끊임없는 쇄신, 수정 및 정교화, 그리고 새로운 토론의 촉매제가 되고 있는 결단과 토론의 오랜 역사적 과정을 통해서만 그 진가를 발휘하게 된다.[208] 그리고 실질적 합리성은 그 본질상 그 기반을 이루고 있는 일반원칙을 하나의 공식으로 표현하지 않는다. Weber도 확증했듯이 전혀 순수하게 형식적인 자연법과 마찬가지로 순수하게 형식적인 정당화는 있을 수 없다고 보았다.[209] 즉 실질적 합리성의 문제는 그때그때의 보다 기본적인 이익을 찾아내는 작업을 무엇보다도 중요하게 여기는 정당화원리인 것이다.

---

204) M. Kriele, 국순옥譯, 민주적 헌정국가의 역사적 전개, 27면.

205) M. Kriele, 국순옥譯, 민주적 헌정국가의 역사적 전개, 29면.

206) 왜냐하면 단순히 실질적 합리성이란 개념이 소피스트적인 상대주의에 기반을 두고 있기 때문이 아니라, 이것은 항상 순수하고 직접적인 자태로 드러나지 않고 개인적 이익 또는 집단적 이익에 의하여 감정의 세계에 뿌리박혀 있고, 개인 또는 집단심리학적 설명만이 가능한 정감적 태도에 의하여 독단론 내지 왜곡된 형태로 드러나기 때문이다.

207) Jacgues Maritain, 한용희譯, 인간과 국가, 카톨릭출판사, 1978, 75면.

208) M. Kriele, 국순옥譯, 민주적 헌정국가의 역사적 전개, 39면 이하.

209) M. Weber, Wirtschaft und Gesellschaft, S.498. 여기서 M. Weber는 합리성의 개념을 사용함에 있어서 형식적 합리성과 실질적 합리성을 구별하여 사용한다. 형식적 합리성의 특성은 서명, 악수와 같은 감각적 직관이 가능한 행동이나 또는 법률과 같은 추상적 규정에 침전되어 있는 일의적이고 일반적인 구성요건에 있고, 이에 반하여 실질적 합리성은 형식주의를 파괴하는 윤리적 명령, 공리주의적 규칙, 정치적 격률에 있다고 한다. 그러면서 베버는 형식적 합리성은 자기목적적인 섯이 아니라 실실적이고 합리적인 근거에 봉사하는 것으로 보며, 최종적인 발언권은 역시 언제나 실질적 합리성에 있다고 한다. M. Kriele, 국순옥譯, 민주적 헌정국가의 역사적 전개, 28면 참조.

위와 같이 실질적 합리성이 형식적인 일반원칙이 아니고 토론의 과정을 통하여 획득되어야 할 것이라면 이에는 일정한 전제가 요구된다. 즉 공개성이 그것이다. Hesse는 민주주의는 정치적 의사형성을 위한 고유한 절차와 이 절차의 공개에 의하여 합리성을 만들어 낸다고 하면서, 이러한 정치과정에서의 절차와 공개가 정치과정을 투시, 개관, 이해를 가능하게 하며, 또한 그것이 활발한 참여를 비로소 가능하게 하여 국가권력의 정당성의 기초인 실질적 합리성을 제공하는 것으로 보고 있다.[210] 물론 현대의 민주국가에 있어서 공개의 목적은 국민주권론자들도 인정하듯이 결정과정에 직접적으로 참여하는 데 있는 것이 아니다. 그것은 오히려 결정과정의 투명성을 매개로 하는 대표원리의 확보에 있는 것이다. 즉 공개를 통하여 비로소 대표라는 공직원리가 준수되고 있는가를 감시할 수 있으며, 결정과정이 투명화 됨으로써 결정이유에 대한 설명이 불가피해지고, 그 결과 상식이 통할 수 있는 가능성이 제고된다는 것이다. 뿐만 아니라 결정과정의 투명성은 결정의 민주적 정당성을 확고히 해주며 결정사항의 해석에 중요한 역할을 담당할 수 있도록 하는데 목적이 있다.[211] 이것은 법적 격언일 뿐만 아니라 정치적 격언의 최고원칙인 '양당사자의 말을 다 들어라'라는 원칙을 인정하여 도덕적 내지 지적 저항을 동시에 극복하려는 정치적 이성의 발로인 것이다.[212] 따라서 국가행위의 공개는 모든 국민의 궁금증을 풀어주고 국민들이 언제든지 이에 대해 의견을 제시할 수 있는 것, 즉 자유로운 논쟁에 의하여 정부시책에 대하여 국민대중이 여론을 형성할 수 있는 가능성을 부여 한다는데 있는 것이므로, 이러한 공개의 이념은 언론기관이 그때그때의 주요사항을 공평무사하게 보도하는 경우에만 실현된다.[213]

결국 현대의 민주적 헌법국가에서는 국가권력의 정당성을 인정하는 사람들의 범위를 외연적으로 확대하려는 노력이 끊임없이 계속되고 있는데, 이와 같은 노력은 정신적인 조작이나 세뇌교육을 통해서가 아니고 실질적인 합리성을 통해서 이뤄지고 있다. 즉 정치과정의 공개를 통하여 설득력을 발휘하고 법적 권한의 일반적 승인을 유도해 줄 수 있는 실질적 합리성을 통하여 이뤄지고 있는 것이다.[214]

---

210) K. Hesse, Grundzüge des Verfassungsrechts der Bundesrepublik Deutschland, S.54.
211) M. Kriele, 국순옥譯, 민주적 헌정국가의 역사적 전개, 231면.
212) M. Kriele, 국순옥譯, 민주적 헌정국가의 역사적 전개, 36면.
213) M. Kriele, 국순옥譯, 민주적 헌정국가의 역사적 전개, 232면. 오늘날 언론기업에 의한 여론조작에 의해서 공개성의 이념이 실현되지 못하고 오히려 역기능이 나타나고 있는 점에 대해서 동면 이하 참조.
214) M. Kriele, 국순옥譯, 민주적 헌정국가의 역사적 전개, 15면.

3. 國家權力의 實質的 正當性

(1) 平和와 秩序의 維持를 통한 正當化

Bodin과 Hobbes 이후로 내적 내지 외적 평화를 위하여 배려하는 것이 정당한 국가권력의 중요한 과제이며,[215] 이것이 국가권력이 정당화되기 위하여 추구해야 할 여러 가지 가치가운데서도 가장 먼저 실현되어야 할 가치에 속했다. 특히 외적 평화의 유지가 국가권력의 정당성에 본질적으로 기여할 수 있다는 점은 특별한 근거제시를 필요로 하지도 않을 정도로 자명한 것으로 받아들여지고 있다. 국가권력을 정당화시키는 이러한 국가의 평화와 질서의 유지기능은 인성학적으로 깊이 뿌리박혀 있는 것으로서 인간의 안정에 대한 욕구와 일치하는 것이다.[216] 즉 국가의 평화와 질서가 유지되지 않고서는 인간으로서의 존엄과 가치가 실현될 수 없을 뿐만 아니라 생명의 유지에 있어서 불안감을 떨쳐버릴 수 없는 것이기 때문이다.[217] 이것은 오늘날 국가가 사회를 발판으로 해서 사회구성원 각개인의 능력과 개성이 최대한으로 발휘될 수 있는 정의로운 사회질서와 사회평화를 확립하고 보장하는 기능 때문에 그 존립근거가 인정되고 정당화된다는 것을 의미한다.[218]

그러나 국가의 평화와 질서를 유지하는 과제는 그 자체에 목적이 있는 것이 아니다. 즉 국가권력의 핵심적 과제는 개개인의 자유와 개성신장을 실현하게 하는데 있으며, 그 때에만 국가권력은 합리적이고 도덕적인 존재로 실증이 된다. 따라서 국가권력이 평화와 질서를 유지하는 것은 인간의 자유와 개성신장을 위하여 필요로 하는 기능적인 것이며, 이것은 그러한 기능이 실현될 수 있도록 자기실현의 다양한 차원을 확보하여 주는데 목적이 있는 것이다.[219] 다시 말해서 이것은 국가권력이 보다 중요한 가치들의 실현을 위하여 평화와 질서의 유지를 그의 일차적인 과제로 삼아야 한다는 것을 의미한다.[220]

---

215) T. Würtenberger, “Legitimationsmuster von Herrschaft im Laufe der Geschichte”, S.349.

216) T. Würtenberger, “Legitimationsmuster von Herrschaft im Laufe der Geschichte”, S.349.

217) 이러한 이유 때문에 카톨릭교회의 회칙들 속에서는 국가통치권의 가장 핵심이 되는 것은 국가공동체를 유지하는 것이며, 국가공동체의 보전은 첫째 원칙일 뿐만 아니라 국가권력이 존재하는 근본이유이기도 하다고 한다. 교황 레오 13세 회칙, 노동헌장, 45면.

218) 허영, 헌법이론과 헌법, 183면.

219) Böckenförde, Der Staat als sittlicher Staat, S.19, 21.

220) 따라서 우리나라의 권위주의통치 시절에 안보우선의 윤리가 지배해 온 것에 대해 반성이 있어야 한다고 본다.

(2) 人間의 尊嚴性을 核으로 하는 基本權保障을 통한 正當化

국가권력은 오늘날 평화와 질서를 유지하는 것 이상으로 포괄적인 가치를 실현함으로써 정당화되어야 한다.[221] 평화와 질서유지라는 과제는 그 자체로서 목적이 될 수는 없고, 다른 가치를 실현하기 위한 수단적인 존재로서만 의미를 갖는 것이기 때문에, 국가권력은 평화와 질서를 우선적으로 보호할 뿐만 아니고 그 이상의 가치를 실현함으로써 정당화되지 않으면 안 된다. 예를 들어 개인의 생명과 존엄성, 그리고 평등의 보호라든가, 윤리적 가치기준이나 연대감을 갖게 하는 사상의 보호, 또한 시국에 따라서는 사회적 정의의 실현, 민족적 통일, 정치적 자주성, 그리고 정치적 통합이 그러한 가치에 해당한다.[222] 즉 사회공동체를 정치적 통일체로 동화통합시켜 나감에 있어서 필요로 하는 모든 가치를 실현해 나갈 과제를 국가권력은 가지며, 이를 합리적으로 추구해 나갈 때에만 국가권력은 정당화되는 것이다.

그 가운데서도 인성학적 관점에서 볼 때, '인간의 자주성'은 모든 가치질서의 원천을 뜻하며 더 이상 논증할 필요가 없는 가치이고,[223] 따라서 '자주적 인간'의 존엄과 가치는 궁극적인 정당성의 원천이 된다. 즉 국가 내지 국가권력은 자주적 인간들이 자신들의 존립과 개성신장을 위하여 창조한 과제적 내지 기능적 존재이기 때문에 국가권력은 그러한 과제를 완수할 때에만 정당성을 인정받게 된다. 물론 이때 인간의 존엄과 가치는 비록 한정된 것이기는 하지만 인간의 선택의 자유와 도덕적 자치능력에 그 근본이 있다고 할 수 있으므로,[224] 기본권 내지 인권의 실현에 있어서 자유로운 개성신장의 보장여부가 정당한 국가통치의 본질적 징표가 된다.[225] 다시 말해서 정치적·법적 자유와 평등을 보장함으로써 자주적 인간의 개성신장 내지 인격신장을 가능하게 하는 최적조건을 보장하는데 국가권력의 궁극적 과제가 있는 것이며, 그러한 과제를 실현함으로써 국가권력은 정당화되는 것이다.[226]

---

221) T. Würtenberger, "Legitimationsmuster von Herrschaft im Laufe der Geschichte", S.349.
222) T. Würtenberger, "Legitimationsmuster von Herrschaft im Laufe der Geschichte", S.349.
223) J. Isensee, "Subsidiaritätsprinzip und Verfassungsrecht", 허영, 헌법이론과 헌법, 192면.
224) R. Zippelius, 김형배譯, 법학입문, 64면.
225) T. Würtenberger, "Legitimationsmuster von Herrschaft im Laufe der Geschichte", S.349.
226) R. Zippelius, Allgemeine Staatslehre, S.314.

(3) 公共福利 내지 社會正義의 實現을 통한 正當化

인류역사상 야경국가적 정당성이 주장되던 시대가 있었지만, 고래로 정당한 국가권력에게는 공공복리의 실현이 요구되어 왔다. 즉 국가권력은 개개인 또는 한 계층의 이익이 실현되도록 해야 되는 것이 아니고 공공복리의 촉진에 전념해야 하는 것이었으며, 이러한 과제는 현대의 사회적 법치국가에서는 물론이고 개화된 절대주의시대에서도 인간의 생존의 기초를 보장하기 위하여 요청되었던 것이다.[227] 이것은 인간으로서의 존엄과 가치를 실질적으로 보장하기 위해서는 자유주의적인 입장에서 주장하는 바와 같이 정치적으로나 법적으로 모든 국민의 자유와 평등과 안전이 유지되는 것만으로 성취되는 것은 아니라는 것이 역사적으로 판명되었기 때문에, 실질적·물질적 측면에서의 자유와 평등의 조건이 확보되도록 하는 것이 국가권력에게 필요하다는 것이다. 따라서 오늘날의 국가권력은 효율적이고 시기적절한 생존배려와 사회보장제도의 확립, 건강보호, 환경보호 등등의 공공복리의 촉진을 통해서 정당화되며, 경제적 영역에서의 개성신장의 조건들이 함께 존재하는 기능주의적인 경제체제의 보장을 통해서도 정당화된다.[228]

다만 국가권력이 자유로운 개성신장을 가능하게 하고 최소한도의 인간다운 생활을 보장하게 하기 위하여 적극적인 규제와 조정을 한다고 하더라도 모든 국민들에게 최적조건을 제공한다고 하는 것은 쉬운 일이 아니다. 오히려 국가권력의 지나친 개입은 부당한 간섭이 되며 자연적 정의에도 반하는 것이기 때문이다. 즉 국민생활의 모든 영역이 조직화된 국가권력에 의하여 수행되어야 하는 것은 아니기 때문에 이해관계자의 자율적인 형성을 바탕으로 하면서 그에 기대하기 어려운 영역에 대해서만 국가권력에 의하여 보충케 함으로써 자주적 인간의 개성신장이 가능한 최적조건을 보장하도록 해야 정당화 되는 것이다. 왜냐하면 지나친 공공복리작용은 자유로운 개성신장을 저해하며 개인이 재능과 근면을 발휘하려는 의욕을 상실하게 하기 때문이다. 따라서 현대의 국가권력은 공공복리를 실현하되 국민 각자가 되도록이면 국가에 의존함이 없이 자기의 생활설계와 자기책임 밑에 자기의 생활감각에 맞는 생활을 누릴 수 있도록 이를 뒷받침해 주고 장려하는 방향으로 실현되어야 정당화된다.[229]

---

227) T. Würtenberger, "Legitimationsmuster von Herrschaft im Laufe der Geschichte", S.349.
228) T. Würtenberger, "Legitimationsmuster von Herrschaft im Laufe der Geschichte", S.349.
229) 허영, 헌법이론과 헌법, 315면.

4. 21世紀 現代國家의 正當化原理

앞에서 살펴본 것처럼 Weber의 유형에서 주장된 전통적 정당성과 카리스마적 정당성의 요청이 현대국가에서도 완전히 무시될 수 없음을 전제해야 한다. 먼저 오늘날도 논쟁의 여지없이 정치적으로 계속성이 유지되는 한, 그 국가통치는 정당한 것으로 받아들여져야 한다는 점에서 전통적 정당성의 의미는 살아있다고 할 수 있고, 이 경우 합리적 정당성의 원리에 의하여 끊임없이 도전이 이루어지고 있음을 전제해야 하며, 또한 정치지도자의 인격적 질의 문제는 아니라 하더라도 각 국가기관이 그들의 사물관할에 대한 정치적 권위를 획득하고 있는 경우 카리스마적 정당성의 관점에서 정당화가 이루어진다고 하였다.

그러나 21세기를 맞은 현대의 헌법국가 내에서 국가권력은 다음과 같은 정당성의 요청이 핵심으로 등장했음을 인정하고 또한 그것을 정당화원리로 받아들이지 않으면 안 된다. 즉 국가권력은 국민주권을 실현시킨다는 점에서 '민주적 정당성'이 요구되고 있고, 국가권력은 기본권적 가치를 실현시키기 위한 수단적 존재라는 의미에서 '목적적 정당성'이 확보되어야 하며, 또한 민주적 정당성과 목적적 정당성이 추구하는 절차와 방법에 있어서 합리적일 것을 요구하는 '절차적 정당성'이 국가권력에게 요구되고 있음은 전술했다. 그리고 이 민주적 정당성, 목적적 정당성, 절차적 정당성의 문제가 현대국가의 정당화원리 내지 통치구조의 정당화원리로 평가되는 한, 그것은 헌법국가를 지향하는 모든 국가에서 통치구조와 관련된 헌법해석에 있어서 그 지침이 되지 않을 수 없다. 헌법에 근거하여 구성되는 통치구조이기 때문에 그 통치구조의 구성과 작용에 대한 헌법해석에 있어서 정당화원리가 그 토대가 되는 것은 너무나 당연한 일이다. 따라서 여기서는 앞에서 다양하게 제시된 정당성 유형을 토대로 하면서 현대국가의 정당화원리로 평가되는 3가지 유형에 대하여 자세히 살펴보면서, 그것이 헌법해석의 지침으로 삼아야 할 구체적 경우를 제시함으로써 정당화원리의 중요성을 검토하고자 한다.

(1) 民主的 正當性

1) 民主的 正當性의 意義

Weber의 정당성유형을 비롯한 대부분의 정당성유형이 전통적 정당성을 중요한 내용으로 내세우는 것은 국가권력을 선재하는 것으로 평가한 것에서 기인한다. 그러나 국민주권이 확립된 오늘날 국가통치의 정당성에 관한 판단의 출발점은 주권자인 국민이 국가권력을 창설함은 물론이고 그 국가권력을 통하여 국민의 의사를

실현해 나간다는데 있다. 특히 대의민주주의를 택할 수밖에 없는 오늘날 국가통치는 주권자의 신임을 바탕으로 창설되고 존립해 나갈 수밖에 없다는 것이다. 따라서 민주적 정당성의 문제는 현대국가에 있어서 최우선적으로 논의되어야 할 정당화원리임과 동시에 합리성을 통하여 정당화되지 않으면 안 된다.

민주적 정당성의 요청이란 국가권력의 창설은 물론이고 국가 내에서 행사되는 모든 권능이 언제나 주권자인 국민의 Konsens에 바탕을 두어야 한다는 것을 말한다.[230] 즉 민주적 정당성의 문제는 국가통치를 담당하는 각종의 국가기관들이 주권자인 국민들로부터 어떻게 정당성을 확보하면서 창설되었는가를 평가하는 것이며, 또한 국가권력의 창설이 정당성을 인정받을 수 있었다 하더라도 그 존속을 위하여 계속적인 국민적 지지가 뒷받침되어야 한다는 것을 의미한다. 따라서 민주적 정당성의 요청에 따라 모든 국가기관들은 대의민주주의원리에 따라 선거를 통해 선출될 뿐만 아니라 주기적으로 정당성에 대한 재신임을 계속적으로 받아야 하며, 만약 선거결과 국민의 절대적 지지를 얻지 못하면 정당성을 상실한 것으로서 새로운 정권으로 대체될 수밖에 없게 된다. 즉 자유민주주의국가의 통치구조 내지 국가권력은 민주적 정당성을 국가권력의 창설과 존속을 위한 당위적 전제조건으로 하고 있다.

2) 民主的 正當性의 土臺

민주적 정당성의 요청은 '합리성을 통한 정당화'에 토대를 두고 있다. 즉 민주적 정당성의 요청은 국민의 합리적 대의기관의 선거와 대의기관의 합리적 국가의사결정을 전제하는 것이기 때문에 합리성을 통한 정당화를 바탕으로 하는 것이다. 다시 말해서 민주주의는 정치적 의사형성을 위한 고유한 절차와 이 절차의 공개에 의하여 합리성을 만들어 내고, 이러한 정치과정에서의 절차와 공개가 정치과정을 투시·개관·이해를 가능하게 하며, 또한 그것이 활발한 참여를 비로소 가능하게 하여 국가권력의 정당성의 기초인 실질적 합리성을 제공한다는 Hesse의 지적을 음미할 필요가 있다.[231] 물론 현대의 민주국가에 있어서 공개의 목적은 국민주권론자들도 인정하듯이 결정과정에 직접적으로 참여하는데 있는 것이 아니다. 그것은 오히려 결정과정의 투명성을 매개로 하는 대표원리의 확보에 있는 것이다. 즉 공개를 통하여 비로소 대표라는 공직원리가 준수되고 있는가를 감시할 수 있

230) 허영, 한국헌법론, 2006, 623면.
231) K. Hesse, Grundzüge des Verfassungsrechts der Bundesrepublik Deutschland, S.54.

으며, 결정과정이 투명화 됨으로써 결정이유에 대한 설명이 불가피해지고, 그 결과 상식이 통할 수 있는 가능성이 제고된다는 것이다. 뿐만 아니라 결정과정의 투명성을 통한 합리성의 제고는 국가의사결정에 있어서 민주적 정당성을 확고히 해주며 결정사항의 해석에 중요한 역할을 담당하게 한다.[232] 따라서 민주적 정당성의 요청은 그 바탕에 정치적 이성의 발로인 합리성을 통한 정당화가 있으며, 그 실질적 합리성은 국가권력의 창설은 물론이고 국가의사결정 과정을 공개함으로써 모든 국민의 궁금증을 풀어주고 국민들이 언제든지 이에 대해 의견을 제시할 수 있도록 하는 것에서 출발함을 알 수 있다.

3) 民主的 正當性과 憲法解釋

현대국가에 있어서 민주적 정당성의 문제는 국가통치를 평가하는 가장 기초적 평가기준이 된다. 민주적 정당성이 확보되지 않은 국가통치는 정당성시비를 내포하게 되어 끊임없는 불안정에 휩싸이게 되기 때문이다. 우리 헌정사에서 예를 살펴볼 수 있듯이, 쿠데타로 정권을 탈취한 경우는 물론이고 부정선거를 통하여 정권을 장악한 경우마다 정권퇴진 투쟁이 끊임없이 제기되었던 것이 그것이다. 특히 민주적 정당성이 없는 국가통치는 스스로 권위를 인정받을 수 없기 때문에 강요된 권위창출을 위해 권위주의통치로 나아가게 되고, 이것은 결국 헌법의 규범력을 약화시키고 힘에 의한 통치로 나아가게 하는 원인이 되었던 것을 알 수 있다. 물론 2000년대에 이르러 우리나라가 민주화가 이루어져 민주적 정당성을 인정받지 못한 정권의 출범을 우려할 필요가 줄어든 것은 사실이지만, 정권출범 이후에 국민적 지지를 잃어 민주적 정당성의 위기를 맞는 정권이 자주 출현하고 있는 점을 고려할 때,[233] 민주적 정당성의 확보방법은 물론이고 정권이 민주적 정당성을 잃을 경우에 대비한 다각적인 대비책이 마련되어야 할 것이다. 그리고 헌법을 해석하고 적용함에 있어서 민주적 정당성의 지침을 고려하지 않으면 아니 될 분야는 다음과 같다. 즉 통치기관의 권능의 크기와 관련된 민주적 정당성의 문제, 선거제도와 관련된 민주적 정당성의 문제, 국회의 세력분포와 관련된 민주적 정당성의 문제, 국회의 임명동의제도와 관련된 민주적 정당성의 문제 등이 그것이다.[234]

---

232) M. Kriele, 국순옥譯, 민주적 헌정국가의 역사적 전개, 231면.
233) 이승우, "불신임정국과 정부형태에 관한 연구", 인권과 정의, 2005. 9, 123면 이하 참조.
234) 이승우, "국가권력 내지 통치구조의 정당화 원리", 공법연구 제35집 제2호, 428면 이하.

(2) 目的的 正當性

1) 目的的 正當性의 意義

현대의 국가통치는 그 국가권력의 존립 자체에 목적이 있는 것이 아니라 주권자인 국민을 위하여 존재하는 것이다. 특히 현대의 모든 국가는 '인간으로서의 존엄과 가치'의 실현을 가치적 핵으로 하는 '자주적 인간'의 '개성신장'을 이념과 목적으로 하기 때문에 그 목적에 따른 정당성이 요구된다. 이것을 국가통치의 '目的的 正當性'이라 하며, 그 목적이 헌법상 '인간의 존엄성'에 바탕을 둔 기본권보장으로 표현되고 있는 점에서 대체로 '基本權羈束性'이라고도 한다. 또한 국가통치의 목적적 정당성의 요청은 국가권력이 인간의 존엄성을 인정하는 바탕 하에서 어떠한 정치적 급부(성취)를 제공하여야 정당화될 수 있는가를 제시하고자 하는 형식인 점에서 국가권력의 '實質的 正當性'이라고도 한다. 즉 국가통치의 정당화를 위한 구속적 근거로서 가치실현과 공공복리의 실현이라는 근거제시에 실패할 경우에 제시되는 국가권력의 '形式的 正當性'의 경우, 예컨대 카리스마적 정당성, 전통적 정당성, 절차적 정당성 등의 경우와 달리 국가권력에 의하여 실질적·정치적 급부가 제공되는 정당성을 목적적 정당성이라고 말한다.[235]

2) 目的的 正當性의 內容과 憲法解釋

국가통치의 목적 내지 국가권력의 존립목적이 주권자인 국민의 기본권보장이 그 핵심이라는 점은 부인할 수 없다. 그러나 국가권력이 국민에게 제공하는 실질적인 정치적 급부의 시각에서 평가하면 보다 다양한 설명이 요구된다. 아무튼 목적적 정당성의 구체적 내용은 앞에서 지적한 실질적 정당성의 내용에 해당하는 것이기 때문에 여기서는 생략한다.

그리고 국가통치의 목적적 정당성의 문제를 헌법해석을 통하여 해결함에 있어서는 민주적 정당성과 절차적 정당성에 대한 판단을 전제로 평가해야 한다. 민주적 정당성이 확보되고 있다는 것은 국민의 참정권이 잘 실현되고 있다는 것을 의미하고, 또한 절차적 정당성이 확보되고 있다는 것은 국가통치가 남용과 악용이 됨이 없이 기본권보장을 위한 권력통제의 메카니즘으로 잘 운영되고 있다는 것을 의미하기 때문이다. 따라서 국가통치의 목적적 정당성에 해당하는 기본권기속성의 문제는 민주적 정당성의 문제와 절차적 정당성의 문제를 바탕으로 국가의 기능과 과제에 대한 종합적 평가를 의미하는 국가통치에 대한 궁극적 평가의 문제

235) T. Würtenberger, "Legitimationsmuster von Herrschaft im Laufe der Geschichte", S348f.

이다.

(3) 節次的 正當性

1) 節次的 正當性의 意義

현대국가의 국가통치가 정당화되기 위해서는 민주적 정당성을 가진 국가권력이 목적적 정당성을 합리적으로 추구하여야 한다. 그런데 그 목적적 정당성의 문제는 자유·평등·정의와 같은 다양한 가치와 관련되고, 또한 국민 개개인이 모두 다른 자주적 인간이기 때문에 각자의 개성신장이 가능하도록 최적조건을 보장한다는 것은 쉬운 일이 아니다. 그리하여 이 다양한 가치들은 정당성의 원천인 동시에 시대에 따라 변화하는 것이기 때문에 현대의 모든 국가통치가 일정한 운영규칙에 의하여 수행될 것을 요구한다.[236] 즉 국가통치에 있어서 모든 관계자에게 스스로 절차에 참여하여 사실진술을 행하고, 법적 견해를 표명할 공평한 기회가 주어지며, 국가권력은 공평하게 행동하면서도 그 절차가 일반대중의 통제 하에 수행되도록 해야 한다. 정치적 통일체인 국가가 인간의 행위 속에서 비로소 실재적인 것이 되려면 국가 내의 갈등을 극복하고 정치적 통일을 형성하며 국가권력의 행사를 명백하고 통찰할 수 있게 하는 일정한 절차규범이 요구된다.[237] 특히 정치적 통일체인 국가 내에는 끊임없는 권력투쟁이 존재하는데, 그 권력투쟁이 무질서한 우연성에 맡겨질 수 없으며, 그 때문에 계획적이고 의식적인 협동작용을 가능하게 하는 절차규범이 요구된다는 것이다.[238] 결국 국가통치는 Konsens를 통하여 정당화되는 것이기 때문에 국가권력이 중요한 결단을 통하여 통치를 함에 있어서 합리성이 추구되어야 한다는 것이며, 그 합리성은 국가권력의 결단이 내려지는 절차와 과정을 통하여 발견된다는 점에서 '절차적 정당성'이 요구되는 것이다.

2) 節次的 正當性의 土臺와 憲法解釋

절차적 정당성이 국가통치에 필요불가결한 것으로 평가되는 이유는 그것이 내용적으로 정당한 실질적 정당성을 가지기 때문인 것이 아니라 절차가 중요한 관점들에 대하여 충분한 토의의 가능성을 제공하고 또한 그 결정의 합리성을 높여

236) R. Zippelius, 김형배譯, 법학입문, 157면.

237) K. Hesse, Grundzüge des Verfassungsrechts der Bundesrepublik Deutschland, S.13.

238) 뿐만 아니라 위와 같은 점 때문에 현대국가에 있어서 조직과 절차는 변화된 인간의 자유의 조건에 적절히 대처할 수 있는 수단으로 평가되기도 한다. K. Hesse, Grundzüge des Verfassungsrechts der Bundesrepublik Deutschland, S.143.

준다는데 있다고 하였다. 즉 절차의 지속적인 제도화는 국가권력이 내린 결정이 과거에도 정당성을 가졌고 미래에도 정당성을 갖게 될 가능성을 제고시키며, 이 가능성이 국가권력의 결정을 이성적이고 정당하다는 신뢰를 갖게 하며, 또한 절차는 합리적 논거와 합리적 반대논거가 자유롭게 개진되고 자웅을 겨루게 함으로써 진리발견의 가능성을 높이는 한편, 그 진리발견의 가능성과 관련할 때에만 다수결원리 및 다수결원리의 한계문제인 소수의 보호 등에 대한 평가를 가능하게 하여 국가통치를 정당화하는데 기여한다고 하였다.

아무튼 절차적 정당성은 헌법해석과 관련하여 2가지 유형으로 분류하여 고찰해야 한다. 국가통치에의 복종규칙으로서의 절차규칙과 국가기관 상호간의 권력통제규칙으로서의 절차규칙이 그것이다. 그리고 그 유형에 따라 헌법해석의 지침이 다름을 알 수 있다. 전자의 경우는 적법절차의 문제이고 후자의 경우는 권력분립원리의 적용의 문제이기 때문이다.

① 적법절차와 관련하여

국가통치의 절차적 정당성의 요청은 다수의 의사를 바탕으로 하는 국가권력의 결정을 소수가 받아들이도록 하는 복종규칙으로서 기여한다. 이미 지적했듯이 국가 내의 갈등과 권력투쟁의 결과 다수의 의사가 국가의사로 나타난 것이기 때문에, 소수가 인내심을 가지고 다수의 결단을 옳은 것으로 승인하기 위해서는 합리적 절차를 거쳐 정당화되어야 한다. 만약 이후에도 계속될 국가의사의 결정과정에서 다수로 되는 기회가 절차상 주어지지 않는다면 소수는 복종을 철회하고 극단적 투쟁을 할 것이기 때문이다. 따라서 국가통치가 국민의 Konsens를 통하여 정당화되어야 한다고 보는 한, 국민의 참여를 바탕으로 하는 입법절차 · 선거절차 · 행정절차 · 재판절차 등은 국가권력의 정당성을 높여 복종규칙으로 기능하게 하는데 결정적인 기여를 하게 된다. 이것은 적법절차가 국가통치를 위한 불가결의 규범임을 알 수 있고, 또한 헌법상의 적법절차규정을 해석하고 적용함에 있어서 그 기능이 보다 적극적으로 실현되도록 하여야 함을 알 수 있다.[239)]

---

239) 이 점에서 헌법재판소의 적법절차에 관한 결정은 문제점이 많다. 헌재결 1997. 7. 16. 96헌라2, 헌재판 9-2, 154. 이에 대하여 이승우, "노동관계법 및 안기부법 날치기통과의 위헌성", 법학논총(경원대), 1997, 20면 이하. 헌재결 2004. 5. 14. 2004헌나1, 헌재공보 제93호. 이에 대한 이승우, "노무현대통령에 대한 탄핵심판결정의 평석", 헌법판례연구 제6권, 2004, 269면 이하 참조.

② 권력분립원리와 관련하여

국가통치의 절차적 정당성의 요청은 국가기관 상호간의 견제와 균형의 관계를 유지하게 하여 권력통제규칙으로 기능하게 한다. 즉 각국가기관의 권력행사가 최종적으로 행사되기 이전에 그 행사방법과 행사과정에 타국가기관의 관여와 통제를 가능하게 하여 그 남용과 악용이 없도록 적절한 권력통제장치를 마련함으로써 국가통치의 정당성을 확보하여야 한다. 그리고 이 절차적 정당성은 국가기능을 분산시키고 분산된 권능 상호간에 견제와 균형의 관계가 유지되도록 하는 권력분립원리의 실현을 통하여 추진된다.[240] 절차적 정당성의 문제는 고전적 권력분립원리는 물론이고 현대의 기능적 권력분립원리에 따른 권력통제장치가 제대로 작동하여 국가권력의 기본권기속성이 유지되고 있는가를 평가하는 중요한 정당화원리로 오늘날 중요성이 증대되고 있음을 알 수 있다. 따라서 국가기관 상호간의 권한다툼을 해결하고 권력통제의 필요성이 등장할 때마다 절차적 정당성의 문제는 가장 중요한 헌법해석의 지침이 됨을 알 수 있다.

V. 國家權力의 正當性과 抵抗權의 關係

앞에서 우리는 국가 내지 국가권력의 목적과 과제가 무엇인가를 살펴봄과 아울러 그러한 목적과 과제를 올바로 실현해 나갈 때에만 국가 내지 국가권력은 정당성을 인정받게 된다는 점을 지적했다. 그리고 국가 내지 국가권력은 여러 가지 유형의 정당성유형과 다양한 정당성원천 내지 가치판단기준들에 의하여 정당화 되도록 노력하지 않으면 안 된다는 점도 살펴보았다. 또한 그러한 국가 내지 국가권력의 정당성확보를 위한 노력은 혁명이나 쿠데타로 새로이 정치세력으로 등장한 사람들의 경우뿐만 아니라 기존의 정치세력이 국가권력을 행사함에 있어서도 요구된다는 점을 강조했다.

그런데 일정한 정당성유형과 아울러 다양한 정당성원천에 근거하여 정당화되고 있던 국가 내지 국가권력도 영구히 정당화가 가능한 것은 아니다. 정당성이론이 갖는 기능부분에서 살펴보았듯이 국가 내지 국가권력을 정당화시키는 가치는 변화하고 순환하는 것이기 때문에,[241] 통치의 과정에서 국가권력은 새로운 정당성원

240) 절차적 정당성의 문제를 이 권력통제의 측면에서만 평가하고 있는 예로는, 허영, 한국헌법론, 2006, 624면 이하 참조.

241) R. Steininger, "Thesen zur formalen Legitimität", S.274.

천에 근거한 도전을 극복하고 계속적으로 정당성을 확보하도록 하지 않으면 안 된다. 아울러 정당성이론이 피치자의 복종을 유도하는 기능을 가지게 하려면 객관적인 정당성원천이 요구되는 것이고, 특히 오늘날처럼 대의민주주의국가에서는 국가권력도 객관적인 정당성원천에 따름으로써 자의적이고 주관적인 권력행사가 이뤄지지 않도록 해야 한다. 이것은 곧 국가 내지 국가권력이 통치과정에서 새로운 정당성원천에 근거한 도전을 극복하지 못하거나 피치자의 자발적인 복종을 얻어내지 못할 경우 정당성의 위기를 맞게 된다는 것을 의미한다.

결국 국가 내지 국가권력이 계속적이고 객관적인 정당성을 확보하지 못할 때, 즉 정당성의 위기를 맞이하게 되었을 때 국민의 저항이 시작되는 것이고, 여기에서 정당성과 저항권의 불가분의 역비례관계가 도출되게 된다. 예를 들어 국가 내지 국가권력이 확고한 정당성의 기반을 가지고 있을 때에는 국민의 국가권력에 대한 저항이란 있을 수 없다. 반면에 국가 내지 국가권력의 정당성의 기반이 확고하지 못하고 취약한 상태에 있으면 저항이 일어나기 시작하고, 특히 그의 정당성 기반이 완전히 무너졌다고 판단될 경우 국민의 저항은 마침내 폭발하고 마는 것이다. 다시 말해서 국가 내지 국가권력의 정당성이 크면 클수록 국민의 저항의사는 상대적으로 약해지며, 반대로 국가권력의 자의적이고 위헌적인 권력행사가 빈번하면 빈번할수록 정당성이 상실되어 가면서 국가권력에 대한 저항의사는 점점 강렬해지며 표출되는 횟수도 빈번해지게 마련이다. 바로 이러한 이유로 정당성과 저항권의 관계는 상호불가분의 관계에 있다고 하는 것이며, 그들의 관계가 서로 반비례하기 때문에 역비례관계에 있다고 하는 것이다. 뿐만 아니라 바로 이러한 이유 때문에 다음 절에서 살펴보게 될 국가권력의 정당성에 관한 역사적 고찰에서 다루는 내용의 핵심이 국가권력의 정당성과 저항권의 문제임을 알 수 있다. 다만 여기에서는 정당성과 저항권의 관계의 이러한 특성만을 제시하는데 그치고 그 구체적인 내용에 관해서는 제5장 제4절 현대입헌국가에서의 저항권문제에 관한 부분에서 자세히 살펴보고자 한다.

제3절 國家權力의 正當性에 관한 歷史的 考察

Ⅰ. 序言

교황을 정점으로 교권과 정권이 일원적으로 파악되던 중세의 신학적 국가사상은 천년 이상을 안정되게 유지되어 왔지만 고대사상과의 새롭고도 심화된 접촉을 통하여 배태되기 시작한 인본주의 사조에 의하여 조금씩 동요되기 시작했다. 즉 중세 말 스콜라철학 내에서 발아하기 시작한 개인중시 경향이 모든 구라파문화의 전통을 벗어나 '개인의 해방'을 예시했고,[242] 이것은 문예부흥과 종교개혁으로 발전하여 중세적 정치이념을 하나하나 해체시켜 나가게 되었다. 그러나 중세라는 거대한 흐름은 하루아침에 쓰러질 정도로 연약한 체제가 아니었기 때문에 그 해체작업은 17세기 이후까지도 계속되어야만 했다. 예를 들면 Machiavelli를 기점으로 하여 중세의 신학적 국가사상으로부터 벗어나 국가를 하나의 기술적인 메카니즘으로 파악하고, 기독교적인 가치질서 대신에 국가를 최고의 가치로 선언함으로써 국가이성을 강조하는 경향이 나타난다. 또한 그에 이어 Bodin에 의하여 군주주권적 국가사상이 확립되며, Hobbes에 이르러서 종교적 테두리를 완전히 탈피한 소위 인성학적 국가사상이 완성되기에 이른다.[243]

이러한 사상적 흐름은 현세적인 현상인 국가를 개인의 결합에 기초되어 있는 것이지 이제 더 이상 전제된 질서가 아니라는 것이며, 또한 국가란 인성학적 시각에서 그리고 무국가상태의 혼돈 또는 사회적 성향에 대한 공포로부터 설명될 것이라는 점을 암시한다.[244] 뿐만 아니라 신학에 부수하여 정치생활의 문제점을 취급하던 국가사상이 윤리와 정치문제에 몰두하게 되고, 이러한 학문적 경향은 경험적이고 합리적인 과학적 사고방식에 의해서 선도되게 됨을 의미한다.[245] 즉 역사에 있어서 인간의 주체성을 확립하고 그 인간의 본성을 바탕으로 하여 마땅히 있어야 할 이상적인 국가와 사회의 올바른 관계를 구성해보려고 한 것이다. 인간의

---

242) Hans Joachim Störig, Kleine Weltgeschichte der Philosophie, 임석진역, 세계철학사(하), 분도출판사, 1980, 15면.
243) 허영, 헌법이론과 헌법, 172면 이하.
244) U. Scheuner, "Staat", in: Staatstheoroe und Staatsrecht, S.21.
245) U. Scheuner, "Staat", in: Staatstheoroe und Staatsrecht, S.21.

다른 모습과 상이한 세계관으로부터 국가의 출현은 각각 다르게 결정된다는 점이 분명하기 때문이다.[246)]

따라서 아래에서는 인성학적 관점에서 자유주의사상에 바탕을 두고 국가관을 전개한 근대자유주의 국가사상을 먼저 살펴보고, 뒤이어 나타난 독일중심의 이상주의 국가사상과 보수주의 국가사상을 살펴보고자 한다.[247)] 뿐만 아니라 정통적인 자유주의사상에서 벗어나 국가의 존재를 부인하는 사회주의 국가사상을 살펴보고, 마지막으로 20세기에 들어서 나타난 현대적 국가사상을 사회학적·경제사상적·법학적 관점에서 고찰하기로 한다. 그리하여 현대입헌국가의 민주적 정당성을 그러한 사상사적 배경을 전제로 설명하고 그 정당화모형을 찾아보고자 한다.

Ⅱ. 近代自由主義 國家思想

1. 序言

국가를 신에 의하여 마련된 선재질서로 보지 않고 인간의 필요에 의하여 만들어진 인간욕구의 산물로 파악하려한 근대초기의 국가사상은 자유주의를 바탕으로 한다.[248)] 그리고 위와 같이 자유주의 국가사상이 근대를 특징짓는다고 보는 까닭은 정치적 통일체를 의미하는 국가가 평등한 개개인 상호간에 자유롭게 이루어진 동의 내지 계약으로부터 생겨난 것이라고 간주되는 점에서 그러하고,[249)] 이러한 논리적 전제가 성립함으로써 비로소 인간은 정치사회의 형성에 있어서 작위자 내지 주체가 될 수 있는 가능성을 인정받게 되기 때문이라고 할 수 있다. 즉 근대성의 특징은 인간이 신이라는 절대적인 권위를 무너뜨리고 인간의 자유를 쟁취하고자 하는 점에서 찾을 수 있는 것이기 때문이다.[250)]

---

246) U. Scheuner, "Staat", in: Staatstheoroe und Staatsrecht, S.25.

247) 여기서 근대이후의 국가사상을 다루는 이유는 현대입헌국가의 정당성문제를 다룸에 있어서 근대이후의 사상만이 의미가 있기 때문이다. 왜냐하면 T. Hobbes 이전까지의 국가사상은 회고적(retrospective)인 정당성의 탐구에 해당함에 비하여 T. Hobbes 이후의 근대국가사상에 있어서는 앞으로 달성될(prospective)정당성의 기초를 갈망하고 있기 때문이다. J. G. Merquior, Rousseau and Weber, p.29.

248) 허영, 헌법이론과 헌법, 155면.

249) 사회계약론과 같은 국가사상의 성립이야말로 근대국가론의 원점을 이루는 것이라고 말하기도 한다. 田中 浩, "홉스", 정치사상연구회 역, 국가사상사, 거름, 1985, 16면.

250) 왜냐하면 자유주의란 인간의 공동의 목적으로서 개개인간을 위하여 보다 많은 자유를 갖게 하는 일련의 방법과 장치에 대한 믿음과 공약을 말하며, 따라서 그것은 첫째로 개인적 인격의 자유로운 발현에의 가치부여, 둘째 그 표현은 자신이나 사회에 가치 있게 하는 인간의 능력에 대한 신뢰, 그리고 셋째로 자유로운 표현과 그 자유에 대한 신뢰를 보호하고 번창하게 하는 제도

대체로 국가사상은 사회적 동물로서의 인간에서 출발하여 인간이 어떻게 공동생활을 확보하고 국가의 존립을 유지할 수 있을 것인가라는 관심으로부터 시작하여 국가생활의 질서정립을 목표로 출발한다. 그 중에서도 국가사상은 때로는 낙관적이고 때로는 비관적인 인간상과 관련하여 나름대로의 국가사상을 피력한다. 이와 같이 자유주의에 바탕을 두면서 인성학적 측면에서 분석적이고 체계적인 국가사상을 처음으로 전개한 사람은 Hobbes이다.[251] 그는 인간의 본성을 악하다는 성악설을 그 윤리적인 출발점으로 삼고, 그러한 인간이 국가생활을 영위해 나감에 있어서 요구되는 국가사상을 확립하고자 했다.[252] 그리하여 그는 가설에 불과하지만 자연상태를 전제하고 그 자연상태를 벗어나 평화와 안전이 보장된 국가상태로 나아가는 전이방법으로 계약이론을 전개한다. 뿐만 아니라 그렇게 성립된 국가가 어떠한 목적을 갖는 존재인가를 설명함으로써 국가권력의 정당성문제를 논하고 있다. 또한 Hobbes의 국가사상은 당시의 많은 사상가들에게 영향을 미쳐 신과 군주의 권위주의에 찌든 인간으로 하여금 해방을 맞게 하는 중대한 전기를 가져왔다. 즉 근대자유주의 국가사상을 먼저 개관하고, 이를 발전시키고 완성시킨 Locke와 Rousseau의 국가관을 살펴보기로 한다.

2. T. Hobbes의 國家觀

(1) 自然狀態와 人間性

Hobbes는 영국이 처한 정치적 격동기에 살면서 그러한 정치적 혼란을 종식시킬 수 있는 사상적 체계를 세우고자 했다. 즉 Hobbes는 현실정부가 어떤 것인가를 밝히려고 한 것이 아니라 유기체로서 동기를 지닌 존재인 인간을 성공적으로 통제하기 위해서 국가가 어떻게 존재해야만 하는가를 밝히려고 했다.[253] 그리하여 그는 자연법이론에 바탕을 두고 출발하되 국가나 법률이 따라야 할 확실한 법칙들을 인간의 본성으로부터 연역해 내려고 했다. Hobbes의 첫 과제는 인간행동의 법칙을 밝히고 안정된 사회가 가능하게 될 조건들을 체계화하는데 있었던 것이

와 정치를 지지하는 것으로 묘사되기 때문이다. David G. Smith, "Liberalism", in: International Encyclopedia of the Social Sciences, vol.9., p.276.

251) U. Scheuner, “Staat”, in: Staatstheoroe und Staatsrecht, S.21.

252) 대체로 인간성에 관한 성악설은 무정부주의적 이상향의 존재가능성을 부정하고 제도적으로 정착된 질서의 필요불가피성을 역설하기 위한 논거로 원용된다. M. Kriele, 국순옥譯, 민주적 헌정국가의 역사적 전개, 153면.

253) G. H. Sabine & T. L Thorson, A History of Political Theory, 4th. ed., Holt - Saunders Japan Ltd., 1981, pp.425.

다.[254]

Hobbes는 인간본성에는 두 가지 원리, 즉 욕망(desire)과 이성(reason)이 있다고 한다. 모든 충동(impulse)과 감정(emotion)을 야기하는 원초적인 욕망과 혐오(aversion)가 그 하나이고, 자기보존의 목적을 향한 인간의 행동이 지성적으로 전환될 수 있게 하는 이성이 그 다른 하나이다.[255] Hobbes는 먼저 전자와 관련하여 '인간은 욕구(appetite)나 혐오에 따라 행동한다'는 제안으로부터 인간의 본성을 기술한다.[256] 즉 그것은 인간으로 하여금 다른 사람들도 원하는 것을 자신을 위해 취하도록 함으로써 사람들 사이에 분쟁을 일으키게 하는 것이며, 그러한 성향은 모든 인간에게 보편적인 것으로 존재하기 때문에 죽음에 의해서만 비로소 끝나는 끊임없는 것이라고 한다. 또한 그는 인간은 자기보존을 위해서 현재 그가 지니고 있는 권력과 보다 잘살기 위한 생활수단을 확실하게 지키기 위해 보다 많은 권력을 축적하려고 한다고 본다.[257]

이와 같이 Hobbes는 인간이 그 본성에 따라 사는, 다시 말해서 인간의 행위를 규제할 시민적 권력이 존재하지 않는 상태를 자연상태(Naturzustand)라고 가정하고, 그러한 자연상태에서 인간은 권력을 향한 필연적인 경쟁 때문에 '만인의 만인에 대한 투쟁상태'가 계속될 것이라고 한다.[258] [259] 즉 이러한 자연상태에서는 옳고 그름, 정의와 부정의의 개념도 성립되지 않는다. 공동의 권력(common power)이 없는 곳에서는 법도 부정의도 없다. 따라서 인간은 누구나 자기보존에 봉사하는 모든 것에 관한 초국가적이고 자율적인 자연권(Naturrecht), 즉 '각자가 자신의 자연적인 능력을 올바른 이성에 따라 사용할 자유'를 갖는다고 그는 말한다.[260]

---

254) Sabine, A History of Political Theory, p.427.

255) Sabine, A History of Political Theory, p.430.

256) C. B. Macpherson, "Introduction to Hobbes Leviathan", Hobbes Leviathan, Penguin Books Ltd., 1980, p.30.

257) C. B. Macpherson, "Introduction to Hobbes Leviathan", p.37; Sabine, A History of Political Theory, p.429. (Leviathan, ch.11.).

258) C. B. Macpherson, "Introduction to Hobbes Leviathan", p.185.(Leviathan, ch.13.).

259) 자연상태란 사회계약이론의 전제개념으로서 국가상태에 대비된다. 사회계약론은 일반적으로 자연상태에서 모든 인간은 자유롭고 평등하였다는 가설을 내세우고 있다. 다만 T. Hobbes는 인간은 결코 자연상태 속에 있지 않았고, 자신이 믿기에는 원시인(savage)들이나 그 상태에서 살았으며, 다만 문명화된 인간은 내란상태에서나 자연상태에 가까운 생활을 한다고 보았다. 따라서 T. Hobbes에 있어서 이 가설적인 조건은 개인을 제약할 수 있는 공권력과 법과 법집행력에 대한 정당화를 위한 전제인 것이며, 내란상태에 빠져서는 안 된다는 경고에 해당한다. C. B. Macpherson, "Introduction to Hobbes Leviathan", pp.40.

260) P. C. Mayer-Tasch, Thomas Hobbes und das Widerstandsrecht, J. C. B. Mohr, 1965, S. 20, 22. (Leviathan, ch.13.).

Hobbes는 인간의 이성이 열정에 희생되는 것을 반복해서 말하고 있기 때문에 자연권이란 결국 자연상태에서 인간이 자기에게 추구할 가치가 있는 것으로 보이는 모든 것을 권리로서 취할 수 있는 자연적인 힘을 의미하는 것으로 보며,[261] 따라서 자연상태에서는 가장 힘센 자는 자신에 대하여 저항할 능력이 없는 사람들에 대하여 권리로서 지배권을 강탈하고 통치하려 들며, 상대방은 자신이 가진 권리로서 각자 저항을 한다고 한다.[262] 만인의 만인에 대한 투쟁상태가 자연상태에서는 계속된다고 그는 보고 있는 것이다.

이처럼 자연상태에서 인간은 권력욕으로 인하여 자기보존과 개성신장을 확보할 수 없기 때문에 인간은 또 다른 본성인 이성에 호소하게 된다고 Hobbes는 말한다. 이성은 반자연적 분해로부터 벗어나게 하며, 그것은 인간에게 새로운 동기를 첨가시키는 것이 아니고 자기보존의 보편적인 법칙을 계속 따르면서 안전보장의 추구를 보다 효과적으로 만드는 일종의 규제력 내지 통찰력으로 생각하기 때문이다.[263] 즉 인간행동의 원천은 여전히 자기보존이지만 그것은 점차 모든 결과에 대한 이성적 통찰에 의해 계몽이 되고, 그러한 통찰은 인간이 단결하고 협력할 수 있는 평화의 조건(자연법: Naturgesetz)을 만들어 준다고 본다.[264] Hobbes는 이러한 자연법이야 말로 자연상태에서이든 그 밖의 다른 상태에서이든 합리적인 사람이라면 필요성을 알 수 있는 관례적 규칙(prescriptive rule)이고, 그것은 이성에 의하여 발견된 계율 또는 일반적 규칙이며, 인간이 인간의 생명을 침해하고 생명유지수단을 파괴하는 행위를 금지시키는 것이라고 한다.[265] 그리고 Hobbes는 자연법을 감사의 명령, 인정의 명령, 화해의 명령, 겸양의 명령 등으로 부르기도 한다.[266] 왜냐하면 이성의 상태가 유지되게 하고, 취기나 그 밖의 흥분상태를 통하여 자연법의 인식에 불가결한 판단력이 단념되지 않도록 하는 명령이기 때문이다.[267]

아무튼 Hobbes에 있어서 자연법은 인간이 자연상태에서 가지는 자연권을 포기하고 평화와 자신의 방어를 위해 타인만큼만 자유를 갖는데 만족해야 한다는 것을 의미하는데, 그러한 자연권의 포기에 대한 합의는 별다른 실효성이 없다. 왜냐

261) Mayer-Tasch, Thomas Hobbes und das Widerstandsrecht, S.21.
262) Mayer-Tasch, Thomas Hobbes und das Widerstandsrecht, S.22.
263) Sabine, A History of Political Theory, p.430. (Leviathan, ch.14.).
264) Sabine, A History of Political Theory, p.431. (Leviathan, ch.14.).
265) C. B. Macpherson, “Introduction to Hobbes Leviathan”, p.43.(Leviathan, ch.14.).
266) Mayer-Tasch, Thomas Hobbes und das Widerstandsrecht, S.25.
267) Mayer-Tasch, Thomas Hobbes und das Widerstandsrecht, S.26.

하면 인간은 아직도 탐욕적인 존재이고, 그들은 그렇게 하는 것이 이롭다고 판단할 때에는 언제든지 그들의 자연권을 되찾고자 할 것이기 때문이다.[268] 그러므로 인간은 자연권을 포기하는 합의 이상의 다른 조치가 있지 않으면 결국 자기보존도 불가능하다고 보기 때문에 Hobbes는 계약이론을 통하여 이를 해결하고자 한 것이다.

(2) 契約思想(服從契約)

Hobbes에 의하면 자연법은 외적 의무를 인간에게 부과할 힘이 없고, 자연권은 억제기준이 없다. 죽음의 공포와 모든 인간행동의 원동력은 항상 새롭게 평화를 위한 명령을 위반하게 하고, 항상 새롭게 반목과 투쟁으로 몰아댄다. 이성을 통하여 확립되고 이성에 의하여 인식된 자연법에도 불구하고 만인의 만인에 대한 투쟁(재난과 지속적인 위기상태)은 계속된다. 항상 이성은 다시금 욕망의 노리개가 되며 출혈이 일어난다. 그리하여 Hobbes는 이러한 지옥으로부터 빠져 나오기 위해서는 오직 하나의 가능성만이 존재한다고 한다. 즉 인간을 항상 새롭게 강압하지 않으면 안 되는 조건을 창조하는 것이며, 이웃을 통하여 이러한 도덕률의 엄수를 보장할 수 있는 조건들을 창조하는 것이 그것이다.[269]

먼저 Hobbes는 인간이 자연상태에서 가지고 있던 모든 권리, 즉 자연권을 한 사람의 인간 또는 다수인인 집합체(주권자를 말함)에게 양도하고, 그들의 모든 권능행사에 주권적 지위를 인정해야 한다고 본다.[270] 즉 인간의 자연권을 포기할 뿐만 아니라 어떤 권위(주권자)에게 자신을 보호할 그들의 선천적 권리들까지도 양도하지 않으면 안 된다는 것이다.[271] 그리고 그것은 개인 또는 집합체(Versammlung)의 의지 밑에 모든 인간의 의지를 예속시키는 것을 의미하는데, 아무튼 이러한 권리의 양도는 계약을 통해서만 이뤄진다고 한다. 즉 Hobbes에 따르면 개인 상호간의 계약을 통하여 각자에게 의무부여나 구속력이 근거지어질 수 있다고 보는 것이다.[272] 따라서 그에 의하면 계약은 승인(consent)이나 협

268) C. B. Macpherson, "Introduction to Hobbes Leviathan", p.43.

269) Mayer-Tasch, Thomas Hobbes und das Widerstandsrecht, S.30.(Leviathan, ch.13.).

270) C. B. Macpherson, "Introduction to Hobbes Leviathan", p.227.(Leviathan, ch.17.).

271) C. B. Macpherson, "Introduction to Hobbes Leviathan", p.44. I authorise and give up my right of governing myself, to this man, or to this Assembly of men, on this condition, that thou give up thy right to him, and authorise all this actions in like manner.

272) 여기서 T. Hobbes는 개인상호간의 계약을 의미했지 직접 최후의 지배자와 계약을 맺은 것은 아니라는 점이 오늘날 일반적으로 받아들여진다. 그러나 이에 반하여 Hermann Rehm은 T. Hobbes는 두 가지 계약을 통하여 국가가 성립한다는 주장을 한다고 본다. 즉 개인상호간의 전형계약

정(concord)이상의 것이며, 그것은 모든 인간이 모든 타인에게 말하는 것과 같은 방법으로 모든 인간들 사이의 신약(covenant)에 의하여 만들어진 것으로서 모두를 결합시키는 진정한 것이 된다.[273] 또한 이 계약은 권리의 완전한 양도이고, 따라서 권리를 잃는 것이기 때문에 계약해제를 이유로 양도된 권리를 반환요구하거나, 더군다나 그것을 실현하려 한다면 그것은 불법한 행위가 되며 정의에도 반하게 된다.[274] 왜냐하면 힘(국가)을 정당화하기 위해 통치자를 구속하는 것과 같은 계약내용은 조심스럽게 배제하면서, 그는 모든 사람이 자립을 포기하고 하나의 주권자에게 자신을 종속시키는 개인간의 계약으로 그것을 묘사했기 때문이다.[275]

그러면 Hobbes가 주장한 계약이론의 실체는 무엇인가? 이미 지적한 바와 같이 Hobbes는 자신의 국가사상에 관한 모든 문헌에서 복종과정을 서술하고 있지만 단순한 원시계약(Urvertrag) 이외의 개념을 언급하고 있지 않다. 그러나 그 원시계약은 곧 결합계약이고, 국가의 성립을 위한 근본계약은 계약당사자인 개인의 의사에 좇아 그리고 최후의 지배자의 영향력이 없이 체결되기 때문에 형식적으로는 결합계약이나 본질적으로는 복종계약이라고 볼 수 있다. 왜냐하면 진정한 결합은 동시적이고 균일한 복종을 통하여 이뤄지기 때문이다.[276] 그리고 Hobbes가 주장한 원시계약은 사실상 통치자의 임명과 더불어 국가를 성립시키는 것으로 볼 수 있다. 즉 그에 의하면 통치자는 통합된 힘의 대표자로서 국가의 구체화가 되며, 다수로부터 형성된 한 인격의 수행자가 된다. 따라서 이러한 통치자의 임명, 즉 원시계약의 체결에 따른 법인격의 성립과 함께 숨쉬는 국가의 원형이요 죽을 수밖에 없는 신인 Leviathan이 탄생되는 것이다.[277]

그런데 여기서 주의할 것은 국가의 성립시기에 관한 것이다. 원시계약의 체결과 더불어 통치자가 임명되고 국가가 성립된다는 점에 대해서는 이론이 없으나, 국가발생의 정확한 시점(요건과 밀접한 관련이 있음)에 관하여는 견해가 일치하지 않고 있다. 최근의 평가에 따르면 국가성립의 과정은 두 가지 행위로 나누인다. 즉

(pactum unionis)과 개개인이 최후의 지배자에게 자신을 지배할 자연권을 양도했다는 복종계약(pactum suviectionis)이 그것이다. Mayer-Tasch, Thomas Hobbes und das Widerstandsrecht, S.34.

273) Mayer-Tasch, Thomas Hobbes und das Widerstandsrecht, S.32.

274) Mayer-Tasch, Thomas Hobbes und das Widerstandsrecht, S.27.

275) Sabine, A History of Political Theory, p.433.

276) Mayer-Tasch, Thomas Hobbes und das Widerstandsrecht, S.34f.

277) Mayer-Tasch, Thomas Hobbes und das Widerstandsrecht, S.33f. 모든 인간이 자신의 자유를 포기하고 무제한의 권력을 주권자에게 양도한다는 T. Hobbes의 사회계약모델은 정당성의 부여에 관한 하나의 이론모델에 불과하다. M. Kriele, 국순옥譯, 민주적 헌정국가의 역사적 전개, 294면.

법적 행위와 사실적 행위가 그것이다. 계약체결이라는 법적 행위는 오직 그것만으로는 국가의 기초를 세울 수 없다. 먼저 다수의 결단에 근거하여 후속하는 복종의 사실행위가 국가에 도달하게 한다.[278] 최근의 계약이론에서 지적되듯이 (국가성립)계약이란 국가권력의 성립과 함께 효력이 있다. 그러므로 일개인이나 총의에 복종하는 전반적인 약속(Versprechen)은 먼저 최고권력의 사실상의 확립과 함께 법적구속력을 획득한다.[279] 즉 순종에 대한 실제적 준비가 수반된 통치자의 임명만이 국가창설행위가 되는 것이다.[280] 결국 국가는 계약을 통한 통치자의 임명과 통치자에게 순종을 유도하는 개인간의 상호계약상의 의무를 부여하는 규칙으로 해서 성립한다.[281]

(3) 國家權力의 正當性과 抵抗權

Hobbes는 인간이 자연상태에서 죽음의 공포로부터 벗어나고자 원시계약을 통하여 국가를 성립시켰다고 한다. 즉 자연상태에서 있을 수 있는 모든 공포의 대상 대신에 중립적·제삼자적 권력 또는 최고권력의 강압적 공포로 대치시키고자 했으며, 무조건적이고 예측할 수 없으며 상상할 수 없었던 위험대신에 제한적이고 예측할 수 있으며 상상할 수 있는 위험, 즉 정돈된 법원으로부터 독재자에게 가해지는 것 같은 위험으로 대치시키고자 했다.[282] 이것이 곧 Hobbes가 의도한 국가권력의 정당성에 관한 출발점이고, 국가가 자연상태보다 나은 실체라는 것이며, 그러한 장점들은 평화와 안락, 신체와 재산의 안전 등의 형태로 개개인에게 뚜렷하게 부각되게 된다. 즉 이것이 곧 국가가 정당화 될 수 있고, 나아가 국가가 존재할 수 있는 유일한 기반이라고 한다.[283] 따라서 이러한 Hobbes의 견해에 따르면 국가는 권력이 없는 정당성은 주장될 수도 없으며, 국가란 본질적으로 주권적 권력의 존재와 더불어 성립한다고 한다. 왜냐하면 인간이 국가에 복종하며 필요한

---

278) Mayer-Tasch, Thomas Hobbes und das Widerstandsrecht, S.39f.

279) Mayer-Tasch, Thomas Hobbes und das Widerstandsrecht, S.43.

280) Mayer-Tasch, Thomas Hobbes und das Widerstandsrecht, S.44. 따라서 임명은 다만 그에 내재된 복종의 실현으로부터만 그 특정한 효력을 발휘할 수 있는 것이기 때문에 임명은 본질상 사실행위인 것이다.

281) T. Hobbes는 그의 당시 사람들에게 계약을 체결하도록 요청하고 있는 것이 아니라 그들이 계약을 체결했다면 했으리라고 생각되는 의무를 승인하도록 요청하고 있는 것이다. 그는 자연상태에 있는 사람들에게 외치고 있는 것이 아니라 불완전한 정치사회에 있는 사람들, 즉 생명의 안전과 편리한 생활을 보장받지 못하는 사회에 사는 사람들에게 외치고 있는 것이다. Macpherson, "Introduction to Hobbes Leviathan", pp.44.

282) Leo Strauss, Hobbes' politische Wissenschaft, Hermann Luchterhand Verlag GmbH, 1965, S.70f.

283) Sabine, A History of Political Theory, p.439.

경우에는 그가 복종을 강요할 수 있는 어떤 실체적인 우월자로서 존재한다는 것을 접어둔다면, 인간 각자는 개인적인 이해에 따라 움직이는 인간들로 변하게 될 것이기 때문이다.284)

그리하여 Hobbes는 모든 국가권력의 행사에 대하여 사실상 어떠한 고유의미의 의무도 부여하지 않았고, 그는 주권의 제한과 분할을 어리석은 것으로 배척했다.285) 또한 그는 주권자는 국법을 초월하며 법은 주권자의 명령으로 표상하기도 했다.286) 결국 Hobbes에 있어서는 국가가 성립되자마자 국가가 주권자가 되며, 인간은 오직 수동적인 복종의 문제만이 남고, 주권자가 통치를 잘하건 못하건 관계없이 그에게 절대로 복종해야만 한다.287) 다만 그는 두 가지 대립되는 주권이론(전통적 군주주권원리와 전통적인 민주주의원리)의 합일을 성공시키지 못하는 한 전통적인 군주주권원리에 따르거나 전통적인 민주주의원리에 따라서 바탕이 세워진 것이 아닌 통치는 정당하지 못한 것으로 배척할 것을 촉구한다.288) 그리고 Hobbes는 정당한 권력과 강탈한 권력을 구별하되 근원적으로는 상기한 바와 같이 복종자의 전제적 통치를 제외하고는 자연적 국가로 간주한다. 즉 그의 이론은 결국 각 현행통치권력(국가권력)은 마땅히 정당하다고 보고 있는 것이다.289)

국가의 본질에 대하여 위와 같이 절대성을 인정한 점에서 볼 때, 그리고 국민(신민)의 자유는 주권자인 국가가 금지하지 않는 것에 있다고 한 점에서, Hobbes는 국가에 대한 저항은 결코 정당화 될 수 없는 것처럼 보인다. 사실상 자연상태

---

284) Sabine, A History of Political Theory, p.439.

285) Leo Strauss, Hobbes' politische Wissenschaft, S.72f.

286) 따라서 T. Hobbes의 국가사상은 국가와 주권, 주권자(통치자)가 동일한 것을 의미한다는 점을 주목해야 한다. 즉 T. Hobbes는 "사람들은 만인의 만인에 대한 투쟁이 전개되는 참혹한 자연상태를 극복하기 위하여 국가를 만든다. 국가는 모든 사람이 각자가 향유할 수 있는 자연권을 포기하며, 그것을 어떤 사람 또는 인간의 집단에 주어 버림으로써 성립된다"고 말하고 있는 것이다. 즉 국가가 생김으로써 주권자가 생기고, 주권자가 있음으로써 주권이 있고, 또한 주권이 있음으로써 국가가 성립한다는 이론이기 때문이다. 한승조, "홉스의 사상과 리바이어던", 리바이어던, 삼성출판사, 1982, 121면.

287) Cole은 T. Hobbes가 리바이어던을 쓴 이유가 국가를 주권자로 만들려는데 있었다고 하며, 그렇게 하기 위해서 그는 국가를 계약당사자에서 제외시켰다고 한다. 왜냐하면 그렇게 해서 국가를 어떤 의무에 대해서든지 복종하지 않아도 되게 했고, 그리하여 그는 국가를 절대적이고 무책임한 존재로 둘 수 있었기 때문이다. 즉 T. Hobbes는 국가를 개인에 대하여 책임지지 않아도 되는 권리를 소유한 것으로 보장했을 뿐만 아니라 이러한 권리를 집행할 권리도 가지는 결정적인 권력으로 보장했다. G. D. H. Cole, "Intorduction to the Social Contact", in: The Social Contract, J. M. Dent & Sons Ltd., 1955, p.xv.

288) Leo Strauss, Hobbes' politische Wissenschaft, S.71. 여기서 T. Hobbes는 봉건적 군주정이 유일한 자연적이며 정당한 국가형태라고 주장하면서도, 모든 정당성의 원천은 주권자인 국민의 결의에 있다는 민주주의적 전통도 주장하는 놀라운 예지가 숨어있다.

289) Leo Strauss, Hobbes' politische Wissenschaft, S.72.

에서는 최후의 지배자가 모든 것에 관한 권리를 갖기 때문에 이제 더 이상 개개인에게 새로운 사실로서 무엇인가 양도되어 질 것은 아무것도 없다. 이런 경우에 권리양도는 양수인의 근원적이고 자연적인 법적 힘의 행사에 대항하여 저항할 수 있는 권리에 대한 포기 이상의 다른 것이 아니다.[290] 그러나 Hobbes의 국가본질론에 관한 고찰은 그가 제시한 전제로부터 출발하지 않으면 안 된다. 그에 의하면 국가는 일정한 목적을 실현할 의무를 부담한 것으로 보았기 때문이며, 그 목적은 인간 개개인의 보호와 그 보호를 바탕으로 한 편리한 생활의 증진이라고 하고 있기 때문이다. 즉 그는 "국가 내의 모든 개개인에 의해 그에게 주어진 이러한 권위에 의해서 국가는 그에게 주어진 그 막대한 권력과 힘을 사용할 수 있으며, 국가는 그 권위에 의해 국내에서는 평화를 위하고 대외적으로는 그들의 적에 대한 상호동맹을 위하여 만인의 의지가 형성된 것"이라고 한다.[291] 또한 Hobbes는 모든 사람이 자신의 인격 속에 재산(property)을 가지고 있는데, 주권자는 각자가 그 재산의 완전한 사용을 할 수 있는 조건을 제공하는 데 있다고 한다.[292] 뿐만 아니라 주권자의 역할은 국민의 안전을 가져오는 것이고, 안전이란 말은 단순한 생명의 보존이 아니고 국가에 위험이나 해를 끼침이 없이 합법적인 노력으로 모든 인간이 스스로를 위하여 획득할 수 있는 모든 생의 만족을 갖게 하는 것이라고 한다.[293] 따라서 Hobbes에 있어서 국가는 그 자체의 존립이 목적이 되는 것이 아니고, 또한 국가가 보장하려는 평화는 질서 그 자체를 위한 평화도 아닌 것이다. 그에 있어서 국가는 개인의 보호를 최고의 가치로 하고 있고, 더 나아가 이러한 개인의 복지를 확보하는 데 있어서의 전제조건일 뿐이다.[294]

결국 Hobbes에 있어서 국가(권위)에 대한 저항은 절대로 정당화 될 수 없다고 했지만, 국민(신민)이 복종하는 유일한 이유인 안정과 보호를 국가가 보장해 주는 데 실패할 때에는 현실적으로 어디서나 저항이 일어날 것이라는 문제가 등장한다.[295] 또한 생명을 지키기 위해 국가와 정치사회를 설립하는 이상 생명까지도 포기하는 계약이란 그 자체가 모순이기도 하기 때문에,[296] 그에 있어서 주권자에 대

290) Leo Strauss, Hobbes' politische Wissenschaft, S.32.
291) Macpherson, "Introduction to Hobbes Leviathan", pp.227.(Leviathan, ch.17.).
292) Macpherson, "Introduction to Hobbes Leviathan", p.48.
293) Macpherson, "Introduction to Hobbes Leviathan", p.48.
294) Leo Strauss, The Political Philosophy of Hobbes; Its Basis and Its Genesis, Univ. of Chicago Press, 1952, p.119.
295) Sabine, A History of Political Theory, p.435.
296) 田中 浩, "홉스", 정치사상연구회譯, 국가사상사, 64면.

한 복종의무는 주권자가 그들을 보호할 수 있는 권력이 존속하는 동안만 있는 것이지 그 이상은 있을 수 없다고 보아야 한다. 왜냐하면 올바른 사람들은 본성에 따라 그 밖의 아무것도 그들을 보호해 줄 수 없을 때에는 자신을 보호해야 하기 때문에, 계약에 의해서도 포기할 수 없는 일정한 자연권은 국민에게 유보되어 있다고 보아야 하기 때문이다.[297)]

(4) 評價

우선 Hobbes의 국가사상을 요약하면 다음과 같다. Hobbes는 절대적인 세습군주정권이 최고의 국가형태이고, 군주정의 사실적·법적 연원은 가부장적 권력에 두었다. 이때 가장은 자신의 가족에 대한 자연으로부터 부여받은 절대적 권력을 후손에게 양도하듯이 주권자인 군주도 그 후손에게 권력을 양도한다. 이러한 방법으로 정당화된 군주정은 근본적으로 모든 찬탈된 권력과 구별된다. 다만 군주는 자연의 일반적 질서 속에서, 그리고 모든 존재자의 첫 번째 근원인 신의 섭리 속에서 자신이 근거를 두고 있는 자연법에 의해서 국민에 대하여 배려를 하지 않으면 안 되고, 다만 특별히 자기 국민의 육체적인 것만이 아니라 무엇보다도 도덕적인 안녕을 위하여 배려해야할 의무가 주어진다.[298)]

이와 같은 Hobbes의 국가사상은 전체적인 목적의 측면에서 평가할 때 보편적인 정치적 의무에 대한 필요를 예시하는 정치학(국가학)을 만들어 내는 것이었다.[299)] 따라서 그의 주된 관심사가 평화였고, 그 중에서도 내란이어서 내란의 회피를 그의 탐구의 주된 목표로 삼았다.[300)] 그리하여 그는 복종을 가르쳤다. 말하자면 국가권력이 현실적으로 그 당시에 어느 정도까지 권력을 행사했건 상관없이 복종을 위한 합리적인 근거를 제시하려고 했다.[301)] 뿐만 아니라 그는 역사적인 것이 아니라 오히려 법적인 국가의 기초를 찾으려고 했고, 사실적인 것이 아니라 시간을 초월한 논리적인 국가권력의 존립조건을 찾으려고 했다.[302)] 그 결과 Hobbes는 계약이론에 바탕을 둔 절대적 군주국가를 자연적인 자명한 국가의 원형으로 제시한다.[303)]

---

297) Macpherson, "Introduction to Hobbes Leviathan", pp.61.(Leviathan, ch.21.).
298) Leo Strauss, Hobbes' politische Wissenschaft, S.74.
299) Macpherson, "Introduction to Hobbes Leviathan", p.59.
300) Macpherson, "Introduction to Hobbes Leviathan", p.9.
301) Macpherson, "Introduction to Hobbes Leviathan", p.13.
302) Mayer-Tasch, Thomas Hobbes und das Widerstandsrecht, S.46.
303) Leo Strauss, Hobbes' politische Wissenschaft, S.64.

그러나 Hobbes는 철저한 공리주의자임과 동시에 철저한 개인주의자였기 때문에, 그의 이론은 그 당시에 성공적으로 권력을 장악한 어떤 군주를 기쁘게 하기 위해 계산된 것은 아니었다.[304] 왜냐하면 그의 이론은 권력을 장악한 사람들이 원하는 어떠한 정당화도 부인하고 있기 때문이다.[305] 오히려 Hobbes가 옹호한 군주제는 이에 비추어 보면 피상적인 것에 불과하다.[306] 그의 논리에 따르면 국가권력과 법의 권위는 개개인간의 안전보장에 기여할 때에만 정당화되며, 이러한 것들이 상대방보다 자기에게 더 많은 개인적 이익을 안겨 줄 것이라는 예상이 없이는 권위에 대한 복종과 존경의 합리적 기반은 전혀 존재하지 않은 것으로 보았다. 따라서 그의 논리는 군주제가 의존하고 있는 충성과 경의와 정서 등을 모두 약화시키는 철저한 용해제가 되었고, 전통의 힘을 최초로 명석하고 냉철한 합리주의로 완전히 대치시키는 결과를 가져 왔다.[307] 그리고 그의 이러한 개인주의적 합리주의 사상은 다가오는 신시대를 알려주는 근대적 요소로 부각되게 된다.

3. J. Locke의 國家觀

(1) 自然狀態와 人間性

Locke는 영국 경험주의철학의 대표자이고, 영국자유주의의 창시자로 알려져 있다.[308] 따라서 그의 국가사상(정치사상)도 철저하게 영국의 정치현상을 바탕으로 하되, 자유주의적이고 개인주의적인 입장에서 어떻게 국가권력이 정당화될 수 있는가, 즉 통치자가 어떻게 정치권력에 대한 권리를 가질 수 있는가를 설명하려고 했다.[309] 그리하여 그는 1688년의 영국혁명을 정당화하는데 목적을 두면서,[310] 정당한 국가(정치사회)와 정당하지 못한 국가를 구분하고 정당한 국가는 왜 국민으로부터 복종받을 권리를 갖고, 또한 국민은 그들의 통치자에게 복종할

304) T. Hobbes가 개인주의자였고, 따라서 그의 참된 의도는 개인적 자유의 확보에 있었지 이의 파괴에 있었던 것이 아니라는 점은 오늘날 주지의 사실로 되어 있다고 하겠다. 퇴니스, 까삐땅, 레오 슈트라우스, 칼 슈미트 등에 의하여 시도된 이 부분에 관한 최근의 지적들이 이를 증명한다. M. Kriele, 국순옥譯, 민주적 헌정국가의 역사적 전개, 159면.

305) Macpherson, "Introduction to Hobbes Leviathan", p.13.

306) 군주제를 옹호하면서도 인위적 국가의 원형으로서 민주주의국가를 대비시키고 있는 것을 주목하라. Leo Strauss, Hobbes' politische Wissenschaft, S.67f.

307) Sabine, A History of Political Theory, p.432. 따라서 그의 이론이 혁명주의자들에게도 유리한 주장이 되었고, 그 결과 T. Hobbes도 박해를 받게 되었다.

308) 박영사編, 정치학대사전, 박영사, 1984, 508면.

309) John Dunn, Locke, Oxford University Press, 1984, p.51.

310) Cole, "Introduction to the Social Contract", p.xvi.

의무를 갖는지를 설명하려고 했다.[311] 그런데 Locke의 국가사상은 Hobbes의 사상을 승계 · 발전시킨 것이기 때문에 Hobbes에 관한 논술과 관련하여 살펴보기로 한다.

Locke는 Hobbes와 마찬가지로 인간의 본성에 관한 논의로부터 출발한다. 그는 인간은 이성적 존재이고 그 이성을 통하여 하나님의 의지를 인식하고 따라야 할 존재라고 한다.[312] 또한 그에 의하면 인간은 시간이 흐름에 따라 훈련을 통하여 배워야 할 잠재력이 있기는 하지만 하나님의 합리적인 창조물로서 자유롭고 평등하게 태어났다고 한다. 특히 그는 필머(Robert Filmer : 1588-1653)의 견해와는 달리 통치자도 국민(신민)과 같은 존재로 보고 평가하면서 국가권력의 한계를 설명하려고 한 것이다.[313] 다만 그는 인간이 무엇과 같고 어떤 행동이 기대될 수 있는가에 대한 판단에 있어서 Hobbes와 현저한 차이를 보이고 있다.[314] 예컨대 자연상태에 관한 고찰에 있어서 Hobbes는 '만인의 만인에 대한 투쟁상태'로 평가함에 반하여, Locke는 인간성에는 반사회적인 모습은 물론이고 사회적인 측면도 있음을 인정한다. 그리하여 Hobbes에 있어서는 자연상태에서 인간이 정치권력에 복종하지 않는다면 어떻게 행동할 것인가의 모습으로 이해되는 반면에, Locke에 있어서는 단순히 인간의 성향과 태도에만 기인하는 것이 아니라 인간의 생존에 앞서, 그리고 이러한 생명의 존재에 의하여 형성된 사회에 앞서 이 세상의 모든 인간에게 하나님자신이 부여한 조건(자연법질서)의 문제로 나타난다. 따라서 Locke는 자연상태를 정의하기를 "인간의 천부적이고 자연적인 자유를 이 땅위의 어떠한 우월적인 권력의 속박을 받지 않고, 그리고 다른 인간의 의지와 입법권에 종속되는 일이 없이 오로지 자연법만이 이를 구속할 수 있는 생의 법칙으로 삼고 있는 상태"라고 한다.[315]

(2) 契約思想(委任契約)

Locke는 Hobbes와 달리 자연상태를 이성적이며 자유롭고 평등한 인간이 신의 뜻인 자연법에 의해 규율되는 상태라고 하며, 이런 자연상태에서 인간은 생명 ·

311) John Dunn, Locke, p.51.
312) John Dunn, Locke, p.46.
313) 영국의 대표적인 왕권신수설의 주장자.
314) John Dunn, Locke, pp.46.
315) John Locke, Two Treatises of Government, 이극찬譯, 시민정부론, 연세대학교 출판부, 1983, 39면. 따라서 anarchy상태가 아니다.

자유·재산의 권리를 갖는다고 한다. 그러나 이러한 자연상태는 확립된 공적 조직이 없으므로 그러한 권리를 보전한다고 하는 것은 매우 불확실할 뿐만 아니고 끊임없이 타인으로부터 침해를 받을 위험 앞에 놓여 있는 불안한 상태에 있고, 여기에 개개인들이 불안정한 자연상태를 벗어나기 위해 계약을 통해 국가를 구성할 필요성을 느끼게 된다고 한다.[316)]

그런데 Locke의 계약이론은 개인의 동의에 바탕을 둔 원시계약을 통하여 시민사회를 형성하고, 신임계약을 통하여 국가권력(정치권력)을 형성한다고 함으로써 이원적 계약이론을 전개한다.[317)] 즉 인간이 자연상태에서 가지는 생명·자유·재산에 관한 권리를 공동사회의 수중에 위임할 것을 동의함으로써 시민사회를 형성하고, 또한 이러한 사실에 의해서 일체의 싸움을 판정할 수 있고 침해된 권리를 구제해 줄 수 있는 권위를 갖춘 심판자를 설정함으로써 자연상태로부터 국가상태로 들어간다는 것이다.[318)] 이때 원시계약(original contract)은 자연상태에서보다 재산의 보전이 확실한 시민사회를 형성하면서 나아가 국가를 성립시킬 것에 동의한 사람들 사이의 계약을 의미하며,[319)] 이러한 계약방법에는 명시적 동의와 묵시적 동의가 있다고 한다. 명시적 동의는 인간으로 하여금 생명의 보전을 위하여 자기가 속한 사회의 완전한 구성원이 되게 하는 것인데, 이때는 그러한 멤버십에 뒤따르는 모든 권리와 의무를 갖게 된다. 이에 대해 묵시적 동의는 덜 위협적인 것으로서 인간으로 하여금 그 국가 내에 존재하는 한 그 국가의 법에 복종하기로 하는 것이다.[320)]

또한 Locke에 있어서 신임계약(trust)은 시민사회를 토대로 신뢰에 의한 국가권력의 형성을 위한 계약이다. 즉 신임된 범위 내에서 공공선을 수행하기 위한 통치자를 선임하여 통치권을 위임하는 것을 말한다. 그런데 Locke에 있어서의 신임계약은 Hobbes의 복종계약에서와 같이 자연상태에서 인간이 가지는 자연권을 양도하는 것이 아니고, 그들 자신의 자유와 재산을 보다 잘 보전하려는 목적으로 신탁한 것으로 보고 있으며, 신탁된 국가권력(통치권)이 자신들이 기초하고 있는 신임에 위반된다고 할 때에는 언제든지 국민들이 이를 배제하고 변경할 최고의 권력을 자신들의 손에 보유하고 있다는 점이 특징이다.[321)] 따라서 Locke에 있어서의

316) John Locke, The Second Treatise of Government, ed. J. W. Gough, Basil Blackwell, 1976, p.133.
317) Sabine, A History of Political Theory, p.491.
318) 이극찬譯, 시민정부론, 125면.
319) 그러나 로크는 이 계약으로 무엇이 야기되는지 정확히 밝히지 못하고 있다. Sabine, A History of Political Theory, p.490.
320) John Dunn, Locke, p.50; 이극찬譯, 시민정부론, 172면.

신임계약은 개인의 자연권이 사회에 대해서나 국가에 대해서 다같이 조건부적으로 양도된 것이라 할 수 있고, 그 결과 개인의 권리가 완전히 포기된 것이 아니고 여전히 국민 각자가 가지고 있다는 점에서 위임계약의 형태로 평가되기도 한다.[322)]

(3) 國家權力의 正當性과 抵抗權

Locke의 국가이론은 무엇보다도 자연상태에서의 자유로운 개개인간들이 정치사회의 결성을 동의 내지 합의한 사회계약을 포함한다는 점을 기억해야 하며, 다음으로 이 첫 번째의 합의에 따라 국민들은 자신들을 지배할 입법부를 설립하여 최고의 권력을 갖게 하는 등 국가권력을 창설한다는 점이다.[323)] 그런데 그에 있어서 국가권력(정치권력)이란 인간이면 누구나가 자연상태에서 갖고 있던 권리를 사회의 수중에 넘겨 준 것이며, 또한 그 사회에서는 그 사회가 스스로 택한 통치자의 수중에 넘겨준 권력으로 나타난다. 그리고 그것은 사회 내에서 인간들의 복지와 그들의 재산의 보전을 위하여만 사용되어져야 한다는 명시적 내지 묵시적 신임 하에 통치자들에게 위임된 권력이다.[324)] 또한 그에 있어서 국가권력이란 구체적으로 재산(property)을 조정하며 보전하기 위해서 사형 및 그 이하의 형벌을 당연히 가할 수 있는 권능이 따르는 법률을 만들 수 있는 권리이며, 또한 그것은 법률을 시행하기 위하여, 그리고 외적의 침입으로부터 나라를 방어하기 위하여 공동사회의 힘을 능히 사용할 수 있는 권리이고, 그리고 이 모든 권리를 오로지 공동의 복리를 위하여 행사해야만 하는 그러한 권력을 의미한다. 따라서 이러한 국가권력의 개념과 본질에 입각하여 평가할 때, Locke는 모든 성인들의 합의에 의하여 성립한 국가권력만이 정당화 될 수 있다고 보았고, 아울러 국가권력은 국민의 재산을 보호하는 것, 보다 구체적으로 말해서 인간의 노력의 산물과 이러한 산물을 얻는데 필요한 수단인 자유와 신체적 강건함을 보호해야 하는 그의 책임을 다할 때에만 정당화 된다고 본다.[325)]

그런데 신임사상을 핵으로 하는 Locke의 국가개념은 인간사이의 관계, 즉 신임

321) J. W. Gough, John Locke`s Political Philosophy, 2nd. ed., Clarendon Press, 1974, p.162.
322) 허영, 헌법이론과 헌법, 174면 이하. 그러나 J. Locke의 경우도 자연법을 위배함으로써 저질러진 범죄를 처벌하는 권력은 완전히 포기하는 것으로 생각한다. 이극찬譯, 시민정부론, 183면.
323) Gough, John Locke`s Political Philosophy, p.162.
324) 이극찬譯, 시민정부론, 242면. 이러한 의미 때문에 J. Locke의 위임계약사상이 종종 대의민주주의의 이론적 온상이라고 한다. 허영, 헌법이론과 헌법, 175면.
325) John Dunn, Locke, p.50, 58.

을 받을 수 있는 모든 사람들 사이의 관계이며, 아울러 어느 누구나 신임을 배반할 수도 있고, 때때로 배반해 온 관계를 다루고 있다.[326] 예를 들어 국가권력을 정당화시키고 정당한 통치자에게 명령권을 부여한 것은 그들을 신임한 국민들을 위하여 봉사(service)를 하도록 하기 위함인데도, 자기 자신의 사적인 독자적 이익을 위하여 이용하는 경우가 생기는데, 그러한 경우를 그는 다루고 있는 것이다. 즉 국민을 통치하며 그들의 재산을 보전해주기 위하여 위임된 국가권력이 국민을 궁지 속에 몰아넣거나 괴롭히며, 또한 통치자의 자의적이며 불법적인 명령에 복종시키기 위하여 이용되어지는 경우가 그의 관심사였다.[327] 이에 대해 Locke는 국민들의 생명・자유・재산에 대한 일체의 침해는 원천적으로 무효이며, 그러한 과오를 기도하는 입법부(국가권력)는 입법권을 상실하고 말며, 이와 같은 경우 위임된 권력은 다시 국민에게 돌아가고 국민은 새로운 입법부를 구성하기 위해 새로운 헌법적 조치를 취하지 않으면 안 된다고 한다.[328] 결국 Locke는 이렇게 신임을 배반한 통치자에 대해서는 필연적으로 신임을 철회하고 그 권력을 부여했던 사회(전체국민)의 수중으로 되돌려져야 한다고 한다. 뿐만 아니고 그 권력은 그들의 안전과 재산의 보전에 보다 적합하다고 생각하는 사람에게 다시 부여되어야 한다고 본다. 그에 있어서의 계약을 위임계약이라고 부르는 까닭이 바로 여기에 있다.[329]

(4) 評價

국가사상을 살펴볼 때 정치적 자유주의는 Hobbes에 의하여 싹트기 시작하여 Locke에 이르러 상당한 정도로 체계가 잡히고 있음을 엿볼 수 있다.[330] 그러한 사상적 바탕에서 Locke는 국가권력이란 인간의 동의에 의하여 성립되어야 할 뿐만 아니고, 인간의 자연권, 즉 생명・자유・재산을 보다 잘 향유시키고 증진시키기 위한 목적에서만이 정당화될 수 있다고 함으로써 국가권력의 유한성과 인간의 자연권의 무제약성을 논술의 핵심으로 삼고 있는 것이다.[331] 그리하여 그는 당시 보편화되기 시작한 국민주권개념과 함께 국민과 국가권력과의 관계를 신임

326) John Dunn, Locke, p.52.
327) 이극찬譯, 시민정부론. 283면.
328) Sabine, A History of Political Theory, p.491.
329) 허영, 헌법이론과 헌법, 160면.
330) 여명식, "이데올로기로시의 자유주의의 성립", 여명식編, 자유주의, 종로서적, 1983, 47면 이하.
331) 장을병, "국가개념이 변천과정", 한국기독교사회문제연구원編, 국가권력과 기독교, 민중사. 1982, 18면 이하.

관계로 보고, 하나님 또는 법에 대한 통치자의 책임과 통치자에 대한 국민의 책임을 인식시키고자 했다.332) 그중에서도 특히 '무엇이 국가권력을 정당화시키는가'라는 표제 하에 부당한 권력(전제권력)에 저항할 권리와 궁극적인 호소인 저항권을 주장하기 위해 논술하고 있다.333) 따라서 그에 의하면 국민이 신임에 배반한 국가권력에 반란이나 혁명은 유해한 짐승을 처치하는 인간의 권리와 같은 것으로 본다.334)

그런데 Locke에 있어서의 저항권 내지 혁명권은 일정한 한계가 있다. 그에 따르면 정당한 정치사회라면 포악한 전제군주조차도 단순히 해로운 해충으로 보지는 않는다. 왜냐하면 국민에게 끼친 손해에 대해 보복하는 권리이외에도 시민사회를 보존할 의무가 또한 있는 것이기 때문이다. 따라서 그에 있어서의 혁명은 복수행위가 아니고, 그것은 회복행위이며 파괴된 정치질서의 재창조행위로 평가된다.335)

그리고 Locke는 국민만이 개인적인 복수의 권리와 정치질서를 재창조할 책임을 융합시킬 수 있고, 국민만이 그들의 신임을 배반한 사람들을 응징할 권리와 실제로 인간의 생활이 가능하도록 신임을 회복할 의무를 융합시킬 수 있으며, 국민만이 하늘에 호소할 정당한 이유가 있는지 없는지, 즉 힘으로 통치자에 저항할 이유가 있는지 없는지에 관하여 그들의 양심에 따라 판단할 수 있고 또한 판단해야 한다고 하였다.336) 바로 이러한 이론 때문에 그는 급진적이면서도 폭력적이 아닌 개혁주의자로 높이 평가되며, 그의 권력분립이론과 더불어 자유주의적 민주주의 사상의 선구자로 받아들여지게 된다.337)

---

332) Gough, John Locke`s Political Philosophy, pp.165.

333) John Dunn, Locke, p.28. 그러나 J. Locke의 혁명사상은 통치를 담당할 공동체의 권리가 결국 일정한 지위와 특권을 지니는 국왕이나 다른 대항하는 통칙기관의 권리에 귀속된다는 일종의 불가침성을 인정함으로써 가장 보수적인 혁명가로 지적되기도 한다. Sabine, A History of Political Theory, p.493.

334) John Dunn, Locke, p.55.

335) John Dunn, Locke, p.55.

336) John Dunn, Locke, p.56. 여기서의 국민은 개개국민이 아닌 전체국민(Body of the People)을 의미한다. 또한 '하늘에 호소한다'는 것은 통치기관의 상호관계에 의해서 구제 받을 수 없는 경우 국민전체가 심판자가 되어야 한다는 것을 의미한다. 이극찬譯, 시민정부론, 340면 이하.

337) 허영, 헌법이론과 헌법, 175면.

4. J. J. Rousseau의 國家觀

(1) 自然狀態와 人間性

Rousseau의 국가사상은 Hobbes와 정반대로 인간은 본래 선하지만 사회환경과 문명에 의하여 타락된다는 가정으로부터 출발하고 있다.[338] 즉 그의 모든 저술 속에서 가장 중요한 원리로 내세우고 있는 것은 자연은 인간을 선하고 행복하게 창조했으나 사회가 그것을 타락시키고 행복을 파괴했다는 것이다.[339] 그리하여 Rousseau는 타락은 불행의 결과이고 또한 불행은 사회적 원인들을 갖는다는 점을 지적하고자 했고,[340] 그는 사실상 오직 사회적 인간만이(현재 그의 방탕함에도 불구하고) 도덕적 감정의 특권을 가지기 때문에 - 자연적 생활의 순수함과 행복에로 되돌아가는 것이 상상할 수도 없을 뿐만 아니라 도덕적 관점에서 요구조차 되지 않는다는 점을 인정하면서도 - 어떻게 하면 문명사회의 인간들이 자연적 인간이 갖는 선과 행복을 회복할 수 있을 것인가를 규명해 보려고 씨름했다.[341] Rousseau는 단순히 사회의 존재에 대하여 설명하려고 추구했던 것이 아니고 바람직한 사회의 본성, 즉 자연상태에서 자유로웠던 만큼 인간에게 놓여진 사회연대에 근거한 사회의 본질을 설명하려고 했다.

그리고 Rousseau에 있어서도 Hobbes나 Locke에 있어서처럼 사회상태에 대비되는 것으로서의 가정된 자연상태를 기술함으로써 바람직한 사회의 본성을 추구하려고 했다. 그러나 Rousseau에 있어서의 자연상태는 Hobbes나 Locke와는 다른 면을 보여주고 있다. 목가적인 것은 아닐지라도 Rousseau는 Hobbes가 묘사한 잔인한 고통상태와는 전혀 다른 자연상태를 그리고 있다. 즉 Rousseau는 자연상태에서 인간이 자유롭고 평등하게 태어난다고 한다.[342] 그리고 이러한 가설적인 자연상태에서는 인간은 도덕적이거나 부도덕적이지도 않고 무도덕한(amoral or nonmoral) 상태에 있다고 하며,[343] 자기의 보존에 마음을 쓸 뿐만 아니라 인간은 자신의 본성에 따라 이성에 의해 완성되어 나감에 틀림이 없다는 생각이 모든 그의 작품 속을 관통하고 있다.[344] 그런데 인간은 자신을 보존하고 자신을 완성시켜 나감에

338) R. Zippelius, 김형배譯, 법학입문, 6면.
339) J. G. Merquior, Rousseau and Weber, Routledge & Kegan Paul, 1980, p.18.
340) Merquior, Rousseau and Weber, p.17.
341) Merquior, Rousseau and Weber, p.19.
342) G. D. H. Cole, The Social Contract -Discourse-, J. M. Dent & Sons, 1955, p.4. (Social Contract, B. I., ch.2.).
343) Merquior, Rousseau and Weber, p.18.
344) Merquior, Rousseau and Weber, p.19; 유춘생, "룻소 -인민주권론-", 국가사상사, 76면.

있어서 여러 가지 유해한 장애물에 부딪히며, 그 장애물의 저항력이 자신의 힘만으로 제거할 수 없을 정도로 강할 때 현존하는 개개인의 힘을 결합하여 그것을 하나의 방향으로 몰아치는 방법밖에 없다고 한다. 그리하여 Rousseau는 공동의 힘을 다하여 각 성원의 생명과 재산을 방어하고 보호하는 일종의 협동체를 조직하되, 그 단체를 위한 행위가 결코 그 자신에 대한 불복종의 행위가 되지 않는, 따라서 여전히 자신의 자유를 누릴 수 있는 그러한 조직체를 발견하는 것이 바로 사회계약을 통한 국가를 설립하는 것이라고 한다.[345)]

(2) 契約思想

Rousseau에 있어서 사회계약은 인간불평등의 역사관에 입각하여 인류가 처한 불평등한 사회상태를 지양하고, 자연상태에서 지녔던 자유와 평등을 회복하며, 사회의 생존을 확보하기 위한 조건을 마련하기 위한 것이었다.[346)] 또한 그는 사회계약에 의해 정치적 결사, 즉 하나의 국가로 결합되어 있는 인간들로 하여금 무법상태와 특권을 동시에 포기함으로써 정치적 자유를 현실화할 수 있는 정치적 단위의 근거에 관한 근본원리를 마련하고자 했다.[347)] 그리하여 그의 계약사상은 계약에 참여한 개개인들이 한사람 또는 다른 사람들에게 그들의 자유를 양도한 것이 아니라 그들이 구성하는 도덕적 인격체에게 이전시키고 있으며, 그들의 자유는 자신들에 의하여 포기된 것이 아니고 단지 전이된 것이라고 본다. 즉 사회상태에 의하여 인간이 잃게 되는 것은 그의 자연적 자유와 그가 얻으려고 하면 얻을 수 있는 무제한적 권리이고, 이를 통하여 얻게 되는 것은 일반의지에 의하여 제한된 시민적 자유와 도덕적 자유라고 한다.[348)]

그리고 Rousseau에 있어서의 사회계약사상은 개개인 상호간과 타인과의 관계를 규제하기 위하여 고안된 헌법과 법률을 그들 스스로에게 부여하는 것이며, 집단적인 도덕적 인격체를 구성하기 위해서 이전에 자연상태에 있던 사람들 사이에서 이뤄지는 합의로 표현된다.[349)] 이것은 Hobbes나 Locke가 사회계약을 설명함에 있어서 국민을 일방당사자로 하고 국가권력을 타방당사자로 하는 계약, 즉 복종계약 내지 위임계약과는 달리 사회자체를 구성하는 개개인들 사이의 합의에 근거하는

---

345) J. J Rousseau, Social Contract, 박옥줄譯, 사회계약론, 박영사, 1985, 62면 이하.
346) 유춘생, "룻소 -인민주권론-", 77면.
347) Cole, "Intorduction to the Social Contact", p.xvii.
348) Sabine, A History of Political Theory, p.541.
349) Cole, "Intorduction to the Social Contact", pp.ix.

것으로 간주하는 계약을 의미한다.[350] 뿐만 아니라 그는 제3의 형태, 즉 개개국민 모두를 일방당사자로 하고 집단으로서의 국민전체(국가)를 타방당사자로 하는 국민들과 국가 사이의 계약으로 사회계약을 설명하기도 한다.[351] 이러한 형태는 국민들이 전체로서의 자기 자신과 계약을 맺는 것이며, 이것은 어느 의미에서 진정한 계약을 의미한다고 본다. 왜냐하면 개개인이 설립한 국가는 분명한 도덕적 인격체이며, 또한 국가 자신과는 분명하게 구분되는 도덕적 인격체들인 그의 구성원들과 정당한 합의에 도달할 수 있을 것이기 때문이다.[352] 그리고 바로 이러한 의미의 사회계약을 통하여 그는 개개인이 일반의지의 최고의 재량 하에 자신을 두게 되고 그 일반의지 하에서만 자유로울 수 있다고 한다.

(3) 國家權力의 正當性과 抵抗權

Rousseau는 국가가 구성되는 목적인 공공선에 따르면 일반의지만이 국가를 영도해 나갈 수 있다고 한다. 왜냐하면 개인적 이해관계의 상충이 국가의 설립을 필요하게 만든 것이 사실이라면 이들 이해관계의 일치가 국가의 성립을 가능케 한 것도 사실이기 때문이다.[353] 다시 말해서 개인들 사이의 상충하는 이해관계 내의 공통요소가 국가의 성립요건이 되는 것이고, 이것이 곧 일반의지인 때문이다. 따라서 그에 있어서는 '국가의 모든 구성원의 불변의 의지'인 일반의지만이 계약에 의하여 형성된 국가의 이익을 지도하는 최고의 의사가 된다. 그리고 모든 국민은 이러한 일반의지 밑에 종속시키고, 일반의지에 따라 규정된 법률에 복종함으로써,[354] 그들은 자기 스스로를 제외하고는 아무에게도 복종하지 않는 것이 되고, 또한 그렇게 할 때에 국민은 그들이 자연상태에서와 마찬가지로 자유로울 수 있다고 한다.[355] 즉 일반의지는 정치제도에 인간의 자유를 적용하기 위한 매개체라고 할 수 있다. 일반의지는 도덕적 인격체인 국가의 의지이고, 이것은 항상 전체와 각 부분의 유지 및 복지에 이바지하는 것으로서, 국가의 모든 구성원 상호간이나 국가와의 관계에 있어서 국가의 모든 구성원을 위하여 어떤 지배가 옳고 그른가를 창조하는 법의 원천이며,[356] 그것은 항상 공공의 이익을 추구하기 때문이

---

350) Cole, "Intorduction to the Social Contact", pp.xii-xviii.

351) Cole, "Intorduction to the Social Contact", p.xviii.

352) 여기서 Rousseau의 주권론이 군주주권에서 인민주권으로 대체되고 있음을 알 수 있다.

353) Cole, The Social Contract -Discourse-, p.20.

354) Rousseau는 법률을 일반의지의 입법행위라고 정의하고 있으며, 정당한 법률은 국가를 구성하는 인간의 결합체(주권자)로부터만 나올 수 있다고 한다. Social Contract, B. II., Ch.6.

355) International Encyclopedia of the Social Sciences, Vol.13., p.567.

다.[357]

그리고 Rousseau에 따르면 개개인들의 사회계약을 통하여 형성된 공동체는 수동적으로는 국가이고 능동적으로 주권자라고 부른다.[358] 국민들에 의하여 성립된 정치적 공동체(body politic)라는 점에서 국가이고, 또한 그들과는 다른 도덕적 인격체인 국가는 그에게 전이된 권력을 행사함으로써 주어진 목적을 수행하여야 할 주체라는 점에서, 그리고 사회의 대부분의 사람들에 의하여 습관적인 복종을 받는 우월한 결정적인 주체라는 점에서 주권자라 한다.[359] Rousseau에 있어서의 이러한 주권자는 사회계약개념의 실체화요 일반의지 개념의 예시에 해당하는 근본적인 정치단체의 유대관계의 결과이다.[360] 그리고 이때 그는 국민만이 자기 자신의 운명에 대한 궁극적인 지배자이고 궁극적인 권력의 소유자라고 주장함으로써 국민주권을 주장하고 있음은 물론이다.[361] 또한 그에 있어서 국가는 인격체이기 때문에 독자적 의지를 지니는데 그 의지가 일반의지인 것이며, 이 일반의지의 행사가 곧 주권이 된다. 다시 말해서 사회계약을 통하여 모든 구성원이 국가에 준 국민에 대한 절대적 권력, 즉 일반의지에 근거하여 행사되는 바로 이 권력을 주권이라고 한다.[362] 그리고 그는 주권이란 일반의지의 행사이기 때문에 절대적이고 불가양이며 불가분한 것이라고 한다.[363] 주권은 따라서 대다수의 평등한 사람들 사이를 제외하고는 제한되거나 포기되거나 분할될 수 없다.[364] 따라서 Rousseau는 국민들이 국가에 이전한 권력에 무언가 공식적인 제약을 가하는 어려움이 있음을 인식하고 무제한적이고 도덕적인 모든 국민에 대한 주권의 승인만이 유일한 인간사회의 실제적 기초임을 주장한다.[365] 즉 공동체의 존재를 정당화 한다는 것은 무

356) Cole, "Intorduction to the Social Contact", p.xxv.

357) Cole, The Social Contract -Discourse-, p.22.

358) 장을병, "국가개념의 변천과정", 19면.

359) Cole, "Intorduction to the Social Contact", p.xviii.

360) Cole, "Intorduction to the Social Contact", p.xx.

361) 물론 T. Hobbes에 있어서도 근원적인 권력소유자는 국민 개개인이었다는 점이 지적되고 있다. 그러나 그것은 복종계약을 통해 주권자인 국가에 양도되어 버리므로 오히려 국민주권을 파괴하여 버리는 명목적인 국민주권이론이었다는 지적도 있다. Cole, "Intorduction to the Social Contact", pp.xx.

362) Cole, The Social Contract -Discourse-, p.24.

363) Cole, The Social Contract -Discourse-, pp.20-24.

364) 이러한 주장 때문에 Rousseau는 주권자와 국가권력을 구분한다. 왜냐하면 항상 국가권력(government)은 어느 정도 선택된 사람들(대표자) 손에 있을 것이기 때문이다. 그리고 이때는 완전히 민주적인 국가권력도 주권자와 동일시 할 수 없으며, 주권자와 국가권력이 구분되지 않으면 주권자라는 이름을 강탈한 국가권력은 필연적으로 절대적임을 주장할 것이기 때문이다. Cole, "Intorduction to the Social Contact", p.xxi.

365) Cole, "Intorduction to the Social Contact", p.xxxii.

의미한 문제로 취급하며,[366] 국가에 있어서의 주권은 스스로의 정당성을 일반의지의 진실성으로부터 받고 있는 것으로 볼 수 있다. 결국 그에 있어서 국가의 주권에 대해 국민이 저항한다는 것은 생각하기 힘들다. 특히 그에 있어서는 주권은 일반의지의 진실성 이외의 다른 연원이 없는 정통적인 권력이므로 가치판단의 기준이 존재하지 않는다. 그리고 주권은 입법권으로 구체화 되는데 이에 대한 복종은 타자에 대한 복종이 아니라 자기 자신에 대한 스스로의 복종이므로 법률에 대한 저항도 거부됨이 원칙이다.[367]

그러나 Rousseau에 있어서도 국가는 무조건적으로 정당화되는 것은 아니다. 그에 의하면 다음과 같은 여러 이유들 때문에 국가의 주권행사는 정당화가 요청된다고 본다. 즉 그는 사회계약의 본질상 개개인이 국가에게 이전하게 되는 권리는 그의 권리중의 일부, 곧 국가가 통제하는데 있어서 중요하다고 생각하는 재산과 자유의 일부분에 불과하다고 주장한다.[368] 또한 그는 국가, 즉 주권자는 계약의 신성불가침성을 인정하는 바탕에서만 그 존재이유가 성립되는 것이므로 어떠한 경우에도 이 기본적 계약행위에 저촉되는 행위를 할 수 없다고 한다.[369] 뿐만 아니라 그는 주권자는 전체로서의 국민의 이익에 반하는 어떠한 이익도 가질 수 없다는 의미에서, 일반의지란 공공의 이익이 관여를 요구할 때에만 개인적 권리에 간섭할 수 있다고 한다.[370] 특히 일반의지의 확실성은 국가로 하여금 확신할 수 있게 하는데 충분하지가 않기 때문에, 즉 주권자의 의사가 일반의지에 대한 명확한 표명에 실패하는 경우에는 일반의지는 전혀 표명된 것으로 볼 수 없고 또한 효력도 있을 수 없게 되기 때문에 그러한 일반의지의 표명은 과오를 저지를지도 모른다고 한다.[371] 주권은 일반의지의 진실성을 근거로 해야 한다는 것이다.[372] 결국 이와 같은 Rousseau의 견해는 일반의지가 누구나 수긍할 수 있는 객관적인 가치로 평가되지 않는 한 주권은 절대적인 것이 아니라는 것이며, 궁극적으로 사회계약의 목적과 과제에 의하여 국가는 제약되고 있다고 본다. 그리고 사회계약 자체는 자연적 권리에 기초하고 있고 그의 유지를 보장하는데 목적이 있기 때문에, 정당한 국가는 모든 그의 구성원들을 주권에 있어서 평등한 참여자로

366) Sabine, A History of Political Theory, p.540.
367) 유춘생, "룻소 -인민주권론-", 103면.
368) Sabine, A History of Political Theory, p.24.
369) Sabine, A History of Political Theory, p.14. (Social Contract, B. I., Ch.7.).
370) Sabine, A History of Political Theory, p.24.
371) Cole, "Intorduction to the Social Contact", pp.xxxii.
372) 유춘생, "룻소 -인민주권론-", 89면.

취급해야 하며, 이를 그르칠 때 국가는 주권자이기를 그쳐야 한다고 본다.373) Rousseau는 자유와 평등이 모든 인간의 가장 중요한 선이며, 그것은 모든 입법체제의 목적이어야 한다고 주장했기 때문이다.374) 따라서 그의 견해에 따르면 국가권력이 독재화되면 문제는 순수한 힘의 문제가 되고, 이런 경우에는 사회계약의 개념에 호소가 이뤄지거나 아니면 동일한 생각을 다른 방법으로 표현하고 있는 인간의 자유 중에서 자연권에 호소가 이뤄짐으로써 저항이 이뤄질 수 있다고 본다.375)

(4) 評價

Rousseau는 사회계약이론의 창시자는 아니었다. 오히려 그는 어떤 의미에서는 위대한 사회계약에 관한 제안자들 가운데서 마지막 사람이었다.376) 그는 Hobbes나 Locke처럼 사회계약이론을 이원적 계약으로 보지 않고 오직 사회의 결합만을 받아들임으로써 사회계약이론을 변형시켰을 뿐이고,377) 그는 이렇게 사회계약이론을 변형시킴으로써 그 한계를 초월하려고 하였지만, 결국 후대의 정치이론에서 사회계약이란 개념사용을 중지하게 하는데 공헌한 사람으로 평가된다.378) 다만 그의 사회계약이론은 소규모의 도시국가에서나 타당할 수 있는 직접민주주의이론에서나 적합한 이론이라고 지적되고 있다.379)

또한 Rousseau의 주권론에 관한 이론전개에 있어서는 모순이 없지 않다. Hobbes처럼 일반의지 내지 주권의 절대성을 전제하여 "일반의지는 언제나 정당하다. 일반의지는 사회적 선을 대변하고 그 자체가 정의의 기준이기 때문에 그것은 자명한 진리이다. 정의롭지 않은 것은 일반의지가 아닐 뿐이다"고 하면서도,380) 주권은 그의 구성원들에게 해를 가할 수 없다고 여러 곳에서 논술하고 있기 때문이다.381) 또한 일반의지의 가치를 부인하는 사람들의 입장에서 보면 절대성이 강조된 일반의지도 다수결에 의해서나 아니면 다른 투표제도와 같은 것에 의해서 도달된 것으로 보증할 수 없다면 아무것도 아니라고 한다.382) 예를 들면 국민이

---

373) Cole, "Intorduction to the Social Contact", p.xxxiv.
374) Cole, The Social Contract -Discourse-, p.42.
375) Cole, "Intorduction to the Social Contact", p.xxxiv.
376) Cole, "Intorduction to the Social Contact", p.xi.
377) Merquior, Rousseau and Weber, p.27.
378) Cole, "Intorduction to the Social Contact", p.xi.
379) Cole, "Intorduction to the Social Contact", p.xxiii.
380) Sabine, A History of Political Theory, pp.543.
381) Merquior, Rousseau and Weber, p.27.

모든 권력, 모든 도덕적 정당성, 그리고 지혜를 지닌다고 할지라도, 어떤 법인체 전체는 그 의사를 그와 같이 표시할 수도 없고 집행할 수도 없다는 것이다.383) 공동체가 고도화되면 될수록 그 공동체의 대변자들은 그들이 대표자로 불리건 불리지 않건 더욱 더 많은 권위를 지니게 됨에도 불구하고, 그는 지나치게 일반의지에 집착한 나머지 국가권력(정부)의 중요성을 인식하지 못했고 또한 대의정치조차도 인정하려 하지 않았다고 본다.384)

그러나 많은 모순과 문제점들에도 불구하고 Rousseau의 국가사상은 세 가지의 일관된 믿음에 기초하고 있음을 알 수 있다. 즉 인간의 자유의 불가양성과 선에 대한 인간의 자연적 성향, 그리고 정치제도를 일반의지의 표현수단으로서의 민주적 주권에 근거를 두는 것이 필요하다는 생각이 바로 그것이다.385) 특히 그 중에서도 사회계약론 이전의 정치사상가들이 국가의 목적을 그의 구성원들의 보호에 있는 것으로 보았었으나, 그에 있어서의 국가의 목적은 인간의 자유의 보호이었고, 그리하여 자유권은 시민사회의 단순한 조건으로부터 그의 목적으로 변화하게 했다는 점에서 그의 공적을 찾을 수 있다.386) 뿐만 아니라 비판이 없는 것은 아니지만 그의 일반의지사상은 통치에 대한 지속적인 개인적 참여에 의하여 항상 능동화 되어져야 한다는 의미에서 참여민주주의의 이상을 제시해 주었고, 이에 따라 영구적인 권력통제의 필요성을 일깨워 준 업적을 남겼다고 본다.387)

Ⅲ. 獨逸觀念主義 國家思想

1. 序言

근대 초에 독일은 자연철학 내지 자연연구에 있어서나 특히 종교개혁운동에 있어서 유럽의 사상계에 커다란 영향을 미쳤지만, 17세기의 30년전쟁의 결과로 국

382) Cole, "Intorduction to the Social Contact", p.xxxv. 그러나 Rousseau의 일반의지는 자유속의 정의를 의미하는 것으로서 논리적으로 가치중립적인 J. Locke의 다수결원리와 다르다고도 한다. Merquior, Rousseau and Weber, p.28.

383) Sabine, A History of Political Theory, p.544.

384) Sabine, A History of Political Theory, p.544. 특히 Rousseau의 직접민주주의이론에 대한 비판은 다음 문헌 참조. 허영, 헌법이론과 헌법, 176면 이하; K. Hesse, Grundzüge des Verfassungsrechts der Bundesrepublik Deutschland, S. 51f.

385) Cole, "Intorduction to the Social Contact", p.xxxviii.

386) Merquior, Rousseau and Weber, p.76.

387) Merquior, Rousseau and Weber, p.57.

토가 말할 수 없이 황폐하여졌고, 문화적으로도 타국가들에 비하여 훨씬 뒤떨어지게 되었다.[388] 이미 영국에서는 Hobbes와 Locke에 의하여 자유주의사상이 뿌리를 내려가고 있었고, 프랑스에서도 Rousseau와 Montesquieu 등의 사상가들에 힘입어 중세적 속박으로부터 벗어나 그들 나름대로의 독자적 기반에서 자기확신을 지향하고 있었으며,[389] 경제적으로도 이미 이들 국가에서는 산업혁명에 성공하여 명실상부한 근대적 통일국가를 형성하고 있었음에도 불구하고, 독일은 신성로마제국이라는 명목뿐인 통일 하에 오스트리아와 프로이센을 포함한 300여개의 군소제후국으로 나뉘어져 통일국가에의 길은 완전히 막혀있었다.[390] 문화적인 측면에서도 Leibniz와 Wolff 등이 독일고전철학을 대표하여 계몽주의의 맹아를 가져왔으나, 주로는 영국의 경험론과 프랑스의 합리론에 바탕을 둔 계몽주의의 영향을 받아 사상적인 명맥을 유지하는 정도였다.[391]

그러한 가운데 독일은 당시의 정치적 상황과 고유한 민족성에 기인한 것으로 보이지만, 독일만의 특유한 낭만주의가 형성되어 있었고, 이것은 대체로 개체보다는 전체 또는 공동체를 중시하는 풍토로 발전되어 가고 있었다.[392] 그리고 그러한 낭만주의는 다분히 계몽주의적인 합리적 지성과 경험의 중시를 비판하는 하나의 사조적인 보수성을 띠고 있었고,[393] 그러한 까닭에 영국과 프랑스의 계몽주의에 대해서는 소수의 선각자들만이 관심을 갖고 연구하였었다. 한편 프랑스혁명이 일어나자 Kant나 Fichte는 물론이고 수많은 독일인들은 많은 관심과 함께 호의를 표시하였고, 그들은 독일에서도 그러한 혁명이 일어나 전제군주의 학정으로부터 벗어나고 모든 사람이 자유롭게 살아가기 위한 이성에의 무한한 신뢰와 함께 국가와 사회도 이성의 완전한 지배 하에 두려는 계몽주의에 대하여 적지 않게 공감하기도 했다.[394]

그런데 프랑스혁명이 정치적 내지 사회적으로 정체상태에 빠져 있던 독일지식인들을 각성케 하였고 독일을 근저로부터 뒤흔들어 놓기는 했지만, 그것의 현실이 폭력혁명의 양상을 띠게 되자 독일의 사상가들은 곧바로 거부반응을 나타내게 되었다.[395] 혁명이 갖는 진보와 개혁의 의미를 강조한 나머지 인간성 자체의 존엄성

388) 이영재, 헤겔의 정치사상, 박영사, 1983, 48면.
389) 이영재, 헤겔의 정치사상, 48면.
390) 平井俊彦. 德永 恂編, 고영대譯, 사회사상사, 사계절, 1985, 85면 이하.
391) 平井俊彦. 德永 恂編, 고영대譯, 사회사상사, 85면; 이영재, 헤겔의 정치사상, 48면.
392) 김대환, 사회사상사, 법문사, 1987, 292면.
393) 김대환, 사회사상사, 293면.
394) 김대환, 사회사상사, 295면.

을 경시하기 쉬운 프랑스의 계몽주의를 독일인들의 내면에 깔려 있는 낭만주의는 동의하려 들지 않았던 것이고,[396] 더욱이 유럽의 후진국으로서의 독일에서는 혁명을 위한 사회적 조건이 존재하지 않았기 때문에, 자유・평등・박애라고 하는 프랑스의 혁명정신은 오로지 이상이나 이념의 형태로 개화될 수밖에 없었으며, 그리하여 프랑스의 혁명정신을 이념이라는 관념형태로 추구해 나간 것이 이른바 독일관념주의라고 할 수 있다.[397]

결국 독일관념주의는 '이념'을 절대적으로 생각하고, 그 이념 하에 자연・예술・사회・역사라는 여러 가지 영역을 체계적이고 결합적으로 파악하는 입장이다. 즉 Kant에서 시작되어 Fichte, Schelling, Hegel에 이르는 독일관념주의는 일반적으로 Kant에 의하여 확립된 의지의 자율(자유)을 실천철학의 바탕에 두고, 그 자유가 정립하는 이념이 현실사회에서 실현되는 과정을 인류의 역사라고 생각하는 특징을 가진다.[398] 다시 말해서 독일관념주의는 이성의 능동성을 강조하며, 이 이성의 활동이 자유이고, 자유란 이성의 원리가 스스로를 세계에 관철하는데 목적이 있다고 한다. 즉 이들에 있어서 인간은 자각적 존재로서 자유를 최고로 발휘해야 하는 것으로 보며, 이 자유는 내면적 방향으로 심화되어 짙은 윤리적 색채를 띠는 특색을 지닌다.[399] 따라서 독일관념주의란 독일적 자유주의의 정신적 길잡이이며, 독일에 있어서 민족주의에 바탕을 둔 자유주의적 이념의 수용형태라고 할 수 있다.[400]

그리고 이러한 독일관념주의는 이념으로서의 자유가 현실에서 어느 정도 '실현되어야 하는가' 또는 '실현되는가'에 따라 상당한 정도로 국가사상의 차이를 보이고 있다. 다만 청년시절의 Fichte를 제외하고, 독일관념주의의 국가사상은 일관하여 국가권력의 절대성을 이성의 입장에서 적극적으로 시인하고 있다.[401] Kant가 자유의 실현은 도덕적 의무의 달성에서 찾아 볼 수 있다고 한 점이나, Fichte가 자유의 확대는 자아에 의한 비자아세계정복의 노력에서 찾아볼 수 있다고 한 점, 그리고 Hegel이 인륜의 최고형태인 국가 안에서만 자유의 완전한 실현을 맛볼 수 있다고 한 것이 그 예이다. 이러한 관점에서 다음에서는 독일관념주의 국가사상을

395) 이영재, 헤겔의 정치사상, 53면; 平井俊彦. 德永 恂編, 고영대譯, 사회사상사, 86면.
396) 김대환, 사회사상사, 295면.
397) 平井俊彦. 德永 恂編, 고영대譯, 사회사상사, 86면.
398) 平井俊彦. 德永 恂編, 고영대譯, 사회사상사, 86면 이하.
399) 이영규, "독일이상주의", 정치학대사전, 457면.
400) 윤근식, "독일의 자유주의운동", 정치학대사전, 442면.
401) 이영규, "독일이상주의", 458면.

대표하는 Kant와 Fichte, Humboldt의 국가관을 살펴보고, Hegel의 경우는 관점을 바꾸어 보수주의에서 논술하기로 한다.

2. I. Kant의 國家觀

(1) 思想的 背景과 人間性

Kant는 그의 모든 사상의 기초에 있어서 비판주의형식을 취하고 있다. 그는 이 세상 사물의 실체에 관하여 그 원인·목적·내용을 추구한 것이 아니라 사물에 대한 인간인식의 조건과 한계를 비판적으로 규명하고 나서, 이 결과를 바탕으로 인간인식의 가능성과 가치를 추구하고 있다.[402] 즉 그는 인간이성의 인식능력을 비판적으로 규명하려고 했는데, 인간은 사물자체인 실체를 파악할 수는 없고, 사물의 현상이 감각을 통하여 우리에게 들어오는 소여에 대하여 인간이 선험적으로 갖추고 있는 인식의 형식을 부여함으로써 파악되는 것이라고 하는 이론에 근거하여 사상을 전개한다. 또한 Kant는 Hobbes나 Locke, Rousseau 등의 근대자유주의 국가사상가들과 마찬가지로 그의 사상을 인간존재에 대한 깊은 통찰로부터 시작하고 있다.[403] 즉 Kant는 인간의 존엄이라는 개념으로부터 출발하여 인간질서의 있어야 할 모습을 밝혀 놓기 위하여 법철학 내지 국가사상을 전개하고 있는 것이다.

Kant는 인간이란 인격의 소유자이며 목적 그 자체로서 실존하는 존재라고 한다. 또한 인간은 인격의 소유자이기 때문에 자율적으로 자기를 실현하며 자기의 행위를 입법하는 도덕적 자유를 가진 존재라고 하면서 이 점에서 인간은 존엄성을 갖는다고 한다.[404] 즉 인간은 단순히 '이성적 존재'인 것이 아니라 '이성능력이 부여된 존재'이고, 이 이성능력을 통하여 자기창조 내지 자기완성에 이를 수 있는 존재라는 점에서 존엄성을 가지며, 이것은 어느 누구에 의해서도 침해되어서는 안 되는 절대적이고 실질적인 가치를 의미한다고 하면서, 그것의 본질은 자율성에 있다고 한다. 다만 Kant에 있어서 인간의 도덕적 자유는 자기 자신의 존재를 규정하고 목적을 추구할 수 있는 자유를 의미하는 것은 아니다.[405] 인간은 고립되어 사는 것이 아니고 상호의존적으로 함께 사는 사회적 존재이므로 도덕적 자유에는

402) A. Brimo, Les grands courants de la philosophie du droit et de l'Etat, 유병화, 법철학, 박영사, 1984, 257면.
403) 심재우, "인간의 존엄과 법질서", 법률행정논집(고대 법대, 제12집), 1974, 104면.
404) I. Kant, Grundlegung zur Metaphysik der Sitten, 심재우, "인간의 존엄과 법질서", 104면.
405) 심재우, "인간의 존엄과 법질서", 115면.

필연적으로 한계와 제한이 뒤따르는 것이다. 즉 인간은 이성적 존재로서 자기 자신의 인격을 보존하고 발전시켜 나가야 할 의무를 가질 뿐만 아니라 그러한 도덕적 자유를 실현함에 있어서 타인의 자유와 권리를 존중해야 할 의무도 아울러 갖고 있기 때문에,[406] 그 자유는 무제한한 것이 아니라 개념본질적으로 다른 사람의 자유와 양립할 수 있는 범위 내에서 행사되어야 하며, 따라서 그의 도덕적 자유개념은 모든 사람이 동시에 자유롭고 인격자일 수 있도록 실현되어야 하는 것으로 본다.

이와 같이 Kant는 인간을 인격자요 도덕적 자유를 갖는 자율적인 존재로 보기 때문에 자연상태에서는 자유롭고 평등하다고 한다.[407] 다만 그는 Hobbes의 경우와 비슷하게 국가이전의 상태로서 자연상태를 전제하면서, 그러한 자연상태는 인간상호간에 분쟁이 있을 때 결단을 할 수 있는 어떤 국가권력이 없고 또한 법이 없는 상태이므로 Hobbes에 있어서와 같이 '만인의 만인에 대한 투쟁상태'로 본다.[408] 즉 Kant에 의하면 자연상태에서는 모든 것이 법률로 제한되거나 제재를 통하여 개인의 권리가 보장되는 것이 아니기 때문에 폭력에 대하여 무방비상태에 있고, 이때는 사람들이 다른 사람의 의견에 관계없이 각각 옳고 좋다고 생각하는 것을 수행하려고 한다는 것이다. 그렇지만 그는 인간을 이성적 존재로 보는데, 인간이 이성을 소유하고 있다는 것은 본성적 경향이나 욕망 또는 이해관계를 떠나서 스스로 준수할 도덕법규를 자신에게 부여하는 자율적 존재로 본다는 것이며, 이것은 곧 자연상태란 인간상호간에 폭력으로만 행동하는 불의의 상태는 아니고 권리가 부정당하는 경우 이를 해결할 수 있는 법관이나 권력이 없는 무법의 상태에 있다고 한다.[409]

(2) 契約思想

상기한 바와 같이 인간의 도덕적 자유를 바탕으로 하면서 도덕적 국가론을 전개한 Kant는 국가란 도덕적 인간이 고차원적인 도덕적 이성을 실현시키기 위해서 결합한 사회형태를 그 이론적 출발점으로 하고 있음을 알 수 있다.[410] 즉 그가 말

406) 심재우, "인간의 존엄과 법질서", 108-118면.
407) 유병화, 법철학, 265면.
408) 유병화, 법철학, 268면; 심재우, "인간의 존엄과 법질서", 125면.
409) 유병화, 법철학, 268면.
410) 허영, 헌법이론과 헌법, 177면; Patrick Riley, Will and Political Legitimacy, Harvard University Press, 1982, p.125.

한 이념으로서의 국가(ein Staat als Idee)는 순수한 실천이성원칙의 선험적 형식을 뜻하며, 이 원칙에 따라 하나의 시민헌법이 사회계약의 관념을 통하여 인간사회에 확립되는 것으로 보고 있기 때문이다.[411] 그리하여 그는 국가란 '법 아래에서 다수인간들의 결합'이라고 정의하고 있으며, 이것은 인간이 자연상태를 떠나 법적상태로 들어가는 것을 의미한다.[412] 그리고 법적상태 속에서만 인간은 외적 구속 아래 있게 되고 인간의 권리가 존중될 수 있게 된다고 한다.

다만 Kant의 계약사상은 Rousseau의 사상적 영향을 많이 받았지만, Rousseau처럼 자연상태의 회복을 문제삼는 것이 아니라 Hobbes와 유사하게 자연상태를 극복하고 그와는 질적인 차이가 있는 도덕상태(Reich der Sitten)를 실현하기 위한 것으로 보며, 따라서 그의 계약사상은 도덕적 명령에 따라서 행해지는 도덕적 인간 사이의 계약이라고 본다. 즉 인간은 누구나 타인과 결합할 필요성을 느낄 수 있는 도덕적 이성을 가진 까닭에, 그들의 공존을 실현할 책임을 맡을 국가를 성립시키기 위하여 선결요청으로 제기되는 것이 사회계약이라고 보고 있는 것이다.[413]

그런데 Kant의 계약사상은 근대자유주의 국가사상가들에 의하여 주장된 것과는 달리 자연상태에서 국가상태(법적상태)로의 이행이 이성에 의하여 수행된다고 하는 점에서 차이를 보이고 있다.[414] 즉 Locke나 Rousseau에게서 볼 수 있듯이 동의에 입각한 역사적인 측면에서의 사회계약을 평가하고 있는 것이 아니고, 그는 사회계약에 있어서 이성적 확실성을 추구하고 있는 것이다. 다시 말해서 Kant의 계약사상은 입법자로 하여금 국민전체의 집단의사에서 나올 수 있는 그런 법규를 제정하도록 할 뿐만 아니라 국민들도 시민이 되기를 원하는 한에서 이런 종류의 집단의사의 형성에 동의한 것으로 생각하도록 한다는 의미에서 현실성을 갖는 단순한 이성의 이념(Idea of reason)인 것이다.[415]

따라서 Kant의 사회계약사상은 국가와 그의 법률의 적합성을 판단하는 기준을 제공하는데 의미를 둔 이성의 이념인 것이지 현실적인 동의나 아니면 현실적인 복종의 약속과는 아무런 관계가 없다.[416] 또한 그의 사상은 시민사회의 기원을

---

411) I. Kant, Die Metaphysik der Sitten, 심재우, "인간의 존엄과 법질서", 121면.

412) Leo Strauss & Joseph Cropsey, History of Political Philosophy, 2nd. ed., The University of Chicago Press, 1981, p.576.

413) 허영, 헌법이론과 헌법, 177면; 유병화, 법철학, 286면.

414) Patrick Riley, Will and Political Legitimacy, pp.125; 유병화, 법철학, 268면.

415) Patrick Riley, Will and Political Legitimacy, pp.125; R. Zippelius, Allgemeine Staatslehre, S. 321.

416) Patrick Riley, Will and Political Legitimacy, p.125.

설명하는 원리가 아니라 그러한 시민사회가 어떠하여야 하는 것인가를 설명하는 원리인 것이다.[417] 즉 현존하는 입법과 행정을 판단하기 위한 기준에 불과한 것이다.

(3) 國家權力의 正當性과 抵抗權

Kant에 의하면 국가란 법이 없는 자연상태를 종결시키고 사회적 공동목적을 달성하기 위하여 사회계약에 의하여 성립된 것이므로 '법 아래에서 다수인간들의 결합'이라고 한다. 그리고 그에 있어서 국가란 자유의지를 가진 도덕인의 자율적인 자유를 보장하기 위한 도덕적 이성의 표현형태로 보며,[418] 그 결과 국가란 권력이란 측면에서 보면 자유로운 인격자들의 공존을 실현하고 보장하는 공권력의 담당자로 나타난다.[419] 따라서 그에 있어서 국가의 목적은 개개인의 인격의 자유로운 발현을 통해 인간의 존엄성이 그 자체로서 목적으로 취급되도록 하는데 있으며, 그를 위하여 부정적인 조건들을 배제하고 법질서를 유지하는 데 있다.[420] 다시 말해서 Kant는 법을 자유로운 인격자인 도덕인들의 공존조건으로 보아 이러한 공존조건이 구체적인 현실사회에서 실현되기를 요구하였고, 그 결과 그는 "법이란 한 개인의 의지가 자유의 일반원칙에 따라 다른 사람의 의지와 공존할 수 있는 조건의 총체"라고 보면서, 국가는 이러한 공동조건으로서의 자유의 한계를 설정하고 이를 실현하는 것을 목적으로 한다고 한다.[421]

이와 같이 Kant는 비록 한정적이기는 하지만 인간의 기본성향을 선택의 자유와 자치능력에 있는 것으로 보고 있으며, 또한 그 때문에 인간의 존엄과 가치도 인간의 도덕적 자치능력에 달려 있다고 본다.[422] 그리하여 그는 국가의 목적이 자주적인 인간의 개성신장을 위한 자유 내지 자율을 보장하는데 있고, 또한 이를 보장하는 법질서를 유지하고 실현하는 데 있다고 보았다. 그 결과 그에게 있어서는 개인을 떠난 공공복리를 국가의 과제로 보려는 입장을 단호히 거부한다.[423] 즉 국가(시민사회)가 그 구성원인 국민의 보호에 대하여 명백한 책임이 있다고 하더라도,

417) Patrick Riley, Will and Political Legitimacy, p.126.
418) 허영, 헌법이론과 헌법, 157면 이하.
419) 심재우, "인간의 존엄과 법질서", 121면; 유병화, 법철학, 270면.
420) Patrick Riley, Will and Political Legitimacy, p.162; W. O. Döring, Das Lebenswerk Immanuel Kants, 김용정譯, 칸트철학입문, 중원문화, 1985, 200면; 심재우, "인간의 존엄과 법질서", 122면.
421) 유병화, 법철학, 269면; Döring, Das Lebenswerk Immanuel Kants, 김용정譯, 칸트철학입문, 201면.
422) R. Zippelius, 김형배譯, 법학입문, 64면.
423) 허영, 헌법이론과 헌법, 158면.

국가는 그들의 복지 혹은 행복의 실현을 그 목적으로 해서는 안 되고, 오직 법질서 자체의 유지에 대해서만 순수하게 지향해야 한다고 본다.424) 왜냐하면 Kant의 입장에서 국가가 국민전체의 복지를 위하여 배려하는 것은 개인의 능력을 평준화시키는 것으로 보기 때문이다. 즉 그는 개개인의 인격과 그의 존엄성을 사상의 중심에 두고 있기 때문에, 국가는 단지 골격조건을 설정하고 그 안에서 인간이 자신의 소질을 완성시켜 나가도록해야 한다고 보기 때문이다. 다시 말해서 그는 개인이 스스로 자립할 수 없을 때와 사회의 자발적인 조력이 불가능한 경우를 제외하고는 국가는 개개인의 생활을 위한 배려를 해서는 안 된다고 보고 있는 것이다.

그리고 Kant는 국가란 도덕적 이성의 표현상태로 보기 때문에 국가에 대한 국민의 절대복종을 요구하고 저항권을 부인한다.425) 즉 그는 혁명이나 저항은 불법일 수밖에 없기 때문에 최고의 국가권력이 도저히 참을 수 없는 권력남용을 자행하는 경우에도 이를 감수하는 것이 국민의 의무라고 한다.426) 왜냐하면 그의 계약사상은 현존하는 입법작용과 행정작용을 판단하는 기준으로서 제시된 것이기 때문에, 통치자의 권한은 복종에의 동의나 약속으로부터 나온 것이 아니고, 그의 존재는 공동의 법적 정의의 집행자라는 데 있다고 보며, 그리고 그에게 있어서는 불완전한 합법성을 무국가상태보다 나은 것으로 간주하고 있기 때문에, 모든 신민은 통치자가 계약의 이념을 침해한다고 하더라고 복종해야 한다고 보는 것이다.427) 즉 이념적인 측면에서 국가는 객관적인 도덕법을 창조할 뿐만 아니라 그것을 실현하는 존재이기 때문에, 인간은 의무로서 명백한 자의적 행위를 지양하고 국가법질서에 따라야 한다는 것이다. Kant는 Hobbes나 Rousseau와 달리 동의나 계약을 통한 정치적 의무가 통치자에게 없는 것으로 생각한 것이다.428) 다만 Kant도 국민이 주권자라고 보고 있고, 국가를 계약이념에 보다 더 순응하게 하는 것이 통치자의 의무라고 하는 점에서 완전히 정치적 정적주의(political quietism)를 지지한 것으로 볼 수는 없다.429) Kant는 순수한

---

424) Leo Strauss & Joseph Cropsey, History of Political Philosophy, p.576.

425) 허영, 헌법이론과 헌법, 158면. 즉 I. Kant는 국헌의 변혁이란 그것이 극히 필요하다고 생각되는 경우라도 군주자신만이 개혁에 손댈 수 있을 뿐, 결코 백성에 의한, 즉 혁명에 의한 변화는 허용될 수 없다고 한다. H. J. Störig, 임석진譯, 세계철학사(하), 184면.

426) Patrick Riley, Will and Political Legitimacy, p.160.

427) Patrick Riley, Will and Political Legitimacy, p.126.

428) Patrick Riley, Will and Political Legitimacy, p.131.

429) Patrick Riley, Will and Political Legitimacy, pp.126.

공화정이 획득될 때까지 점진적이고 계속적으로 국가를 변혁시키는 것이 통치자의 의무라고 하고 있기 때문이다.430) 따라서 그에 있어서는 적어도 도덕성에 이르는 수단으로서의 합법성을 파괴할지도 모르는 무국가상태를 야기하지 않는 한, 때때로 통치자의 제거를 허용하는 것과 밀접하게 연관된 저항권사상을 가지고 있다고 할 수 있다. 즉 그는 완전한 법질서의 파괴를 가져온다는 점에서 저항권을 인정하지 않으려 한 것이다.431)

(4) 評價

Kant는 Hobbes와는 달리 성선설적인 입장에서 인간성을 도덕적인 것으로 평가한다. 그리하여 그는 자연상태를 전제하면서도 자연상태에서의 인간은 자유롭고 평등하다고 본다. 다만 인간은 사회적 존재이고 이성적 존재이기 때문에 이성이 선천적으로 인식한 규칙인 자연법에 따라 공존의 조건을 찾아 추구해 나가지 않으면 '만인의 만인에 대한 투쟁상태'로 발전될 것으로 판단함으로 인하여 Hobbes와 유사한 결론을 내리고 있다. 그러나 보다 중요한 그의 국가사상은 Rousseau의 국가사상에 입각하고 있음은 재언을 요하지 않는다.432) 왜냐하면 그가 말한 자유로운 인격자들의 공존을 실현하고 보장하는 공권력으로서의 국가권력이란 국민전체의 집단의사 내지 일반의사를 의미하는 것으로 보기 때문이다. 즉 Kant는 국가의 법률은 주권자로서의 전체국민의 가설적인 일반의사의 산물로 간주되어야 한다고 말하고 있기 때문이다.433) Kant는 Montesquieu의 3권분립원리를 받아들여 그 3권 가운데 입법권은 주권자인 국민전체가 입법자일 수 없기 때문에 다수결에 의할 수밖에 없고, 이것은 이미 다수국민의 의사를 승인하고 있는 것으로 보기 때문에 Rousseau의 일반의사라는 개념을 받아들이고 있는 것으로 볼 수 있고,434) 그러한 점에서 Kant의 사상은 사람들이 정한 법률에의 복종만이 유일하고 진정한 자유를 의미한다는 Rousseau의 견해를 따르고 있으며, 아울러 Rousseau의 자기지배이론 내지 동일성이론이 그의 도덕적 내지 형이상학적 이론에 깊이 스며있다고

430) Patrick Riley, Will and Political Legitimacy, pp.157. 여기서 I. Kant는 귀족국가나 순수한 민주국가보다도 순수한 공화국을 이상적인 국가라고 한다. 왜냐하면 그러한 국가형태만이 본질적인 계약정신을 실현할 수 있다고 보기 때문이다.

431) Patrick Riley, Will and Political Legitimacy, pp.160.

432) 허영, 헌법이론과 헌법, 157면 이하; Patrick Riley, Will and Political Legitimacy, p.126; Leo Strauss & Joseph Cropsey, History of Political Philosophy, p.559.

433) Patrick Riley, Will and Political Legitimacy, p.131, 156; E. Bodenheimer, Jurisprudence, Harvard University Press, 1981, p.63.

434) 최종고, 법사상사, 박영사, 1982, 133면.

볼 수 있다.435)

그러나 Kant의 국가사상은 Rousseau의 영향을 많이 받았지만, 중요한 점에서는 차이를 보이고 있고 그것을 극복하였다고 볼 수 있다.436) Kant에 의하여 확립된 자유라는 관념은 Rousseau의 경우와 같이 의사에 바탕을 두고 있는 것이 아니라 이성에 의하여 인식된 이념에 두고 있으며, 권력보다는 법을 우월하게 여기는 사상을 토대로 하고 있기 때문이다.437) 예를 들어 Kant의 자유개념은 도덕적 인간의 자아실현에 그 핵심을 두고 있기 때문에 철저하게 자유주의적이고 개인주의적인 경향을 띠고 있으며, 이것은 영국과 프랑스에서 전개되고 있던 그러한 사조를 받아들임과 동시에 이를 관념적 형태로 승화시켰다고 볼 수 있다.438) 또한 이러한 그의 사상은 공공복리의 증진이나 복지향상을 국가의 활동영역에서 배제시킴으로써 자유방임주의 국가사상을 태동시킨 계기를 마련하게 되었다. 즉 법의 진보적 내지 선험적 성격을 볼 때나 국가의 법적 성격을 볼 때, 국가권력은 자유인간의 공존을 위한 보편적이고 최소한의 조건을 제공하는데 한정해야 한다고 보기 때문이다.439)

그리고 Kant의 국가사상은 자유주의적이고 개인주의적인 경향을 바탕으로 하면서 Montesquieu의 권력분립이론을 받아들인 결과, 권력보다는 법을 우월하게 여기는, 즉 현대적 의미의 실질적 법치국가이론을 배태하게 되었다.440) 다시 말해서 Kant는 국가를 도덕적 이성의 표현형태로 보면서 도덕적 이성을 그 내용으로 하는 '법질서 밑에 결합된 인간의 집단'으로 이해하고 있기 때문에, 국가의 목적은 오로지 자유 · 평등 · 자결을 보장하기 위한 이성법의 실현에 있는 것으로 보았고, 따라서 국가작용은 이 국가목적의 한계 내에서만 허용되고 또한 마땅히 이 이성법의 구속을 받는다고 보고 있는 것이다.441) 특히 그의 이성법의 핵심내용이라고 볼 수 있는 '인간의 존엄성'에 관한 이상은 오늘날의 국가사상 내지 법사상에 있어서도 변함없이 중요성을 인정받고 있다.442)

435) Lewis White Beck, A Commentary to Kant's Critique of Practical Reason, in: Patrick Riley, Will and Political Legitimacy, p.132.

436) Leo Strauss & Joseph Cropsey, History of Political Philosophy, p.554.

437) 장을병, "국가개념의 변천과정", 22면.

438) 다만 I. Kant는 국가라는 공적 조직체가 없으면 국민의 자유와 안전을 보호하지 못한다고 한 점에서는 결코 관념론자가 아니라 철두철미한 현실주의자라고 할 수 있다. 심재우, "인간의 존엄과 법질서", 123면.

439) Leo Strauss & Joseph Cropsey, History of Political Philosophy, pp.576.

440) 허영, 헌법이론과 헌법, 286면.

441) 허영, 헌법이론과 헌법, 285면 이하.

3. Fichte의 國家觀

(1) 思想的 背景

Fichte는 Lessing, Spinoza, Kant 등의 철학자들로부터 영향을 받았지만, 그 중에서도 Kant의 영향을 제일 많이 받았다. 그와 더불어 그는 청년시절에 프랑스혁명에 고무되어 있었기 때문에 개인주의 및 자유주의사상의 영향을 많이 받았다. 특히 그의 사상을 2가지 단계로 나누어 설명할 때, 초기단계에서는 매우 급진적인 개인주의경향을 띠게 되어 정치적으로 과격한 공화주의자로 비난을 받기도 했고, 종교적으로는 무신론자로 의심을 받아 수많은 고난을 겪어야 했다.[443] 뿐만 아니라 그는 Rousseau의 영향을 받아 사회계약에 기초하는 시민사회의 개념에 따라 개인의 기본권리를 옹호하게 되었으며,[444] 다만 인간의 이성적 자아는 자신의 목표를 정하고 그 목표를 달성할 수 있다는 의미에서 자유로운 것이라고 여겼으나, 그도 Kant처럼 인간의 자유는 타인의 자아와 상호작용하는 관계에 있는 것이기 때문에 그들 각자의 자유영역은 조정되고 조화되어야 한다고 함으로써 자유로운 개인의 공존을 보호하기 위한 장치로 법을 상정하게 되었다.[445] 즉 Fichte에 있어서 법과 권리는 Kant에게 있어서처럼 개개인 상호간의 관계규범이며, 이것은 감각세계에서 개체아가 인격으로서 공존할 수 있기 위한 근본조건이고, 따라서 자유의 원리로서의 법은 감각세계에 있어서 '인격가능의 조건'이고, 인격이 도덕의 기점이기 때문에 법은 또한 '도덕의 근본조건'으로서 도덕에 선행하지 않으면 안 되는 것으로 보았으며, 이러한 법관계를 유지하기 위하여 인간생활에는 공동생활의 강제력이 필요하다고 보았다. 다만 후기단계에 이르러 Fichte는 Kant에 의하여 영향받은 절대적 관념론을 법 및 국가사상에 적용한 결과 초기의 개인주의적이고 자유주의적이던 경향을 바꾸어 국가주의 내지 전체주의적 경향을 띠게 되었다.[446] 즉 초기시절에는 개인의 자유·독립·자유권을 강조했지만, 후기에 들어서는 진보적인 자유의 보호를 벗어나서 국민국가의 중요성을 강조하게 되었고, 보편적인 자유의 보호를 넘어서 국가작용의 확대를 정당화하였다.[447]

---

442) 이에 대한 자세한 소개는 심재우 전게논문 참조.
443) 유병화, 법철학, 273-275면.
444) 유병화, 법철학, 275면.
445) E. Bodenheimer, Jurisprudence, p.65.
446) 유병화, 법철학, 275면.
447) E. Bodenheimer, Jurisprudence, p.65. 예를 들어 자유로운 상거래와 자유방임주의정책을 거부하고, 정부에 의한 생산규제와 국가에 의한 해외무역의 독점을 확립할 것을 요구했다.

(2) 國家權力의 正當性과 抵抗權

Fichte에 의하면 국가란 강제조직이고 하나의 의지력이며, 이러한 의지력은 자유의 상호적 승인이라는 각 개인의 공통의지에 기초를 구하지 않으면 안 된다고 한다. 즉 어떠한 사회나 법관계를 유지하기 위하여 공동생활의 강제력이 필요하고, 이 강제력은 초월적 권력이고 부정한 운용이 허용되지 않는 합법적 힘이며, 또 그것은 하나의 의사에 결합된 힘으로서 그 목적은 자아의 목적을 보장하는 데 있다고 본다. 따라서 Fichte는 각 개인의 공통의지를 합일된 결합의지로 평가함으로써 계약을 전제로 하고 있다.[448] 즉 루소와 같이 사회계약에 기초하는 시민사회의 개념에 따라 개인의 기본권리를 보장하는 것이 국가라고 보고 있고, 다만 시민사회의 구성원들은 양도할 수 있는 권리만을 사회계약에서 포기할 수 있는 것이지, 반대로 양도할 수 없는 권리는 국가권력의 근거인 사회계약의 대상이 될 수 없다고 하였다.[449] 즉 자유와 인격처럼 인간본성에 속하는 것으로서의 이러한 것들은 양도할 수 없을 뿐만 아니라 국가권력으로 제한할 수도 없다고 하였다.[450] 다시 말해서 국가란 그 전제가 되는 사회계약의 타당근거를 크게 어긋나고 인간의 자유를 유린하는 경우에는 당연히 저항의 대상이 된다고 보았다.[451] 이것은 곧 국가란 법치국가이어야 하고 항상 정의를 실현하지 않으면 안 된다는 것을 의미한다.[452]

그런데 Fichte는 젊은 시절에는 프랑스혁명을 찬양하는 개인주의자요 자유주의자였는데, 나폴레옹에 의하여 독일이 점령된 이후로 낭만주의와 역사주의로 채색된 후기사상을 전개한다. 즉 법과 개인의 자율적 가치를 인정하고 법과 도덕을 구분하던 개인주의와 자유주의를 배척하면서, 그는 개인을 완전히 국가에 종속시키는 국가주의로 변화한다.[453] 여기에서는 개인의 자유의 공존개념인 국가개념이나 개인권리의 보호도구로 보던 국가개념이 사라지고, 불가분하고 유기체적인 집단적 실체로 이해되는 국민국가 개념 속에 침잠하게 되어 개인의 주요한 운명과 의무를 강조하게 된다.[454] 「독일국민에게 고함」이라는 저서를 통하여 나타난 그의

448) 최종고, 법사상사, 136면.
449) 그 결과 Fichte의 사회계약은 재산계약과 보호계약으로 나누인다. W. Friedmann, Legal Theory, Stevens & Sons Limited, 1953, p.82.
450) 유병화, 법철학, 275면 이하. 그리하여 Fichte는 Kant의 주장대로 인간은 목적 자체라고 한다. 인간은 국가가 인정해 주는 것과는 상관없이, 그리고 국가의 존재자체와 상관없이 절대적 가치를 갖는 존재라고 한다.
451) 유병화, 법철학, 276면.
452) W. Friedmann, Legal Theory, p.82.
453) 유병화, 법철학, 279면.

민족주의적 사상은 Fichte의 절대적 관념론의 확립이라고 보며, 이러한 절대적 관념론의 확립은 개별적인 자아의 현실성을 인정할 수 없는 것이고, 이에 따라 개인주의와 자유주의사상에서 멀어진 것이라고 볼 수 있는 것이다.[455)]

(3) 評價

Kant의 관념주의 국가사상을 전수받은 Fichte의 국가사상도 Kant의 주장처럼 인간은 목적 자체이며 국가의 존재와는 관계없는 절대적 가치를 갖는다고 보았으며, 또한 Kant의 도덕형이상학의 영향을 받아 이성적 존재인 인간은 다른 존재들의 자유가능성을 통하여 자신의 자유를 제한하는 상호관계라는 법률관계에 있다고 보면서, 이 법의 타당근거는 인간의 자유에 있다고 보았다.[456)] 그리고 Fichte에 있어서도 국가란 각자의 자유가 준수될 수 있기 위하여 법이 갖추고 있는 강제수단이라고 함으로써 Kant와 크게 다를 바가 없었다.[457)] 그러나 그는 말기에 이르러 Kant와 달리 인간의 실천적 과제와 나아가 '사회공동체적 일원'으로서의 의무감을 강조함으로써 국가사상의 변화를 가져왔다.[458)]

특히 Fichte는 「봉쇄상업국가론」이라는 저술을 통하여 독일에서는 처음으로 사회주의적 국가사상을 들고 나왔다. 즉 Kant와 달리 국가는 사회적 생산의 분배를 자유경쟁의 메카니즘에 위임할 것이 아니라 사회적 노동을 위한 전체조직을 장악함으로써 모든 국민으로 하여금 자기가 노동한 만큼의 대가를 국민총생산에서 할당받도록 해야 한다고 했으며, 국민의 경제생활에 있어서 국가가 차지하는 특출한 위치와 함께 문화와 교육에 관한 부분에 대해서도 국가의 긴요한 과제로 등장시키고 있기 때문이다.[459)] 이것은 나폴레옹에 점령된 독일의 국가현실을 바라보면서 독일의 정치적 현실에 대처하기 위한 것이었고 조국 프로이센을 각성시키기 위한 불가피한 것이었다고 보인다.[460)] 다만 그의 그러한 국가사상은 당시로서는 크게 환영받지 못했지만 후에 국수주의와 파시즘 및 나치즘에 사상적 기반을 제공하게 되었다고 본다.[461)]

---

454) E. Bodenheimer, Jurisprudence, p.65.
455) 유병화, 법철학, 278면 이하.
456) 유병화, 법철학, 276면 이하.
457) 유병화, 법철학, 277면.
458) Störig, 임석진譯, 세계철학사(하), 213면.
459) Störig, 임석진譯, 세계철학사(하), 213면 이하.
460) 최종고, 법사상사, 136면.
461) 최종고, 법사상사, 136면.

4. W. v. Humboldt의 國家觀

(1) 思想的 背景

Humboldt는 독일관념주의의 마지막을 장식하는 사상가이다. 따라서 그는 Kant나 Fichte와 같은 독일관념주의사상을 거의 그대로 계승하고 있으며, 국가사상의 기본에 있어서도 그들의 사상을 발전시키고 완성시켜 나갔다. 즉 영국과 프랑스에서 시작된 근대자유주의 국가사상을 독일적인 입장에서 받아들이고 정착시킨 독일관념주의 국가사상을 토대로 하면서, 당시의 시대상황을 반영하여 이성의 자유를 최대로 반영하기 위한 새로운 국가사상을 제시하고 있다. 예를 들어 Kant의 영향을 받아 그는 인간의 존엄성과 자율성을 최고의 가치로 평가함에 있어서 주저하지 않았지만, Kant가 국가권력의 절대성과 그에 대한 저항권을 부인한 점에 대해서 문제점으로 인식했다. 또한 Fichte가 인간의 실천적 과제와 나아가 '사회공동체의 일원'으로서의 의무감을 강조한 점에서도 의문을 제기한다.

다시 말해서 Kant 이후의 독일관념주의가 국가작용 내지 국가기능론의 입장에서 개인주의적인 입장과 집단주의(단체주의: Collectivism)적 경향으로 발전되어 나갔는데, 후자가 독일의 전통적인 낭만주의에 입각하여 국가유기체설 등으로 발전되어 나갔고, 특히 Hegel이 그러한 측면에서 국가를 '도덕적 이념의 현실'로 까지 발전시켜 나간데 반하여, 전자를 대표하는 Humboldt는 개인과 국가를 완전히 별개의 것으로 보면서 국가는 개인의 이익을 위해서 존재하는 일종의 수단적 메카니즘으로 파악하고 있다.[462] 즉 Humboldt는 Kant 이후로 면면히 이어져 내려오고 있는 독일휴머니즘을 계승함에 있어서 철저하게 인본주의에 입각한 결과 자유방임주의적 국가사상을 확립하게 된 것이다.[463]

(2) 國家權力의 正當性과 抵抗權

Humboldt의 국가사상은 그의 가장 중요한 논문인 "Ideen zu einem Versuch, die Grenzen der Wirksamkeit des Staates zu bestimmen" 속에 잘 나타나 있다. 그는 국가의 가장 중요한 목적은 개인, 즉 개개인격의 자유를 실현함에 있다고 한다. 즉 그에게 있어서 국가는 개인에게 가능한 한 많은 자유로운 활동영역을 부여하

---

462) 허영, 헌법이론과 헌법, 21면. 이러한 결과는 인간의 자유를 최고의 가치로 인정하면서도 그 실현방법과 자유 그 자체의 평가방식에 따라서 추구되는 양상이 달라지는 것임을 가르쳐 주고 있다.

463) 김대환, 사회사상사, 377면.

기 위하여 국가의 작용을 최대한 좁은 한계 내로 끌어들이지 않으면 안 되는 필요성(notwendiges Übel)에 불과하다고 한다. 따라서 그에게 있어서 국가의 가장 중요한 과제는 내적·외적 안정의 유지에 있다고 보았으며, 이것은 곧 후에 Lassalle가 지적했듯이 야경국가(Nachtwächterstaat)의 국가기능에 해당하는 것이었다. 이와 같이 Humboldt는 Kant의 견해를 철저히 받아들여 국가는 어느 경우에도 국민의 적극적인 복지를 위하여 배려해서는 안 된다고 보았으며, 그럼에도 불구하고 국가가 복지를 실현한다면 이것은 오히려 개인의 개성을 침해하는 유해한 결과를 가져올 것이라고 하였다.

그런데 이렇게 야경국가로 발전하게 되는 Humboldt의 국가사상은 국가는 필요악이고, 국가의 과제는 대외적인 국방과 대내적인 치안유지의 확보 및 최소한도의 공공사업에 국한시키고 있기 때문에, 그 과제를 수행하지 못한 이유로 국가권력에 대하여 저항할 자유는 많지 않다. 오히려 국가권력이 그러한 과제를 초과하여 개인의 자율영역을 침해할 때 정당성 상실의 문제가 발생한다고 볼 수 있다.

(3) 評價

독일관념주의 국가사상가이면서 그 사상의 마지막을 장식하는 Humboldt는 Hegel과는 전혀 다른 결론에 이르고 있다. Hegel은 Humboldt와 같이 자유개념에서 국가사상을 피력하되 국가를 전체적 내지 역사적 관점에서 이해하기 때문에 국가란 '도덕적 관념의 실현'이요 '인륜의 정신'이라고 본데 반하여,[464] Humboldt는 국가란 필요악이라고 보며, 국가란 목적을 위한 단순한 수단으로 밖에는 생각하지 않았다.[465] 즉 그는 인간의 완전한 자유를 추구했고, 그것은 국가나 사회의 구속이 없는 상태에서 실현되는 것으로 보았으며, 그러한 경우에만 근대적이고 독일적인 자각적 인간성이 형성되리라고 생각했던 것이다. 뿐만 아니라 그는 Kant에 의하여 태동된 국가에 의한 공공복리나 복지의 향상을 철저히 배격함으로써 자유방임주의 국가사상을 완성시킨 사상가라고 할 수 있다. 물론 이러한 그의 사상은 한창 자본주의가 발전하고 있던 시대사상을 반영한 것이었음은 말할 필요도 없다.

그러나 Humboldt에 의하여 완성된 것이라고 볼 수 있는 자유방임주의 국가사상은 자본주의의 발전에 기여하긴 했지만, 자본주의가 가지고 있는 모순을 시정하

464) 후술하는 Hegel의 국가관 참조.
465) 이영재, 헤겔의 정치사상, 139면.

기에는 적합하지 않은 국가사상이었기 때문에 오늘날은 선진국과 후진국을 막론하고 용납되지 않고 있다. 즉 수정자본주의적인 입장에서 오늘날의 국가는 국민생활에 직접·간접으로 관여하고 국민의 복지증진을 위하여 노력하지 않으면 안 되게 되었기 때문이다. 다만 최근의 신자유주의 경제사상에서 주장되고 있는 점에서 볼 수 있는 바와 같이 국가의 과중한 부담을 줄이고 시장경제의 자율성을 제고시키려고 하는 움직임이 있음을 생각할 때, Humboldt의 국가사상에 대한 재평가가 시도되어야 한다고 본다.

Ⅳ. 保守主義 國家思想

1. 序言

보수주의란 인간의 사고나 행위유형들을 설명함에 있어서 중요한 개념으로 사용되고 있다. 우선 보수주의란 인간의 기질 면에서 관습적인 생활방식을 뒤바꾸는 변화들에 저항하는 자연적이고도 문화결정적인 성향으로 나타나기도 하며, 그것은 사회적·법적·종교적·정치적 또는 문화적 질서의 파괴적인 변화에 대한 반대의 태도로 나타나기도 한다.[466] 보수주의는 심리적 기반에 있어서 관습 또는 공포심 때문에 미지의 것을 불신 또는 두려워하고, 변화를 싫어하고 현상을 고집하는 것을 추구하는 것이며, 관습화되고 정든 것에 애착을 느끼는 비합리적이고 감정적인 심리적 태도를 기반으로 하는 경향이다.[467] 보수주의가 이렇게 합리적인 태도가 아니라 비합리적이고 감정적인 심리적 태도를 기반으로 하지만, 이것은 국가사상 내지 정치사상에 있어서 자유주의 내지 진보주의와 대비되는 매우 중요한 이데올로기로 파악된다.

국가사상 내지 정치사상에 있어서 보수주의는 창의적이기보다는 방어적인 정당들의 기대와 행위들로서, 전수된 도덕적 패턴과 이미 시험된 제도를 찬양하는 운동이며, 이미 이룩된 질서에 큰 가치를 부여하는 경향이다. 그리고 보수주의는 대중정부의 효능에 대해 회의를 나타내고 있는 온건한 좌익의 개혁적 계획들이건 아니면 극우파의 계획들이건 반대하는 경향을 띠는 데,[468] 이것은 근대시민사회를 근저로부터 파괴하려는 역사적 상황을 배경으로 그에 대항하여 나타난 정치적

---

466) Climton Rossiter, “Conservatism”, in: International Encyclopedia of the Social Sciences, vol.3., pp.290.
467) 구범모, “보수주의”, 정치학대사전, 691면.
468) Climton Rossiter, “Conservatism”, p.291.

이데올로기였기 때문이다.[469] 따라서 정치적 보수주의의 역사적 사명은 혁명을 예견하고 혁명을 미연에 방지하도록 하는데 있었다.[470] 그러나 진정으로 혁명적인 상황에서는 보수적 수단으로는 혁명의 불을 끌 수 없었고, 역사는 그러한 예를 분명히 보여주고 있다.[471]

다만 여기서 보수주의를 논하는 것은 Hobbes 이후로 자유주의 국가사상이 서유럽에 팽배함에 따라 나타나기 시작한 혁명의 분위기가 사회를 극도의 위기상황으로 몰아넣은 까닭에 그에 대항하여 안정과 질서를 위하여 제시되었다는 점과, 그 후로 보수주의는 자유주의 내지 진보주의와의 대립과 갈등을 겪는 과정에서 국가와 사회를 유지시키는 중요한 요소로 기능해 왔기 때문이다. 그리고 오늘날에 있어서도 보수주의는 정치현상을 다룸에 있어서 간과할 수 없는 정치이데올로기이며, 그러한 경향의 강온에 따라 현대정당의 색채가 달라지고 있다. 그러한 점에서 보수주의의 창시자라고 불리는 E. Burke의 국가론을 먼저 살핀 다음, 그 밖의 보수주의적 경향을 대표하는 견해를 소개하려고 한다.

2. E. Burke의 國家觀

(1) 思想的 背景과 人間性

Burke는 거의 30여년을 영국의 하원의원생활로 보냈으며, 그의 주요사상은 오늘날까지도 영향을 미치고 있을 정도로 중요한 위치를 차지하는 국가사상 내지 정치사상으로 평가된다. 특히 그가 주장하고 확립한 것으로 보는 보수주의적 정치사상은 근대자유주의 국가사상에 대한 반성과 함께 보수와 진보라는 국가관의 대립과 갈등을 가져와 국가사상 내지 정치사상에 있어서 커다란 전환점을 이루게 했다. 다만 그는 자신의 정치철학을 체계적이고 형식적인 논문의 형태로 제시한 적이 없고, 많은 연설과 팜플렛과 편지들을 통하여 그때그때 구체적이고 긴박한 사건들에 대하여 그 나름의 확신을 피력해 왔을 뿐이어서, 그의 정치사상을 일관적인 추상적 명제로 요약하기는 쉽지 않다.[472] 그러나 논리적으로 구축된 체계적 일관성은 아니지만 그의 정치적 견해는 나름대로 갖춰져 있다. 즉 전통은 모든 문

469) E. Burke의 「프랑스혁명의 성찰」에서 그 기원을 찾는 것도 바로 이러한 역사적 상황과 관련되기 때문이다.

470) Climton Rossiter, “Conservatism”, p.292.

471) 대표적인 예가 1917년의 러시아혁명이다.

472) Leo Strauss & Joseph Cropsey, History of Political Philosophy, p.659; Sabine, A History of Political Theory, p.567.

명의 보고이자 종교 및 도덕의 원천이며, 심지어 이성 그 자체에 대한 척도라고 함으로써 정치적 급진주의에 반대하는 보수주의 국가사상이 그것이라고 할 수 있다.473)

Burke는 인간의 본성이 선한지 악한지에 대하여 분명하게 설명하지 않는다. 그는 인간의 본성이 항상 올바르다고 믿지 않았고, 악한 면과 오용이 되는 정염이 있다고 믿었다.474) 그리하여 때로 그는 인간이란 천성이 미개인과 같아서 사회제도의 제약에 의해서만 덕을 실현할 수 있는 것으로 제안했고, 다른 곳에서 그는 인간이란 천성적으로 선한데 타락하기 쉽다고 생각한 것처럼 보인다.475) 다만 그는 인간이란 선과 악을 선택할 자유의지를 가지고 있다고 믿었고,476) 그 가운데 인간은 본성적으로 덕을 향한 자신의 내적인 방향을 가지고 있다고 보았다. 즉 인간의 내면에는 덕의 자연적 원천인 도덕적 선을 향한 어떤 본능적인 경향성을 가지고 있다고 보았다.477) 그런데 Burke는 이성과 자연법에 대한 Hume의 부정을 받아들여 사회란 자연적인 것이 아니라 인위적인 것이라는 점과 사회는 이성만의 산물이 아니라는 점, 그리고 사회의 도덕률과 제도는 불명료한 인간의 본성과 성향에 의하여 만들어진 것으로서, 그것은 인간의 본성에 합치하는 것이라고 본다.478) 그는 인간이 합리적인 존재라는 것을 부인한 적은 없지만, 어느 누구도 합리적인 확신만으로 살 수 없고, 전통적인 사회제도 내에 체계화되어 있는 도덕성에 의하여 통제되지 않으면 안 된다고 함으로써 사회의 필요성을 강조한다.479)

따라서 Burke는 인간의 본성이나 국가권력의 본질을 논함에 있어서 비시민적·선제도적·선역사적인 것을 의미하는 자연상태를 생각하길 거부했다.480) 왜냐하면 그것은 역사적으로 사실상 존재하지도 않았고, 정치학이 다루는 국민생활은 실체적이어야지 사변적이어서는 안 되며, 인간의 이성은 시민생활의 핵심인 신성한 신비의 세계까지 꿰뚫어 볼 수 없다고 믿었기 때문이다. 더욱이 Hobbes, Locke,

473) Sabine, A History of Political Theory, p.558; Michael Freeman, Edmund Burke and the Critique of Political Radicalism, Basil Blackwell, 1980, p.4.
474) Leo Strauss & Joseph Cropsey, History of Political Philosophy, p.660.
475) M. Freeman, Edmund Burke and the Critique of Political Radicalism, p.39.
476) M. Freeman, Edmund Burke and the Critique of Political Radicalism,
477) Leo Strauss & Joseph Cropsey, History of Political Philosophy, p.660.
478) Sabine, A History of Political Theory, pp.557.
479) Leo Strauss & Joseph Cropsey, History of Political Philosophy, p.661; M. Freeman, Edmund Burke and the Critique of Political Radicalism, p.39.
480) Peter J. Stanlis, Edmund Burke and the Natural Law, Ann Arbor Paperbacks, 1965, p.76, 128.

Rousseau가 주장했던 자연상태에서 인간이 가진다는 자연권(Naturrecht, natural right)개념도 부인한다.481) Burke는 인간의 본성은 본질적으로 시민적이므로 시민으로서의 인간의 권리는 그 사회의 전통과 관습에 의해 결정되어야 한다고 믿었다. 그 결과 가설에 불과한 자연상태에서의 인간의 권리를 시민사회에서 향유케 하려는 욕망은 인간의 진정한 시민으로서의 권리를 파괴하려는 결과를 초래한다고 했다.482) 즉 Hobbes, Locke 및 Rousseau가 주장한 자연권은 혁명적인 것이어서 인간의 이성과 의지를 영구불변의 신성법인 전통적인 자연법 위에 올려놓는 결과를 가져온다고 본 것이다.483) 즉 자기보존과 행복추구를 전제로 하는 자연권도 결국은 권력의 소유에 지나지 않는 것이고, 그것은 곧 변장한 권력의 원리에 지나지 않는다고 했다. 그 결과 Burke는 프랑스 혁명을 역사상 유례가 없는 대사건이라고 하면서, 그것은 모든 유럽국가들이 지금껏 유지해온 모든 정치제도를 파괴했고, 혁명세력들은 유럽에서 보편화되어 있는 공통의 법원리의 정상에다 자신들의 의지를 올려놓으려 했으며, 그것은 유럽의 모든 정치・사회・종교제도를 뒤엎는 환상적이고 추상적인 원리라고 했다.484)

(2) 契約思想

Burke에 있어서는 다양한 정부형태를 평가하기 위해서나 추상적이고 연역적인 체계에 근거한 법률의 세부사항을 평가하기 위해서 자연법의 존재를 인정하지는 않은 것으로 보인다.485) 그러나 그는 창조자인 신의 의지에 의하여 주어진 인간의 본성으로부터 나오는 근본적인 정의의 원리가 존재한다고 판단함으로써 그러한 의미의 자연법의 존재를 인정한다. 즉 Aristoteles, Cicero, T. Aquinas와 같은 전통적인 자연법개념을 지지한다고 본다.486) 그리고 모든 인간은 하나의 위대하고 불가양이며 선재하는 법에 따라 태어났고, 그 법은 모든 인간의 감정에 우선하며 그를 통하여 인간은 영원한 우주의 틀에 연결되어 있다고 함으로써 인간은 자연법을 매개로 하여 하나님과 연결되어 있다는 의미에서 Burke는 신성계약(divine

481) Paul E. Sigmund, Natural Law in Political Thought, Winthrop Publishers, Inc., 1971, p.127.
482) Stanlis, Edmund Burke and the Natural Law, p.130.
483) Stanlis, Edmund Burke and the Natural Law, 63. 즉 그는 법의 위치에 의지를 가져다 놓으려는 사람은 법에 대항하는 인류의 공적이라고 했다.
484) Stanlis, Edmund Burke and the Natural Law, p.66.
485) 그리하여 많은 학자들이 E. Burke를 자연법 부인론자라고 한다.
486) Stanlis, Edmund Burke and the Natural Law, p.71.

contract)을 주장한다.[487] 즉 현세계의 인간문제에 있어서 모든 권력은 신성한 신탁에 기인한 것이며, 어떤 정도의 권력이든 권력을 소유한 모든 사람은 신탁 하에 권력을 행사한다는 깊은 감명을 받아야 하고, 또한 모든 권력자는 사회의 유일하고 위대한 주인인 신에 대하여 책임을 져야 한다고 신성계약의 기초를 설명하고 있음으로써 사회계약의 근거로서의 자연법의 우월성과 구속의 필요성을 명백히 표현하고 있다.[488]

아무튼 Burke의 계약사상은 모든 의지나 권력을 초월하는 도덕적 의무와 침해될 수 없는 신의 선서인 신성계약에 의하여 부과된 의무, 그리고 자연법을 통하여 인간을 시민적 의무에 구속케 하려는데 그 목적이 있다.[489] 그리고 그의 계약사상은 이성이나 자연에 입각한다는 가정을 배격하고, 즉 인간본성에 내재하는 도덕적 자질로부터 부여되는 것이 아니고 사회 속의 관습·전통에 기인한다고 한다.[490] 따라서 그에 있어서의 사회계약은 단순히 그때그때의 이익을 목적으로 하는 하위의 계약들과는 달리 수많은 세대를 거치면서 완성된, 다시 말해서 살아있는 사람들 사이의 계약일 뿐만 아니라 살아있는 사람과 죽은 사람들 및 태어날 사람들 사이의 계약이고, 그에 있어서의 개개 국가의 각각의 계약은 영원한 사회의 위대한 태고적부터의 계약의 한 분절에 불과한 것으로서, 그것은 모든 자연적 본성과 도덕적 본성을 갖춘 불가침의 서약에 의해 제재를 받는 고정된 맹약에 따라 하위의 본성을 더 높은 본성에 연결시키고 가시적인 세계와 불가시적인 세계를 연관시켜 주는 그러한 계약이다.[491] 즉 Burke의 계약사상은 이전의 사회계약론자들과는 달리 자연상태를 전제로 하지도 않았고, 군주나 국민들에 의해 자의적으로 취소할 수 있는 그러한 계약이 아니었다. 오직 그의 계약사상은 사회와 국가에 대한 전통적이고 보수적인 기독교적 견해의 18세기적 표현이었을 뿐이다.[492]

487) Stanlis, Edmund Burke and the Natural Law, pp.71.

488) Stanlis, Edmund Burke and the Natural Law, p.72, 74; Sabine, A History of Political Theory, pp.565.

489) Stanlis, Edmund Burke and the Natural Law, p.73.

490) Sabine, A History of Political Theory, p.564. E. Burke가 전통을 중요시한 것을 보면 전통은 인간의 점진적인 경험을 표현하기 때문에 존중되어야 하고, 전통이 가르쳐주는 지혜는 인간의 역사과정 속에서 인간의 경험을 통하여 역사하는 신의 지혜를 의미한다고 한다.

491) Sabine, A History of Political Theory, pp.564; Stanlis, Edmund Burke and the Natural Law, pp.72.

492) Stanlis, Edmund Burke and the Natural Law, p.207.

(3) 國家權力의 正當性과 抵抗權

신성계약개념을 통하여 자연법의 우월성과 구속의 필요성을 역설하며, 전통적이고 보수적인 기독교적 정치사상 내지 국가사상을 피력한 Burke는 신이 인간에게 준 가장 중대하고 훌륭한 선물이 국가라고 한다. 왜냐하면 국가는 인간이 신과 인간을 매개해 주는 자연법에 따라 살 수 있게 하는 필요한 수단이라고 보았기 때문이다.[493] 즉 그는 신이 인간의 덕에 의하여 완성시켜야 할 자연적 성품을 인간에게 주었고, 그 완성에 필요한 수단으로서 국가를 주었다고 한다. "국가는 인간이 최고의 정신적 · 사회적 완성에 이르도록 신이 준 도구이고 선물이며, 모든 완성의 원천이요 본질적 원형"이라고 그는 주장하고 있는 것이다.[494] 뿐만 아니라 Burke는 모든 법과 국가권력도 신으로부터 나오며, 이들은 인간의 유익을 위한 신의 선물로서 신성한 것으로 본다. 즉 지구상의 가장 하잘 것 없는 조직형태로부터 가장 문명화된 사회의 가장 현명하고 건전한 법과 국가권력에 이르기까지 자세히 고찰해 보면 오직 하나의 정신과 하나의 원리, 다시 말해서 인간과 인간사이의 배분적 정의와 타인에 의한 침해로부터 한 개인을 보호하는 것 등이 그 바탕에 깔려 있는데, 이것은 신으로부터만 도출될 수 있는 것이라고 한다.[495]

또한 Burke는 국가의 본질이 위와 같이 신성할 뿐만 아니라 인위적이고 자연적이라고도 한다. 즉 국가는 궁극적인 신의 간접적 본질이라는 점에서 신성한 것이고, 자연발생적으로 완성해 온 조직체가 아니라 인간의 의식적인 이성과 의지의 산물이기도 하다는 점에서 인위적이며, 인간의 본성이 합리적이고 사회적이기 때문에 자연스럽게 이뤄지는 시민사회가 그 본질적인 것이고, 국가를 통하여 인간이 통치기술을 포함한 과학과 기술을 발전시켜온 것도 자연스런 것이라는 지적이다.[496] 따라서 그에 있어서는 국가란 특정정치집단에 의해서 선택된 헌정질서인 것이 아니라, 특정한 환경과 상황 · 기질 · 성향, 그리고 오랜 세월 속에서만 그 모습을 드러내는 인간의 도덕적 · 시민적 · 사회적 전통에 의해서 형성된 헌정질서라고 한다.[497]

---

493) Stanlis, Edmund Burke and the Natural Law, pp.71.

494) Stanlis, Edmund Burke and the Natural Law, p.74.

495) Stanlis, Edmund Burke and the Natural Law, p.65; Sabine, A History of Political Theory, pp.565. 따라서 E. Burke는 모든 국가의 법과 국가권력은 동일한 보편적 정의에 근기하고 있다고 한다.

496) Stanlis, Edmund Burke and the Natural Law, p.206.

497) Sabine, A History of Political Theory, p.559.

그 결과 모든 국가나 제도들은 발명되거나 만들어지는 것이 아니라 생명력을 가지고 성장하는 것이기 때문에, 오래된 제도들은 그 배후에 습관화와 친근감과 존경심이 내포되어 있으며, 고로 쉽사리 변경되어서는 안 된다고 한다.[498] 인간은 본질적으로 정적인 시민국가에서 존재할 수 없는 것은 사실이지만, 국가에 있어서의 변화는 확립된 자연법의 도덕적 규범에 따를 경우에만 가능할 뿐만 아니라 필요하고 선한 것이라고 한다.[499]

그리고 Burke는 국가기능의 달성에 매우 적합한 규칙(prescription)인 헌법은 여러 세대를 통하여 정립된 국가의 기본법으로서 주권적이어야 한다고 본다.[500] 왜냐하면 헌법은 국가의 입장에서 자연법의 완성을 위한 실제적 수단으로서 자연법으로부터 도출되고 또한 자연법과 조화를 이루고 있는 것으로 파악했고, 보다 구체적으로 말해서 헌법은 자의적인 권력의 침해로부터 국민을 평등하게 보호하도록 기본적인 자연권과 그로부터 연역되는 시민권을 정립하며 인간의 전통적인 권리를 보장하고 있는 최고의 보루라고 파악했기 때문이다.[501] 더욱이 그는 헌법이란 바로 자연법의 자격부여이고 국가의 차원에서 그의 완성을 위한 실제적 수단을 의미한다고 하며, 그 결과 헌법의 권위와 정당성은 자연법에서 유래한다고 한다.[502] 또한 그에 있어서 헌법이란 특정한 입법자에 의하여 만들어진 작품이 아니라 전국민의 공통의 의지와 이성의 역사를 통하여 동화된 것에 불과하다고 확신한다.[503] 따라서 그에 있어서 헌법은 모든 정치행위를 판단하는데 고려해야 할 가장 포괄적인 국가의 도덕구조이었고, 이를 파괴하는 절대적이고 자의적인 권력(혁명적 자연권)은 마땅히 배척되어야 한다고 믿었다.[504]

이와 같이 Burke는 절대적이고 자의적인 권력으로부터 국민을 평등하게 보장하는데 국가와 헌법의 목적이 있다고 한다. 즉 국가가 그의 목적과 과제로서의 사회질서와 시민의 자유를 유지하고 정의를 실현시킴에 있어서, 추상적이고 이성적인

---

498) Sabine, A History of Political Theory, p.563.

499) Stanlis, Edmund Burke and the Natural Law, p.208. 이것은 E. Burke가 자연법을 인식함에 있어서 아퀴나스와 코크, 그리고 20세기의 스탐러에 이르는 자연법사상인 동적이고 변화하는 내용의 자연법으로 인식했다는 것을 의미하며, 이로부터 신중성의 원리(principle of prudence)를 도출해 내고 있고, 이것이 그의 보수주의국가사상을 특징지운다. Stanlis, Edmund Burke and the Natural Law, p.112.

500) Stanlis, Edmund Burke and the Natural Law, p.98.

501) Stanlis, Edmund Burke and the Natural Law, pp.54.

502) Stanlis, Edmund Burke and the Natural Law, pp.97.

503) Stanlis, Edmund Burke and the Natural Law, p.113.

504) Stanlis, Edmund Burke and the Natural Law, p.52.

권리에 의하여 달성될 것이 아니라 전통과 역사 속에서 점진적으로 형성되고 발전되어 온 헌법 하에서 추구될 것을 주장한다.[505] 그리고 그는 기능적 존재로서의 국가와 헌법은 자연법에 근거하고 있을 뿐만 아니라 역사적으로 단절 없는 정신적·문화적 계속성을 유지해 왔기 때문에 그 권위와 정당성을 인정받게 된다고 한다. 그러나 그는 인간의 본성은 선하나 타락하기 쉬운 성품을 가졌기 때문에 모든 국가권력은 남용가능하다고 한다.

따라서 이 경우 그러한 국가권력의 남용을 제거함으로써 진정한 의미의 개혁을 추구해 나가야 하되 혁명적이어서는 안 된다고 한다.[506] 즉 도덕적 신중성이 모든 변화를 규제해야 하며, 전통적이고 근본적인 정의에 참조함으로써 신중성이 그 개혁을 주도해 나가야 한다고 한다.[507] 그 결과 그의 프랑스혁명에 대한 평가에 따르면, 그것은 신과 자연, 질서, 온후하고 합법한 군주, 재산권과 합리적인 자유에 대한 혁명이었고,[508] 무정부주의를 지향하고 무질서를 영구화하는 자연권이론에 바탕을 둔 반역사적이고 추상적인 혁명이었다.[509] Burke의 눈에는 하나의 새로운 정부와 헌법을 만들려는 혁명가들의 주장이 미친 짓이며 비극적인 것으로 비쳤다. 그것은 변경될 수 있고 개선될 수 있지만, 그것은 항상 그 국민의 습관과 일치해야 하며, 또한 그 자체의 역사정신에 의하여 조금씩 변경되고 개선되어야 한다고 믿었기 때문이다.[510] 이것은 결국 혁명과 같은 급진적인 변혁은 부인되어야 하지만, 남용된 국가권력에 대해서는 자연권에 호소하여 그것을 배제해야 한다고 했으며, 다만 그러한 국가권력에 대항하여 저항하는 것이 정당화 될 수 있는 경우는 흔하지 않다고 했다.[511]

505) Stanlis, Edmund Burke and the Natural Law, p.219. 여기서 E. Burke는 헌법적 자유를 법적 규제물로 대치시키려고 한 열성적인 규제주의자들을 신임하지 않았고, 국가가 추상적인 자유에 한계를 설정한 도덕적 책임을 진다는 것을 부인하는 자유방임주의이론가들에 대해서도 불신한다. 따라서 그는 자유의 남용을 방지하기 위해서는 물론이고 광범한 공공복리를 보장하기 위하여 국가가 능동적이고 강력할 것을 주장한다.

506) Stanlis, Edmund Burke and the Natural Law, p.211.

507) Stanlis, Edmund Burke and the Natural Law, p.116.

508) Stanlis, Edmund Burke and the Natural Law, p.23.

509) 유병화, 법철학, 326면.

510) Sabine, A History of Political Theory, p.563.

511) E. Burke는 사망하기 2개월전에 "I believe there are very few cases which will justify a revolt against the established government of a country, let it's constitution be what it will."라고 하였다.

(4) 評價

Burke는 전통적인 유럽의 사회질서를 존경했는데, 그 까닭은 유럽의 사회질서는 전체적으로 사물의 본성과 조화를 이루고 있는 것으로 생각한 때문이었다.[512] 즉 전통적인 카톨릭의 보수적 정신을 받아들여 건전한 시민사회를 추구하되, 전통과 선례를 맹목적으로 추종하는 것이 아니라 관습적 실체를 파괴하지 않으면서 하나의 새로운 상황에 적응시킴으로써 점진적인 발전을 추구했기 때문이라고 한다.[513] 또한 Hobbes, Locke, Rousseau로 이어지는 근대자유주의사상을 부인하지 않았지만, 그들이 생각한 자연적 권리개념과 이성주의에 입각한 평등사상에는 철저하게 반대했다. 사물의 본질로부터 나오는 불평등은 인간재능의 의도적인 계획으로 도모될 수 있는 것이라기보다는 진정한 평등의 기초요 정의의 기초라고 한다.[514] 즉 자연적인 불평등은 곧 진정한 평등이므로 사회를 보다 평등하게 만들려는 시도는 자연에 반하는 것이고, 천부적 평등이란 사회적으로 볼 때 허구이며, 따라서 평등이라는 혁명적 사상은 실현불가능하며 그 결과가 파괴적일 것이라고 한다.[515] 그러나 Burke가 예견한 대로 프랑스 혁명이 테러로 변하긴 했으나 혁명이 항상 유종의 미를 거둘 수 없는 것은 아니다. 오히려 프랑스 혁명이 실패로 끝났다고 볼 경우도, 그것은 프랑스의 구체적·역사적 여러 상황의 우연한 결과일 뿐이지 일반적인 경향은 아니다. 왜냐하면 군주주권이라는 상황제약 하에서도 정치체제가 독자적이고도 충분한 개혁능력을 가지고 있다고 본 그의 보수주의사상은 자유에 대한 예비교육이 정치적 혁명에 선행해야 한다는 환상에 일치하기 때문이다.[516]

아무튼 Hobbes 이후로 싹트기 시작해서 유럽전체를 휩쓸고 있던 자유주의 국가사상과 자연적 권리개념이 사회전체의 기저를 동요하게 만들자, Burke는 보수주의의 기본원리들은 제시하면서 그에 대항했다. 즉 사회제도의 복합성과 사회의 관습적 정돈상태의 견고성에 대한 인식, 기성제도, 특히 종교와 재산권에 관한 지혜의 존중, 사회의 역사적 변화 속에 내재한 계속성에 대한 강렬한 인식, 사회를 그 본래의 방향에서 빗나가게 하는데 있어서 개인의 의지와 이성이 상대적으로 무력하다는 신념, 그리고 사회의 구성원들로 하여금 그 다양한 계급 속에서 그들의 지

512) Stanlis, Edmund Burke and the Natural Law, p.20.
513) Sabine, A History of Political Theory, p.564.
514) Stanlis, Edmund Burke and the Natural Law, p.22.
515) Sabine, A History of Political Theory, p.562.
516) M. Kriele, 국순옥譯, 민주적 헌정국가의 역사적 전개, 371면.

위에 애착을 느끼게 하는 충성심 속에서 느끼는 강한 도덕적 만족감 등을 그는 제시하면서 보수주의 철학을 창시했다.[517] 그 결과 그는 전통적인 자유주의에 바탕을 두고 제기되는 이성주의 내지 합리주의와[518] 안정성의 가치 및 그 안정에 의존하는 관습의 힘에 새로이 역점을 두게 한 보수주의를 대비시켰다. 즉 진보와 보수의 정치이념을 대비시킴으로서 근대적인 이념정당의 출현을 가능하게 했고, 자연적 권리이념을 빙자한 혁명사상을 비판함으로써 안정적인 정치발전을 가능하게 했다. 다시 말해서 변혁을 추구하는 세력이 안정을 추구하는 세력과 제휴할 태세를 갖춘 한 시대를 예고하게 했고, 이러한 상황은 급진적인 자유주의자들조차도 혁명 보다는 점진적인 진보를 통해서 그들의 목적을 성취할 수 있도록 기대하게 하였다.[519]

3. Adam H. Müller의 國家觀

(1) 思想的 背景과 國家思想에서의 位置

독일에서는 영국과 프랑스의 시민혁명기에 볼 수 있었던 근대자연법사상에 입각한 자유·평등이라는 보편적 가치에 대한 관념과 주장이 현실적으로 개화하지 못하고 관념적 형태로 받아들여지게 되었음은 전술했다. 편협한 민족주의, 낭만주의 및 게르만 전통이 곧 세계정신이라는 관념은 성립했지만, 인간의 보편적 원리인 자유와 평등의 이념은 유물주의적·쾌락주의적·개인주의적인 속물주의와 동일시되면서 현실정치생활에서 배척되었고, 인간의 기본적 권리를 국가사상의 중심원리로 설정하지 못했다.[520] 독일에 있어서 자유주의적 이념의 수용상태라고 하는 독일관념주의 국가사상도 관념적인 차원에서는 자유와 평등에 관한 사상을 피력해 나갔지만, 그것도 현실에서 실현되어야 한다는 당위를 제시하는데서 대체로 그치고 말았다. 그 결과 혁명을 위한 사회적 조건이 성숙되지도 않았고, 프랑스혁명이 유종의 미를 거두지 못한 것을 바라보면서 독일의 지식인들은 철저하게 보수세력화 한다. 즉 독일의 지식인들은 혁명에 의하지 않고서는 결코 획득할 수 없을 민주적 헌정국가의 성립을 오랫동안 기피해 왔음은 물론이고, 1848년 혁명을

517) Sabine, A History of Political Theory, p.566. 물론 E. Burke 이전에 보수주의적 경향이 없었던 것은 아니고 체계적인 보수주의철학이 존재하지 않았었다고 할 수 있다.

518) 즉 초기 자유주의사상의 전통을 이어받아 19세기 이후로 자유주의국가론을 제기한 사람으로는 벤담, 밀, 기조 등이 지적된다.

519) Sabine, A History of Political Theory, p.567.

520) 田中 浩, “홉스”, 정치사상연구회 역, 국가사상사, 30면 이하.

일으켜 이를 감행하고서도 반신반의 하면서 무정견하게 나갔을 뿐만 아니라 권력을 장악하기 위한 현실적 제반조건을 충분히 고려하지 않음으로써 실패로 끝나고 말았던 것이다.[521] 따라서 여기에서는 독일관념주의 국가사상가들에게서도 전혀 엿볼 수 없는 것은 아니지만 독일 보수주의사상을 처음으로 전개한 Adam H. Müller의 정치경제사상을 살펴보기로 한다.

Müller는 독일의 낭만주의학파의 정치경제학자로서 특히 하르덴베르크의 개혁정책에 반대했기 때문에 프러시아에서 공직취임을 하지 못하고 비엔나로 가서 오스트리아정부의 공무원이 된다. 특히 친우 겐즈를 통하여 메테르니히와 알게 되어 여러 분야에서 그의 조언자가 되었으며, 그러한 가운데 Müller는 초기 독일낭만주의운동과 관련된 몇몇 정치적 저술가나 문학가들과 교유하면서 독일낭만주의 정치경제학파의 리더가 된다.[522] Müller를 비롯한 이들은 다양한 차원에서 당시 유행하던 합리주의와 개인주의에 반대했으며, 계몽주의시대의 정치경제의 특성인 물질적 가치를 강조했다. 뿐만 아니라 중세의 통합된 사회조직에 의하여 고무된 그들은 조직적 사회개념에 근거하여 정치경제의 발전을 추구했으며, 그리하여 독일정신의 회복에 전념하였다. 그리고 이들 모두는 Fichte의 철학적 영향을 받았으며, 그 가운데 Müller는 특히 Burke의 영향을 많이 받았다.[523]

(2) 國家權力의 正當性과 抵抗權

Müller의 정치경제학적 이념은 사회의 조직개념에 근거하고 있었다. 따라서 그가 생각하는 사회형태 내에서는 정치적 · 경제적 · 종교적 · 도덕적 · 미학적 요소들이 불가불 국가 속에 몰입되게 되고, 국가는 모든 생활관계의 신비적인 상호성을 대표하게 된다. 즉 국가는 주어진 당시의 모든 사회요소를 결합할 뿐만 아니라 시간을 통하여 사회를 함께 묶어 주고, 아울러 민족의식 또는 민족정신의 발전을 번창케 해주는 도구가 된다고 본다.[524] 왜냐하면 정치경제학적 낭만주의를 대표하는 그의 입장에서 이미 그는 Schelling의 유기체이론을 받아들였고, 아울러 카톨릭적인 위계질서로 복귀할 것을 강조함으로써 유기체적인 국가관을 피력하

521) M. Kriele, 국순옥譯, 민주적 헌정국가의 역사적 전개, 377면.

522) Howard R. Bowen, “Müller, Adam Heinrich”, in: International Encyclopedia of the Social Sciences, vol.10., p.522. 그리고 이에 속했던 대표적인 사람으로는 Gentz를 비롯하여 Carl Ludwig von Haller, Johann Joseph von Görres, Franz von Baader 등이 있었다.

523) Howard R. Bowen, “Müller, Adam Heinrich”, p.522.

524) Howard R. Bowen, “Müller, Adam Heinrich”, p.522.

고 있었던 것이다.[525] 예를 들어 그는 Mehring(1846-1919)의 주창처럼 국가나 민족의 지도자 등에게 미적·감상적·시적 가치를 부여하고 있었고, 국가에 대하여 많은 사람들이 지적하는 것처럼 매우 관념적인 것으로 비추이기도 했으며, 때로는 국가를 신비한 존재로 받아들이기도 하였다.[526] 이것은 정치적 낭만주의의 중핵이 각 개인은 스스로가 인간이기 위하여 국가를 필요로 하며 국가라는 전체를 떠나서는 개인을 생각할 수 없다는 데 있기 때문이다. 그리하여 국가는 개개인에게 있어서 존엄과 애정의 대상이 되고, 시민의 한 사람인 개인은 국가에 충성과 봉사를 다해야 할 뿐만 아니라 희생을 감수해야 하며, 특히 개인은 그 자체로서는 무이고 전체를 통해서만 존립할 수 있다는데 있었기 때문이다.[527] 결국 Müller의 국가개념은 곧 보수적인 독일의 민족사상 내지 국가사상을 낳게 하는 기조가 되었다.[528]

뿐만 아니라 Müller의 이러한 사회개념의 결과로 그는 중앙집권적 권위를 애호하여 개인의 자유를 반대했으며, 협동과 상호성을 좋아하여 경쟁을 반대했고, 민족적 보호체제를 찬성하여 자유무역을 반대했다. 또한 그는 시장에서의 교환을 통하여 가치가 결정되어야 한다는 것을 거부했고, 어떤 상품의 가치를 결정함에 있어서 사적인 유용성은 물론이고 사회적인 유용성이 고려되어야 한다는 생각에도 논박을 했다. 그리고 그는 부의 고전적 개념을 오직 물질적인 대상에만 국한시키는 것에 반대하고, 그 자신의 유명한 정신적 자본개념을 전개한다.[529] 그렇게 함으로써 Müller는 사회의 자본이란 오직 물질적인 대상만을 포함하는 것이 아니라 과거로부터 기인하는 무형적인 것, 예를 들어 민족적 존립, 사회의 전통, 헌법, 언어, 국민의 동인과 성격, 현존하는 지식과 기술, 그리고 다른 비물질적 문화형태들을 포함한다고 본다.[530] 이것은 곧 개인주의적이었던 계몽주의사상에 반대하여, 국가와 민족, 그리고 전통을 존중하는 Burke의 사상을 반영하는 것이며, 독일낭만주의에 바탕을 둔 독일적 보수주의의 출현을 의미하는 것이 되었다.

결국 위와 같은 관점에서 볼 때, Müller의 정치적 낭만주의 국가사상에서는 민족이란 것이 때로는 기존의 봉건적인 제후국가를 뜻하는 것이라고 볼 수 있고, 그것은 또한 그의 지적처럼 프로이센이나 오스트리아 체제를 의미하는 것으로 볼

525) 김대환, 사회사상사, 293, 300면.
526) 김대환, 사회사상사, 293, 300면.
527) 김대환, 사회사상사, 300면.
528) 김대환, 사회사상사, 293면.
529) Howard R. Bowen, “Müller, Adam Heinrich”, p.522.
530) Howard R. Bowen, “Müller, Adam Heinrich”, p.522.

수 있다.[531] 이것은 곧 그의 입장에서는 모든 현존하는 국가나 국가권력은 정당하다는데 바탕을 두고 있는 것이며, 개인의 자유와 권리를 전제로 하는 사회계약설에 바탕을 둔 합리주의 내지 계몽주의와는 달리 “살아있는 전체의 절대적 유기체로서의 국가에 있어서 각자는 스스로가 전체에 있어서 차지하는 지위와 합목적에 따라서 스스로를 주장하고, 스스로의 활동영역을 지키며, 그것을 성실히 수행함으로써 전체적인 조화와 균형을 이루어가야 한다”고 하고 있기 때문에,[532] 그에 있어서 저항권은 부인되고 있다고 볼 수 있다.

(3) 評價

Müller의 정치경제학적 낭만주의는 당시의 독일의 정치적 · 경제적 후진성을 전제한다 하더라도 그의 영향력은 크지 않았다. 오히려 그 당시에 유행하던 정치적 경향은 자유주의적인 것이었기 때문에 그의 정치적 지위는 분명 그러한 경향에 역행하는 것이었다.[533] 그러나 그의 사상적 계보를 이어간 Haller와 Stahl 등에 의하여 더욱 발전되어 그의 사상은 정치적 낭만파를 형성하면서 초기 비스마르크와 황태자 프리드리히 빌헬름의 정치체제를 낳게 하는 이론적인 원동력이 되었다.[534] 또한 그의 사상은 그의 보다 중요한 경제적 이념을 발전시킨 고전적 역사주의경제학파의 사람들에게는 약간의 영향을 미쳤다. 특히 Müller를 개인적으로 잘 알았던 리스트는 그에게 많은 빚을 졌다. 그리고 다양한 사회주의자집단들, 신 · 구기독교사회주의자들은 그의 이념을 사용해 왔고, 특히 Othmar Spann은 그의 이념에 기초하여 보편적 경제학체계를 세우기도 했다.[535]

결국 Burke의 영향을 받은 Müller이지만, 그는 Burke보다도 훨씬 더 권위를 존중하는 반합리주의자가 되었고, 그리하여 18세기에서 19세기 초에 이르는 프랑스합리주의자들에 대한 독일낭만파의 반항운동을 대변하는 사람이 되었다. 그리고 사회의 구체적이고 물리적인 부는 물론이고 문화적인 요소들 속에 파묻혀 있는 생산적 힘인 Müller의 정신적 자본개념은 19세기 중엽에 재발견되고 있었다. 왜냐하면 경제학자들은 세계의 저개발지역에 있어서 경제성장의 문제에 직면해 있었기 때문이었다. 또한 개인보다는 국가를 중요시하는 그의 보수주의적 국가사

---

531) 김대환, 사회사상사, 300면.
532) 김대환, 사회사상사, 300면.
533) Howard R. Bowen, “Müller, Adam Heinrich”, p.522.
534) 김대환, 사회사상사, 299면.
535) Howard R. Bowen, “Müller, Adam Heinrich”, p.523.

상은 독일민족사회주의자(German National Socialists)에게 적합한 이론이 되어 이용되었음을 지적하지 않을 수 없다.[536] 그리고 그의 이론은 독일관념주의를 완성시킨 Hegel에 있어서 보수적 개혁주의로 나아가게 한 계기를 이루었다고 할 수 있다.

4. G. W. F. Hegel의 國家觀

(1) 全體哲學體系에서 國家의 位置

Hegel에 의하면 먼저 개념이라고 하는 것은 일체의 현실과는 관계없이 어디엔가 존재하고, 이 개념이 스스로 변증법적으로 전개하여 무의식적인 자연으로 되며, 다음으로 의식적인 정신으로 되어 간다고 한다.[537] 그리하여 그는 장대한 철학체계를 수립하면서 그 구조를 3부로 구성하였다. 즉 「이론학」·「자연철학」·「정신철학」이 그것이다.[538] Hegel은 여기서 논리 없는 윤리란 학문적일 수 없다고 보기 때문에, 먼저 인식의 변증법적 전개과정에 관한 서술로서 「논리학」을 전개한다. 또한 그 「논리학」에서 헤겔이 추구한 인식의 대상은 절대자이고, 자연은 절대자인 신의 이념이 외면적으로 현현된 것으로서 역사가 성립하는 이른바 소재이기 때문에, 그에 대한 내용적 이해가 필요하여 제2부로 「자연철학」이 전개된다. 그리고 Hegel은 제3부 「정신철학」을 통하여 절대자를 내용적으로나 구체적으로 파악한다. 즉 절대자는 자연을 기초로 하면서 역사적으로 자기를 전개해 가기 때문에 절대자의 참된 개념적 파악을 「정신철학」에서 살펴보고 있는 것이다.[539] 아무튼 Hegel은 '도덕적인 전부'로서의 국가를 「정신철학」에서 다루고 있다.

그런데 Hegel이 주장한 정신철학은 명제, 반명제, 종합문제라는 3단계 과정에 따라 발전해 나가는 정신을 다룬다.[540] 즉 정신은 주관적 정신, 객관적 정신, 절대적 정신으로 나뉘는데, 이것은 변증법적인 발전을 해 나간다고 보고, 정신철학에서 이 3가지 정신을 다룬다. 먼저 주관적 정신을 살펴보면 자기감각을 느끼지만 자기를 의식하지 못하는 감각 내지 감정의 주체인 영혼(Seele)을 첫 번째로 다루고, 두 번째로 자기감각 내지 자기감정의 상태로부터 의식수준의 상태로 발전하여 의식의 대상들을 만나며, 세 번째로는 그 의식의 대상과 관련된 주체를 다루는 것

536) Howard R. Bowen, "Müller, Adam Heinrich", p.523.
537) 이영재, 헤겔의 정치사상, 106면.
538) 이것은 Hegel의 주저인 Enzyklopädie der Philosophischen Wissenschaften에서 드러난다.
539) 이영재, 헤겔의 정치사상, 103-108면.
540) 유병화, 법철학, 291면.

이 아니라 오직 유일한 정신 그 자체의 활동형태를 다룬다.[541] 즉 주관적 정신은 영혼(Seele), 의식(Bewußtsein), 정신(Geist)의 순서로 발전된다. 그리고 이렇게 발전된 정신은 자유스런 정신이고, 이것이 진정으로 자유롭기 위해서는 그 자유를 자각하는 동시에 그 자유를 객관적으로 실현해야 한다. 여기서 객관적 정신의 철학이 요구된다.

Hegel에 있어서 자유란 정신의 이지적 측면과 실천적 측면이 결합되는 곳에서 실현된다. 즉 자유란 충동과 욕망을 합리화하고 체계 내지 제도화하는데서 이루어진다. 다시 말해서 인간의 사고와 욕망을 자유 속에 결합시키기 위하여 여러 가지 사회제도와 규칙이 요구되고, 이때 객관적 정신이란 자유의 실현화 내지 실현을 위하여 정신이 여러 가지 사회제도 속에 객관화하는 것을 말한다.[542] 그리고 이 객관적 정신은 3단계를 거쳐 발전해 나간다. 예를 들어 추상적 법(Recht)과 개인적 도덕(Moralität), 사회적 윤리(Sittlichkeit)의 경우가 그것이다. 먼저 추상적 법은 개별주체가 자신의 자유를 구체적으로 현실화함에 있어서 요구되는 외적 한계의 객관적 측면을 의미한다. 즉 추상적 법이란 올바른 원칙으로서의 일반의지 내지 보편의사에 해당하며, 이에 어긋나는 개별의지는 불법이 성립된다.[543] 이때 자유의지의 객관적 측면을 의미하는 추상적 법체계만으로는 일반의지와 개별의지의 조화는 기대할 수 없다. 개별의지가 내면적 내지 자율적으로 일반의지에 합치할 때에 진정한 자유가 실현되는 것이기 때문이다. 따라서 객관적 정신은 곧 법 내지 권리의 영역에서 도덕의 영역으로 발전한다.[544] 그런데 Hegel에 있어서 도덕은 사회적 규범으로서의 도덕이 아니라 개인적 도덕을 의미하고, 일반의지에 합치되는 선한 의지는 개별주체의 양심에 따라 결정되는 것으로 보지 않을 수 없기 때문에, 개인적·주관적 양심에만 의지하는 도덕에 대해서는 객관적이고 확정적인 가치를 부여할 수 없게 된다.

그 결과 개인의 주관적 양심을 넘어서 조직된 사회개념 속에서 도덕을 확립해야 했고, 이에 따라 제시된 것이 사회적 윤리 내지 인륜(Sittlichkeit)의 단계이다.[545] Hegel이 주장하는 이 사회이론은 개인적 도덕의 주관성을 극복하고 사람들의 도덕의무를 사회 속에서 구체화·객관화하는 것이다.[546] 즉 사회적 윤리 내지

541) 유병화, 법철학, 291면 이하.
542) 유병화, 법철학, 293면.
543) 유병화, 법철학, 293면 이하.
544) 유병화, 법철학, 295면 이하.
545) 유병화, 법철학, 297면 이하.
546) 유병화, 법철학, 298면.

인륜은 주관적 의지와 객관적인 선이 구체적으로 통합된 진실태요, 개체와 보편사이의 종합적인 정신적 유기체다. 따라서 객관적 정신이 사회적 윤리 속에서 완성된다. 다만 객관적 정신이 사회적 윤리 속에서 완성되는 과정도 구체적으로 살펴보면 가족·시민사회·국가라는 3가지 윤리적 실체를 거쳐서 완성된다.[547] 이때 가족은 자연적이고 직접적인 사회적 윤리의 첫 번째 실체이다. 인간의 정신은 개인적 도덕의 내면성과 주관성을 벗어나서 제일 먼저 가족이라는 실체 속에서 객관화 된다. 그리고 시민사회는 국가로 발전하기 위한 전단계이며,[548] 여기서 개인은 개별의지를 갖고 개별이익을 추구하기 때문에 아직 보편성에 도달하지 못한 상태에 있게 된다. 결국 객관적 정신은 그러한 시민사회의 개별성을 벗어나 구체적 사회 속에서 보편적 자율을 실현하기 위하여 국가로 발전된다. 즉 시민사회는 형식적으로는 원자론의 체계이고 내용적으로는 욕망의 체계이기 때문에, 이를 극복하고 구체적 보편성을 얻은 곳에서만 개인은 진정한 자유를 이룰 수 있을 것이라고 보아, 합리적 질서의 완성이며 보편과 개체의 종합인 국가로 발전되어야 한다고 본다.[549]

그 밖에 Hegel의 「정신철학」은 객관적 정신의 단계를 거쳐 절대적 정신으로 발전할 것을 기대한다. 절대적 정신은 인간의 개별적 사고, 개별적 감정 및 이해관계에 싸여 있는 유한한 정신이 아니라 인간정신 그 자체를 인식하는 무한한 정신의 단계로서 예술·종교·철학의 단계를 의미한다.[550] 따라서 Hegel에 있어서의 국가는 「정신철학」 가운데서도 객관적 정신영역에 속하며, 객관적 정신 가운데서도 사회적 윤리 내지 인륜의 단계에 해당하고, 사회적 윤리 내지 인륜의 단계에서도 개인의 주관성과 개체성을 극복하고 객관성과 보편성이 실현되는 객관적 정신의 완성단계에 위치한다.

(2) 思想的 背景과 人間性

일찍이 중앙집권적인 근대국가를 형성하고 산업혁명을 거쳐 경제적으로 자본주의의 성장단계로 진입한 영국과 프랑스와는 달리, Hegel이 활동하던 독일은 정치적으로 크고 작은 제후국가로 분열되어 봉건적인 지방분권체제가 유지되고 있었

547) 유병화, 법철학, 298면 이하.
548) 원래 근대자연법이론에서는 시민사회와 국가를 구별하지 않고 혼동해 왔으나 Hegel에 의하여 처음으로 사회와 국가를 구별하게 되었다. 허영, 헌법이론과 헌법, 188면.
549) 유병화, 법철학, 300면.
550) 유병화, 법철학, 292면.

고, 경제적으로도 전근대적인 농지제도와 사회제도가 유지되고 있었다.[551] 그리하여 당시의 독일은 산업혁명의 결과로 밀려 들어오기 시작한 영국과 프랑스의 제국주의로부터 국내의 경제활동을 위하여 국가적인 차원에서의 보호와 조력이 요청되던 시대였고, 또한 통일된 중앙집권적 근대국가에의 기대가 부풀어 있었다. 그리고 그가 살았던 당시의 유럽사회는 계몽주의정신에 따라 인간의 재발견과 인간의 이성능력에 대한 무한한 신뢰가 이뤄져 있었으며, 특히 Kant에 의하여 정립된 독일관념주의는 계몽주의에 의하여 배태된 인간의 자유를 현실적인 자유 내지 정치적 의미에서의 시민으로서의 자유가 아니라 당위로서의 자유 내지 정신적 의미에서의 인격의 자유로 전환하고자 하던 상황이었다.[552]

그런데 Hegel은 영국과 프랑스에서 일반화된 계몽주의의 성과인 인간의 재발견과 이성능력에 대한 무한한 신뢰가 혁명이론으로 변질된 것을 발견하고, 그들이 주장하는 자연권이론과 사회이론으로서의 개인주의를 철저하게 분석하고 그의 정당성을 비판하였다.[553] 즉 혁명은 사회적인 능력에 따르는 인간들 사이의 기능적인 차이를 일반적이고 추상적인 정치적 평등으로 격하시키고, 이러한 평등은 개인의 국가에 대한 관계를 단순한 사적인 이해관계의 문제로 만들어 버리는 것으로 보아 일시적인 해결책 밖에 되지 못한다고 보았으며,[554] 그러한 혁명성을 내포한 개인주의는 독일이 근대적인 민족국가로 발전하지 못하게 막는 지방주의나 특수주의와 동일한 것으로 보았다.[555]

뿐만 아니라 Hegel은 Kant에 있어서처럼 역사적으로 성립되었고 현재까지 잔존하고 있는 모든 전통적인 것과 비합리적인 것을 배제하는 것은 오류라고 보았고, 순수하게 합리적인 이상을 실현하는 것이 가능하다고 보려는 것도 오류라고 생각하며, 이들을 모두 극복하려고 했다.[556] Hegel은 역사 속에는 우리 인간의 손으로는 어떻게 움직일 수 없는 법칙이 있으며, 이 법칙에 의하여 역사의 과정은 필연적으로 정하여진다고 보기 때문에, 현실과 유리된 이상은 이상이 아니라고 보아

551) Peter Singer, Hegel, Oxford Univ. Press, 1983, p.1.
552) 김여수, 법률사상사, 78면 이하.
553) Sabine, A History of Political Theory, p.589; Z. A. Pelczynski, Hegel's Political Philosophy, Cambridge Univ. Press, 1976, p.5.
554) Sabine, A History of Political Theory, p.591. Hegel은 혁명개념의 회전이라는 어원적 의미를 살리면서 이것을 전통질서의 회복이라는 뜻에서가 아니고 사상을 중심으로 하여 현실을 움직인다는 의미로 규정하고 받아들임으로써 혁명개념의 사상사에 진일보를 이룩하였다. 上妻 精, 윤길순 譯, 헤겔법철학입문, 중원문화, 1984, 251면.
555) Sabine, A History of Political Theory, p.593.
556) 이영재, 헤겔의 정치사상, 78면.

역사 속에서 이성을 구하였다.[557] 이렇게 Hegel은 세계를 절대정신의 변증법적인 자기실현과정으로 이해함으로써 인간의 이성을 절대시하는 계몽주의를 극복하려고 했고, 또한 Kant에 의하여 주장된 이원론적 관념철학을 '이성적인 것은 현실적인 것이다'고 함으로써 절대정신의 변증법적 일원론을 발전시켰다. Hegel은 17세기 이후 유럽 전역에서 풍미하고 있던 철학적인 합리주의에 기반을 두고 있으면서도, 정치적이고 지적인 풍토에 대한 근본적인 변혁을 개인주의와 혁명에 대한 공격으로부터 시작한 것이다.[558] 프랑스에서 Rousseau가 주장했던 자연권의 과격한 이상화나 영국에서 Burke가 주장했던 전통에 대한 보수적인 이상화를 Hegel은 그의 철학체계 속에서 국가라는 개념을 통해서 완성하고자 했다. 즉 인간개인의 본질과 사회에 대한 관계에 접근함에 있어서, Hegel은 반자유주의적인 경향을 명백히 함과 동시에 당시의 정치적 자유주의가 보여준 개인주의를 철저하게 재검토하였다. 그리하여 그는 자유와 그리고 권위에 대한 자유의 관계를 하나의 윤리이론으로 제시하고자 했고, 국가와 국가의 헌법적인 구조, 그리고 시민사회의 제도와 국가의 관계를 정립하고자 했다.[559]

예를 들어 Hegel은 시민사회의 자기중심주의와 국가의 보편성 사이에서 종합을 바람직하게 성취하려고 했다. 즉 사적생활과 공적생활의 이원성을 극복하고 인간과 공민(homme-citoyen), 시민과 공민(Bürger-citoyen)의 통합을 아주 독특하고 근대적인 방식으로 회복하고자 하여, 현실을 정당화하고 실제적인 것과 화해하기 위하여 국가를 합리적인 것이라고 묘사하고 이해하려고 했다.[560] 그 결과 Hegel의 국가사상에서는 개개 인간과 국가권력의 핵심과를 결코 직접 결부시키지 않았고, 근대국가의 힘의 위용이란 정치생활의 총체성을 획득할 수 있는 능력에 달려 있는 것으로 본다.[561]

(3) 國家權力의 正當性과 抵抗權

Hegel은 근대자연법사상과 계약사상이 추상적이고 오성적인 것이라고 비판하면서 이성적인 것과 현실적인 것의 일치를 추구했다.[562] 이상을 헛되이 높이 갈구하

557) 이영재, 헤겔의 정치사상, 78면.
558) Sabine, A History of Political Theory, p.592.
559) Sabine, A History of Political Theory, pp.592.
560) 上妻 精, 윤길순譯, 헤겔법철학입문, 중원문화, 1984, 303, 307면.
561) 上妻 精, 윤길순譯, 헤겔법철학입문, 214, 301면. 이 점이 Hegel의 국가사상이 Hobbes, Locke, Rousseau의 국가론과 근본적으로 다른 점이다.
562) Hegel이 근대 자연법과 계약사상을 비판하기는 했지만 완전히 대립관계에 섰던 것은 아니다.

여 현실에 반항하는 것도, 또한 현실로부터 도피하여 헛되이 내면세계에 침잠하는 것도 진정으로 시대의 병폐를 극복하는 길이 아니며, 끊임없이 변화하는 현실 바로 그 속에서 현실을 개혁해 가는 보편성을 찾아내야 한다고 하면서, Hegel은 현실을 수용하면서 그것에 매몰되지 않고 그 움직임 속에서 이상과 현실의 최선의 길을 탐구하는 자세를 택했다.[563] 그 결과 Hegel은 개개인이 가지는 주관적 정신보다는 국가가 가지는 객관적 정신이 중요하고, 국가가 가지는 객관적 정신보다는 역사에 내재된 절대적 정신이 더욱 중요하다고 한다. 즉 그는 국가란 '보편적 관념의 현실'(Wirklichkeit der sittlichen Idee)을 실현시키기 위한 인간역사의 필연 내지는 절대적 정신의 발현형태로 보았다.[564]

이와 같이 국가를 전체적 내지 역사적 관점에서 이해하여 '도덕적 관념의 현실'이요 '인륜적 정신'이라고 본 Hegel은 그 본질이 자유라고 한다.[565] 즉 '국가란 구체적 자유의 현실성'이라고 평가하면서 개인적 인격과 이익이 최대한 존중되고, 아울러 그 개인도 보편적인 것을 충분히 의식하여 그 보편적인 것을 위해서 움직이는 상태, 말하자면 개인과 전체의 결합이야말로 그가 추구하였던 문제이다.[566] 그리고 그러한 전체로서의 국가는 절대적으로 이성적이고, 스스로 인식하고 의도하는 신성이며, 영원하고 필연적인 정신적 존재이고, 세계 속에서의 신의 행진이라고 한다.[567] Hegel이 생각한 국가는 시민사회와 달리 국가가 구현하고자 하는 도덕적인 목적을 수행하기 위한 수단으로서의 시민사회가 아니라 그 이상으로서의 목적에 해당한다.[568] 따라서 그에 의하면 국가는 객관적 정신이므로 의식적이고 의욕적인 계약에 의하여 성립된 것이라는 사상을 강력히 부인하고,[569] 인간은

왜냐하면 그는 이성을 토대로 국가를 합리적으로 재편성하려고 했고, 이성적인 존재로서의 인간에 상응한 공동생활을 국가 속에서 구했기 때문이다. 上妻 精, 윤길순譯, 헤겔법철학입문, 57면.

563) 上妻 精, 윤길순譯, 헤겔법철학입문, 21, 37면.

564) 허영, 헌법이론과 헌법, 188면.

565) 물론 Hegel이 생각한 자유는 단순히 구속이 없는 상태와 다르다. 그것은 윤리적인 생활원리에 상응하는 인간의 행위를 의미한다. Z. A. Pelczynski, Hegel's Political Philosophy, Cambridge Univ. Press, 1976, p.27.

566) Z. A. Pelczynski, Hegel's Political Philosophy, Cambridge Univ. Press, 1976, p.26; 上妻 精, 윤길순譯, 헤겔법철학입문, 203면. 여기서 구체적 자유란 첫째 인격적 개별성과 그의 특수한 여러 이익이 한껏 발전하여 그것들의 권리가 그 자체로서 승인되는 동시에, 둘째 그것들이 한편에서는 자기 자신을 통하여 보편적인 것의 이익으로 변하고, 셋째 다른 한편으로 스스로 이 보편적인 것을 승인하며, 더욱이 그것을 자신의 실체적 정신으로 승인함으로써 자신의 궁극 목적인 이 보편적인 것을 위하여 운동하는 것이라고 말한다.

567) Sabine, A History of Political Theory, p.598.

568) Hegel에 있어서 시민사회와 국가의 구별은 주로 시민사회가 개인 또는 단체들의 목적에 봉사하는데 반하여 국가는 국민전체의 목적에 봉사하는데 있다. Z. A. Pelczynski, Hegel's Political Philosophy, Cambridge Univ. Press, 1976, p.11.

국가의 일원일 때에만 그 자신 객관성과 진리성, 그리고 윤리성을 지닌다고 보았고, 국가 내에서의 합일 그 자체가 개개인의 참된 내용이고 목적이며, 합일 그 자체를 인간의 본질로 파악한다.[570] 인간이 인간일 수 있는 모든 소이는 국가에 있으며, 인간은 국가 내에서만 본질적인 것이 되고, 인간이 가지는 모든 가치와 모든 정신적 현실은 국가에 의해서만 인간에게 주어진다는 것이다.[571] 따라서 Hegel의 국가사상에서는 인간의 권리가 따로 문제될 필요가 없고, 인간은 국가의 구성원이 되어 국가 내에서 생활하는 것을 도덕적인 의무로 보며, 국가 내에는 선·악의 개념조차 존재할 수 없는 이성적 의사의 현실이며 민족정신의 역사적 구현이라고 국가를 평가한다.[572] 즉 국가와 사회의 구별을 전제로 저차원적인 자율적 사회질서가 국가제도에 의하여 도덕적 관념의 차원으로 승화되고 보완될 필요가 있다고 함으로써 국가를 '도덕적인 전부'(Der Staat ist das sittliche Ganze)라고 했으며,[573] 가족과 시민사회가 가지고 있는 객관성과 주관성을 종합적으로 통일한, 다시 말해서 변증법적으로 지양한 곳에서 구체적 보편성으로 등장한 인륜의 최고의 실현태가 국가라고 한다.[574]

그리고 Hegel에 있어서 국가형태의 문제는 중요시하지 않았다. 그는 국가이념의 측면에 관심을 가졌지 국가형태는 모두 불완전한 것이라고 하였고, 국가이념의 실현이 보장되기만 하면 군주제냐 민주제냐의 형태는 문제가 될 수 없으며, 그러한 선택은 민족의 역사적 전통과 문화상황에 따라 결정되면 족하다고 하면서 역사적인 관점에서 군주제를 승인하고 있다.[575] 다만 그는 자유의식에서 그의 국가사상을 출발하고 있기 때문에 군주제를 제창하기는 해도, 군주의 지위는 헌법의 제약 하에 있는 것이었고, 군주는 객관적인 측면에서는 법률에 구속되는 것으로

569) Z. A. Pelczynski, Hegel's Political Philosophy, pp.3.

570) 上妻 精, 윤길순譯, 헤겔법철학입문, 201면; 이영재, 헤겔의 정치사상, 189, 191면.

571) 이영재, 헤겔의 정치사상, 186면. Hegel은 시민사회의 무정부상태를 극복하는 국가야 말로 사회의 전체과정에서 유일하고도 진실된 도덕적 요소로 생각했기 때문에 국가만이 윤리적인 가치를 구현하는 것이고, 개인은 국가에 대한 그 자신의 헌신에 의해서만 도덕적인 존엄성과 자유를 획득하게 된다고 한다. Sabine, A History of Political Theory, p.596.

572) 허영, 헌법이론과 헌법, 158면.

573) 허영, 헌법이론과 헌법, 158면. 여기서 Hegel은 A. Smith와는 달리 시민사회의 자율질서를 신뢰하고 국가의 시민사회에 대한 간섭을 배제하였던 것에 반대하여 시민사회가 인륜의 상실태로 전락할 가능성이 있음을 전제로 국가에 의한 시민사회의 지양을 추구했다. 上妻 精, 윤길순譯, 헤겔법철학입문, 246면.

574) 上妻 精, 윤길순譯, 헤겔법철학입문, 81면.

575) 上妻 精, 윤길순譯, 헤겔법철학입문, 248면. 이때 국가개념이란 개인의 특수한 권리를 승인하고, 개인의 특수한 복지를 촉진함과 아울러 이 권리와 복지 모두를 국가전체의 보편적 법과 복지에 연관시키는 것, 바꿔 말하면 자유와 공동성의 통일을 의미한다.

보았기 때문에 군주는 국가통일의 상징에 불과하다고 한다.[576] 또한 Hegel에 있어서 국가의 기능은 근대국가를 구성하는 필연적 계기인 재정권과 방어력에 한정하고 그 이외의 것은 각 특정영역에 의한 자유재량에 맡기기를 주장했다.[577] 독일관념론자들의 경향처럼 시민사회의 자율영역을 최대한 보장하되, 특수로서의 시민사회의 한계를 지양한 보편으로서의 진정한 공동사회를 국가라고 그는 평가하기 때문이다.[578]

Hegel이 국가를 전체적 내지 역사적 관점에서 이해하여 개인의 결합 그 자체가 국가의 진실한 내용이요 목적이라고 보고,[579] 개인의 사명은 보편적 삶을 영위하는데 있다고 본 까닭에, 그에게 있어서 국가는 자기목적적 정당성을 갖는다. '개인적인 선이란 사회에서 중요한 역할을 발견하는 것'이라는 일반적인 명제로부터 출발하여, Hegel은 개인과 그가 속해 있는 사회와의 사이에 어떠한 이해관계의 갈등도 야기될 수 없는 것으로 보기 때문이다.[580] 즉 국가는 시민사회와 달리 욕망의 체계가 아니라 자각한 인륜적 실체요, 국가는 원자론적 체제가 아니고 인륜적 유기체이며, 국가는 개인의 목적에 봉사하는 수단이 아니고 오히려 개인의 목적을 수단으로써 봉사하게 하는 절대의 목적이다. 국가는 자기목적이요 목적자체이고 지상의 신이며 객관적 정신으로서 자기목적적 정당성을 갖는다는 것이다.[581] 따라서 Hegel의 국가사상에서는 개인이 자기의 윤리적 존재를 완전히 실현할 수 있는 것은 국가를 통해서만 가능한 것이기 때문에 국가의 제한에 대해서는 아무런 문제도 제기할 수 없다. 더욱이 개인은 무제한한 국가권력의 행사에 대해서도 무서워할 이유도 없고 반항할 수도 없다.[582] Hegel은 국가를 도덕적 권위의 구현자라

576) 上妻 精, 윤길순譯, 헤겔법철학입문, 235면.

577) 小沼堅司, "헤겔 국가철학의 기본적 성격", 국가사상사, 거름, 1985, 126면.

578) 小沼堅司, "헤겔 국가철학의 기본적 성격", 국가사상사, 170면 이하.

579) 다만 Hegel은 개개인이 자기 자신의 주체성과 자주성을 모조리 내버리고 전체 속으로 매몰되어 버리는 것을 의도하지 않았다. 각 개인이 자기 자신의 주체성과 자주성을 최대한으로 추구하면서도 동시에 보편적인 것과 공적인 것을 향한 관심을 한껏 키우고 그 관심을 충분히 의식한 생활을 영위하는 것이 Hegel이 원하는 바였다. 예를 들어 개인과 국가 사이를 매개하는 실체로서 직업단체와 자치단체와 같은 중간집단들을 통하여 개인의 특수한 권리와 자유를 보장해야 한다고 주장한 것을 그 예라 할 수 있다. 小沼堅司, "헤겔 국가철학의 기본적 성격", 국가사상사, 201, 249면.

580) Sabine, A History of Political Theory, pp.596.

581) 이영재, 헤겔의 정치사상, 191면 이하.

582) 이영재, 헤겔의 정치사상, 192면. 물론 Hegel이 인식하기는 국가권력이란 절대적이기는 하지만 임의로 휘두를 수 있는 것은 아니었다. 국가권력의 절대성이란 국가의 도덕적인 위치가 우월함을 반영하는 것이었고, 국가가 그 사회의 윤리적인 측면을 독점한다는 것을 반영하는 것이었다. 그리고 그때 국가는 항상 법률이란 형식을 통해서 그의 규제력을 행사해야 한다고 보았고, 그 법률은 모든 사람에게 평등하게 적용되어야 한다고 생각했다. Sabine, A History of Political

고 보았고, 그는 국가의 자기목적으로서의 역할과 가치를 강조하였으며, 참 자유를 실현하는 것은 개인이 아니고 국가라고 하고 있기 때문이다. 특히 '이성적인 것은 현실적이고 현실적인 것은 이성적이다'고 한 그의 주장은 실존하는 모든 것을 이성적인 것으로 정당화하는 것은 아니라고 하더라도, 현실적인 것이라고 불려지는 것이 세계 속에 이미 출현해 있는 이상 이성적인 것을 가리킴은 명백하고, 사회정치적인 제현상을 무비판적으로 받아들이고 그것을 이성적인 것으로 정당화하고자 했기 때문에 국가에의 저항은 용납될 수 없다.[583] 다만 그가 저항권의 행사가 옳다고 지적할 수 없었던 것은 다른 정치사상가들과 마찬가지였지만, 특정한 상황 하에서는 아주 명백하게 저항권을 승인한다. 즉 인간은 윤리적 공동체의 구성원으로서 최고로 취급되도록 국가나 시민사회에 대하여 저항할 명백한 도덕적 권리를 갖는다고 한다. 그리고 신민을 그렇게 취급하고 그들 스스로 윤리적인 인간으로서 행동하도록 하는 것이 공권력을 행사하는 사람들의 의무라고 한다.[584] 인간이 국가나 시민사회에 대하여 갖는 의무는 조건적인 것이지 절대적인 것은 아니라고 보기 때문이다.

(4) 評價

Hegel은 계몽주의와 개인주의를 비판하고, 역사성만을 믿는 역사주의도 극복하려고 했다. 또한 그는 현실과 유리된 이상은 이상이 아니라고 보아 역사 속에서 이성을 구하려고 했다. 그리하여 그는 개혁의 여지를 많이 남기고 있는 프로이센의 실상을 그 자체대로 긍정하지 않았다.[585] 세계사란 인간이 자기의 주체성에 눈을 뜨고, 그 주체성의 의식을 사회 전면으로 밀고 나가는 과정에 지나지 않는다고 본 것은 물론, 역사란 '자유의 의식에 있어서의 진보'라고 파악함으로써 보수세력과의 타협을 하면서도, 여전히 프로이센의 개혁을 어떻게 하든 추진해 보려고 애썼다.[586] 하지만 Hegel은 보통선거에 의하지 않는 단체주의로 구성된 의회제도를

Theory, p.600.

583) 上妻 精, 윤길순譯, 헤겔법철학입문, 46면. 그러나 Hegel은 분명히 실체(Substanz)를 실존(Existenz)과 구별하여 실체를 이성적인 것이라고 말한 것이며, 따라서 실존하는 모든 것을 이성적인 것으로 정당화하려고 한 것은 아니다.

584) Z. A. Pelczynski, Hegel's Political Philosophy, Cambridge Univ. Press, 1976, pp.27.

585) Hegel이 「법철학」에서 헌법의 의의를 말하고, 의회에서의 토론의 공개, 언론출판의 자유, 배심제도, 시민의 법 앞에서의 평등, 입법 및 과세에 대한 국민의 참여 등과 같은 당시 프로이센에 존재하지 않았던 여러 가지 제도를 설명하고 있는 점에서 그의 개혁의지를 엿볼 수 있다. 上妻 精, 윤길순譯, 헤겔법철학입문, 241면.

586) 上妻 精, 윤길순譯, 헤겔법철학입문, 244면.

설명하고, 실체적 계급으로서의 귀족계급을 승인함으로써 이원제를 제창하였으며, 장자상속제를 기초로 세습군주제를 이끌어 내고 있는 점에서 그의 사상의 보수성을 인지할 수 있다.[587] 특히 Hegel은 프랑스혁명과 관련하여 모든 일을 위로부터 결정하려고 하는 극단적인 중앙집권제를 기피하였고, 무엇보다도 국왕의 처형에서 공포정치의 양상과, 테르미도르의 반동에서 나폴레옹의 쿠데타에 이르기까지의 피로 피를 씻는 프랑스 혁명의 양상에 대하여 비판적이었다.[588] 그것은 그가 국가체제란 그 국민의 자기의식의 상태 및 자기의식의 형성에 의하여 결정된다고 보기 때문이고, 또한 국가체제란 수세기에 걸친 노작이고 일정한 국민의 내부에서 형성되어 온 이성적인 의식이라고 보아, 어떠한 국민도 자신에게 상응하고 자신에게 부합된 체제를 가지고 있어서 그 변경은 그 국가체제에 적합한 방식으로만 이루어질 수 있다고 생각하고 있기 때문이다. 즉 Hegel은 국가체제의 변경을 원칙적으로 부정하고 있지는 않지만, 체제의 급격한 변화와 혁명을 반대하고 있다는 점을 살펴볼 수 있다.[589] 이것은 Burke에 의하여 주장된 산만한 원리들이 Hegel의 국가사상을 통하여 체계화되고, 변혁을 추구하는 세력이 안정을 추구하는 세력과 제휴할 태세를 갖춘 한 시대를 여는 계기가 되었음을 의미하며, Burke가 인식하지 못했던 바로서의 사회적 전통을 사회적 진보의 보편적 체계 속에 자리잡게 했다는 것을 뜻한다.[590] 그리하여 보수적 국가사상과 진보적 국가사상의 사상적인 대립의 장을 확고하게 확립하는 결과를 가져왔다. 그런데 앞에서 살펴본 Hegel의 국가사상은 나폴레옹 전쟁이 끝날 무렵의 독일의 현실상황과 프랑스에 의한 쓰라린 독일의 국가적인 굴욕, 그리고 독일문화의 단일성과 위대함에 일치하는 독일의 통일과 민족국가의 창조를 원하는 독일의 열망을 매우 현실적인 방법으로 전개하고 있다. 그 결과 그의 이론은 정치현실과 밀접한 관련을 맺고 있으며, 거의 자기

---

587) 上妻 精, 윤길순譯, 헤겔법철학입문, 240면. 물론 Hegel이 보수주의자인가 아니면 진보주의자인가에 대해서는 논란이 있다. 그러나 그가 자유주의, 계약사상, 공리주의 등에서처럼 개인에서 출발하여 국가체제를 기초지우는 모든 입장을 비판하고, 정신적 · 윤리적 공동체로서의 국가를 설파하였던 국가철학자였다는 점에서 보수주의자로서의 경향을 띠고 있다는 점을 부인할 수 없다.

588) Hegel은 프랑스혁명을 '종교개혁 없이 정치혁명을 수행하고자 했던 근대의 일대실책'이라고 평가했다.

589) 上妻 精, 윤길순譯, 헤겔법철학입문, 208면.

590) Sabine, A History of Political Theory, p.568. 다만 Hegel은 자유의 원리를 그 사상의 근저에 두고 있었기 때문에 「추상법」의 전개에서나, 「도덕성」·「인륜」의 전개에서 봉건적 귀족의 반동 이데올로기라고 단정을 내리기에는 너무나도 많은 근대시민의 법의식과 정치의식을 표현하고 있는데, 이것은 어떻게 해서든지 독일의 현실을 극복해 내고자 했던 그의 진보적 성격을 아울러 보여 주고 있는 부분이기도 하다. 上妻 精, 윤길순譯, 헤겔법철학입문, 237, 240면.

정당성에 가까운 힘에 대한 도덕적인 존경을 교묘하게 결합시킨 권력에 대한 일종의 이상화에 해당하게 되었다.[591] 그리고 국가를 전체적 내지 역사적 관점에서 보고, 개인은 국가의 구성원으로서만 그 의의를 갖는 것으로 보았기 때문에, Hegel의 국가사상은 절대주의적이며 전체주의적인 성격을 풍기고 있다. 국가를 유기체로 보고 국가에 인격성을 부여하여 최고의 인격자 내지 주권적 인격자로 평가함으로써 절대주의적 정치이념으로 전락할 취약점을 가지고 있는 것이다.[592] 특히 Hegel은 근대국가의 성질(nature)을 있는 그대로 묘사했던 것이 아니고, 국가의 본질(essence)이 무엇인가를 제시하려고 했으면서, '이성적인 것은 현실적인 것이고 현실적인 것은 이성적이다'고 함으로서 비이성적 현실까지도 정당화하게 되었고, 사회정치적인 제현상을 무비판적으로 받아들임으로써 자기모순에 빠지는 결과를 가져왔다.[593] 다른 말로 표현해서 Hegel은 자유의 원리를 사상의 근저에 설정하였으면서도 그것을 반동적인 프로이센에 결부시킴으로써 결과적으로 스스로 원리에 불성실한 태도를 나타나게 되었고,[594] 그 결과 실제로 20세기 초에 전체주의국가의 출현을 직접적으로 돕는 결과를 가져왔다.

그러나 자유의 원리를 근저로 하여 추구된 Hegel의 국가적 통일은 단순히 권력국가사상의 적나라한 전개로 볼 수는 없다. 그가 지향한 힘으로서의 국가는 대의제에 의해 정립된 법률의 힘을 매개로 하여 국민의 자유와 결합되지 않으면 안된다는 것이 그의 기본사상이었기 때문이다.[595] 즉 Hegel은 힘과 권력(Macht oder Gewalt)이 국가에 필요불가결한 조건이라고 강조하고 있지만, 법보다도 힘이 국가의 본질이라고 주장한 예는 작품 속에 나타나지 않고 있다.[596] 뿐만 아니라 Hegel은 "국가체제가 이성적인 것은 국가가 자신의 활동을 본성에 따라 자신의 내부에

---

591) Sabine, A History of Political Theory, pp.602. 그러나 Hegel의 태도에 있어서 강조되어야 할 점은 이론적인 면에서 국가의 이상이 어느 현존하는 국가의 현실과 동일시 될 수 없다는 점이라고 할 수 있다. Shlomo Avineri, Hegel's Theory of the Modern State, Cambridge Univ. Press, 1976, p.177.

592) 上妻 精, 윤길순譯, 헤겔법철학입문, 243면. 그러나 국가를 유기체로 보고 개인을 그 지체로 파악하는 것은 실체성의 관점에서 평가한 것이고, 주체성의 관점에서 보는 또 다른 안목이 Hegel에게 있다는 주장이 있다. 즉 Hegel은 역사를 '자유의 의식에 있어서의 진보'라고 파악하고 있고, 이것은 곧 개인으로서의 인간의 자각의 진보라고 부를 수 있기 때문이라고 한다.

593) 上妻 精, 윤길순譯, 헤겔법철학입문, 289면. 왜냐하면 Hegel에 있어서 국가라는 개념은 정치적 본질의 것으로 본 것이 아니라 완전한 선을 추구하는 일종의 윤리적 공동체로 보았기 때문이다. Z. A. Pelczynski, Hegel's Political Philosophy, Cambridge Univ. Press, 1976, p.26.

594) Hegel은 자유의 의미를 국가에의 의무에서 찾고 있기 때문에 그러한 결과를 가져왔다. Z. A. Pelczynski, Hegel's Political Philosophy, Cambridge Univ. Press, 1976, p.26.

595) 小沼堅司, "헤겔 국가철학의 기본적 성격", 국가사상사, 125면.

596) Z. A. Pelczynski, Hegel's Political Philosophy, p.3.

서 구별하여 규정하는 한에 있어서이고, 더욱이 국가가 이들 권력들로 하여금 제각기 그 자신의 내부에 있어서 총체성이게끔 국가자신의 활동을 구별하고 규정하는 한에 있어서이다"고 함으로써, 적개심이나 대항을 통하여 얻어지는 균형은 결코 생동하는 통일이 아니고, 상호제한기능이 통합기능을 통하여 감소시키지 않는 참으로 유기적인 상호의존이야말로 진정한 통일이라고 보기 때문에,[597] 사실상 전체주의적 국가사상과는 거리가 있다. 따라서 전체주의적 국가의 출현에 영향을 미쳤다는 점은 차치하고,[598] 오늘날 그의 국가사상의 재발견을 위한 시도가 이뤄지고 있는 것은 그 때문이다.[599]

V. 社會主義 國家思想

1. 序言

근대의 시민혁명기에 Hobbes, Locke, Rousseau 등 소위 사회계약론자들에 의하여 자유주의 국가사상이 제시된 이후로 독일에서는 Kant, Fichte, Humboldt 등의 관념주의 사상가들에 의하여 국가는 도덕적 관념의 형태로까지 고양되게 되었다. 그런데 이러한 자유주의 국가사상은 프랑스혁명을 분기점으로 하여 급진적인 혁명이론으로 발전하였기 때문에, Burke, Müller, Hegel 등의 보수주의사상가들에 의하여 전통과 역사를 존중하는 바탕 하에서 인간의 자유와 평등을 안정적이고 점진적으로 실현해 나갈 것이 주장되었다. 그리하여 국가사상 내지 정치사상의 측면에서 국가의 목적과 이념의 실현방법과 관련하여 진보와 보수의 대립이 이루어지고, 양자간의 상호작용을 통하여 인류는 안정된 생활을 어느 정도 유지할 수 있었다. 그리고 당시의 국가사상에 있어서는 국가의 목적과 이념이 인간의 자유와 평등의 완전한 실현에 있다고 하면서도, 그 실현방법에 있어서 주로 구체제 하에서의 절대군주의 자의적인 의지를 통한 '인간의 지배'가 아니라, 신분과 계급의 차이를 불문한 만인 공통의 보편적 가치로 인정되는 규범에 기초한 '법의 지배'의 관철을 요구하게 되었고, 그 결과 국가는 천부의 자유·평등이라는 이념과 정의·공정의 원칙을 보다 효과적으로 실현시키기 위한 수단이라는 의미로 평가되었다.[600] 즉 상기한 당시의 사상가들은 국가와 사회를 고찰할 때, 인간을 기본단

597) 小沼堅司, "헤겔 국가철학의 기본적 성격", 국가사상사, 207면 이하.
598) Sabine은 이탈리아의 파시스트가 그들을 위하여 합리화한 것으로 보고 있다.
599) R. Smend가 그 대표적인 학자이다.

위로 생각하였고, 이러한 인간의 주체성과 인격성을 확립하였으며, 이 인간의 본성을 분석하고 그 심리와 행동을 파악함으로써 마땅히 있어야 할 이상적인 국가와 사회를 그려보려고 했다. 여기서 그들은 인간이 모두 이성적이고 합리적이며, 따라서 계획 가능한 평등한 존재로 이해하였고, 그 결과 국가와 사회를 구성하는 인간 개개인의 도덕의식이 고양된다면 필연적으로 최선의 국가와 사회가 형성될 것으로 보았다.[601)]

그런데 위와 같은 17-18세기의 자유주의 국가사상가들이 생각한 국가론은 19세기에 들어서면서 여러 방면으로부터 격렬한 비판과 공격을 받게 되었다. 국가에 있어서, 그리고 국가에 의해서만 전체국민의 이익이 진실로 실현될 수 있으리라 믿었던 그들의 생각에 따라 혁명에 성공은 했으나, 주체세력이었던 부르조아지는 국가의 이념과 권력수단을 독점하게 되자 자기 계급의 특수이익을 실현하는데 대해서만 급급하였기 때문이다.[602)] 이리하여 19세기 초엽의 민중에게 있어서 바야흐로 시민국가는 권력의 상징이요 자유의 억압자로 비치기 시작했고, 단순한 정치혁명으로 끝나버린 시민혁명에 대한 비판과 결부되어 국가이념의 허구성과 그 권력장치에 대해 강력한 도전이 제기된다.[603)] 산업혁명과 더불어 자본주의의 모순이 현재화함에 따라 산업노동자들의 눈에는 시민국가가 자본가 내지 지배계급의 특수이익을 옹호하는 주체로 보이게 되었고, 일찍이 인간의 자유와 권리를 보장해 줄 것으로 믿었던 국가가 오히려 억압의 수단과 기관으로 비치게 된 것이다. 자유주의 국가사상에 바탕을 두고 발전한 자본주의가 극단적이고 기형적으로 나아감에 따라 국민들 사이에 극심한 부자유와 불평등이 초래되고, 급기야 그러한 부자유와 불평등을 제도적으로 뒷받침하고 있는 국가를 타도해야 할 대상으로까지 생각하게 되었던 것이다.

결국 위와 같은 상황 하에서 역사는 새로운 국가사상의 출현을 요청하게 되었고, 이에 상응하여 보수와 진보 양진영으로부터 전혀 다른 국가사상이 전개되기 시작했다. 공리주의 국가사상과 사회주의 국가사상이 바로 그것인데, 前者는 중산부르조아지를 중심으로 한 사상으로서 이것은 시민국가의 불완전성과 불충분성을 내부에서 자기수정적인 입장에서 극복해 보려고 한 것이고, 後者는 노동자 계급을 중심으로 한 사상과 운동으로서 시민사회의 모순과 실상을 비판하고 결국 국가는

600) 田中 浩, "홉스", 정치사상연구회 역, 국가사상사, 16면 이하.
601) 田中 浩, "홉스", 정치사상연구회 역, 국가사상사, 20면.
602) 田中 浩, "홉스", 정치사상연구회 역, 국가사상사, 18면 이하.
603) 田中 浩, "홉스", 정치사상연구회 역, 국가사상사, 19면.

소멸되어야 할 존재로 평가하게 된다.[604] 즉 前者는 국가문제에 있어서 정부의 전제화를 어떻게 방지할 것인가에 초점을 맞추었고, 최선의 수단으로서 보통선거에 기초하는 개혁된 의회중심의 통치를 목표로 설정하였으며, 개인자유의 원리에 대한 존중위에 사회적 평등의 사상을 접목시켜 근대자유주의 국가사상을 수정된 상태로 발전시켜 현대의 자유민주주의국가의 근본바탕을 세웠다. 한편 後者는 단순히 정치기구와 정치개혁의 연구에 그치지 않고, 경제구조의 분석으로부터 사회혁명의 문제에까지 포괄하는 국가사상으로 전개했으며, 국가의 본질에 대한 심층적인 곳에까지 미치는 가혹한 비판을 행하고 최종단계에서 국가사멸론을 제기하는데 이르렀다.[605]

이와 같이 근대자유주의 국가사상이 다방면의 공격을 받아 변모된 것 가운데 다음에서는 사회주의 국가사상의 전개 과정을 개략적으로 살피고자 한다.[606] 왜냐하면 사회주의 국가사상은 자본주의에 바탕을 둔 자유민주주의국가의 국가사상에 대해 비판하고 그에 대한 대안으로 제시된 것이므로 현대의 자유민주주의 국가사상을 이해하는데 필수적이기 때문이다. 뿐만 아니고 사회주의 국가사상은 자본주의사회의 국가사상에 끼친 영향이 지대하기 때문에 그 영향관계를 파악하는데도 도움이 되며, 오늘날에 있어서도 국가권력의 정당성에 관한 논의의 기초가 이 사상의 자본주의사회에 대한 비판에서 비롯되고 있음을 알 수 있기 때문이다. 따라서 여기서는 사회주의운동이 처음으로 발생하여 이상사회(utopia)를 그려 보았던 초기사회주의 국가사상을 먼저 살펴보고, 마르크스에 의하여 본격적으로 전개된 국가사상을 중심으로 고찰하며, 현대의 좌파(Neo-Marxismus, new left) 사상가들이 생각하고 있는 국가사상들 통하여 오늘 우리에게 요청되는 올바른 국가사상을 정립하는데 도움을 주고자 한다.

---

604) 田中 浩, "홉스", 정치사상연구회 역, 국가사상사, 21면 이하. 물론 여기서 공리주의국가사상은 꼭 보수적이고 사회주의국가사상은 진보적이라고 하는 것은 아니다. 다만 사회혁명적인 경향을 띠었느냐에 따라 연결시켜 본 것이다. 그리고 이들 국가사상은 시민혁명기의 국가사상이 국가와 사회를 고찰함에 있어서 인간을 기본적 단위로 생각했던 것과는 달리 인간의 의지와는 무관하게 존재하는 사회 그 자체를 분석의 대상으로 하고 국가론의 출발점으로 삼았다.

605) 田中 浩, "홉스", 정치사상연구회 역, 국가사상사, 24면

606) 여기서 공리주의국가사상을 더 이상 언급하지 않은 이유는 근대자유주의국가사상을 현대의 국가사상 특히 자본주의에 바탕을 두고 있는 자유주의국가의 국가사상으로 연결시켜 주는 교량역할을 담당했을 뿐이기 때문에 구체적인 언급이 필요하지 않다고 보기 때문이다.

2. 초기 社會主義 國家觀

(1) 社會主義槪念의 出現과 意味

오늘날 사회주의의 개념은 다양하기 때문에 한마디로 정의하기가 매우 어렵다. 특히 사회주의가 생산수단을 공유로 하고, 그것이 전체로서의 공동사회의 이익을 위하여 관리되어야 한다는 근본내용에 있어서는 일치를 보고 있지만, 그 실현방법과 관련해서는 아주 많은 차이를 보이고 있으며, 시대에 따라서도 매우 다양한 모습으로 나타나고 있다. 예를 들어 히브리인들의 집단생활과 Platon의 이상국가에서도 사회주의의 근본내용이 추구되고 있었고, 중세의 수도원생활도 그러한 범주를 크게 벗어나지 않기 때문이다. 다만 사회주의라는 개념은 자본주의에 대한 반동에서 비롯되었을 뿐만 아니라 논리적으로나 사회학적으로 개인주의에 대비되는 것으로만 이해될 수 있는 것이기 때문에 19세기 초에야 확립된 것으로 보는 것이 정당하다.[607] 즉 사회주의라는 개념은 Robert Owen이나 Saint-Simon의 추종자들을 지칭하기 위하여 사회주의자(Socialist)라고 부르면서 등장한 것이며, 1840년경 유럽전역에서 보편적으로 사용되게 된 사회주의(socialism)라는 개념은 생산수단의 소유와 통제는 전체로서의 공동사회에 의하여 소유되고 모든 사람의 이익을 위하여 관리되어야 한다는 원리를 나타내기 위하여 사용되었었다.[608]

물론 사회주의라는 개념이 19세기 초에 등장하긴 했지만, 그러한 사상이 그 이전에 전혀 없었던 것은 아니고, 어느 의미에서는 매우 합리적인 사회주의사상의 건설계획이 소개되어 있었다. 이상사회를 묘사한 Thomas More의 유토피아(Utopia)가 그것인데, 여기서 Thomas More는 당시의 부패한 사회를 구하는 것은 사유재산제도를 부정하는 공산사회를 건설하는 것이라고 주장했다.[609] 특히 그는 성자로까지 추대된 기독교인이었기 때문에 단순히 물질적인 공유에 그쳤던 것이 아니고 지적으로나 정신적으로 모든 사물의 능동적 친교를 포함하는 기독교적이고 이상적인 공산사회를 유토피아라고 부르고 있다.[610] T. More 이외에도 19세기 초 이전까지 이상주의적 사회주의자들이 있었고, 이들은 대개 인간에의 사랑이 경제적 소득에 따른 냉혹한 계산으로 대치되는 경쟁이 아니라 협동에 바탕을 둔 부의 재분배를 열망하면서 사회문제의 해결을 도모하려고 했다.[611] 다만 이들은 대체로

---

607) Daniel Bell, "Socialism", in: International Encyclopedia of the Social Sciences, vol.14., p.506.

608) Daniel Bell, "Socialism", p.506.

609) 김한식, "사회주의", 정치학대사전, 569면

610) Thomas More, Utopia, edited by Edward Surtz, S. J., Yale Univ. Press, 1964, p.xv

611) 김한식, "사회주의", 785면

T. More에 있어서처럼 구체적인 실현방법을 제시하지 못했기 때문에 사회주의운동으로 발전을 시키지 못했다고 볼 수 있는 점에서 사회주의의 창시자로 되지 못했다. 결국 그러한 점에서 사회주의는 19세기 Saint-Simon, Owen, Fourier 같은 사람들이 자신들은 사회주의자라고 부르고, 또한 사회주의라는 개념을 사용하여 사상 내지 이론을 정립함으로써 비로소 하나의 사회이론으로 확립되었다고 볼 수 있다.

왜냐하면 개인주의에 대비되는 사회주의가 하나의 사상 내지 이론으로 파악되기 위해서는 몇 가지의 근본전제가 있어야 하는데, 이들에 있어서 그러한 전제가 갖추어지고 있기 때문이다. 예를 들어 사회주의는, 첫째로 사회구조에 있어서 계급간의 대립과 갈등의 존재를 인식하게 되었다는 점과, 둘째로 사유재산의 상속제와 신분의 승계제를 부인하고 각자의 능력에 따라 대우되는 사회를 요망한다는 점에서 그 의의를 찾을 수 있는데, 그러한 전제가 이들에 있어서 갖춰지고 있는 것이다. 다시 말해서 이들은 사상이나 운동의 배경, 관심의 대상 등에서 매우 상이하지만, 양심적인 인도주의자이며 충실한 계몽주의의 전통을 이어받고 있어서, 이성에 따라 현존하는 사회질서의 모순을 고발하고, 보다 나은 사회를 이룩하기 위하여 일정한 원리에 따라 개혁을 시도했고,[612] 이들은 사회 내의 평등을 위한 진지한 열망과 사회구조의 하층에 있는 대중을 위한 진정한 연민을 바탕으로 지식인에 의한 자본가의 설득이나 계몽을 통하여 위로부터 해결해 보려고 했다. 그 결과 이들은 노동계급을 사회주의운동의 중심 개념으로 등장시켰고, 또한 그 사회의 부의 불공평한 분배를 방지하기 위해 사회·경제 및 정치적 제도를 조정해야 한다고 주장했다.[613] 다만 이들은 자본주의의 전개와 계급투쟁이 격화될 가능성에 대해 충분히 예견하지 못했고, 새로운 산업사회가 갖는 구조적·기술적 특징은 파악할 수 없었으며, 게다가 계급분화와 그 대립의 양상과 성격을 제대로 파악하지 못했다.[614]

따라서 다음에서는 Saint-Simon과 Fourier와 같은 초기의 사회주의자를 간단히 살펴보기로 한다. 다만 초기의 사회주의가 마르크스주의로 발전함에 있어서 과도기적 역할을 담당했던 프루동의 국가관은 그의 사상의 핵심이 무정부주의에 있기

612) 김대환, 사회사상사, 법문사, 1987, 221면.

613) Leon P. Baradat, Political Ideologies, 신복룡外譯. 현대정치사상, 평민사, 1986, 304면.

614) 김대환, 사회사상사, 224면. 따라서 마르크스는 이들의 개혁운동이 사회의 구조와 역사발전의 법칙에 근거를 둔 것이 아니라는 점 때문에 자신이 주장한 과학적 사회주의에 대응하여 공상적 사회주의라고 불렀다.

때문에 무정부주의국가사상을 설명하면서 언급하고자 한다.

(2) Saint-Simon의 國家觀

Saint-Simon은 젊은 시절에 미국의 독립전쟁에 참전했었고, 얼마 후에는 프랑스혁명을 체험하게 되었다. 그리고 혁명이후 테르미도르반동이 있을 때에는 사회문제에 대한 그의 관심 때문에 체포되어 사형을 당할 위기에 처하기도 하였다. 사회를 인위적으로 개혁하는 것이 가능하다는 확신과 병든 사회를 구제하는 것이 자신의 사명으로 생각한 때문이었으나, 다만 현실적인 혁명운동에는 참여하지 않았다.[615] 왜냐하면 그는 조직적인 평온을 지향하는 보수적 이념을 출발점으로 삼았기 때문에, 그의 사회개혁론은 포괄적인 재건설계획의 일부로서의 진화론적 개혁에 핵심을 두었었다.[616] 즉 그는 조직적 문화란 발전하는데 수세기를 요하는 것이고, 또한 일단 확립되면 변화에 강력하게 저항하는 것으로 보았으며, 그 결과 하나의 체제로부터 다른 체제로 변화시키는 것은 매우 천천히 이뤄져야 한다고 보았다. 그에게 있어서는 인간의 발전에 있어 연속성이 가장 중요한 것이었고, 역사의 연속성을 인정하는 그에게 있어서 새로운 산업사회의 형성을 사회혁명적인 방법에 의할 수는 없는 것이었기 때문이다.[617] 아무튼 Saint-Simon은 19세기까지 이미 축적된 과학적 지식과 사회적 추이를 토대로 하여 사회의 개혁을 요구하게 되었고, 그 결실로서 기독교정신에 입각하는 새로운 이상사회인 산업사회(Société industrielle)를 건설할 것을 주장하였다.[618]

Saint-Simon은 당시의 사회가 과거처럼 주인과 노예, 귀족과 평민, 장원영주와 농노와 같은 계급이 존재하는 것과는 명백히 거리가 있지만, 기업가와 임금노동자 사이에는 비교될 수 없는 무엇이 존재한다고 보았고, 인간에 의한 인간의 착취가 진리가 아니며, 임금노동자는 주인의 재산의 노예와 같지는 않지만 기업가와 체결한 계약을 통하여 항상 기한부의 입장에 놓여 있다고 보았다. 더욱이 그러한 계약은 임금노동자의 입장에서는 자유롭게 체결된 것이 아니고, 매일 매일의 생계를 위하여 강제되지 않을 수 없다고 보기 때문에, 강도의 차이는 있지만 과거의 노예처럼 육체적으로나 정신적으로 그리고 도덕적으로 착취당하고 있다고 인식하기에 충분하다고 생각했다. 그리하여 그는 이상적인 사회로서의 산업사회의 건설을 요

615) 이태일, "생시몽", 정치학 대사전, 811면.
616) Martin U. Martel, "Saint-Simon", in: International Encyclopedia of the Social Sciences, vol.13., p.592.
617) 이태일, "생시몽", 811면.
618) 이태일, "생시몽", 811면.

구하게 된 것이다.

Saint-Simon은 이상적인 미래의 산업사회를 다음과 같이 설계하였다. 무엇보다도 미래의 산업사회는 계획화된 과학적 지침아래 과감하고 광범위한 산업화를 통하여 가난과 전쟁이 없는, 그리고 생산적인 성취가 가능한 사회였다.[619] 그리고 그러한 사회는 개방된 계급사회이기 때문에 계급적 특권이 배제되고, 노동은 전체를 위하여 제공되며, 그에 대한 보상은 공적에 따라 할당되는 사회였다. 따라서 이러한 사회에서는 국가가 계급적 지배와 민족적 대항관계로 특징지어지는 국가권력(government)으로부터 주로 경제적 규제에 관심을 두는 전문적인 공복에 의하여 과학적으로 관리되는 복리체계로 바뀔 것을 내포한다.[620] 따라서 국가권력은 과감하게 축소되고, 남은 것까지도 군주나 귀족들로부터 생산적인 노동자들에게로 이전되는 그러한 사회가 Saint-Simon이 구상한 사회였다. 즉 이러한 산업사회는 산업계급이 유일한 전체자인 사회이며, 유산자와 비생산자에 대립하는 생산자로서의 산업계급은 직접생산자・노무제공자・상공인・기술인・학자・예술가 등을 의미하고, 이들로 하여금 국민적 공유재산의 증식과 관리를 위해서 경제적 제도를 조직적・계획적으로 구성하는 것을 본질로 하는 사회를 말한다.[621] 그리고 Saint-Simon은 특히 은행가・기술자・상공인 등은 노동자계급의 병합에 있어서 가장 자격이 잘 갖춰진 개혁의 주체라고 보았고, 그들의 관리능력과 지혜를 통하여 파괴적 계급투쟁은 사라질 것이라고 기대했다.[622]

이렇게 Saint-Simon은 자본주의사회의 모순을 비판하고 이를 해결하기 위하여 사회적 투자를 이룩하기 위하여 중앙집권적 은행제도를 설립하고, 재산의 상속제를 폐지하며, 보통교육의 실시 등을 제안하였다.[623] 뿐만 아니라 그는 최대다수의 계급의 도덕적・물질적 조건의 개선을 위해 노력하는 국가와 정치적 지배에 대신하여 생산과 분배를 관리하는 국가를 구상하였다.[624] 국가권력의 존재를 부인하지 않으면서도 국가권력의 기능을 최소한도로 줄일 것을 주장하였으며, 정치적 권력보다는 경제적 관리능력을 보다 필요한 것으로 주장했다. 즉 그는 정신적인 힘은 과학자의 수중에, 세속적인 권력은 산업에 종사하는 사람의 수중에 집중되어야 한

619) Martin U. Martel, "Saint-Simon", p593.
620) Martin U. Martel, "Saint-Simon", p.593.
621) 이태일, "생시몽", 811면, 이에 반하여 Saint-Simon은 기생적인 귀족・승려・고급관리들은 산업계급에서 제외하였다.
622) Martin U. Martel, "Saint-Simon", p593.
623) Leon P. Baradat, 신복룡外譯. 현대정치사상, 306면.
624) 김대환, 사회사상사, 223면.

다고 주장했고, 귀족 · 관료 · 군인 · 유한자(특권계급)가 지배하는 사회로부터 제조업 · 상인 · 은행가 등의 산업종사자의 수중으로 권력이 이양되어야 한다고 주장했다.

(3) C. Fourier의 國家觀

Fourier도 젊은 시절에 프랑스 혁명을 경험했을 뿐만 아니라 혁명에 의해 여러 가지 불이익을 받게 됨으로 인하여 혁명과 같은 폭력에 대해서 철저하게 혐오하게 되었다. 또한 그가 살던 자본주의적 문명사회의 모순점들을 목격하고 독학을 통하여 사회문제를 탐구하게 되었다. 그러한 가운데 그는 그의 인생의 거의 유일한 생각을 당시의 사람들에게 추천할 만한 탈출구를 찾아주는데 두었었다. 미래를 예측할 수 없는 인류에게 행복과 충만함에 이르는 길을 보여주고자 했던 것이다.[625] 특히 그는 인간의 본성이 선하다고 믿었을 뿐만 아니고 인간의 원죄에 대한 도그마도 거부하면서 우주질서와 사회질서 사이의 상호관계를 가정해 보기도 했다.[626] 그 결과 그는 사회란 원시적인 것에서 문명의 단계로 전이하는 것으로 보았고, 당시의 자본주의적 단계에 해당하는 문명의 단계는 더 높은 행복의 단계로 발전하지 않으면 안 된다고 하면서, 자본주의적 문명사회에 대한 대안으로 조화적 협동사회인 팔랑즈(Phalange, phalanstery)를 구상해 냈다.[627]

Fourier가 주장한 팔랑즈는 Saint-Simon이 제안한 산업사회와는 달리 農園노동을 기초로 하는, 그리고 소규모의 농민에 의해서 구성되는 생산과 소비의 생활공동체다. 즉 그는 자본주의에 바탕을 두고 있는 민족국가에 반대하면서, 사회가 수천의 소규모로 재편되어 정치적으로 독립되고 이를 자치적 공동체로 분할할 것을 주장하였고, 이 공동체는 농업을 주로 하는 여러 유형의 인간들로 구성하되, 공업을 자급자족적인 생활을 가능하게 하는 범위 내에서 인정하고, 합리적인 분배제도와 쾌적한 소비생활을 가능하게 하여 풍요롭고 조화로운 사회생활이 실현되도록 한 것이다. 뿐만 아니라 Fourier의 생활공동체는 완전히 자유롭고 상호적이며 고도로 조직된 개개인들에 의하여 사물을 자유롭게 관리하는 것이 목표였고, 이러한 목표에 도달하기 위하여 사회구성원의 모든 측면을 포괄하는 기초적 사회단위로 팔랑즈를 구상한 것이다.[628] 따라서 이 공동체는 각 단위부락의 기본적인 독립이

625) Emile Poulat, "Fourier, Charles", in: International Encyclopedia of the Social Sciences, Vol.5., p.547.
626) Emile Poulat, "Fourier, Charles", p.547.
627) 정효섭, "퓨리에", 정치학대사전, 1657면.
628) Emile Poulat, "Fourier, Charles", p.547.

불변하는 상태에서 연합의 형태로 상호 결합할 수는 있으나, 국가권력과 같은 권력적 지배는 허용되지 아니하고, 공동체의 연합체인 정부는 민주적이어야 하며, 노동과 그 결과는 구성원전체가 평등하게 공유해야 한다고 하였다.[629]

이와 같이 Fourier는 비혁명적인 방법을 통해서이기는 하지만, 현존하는 국가권력의 사실상의 배제를 전제로 하는 사회체제로서의 팔랑즈를 구상했다. 따라서 Saint-Simon의 강력한 반대자로 불리는 그의 이론은 어떠한 형태의 정부형태와도 모순되지 않는 것으로 믿었다.[630] 그러나 그가 실제로 구현한 공동사회적인 이상촌은 실패로 돌아갔고, 다만 그의 이상이 오늘날 사회주의국가의 협동농장의 형태로 구현되고 있다.[631]

3. K. Marx의 國家觀

(1) 思想的 背景

Marx는 독일의 식자층들에게는 가장 깊은 절망의 시기였던 1830년대와 1840년대에 청년시절을 맞았다. 나폴레옹을 패퇴시켰던 세력들에 의해 체결되었으며, 자유주의적 혁명세력과 급진주의 내지 인간의 권리를 주장하는 자들을 억압하기위하여 체결되었던 신성동맹은 조그마한 자유주의적 움직임조차도 질식시킬 수 있을 만큼 음울한 시기를 가져왔고, 특히 나폴레옹을 패퇴시킨 후 철저한 개혁을 꿈꾸었던 애국심이 강한 자유주의자들은 오히려 이전보다 더 지독한 경찰국가가 만들어지는 것을 보게 되었다.[632] 더욱이 1830년대의 독일 연방의 군주들은 프랑스의 7월 혁명의 여파가 독일에까지 파급될 위험에 대비하여 대학을 통제하고, 모든 출판물에 대한 엄격한 검문제도를 실시하는데 그치지 않고 모든 정치적 회합의 금지, 의심스런 정치적 선동가의 감시 등을 행하고 있었다.[633]

이러한 와중에서 Marx는 사회 및 정치문제에 관해서 비상한 관심을 가지게 되었으며, 특히 그는 당시 베를린 대학의 박사클럽(Doktorklub)에 가입하면서 헤겔철학에 눈을 뜨게 되었고, 또한 헤겔철학만이 강력한 현실개조의 도구가 될 수 있다고 여기게 되어 여기에 탐닉하였다.[634] 다만 박사클럽전체의 분위기가 급진적이

---

629) Leon P. Baradat, 신복룡外譯, 현대정치사상, 308면.
630) Emile Poulat, "Fourier, Charles", p.547
631) Leon P. Baradat, 신복룡外譯, 현대정치사상, 308면 이하.
632) L. A. Coser, 신용하・박명규譯, 사회사상사, 일지사, 1987, 121면 이하.
633) L. A. Coser, 신용하・박명규譯, 사회사상사, 122면.
634) Schlomo Avineri, 이홍구譯, 칼 마르크스의 사회사상과 정치사상, 까치, 1987, 25면.

고 다소 반종교적이며 꼬니 보헤미안적인 성향을 지닌 젊은 주변적 학자들로 구성되어 있었기 때문에, Marx도 헤겔철학을 비판적으로 수용하게 되었다.[635] 그 중에서도 Marx는 헤겔철학이 이성적인 것과 현실적인 것 사이의 간극을 연결시켰다고 스스로 주장하고 있지만, 실제로 그 주장은 검증된 것이 아니라고 하면서, 헤겔철학은 이성적인 것과 현실적인 것의 이분법을 철학적으로 극복했는지는 모르나, Hegel의 정치적·사회적 제도이론 속에는 내적 모순이 존재한다고 하면서 Hegel의 정치철학을 정치적·역사적 현실과 대면시키기 시작하였다.[636] 즉 이성적인 것은 현실적인 것이요, 철학은 '사유 속에 포착된 자기의 시대'라고 한다면, 모든 철학적 비판은 동시에 역사적 현재에 대한 내재적인 사회비판이 될 수밖에 없다고 보아, 그는 경제적·사회적·역사적 연구에 몰두하게 된다.[637]

그런데 위와 같은 Marx의 정치적 내지 사회적 관심은 박사학위를 마친 이후로 여러 면에서 좌절을 맞는다. 첫 번째로 그의 급진적인 성향은 대학강단에 서고자 했던 꿈을 무산시키는 계기가 되었고, 라이니셔 짜이퉁지에서 편집장으로서의 생활은 자유주의적이고 급진적인 논조 때문에 얼마 지나지 않아서 끝이 나고 말았다. 더욱이 그는 독일의 반동적 분위기 때문에 1843년 파리로 이주했으며, 그는 그곳에서 많은 유럽의 급진론자와 혁명론자들을 만나 교우하면서 본격적으로 사회주의이론의 연구에 몰두하게 되었다.[638] 급진적 자유주의자였던 Marx가 파리의 혼미한 분위기 속에서 사회주의자로 전향하게 된 것이다. 그리고 또한 그의 새로운 철학적·정치적 입장은 고국 프러시아정부를 자극하여 프러시아정부의 진정에 따라 프랑스로부터 추방을 당하였으며, 그는 브뤼셀로 옮겨 독일인 망명자들과 더불어 국세혁명운동가의 일원이 되었다. 뿐만 아니라 이곳에서 당시 런던에 본부를 두고 있는 공산주의자연맹의 부탁을 받아 Marx는 '공산당 선언'을 썼으며, 이 선언문에서 그는 '지금까지 존재했던 모든 사회의 역사는 계급투쟁의 역사이다'고 함으로써 그의 사상의 본질을 드러내기 시작했다.[639] 1948년 독일에서 혁명이 일어났을 때, 파리를 거쳐 라인란트에 돌아와 다시 급진적인 신문인 「新라이니셔 짜이퉁지」의 편집을 맡게 되었으나, 혁명이 실패로 끝나자 다시 추방을 당하여 안주할 곳을 찾아야 했고, 사망할 때까지 영국에 정착하여 학문적 연구에만 전념하게

---

635) L. A. Coser. 신용하·박명규, 사회사상사, 96면.
636) Schlomo Aviner, 이홍구譯, 칼 마르크스의 사회사상과 정치사상, 26면.
637) Schlomo Aviner, 이홍구譯, 칼 마르크스의 사회사상과 정치사상, 22면.
638) L. A. Coser, 신용하·박명규譯, 사회사상사, 97면 이하.
639) L. A. Coser, 신용하·박명규譯, 사회사상사, 100면 이하.

되었다.

결국 Marx는 위와 같은 수많은 좌절과 역경을 겪은 결과 독자적인 사상체계를 확립하였다. 주로 서구사상의 주류를 이어받아 그의 사상 속에 융합시킴으로서 하나의 새로운 사상체계를 확립한 것이다. 특히 그는 헤겔적인 형태의 독일관념론을 사상체계의 밑바탕에 두고, 프랑스 사회주의자들과의 교우를 통하여 사회주의자가 되었으며, 영국 런던에 기거하면서 영국의 정치경제학에 심취하여 연구한 결과 어느 누구도 실현하지 못한 종합적인 사상체계를 수립하였다.[640] 즉 Marx는 헤겔철학을 연구하는 가운데서 Hegel과는 달리 경제영역이 궁극적으로 정치를 결정한다는 사실을 깨닫게 되었고, 이러한 인식에서 출발하여 경제와 역사를 연구한 결과 유물사관을 이끌어 내게 되었으며,[641] 그를 기준으로 하여 볼 때 역사는 새로운 생산관계를 주장하는 계급과 기존의 생산관계와 상부구조를 고수하려는 계급과의 대립을 이루어 온 계급투쟁의 역사라고 보았던 것이다.[642]

그런데 상기한 바와 같이 Marx는 유물사관과 계급투쟁론에 입각하여 역사를 평가했기 때문에 국가에 관해서도 마찬가지였다. 다만 그는 국가란 이론적 분석과 종합이라는 복잡한 과정을 거친 이후에나 파악될 수 있는 것이기 때문에, 정치적 분석에 있어서 국가는 출발점이자 도착점이 된다고 인식했으나 국가사상을 체계적으로 전개하지 않았다.[643] 왜냐하면 모든 자본주의국가들은 그들의 공통된 토대를 근거로 해서 동일한 것으로 다루기보다는 각각의 국가들을 그 자체의 견지에서 검토하는 것이 필요하며, 따라서 국가에 대한 본질주의적 접근방법을 취하는 것은 올바르지 못하다고 보았기 때문이다.[644] 아무튼 다음에서는 Marx의 국가론을 살펴보되, 국가의 생성원인으로부터 국가소멸에 이르는 그의 기본사상을 간단히 고찰하고 그에 대한 평가를 내려보고자 한다.

(2) 國家權力의 正當性과 國家消滅論

Marx는 분명 탁월한 철학자였다. 그의 방대하고 포괄적인 학문체계인 유물론

640) L. A. Coser, 신용하 · 박명규譯, 사회사상사, 109면.
641) Schlomo Aviner, 이홍구譯, 칼 마르크스의 사회사상과 정치사상, 61면.
642) 김한식, "마르크스의 정치사상", 정치학대사전, 531면, 그런데 여기서 주목할 것은 K. Marx의 모든 논리의 출발점이 휴머니즘의 회복에 있다는 사실이다. 즉 궁극적으로 그가 주장한 공산주의도 사유재산의 철폐에 참뜻이 있으며, 그것은 인간소외를 제도적으로 없애자는 데 그 의도가 있는 것이다. 김대환, 사회사상사, 498면.
643) Bob Jessob, The Capitalist State, 이양구 · 이선용譯, 자본주의와 국가, 돌베개, 1985, 47면 이하.
644) Bob Jessob, 이양구 · 이선용譯, 자본주의와 국가, 48면.

적 변증법은 정치적 영향력이 대단하여 사회주의국가를 출현시켰고, 아울러 끊임없는 공산주의운동을 유발해왔다. 다만 전통적 의미에서의 그의 정치이론은 체계적으로 정리되지 않았으며, 그렇게 그의 이론이 단일하고 일관성 있는 정치이론으로서 전개되지 않았기 때문에 국가에 관한 이론도 명백하지가 않다.[645] 그렇지만 Marx는 국가란 이론적 분석과 종합의 복잡한 과정을 거친 이후에나 파악될 수 있는 것이기 때문에 정치적 분석에 있어서는 출발점이자 도착점이 된다는 것을 뜻하는 것으로 인식했으며, 이것은 또한 우리가 국가를 아무런 문제도 없는 단순한 경험적 소여로 생각할 수 없고, 그것의 다중규정들의 어느 하나로 환원시킬 수도 없다는 것을 시사해 주고 있다.[646] 이러한 점에서 마르크스주의의 국가이론은 비교적 초기부터 사적 유물론에 바탕을 두고 상당히 일관되게 형성되어 있으면서도, 다른 한편으로 그의 국가이론은 단편적으로 전개되고 있기 때문에, Marx의 헤겔비판, 그의 사회이론의 전개, 그리고 프랑스의 1848년의 혁명과 루이 나폴레옹의 독재, 또는 1871년의 파리 콤뮨과 같은 특수한 역사적 시기에 대한 그의 분석으로부터 도출해 내야 한다.[647] 그리고 마르크스주의의 국가이론은 Marx의 기본사상에 Engels의 이론화작업이 결부되어 어느 정도 이론적 논의가 이뤄지기 시작한 것이 주지의 사실이다.[648] 따라서 국가에 대한 단일의 마르크스주의 국가이론을 정립한다는 것은 회피되어야 한다. 왜냐하면 Marx와 Engels는 그들이 그때그때 관심을 갖게 되는 문제들에 따라 상이한 접근방법과 논지를 택했으며, 그들 자신이 국가에 대하여 체계화 하려는 시도는 하지 않았기 때문이다.[649]

우선 Marx는 근내사회의 문세를 국가영역, 특히 관료 및 신분의회(Stände)에서 찾고자 한 Hegel의 노력을 정면으로 비판하면서 국가론을 전개한다.[650] 즉 Marx는 국가와 시민사회라는 두 영역간의 매개에 관한 Hegel의 입장을 검토하면서 국가와 시민사회간의 분리에 대한 일반적인 비판을 하고 있는데, 이러한 분리는 보편적이고 중립적인 관료제의 지배나 혹은 국민들의 이익을 위해 통치하는 입법부의 선거를 통해서 해소될 수 없다고 보았다. 또한 그러한 입장에서 그는 시민사회는 이기주의 내지 사리사욕의 영역이라는 점에 대해서는 Hegel의 견해에 동의하

645) 이홍구, "마르크시즘과 정치이론", 마르크시즘 100년, 문학과 지성사, 1985, 127면.
646) Bob Jessob, 이양구 · 이선용譯, 자본주의와 국가, 47면 이하.
647) Martin Carnoy, The State and Political Theory, 한기범外譯, 국가와 정치이론, 한울, 1986, 59면.
648) 박상섭, 資本主義 國家論, 한울, 1985, 43면.
649) 박상섭, 資本主義 國家論, 43면.
650) 박상섭, 資本主義 國家論, 33면.

지만, 그러한 분리가 내재적이거나 불가피한 것이고 국가가 만인의 만인에 대한 투쟁을 초월해서 모든 시민들의 공동이익을 보호한다는 것을 부정한다.[651] 왜냐하면 국가발생의 기원에 있어서 원시공산사회가 노동분화를 일으킴으로써 소유관계가 발생하고, 이 소유관계는 곧 지배복종의 관계를 유지하기 위한 수단으로 국가가 발생한 것으로 그는 보았기 때문이다.[652] 다시 말해서 Marx는 유물론적 역사관에 따라 국가를 역사적인 맥락 속에 위치 지우되 국가를 유물론적 역사개념에 종속시켰다.[653] 뿐만 아니라 그는 지금까지 존재했던 모든 사회의 역사는 계급투쟁의 역사라고 하면서, 인류사회가 원시적이고 비교적 미분화된 상태였던 계급을 벗어난 이래, 사회는 계급이익의 추구를 위해 대치하고 있는 여러 계급들로 나누어져 존속하여 왔다고 보았다.[654] 이것은 사회를 형성하는 것이 국가인 것이 아니라 국가를 형성하는 것이 사회인 것이고, 사회는 지배적인 생산양식과 그 양식에 고유한 생산관계에 의해 형성된 것이라는 것을 의미하며, 그러한 생산관계로부터 출현하는 국가는 공동선을 대표하는 것이 아니라 생산에 고유한 계급구조의 정치적 표현이라고 한다.[655] 즉 Marx에 있어서 국가는 전체로서의 사회의 수탁자가 아니라 계급적대감을 억제할 필요성에서 계급간의 투쟁의 와중에서 출현하고, 통상적으로 국가는 가장 강력한 경제적 지배계급의 국가가 되며, 그 지배계급은 경제적 수단을 통해서 정치적 지배계급이 된다는 것이다.[656]

Marx에 있어서 국가는 발생기원에서의 문제만으로 그치지 않는다. 일단 경제적 지배계급의 지배수단으로 등장한 국가는 적대적 계급들 사이의 갈등을 조정하고 계급갈등을 사회질서의 테두리 안에서 유지하기 위하여 억압적 무기로 사용된다고 한다. 즉 국가는 보통 사회 위에 서서 계급간의 대립을 제어하고 있는 것으로 부각되어 왔지만, 사실상 보통의 국가는 가장 강력한 그리고 경제적으로 지배적인 계급의 국가로서 기능을 하여 왔으며,[657] 자본가계급이 노동자계급을 착취하기 위

651) Bob Jessob, 이양구 · 이선용譯, 자본주의와 국가, 23면.

652) Bob Jessob, 이양구 · 이선용譯, 자본주의와 국가, 29면. 따라서 K. Marx는 국가의 형태는 사회의 경제적 토대의 반영이며, 국가의 제개입은 경제의 필요성 내지 경제적인 계급세력들의 균형의 반영이라고 한다.

653) Martin Carnoy, 한기범外譯, 국가와 정치이론, 60면.

654) L. A. Coser, 신용하 · 박명규譯, 사회사상사, 79면 이하.

655) Martin Carnoy, 한기범外譯, 국가와 정치이론, 60면.

656) Martin Carnoy, 한기범外譯, 국가와 정치이론, 63면. K. Marx에 의하면 계급관계는 본질적으로 불안정하기 때문에 지배적 사회계급은 공공권위, 즉 국가의 개념을 통하여 정당화 이데올로기를 창출해 냄으로써 자신의 지위를 안정화시키고자 한다고 한다. 박상섭, 資本主義 國家論, 47면.

657) Bob Jessob, 이양구 · 이선용譯, 자본주의와 국가, 40면.

한 수단이요 도구로 활용되어 왔다고 그는 보고 있다[658]. 특히 근대국가에 있어서의 관료제란 보편적 계급이고 또한 그의 객관적이고 필수적인 기능은 보편적 이익을 실현하는데 있다고 한 Hegel의 주장에 반해서, Marx는 시민사회가 사유재산과 경쟁에 기초한 이기주의에 의하여 지배되는 한, 국가나 관료계급이 모든 시민들의 이익을 대표한다는 주장은 추상적이고 환상적인 것일 수밖에 없다고 보면서, 오히려 관료들은 국가권력을 그들의 사적소유로 전환시켜 자기들의 집단이익과 개별적 이익을 증진시키기 위하여 이용하려고 든다고 한다.[659]

이와 같이 Marx에 있어서 국가는 '토대와 상부구조'의 공식에 따라 '계급 지배의 도구'요, '한 계급이 타 계급을 억압하기 위한 폭력'이며, 그 중에서도 당시의 상황에 따라 '국가는 지배적인 자본가계급의 도구'라고 밖에 보이지 않았다. 따라서 그는 '각 개인의 자유로운 발전이 모든 사람의 자유로운 발전의 조건이 되는 사회'를 구축하기 위해서는 국가는 지양(aufheben) 내지 사멸(absterben)되어야 하고,[660] 그러한 국가의 소멸을 통해서만 보다 높은 계급의 사회가 보존될 것이라고 주장한다.[661]

특히 Marx는 국가의 출현을 생산수단으로서의 사유재산의 대두 내지 한 계급에 의한 타 계급에 대한 착취에 토대를 두고 있는 생산양식의 출현과 동일시하고 있기 때문에, 모든 국민을 진실로 계급지배로부터 해방시키기 위해서는 사유재산제를 기초로 하는 자본주의 그 자체를 지양해야 한다고 한다.[662] 그리하여 Marx와 Engels는 프롤레타리아 혁명을 통하여 현존하는 국가를 폐지하고 '프롤레타리아 독재'를 실시할 것을 주장한다.[663] 즉 프롤레타리아 계급독재를 통하여 '계급

658) 박상섭, 資本主義 國家論, 43면. 특히 역사적으로 고찰할 때 K. Marx는 고대의 국가는 노예를 억누르기 위한 노예 소유자들의 국가였고, 중세 봉건국가는 농민과 농노들을 억누르기 위한 영주들의 기관이었으며, 근대 대의제적 국가도 자본에 의한 임금노동의 착취를 위한 수단이라고 했다.

659) Bob Jessob, 이양구 · 이선용譯, 자본주의와 국가, 23면 이하. 그러한 점에서 K. Marx는 보편적이고 중립적인 관료제의 지배나 국민들의 이익을 위해 통치하는 입법부의 보통선거를 통해서는 해소될 수 없다고 본다, 왜냐하면 이들 국가기관은 전체 부르조아계급의 공동사를 처리하기 위한 위원회에 불과하기 때문이다.

660) M. Kriele, 국순옥譯, 민주적 헌정국가의 역사적 전개, 291면; 이홍구, "마르크시즘과 정치이론", 139면.

661) 한편 F. Engels는 K. Marx가 언제나 국가의 지양(Aufhebung)이라고 표현한 것에 반하여 "국가는 시들어 사라진다"고 함으로써 국가의 사멸(Absterben des Staates)이라는 용어를 사용하고 있다. 이러한 점에서 Engels의 주장은 Marx보다도 무정부주의적 경향이 짙다고 할 수 있다. 그리고 Marx의 국가소멸론은 「헤겔 법철학 비판」에서부터 명백히 제시되고 있고, 이러한 국가소멸론이 제기되는 배경에는 자본주의가 계급갈등을 화해시키려고 노력하지만 그 갈등은 화해될 수 없다고 보기 때문이다.

662) 田中 浩외, 정치사상연구회譯, 국가사상사, 21면.

차별일반의 폐지, 이러한 차별의 기반이 되는 모든 생산관계의 사소유의 폐지, 그리고 이러한 생산관계에서 비롯되는 모든 관념을 혁명화하는 과정에서 필요한 전환을 시킬 것'을 주장한다.[664] 그리고 그러한 사회주의 혁명이 성공하고 나면 '어떤 집단에 의해 다른 집단이 억압받는 일이 없어지기 때문에 국가권력은 필요 없고, 모든 사람은 함께 일하며 그들은 생산수단을 함께 소유하고 필요에 따라 물질적 분배가 이뤄지는 사회'가 될 것이라고 보았고,[665] 그러한 사회에서는 어떠한 정치적 지배도 정당화 될 수 없고, 다만 사물의 행정과 생산과정의 관리가 인간에 관한 통치의 위치를 차지하게 될 것이라고 했다.[666]

(3) 評價

Marx는 '정치계급이란 한 계급이 다른 계급을 억압하기 위한 조직적 힘에 불과하다'고 하면서 국가소멸론을 주장하였다. 그러나 그는 국가소멸과 관련하여 평생토록 무정부주의자들과 대립하여 왔다.[667] Marx는 고도로 발전된 단계인 사회주의사회에서조차도 경제적 생산에 있어서 관리와 계획이 필요하다고 인정했기 때문이다.[668] 따라서 그에 있어서 국가의 소멸이란 엄밀하게 말해서 어떤 구체적인 의미를 가지는 것이 아니라 단지 국가의 강제력을 합법적인 사회적 권위로 대치시키는 것을 의미한다.[669] 뿐만 아니라 이것은 자본주의국가가 부르조아계급의 지배수단으로서만 기능하는 것이거나 단순히 정치적 억압을 위한 계급지배의 도구 이상의 것이라는 점을 의미한다.[670] 예를 들어 「고타강령 비판」 가운데서 마르크스는 "옛 통치권력 중 단순히 억압적인 부분을 절단 · 제거되어야 할 것이지만, 사

663) Marx는 국가소멸론의 방법론으로 혁명을 주장한다. 그러나 그 혁명은 물리적 폭력을 의미하지는 않았다. Shlomo Avineri, 이홍구譯, 칼 마르크스의 사회사상과 정치사상, 288면 이하.

664) 박상섭, 資本主義 國家論, 52면 이하.

665) Martin Carnoy, 한기범外譯, 국가와 정치이론, 74면.

666) Rudolf Steininger, "Thesen zur formalen Legitimität", S.278. 이러한 사회를 K. Marx는 공산사회라 했고, 그는 "공산사회란 사적 소유제, 즉 인간의 자기소외의 적극적인 지양, 따라서 인간에 의한 인간을 위한 인간적 본질의 획득이며, 이런 점에서 사회적인, 즉 인간적인 인간으로서의 대자적 인간의 완전무결하고 의식적으로 그리고 전체적 富 내부에서 이루어진 회복이다. 이러한 공산사회는 자연주의와 인간주의, 인간주의와 자연주의의 완전한 일치이며, 인간과 자연, 인간과 인간의 대립과 투쟁의 진정한 해소요, 실존과 본질, 자유와 필연, 개체와 類 사이의 투쟁의 진정한 해소다"라고 하고 있다. Andreas von Weiss, Neo-Marxismus, 까치 편집부譯, 네오 마르크스주의, 까치, 1988, 47면 참조.

667) 박상섭, 資本主義 國家論, 51면.

681) Shlomo Avineri, 이홍구譯, 칼 마르크스의 사회사상과 정치사상, 268면.

669) Shlomo Avineri, 이홍구譯, 칼 마르크스의 사회사상과 정치사상, 268면.

670) 박상섭, 資本主義 國家論, 53면.

회에 대한 군림을 참칭하는 권위로부터 통치의 정당한 기능은 따로 떼어내 사회의 책임 있는 기구로 회복시켜야 할 것이다"고 하는데, 이것은 마르크스가 희망했던 것이 국가가 가지고 있는 현존하는 정치제도의 억압적인 성격의 폐지를 요구했던 것이라고 할 수 있다. 그리고 이것은 또한 Marx의 국가관 속에는 명시적인 규정은 없지만, 국가가 어떤 경우에는 단순히 계급지배의 도구를 넘어설 수 있다는 자율성의 인식을 가능하게 하고 있다.671) 다만 Marx는 묵시적 認知 이상으로 국가의 '긍정적 기능'을 뚜렷하게 지적하지 않고 있고, 국가가 갖는 두 가지 측면 가운데 계급지배적 측면이 '복합적인 사회와 경제의 행정적 필요를 충족시키기 위한 도구로서의 국가'의 존재보다도 중요시된 까닭에 후자의 측면이 전자 속에 포섭되어 버리고 말았다.672)

한편 Marx가 무정부주의자들과 대립함에 있어서 중요한 의미를 갖는 것은 그가 말한 지양(Aufhebung)이라는 용어가 함축하고 있는 의미이다. 무정부주의자들이 주장한 국가의 폐지는 법률로써 공포되고 강제에 의해서 수행되는 정치적인 행위였지만, Marx에 있어서의 국가의 지양은 정치적 권력에 의해 도입되어 지속되는 기나긴 경제적·사회적 변혁의 과정의 궁극적인 결과이다.673) 즉 그에 있어서의 국가의 지양은 국가라는 이념이 지닌 내용을 실현하는 것이며, 또한 그것은 새로운 실현을 창조하는 사회적 실천의 결과이다. 그는 국가의 발전과정 속에서 계급구별이 사라지고 모든 생산이 전체국민이라는 하나의 거대한 결사의 수중에 집중되면 공공의 권력은 그 정치적 성격을 상실할 것이라고 보고 있는 것이다.674) 따라서 Marx의 국가소멸론은 무정부주의적 시각과 차이를 보이고 있고, 그가 말한 국가의 지양은 즉각적인 목표가 아니라 노동계급, 즉 프롤레타리아의 혁명활동에 의하여 점차적으로 획득될 궁극적 목표로 제기될 뿐이다.675)

결국 Marx의 국가사상은 그의 '상·하부구조론'을 기계적으로 해석할 때 '경제적 환원론'에 빠지고 만다. 따라서 그의 국가사상은 사실상 경제이론 내지 경제사상을 설명함에 있어서 하나의 요소에 불과하다. 그 결과 전통적인 마르크스주의에

671) 박상섭, 資本主義 國家論, 35면 이하. 그러나 전통적인 마르크스주의에서는 국가의 자율성 내지 독립성은 논의의 여지가 없었으며, 그러한 입장은 전통적 마르크스주의의 현대적 경향이라고 할 수 있는 국가독점자본주의에서도 변함없이 지속되고 있다. 즉 이들에 있어서는 계급지배의 도구로서의 국가라는 측면만이 강조되고 있다.

672) 박상섭, 資本主義 國家論, 54면.

673) S. Avineri, 이홍구譯, 칼 마르크스의 사회사상과 정치사상, 276면.

674) S. Avineri, 이홍구譯, 칼 마르크스의 사회사상과 정치사상, 271면.

675) 박상섭, 資本主義 國家論, 51면.

서는 국가 그 자체의 성격에 관한 논의가 불모화하게 되었고, 이러한 이론적 경향의 결과로 국가권력의 남용을 회피하거나 제한하려는 문제해결의 시도를 마르크스주의이론가들은 더디게 만들었다.[676] 한편 Marx의 도구주의적 명제는 일반적으로 지배계급이 국가체제를 직접적이고 전반적으로 통제하고 있다는 것을 시사해주고 있는 것 같지만, 부르조아지는 자신들의 내적인 분열과 분파작용에 취약하기 때문에 그 자체의 이름으로 혹은 그 자체의 장기적인 이익을 위해서 지배할 수 있는 정치적인 능력이 결여되어있다는 점을 간과하고 있다.[677] 뿐만 아니라 Marx의 계급이론은 사회의 구조를 분석하여 소유적 개인주의가 자본주의국가를 추진하여 온 유력한 세력의 하나였다는 사실과 소유적 개인주의의 제현상, 즉 노예제도-착취-제국주의-끊임없는 전쟁도발행위, 그리고 파시즘적 경향 등의 현실적 가능성이 존재한다는 사실을 간파한 점에서 공적이라고 할 수 있으나,[678] 그러한 계급간의 적대감이 자연적이라는 사상은 오류라고 할 수 있다. 왜냐하면 Marx는 가진 자와 갖지 못한 자 사이의 계급투쟁이 본래 필연적이고, 이 투쟁에 승리함으로써만 살아남을 수 있다는 주장을 하였지만, 본래 이 두 계급은 국가 안에서 서로 조화와 일치 속에 존재해야 하며, 국가사회의 바람직한 균형을 유지하기 위해서는 서로 협력해야 하는 것이기 때문이다.[679]

아무튼 현존하는 자본주의국가의 소멸을 통해서만 대다수 국민인 프롤레타리아의 자유와 평등이 구현될 수 있다고 주장한 Marx의 국가사상은 크게 두 가지 방향으로 영향을 끼쳤다. 첫째는 그의 사상을 있는 그대로 받아들여 자본주의국가를 타파하고 사회주의국가를 건설하려고 한 경향이고, 둘째는 자본주의모순점에 대한 그의 비판을 긍정적으로 받아들여 수정자본주의로 나아가게 한 경향이 그것이다. 후자가 오늘날의 자유민주주의국가들이 택해 온 방향이라면, 전자는 소위 공산주의국가들이 택해 온 마르크스사상의 구현방향이었다. 그만큼 Marx의 국가사상은 전세계국가의 질서를 양분해서 상호간에 갈등과 반목을 계속하게 할 정도로 심대한 영향을 끼쳤다.

---

676) 박상섭, 資本主義 國家論, 56면.
677) Bob Jessob, 이양구・이선용譯, 자본주의와 국가, 38면.
678) M. Krieie, 국순옥譯, 민주적 헌정국가의 역사적 전개, 275면.
679) 교황 레오 13세 회칙, 노동헌장, 25면.

4. 네오마르크스주의(Neo-Marxismus)의 國家觀

(1) 네오마르크스주의의 位置

확고한 지도적 인물이었던 Marx가 사망한 이후로 사회주의운동은 한동안 방향을 잃고 흔들리게 된다. 마르크스주의가 유럽 노동운동의 원리로 받아들여지긴 했지만, 그 추종자들 사이에서 사회주의의 노선과 관련하여 자체 내에서 갈등이 생기고 논쟁이 일어나기 시작한 것이다. 그것은 Marx와 Engels의 작품들이 많은 세부적인 문제에 있어서 미완성으로 남겨진 때문이기도 하였지만, 무엇보다도 그 후에 발생한 사회적인 변화에 기인한 것이다. 즉 경제적 발전의 확산과 더불어 입헌주의국가는 위기를 맞게 될 것이라고 보았던 마르크스주의의 예측은 빗나간 것처럼 보였기 때문이었다.[680]

그리하여 이러한 불일치를 해결하기 위하여 수정자본주의자들은 Marx의 이론을 현실적인 조건이나 현대적인 과학적 통찰, 그리고 사회민주적 목표와 정책들에 반영하기 위하여 마르크스이론의 철저한 변화를 제안하게 되었고, 반면에 정통적 마르크스주의자들은 그러한 변화와 단절의 필요성을 부인하였으며, 특히 20세기에 넘어 오면서 등장한 마르크스주의의 급진파들은 노동자들의 운동을 공산당선언의 혁명적 지침에로 되돌려 놓기 위하여 이론과 실제 사이의 갭을 없애고 이를 연결시키려고 시도하게 되었다.[681] 예를 들어 수정주의를 대표하는 Edward Bernstein은 Marx의 예언들이 사실상 역사발전과 부합하지 않음을 발견하고 이를 수정하여 온건한 사회주의이론으로 발전하고자 하였다.[682] 한편 정통적 마르크스주의자들 사이에서는 사회가 프롤레타리아혁명을 위하여 충분히 성숙되어 있는가라는 성숙성의 문제에 초점이 모아지게 되었고, 그리하여 전략적인 문제에 관해서는 물론이고 조직과 전술적인 문제에 관해서도 견해가 나뉘어져서 논쟁거리가 되었다.[683] 예를 들면 Rosa Luxemburg와 같은 개량주의자들은 혁명적 기운과 프롤레타리아 계급의식을 둔화시키는 민주적 사회주의를 주장한 반면에, Lenin과 그의 볼셰비키 당원들은 합리적인 운영을 통하여 혁명이 성취되어야 한다고 믿었고, 또한 그들은 프롤레타리아는 그들 스스로 계급의식을 가지지 못할 것이기 때문에 지식인들에

680) Alfred G. Meyer, "Marxism", in: International Encyclopedia of the Social Sciences, Vol.10., p.42.

681) Alfred G. Meyer, "Marxism", p.42.

682) Leon P. Baradat, 신복룡外譯, 현대정치사상, 316-319면. 베른슈타인은 사회주의에서 불필요한 폭력혁명을 제거하고 사회주의를 20세기의 역사와 정치의 현실로 향하게 하였으며, 마르크스이론의 원초적 인도주의정신을 부활시키는데 공헌했다.

696) Alfred G. Meyer, "Marxism", p.42.

의하여 그러한 프롤레타리아혁명이 주도될 것을 요구하고 있다.[684] 또한 Marx가 예언한 혁명의 불가피성과 필연성에 대해서는 인식을 같이 하면서도, 정통적 마르크스주의자들 사이에서도 Marx의 중요사상에 어떤 심대한 수정이 허용될 수 없다고 보는 Kautsky의 입장과, 반대로 마르크스사상의 의미를 문자 그대로 정확하게 교과서적으로 해석하는 것은 오히려 그 의미의 질을 떨어뜨린다고 보는 Lenin과 그의 볼셰비키당원들의 주장이 그것이다.[685]

위와 같은 마르크스주의 내에서의 여러 가지 분파는 러시아 혁명을 계기로 더 이상 양립할 수 없을 정도로 차이를 보이는 사회주의자들과 공산주의자들로 나뉜다.[686] 뿐만 아니라 이들은 각각 전세계적인 운동으로 확장됨에 있어서 그들 나름의 국제적인 정당연합을 결성한다. 그리고 그들 사이의 가장 중요한 이슈로는 볼셰비키적 권력장악과 통치방법에 대한 태도의 차이로 나타나게 된다. 즉 공산주의자(Lenin과 볼셰비키정당)들은 그들의 국가를 국제노동자운동의 선구자로 간주하게 되었으며, 사회주의자(서구의 마르크스주의자)들은 공산주의자들의 주장 속에서 마르크스주의운동에 불신을 주게 된 모험이요 시기를 잘못 택한 무책임한 모험으로 간주하였다. 결국 이들의 분리는 마르크스주의 이데올로기로부터 민주적 사회주의가 분리해 나오게 되는 과정을 촉진시키는 결과를 가져온 것이다.[687] 그리하여 양차대전 사이의 과도기를 지난 이후 마르크스주의의 사상체계를 따르는 續마르크스주의는 러시아에서 지배의 기회를 잡은 마르크스-레닌주의 및 소련의 교조주의적 이론에 대항하여 스스로 마르크스주의의 유산에 대한 독자적이고 정통적인 해석자로 자부하는 트로츠키주의, 모택동주의, 티토주의, 카스트로주의 등의 공산주의와,[688] 정당활동에서 떠나 오로지 연구와 저술활동에만 전념하게 된 서유럽의 마르크스주의자 내지 사회주의자들로 구분되게 된 것이다.[689] 특히 제2차 세계대전 이후로 소련의 마르크스-레닌주의는 일체의 정당하고 객관적인 마르크스주의의 논의를 허용하지 않았기 때문에 비공산주의세계의 마르크스주의자들은 소련에 대항하는 전선을 형성하면서 소련이 범한 마르크스이론의 실천적 왜곡

684) Alfred G. Meyer, “Marxism”, p.43.
685) Sabine, A History of Political Theory, p.725.
686) Alfred G. Meyer, “Marxism”, p.43.
687) Alfred G. Meyer, “Marxism”, p43.
688) Andreas von Weiss, 까치 편집부譯, 네오 마르크스주의, 16면 이하.
689) 김대환, 사회사상사, 496면. 물론 서유럽의 모든 사회주의자들이 모두 정치활동을 하지 않은 것은 아니며, 그들 가운데는 민주적 사회주의자들로서 공산당을 결성하고 의회주의적인 방법으로 정권을 장악하고자 노력하는 경우도 있다. 예를 들어 프랑스 공산당과 이탈리아 공산당 등이 대표적이다.

을 탄핵하기에 이르렀으며, 이와 함께 네오마르크스주의도 역사적 위치를 차지하게 되었다.690)

네오마르크스주의는 1930년대에 Hegel, Marx 등의 지적 유산에 기초하여 Horkheimer, Adorno, Marcuse 등의 프랑크푸르트학파의 활동에서 시작된 독일 특유의 지적 활동을 의미한다.691) 이들 네오마르크스주의자들은 왜곡된 마르크스주의로서의 소련식 전체주의 체제를 부정하고, 청년마르크스의 사상을 현대산업사회의 비리에 비추어 보완 심화시키기 위하여 시작된 활동으로서, 환원하면 매우 교조적이고 획일적인 마르크스-레닌주의가 네오마르크스주의에 이르러 어떤 교조나 기성이론도 인정하지 않으면서 자기의 양심에 따라 사상을 표출하는 다양한 경향으로 전개되게 되었다.692) 그 결과 네오마르크스주의자들은 결코 권력정치에 따른 관철가능한 당규의 제도화된 강제 하에 있지 않았고, 교리를 위한 단합체로서의 조직체를 별로 중요시하지 않았으며, 그들에게는 개인적인 양심의 의무감이 소중할 뿐이었다.693) 따라서 네오마르크스주의라고 할 때, 그것은 역사적인 측면에서는 제2차 세계대전 이후의 續마르크스주의의 한 발전형태이기는 하지만, 제도적 · 정치적인 측면에서 보면 그것은 소련을 비롯한 공산주의국가들의 외부에서 Marx의 사상적 전통을 이어가는 지적활동이며, 이러한 측면에서 네오마르크스주의자들이 공산주의정당이나 좌파 사회주의단체에 소속되어 있느냐의 문제는 중요하지가 않고, 오히려 그들은 사회학적 측면에서 보면 개인이 집단이나 정당보다도 더욱 결정적인 요인으로 작용하는 Marx의 정신적 유산자들이다.694)

그런데 네오마르크스주의가 주로 고찰하는 것은 휴머니즘에 관해서이다. Marx도 그의 논리의 출발점이 휴머니즘의 회복에 있었음은 주지의 사실이고, 그에 의하면 공산주의는 사유재산의 폐지를 통하여 인간소외를 제도적으로 없애자는데 그 목적을 두고 있다는 점에서, 네오마르크스주의자들도 이러한 점에 논리의 출발점을 두고 있으며, 어느 점에서는 지나칠 정도로 현대사회에 대해 인간학적인 해석에 주력하면서 현실에 대한 이성적 비판을 가하고 있다. 그리하여 네오마르크스주의자들은 소련의 전체주의체제에 대해서는 물론이고 현대 자본주의사회에 대해

690) Andreas von Weiss, 까치 편집부譯, 네오 마르크스주의, 14-16면.
691) 한상진, "마르크스와 프랑크푸르트학파", 마르크시즘 100년, 문학과 지성사, 1985, 377면.
692) 김대환, 사회사상사, 496면 이하.
693) Andreas von Weiss, 까치 편집부譯, 네오 마르크스주의, 17면.
694) Andreas von Weiss, 까치 편집부譯, 네오 마르크스주의, 18면.

서도 다방면의 비판을 가하고 있다.[695] 하지만 본론의 이에 관한 논술의 취지가 국가권력의 정당성에 관한 네오마르크스주의자들의 견해를 살펴보는데 목적이 있기 때문에 그들의 국가사상만을 추출하여 살피되, 네오마르크스주의를 대표하는 프랑크푸르트학파의 국가사상 가운데서도 국가사상에 대해서는 대표적 학자에 해당하는 Claus Offe의 견해를 중심으로 살펴보려고 한다. 그는 현재 프랑크푸르트학파를 대표하는 Habermas의 제자이면서도 국가사상에 관한 한 스승을 능가하는 업적을 이미 남기고 있기 때문이다.

(2) C. Offe의 國家觀

Althusser와 Poulantzas의 저작을 둘러싸고 구조주의논쟁이 프랑스에서 전개된 것과 동시에, 독일에서도 자본주의형태의 여러 변화를 정통마르크스주의이론에 조화시켜 보려고 하는 시도들이 1950년대에 나타나기 시작했다.[696] 그들은 대체로 국가독점자본주의와 관련하여 논의를 시작하되,[697] 다만 이들에게서는 자본주의적 발전은 더 이상 단순히 생산관계로부터 연역되는 것이 아니라 토대와 상부구조가 서로 뒤얽힌 아주 복잡한 계급투쟁으로 나타난다고 하는 점이 정통마르크스주의와 차이를 보이고 있었다. 따라서 이들에 있어서의 논쟁점은 국가를 분석함에 있어서 경제로부터 정치를 분리시킬 수 있는 것인가, 즉 정치가 하나의 자율적이고 특정한 과학의 대상으로서 구성될 수 있는가의 문제에 있었다.[698] 여기서 Offe를 제외한 국가도출론자들은 대체로 국가기능을 이해하는데 있어서 자본축적과정을 중요시했기 때문에 국가의 경제적 역할, 다시 말해서 이윤율 저하경향을 상쇄시키고 다양한 자본들가에 대해서나 자본과 노동 사이의 잉여가치를 분배하는 국가의 기본적 기능에 대하여 관심을 보여 왔다. 반면에 Offe는 국가를 분석함에 있어서 경제로부터 정치를 분리시키는데 관심이 있었고, 그 결과 정치가 하나의 자율적이고 특정한 과학의 대상이 될 수 있다는 점에서 이론적 출발을 하고 있다. 즉 Offe는 고도의 자율적 국가를 제시하고 상대적으로 독립적인 국가관료의

695) 김대환, 사회사상사, 498면.

696) Martin Carnoy, 한기범外譯, 국가와 정치이론, 155면.

697) 국가독점자본주의란 소련을 비롯한 공산주의국가들에서 뿐만 아니라 많은 서구공산당에서 발전된 근대국가에 관한 Marx의 정통이론을 조직화한 핵심적인 개념이다. 즉 이 개념은 자본주의의 현단계에 특수한 경제적・정치적 제특성을 설명하려고 제안된 개념으로서, 이것은 보통 독점세력과 부르조아지 국가가 유착하여 경제적 착취와 정치적 지배의 단일 메카니즘을 형성한 것을 특징으로 하는 자본주의의 독특한 한 단계를 의미하는 것으로 본다. Bob Jessob, 이양구・이선용譯, 자본주의와 국가, 59면.

698) Martin Carnoy, 한기범外譯, 국가와 정치이론, 155면 이하.

기능에 관심을 집중시키고 있다.[699]

먼저 Offe는 주요 관심사중의 하나로 후기 자본주의사회에서의 국가의 계급적 성격을 어떻게 규정할 것인가에 두었었는데, 이에 대해 그는 후기 자본주의사회에서의 국가지배는 그 본질에 있어서 계급지배라고 주장하는데 주저하지 않았다.[700] 다만 그는 스승인 Habermas와 같이 후기자본주의사회가 Marx가 생존하던 초기자본주의사회와는 근본적으로 다르다고 했고, 특히 국가개입 내지 기술진보를 통한 효과적 개혁으로 인하여 정통적 마르크스주의이론이 제대로 작용한 수 없게 되어 버렸다고 한다.[701] 따라서 그는 자본주의사회를 계급사회로 규정하는 마르크스주의의 기본적 입장에서 자신의 논의를 시작하며, 그 중에서도 그의 주요한 이론적 논의는 후기자본주의사회에서 국가와 경제 사이의 기능적 연관을 규정하는 국가구조 내부의 제도적 메카니즘을 판별하는데 모아지고 있다.[702] 그러한 가운데 Offe에 의하면 후기자본주의사회에서의 계급구조는 전통적인 수직적 형태를 취하고 있는 것이 아니라 수평적 형태를 취하고 있다고 한다. 즉 사회적 불평등의 중심형태는 단순히 계급관계로 환원시킬 수 없으며 정책영역들 사이의 수평적 불균등으로 이해하여야 한다고 한다.[703] 따라서 Offe가 제안하고 있는 견해에 따르면, 국가는 결국 특정한 계급을 공공연히 보호하고 있지 않으며 특정계급과 직접적으로 연합하고 있지도 않다.[704] 오히려 그에 있어서의 국가는 사회의 공적·사적영역을 형성하고 규제하는 제도적 장치, 관료제조직, 그리고 공식적·비공식적인 규범들로 이루어져 있으며, 이들 제도와 관료들은 자본주의적 축적과정에 본질적인 계급갈등에 대해 독립적인 매개자로 되는 것으로 보아, 그는 고도의 사율적인 국가를 제시하고 상대적으로 독립적인 국가관료의 기능에

699) Martin Carnoy, 한기범外譯, 국가와 정치이론,156-158면.

700) 박상섭, 資本主義 國家論, 167면 이하.

701) 특히 Habermas와 Offe가 주장하는 국가개입주의에 의하면, 오늘날의 자본주의는 그동안 비약적으로 증가되어온 국가개입의 조건 위에서 움직여지고 있기 때문에 시장경제의 자율성을 전제한 분석은 더 이상 타당하지 못하다고 한다. 다시 말해서 Marx가 수단적이고 지엽적인 것으로 간주했던 국가의 기능이 비단 경제적 측면에서 뿐만 아니라 위기관리의 기능, 교육의 기능, 이데올로기의 재생산 기능 등에 걸쳐 급속히 확대된 결과, 이에 대한 적절한 분석 없이는 자본주의국가 자체에 대한 이해는 불가능하다고 본다. 한상진, "마르크스와 프랑크푸르트학파", 403면 이하.

702) 박상섭, 資本主義 國家論, 167면 이하.

703) 박상섭, 資本主義 國家論, 169면 이하. 예를 들어 경제안정, 외교정책, 대중적 충성심의 확보 등과 같은 몇 개의 사회적 기능들이 주택·교통·교육 및 부건 등과 같은 기능들을 압도한다는 사실들에서 현대적 불평등의 주된 형태가 발견된다고 보기 때문이다.

704) 박상섭, 資本主義 國家論, 176면.

관하여 관심을 집중시켰다.[705] 따라서 Offe는 공산당의 공식이론인 '국가독점자본주의'이론에 의해 대표되는 자본주의국가에 대한 도구주의적 입장을 비판하고 있다.[706] 또한 그는 선진자본주의사회에서의 국가의 계급적 성격을 정치체계 내의 선택성이라는 관점에서만 규정하고 있어서, 자본주의국가는 비자본주의계급들의 이익 역시 그들이 자본주의적 기본규칙을 지키는 한 옹호해 주고 있다고 주장한다. 즉 국가는 본질적으로 자본주의체계를 유지하는 기능을 수행하지만, 그러나 동시에 비자본가집단들의 이익에도 봉사하고 있기 때문에 그 나름의 고유한 제도적 이익을 갖고 있다고 본다.[707] 그러나 그는 서구의 자본주의적 정치사회를 소수의 엘리트가 다수를 지배하는 사회로 보았고, 이것을 사실상 은폐된(위장된) 계급사회로 보았던 것이다. 그런데 은폐된 계급사회는 노동자・농민에게 있어서 혁명의식이 사라져 버렸기 때문에 현실을 타개하는 유일한 방법은 소수의 지성인(outsider)들이 의도적으로 규칙을 위반하고 도전함으로써 모든 부조리를 제거할 수 있으리라고 보았다. 그리고 이것은 곧 Offe의 위기이론(정치적 공황이론)으로 발전한다.

한편 Offe는 Habermas와 마찬가지로 마르크스주의의 개념인 위기개념을 자신의 중심개념으로 사용하여 후기자본주의국가의 본질을 파악해 보려고 한다.[708] 즉 자본주의국가에 있어서 국가는 단순히 시장경제 밖에서 이에 필요한 일반조건들을 제공해 주는 단계는 지나갔고, 오늘날의 국가는 자본축적과정에 직접 개입하여 이것을 계획하고 관리해 가야할 위치에 있게 되었다고 한다. 다시 말해서 20세기 이후의 자본주의국가는 체제 그 자체의 존립을 위협하는 위기경향들에 직면하여 생존을 확보하는 하나의 적응방식으로서 국가의 경제적 개입이 크게 강화되었고, 이 결과로 지금까지 자본축적과정에 대해 대체로 수단적이었던 국가기능이 이에 대해 보완적으로 변모되었으며, 아울러 국가활동이 자본주의경제의 유기적인 요소이며 조건으로 강화된 결과 국가활동은 본질적으로 위기의 회피 혹은 위기관리의 성격을 강하게 지닌다고 주장한다.[709] 이것은 자본주의국가가 다른 사적 제도들과 쉽게 분리될 수 있는 제도의 집합이 아니라 역사적으로 한 사회에서 일어나는 거의 모든 과정과 상호작용을 포괄하고 규정하는 법적・제도적 형식주의의 축

705) Martin Carnoy, 한기범外譯, 국가와 정치이론, 157면.
706) 박상섭, 資本主義 國家論, 171면.
707) 박상섭, 資本主義 國家論, 182면.
708) 박상섭, 資本主義 國家論, 169면.
709) 한상진, "마르크스와 프랑크푸르트학파", 마르크시즘 100년, 405면.

적된 하나의 망이며, 또한 자본주의적 생산의 기본적 모순에서 기인하는 주기적 위기들에 대응하여 이러한 위기들을 시장 내부의 적응 메카니즘과 국가기능의 확장을 통하여 위기를 극복해 나가야 할 위기의 매개자 내지 위기의 관리자가 되어야 한다는 것이다.[710]

그런데 Offe가 주장한 위기는 크게 3가지로 구별된다. 첫째, 세계적 공황에 의하여 야기되는 위기가 그것인데, 이것은 시장경제의 결함으로 인하여 나타나는 경제적 위기이며, 이에 대해 국가는 시장경제의 자생력에 의존하지 않고 재정·금융·화폐·과학·테크놀로지정책 등을 통해 시장경제에 깊숙이 개입하여 자본주의경제전체를 정책적으로 조종해 가려고 한다. 이를 위해 국가는 위기를 진단·예방·처방하는 기법들을 다양하게 개발하고 있음은 물론이고, 또한 국가는 구조정책들을 통하여 생산성이 저조한 영역으로부터 높은 영역으로 자본·인력·자원 등이 이동되어 가도록 적극 유도하며, 이러한 국가개입의 양식을 그 이전의 수단적인 것과 구별하기 위하여 Offe는 국가의 생산성기능이라 불렀다.[711] 둘째, 경제적 위기에 기반을 두고 나타나는 계급갈등으로서의 사회적 위기가 그것인데, 자본주의경제에서 핵심적인 독점 및 공동영역들에 종사하고 있고, 실력을 장기적으로 행사할 경우 그 결과가 경제와 사회전반에 심각하게 투영될 만큼 높은 위협능력을 지니고 있는, 그리하여 사회안정을 위해서는 우선적으로 다양한 유인들을 통해 체제 안으로 통합되지 않으면 안 될 조직적인 노사관계가 있다고 Offe는 본다.[712] 그리고 바로 이러한 위기의 회피와 체제생존의 논리를 위하여 그는 공공복지정책의 최우선 순위가 노동자문제에 주어져야 한다고 보며, 따라서 후기 자본주의의 하나의 특성은 국가가 한편으로는 시장경제에 깊숙이 개입하여 경제적 위기를 관리하고, 다른 한편으로는 대중복지국가의 실현을 통하여 사회안정을 추구함으로써만 정당화 될 수 있다고 한다.[713] 한편 Offe는 상기와 같은 위기를 타개함에 있어서 완전고용정책 또는 기타의 사회복지정책들과 같은 개입주의적 사회정책들만을 가지고서는 정당화의 기본으로서의 마력이 상실되었다고 본다.[714] 그렇다고 해서 이러한 사회적 정책을 정지시킬 경우 정당성이 취소되고 사회적 평화가 교란될 것이기 때문에 그러한 정책은 국가에도 부담이 되고, 그 결과 그러한 위기에

710) Martin Carnoy, 한기범外譯, 국가와 정치이론, 158면.
711) 한상진, "마르크스와 프랑크푸르트학파", 마르크시즘 100년, 405면.
712) 한상진, "마르크스와 프랑크푸르트학파", 마르크시즘 100년, 405면 이하.
713) 한상진, "마르크스와 프랑크푸르트학파", 마르크시즘 100년, 406면.
714) 박상섭, 資本主義 國家論, 179면.

대비하는 국가의 예방전략의 폭도 넓지가 않다고 한다. 따라서 Offe의 관점에서는 주어진 정치적 규범의 테두리 내에서 가능한 유일한 전략은 잠재적인 사회적 갈등을 비정치화시킴으로써 국가기구에 대한 기대와 책임을 경감시키거나, 혹은 정치적 억압 및 기율강화를 통해서 정치적 갈등의 강도를 약화시키는 것이라고 본다.[715]

하지만 현대와 같은 대중민주주의사회에서는 국가가 한편으로는 정당성의 확보를 위하여 국민대중의 정치적 참여와 요구에 반응해야 하는데,[716] 이 둘 사이의 기능적 조화가 쉽지 않고 오히려 이 둘 사이의 단절과 마찰이 국가조직 안에 들어와 있다고 보아 정치적 위기는 상존하고 있다고 Offe는 지적한다.[717] 따라서 자본주의국가는 권력에의 동등한 접근을 허용하는 것처럼 보여야 하고, 사회 내의 모든 집단들에 대하여 책임을 지는 것처럼 보여야 한다. 왜냐하면 경제적 내지 사회적 위기로부터 비롯된 정치적 위기가 극복되기 위해서는 국가가 그 계급적 성격을 실행하는 동시에 마치 대중이익을 반영하고 있는 것처럼 행동하지 않고서는 국가가 권력을 제공한 대중들의 눈에 정당한 것으로 보이지 않을 것이기 때문이라는 것이다.[718]

결국 Offe에 따르면 후기 자본주의 국가는 경제적 위기를 영구적으로 해결할 수 없고, 설령 자본주의적 생산관계를 보존할 수 있는 방식으로 자본축적과정에 개입할 것을 요청받는다고 하더라도, 그 개입을 방해하는 개별 자본가들의 이익과 국가가 권력기반으로 삼고 있는 노동계급과 여타 노동자들에 의하여 끊임없이 포위되고 있기 때문에 후기자본주의국가는 연속적인 정치적 위기에 봉착하게 된다.[719] 뿐만 아니라 이러한 정치적 위기는 수습될 수 없는 것이기 때문에 국가는

715) 박상섭, 資本主義 國家論, 179면.

716) C. Offe는 국민대중의 정책결정에의 참여를 체제안정적인 기능으로 파악한다. 즉 그는 "계획의 민주적 정당화"라는 논문에서 세 가지의 체제 안정적 기능을 소개하고 있다. 첫째, 반응(Reagibikitat)한다는 목적을 가진 '사전경고체제'로서의 기능과, 둘째 행정의 지위를 강화하기 위하여 행정적으로 관련된 '국민의 동원' (Mobilisierung des Bürgers)수단으로서의 기능, 셋째 아무런 효과 없는 행정업무의 공개라는 의미를 주는 단지 '상징적인 보상(Symbolische Gratifikatation)으로서 기능 등이 그것이다. 다만 이러한 국민대중의 정치적 참여가 체제안정적인 기능을 하기는 하지만 그것은 빛좋은 개살구라고 한다. 왜냐하면 국가의 정책결정 등은 결국 사적 자본의 생산관계에 의하여 결정되기 때문에 이러한 국민의 정치적 참여는 아무런 소용이 없고, 자본주의의 모순을 은폐하기 위한 수단에 불과하다고 Offe는 보고 있다. Claus Offe, "Demokratistische Legitimation der Plannung", in: Strukturprobleme des kapitalistischen Staates, Suhrkamp Verlag, 1972, S.126-132.

717) 한상진, "마르크스와 프랑크푸르트학파", 마르크시즘 100년, 406면 이하.

718) Martin Carnoy, 한기범外譯, 국가와 정치이론, 162면.

719) Martin Carnoy, 한기범外譯, 국가와 정치이론, 168면.

그의 정당성을 유지하는 한편 자본축적기능을 완수하기 위하여 노력하지만 정당화 될 수 없다고 본다. 다만 Offe는 자본주의국가의 기본특성을 배제성·관리성·의존성·정당성으로 표현하고 있는데, 여기서 자본주의국가는 자본주의적 성격을 은폐하고 공공이익의 대변자로 자신을 부각시킴으로써만 비로소 정당성을 확보할 수 있다고 한다.720)

(3) Offe 및 네오마르크스주의 國家觀에 대한 評價

앞에서 살펴본 Offe의 논의는 자본주의국가의 자본주의적 성격을 보다 분석적으로 정돈하려는 것이지만, 이것은 동전의 한 면에 불과하다. 왜냐하면 후기자본주의국가에는 아직도 압도적인 자본주의적 성격에도 불구하고 그 안에는 이미 반자본주의적 요소들이 많이 들어와 있기 때문이다. 그리고 후기자본주의국가를 단순히 자본주의적이라고 못 박을 수 없는 이유는 자본주의적 교환관계와 반대되는 탈상품화 경향들이 국가기능 안에 들어와 있고, 상품화와 탈상품화의 대립이 단순히 시장경제의 논리에 의해 해결되는 것이 아니라 국가를 둘러싼 권력투쟁에 의해서 해결되고 있기 때문이다.721) 예를 들어 Offe가 지적한 자본주의국가의 계급적 성격에 대한 체계론적 규정의 강조는 계급외적 표식, 즉 정치·경제 또는 문화 등의 여러 영역을 대표하는 각 엘리트 집단들의 밀접한 인적관계를 상대적으로 경시하는 것이며,722) 축적과 정당화에서 비롯되는 경제적·사회적·정치적 위기에 대한 Offe의 견해도 경험적 자료들에 의해 검토되어야 할 점들이 있다. 다시 말해서 서구자본주의국가들은 Offe 등의 네오 마르크스주의자들이 가정한 것보다도 훨씬 더 안정적이라고 할 수 있으며, 위기대처능력도 대단하여 대부분의 서구자유민주주의국가들은 놀라울 정도로 국민적 지배동원력을 행사하여 위기를 풀어나가고 있는 것이다.723) 따라서 Offe 등에 의해서 묘사된 선진자본주의사회에 있어서의 위기개념은 정통적 마르크스주의가 정치체제의 위기를 설명함에 있어서 정치적 요소보다는 경제적 요소에 보다 많은 중요성을 부여한 것에 반하여, 위기의 진정한 근원이 정치영역에 존재한다는 사실을 강조하기 위하여 제시된 것으로 보인다.724) 더욱이 Offe는 반복되는 위기가 있으리라고 판단은 했지만, 그러한 위

720) 한상진, "마르크스와 프랑크푸르트학파", 마르크시즘 100년, 410면.
721) 한상진, "마르크스와 프랑크푸르트학파", 마르크시즘 100년, 410면 이하.
722) 박상섭, 資本主義 國家論, 183면.
723) Ekkart Zimmermann, 김일주編譯, "자유민주주의의 함정과 위기", 민족지성(1986. 5.), 102면.
724) Ekkart Zimmermann, 김일주編譯, "자유민주주의의 함정과 위기", 102면; 박상섭, 資本主義 國家論,

기가 어떻게 진행되고 어떠한 결과를 가져올 것인가에 대하여 예언을 하지 못했으며, 그러한 점에서 현실적인 처방방법도 내리지 않았다. 이것은 Offe 등의 네오마르크스주의가 안고 있는 본질적인 과오로 가설적 차원을 벗어나지 못하고 있기 때문이다.[725)]

Offe를 비롯한 기타의 네오마르크스주의자들도 정통적 마르크스주의에서 주장하는 바와 같이 생산력과 생산관계의 모순문제에서 이론적 출발을 하고 있음은 재론의 여지가 없다. 그렇지만 그들은 국가가 자본가계급 전체의 도구라고 하는 단순한 주장에는 찬동하지 않고 있으며, 오히려 자본주의의 구체적 양태가 결정되는데 있어서 국가는 독립변수로 작용하고 있다는 의미에서 국가의 자율성을 강조하고 있다. 이것은 네오마르크스주의자들이 경제부문에 대해서 뿐만 아니라 사회·정치분야의 모순된 질서에 대하여 일반적인 관심을 가지고 있다는 것을 의미하며, 정치가 독립변수로서 경제와 거의 동등한 지위에서 다루어지고 있다는 것을 의미한다.[726)] 다시 말해서 이들은 '국가개입주의' 내지 '개혁주의'라고 부르는 현상에 대해서도 비판하고, 당시의 소련을 중심으로 한 공산당의 공식이론인 '국가독점자본주의'에 대해서도 반대한다.[727)] 그리고 네오마르크스주의자들의 국가에 관한 주장의 상이성에도 불구하고 기본적인 합의점이 있다면, 그것은 자본주의사회 내의 국가의 계급적 성격을 국가기능의 내용이라고 하는 점에서가 아니라 국가와 경제체제 사이의 독특한 형태라고 하는 관점에서 파악하고 있다는 점이다.[728)] 뿐만 아니라 이들에게 있어서 국가권력의 사용과 그것의 정당화의 역사적 특징은 국가와 자본주의적 발전과의 기능적 연합관계에서 이해되어야 한다는 점이다.[729)]

결국 네오마르크스주의자들은 후기자본주의사회 내지 선진자본주의사회가 정치적 위기 내지 정당성의 위기를 맞을 것이라고 진단하고 있다. 또한 전통적인 자유주의정치학에서는 거의 배제되어 왔던 자본주의국가의 개념에 대한 강조, 즉 정치

184면. 이러한 점에서 Offe의 국가권력의 정당성에 대한 이론은 잘못되었음을 지적할 수 있다. 왜냐하면 연속적인 위기에 대처할 능력이 후기 자본주의국가에는 없다고 보았는데 현실적으로 위기가 성공적으로 대처되고 있기 때문이다. 뿐만 아니라 위기가 현실적으로 나타나고 있다면 오히려 그 수습을 위해 국가권력은 정당화 될 수밖에 없다고 보아야 하는 것이기 때문이다.

725) 허영, 헌법이론과 헌법, 166면.

726) 박상섭, 資本主義 國家論, 194면 이하; Ekkart Zimmermann, 김일주編譯, "자유민주주의의 함정과 위기", 100면.

727) 박상섭, 資本主義 國家論, 185면 이하.

728) 박상섭, 資本主義 國家論, 212면.

729) 박상섭, 資本主義 國家論, 226면.

와 경제에 대한 연구가 분리되어서는 안 된다는 것을 분명히 해주고 있다. 다시 말해서 19세기의 시민사회가 국가에 대하여 거두었던 완전한 승리이후로 국가에 관한 연구가 상당히 경시되어 왔었는데, 이들은 현시점에서 중립적 계획자로서의 국가개념에 대한 도전을 함으로써 국가개입의 본질과 영향에 대한 재고의 새로운 기반을 제공해 주었고,730) 전통적 이론에 의하여 부정되었던 정당한 이론상의 지위를 국가에게 회복시켜 주었다.731) 특히 Habermas는 급격한 사회혁명과 기술주의적 문제해결을 모두 거부하고 '정당성'이라는 역사성 깊은 주제를 바탕으로 하여 국가역할의 가능성과 그 한계를 재고할 것을 주장했으며,732) Poulantzas는 국가의 구조적 자율성을,733) 국가도출론자들에 있어서는 경쟁에서 연유하는 자본주의체제의 불안정성 때문에 국가의 필요성이 존재한다는 점에서 보편화된 공적 권위로 국가를 받아들이고 있다.734) 뿐만 아니라 네오 마르크스주의자들은 국가개입의 한계를 구체적으로 지적함으로써 많은 제3세계의 다른 나라들에서의 국가중심적 발전의 성격을 중립적 계획자로서의 국가개념 이외의 다른 관점에서 재검토하도록 만들고 있다.735)

그러나 네오 마르크스주의자들은 그들이 논의의 출발과 귀결이 마르크스주의라는 기본테두리 내에서 이루어지고 있기 때문에 '국가의 계급종속성'이라는 개념은 결코 포기하지 않고 있다. 뿐만 아니라 국가의 중요 국면들에 대한 연구에 있어서

---

730) 박상섭, 資本主義 國家論, 226면.

731) 박상섭, 資本主義 國家論, 248면.

732) 박상섭, 資本主義 國家論, 227면. Habermas는 먼저 4가지 유형의 위기, 즉 경제적 위기, 합리성의 위기, 정당성의 위기, 동기상의 위기가 존재한다고 한다. 그는 자본주의사회에서는 가치의 분배와 관련하여 경제상의 위기가 발생한다고 보며, 만일 경제적 위기를 모면하기 위한 노력이 실패하면 합리성의 위기를 맞는다고 한다. 즉 공공정책에 있어서 합리성의 결여는 주어진 경제조건하에서 국가가 적극적인 조정작용을 하지 못한다는 것을 의미하며, 그러한 전략이 기존의 정치적·사회적 규범에 어긋날 때 소위 정당성의 철회로 나타난다고 한다. 그리고 그의 정당성의 위기는 단순히 정치질서의 위기로 끝날 뿐만 아니라 사회통합의 위기로 나타나기 때문에 사회·문화적 위기로서의 동기상의 위기가 발생한다고 본다. 그리고 그는 자본주의에서의 위기의 중심부는 경제적 영역에서 정치적 영역으로 전위되어야 한다고 한다. Jürgen Habermas, Legitimationsprobleme im Spätkapitalismus, Suhrkamp Verlag, 1979, S.66ff; 박상섭, 資本主義 國家論, 141, 157면 이하.

733) 박상섭, 資本主義 國家論, 92면 이하. 왜냐하면 그는 국가의 제1차적 기능이 자본주의사회구성의 통일형성 혹은 응집력과 그 유지를 위해서 필요한 것이라고 보고 있기 때문이다. 그러면서도 플란차스는 자본주의국가는 지배계급들의 이익을 대표하고 있다고 보며, 그 중에서도 경제적 이익보다는 정치적 이익을 대표하고 있다고 한다.

734) 박상섭, 資本主義 國家論, 120, 135면. 다만 국가도출론자들은 정통적 마르크스주의가 주장하는 국가독점자본주의도 반대하고, 프랑크푸르트학파의 일반적 경향인 '정치적·문화적 위기'의 논리에 대해서도 거부하는 태도를 취한다.

735) 박상섭, 資本主義 國家論, 227면.

거의 배타적으로 자본주의경제에 대한 국가의 가능성에 대하여 설명하고자 하는 점에서 결정적 취약점을 안고 있다. 즉 현대자본주의사회에서의 국가 내지 정치권력의 본질이 사실상 국가의 경제와의 관계에 결부되어 있다는 것은 사실이지만, 그리고 그러한 관계가 자본주의라는 특정한 상황 속에서 다른 어떤 것보다도 중요한 문제라는 것은 사실이지만, 국가의 논의는 이와 같은 특정의 문제에만 제한될 수는 없다.[736] 그들이 보는 것처럼 자본주의국가는 자본가계급으로서의 부르조아지가 자신의 이익을 보호하기 위하여 의도적으로 사용한 방책만도 아니고, Miliband가 주장하듯이 강제력을 구비한 지배계급의 단순한 도구에 불과한 것도 아니다.[737] 오히려 국가는 하나의 제도적 총체(institutional ensemble)로 볼 때 가장 잘 이해할 수 있으며, 특히 국가를 대의제형태와 내부조직형태, 그리고 개입형태의 제도적 총체로 이해하는 것이 필요하다.[738] 즉 국가란 어떠한 결정이 내려짐에 있어서 경제와는 다른 측면들과 관련시켜서 검토될 수 있으며, 국가의 계급적 측면들이 여러 가지 종류의 비계급적 관계들에 의하여 중첩·결정되고 있기도 하고,[739] 그 결과 국가권력이란 권력의 영합(zero-sum)적인 방식으로 할당되어 특수한 행위자들에게 미리 주어진 몫이거나 소유물로 간주되어서는 안 되는 것이며, 그 대신 그것은 일정한 상황에서의 세력균형을 반영하는 복합적인 사회적 관계로 보아야 한다.[740] 또한 네오마르크스 주의자들은 대체로 현실 긍정적 과학으로서보다는 논박으로 시작되었던 마르크스주의 본래의 부정적인 성격을 그대로 반영하고 있다. 이러한 의미에서 이들의 주장은 국가이론에 있어서 오직 비판의 형태만을 취했지 일반이론의 구성에는 소홀히 하여왔다. 따라서 네오마르크스주의 국가이론은 현존하는 자본주의국가에 대한 비판에 그치거나, 아니면 제안이 있더라도 실천적 대안으로서는 거의 예외 없이 취약하고 실천이 불가능한 것이거나 또는 비현실적인 것이다.[741] 즉 네오마르크스주의자들이 무정부주의자들이 아니라면 현존하는 자본주의국가에 대한 비판과 아울러 역사적 경험 속에서 발견되지 않은 특정한 국가형태를 제시했어야 함에도 불구하고 Marx가 직면했던 것과 마찬가지로 적극적인 대안을 제시하지 못하고 있다.[742] 결국 이들은 현존하는 서유럽의 국

736) 박상섭, 資本主義 國家論, 218-220면.
737) 박상섭, 資本主義 國家論, 74면.
738) Bob Jessob, 이양구 · 이선용譯, 자본주의와 국가, 300면.
739) Bob Jessob, 이양구 · 이선용譯, 자본주의와 국가, 322면.
740) Bob Jessob, 이양구 · 이선용譯, 자본주의와 국가, 330면.
741) 박상섭, 資本主義 國家論, 131, 222면.
742) 박상섭, 資本主義 國家論, 223면 이하. 이에 반해 Marx는 '프롤레타리아독재'라는 대안을 제시했

가현상에 대한 반항세력으로서의 성격을 가질 뿐이며, 내면적으로는 국가권력의 정당성을 부인하고 있는 자들이라고 할 수 있다.743)

Ⅵ. 現代의 國家思想

1. 序言

지금까지 우리는 근대이후의 국가사상을 중요한 사조에 따라 논술하되 가장 대표적인 사상가들을 중심으로 살펴보았다. 즉 근대자유주의로부터 시작된 국가사상이 독일관념주의, 보수주의, 사회주의 등으로 성립되고 발전되는 과정을 살펴보았다. 그런데 여기서 우리는 Hegel의 변증법적 역사발전과정에서 설명되고 있듯이, 하나의 국가사상은 뒤이어 나타난 국가사상에 자리를 넘겨주게 되기는 하지만, 완전히 소멸되어 버리는 것이 아니고 발전적으로 계승되어 오고 있다는 사실을 알게 되었다. 뿐만 아니고 보다 순수한 국가사상은 상호간에 대립과 갈등을 겪으면서도 서로에게 영향을 미치며 상호보완을 거쳐 오늘에 이르고 있다고도 할 수 있다. 따라서 20세기 이후 21세기에 이르는 현대의 국가사상은 근대자유주의 이후의 모든 국가사상을 유산으로 받아들여 하나의 새로운 조류로 정립되길 기다리고 있다고 할 수 있을 것이다. 다만 20세기에 들어선 이후의 세계는 모든 면에서 너무나 급속도로 변화하고 있기 때문에 현대의 국가사상의 특징을 한마디로 설명할 수가 없다고 본다. 따라서 여기서는 현대의 국가사상이 변모되는 과정을 하나하나 기술하지는 않고 국가사상과 관련된 주요 학문분야에서 가장 관심의 대상이 되고 있는 인물을 중심으로 살펴보려고 한다.

그런데 20세기 이후의 현대국가사상을 살펴보기 위해서는 그 이전의 시대에 비교하여 어떠한 변화가 있었는지를 개략적으로 고찰하는 것이 필요하다. 즉 근대와 대비되는 현대가 어떠한 의미를 갖는지를 알지 않고서는 현대의 국가사상을 올바로 이해할 수 없다고 보기 때문이다. 현대가 갖는 가장 중요한 특징은 산업혁명에서 비롯되고 있다고 할 수 있다. 즉 산업혁명에서 성공한 결과로 경제적으로는 물질적인 풍요를 어느 정도 누릴 수 있게 되었지만 빈부의 격차가 벌어지고 사회적 갈등이 심화되는 과정을 겪지 않을 수 없었고, 이에 대응하여 빈부의 격차와 사회

으나, 그것은 아주 모호할 뿐만 아니라 현실성 없는 철학적 개념에 불과했다.

743) 특히 이들의 논리가 테러리스트들에 의하여 자신들의 행위를 정당화하는데 원용되고 있다고 본다.

적 갈등을 해소하지 않으면 안 된다는 인식이 특히 20세기에 들어와서 분명해지게 되었다. 그와 동시에 물질적인 풍요는 인간으로 하여금 물질주의에 빠져들게 함으로써 인간의 사고와 행동에 커다란 변혁을 초래하게 되었다.744) 또한 산업혁명은 정치·사회적인 측면에서도 엄청난 변화를 가져왔다. 무엇보다도 산업혁명은 봉건사회를 해체시키고 산업사회로 발전시킨 계기가 되었고, 소수의 시민계급에 의하여 지배되던 사회가 전체국민이 참여하는 대중민주주의사회로 발전하게 되었다. 특히 산업혁명에 먼저 성공한 나라들은 제국주의로 발전하게 되었고, 그렇지 못한 국가들은 민족주의를 고양시킴으로써 이에 대항하려고 하였으며, 제국주의국가들의 주도권 쟁취를 위한 경쟁은 두 차례의 세계대전을 유발하게 되기도 했다.

이와 같이 현대는 근대이후의 모든 국가사상을 유산으로 물려받았고, 산업혁명이후의 정치·사회·경제적인 변화로 인하여 새로운 국가사상의 정립이 요청되고 있지만, 아직 현대를 특징지을 수 있는 특별한 사조는 나타나고 있지 않다. 오히려 근대의 국가사상을 새롭게 부각시키는 주장들이 산발적으로 나타나고 있을 뿐이다. 예를 들어 오늘날 가장 관심을 끄는 국가기능론도 따지고 보면 근대에서 국가사상의 핵심을 이루고 있던 국가와 사회사이의 기능적 교차관계를 새롭게 부각시켜 나가고 있는 것에 불과하다. 즉 국가와 사회의 관계를 설정함에 있어서 국가의 기능을 어떻게 조정해야 최선의 국가라고 할 수 있을지에 관심이 쏠려 있는 것이다. 다만 근대의 경우는 국가사상이 특별한 분화를 일으키지 않고 종합적으로 이뤄지고 있는데 반해서, 현대의 국가사상은 각 학문분야에 따라서 개별적으로 다뤄지고 있는 경향이 있기 때문에 이에 맞추어 살펴보고자 한다. 그 중에서도 오늘날 국가사상을 다루고 있는 분야가 정치·사회적인 측면과 경제사조적 측면, 그리고 법학적 측면의 고찰이 대표적이라고 생각되어, 다음에서는 그러한 학문분야를 대표하는 인물을 중심으로 하여 현대의 국가사상을 살펴보기로 한다.

2. M. Weber의 社會學的 國家觀

(1) 思想的 背景

Weber는 비스마르크시대의 독일에서 성장했다. 그의 아버지는 변호사였고, 그 결과 그의 집은 그가 살던 지역의 학자·기업가·예술가 및 거물 정치인들의 자

744) L. P. Baradat, 신복룡外譯, 현대정치사상, 458면.

유로운 토론장소로 사용되고 있었기 때문에, 그는 어린시절부터 언어 · 역사, 그리고 고전 등에 관한 관심을 갖기에 훌륭한 지적 분위기에서 자랐다. 1882년 하이델베르그대학의 법학부에 입학한 이후로 괴팅겐대학, 베를린대학 등에서도 공부했으며, 처음에는 법학을 연구했으나 동시에 경제학 · 역사학 · 철학 등에 관해서도 관심을 가져 그 분야의 전문가로서도 능력을 인정받게 되었다. 1886년 변호사자격을 취득하고, 1889년 박사학위를 취득하였으며, 1891년에는 학자로서의 최종의 연수과정에 해당하는 교수자격논문(Habillitationsschrift)을 제출하기에 이르렀다. 그렇지만 건강이 허락하지 않아 대학교수로 취임하지 못하여 베를린대학에서 잠시 법학강사로 지내고 있었으며, 1894년에야 비로소 프라이부르크대학교수로 취임하게 되었고, 2년 후인 1896년에는 하이델베르그대학으로 옮기게 된다. 그런데 1898년에는 지병인 신경쇄약증세로 인하여 강의를 계속할 수 없게 되었고, 몇 년이 지난 후에야 다시 학문생활을 할 수 있었다. 그렇지만 그 후의 학문활동은 거의 안식년을 지내는 것과 같은 생활을 해야 했고, 주로 연구활동에 전념해야만 했다.[745]

한편 Weber의 사상은 정치 · 법률 · 경제 · 종교 · 역사 등의 사회과학 전반에 걸쳐 있어서 어느 특정한 사상이나 사상가의 영향을 받았는지 알 수가 없을 정도이다. 그러나 그의 저작 속에는 많은 지적 선배들의 사상이 바탕에 깔려 있는 것을 알 수 있다. 특히 그의 저작 속에는 인식과 행동사이의 관계를 분석함에 있어서 Kant의 실천이성과 순수이성의 구분방법이 사용되고 있음을 알 수 있으며, 그가 국가와 사회의 구분을 행동학적으로 재해석함에 있어서도 19세기 독일사상의 패턴을 결정해 주고 있던 Hegel의 국가와 사회의 구분을 원용하고 있다. 또한 양이론의 원칙적 공식화에는 반대했지만 역사에 관한 관념론자들의 해석과 Marx의 유물론적 해석도 그는 유용한 것으로 보면서 하나의 가설로 인정했다. 그 밖에 Weber는 17세기의 많은 사회사상가들의 영향도 적지 않게 받았음은 의심의 여지가 없다.[746]

그러나 이렇게 많은 사상가의 영향을 받았지만, Weber는 그들의 사상을 수용함에 그치지 않고 지적 종합을 통한 사상의 신기원을 이룩하게 되었다.[747] 특히 1909년 좀바르트와 함께 창설하고 육성시킨 독일사회학회를 통한 사회학적 측면에서, 그의 사상은 마르크스주의와 공리주의로 점철되어 온 사회과학을 극복하는

745) Reinhard Bendix, "Weber, Max", in: International Encyclopedis of the Social Sciences, Vol.16, p.493.
746) Reinhard Bendix, "Weber, Max", p.494.
747) Reinhard Bendix, "Weber, Max", p.494.

계기를 만들어주었다. 다시 말해서 Weber는 마르크스주의와 공리주의 및 역사학파 등과 대결하는 전략적 요소로서 '가치중심적' 사회과학방법론을 주장함으로써 사회과학에 있어서 새로운 지평을 열게 한 것이다.[748] 예를 들어 마르크스주의자들은 사회과학적 주장의 진실성을 역사에 부수하는 것으로 분석한 반면에, Weber는 개인적인 가치판단을 과학적 판단으로부터 분리시킴으로써 과학적인 사회연구의 가능성을 제공하였다. 또한 과학자들은 가치와 이념을 그들의 주제문제로 제기할지라도 그들 스스로 자신의 가치와 이념을 연구 중에 있는 행위자들의 가치 및 이념과 혼동하지 않도록 주의해야 하는데, Weber가 판단하기에 공리주의자들은 선과 유용성을 동일시함으로써 그러한 과오를 저질렀다고 보았다. 뿐만 아니라 Weber는 역사학파의 반과학적 특수주의에 반대하여 역사적 연구의 문화적 중요성에 관한 주관적 차원을 인식하고 한계를 설정함으로써, 그리고 역사적 분석에 있어서 개념의 불가결성을 강조함으로써 그의 과학적인 접근방법을 정당화할 수 있었다.[749] 따라서 Weber는 국가현상을 분석하고 평가함에 있어서도 사회학적 연구방법을 통하여 설명하게 되고, 국가현상을 단순히 하나의 사회현상으로 보면서 국가의 본질을 논하게 됨으로써 독특한 사회학적 국가사상을 창시하게 된다.

그런데 여기서 살펴보려고 하는 Weber의 사회학적 국가사상은 그가 살던 시대의 요구에 따라 성립되는 것이기 때문에, 그의 사상을 올바로 이해하기 위해서 그가 살던 독일의 정치상황을 간단히 살펴보는 것이 필요하다. 우선 Weber는 독일을 大프러시아로 만들려는 비스마르크의 결의가 하나의 유산으로 주워졌었으나, 그것은 이미 지탱될 수 없는 시대에 살고 있었다. 즉 그의 가장 중요한 생애의 대부분은 독일제국이 붕괴되고 종전과 더불어 독일제국이 바이마르공화국으로 대체되는 과정까지를 그는 살았다. 이러한 시대상황은 곧 일반적으로 권위가 불신당하고 전래의 복종적 태도가 무너지기 시작하는 시기를 의미하며, Weber는 이러한 상황을 간과하지 않고 학문적 저술의 기회로 삼아 그와 같은 업적을 남기게 된 것이다.[750] 아울러 Weber는 혁명이라는 거창한 이름으로 호화롭게 장식된 와중에 헛된 흥분에 취해 있던 당시 독일지식인의 헛된 낭만주의를 비판하면서, 정치에 참여하는 궁극적인 가치근거를 제시하면서 그 나름대로 독일의 정치적 미래를 부탁하고자 했었다.[751]

748) Reinhard Bendix, "Weber, Max", p.495.
749) Reinhard Bendix, "Weber, Max", p.495.
750) Karl Loewenstein, Max Weber's Political Ideals in the Perspective of Our Time, 정문부譯, 막스베버의 정치사상, 삼영사, 1980, 15면 이하.

(2) 國家權力의 正當性과 抵抗權

앞에서 지적한 바와 같이 Weber의 국가사회학 내지 사회학적 국가사상은 국가현상을 사회학적 연구방법에 의해서 설명하고, 국가를 단지 사회현상과 비교하여 그 특징적인 측면만을 평가하려고 하기 때문에, 그의 입장에서 국가의 존립근거 내지 정당성에 관한 가치관적 논증은 처음부터 문제시되지 않았다.[752] 즉 그는 국가사회학을 설명함에 있어서 그의 가치중성적인 사회학의 한 부분으로 이해하였기 때문에, 국가사상이 사회현상에 비하여 본질에 있어서나 구조적인 측면에서 어떠한 특성을 가지고 있는가를 살펴보는데 주력하고 있다. 그리하여 Weber가 보기에 각종 사회단체와 비교하여 국가는 거대한 권력기구(Machtapparat)가 두드러지게 눈에 띄게 되고, 그 결과 그는 국가에 특유한 물리적 강제력의 독점현상에 착안하여 국가를 '권력조직'(Machtorganisation)이라고 이해하게 되었다.[753] 즉 그는 어떠한 종류의 사회조직에서도 자신의 이해관계를 보호하기 위해서는 물리적 강제력에 의존하고 있는데, 그러한 사회조직과 국가가 다른 점은 국가만이 특정한 영토 내에 있는 모든 사람들에게 물리적 강제력을 합법적으로 사용할 수 있는 독점권을 가지고 있다고 보았다.[754] 뿐만 아니라 그는 위와 같이 국가의 본질을 물리적 강제기구로 고집스럽게 규정하려고 하고 있기 때문에, 모든 국가를 그들이 추구하는 목적과 정책에 따라서 분류하는 것은 별다른 의미가 없다고 한다. 왜냐하면 국가형태가 아무리 다양하다 하더라도 그것은 모두 물리적 강제수단에 의존하고 있어서, 정치적 목적과 정책에서 오는 차이는 부차적인 것에 불과하다고 보기 때문이다.[755] 그러한 가운데 Weber는 1918년 패전이전까지만 하더라도 전통이나 연속성이란 관점에서 군주제를 독일정부의 논리적인 형태라고 생각했다.[756] 왜냐하면 그는 군주제는 "국가의 최고관직이 명백히 점유되어 있어서 권력을 향한 정치적 투쟁에서 물러나 있을 수 있으므로" 정치적 유용성이 있다고 보았고,[757]

---

751) 平井俊彦・德永 恂編, 고영대譯, 사회사상사, 230면.

752) 허영, 헌법이론과 헌법, 179면.

753) 허영, 헌법이론과 헌법, 180면; Max Weber, Economy and Society, Bedminister Press, 1968, p.904.

754) Max Weber, Economy and Society, p904. 그런데 이러한 M. Weber의 본질에 관한 입장은 당시의 지배적인 관념과 상당한 거리가 있었다. M. Weber가 살던 당시의 독일의 철학자들은 국가를 존경의 대상, 즉 인간이 창조한 지고의 작품으로 보고 있었기 때문이다. 다시 말해서 마르크스주의 국가사상이 독일 내에 존재하지 않은 것은 아니지만 당시의 독일통합운동과 더불어 국가는 사회 위에서 세속을 초월하여 존재하는 거의 신비적인 존재에 해당했었다. 따라서 국가에 대한 이러한 의사종교적인 찬사의 배경을 생각할 때, M. Weber의 국가개념은 노골적인 이단에 해당했던 것이다. Frank Parkin, Max Weber, 양승태譯, 막스베버, 하문과 사상사. 1985, 120면.

755) F. Parkin, 양승태譯, 막스베버, 123면.

756) K. Loewenstein, 정문길譯, 막스베버의 정치사상, 27면.

군주제가 패망한 뒤에도 그는 "의회군주제가 기술적으로 가장 융통성 있는, 따라서 가장 강력한 정부형태"라고 계속해서 주장했다.[758]

따라서 Weber의 국가사회학의 핵심은 통치권(국가권력)과 정당성의 상호관계에 두게 된다.[759] 왜냐하면 그는 그의 사회학적 접근방법을 고수하고 있기 때문에 국가에 대한 권력현상적 설명을 보충할 필요성을 느끼게 된 때문이다.[760] 즉 그는 국가란 주어진 영토 내에서 물리적 강제력의 합법적인 행사를 독점하고 있는 공동사회의 하나로 정의하고 있기 때문에, 그 물리적 강제력에 대한 보충적 설명이 요구되고 있는 것이다. 다시 말해서 인간의 상호간의 생활관계를 합리적으로 조종하려는 국가의 본질을 단순히 물리적 현상만을 뜻하는 권력개념으로만 설명하기에는 부족했던 것이다.[761] 사실 Weber는 국가를 상기한 바와 같이 정의하고 있지만 폭력을 사용하여 피지배자를 위협함으로써만 그들의 복종을 얻어내고 있다고 주장하고 있지는 않다.[762] 더욱이 현대의 국가권력은 국민의 복종을 얻어내기 위하여 물리적 강제력에 의존하기 보다는 그에 대비되는 모든 종류의 영향력을 갖는 설득이나 의무감에의 호소, 또는 물질적 보상의 약속 등에 의존하고 있다고 보았으며,[763] 따라서 그는 통치를 권위에 기반을 둔 것으로서 복종할 의무감과 관련시키고 있다. 즉 그는 통치란 "복종을 유도하는 명령구조인 동시에 자발적인 복종"이라고 정의하고 있기도 하고, 통치란 "마치 피지배자가 명령의 내용자체를 자신의 행동지침으로 삼듯이 명령에 복종"함을 말한다고 하고 있다.[764] 이것은 곧 그가 말한 통치란 권력의 특수한 경우로 보고 있으며, 권력의 사용이 곧 통치를 의미하는 것은 아니라는 점에서 통치는 권력보다 좀더 순화되고 제한된 개념이라고 볼 수 있다는 것이다.[765] 즉 모든 통치가 자발적인 복종에 근거하기 보다는 강제력에 더 많이 의존하고 있는 것이 사실이기 때문에, 지속적이고 효과적인 통치

---

757) Max Weber, Gesammelte politische Schriften, Mohr, 1958, S.296ff.; K. Loewenstein, 정문길譯, 막스베버의 정치사상, 27면.

758) K. Loewenstein, 정문길譯, 막스베버의 정치사상, 28면 이하. 그 당시 상황에서 M. Weber가 군주제가 부활되리라고 생각했던 것은 아니지만, 오늘날 군주제가 사회적 · 정치적 통합기관으로서 서구 7개 국가에서 성공적으로 운영되고 있는 것을 볼 때, K. Loewenstein의 입장에서는 M. Weber의 그러한 주장에 대해 선견지명이 있었던 것으로 평가한다.

759) Dennis Wrong, Max Weber, Prentice Hall Inc., 1970, p.36.

760) 허영, 헌법이론과 헌법, 180면.

761) 허영, 헌법이론과 헌법, 180면.

762) Dennis Wrong, Max Weber, p.36.

763) Ibid., p.37.

764) Max Weber, Economy and Society. pp.943-6.

765) F. Parkin, 양승태譯, 막스베버, 124면.

가 이뤄지려면 권력행사의 합리화과정이 필요한 것이고,[766] 그것을 그는 '합법적인 근거'에 의한 통치라고 표현하고 있다. 그리하여 Weber는 '합법적인 권위에 근거하고 있는 통치', 또는 '지속적으로 행사되는 모든 통치'는 항상 정당성의 근거가 성공적으로 제시되고 있음을 의미한다고 본다.[767]

아무튼 Weber는 통치권과 정당성의 상호관계를 설명함에 있어서 3가지의 통치유형(정당성유형)이 있다고 한다. 즉 그는 정당한 통치유형으로 전통에 근거를 둔 통치(traditionelle Herrschaft), 통치자가 풍기는 카리스마적 인격 내지 위엄에 근거를 둔 통치(charismatische Herrschaft), 그리고 정당한 절차에 의해서 제정된 법률에 근거를 둔 통치(rationale-legale Herrschaft)가 있다고 하였으며, 이러한 통치유형의 어느 하나에 의하여 통치관계(지배복종의 관계)가 성립하게 된다고 한다.[768]

여기서 전통적 통치란 전통에 의하여 재가된 권위 있는 지위에 올랐으며, 전통에 의하여 구속되고 있는 통치자에게 복종하는 것을 의미한다. 즉 "부모에게 있어서 옳았던 것은 나에게도 옳은 것이고, 무엇인가 항상 행해지는 것은 옳은 태도에 해당한다"고 하는 것처럼 전통적인 권위에 복종하는 것을 뜻한다.[769] 그리고 전통적 통치란 현존하는 것은 옳다는 것에 대한 근본적이고 보수적인 확신을 체계화한 것이며, 그것은 현존하기 때문에, 다시 말해서 과거의 것과 조상들의 가치가 계속되고 있기 때문에 옳다는 무언의 전제를 내포하고 있다고 본다.[770] 즉 전통적 통치란 먼저 과거에 대하여 신성성을 부여하는 것이며, 아울러 확립된 선례에 대해서 경외감을 표시하고자 하는 것이다.[771]

한편 카리스마적 통치란 천부적인 계시능력을 가지고 있거나 아니면 영웅적이고 모범적인 능력의 소유자에 대한 인격적 신탁 때문에 복종하게 되는 카리스마적 자질을 가진 통치자에 의한 통치를 말한다.[772] 즉 카리스마적 통치자는 다른

---

766) Dennis Wrong, Max Weber, pp.39.

767) Max Weber, Economy and Society. p.954.

768) Ibid, p.215; 허영, 헌법이론과 헌법, 180면 이하.

769) Max Weber, Economy and Society. p.216; Dennis Wrong, Max Weber, p.41.

770) Dennis Wrong, Max Weber, p.42. 따라서 K. Mannheim은 이데올로기로서의 보수주의는 본질적으로 전통주의이며, 이것은 현존하는 질서에 대항하는 자유주의적이고 급진적인 도전에 대응하여서만 분명히 나타나는 대항적 이데올로기라고 한다. Karl Mannheim, Essays on Sociology and Social Psychology, Oxford Univ. Press, Inc., 1953, p.99.

771) J .G. Merquior, Rousseau and Weber, p.105. 그 대표적인 예가 가부장적 권위와 통치형태가 그에 해당한다.

772) Max Weber, Economy and Society. p.216.

사람과 구별되는 그리고 다른 사람보다는 우월한 개별적인 재능에 근거하여 피치자들의 복종을 요구한다. 예를 들어 Weber가 지적하듯이, 첫째, 일상적인 상황을 넘어 초자연적인 것으로 받아들여지는 또는 초월적인 능력이 부여된 예외적인 인격적 질에 근거하거나, 둘째, 카리스마적 정당성의 근거라기보다는 충성스런 신봉자들에 의하여 깊이 느껴지는 의무감에서 나오는 추종자들의 충성스런 신탁에 근거하거나, 셋째, 카리스마적 리더쉽에 의하여 공동사회에 상당한 번영을 가져오게 한 성공에 근거하거나, 넷째, 카리스마의 자의적인 통치가 요구될 정도로 확립된 적절한 권위도 없고 관료체제도 없으며 추상적인 법률제도도 없는 공동사회의 감정적 특성에 근거하고 있다든지, 다섯째, 그 밖에 합리적인 것을 피하고 카리스마적 사명의 反공리주의적 경향에 근거해서 피치자들의 복종을 요구하는 것을 카리스마적 통치는 내포하고 있다고 한다.773) 따라서 카리스마적 통치는 전적으로 통치자에게 부여된 자발적인 믿음에 근거를 두고 있기 때문에 그 신념이 강요되어질 수 없다는 특성을 갖는다. 이것은 곧 카리스마적 통치가 불안정한 통치체제를 이룰 수밖에 없다고도 할 수 있다.774) 그런데 Weber가 말한 카리스마적 통치는 전통적 내지 합리적 통치에 비교되기 때문에, 확립되어 있는 규범적 내지 정치적 질서를 파괴하고 도전하는 혁신적인 통치로 간주된다.775) 왜냐하면 그것은 전통적으로 확립된 것 또는 비인격적인 법률제도를 경시하는 경향이 있고, 아울러 현존하는 규범질서의 권위에 공공연히 도전하는 태도이기 때문이다.776) 반면에 Weber가 말한 카리스마적 통치는 카리스마의 사명에 대한 추종자들의 신탁이 언제 깨어질지 모르고, 또한 결국 죽을 수밖에 없는 운명을 지닌 한 개인에 의존하기 때문에 본질적으로 불안정한 것이며, 그리하여 카리스마의 승계문제가 발생할 뿐만 아니라 그가 잘 지적한 이에 대한 대응방법인 '카리스마의 일상화'(routinization of charisma)문제가 발생한다. 즉 전통적 통치를 특징짓는 과거에 대한 존경의 태도와 좀처럼 구분될 수 없는 카리스마개념의 확대가 요구되는 것이다.777) 따라서 사실상 Weber가 '전통의 신성성'과 '오래 지속되어 온 규칙과 권력의 존엄성'을 이야기 하고 있지만, 여기서의 신성성과 존엄성은 많은 학자들이 강조한 것처럼

773) Max Weber, Economy and Society. pp.241-245; J. G. Merquior, Rousseau and Weber, pp.107. M. Weber가 주장한 상기한 카리스마적 특성에 대하여 Merquior은 특성 하나하나에 대한 비판을 하고 있다.
774) F. Parkin, 양승태譯, 막스베버, 144면.
775) Max Weber, Economy and Society. p.1117.
776) Dennis Wrong, Max Weber, p.43.
777) Ibid, pp.43-45.

제도적 질서의 일반적 특성과 카리스마의 이념이 분명히 유사한 것으로 되어 버린다. 더구나 카리스마가 필연적으로 앞에서 지적했듯이 혁신적인 것이 아니라면 모든 혁신은 카리스마적 지도자에 의해서만 이뤄지는 것도 아니라는 결론에 도달한다.[778]

Weber는 정당성유형론을 전개함에 있어서, 이것은 본질적으로 역사발전의 3가지 단계에 대응하는 것이라고 하면서, 우리는 합리적 정당성의 시대에 살고 있다고 하였다. 그리고 그는 합리적 통치를 설명하면서, 이것은 법률로 제정된 비인격적 질서에 복종하는 것을 말한다고 하였으며, 아울러 이것은 통치권을 행사하는 사람이 법률에 의해 관직에 부여된 권한의 범위 내에서 통치권을 행사하고 있는 한 그 사람에게 복종하는 것을 의미한다고 한다.[779] 즉 Weber는 추상적이고 비인격적인 규칙과 법률 속에 규정되어 있는 권리와 의무에 따르는 것은 올바른 통치관계라고 생각했으며, 통치를 실현해 나감에 있어서 효율적이고 비인격적인 법률에 복종하게 하는 것만이 국가통치를 정당화하는 기준이 된다고 보았다.[780] 다시 말해서 Weber가 주장한 전통적 내지 카리스마적 통치에서는 피치자가 항상 인간에게 복종하는 데 반해서, 합리적 통치에서는 제1차적으로 법률에 복종하는 것이고 제2차적으로만 부수적으로 통치자에게 복종하는 것이 된다. 그러한 점에서 그가 말한 합리적 통치란 피치자는 물론이고 통치자도 적어도 이념적으로는 법률에 구속되지 않으면 안 된다는 것을 의미한다.[781] 그리고 이러한 점에서 현대국가가 합리적 정당성의 기반에 입각하고 있다는 명제는 근본적으로 정당하다고 받아들여지게 된다.

앞에서 Weber의 국가사상을 간단히 살펴보았지만, 그는 사회학적 접근방법론에 따라 가치중성적인 입장을 택하고 있기 때문에, 단순히 사실적인 통치현상을 토대로 왜 지배·복종의 관계가 성립되었는가를 유형적으로 분석하는데 그치고 있다. 따라서 그는 국가의 존립근거 내지 정당성에 관한 가치관적 논증을 문제로 삼고 있지 않다.[782] 뿐만 아니라 그는 저항권에 관한 장을 그의 주요 저서인 「경제와 사회」에서도 두고 있지 않으며, 아마도 그러한 저항권이론에 관한 언급이 없는 점이 그의 국가사회학 내지 정치사회학의 최대의 결함으로 지적되기도 한다.[783] 이

778) Ibid. p.45.; F. Parkin, 양승태譯, 막스베버, 144면 이하.
779) Max Weber, Economy and Society. p.215.
780) Dennis Wrong, Max Weber, p.43.
781) J. G. Merquior, Rousseau and Weber, p.107.
782) 허영, 헌법이론과 헌법, 180면.
783) Dennis Wrong, Max Weber, p.45.

러한 이유는 앞에서도 지적했듯이 Weber '합법적 권위에 근거한 통치'와 '지속적으로 행사되는 모든 통치'는 항상 정당하다고 생각한 때문인지도 모른다. 즉 그는 통치자의 명령에 대한 복종이란 통치자에 대한 도덕적인 존경심이나 체제에 대한 무조건적인 충성심에서 비롯되는지도 모르며, 따라서 중요한 것은 어떠한 특수상황에서도 특정한 정당성의 주장이 상당한 정도로 타당성을 갖는 것으로 보고 있기 때문이다.[784] 다시 말해서 그의 정당성이론은 철저하게 통치자의 입장에서의 자기정당화이론이라고 할 수 있다.[785] 결국 Weber는 '타인의 행동을 자기의사에 따르게 할 수 있는 기회'를 권력 내지 통치라고 이해하기 때문에 통치현상이 성립되는 유형에 관해서만 고찰하고 있는 것이다.[786]

(3) 評價

Weber는 국가사회학을 통하여 국가사상을 피력함에 있어서 지금까지와는 달리 순수한 사회학적 방법론에 근거하고 있다. 그 결과 그는 통치관계의 본질을 특정한 영토 내에 있는 모든 사람들에게 독점적으로 물리적 강제력을 합법적으로 사용할 수 있는 권력조직으로 평가하고 있다. 뿐만 아니라 그러한 까닭에 국가사회학의 주된 관심도 통치현상의 핵심이라 할 수 있는 지배복종의 관계가 어떻게 성립되는가를 유형적으로 분류해 내는데 있었다.

그런데 Weber의 정당성에 관한 유형론은 여러 가지 관점에서 비판이 제기되고 있다. 무엇보다도 그의 정당성유형론에서는 불법정치에 관한 논의가 이뤄지지 않고 있다는 점이 지적되고 있다. 그리고 이렇게 Weber가 불법통치형태에 대해서 주의를 기울이지 않은 까닭은 그의 정당성유형론이 피치자의 관점에서가 아니라 통치자의 관점에서 출발하고 있기 때문이라고 본다.[787] 사실 통치자의 입장에서 문제로 제기되는 정당화(Legitimation)와 피치자의 입장에서 논의되는 정당성(Legitimität)은 차이가 있다. 정당화는 통치집단이 자신들의 입장에서 자연히 모든 사람들이 받아들여 주었으면 하고 바라는 내용의 주장인 반면에, 정당성은 그러한 주장이 피치자의 입장에서 실제로 받아들여져 승인된 상황, 즉 복종을 하는 자가 복종의 근거를 타당한 것으로 인정하는 것을 뜻한다고 할 수 있다.[788] 그런데

784) F. Parkin, 양승태譯, 막스베버, 129면.
785) J. G. Merquior, Rousseau and Weber, p.135.
786) 허영, 헌법이론과 헌법, 180면 이하.
787) J .G. Merquior, Rousseau and Weber, p.132.
788) F. Parkin, 양승태譯, 막스베버, 130면.

Weber의 정당성유형론은 통치를 위한 통치자의 동기를 구분하려는데 목적이 있는 것이 아니라 복종을 자극하기 위한 의미 있는 주장을 구분하려는데 있었던 것이고, 이것은 정당성에 대한 통치자들의 주장의 객관적 의미를 찾는 것이면서 피치자의 입장에 대해 통치자들이 환기시키는 정당성믿음(Legitimitätsglauben)의 종류를 탐구하는데 있었다.[789] 즉 Weber는 '지속적으로 행사되는 모든 통치'는 항상 정당하다는 전제하에, 비교적 안정되고 불안하지 않은 정치체제 있어서 통치자의 통치권행사가 어떠한 유형에 의하여 정당화되고 있는지를 구분하고자 했고, 정당화의 대상이 되고 있는 피치자들에게 있어서 공공연히 받아들일 수 있는 복종의 이유 내지 근거가 무엇인가를 찾고자 했던 것이다.[790] 다시 말해서 Weber의 정당성 유형론은 통치자의 명령이 더 이상 도덕적으로 타당하지 않다고 할 때, 어떤 문제가 발생할 것인지에 관하여 언급하고 있지 않다는 것이다. 즉 이것은 통치자가 일반대중에게 도덕적인 신뢰감을 주지 못할 때가 적지 않다는 사실을 간과하고 있을 뿐만 아니라 처음에는 정당성이 인정되고 있더라도 뒤에 가서 정당성이 철회되는 경우가 있음을 지적하지 못하고 있다고 본다.[791] 즉 Weber에 있어서는 오늘날 네오마르크스주의자들이 '정당화의 위기'라고 진단하고 있는 상황에 대한 개념적인 인식이 없었던 것이다.[792] 그리고 이러한 Weber의 문제점은 통치자 중심의 정당화유형으로 설명되기 때문에 나타난 것만이 아니다. 이것은 그가 합법성(Legalität)과 정당성(Legitimität)을 구별하지 않고 동일시하고 있음으로써 나타나는 귀결이기도 한 것이다.[793] 즉 Weber는 현대국가의 통치유형은 합리적 통치에 해당한다고 함으로써 정당한 절차에 의해서 제정된 법률에 근거를 둔 통치는 정당하다고 보고 있기 때문이다. 따라서 베버에 있어서는 정당한 통치에 대비되는 불법통치에 대해서 관심을 가질 이유가 없었다고 보는 것이다.[794]

다음으로 Weber의 정당성유형론에 대해서 그 순수성과 관련한 비판이 제기되

789) J. G. Merquior, Rousseau and Weber, p.105.

790) Dennis Wrong, Max Weber, p.48. 그러한 점에서 F. Parkin은 Weber가 국가사회학을 통제의 사회학이 아니라 복종의 사회학이라고 불렀어야 한다고 본다. 그리고 그는 베버가 '직업으로서의 정치'라는 강연에서 복종의 사회학에 대한 보충의 필요성에서 복종의 3가지 유형을 제시하고 있다고 보았다. 즉 감정이입에 의한 복종과 징계에 의한 복종, 그리고 합리적 주장에 의한 복종 등이 그것이라고 한다. F. Parkin 양승태譯, 막스베버, 132면 이하.

791) F. Parkin, 양승태譯, 막스베버, 131면 이하.

792) F. Parkin, 양승태譯, 막스베버, 131면.

793) 허영, 헌법이론과 헌법. 181면.

794) 이에 대하여 K. Loewenstein도 M. Weber가 '정당한 권위'만을 취급했는데, 오늘날 이러한 유형에 못지않게 일상적인 통치의 유형이 되어버린 '불법적 폭력'을 정당성유형의 범주에 포함시켜서 보완하지 않으면 안 된다고 본다. K. Loewenstein, 정문길譯, 막스베버의 정치사상, 126면 이하.

고 있다. 그는 통치관계가 성립하는 유형으로 3가지를 지적하고 있으면서 그것들의 순수성을 강조하고 있고, 그 가운데 어느 하나에 의해서 통치관계는 성립하며, 그러한 통치관계는 곧 정당화되는 것으로 평가하고 있다.[795] 그러나 그가 생각한 것과는 달리 통치관계의 성립은 실제에 있어서 3가지 유형 중의 어느 하나에 의해서만 성립되고 있는 것이 아니라 3가지 동기와 함께 작용하여 하나의 통치관계를 성립시키고 있다고 볼 수 있다.[796]

예를 들어 그가 사망한 이후에 등장한 인물이기는 하지만, 히틀러의 경우 상당한 정도로 카리스마적 기질에 근거하여 통치자로 등장하고 있으며, 한편으로는 그는 독일의 법률구조에 입각한 합법적·합리적 요소와 게르만 민족의 고유한 전통에 바탕을 두고 통치자가 되었고, 세계대전을 일으킬 정도로 국민의 절대적인 복종을 얻어낼 수 있는 위치에 도달할 수 있었다.[797] 따라서 Weber가 묘사하고 있는 것과 같은 순수한 통치관계의 성립유형은 존재하지 않고, 경험적 사실에 의하면 어느 한 유형이 두드러지게 드러날 수 있지만, 통치의 정당화에 있어서는 혼합형만이 존재한다고 할 수 있다.

앞에서 지적한 것처럼 Weber의 국가사회학은 국가 내지 국가권력의 정당성에 관한 설명에 있어서 문제점이 있기는 하지만, 정당한 통치 내지 권위의 3가지 순수형태에 관한 노작은 정치사회학적 입장에서 최고의 업적에 해당한다. 그리고 그의 유형론은 역사적 범주화라는 차원에서 결코 그 타당성을 상실하지 않았다. 즉 19세기 이후로 세계는 규범에 의해 수립된 권위를 통하여 인간의 자유와 권리를 성취할 수 있는 도덕적인 세계질서를 수립하는 것이 최대의 희망이었고, 그는 이것을 명쾌하게 잘 반영하고 있기 때문이다.[798] 뿐만 아니라 그는 정당한 통치관계가 성립되는 3가지 유형을 제시하는데 그치고 일반적인 정당성이론을 전개하지는 않았지만, 통치의 정당화, 즉 국가권력의 정당성에 관한 현대적인 논의를 시작하게 한 계기를 만들어 주었다. 특히 Weber는 합리적 통치의 정당성을 설명함에 있어서 상기한 바와 같이 합법성과 정당성을 구분하지 않았을 뿐만 아니라 합리적

795) Max Weber, Economy and Society. pp.215.
796) 허영, 헌법이론과 헌법, 181면.
797) L, A. Coser, 신용하·박명규譯, 사회사상사, 339면. 특히 A. Hitler에 있어서 카리스마적 통치에 관한 판단기준에 해당하는 예가 많이 있다고 K. Loewenstein은 본다. 그러나 M. Weber가 말하고 있는 진정한 카리스마, 즉 일반인과는 다른 예외적인 자질을 Hitler가 가지고 있었는가에 대해서는 의문을 제기한다. 그러면서 그는 오늘날 카리스마라고 주장하는 것의 대부분은 극도로 세련된 선전기법의 조작결과라고 한다. K. Loewenstein, 정문길譯, 막스베버의 정치사상, 117-119면.
798) K. Loewenstein, 정문길譯, 막스베버의 정치사상, 124면 이하.

통치의 개념을 법률형태에 의한 통치(gesetzesförmige Herrscheft)와 절차에 의해 규제되는 통치(verfahrens regulierte Herrschaft)를 포괄하는 이중적인 의미로 사용함으로써 정당성의 진실의존성(Wahrheitsabhängigkeit von Legitimation) 또는 정당성의 진리연관성(Wahrheitsbezug von Legitimation)에 관한 논쟁을 불러 일으켰다.[799] 즉 정당성에 대한 믿음이 내재적 진리연관성이 없다면 합리적 통치란 규범질서가 실정화되고 법률의 제정과 적용의 형식적 과정이 올바른 것으로서 받아들여지기만 하면 충분하지만(합법성), 정당성에 대한 믿음이 진리의존성에 있다면 합법적 통치가 정당한 것으로 간주되기 위해서는 이러한 형식적 절차의 정당화적 힘의 근거가 주어져야 한다는 것이다.[800] 그리하여 그의 합리적 통치와 관련된 논의는 현재까지도 사회학분야에서 끊임없이 이뤄져 왔다.[801] 그러나 그에 의하여 제기된 사회학적 정당성이론은 진리연관성이라는 측면에서 이미 한계를 드러내고 있다.

3. F. A. Hayek의 經濟思想的 國家觀

(1) 思想的 背景

Hayek는 오스트리아의 비인에서 태어났으며, 비인대학에서 1921년 법학박사, 1923년에는 정치학박사를 받았고, 1927년부터 1931년까지 Rudolf von Mises교수의 추천으로 오스트리아경제연구소의 소장을 지냈다. 그는 대학을 다니는 동안에는 법학박사와 정치학박사를 받는데 주력했고, 경제학은 부수적인 학과목으로 수강하는 정도였지만, 졸업을 한 이후에는 미제스의 세미나에 참석하는 등 오스트리아 경제학파의 일원이 되는데 부족함이 없는 정열을 보였다. 그리하여 28세의 젊

799) Jürgen Habermas, Legitimationsprobleme im Spätkapitalismus, S.133f.

800) J. Habermas, Legitimationsprobleme im Spätkapitalismus, S.134f. Habermas는 전자의 입장을 대표하는 자가 N. Luhmann이고 후자를 대표하는 자는 J. 빈켈만이라고 한다. 즉 Luhmann은 C. Schmitt의 결단주의적 법학이론을 받아들여 "법의 실정화란 법에 타당성을 부여하고 다시 법으로부터 자신의 타당성을 이끌어 낼 수 있는 결단을 통하여 정당한 법적 타당성을 갖게 된다"고 함으로써 형식적 절차규칙은 결단의 정당화적 전제로서 충분하며, 그 자신에 대해서 다른 어떠한 정당화도 필요하지 않다고 한다. 반면에 빈켈만은 합법성에 대한 믿음은 스스로를 정당화하지 못하며, 어떤 형식적 절차가 일정한 제도적 경계조건(Randbedingung) 하에서 실제적인 정의의 요청(Gerechtigkeitsansprüch)을 충족시킬 수 있기 위한 근거들이 제시될 수 있을 때에 한해서 합법성은 정당성을 창조할 수 있다고 한다. J. Habermas, Legitimationsprobleme im Spätkapitalismus, S.135, 137.

801) 그러나 이 문제는 사회학적인 방법을 통해서는 해결할 수 없는 규범의 문제에 해당한다고 보기 때문에 결국 M. Weber가 주장한 정당성유형론의 한계가 드러난다고 본다. J. Habermas, Legitimationsprobleme im Spätkapitalismus, S.139f.

은 나이에 오스트리아경제연구소의 소장이 되었고, 2년 후인 30세에는 비인대학 정치경제학과의 강사가 되었으며, 「화폐이론과 경기변동이론」이라는 논문을 발표함으로써 순식간에 세상에 알려지게 되었다.[802] 1931년 런던 대학의 초청을 받아 동대학 경제학 및 통계학 교수가 되었으며, 1944년에는 동대학에서 경제학 박사학위를 받음과 동시에 대영학술원회원이 되기도 했다.[803] 1950년 Hayek는 시카고대학에 초빙되어 사회 및 윤리학 교수로 활약하기 시작했으며, 은사인 Mises와 더불어 시카고학파의 시조인 F. H. 나이트와 그의 제자인 M. 프리트만, G. J. 스티글러와 함께 시카고 경제학파를 형성하는 계기를 이루었다. 뿐만 아니라 1962년에는 프라이부르크대학의 경제정책교수로 초빙되어 프라이부르크학파의 시조인 W. 오이켄(1891-1950) 및 W. 레프레와 함께 프라이브르크학파를 발전시키는데 공헌하였다. 그리고 1967년에는 은퇴하여 짤즈브르크대학의 명예교수가 된 뒤 그곳에서 연구생활을 계속하였고, 1974년에는 노벨경제학상을 미르달과 공동으로 수상하였다.[804]

Hayek는 경제학을 물론 법학 · 정치학 · 사회학 · 윤리학 등 다방면에 걸친 연구생활을 해 왔지만, 무엇보다도 그의 사상의 출발은 경제학에 있었으며, 그 중에서도 그는 Keynes(1883-1946)의 「고용 · 이자 및 화폐의 일반이론」에 대한 비판으로부터 시작하고 있다. 즉 Keynes는 그의 경제학이 「거시경제학」으로 알려지고 있듯이, 그 주된 관심인 거시적인 집합적 총량에 있었지만, Hayek는 일반물가수준이라든가 총수요 · 총고용 등과 같은 집합적 총량에 대해서는 관심을 보이지 않았고, 오히려 그는 현실의 경제가 보통 화폐경제인 점을 착안하여 경제의 화폐부문과 실물부분을 통합한 분석, 즉 화폐부문의 변동이 가격이나 임금체계의 내부에서 어떤 변화를 발생시키고, 또한 그 변동이 원인이 되어 생산구조가 어떻게 변화하며, 이들의 총합적인 결과로 경기가 어떻게 변화하는가 하는 점에 관심을 두었다.[805] 그런데 제2차 대전을 전후해서 나치독일과 파시즘의 이탈리아로 인하여 그는 많은 문제의식을 발견하게 되었을 뿐만 아니라 자신이 머물고 있던 영국사회에서도 전시의 통제경제체제와 전후의 기간산업 국유화 및 경제계획화의 움직임이 활발해지는 것을 보고 우려를 하면서 그의 궁극적 관심을 자유에 두어야 한다고 깨닫게 되었다.[806] 그리하여 Hayek는 그러한 사상, 즉 자유주의를 위한 정책서

802) 박우희, 하이예크, 유풍출판사, 1982, 15-18면.
803) 박우희, 하이예크, 16면.
804) 박우희, 하이예크, 16, 32면.
805) 박우희, 하이예크, 20면 이하.

로서 「예종에의 길」(The Road to Serfdom)이라는 책을 1944년에 펴내게 된다. 뿐만 아니라 그러한 자유주의의 여러 원칙을 재확립하고 자유주의철학의 구축을 목표로 하는 「몽뻴랑협회」를 1947년 스위스에서 창립한다.[807] Hayek를 중심으로 하는 신자유주의 국가사상이 출범하게 된 것이다.

(2) 國家權力의 正當性과 抵抗權

먼저 Hayek가 말하고자 하는 신자유주의는 유럽대륙의 자유주의운동을 고무했고 미국의 정치적 전통을 세우는데 기초가 되었던 17세기 이후의 영국의 자유주의를 기반으로 한다. 즉 흄, 스미스, 버크, 머콜리 및 액튼 등을 그 전형적인 대표자로 본다. 또한 프랑스의 꽁스탕, 드 토크빌과 독일의 칸트, 쉴러, 훔볼트, 그리고 미국의 메디슨, 마샬, 다니엘 웹스터 같은 주요한 정치사상가들도 자유주의사상의 표상으로 본다.[808] 왜냐하면 이들은 모든 문화적・정신적 현상을 점진적으로 변화하는 것으로 해석하고 있으며, 인간이성의 능력의 한계에 대한 통찰을 그 바탕에 깔고 있고, 그 결과 이들은 전통을 존중하고 모든 지식과 문명은 전통에 의존하고 있다는 인식 하에 이성의 유한한 힘을 확대시킬 수 있는 유일한 수단으로서의 추상개념으로 자유주의에 의존하고 있기 때문이다[809]. 또한 Hayek는 상기한 자유주의만을 고찰하는 이유로 그것은 이념적 구성의 산물이 아니라 통치자들에 대한 완전한 불신에서 국가권력에 제한을 가한 결과 뜻밖에 나타난 유익한 결과들을 확대하고 일반화하고자 하는 욕망에서 고려하게 되었다고 한다.[810] 예를 들어 1930년에서 1940년에 이르는 동안에 전체주의 국가인 독일, 이탈리아, 일본 뿐만 아니라 영・미를 포함한 전세계가 전반적으로 경제정책분야에 있어서 중앙집권적 계획이나 기간산업국유화 및 정부의 민간경제에 대한 개입과 간섭이 증대하고 있던 시대였는데, 여기에서 신자유주의의 단서를 찾게 되었다. 특히 케인즈경

---

806) 박우희, 하이예크, 31면.

807) 박우희, 하이예크, 31면. 따라서 신자유주의국가사상은 마르크스주의에서 보는 것처럼 국가와 경제를 설명하되, 국가가 경제에 종속되는 것이 아니라 국가의 경제에 대한 개입을 최소한으로 막아보자는 점에서 출발하고 있는 점을 주목해야 한다.

808) 박우희, 하이예크, 265면.

809) F. A. Hayek, "The principles of a Liberal Social Order", 노명식編, 자유주의, 종로서적, 1983, 264면. 그런데 Hayek는 상기한 자유주의 이외에 다른 방향으로 발전한 자유주의가 있다고 한다. 즉 볼테르, 루소, 꽁도르세 및 프랑스 혁명의 전통으로서 근대사회주의의 원조를 이룬 권위주의적 합리주의(constructivist rationalism)의 정신을 따르는 자유주의가 그것이라고 한다. 특히 이러한 자유주의는 국가권력의 제한을 옹호하지 않고 다수당의 무제한한 권력을 이상으로 삼은 점에서 Hayek는 구분하고 있는 것이다.

810) F. A. Hayek, 노명식編, 자유주의, 265면.

제학의 영향으로 적자재정을 감수하면서 진행된 복지국가라는 이름 아래서의 복지정책이 불가피하게 관료기구를 비대화시켰으며, 바야흐로 국가가 GNP의 65%를 직접 지배하게 됨으로써 국민은 중세와 인플레에 허덕이게 되었고, 실질소득의 신장률이 점차 저하됨은 물론 화폐가치가 계속 하락하여 당초 의도와는 전혀 다른 자유의 제한이라는 악효과를 낳게 되었다고 Hayek는 보았다.[811] 즉 하나의 국가경제에 있어서 중앙집권적 계획화가 확대되고 심화될수록 그 국가의 정치체계는 거의 불가피하게 전체주의화되어 간다는 사실을 인식하고, 국가권력의 경제에 관한 간섭과 개입을 줄이고 제한함으로써만 진정한 자유를 확보할 수 있다고 보게 되었고, 그를 위해서는 자유사회나 자유경제의 건설과 발전에 관한 제원칙 상호간에 모순 없는 그리고 시종일관할 수 있는 '사회 전체적 질서에 관한 틀'을 수립하는 것이 급선무라고 주장하게 되었다.[812] Hayek는 복지국가주의의 목표 그자체가 틀렸다거나 실행불가능하다고 주장하고 있는 것이 아니라 복지정책자체는 전체주의나 집단주의적인 것이 아니지만, 그들이 누적됨으로써 그 집합적 결과가 전체주의적 체제를 출현시킬 가능성이 크다고 보아 자유주의와 사회국가원리의 조화를 추구하려고 했던 것이다.

그리하여 Hayek는 시장질서에 있어서 무엇이 정당한 질서인가를 결정할 수 있는 규칙이 없었다는 점에 주목하였고, 기존의 사회적 혹은 분배적 정의에 관한 모든 성찰도 소극적인 결론을 낳는데 그치고 말았다고 하면서, '사회 전체적 질서에 관한 틀'로서 '자발적 질서'(spontaneous order)를 내세운다.[813] 즉 그는 개개인의 사생활영역을 보존하기 위한 정의롭고 보편적인 행위규칙이 잘 실현되려면 의도적인 계획에 의하여 만들어진 질서보다도 훨씬 복잡할지 모르지만 인간행위의 자연발생적 질서가 오히려 더 잘되어갈 것이라고 보는 것이다.[814] 따라서 이것은 자유사회의 공동복지의 개념 내지 공공선의 개념처럼 성취될 특정한 결과의 총합으로 정의될 수 있는 것이 아니라 어떤 특정한 구체적 목적을 지향하지 않고 각자 자신의 목적을 위해 자신의 지식을 잘 사용하는 사람이면 누구에게라도 최선의 기회를 제공하는 추상적 질서로 정의될 수 있을 뿐이다.[815] 그리고 이러한 자발적 질서는 시장질서라는 차원에서 보면 자유경쟁질서라고도 할 수 있는데, 결국

---

811) 박우희, 하이예크, 34면 이하.
812) 박우희, 하이예크, 32-34면.
813) Hayek, 노명식編, 자유주의, 266면.
814) Hayek, 노명식編, 자유주의, 266면 이하.
815) Hayek, 노명식編, 자유주의, 267면.

Hayek의 입장에서는 정치·경제·사회 등의 모든 질서가 모두 불가분의 관계를 가지고 있는 것으로 보면서, 그 이념적 기초로서 자발적 질서 내지 자유경쟁적 질서를 내세우고 있는 것이다. 왜냐하면 이러한 질서만이 그리고 그러한 조건 속에서만 인간은 자신의 정치적 개성신장을 추구할 수 있는 것으로 보았고, 현대와 같이 모든 것이 갖추어져 가고 있는 상황 하에서 국가권력이 관심을 가져야 할 것은 인간자유의 신장을 위한 사회보장 내지 사회안정을 가져오는데 있다고 보고 있기 때문이다.

이처럼 Hayek에 의하여 시도된 신자유주의는 국가권력이란 인간의 자유신장을 위한 사회보장과 사회정의의 실현기능 때문에 정당화한다고 하면서도, 복지국가주의와 다르고 자유방임주의적 야경국가와도 다르다고 한다. 상기한 바와 같이 Hayek는 복지국가 그 자체를 부정하는 것은 아니고, 오히려 '隣人효과'라는 이름으로 같은 커뮤니티에 속하는 이웃동지로서의 공통책임을 강조하며, 특히 사회복지나 환경보존을 위한 공동활동이 필요함을 적극적으로 주장한다.[816] 다만 그는 사람들의 '사회적 책임' 내지 '사회화'라는 주장이 인간을 해방시켜주기는 커녕 '사회적 책임'이란 이름 아래 실제로는 모든 사람 각자의 책임이 해소되어 버리는 '무책임사회'가 발생하거나, '사회화'라는 이름아래 관료조직과 엘리트에 의한 지배구조가 강조되고 거대화되어, 결국 일반인들은 다시 자유를 잃고 사슬에 묶이게 될 것이라고 본다.[817] 또한 자유사회야말로 진실한 책임사회라고 보기 때문에, 그는 자유주의적 주장은 모든 사람에게 예외 없이 불가피한 한계를 지적하는 것이며, 그 한계에 대한 자각이라고 한다. 따라서 Hayek의 주장은 자유방임주의라든가 무정부주의와는 근본적으로 다르며, 자유의 확보를 위하여 국가권력의 강화를 필요로 하고, 국가권력의 강화를 배경으로 인간의 자발적인 창의력과 노력이 위대한 문명의 구축으로 연결되어 나가도록 환경적 조건 내지 틀을 만드는데 자유주의의 핵심이 있다고 본다.[818] 이것은 곧 신자유주의란 자유를 하나의 사회적 질서로 파악하고, 자유는 이것을 옹호하는 사람들의 의지가 없거나 그것을 육성·추진하는 정책적 틀을 확립시키려는 국가의 노력이 없으면 성공할 수 없다고 보는 Hayek의 사상을 대변하고 있는 것이다.[819]

결국 Hayek의 신자유주의가 논의의 핵심으로 삼고 있는 것은 자유사회에 있어

816) 박우희, 하이예크, 39면.
817) 박우희, 하이예크, 39면 이하. 이러한 점은 특히 서독이 사회국가원리와 상통한다고 본다.
818) 박우희, 하이예크, 39면 이하.
819) 박우희, 하이예크, 42면.

서의 국가권력의 기능과 역할에 관한 것이다. 즉 '법의 지배'·'법치국가'라는 형식으로 발전되어 온 고전적 자유주의에 대하여 현대의 경제사회에 적응할 수 있도록 국가권력의 기능과 역할을 명백히 하고자 한 것이 Hayek의 신자유주의인 것이다.[820] 그에 의하면 20세기에 들어선 후 정부가 취한 경제정책은 남용의 역사였고, 지금은 그 정점에 이르러 있다고 한다. 다만 일반국민에게는 그 남용이 인식되지 않는 이유가 사회보장, 복지정책이라는 미명하에 이뤄지고 있기 때문이라고 한다. 뿐만 아니라 법실증주의는 관료주의적 행정국가의 등장과 더불어 이를 가속화시키고 있다고 본다. 그리하여 Hayek가 주장하는 신자유주의는 '법의 지배' 하의 경제정책이 이뤄질 것을 주장한다. 국가권력이 담당해야 할 일은 시장메카니즘이 원활히 기능하도록 골격적인 테두리를 설정하는 일이요, 그것은 법의 지배의 원칙에 기초하되, 국가권력이 해야 할 일은 국가의 기간시설을 마련하는 일과, 통화제도, 정보의 공개, 도시환경의 개선, 기술개발, 그리고 개인으로서는 책임질 수 없는 인간의 보호 등에 국한시켜야 하고, 복지정책과 사회보장정책 등의 특정목적을 위한 서비스 업무에 대해서는 국가권력이 해서는 안 되는 일로 Hayek는 평가한다.[821] 따라서 신자유주의의 입장에서는 '정책적 편의'에서 주로 이뤄지고 있는 특정목적의 서비스를 제공하는 것은 결국 법의 지배를 위태롭게 하는 것이고, 그러한 서비스제공이 누적될 때 인간은 자기의 행복을 친구와 가족 및 공동체의 사랑 또는 개인의 향상 등에서 찾지 않고 버릇 나빠진 아이들처럼 감각적인 만족, 물질적인 만족을 추구하게 될 것이라고 보았으며, 이러한 쾌락의 추구는 결국 국가권력의 손으로 억제되거나 가족이나 공동체를 대신하여 국가권력이 뒷바라지하지 않으면 안 되는 전체주의국가 내지 독재국가로 빠지게 될 것이라고 경고한다.[822]

---

820) 박우희, 하이예크, 165면 이하.

821) 박우희, 하이예크, 166면 이하. 이러한 신자유주의를 가장 잘 실현하고 있는 예는 서독이라고 한다. Hayek와 함께 몽펠랑협회의 창립자이고 프라이부르크학파를 대표하는 오이켄과 레프게는 그들의 주장을 지지하는 경제상 에르하르트의 자유화정책에 힘입어 서독의 '사회적 시장경제'를 구축하는데 지대한 공헌을 한 것이다. 왜냐하면 서독의 '질서정책'과 '기초정책'에 의한 개입을 제외하고는 가능한 한 국가의 직접개입을 피하고 개인과 기업의 자유를 존중하였으며, 경쟁적 시장의 운영을 통하여 수출의 증대와 생산의 확대, 생산성의 상승, 물가의 안정을 가져와 훌륭한 경제부흥을 실현하였으며, 선진자본주의국가들 가운데서도 가장 안정된 발전을 거듭하고 있기 때문이다. 永井義雄 外, 박태주譯, 경제정책의 사상, 이삭, 1983, 148-152면.

822) 박우희, 하이예크, 167, 341면 이하; 永井義雄 外, 박태주譯, 경제정책의 사상, 149면.

(3) 評價

Hayek에 의하여 제창되기 시작한 신자유주의는 고전적 이상적인 국가권력의 정당성이론과는 달리 인간의 생활관계 및 경제질서의 면에서 국가권력의 정당성 문제를 논하려고 한다. 그리하여 신자유주의자들은 '자발적 질서'가 개인의 자유를 작동하게 하는 인간의 필요불가결한 요인이라고 하면서, 한 사회가 안정되고 지속적인 질서를 유지하려면 자유를 질서와 도덕과 경제안정의 필요한 전제조건으로 삼아야 한다고 본다. 즉 그들은 인간개선을 위한 유효한 방법으로 부의 균등분배를 가능하게 하고 환경을 보전하게 하며 인간적인 관심을 추구하려고 한다. 그러나 지금과 같이 국가권력이 모든 인간사에 대해서 지나치게 간섭하려고 하는 것은 결국 인간을 부자유하게 하며 슬프게 하는 것이라고 한다.[823] 따라서 Hayek를 비롯한 신자유주의자들은 국가권력이 국가의 경제정책을 펴나감에 있어서 '자발적 질서' 내지 '자유경쟁적 질서'를 기조로 하여 나갈 것을 주장하고 있으며, 현실적으로도 경쟁시장에서의 유효한 가격형성을 실현하기 위하여 독점금지정책을 실시할 것과 중앙집권적 계획경제는 절대적으로 이뤄져서는 안 되고, 경제질서를 적극적으로 유도해서는 안 되며, 오직 경쟁적 시장기능이 유지되도록 바탕을 제공하는데 그쳐야 된다고 보았던 것이다.[824]

그러나 Hayek를 비롯한 신자유주의자들은 정치·사회·경제 등의 문제를 종합적으로 처리해야 하고, 이들이 실용학문·실용질서가 되도록 해야 한다고 강조하면서도 구체적인 해결방안을 제시하지 못하고 있다.[825] 신자유주의는 국가권력이 국민생활과 경제질서에의 개입정도에 있어서 복지국가와 같아서도 안 되고 야경국가와 같아서도 안 된다고 하면서도 '자발적 질서' 내지 '자유경쟁적 질서'를 보장하는데 필요한 '질서정책'과 '기초정책'을 제시하는데 그쳐야 한다고 하지만 구체적 해결방안을 제시하지 못한다. 하지만 시장경제적 자유주의는 그렇게 믿을 만한 것이 못될 뿐만 아니라 더욱이 시장경제적 자유주의는 소유적 개인주의의 영향을 받아 질적인 변화의 과정을 거치게 되면 시장경제적 자유주의에 내재하는 불안정성을 더욱 고조시키게 될 것이기 때문에 문제점이 지적된다.[826] 왜냐하면 시장경제는 애당초부터 노예제도, 식민지의 착취, 종속노동자의 혹사, 연소자의

823) 박우희, 하이예크, 340면.
824) 永井義雄 外, 박태주譯, 경제정책의 사상, 150면.
825) 이러한 문제점은 근대자유주의 국가사상이나 관념주의 및 신자유주의 국가사상이 공통적으로 안고 있는 약점이라고 본다.
826) M. Kriele, 국순옥譯, 민주적 헌정국가의 역사적 전개, 251면.

노동, 실업 등과 양립하여 왔으며, 그리하여 국가주도의 사회입법의 정립이 없이는 해결될 수 없는 상태에 이르렀기 때문이다.[827] 독일의 신자유주의기수의 한사람인 Franz Böhm도 경제적 실력이 막강한 사람에 대한 통제가 없을 경우에 야기될 수 있는 해독은 너무나 크기 때문에 필요한 경우에 사경제활동을 감독하고 통제할 수 있는 권한을 가진 국가행정관료의 설치를 주장하고 있다.[828] 그에 따라 서독에서 주장되는 경우를 보면 노동자의 재산형성을 촉진하는 정책을 추구하기도 하고, 더 나아가 산업간, 도시간, 지역간의 인구배치의 적정화와 사회자본의 정비 등에 대한 적극적인 국가개입이 중시되어 왔으며, 이들은 국가권력이 수행해야 할 중요한 영역으로 지적되어 오기도 한다.[829] 즉 1967년의 「경제안정성장법」의 성립과 더불어 국가권력이 추구해야 할 경제목표로서의 대폭적인 계획성의 도입, 재산상의 경기대책의 정비, 외환정책을 포함한 수입인플레 저지정책, 소득정책의 도입 등이 거론되고 있는 것이다.[830]

이처럼 Hayek에 의하여 제창된 신자유주의는 이론적으로 무리가 없고 설득력이 있는 주장이지만, 실용단계에 이르게 되면 어려움이 없지 않다. 왜냐하면 신자유주의는 선량한 인간을 전제하지 않으면 안 되고, 시장은 개인의 사유재산을 존중하는 바탕에서 이뤄져야 하며, 여기에서 발생되는 개인주의도 다른 이웃, 특히 다른 사람의 인권을 존중하지 않고서는 지속될 수 없는 것이기 때문이다. 다시 말해서 Hayek는 경제의 자율에서도 순수한 원자적인 자유경쟁이 경제전체를 파괴할지도 모른다는 점을 경계해야 한다고 보고 있으며, 무조건적인 자유 내지 자유 아니면 죽음이라는 극단적인 자유경제를 용납하려고 했던 것은 아니다.[831] 그러한 점에서 신자유주의 국가사상은 어느 정도의 여건, 즉 자유경쟁에 대한 도덕성이 갖춰지고 자원의 풍요 속에 자율적인 경제운용이 이뤄지는 가운데 개인의 능력이 최대한 발휘될 수 있는 경우에만 현실화될 수 있는 이론이요 사상이라고 볼 수 있다. 뿐만 아니라 이러한 신자유주의 국가사상은 사회국가원리가 추구하는 목표와 유사하며, 아울러 사회국가를 실현함에 있어서 부딪히고 있는 방법상의 어려움을 아울러 가지고 있다고 할 수 있다. 그리고 또한 신자유주의 국가사상은 최소국가를 지향하며, 이러한 국가만이 도덕적으로 합법적이고 정당화될 수 있다는 것을

827) M. Kriele, 국순옥譯, 민주적 헌정국가의 역사적 전개, 256면.
828) M. Kriele, 국순옥譯, 민주적 헌정국가의 역사적 전개, 254면 이하.
829) 永井義雄 外, 박태주譯, 경제정책의 사상, 151면.
830) 永井義雄 外, 박태주譯, 경제정책의 사상, 152면.
831) 박우희, 하이예크, 342면, 345면.

의미한다고 볼 수 있다.[832)]

4. 法學的 國家觀

(1) H. Kelsen의 法實證主義 國家觀

1) 思想的 背景

Kelsen은 1881년 체코슬로바키아의 프라하에서 태어나 오스트리아의 비인대학에서 법학을 공부했다. 그는 비인대학을 졸업한 이후 30세가 되는 1911년 모교의 강사로 취임하여 학자로서의 첫출발을 시작했다. 1919년 그는 비인 대학 법학부에서 정교수로 임명되고 법철학과 공법학을 담당하게 되었다. 그리고 1930년에 그는 비인을 떠나 독일의 쾰른대학으로 옮겨서 국제법을 담당하게 되었으나, 1933년 나치정권에 의해 대학의 강단에서 물러나게 되었고, 이후로 유럽의 여러 곳을 옮겨 다니다가 1940년 미국으로 망명하게 되었다. 그 후 1943년 켈리포니아 대학 정치학부에서 교편을 잡은 뒤, 1951년 정년퇴직을 할 때까지 근무하면서 하바드대학 등 많은 곳에서 강연을 하였다. 대학을 떠난 후에도 그의 학문적 활동은 쉬지 않았으며, 특히 「정의란 무엇인가」 등의 학문적 업적을 결산하는 여러 저술을 남겼다. 1973년 92세를 일기로 타계한 그는 현대의 국가 및 법사상에서 대단히 큰 발자취를 남기게 되었다.[833)]

Kelsen의 학문세계도 앞서 학문적 명성을 날리고 있던 Weber처럼 광범위하다. 법의 본질문제에서 시작된 그의 학문영역은 정치학·국가학·공법학·국제법학 등을 포괄하였으며, 나중에는 이데올로기비판과 국제평화의 문제에 대해서도 훌륭한 업적을 남기게 되었다.[834)] 특히 Kelsen은 학문생활의 초기에는 법과 국가의 근본문제에 주로 몰두했었으며, 그의 생애의 중반이후로 정치이념과 정치체제의 철학적·역사적 분석에 공헌하게 되고, 비인대학시절의 프로이드와의 인연으로 법과 국가의 근본개념과 심리학 및 사회심리학과의 관계를 연구하기도 했다. 그 중에서도 그는 그의 순수법학의 기초가 된 구약 및 신약성경의 관점에서 국가의 개념과 정의 및 자연법의 중요한 개념을 탐구해 냈다.[835)]

그런데 Kelsen은 학문세계로 들어가는 방법론에 있어서 '인식방법이 인식대상

832) Robert Nozick, Anarchy, State and Utopia, Basic books. Inc., publishers, 1974, p.333.
833) 최종고, 위대한 법사상가들2, 학연사, 1985, 137-143면.
834) 최종고, 위대한 법사상가들2, 135면.
835) William Ebenstein, "Kelsen Hans", in: International Encyclopedia of the Social Sciences, Vol, 8., pp.360.

을 결정한다'는 Kant의 견해를 기초로 하고 있다. 즉 Kant가 그의 비판적 방법론을 통하여 끝없는 자연현상에 관한 인식의 가능성과 한계를 세우려고 탐구해 나갔듯이, 그는 법의 분야에서 동일한 결과를 얻고자 시도했다.[836] 그리하여 Kelsen은 국가와 법사상을 전개함에 있어서 당위와 존재, 규범과 현실, 국가와 사회 등을 엄격히 구별하는 Kant의 사상을 바탕으로 하면서, 방법론상의 순수성의 중요성을 깊이 느껴 법학에서 모든 존재적 요소를 제거하고 순수하고 엄격한 법이론과 국가사상을 확립하고자 했다.[837] 뿐만 아니라 Kelsen은 국가사상을 전개함에 있어서 신칸트학파의 선배들로부터 Kant 이후로 강조되어 내려오고 있는 이원주의(Dualismus)를 극복하는 방법론을 배웠다.[838] 물자체와 현상, 본질과 기능, 자유와 필연 등과 같이 세계 또는 인간을 2개의 상호독립하면서도 일반적으로 대립하고 통일될 수 없는 계기로 보는 이원주의를 극복하기 위하여 그는 비실체적인 개념들인 관계·기능·국면 등을 사용하여 법학적 분석을 하고 있다. 그리하여 그는 국가, 인간, 그리고 실체적 단어와 같은 전통적 개념들을 관계의 인격화일 뿐이라고 보았다. 예를 들어 국가와 법사이의 관계는 그릇된 이원주의에 근거하고 있기 때문에 그에 따르면 국가와 법 사이의 관계에 관한 전통적 문제점들은 해결될 수 없다고 보았다.[839] 특히 그는 국가와 법은 동일한 것이기 때문에 그들 사이의 관계는 논의의 주제가 될 수도 없다고 보았고, 법이론의 순수성을 추구함에 있어서 실정법질서 이외에 또 다른 자연법질서가 있다는 것을 부인하면서 법질서의 이원주의를 배척하고 실정법질서만을 법질서로 인정한다. 즉 철저하게 그는 자연법질서를 부인하는데 거의 모든 학문적 정열을 바쳤으며, 그리하여 "법의 본질은 법을 윤리에서 해방한 곳에서 찾을 수 있으며, 법의 연구는 법을 정치에서 분리하여 그 중립성을 찾는 것으로써 출발한다"고 주장하게 되었다.[840]

2) 國家權力의 正當性과 抵抗權

Kelsen은 Kant 및 법실증주의의 영향을 받아 당위와 존재, 규범과 현실, 국가와 사회 등을 엄격히 구분하는 이원주의의 입장을 고수하여 순수법학이론을 전개하면서도, 국가와 법의 관계를 설명함에 있어서는 이원주의를 부인하고 국가와 법을

836) Ibid., p.361.
837) 계희열, "헌법관과 기본권이론", 공법연구 제11집, 1983, 16면.
838) Kant의 사상을 새롭게 계승하고자 했던 신칸트학파는 Herman Cohen. Ernst Cassirer, U. Stammler 등에 의하여 주도되었고, H. Kelsen은 특히 E. Cassirer의 영향을 받았다.
839) William Ebenstein, "Kelsen Hans", p.361.
840) 최종고, 위대한 법사상가들2, 136면.

동일한 것으로 본다. 그는 전통적으로 법실증주의자들이 생각했던 것처럼 국가를 하나의 법인으로 보는데 그치지 않고 국가란 법질서 그 자체라고 하고 있다.[841] 또한 Kelsen은 도덕·종교 등의 규범이 갖지 못한 물리적 강제요소가 인간의 행위를 지배하는 법질서의 특성이라고 보고, 국가도 법과 마찬가지로 강제질서라고 한다.[842] 즉 그는 국가란 법적인 관계를 의인화한 것에 불과하다고 보면서 국가를 정치적 조직으로 정의하는 경우 이 조직이 일정한 개인을 매개로 하여 타인을 강제할 수 있는 가능성을 의미하기 때문에 국가는 법질서와 마찬가지로 조직된 강제질서 내지 힘의 조직이라고 한다.[843] 그 결과 Kelsen의 순수법학이론은 법에 대해서는 물론이고 국가에 대해서 고찰할 때에도 당위의 세계에서만 설명하려고 하게 되며, 국가에 대한 존재적 고찰, 즉 정치적·사회적·역사적 고찰은 물론이고 철학적·도덕적 고찰을 강력히 배척한다. 따라서 그에 있어서의 주요 관심사는 실정법질서를 완성된 규범체계로 인정하여 이를 객관적으로 인식하는 데 있었고, 순수한 법이론과 국가이론을 전개함에 있어서 정치적·사회적·윤리적인 것으로부터의 해방을 추구하려고 했었다.[844] 따라서 그에 있어서 실정법질서의 정당성문제는 처음부터 제기될 여지가 없고, 오로지 당위의 규범구조에 비추어 본 합법성의 문제만이 있을 수 있다.[845] 즉 Kelsen은 국가의 통치기능을 여러 단계의 법정립기관에 의해 효력상 우열의 차이가 있는 법을 정립하여 법목적을 관철시키는 법의 강제기능이며, 그리고 법의 본질이란 '인간의 행동양식에 관한 강제규범'이라고 보면서, 결국 국가의 통치구조는 인간의 행동양식을 정해주기 위한 권능구조에 지나지 않게 된다.[846] 이때 Kelsen에 있어서 국가의 명령에 해당하는 국가의사는 결국 '통일된 법체계'에 의해서 나타나고, 국가가 지향하는 것은 결국 그 '법질서의 당위성'에 지나지 않기 때문에 국가의 법질서를 떠나서 국가의 통치기능은 논할 수 없게 된다.[847] 뿐만 아니라 자연법을 '법학적 개념의 탈을 쓰고 등장하는 정치'로 정의하고 있는 그로서는 실정법체계를 떠나서 또 다

841) H. Kelsen, Reine Rechtslehre, Verlag Franz Deuticke, 1960, S.293, 289.

842) H. Kelsen, Reine Rechtslehre, S.293, 289.

843) H. Kelsen, Reine Rechtslehre, S.289.

844) 이러한 점에서 H. Kelsen의 순수법학이론은 법의 본질을 찾기 위한 방법이요 수단이며, 극단적으로 말해서 기술이라고 한다. 따라서 그의 이론은 법이 인정하고 있는 세계, 즉 사회적인 영역과 정치적인 분야의 상호의존관계를 부인하는 것은 아니라고 지적하기도 한다. 최종고, 위대한 법사상가들2, 141면.

845) 허영, 헌법이론과 헌법, 349면.

846) 허영, 헌법이론과 헌법. 801면.

847) 허영, 헌법이론과 헌법, 802면 이하.

른 국가의사를 논할 수 없다고 보기 때문에 결국 실정법질서 속에서 국가권력의 정당성문제도 논의되지 않으면 안 된다.[848] 따라서 그의 입장에서 정당성은 곧 합법성을 의미하며, 규범구조에 비추어 타당근거를 갖는 경우 국가권력은 정당화된다고 보고 있는 것이다.

한편 Kelsen에 있어서의 법질서로서의 국가는 다른 법실증주의자들과 마찬가지여서 이미 존재하는 것으로 전제된다. 국민을 떠나서 국가 스스로인 법질서 속에 '국가의 주권'이 있다고 보기 때문에 그에게 있어서 정치적 통일체로서의 국가가 어떻게 형성되느냐와 같은 문제는 처음부터 제기되지 않는다.[849] 그리고 국가는 국민과는 별개로 완성물로 존재하면서 의사표시를 통하여 법질서를 형성하고, 그 법질서는 국가자신을 의미하는 까닭에 Kelsen의 관점에서는 '국가목적'은 법목적이고, 모든 '국가작용'은 법질서를 실현시키기 위한 법작용에 지나지 않게 되며, 아울러 그가 생각한 모든 국가는 마땅히 법치국가를 의미하는 것이 된다.[850] 이와 같이 국가를 선재하는 것으로 파악하고 국가를 법질서와 동일시한 Kelsen의 국가사상은 국가란 일종의 '자기목적적인 강제질서'인 동시에 '힘의 조직'으로 표현되며, 이러한 그의 현대적 법치국가의 관점에서는 국가권력 내지 국가작용의 정당성을 따지는 것은 전혀 무의미한 일이 된다.[851] 예를 들어 법실증주의자인 Anschütz가 지적한 대로 "정당성은 국가권력의 본질적 동기가 아니다"고 한 말이나,[852] Stier-Somlo가 "정당성이란 국가권력의 징표가 아니며, 또한 새로운 국가권력이 기존의 법적인 관점에서 정당한가 아닌가를 따지는 문제는 법적으로 중요하지 않다"고 한 견해를[853] 받아들여 자신의 국가사상을 전개하고 있는 Kelsen은 국가권력의 권능행사를 오직 국가권력의 사실상의 점유의 관점에서 평가하고 있다. 또한 Kelsen은 당시의 독일제국법원이 법실증주의의 국가이론을 원용하여 판시하고 있는 것처럼 혁명을 통하여 창설된 새로운 국가권력은 승인이 허용되지 않을 수 없으며, 국가권력이 없는 국가는 존립할 수 없기 때문에 舊국가권력의 제거와 함께 이미 확고한 위치를 차지한 新국가권력은 전자의 지위를 차지하게 된다고 함으로

848) 허영. 헌법이론과 헌법, 349면.
849) 계희열, "헌법관과 기본권이론", 16면.
850) H. Kelsen, Reine Rechtslehre, S126.
851) H. Kelsen, Reine Rechtslehre, S.126.
852) Meyer-Anschütz, Lehrbuch des Deutschen Staatsrechts, in: Thomas Würtenberger, Die Legitimität staatlicher Herrschaft, S251.
853) Fritz Stier-Somlo, "Legitimität", in: Thomas Würtenberger, Die Legitimität staatlicher Herrschaft, S.251.

써 국가권력의 성립상의 정당성은 국가권력의 본질적 징표가 아니라고 한다.[854] 왜냐하면 새로운 헌법이 어떠한 형성과 절차에 따라 제정되었는지에 관계없이 새로운 헌법의 효력이 발생함과 동시에 그가 주장한 가설(Voraussetzung)인 근본규범(Grundnorm)이 변화하는 것이며, 그 근본규범 하에서는 헌법제정의 사실과 헌법에 따라 발동된 사실들이 법규범을 창조하고 법규범을 적용하는 사실들로 간주되게 되기 때문에 현존하는 헌법에 근거를 둔 일반적이고 개별적이며 효율적인 통치는 정당한 국가통치가 된다고 그는 보고 있는 것이다.[855] 즉 Kelsen은 하나의 법규범은 법질서의 내부에서 그의 타당근거를 유지하는 한 정당하다고 생각하고 있으며, 법 이외의 척도에 근거하여 하나의 법질서, 즉 국가를 정당화하거나 불법화하는 문제는 발생하지 않는다고 한다.[856]

위와 같이 Kelsen은 국가를 국민과는 무관한 독자적인 완성물로서 스스로 '자기목적'을 추구하는 '강제기구'로 보기 때문에 자기정당성을 갖는다고 한다. 아울러 국가주권을 강조하면서 국가목적이 곧 법목적이고 또한 자유목적이라고 보아, 그는 국가만이 진정한 자유를 비로소 가능하게 한다고 하였다.[857] 그리고 자연법의 존재를 부인하고 실정법의 절대적인 효력을 강조하는 그의 안목으로 볼 때는 실정법질서를 떠난 인간의 자유나 권리 같은 것이 있을 수 없다. 그가 강조하는 실정법질서란 다름 아닌 강제질서를 뜻하고, 이 강제질서는 바로 인간의 행동을 언제든지 규제할 수 있는 것이기 때문에, 인간의 자유와 권리는 국가적인 강제질서에 의하여 규제되지 않는 범위 내에서 허용된다고 하는 것은 바로 그러한 이유 때문이다.[858] 따라서 Kelsen에 있어서는 자기목적을 갖는 국가권력이나 국가작용에 대항하여 저항하는 것은 용납되지 않는다. 특히 超실정법적 저항권의 인정여부에 관하여 부인하는 입장에 있는 법실증주의의 기본태도에 따라 Kelsen도 실정법질서가 내포하고 있지 않은 어떠한 超실정법적 저항권도 부인하고 있다.

3) 評價

Kelsen은 국가를 법질서와 동일한 것으로 보았고, 국가 내지 실정법질서를 국민의 의사와는 무관하게 독자적인 완성물로 보며, 국가를 국민의 의사와는 별도로

854) Thomas Würtenberger, Die Legitimität staatlicher Herrschaft, S.251. 독일제국법원은 1918년 11월의 성공한 혁명을 승인하기 위하여 그러한 이론을 전개하게 되었었다.
855) Thomas Würtenberger, Die Legitimität staatlicher Herrschaft, S.250.
856) Thomas Würtenberger, Die Legitimität staatlicher Herrschaft, S.250.
857) H. Kelsen, Allgemeine Staatslehre, S.44.
858) 허영, 헌법이론과 헌법. 350면.

선재하는 존재로 파악하고 있는 점을 지적했다. 그런데 오늘날은 인간적인 사회생활과정에서 일정한 목적에 의해서 조직된 사회의 정치적인 활동단위가 바로 국가를 뜻하기 때문에, 국가권력은 이 사회의 조직과정에서 비로소 창설되는 것이지 이 조직과정을 떠나서 독자적으로 존재할 수 없다는 점을 주목해야 한다. 즉 국민을 떠난 국가가 존재할 수 없고, 국민의 이익을 무시한 국가이익을 인정할 수 없다고 생각하는 오늘날의 국가사상의 일반적 관점에서 볼 때, 이것은 국민주권사상에 반할 뿐만 아니라 현대의 민주적 통치질서의 요청과도 거리가 있는 구시대적 이론이라고 하지 않을 수 없다.[859] 따라서 Kelsen의 사상적 기초가 되고 있는 순수법학의 관점에서 볼 때는 당연한 논리적 귀결이라고 할 수는 있지만, 국민의 의사와는 무관한 독자적인 완성물로 생각하고 국가주권을 강조하는 그의 사상은 '자기목적적인 국가관'이라고 하지 않을 수 없다.[860] 그리고 이러한 Kelsen의 국가관은 결국 '국가목적적인 국가관'으로 발전하게 되고, 이것은 또한 '국가지상주의'의 이론적 바탕이 되기 때문에 국가권력의 전능적 권력행사로 이어져서 독재정치의 온상이 되어 오고 있다는 점도 간과해서는 안 된다.

뿐만 아니라 Kelsen은 국가를 국민의 의사와는 별도로 선재하는 존재로 파악하고 있음으로 해서 국가가 누구에 의해서 어떻게 형성되는지 설명하지 않고 있다. 그리고 그는 국가 내지 국가권력의 창설과정을 문제로 삼지 않을 뿐만 아니라 현존하는 국가 내지 국가권력을 승인하고 있기 때문에 모든 국가권력의 '자생적 정당성'(Selbstlegitimation)을 주장하고 있기도 하다. 그러나 Kelsen의 그러한 주장은 국가권력의 창설과 국가 내에서 행사되는 모든 권력의 정당성이 국민의 Konsens에서 나와야 한다고 보는 현대의 민주국가적 관점에서는 독재자의 자기변호적인 괴변에 지나지 않는다고 본다. 왜냐하면 국민주권이 확립된 현대민주국가는 국민의 Konsens와 직결된 '민주적 정당성'만이 국가권력의 통치권행사를 정당화시켜 줄 수 있기 때문이다. 아울러 오늘날의 국가권력은 국가권력이 형성되는 과정과 성립된 국가권력이 자신의 권능을 행사함에 있어서 요구되는 절차적 정당성이 요구되고 있는데, 이러한 절차적 정당성을 간과하고 있는 Kelsen의 주장은 비판을 면할 수 없다고 본다.[861]

또한 Kelsen에 있어서는 국가 내지 법질서를 설명함에 있어서 강제질서 내지 힘의 조직이라고 설명할 뿐이고, 실정법질서 내지 통치질서가 갖는 의미와 기능에

859) 허영, 헌법이론과 헌법, 806면 이하.
860) 허영, 헌법이론과 헌법, 807면.
861) 허영, 헌법이론과 헌법, 807면.

대하여 아무런 언급도 없이 '자생적 정당성'을 인정하고 있다. 즉 통치질서를 구성하고 있는 기본권부분과 통치구조부분 사이의 관계를 명백히 설명하지 않으면서, 한나라의 통치구조는 결국 법목적으로 징표되는 국가자신의 목적을 달성하기 위한 자생적 권능구조에 지나지 않는다고 한다. 다시 말해서 Kelsen은 국민의 기본권과는 무관한 일종의 자기목적적 권능구조로서의 통치구조를 중심으로 국가를 논하고 있는 것이다.862) 그런데 이처럼 국가가 자기목적 때문에 자생적 정당성에 입각하여 강제력으로 '인간의 행동양식'을 규율하게 되는 경우에는 국민의 자유와 권리는 설 땅이 없어지게 된다. 물론 Kelsen의 순수법학이론의 순수성을 지키기 위해서 법질서에 대한 법 이외의 가치평가를 해서는 안 된다는 그의 논리를 지키기 위해서 필요할지 모르나, 국민의 기본권이 국민에 의한 '은혜로서의 성격'을 갖게 되는 것은 가치를 중시하는 현대적 국가사상에서는 받아들이기 어려운 문제점이 있다.863)

(2) C. Schmitt의 決斷主義 國家觀

1) 思想的 背景

Schmitt는 1888년 웨스트팔리아의 조그만 도시인 플레텐베르크에서 태어났다. 그는 신교도들이 주로 사는 지역에 살고 있었지만 어머니의 권유로 카톨릭성직자가 되기 위하여 카톨릭계 초등학교에 다녔으며, 중등학교는 인문계 김나시움에 다니긴 했지만 카톨릭 수도원에 기거하면서 다녔기 때문에 고전문학이나 종교, 그리고 희랍어 등에 관한 교육을 철저히 받게 되었다. 그러나 1907년 베를린대학에 입학한 후로는 아버지의 허락을 받아 법학을 전공하게 되었고, 1910년 쉬트라스부르크대학을 졸업할 때에는 형법논문을 제출하여 박사학위를 받게 되었다.864) 졸업과 동시에 첫 번째 법관시보시험에 합격한 이후로 잠시 평범한 법률가로 일하다가 1914년에는 교수자격논문을 제출하였다. 제1차대전이 발발하자 Schmitt는 보병대에 지원하였으며, 훈련도중에 척추를 다쳐 뮨헨에 있는 보충병사령부에서 근무하였다. 전쟁이 끝나고 뮨헨대학에서 잠시 강의를 하다가, 그는 1921년 그라이

862) 허영, 헌법이론과 헌법, 807면.

863) 허영, 헌법이론과 헌법, 807면. 이와 같이 H. Kelsen이 법 이외의 가치평가를 거부한 이유는 그에게 있어서는 도덕적인 것이 중요한 것이 아니라 도덕체제의 다양성, 즉 하나의 실정법질서가 도덕에 따른 것이긴 하지만 다른 것과 결과에 있어서 상호 모순되는 도덕체제의 다양성이 보다 중요하다고 생각한 때문이었다. Thomas Würtenberger, Die Legitimität staatlicher Herrschaft, S.250.

864) George Schwab, The Challenge of the Exception, Dunker and Humblot, 1970, .p13.

프스발트대학 정교수로 취임하였으며, 이듬해인 1922년에는 본대학에 취임하여 1928년까지 근무했고, 1928년 베를린대학 경영대학원으로 옮긴 Schmitt는 슬라이허의 요청으로 독일제국의 법률고문으로 활동하기 시작했다.[865] 1933년 1월 30일 Hitler가 정권을 장악하자 프로이센의 추밀고문관과 나치법조단의 지도자로서 활약하게 되고, 나치당에 입당하게 되었으며, 1936년에는 나치법조단의 지도자 자리에서 물러나게 되자 그 이후로 학문적 활동에만 전념하게 되었다.[866] 전후 Schmitt는 1년 이상의 구금생활을 해야 했고, 뉘른베르크전범재판소에 증인으로 참석해야 했으나 소추되지는 않았으며, 1947년 석방되자마자 고향인 플레텐베르크로 돌아가 그곳에서 머물면서 저작생활을 해오다가 1984년 96세를 일기로 사망했다.

이와 같은 과정에서 Schmitt는 그의 초기 저작 속에서 현행의 실정법에 각법률사건들을 포섭시키는 규범주의적 방법론으로 충분한 것으로 생각했었다. 예를 들어 그는 초기 저작을 대표하는 교수자격논문인 「국가의 가치와 개인의 의미」에서 신칸트학파의 일반이론을 따르고 있는 것을 알 수 있으며, 그 결과 그는 국가의 기능이란 법의 실현에 있고, 법은 국가에 선행한다고 보고 있다.[867] 그런데 1913년 변호사이며 중앙당의 부당수였던 Hugo am Zehnhoff를 만난 이후 그의 영향을 받아 법학연구의 스타일을 완전히 바꾸어 나가고 있다. 특히 그는 제1차대전을 겪으며 체험한 것 때문에 독재, 예외상태, 기타 유사한 문제 등에 관심을 가지게 되었으며, 그리하여 1920년대에 들어선 이후로는 신칸트주의나 규범주의를 논박하고 결단주의에 따른 이론을 전개한다.[868] 또한 Schmitt는 어린 시절부터 카톨릭의 영향을 많이 받았기 때문에 카톨릭적 정신세계가 그의 지적 생활을 지배해 왔었다. 특히 그는 카톨릭교회의 안정성과 법적 완전성에 대해 찬미를 보냈었고, 아울러 카톨릭의 정신을 그 핵심적 특성을 잃지 않으면서도 다양한 정치제도와 결합할 수 있는 탄력성을 지니고 있다고 생각하여 지지를 보냈었다.[869] 그러나 독일의 정치적 상황이 점점 혼란에 빠지고 미래가 불투명해지면서 Schmitt는 그의 지적 생활을 지배해 오던 카톨릭정신으로는 독일의 정치적 미래를 개척해 나갈 수 없게 되었다고 판단하고 다른 곳에서 정치이론의 근거를 찾게 되었다. 즉 카톨릭신

865) Ibid. p.15.
866) Ibid, p.16.
867) Ibid. p14.
868) Ibid.
869) Ibid, p.19. 그는 모든 중요한 현대국가론상의 개념들은 세속화된 신학적 개념들이라고 보았다.

학은 정치이론을 위한 확고한 기초를 제공하는 대신에 다른 어떤 세속적 원리보다도 논쟁거리와 구분상의 어려움을 제공한다고 확신하게 되었다[870].

이처럼 신칸트주의와 규범주의를 논박하고 지금까지 자신의 정신세계를 지배해온 카톨릭의 정신세계를 극복하고자 한 Schmitt는 무엇보다도 정치적 혼돈을 극복하고 법적 안정성이 확립되기를 바라게 됨으로써 홉스와 같은 부류의 국가사상에로 기울어져 갔다. 즉 권력, 갈등, 그리고 구체적 상황과 관련된 정치적 현실주의에 빠지게 된다.[871] 예를 들어 Schmitt는 그가 정치신학자라고 불렀던 Bonald, de Maistre, Donoso Cortes 등의 보수주의적 사상가들의 이론은 물론이고[872] 절대적 성격을 가지는 보댕의 주권개념을 받아들이고 있으며, 홉스로부터는 '법을 만드는 것은 진리가 아니라 권위이다'라는 명제를 받아들여 권위를 가진 사람은 복종을 요구할 수는 있으나 권위를 소유한 사람이 항상 정당한 주권자인 것은 아니라는 입장을 표명하고 있다.[873] 또한 Schmitt는 Rousseau의 국가사상, 즉 치자와 피치자는 동일하며 일반의지가 모든 국가작용의 근거가 되어야 한다는 사상을 수용하여 그의 결단주의국가사상의 기초로 삼고 있다.[874] 그리하여 Schmitt는 "누구나 정의, 도덕성, 윤리, 평화 등을 원하지만 이러한 개념들이 특정한 사건에서 무엇을 의미하는지를 누가 결정할 것인지가 중요하다"고 함으로써,[875] 결단의 중요성을 강조하기 시작했다. 그는 모든 가치개념들이 무엇을 의미하는지를 결단을 내릴 수 있는 주권적인 권위가 없을 경우에는 정의, 인간성, 질서, 또는 평화의 이름으로 다른 구체적인 인간집단들과 다투는 구체적인 인간집단들이 존재하게 된다고 보게 된 것이다.[876] 따라서 Schmitt는 어떤 법질서가 궁극적으로 주권적인 결단에 근거하고 있다는 사실을 지적하기 위해서 결단주의라는 개념을 확립하고 있는 것이다.[877]

다만 Schmitt는 그의 국가사상을 체계적으로 전개하고 있지는 않다.[878] 왜냐하면 그의 관심은 그가 개인적으로 참여하고 있었고, 또한 그의 운명이 걸려 있던

870) Ibid.

871) Jeseph W. Bendersky, Carl Schmitt-Theorist for The Reich, Princeton University Press, 1983), p.88.

872) George Schwab, The Challenge of the Exception, pp.20.

873) Ibid. pp.25.

874) Ibid. p.26.

875) C. Schmitt, "Zu Friedrich Meineckes Idee der Staatsräson", Archiv für Sozialwissenschaft and Sozialpolitik, Band 56 (1926), in: J. W. Bendersky, Carl Schmitt-Theorist for The Reich, p.87.

876) C. Schmitt, Der Begriff des Politischen, S.66f.

877) Jügen Fijalkowski, "Schmitt Carl", in: International Encyclopedia of the Social Sciences, Vol. 14., p.58.

878) 허영, 헌법이론과 헌법, 163면.

정치적 상황과 문제들에 있었으며, 그 결과 그의 국가사상은 일반적이고 추상적인 이론정립보다는 특정한 문제에 특정된 답변을 요구하는 형태로 전개되고 있기 때문이다[879]. 특히 그는 "역사적 진리는 오직 한번만 진리일 뿐이다"함으로써, Hegel에 있어서와 같이 역사의 궁극적 목적에 관하여 그의 저작 속에서 언급하고 있지 않은 것은 그 때문이다.[880] 아울러 Schmitt는 「정치적 낭만주의」라는 글을 통하여 독일의 정치적 낭만주의는 하나의 근원에서 비롯되는 근본적인 세계관이 없기 때문에 모든 문제에 주관적으로 접근하는 경향이 있고, 그 결과 독일의 정치적 낭만주의는 우유부단할 뿐만 아니라 너무나 다양한 정치적 사조와 결합하고 있다고 하면서 주관적 계기주의(subjective occasionalism)라고 비판했다.[881] 그러나 이미 Schmitt의 초기 저작 속에는 역사적 이벤트(event)의 유일성에 관하여 명백한 믿음을 표현하고 있기 때문에 낭만주의를 극복한 것이 아니다. 오히려 그는 독일의 정치적 낭만주의는 그때그때의 시대와 환경에서 활동중인 경향을 대변하는 것에 불과하다고 함으로써 자기 스스로도 그러한 경향에 따라가고 있는 것이다.[882] 다시 말해서 Schmitt는 무엇보다도 정태적인 측면에서 국가현상을 바라보려고 한 것이 아니라 유동적이고 변화하는 정치현상을 중심으로 해서 국가를 동태적으로 파악하려고 했기 때문에 그때그때의 결단을 중요시하게 되었고, 그 결과 국가사상에 있어서 체계적인 이론전개가 이뤄지지 않고 있는 것이다.

2) 國家權力의 正當性과 抵抗權

Schmitt에 있어서 국가는 한 국민의 실존적인 정치적 통일체를 의미한다.[883] 그리고 그에 따르면 국가권력이란 결단을 내리는 정치적 실체로 파악하고 있다. 즉

---

879) George Schwab, The Challenge of the Exception, p.27.

880) Ibid, p.27. 이러한 점에서 C. Schmitt는 Hegel의 영향을 많이 받았다. 즉 C. Schmitt는 국가란 객관적 정신 내지 이성의 영역에 속하는 것이며, 모든 다른 인간의 조직체보다도 우월한 실체로 간주되고 있다는 점에서 Hegel의 사상과 일치하며, 아울러 '역사는 끊임없이 변화하는 과정이다'는 Hegel의 기본적 역사관을 Schmitt도 철저히 받아들이고 있다. 그러나 Hegel에 있어서 국가는 최고의 인간존재의 형태를 실현하는 수단으로 평가되지만, Schmitt는 시민사회의 장식으로부터 당시의 독일제국을 구출하는데 주된 관심을 두고 있는 점에서 차이를 보이고 있다. Ibid, p.28.

881) C. Schmitt, Politische Romantik, in: George Schwab, The Challenge of the Exception, pp.24. 특히 C. Schmitt는 독일의 낭만주의자이며 보수주의자인 A. Müller의 사상을 소개하면서 그는 현실적으로 자아중심적이고 낭만적인 선입관으로부터 국가와 정치에 대한 폭넓은 전망으로 변화시키지 못했다고 결론짓는다. J. V. Bendersky, Carl Schmitt-Theorist for The Reich, p.25.

882) Jeseph W. Bendersky, Carl Schmitt-Theorist for The Reich, p.25. C. Schmitt는 정치적 낭만주의가 전통적으로 절대적이고 객관적인 기준으로 봉사해 온 신의 개념을 대신하게 되었다고 한다.

883) C. Schmitt. Verfassungslehre, S.205.

그에 의하면 사회 내의 어떠한 실체도 敵으로부터 友를 구별해 낼 수 없으며, 그 적에 대항하여 무력투쟁을 행할 수단을 가지고 있지 못하다고 하였고, 그리하여 그는 오직 국가만이 국민들로 하여금 궁극적인 희생을 요구할 수 있고, 또한 적을 주저 없이 죽일 수도 있는 준비를 요청하고 있다고 보았다.[884] 그리고 이러한 이유로 Schmitt는 국가는 모든 다른 사회적 내지 정치적 실체들에 우선하는 것으로서 주권적인 실체라고 하는 점에서 다원주의국가론을 공격한다.[885] 즉 강력한 국가만이 반대당(야당)에게 관용을 베풀 수 있기 때문에 자유민주주의를 실현해 낼 수 있고, 그에게 국내의 질서를 보장할 수 있도록 권위가 있지 않으면 안 된다고 그는 보았다.[886] 그렇지만 그에 따르면 국가가 권위주의적 내지 전체주의적 실체일 것을 의미했던 것도 아니고, 또한 국가가 인간생활의 모든 면을 결정하거나 중앙집권화된 체제가 모든 다른 조직 또는 법인체를 파괴해야 된다는 것을 의미하지도 않았다.[887] 오직 그가 주장하려고 했던 것은 이미 확립되어 있는 정치적 내지 법적 질서를 중대하게 위험에 빠뜨리지 않는 한, 경쟁하는 사회그룹들과 정치조직들 및 정당들이 국가 내에 존재할 수 있다는 점이었으며, 그 속에서 국가는 결단의 주체로서 모든 다른 실체들에 대해 우월한 지위에 있어야 한다는 것이었다.[888]

이처럼 국가를 결단을 내리려는 정치적 실체로 파악한 Schmitt는 그러한 국가는 주권자가 없이는 존재할 수 없다고 한다.[889] Schmitt는 Bodin의 주권이론을 받아들여 최고이고 불가분이며 절대적인 주권자의 권력을 인정함으로써 주권에 있어서의 결단적 측면을 관심을 가지고 고찰한다. 즉 예외상태(Ausnahmezustand)에 대해서 관심을 가지고 있던 슈미트는 주권자는 극단적인 사건이 존재하는지 어떤지를 결정해야 함은 물론이고 그러한 사건을 종결시키기 위하여 무슨 조치가 이뤄져야 할 것인가를 결정해야 한다고 고찰하였다.[890] 특히 국가 내에 존재하면서 국가적 평화 또는 국가의 존립을 위협하는 모든 집단은 필연적으로 국가의 적으로 선언되어야 한다고 보면서, 그는 현존하는 체제를 파괴하려고 하는 집

884) C. Schmitt, Der Begriff des Politischen. S.45f.
885) A.a.o., S.28f.
899) C. Schmitt, "Franz Blei", Frankfurter Zeitung, March 22, 1931, in: George Schwab, The Challenge of the Exception, p.57.
887) C. Schmitt, Der Begriff des Politischen. S.39, 48.
888) George Schwab, The Challenge of the Exception, p.59; J. W. Bendersky, Carl Schmitt- Theorist for The Reich, p.90.
889) George Schwab, The Challenge of the Exception, p.59.
890) C. Schmitt, Politische Theologie, in: George Schwab, The Challenge of the Exception, p.50.

단들과 다른 집단들과의 투쟁에서 국가를 혼란 속에 몰아넣을 위험이 있는 집단들을 염두에 두고 구체적이고 현실적인 주권자를 요구한다. 다시 말해서 그는 법의 제정이나 결단을 구체적으로 내릴 수 있는 주체로 구체적인 인간을 요구하고 있으며, 국가에 있어서 최종적인 결단을 내리는 사람을 바로 주권자라고 부르고 있다.891) 그리고 Schmitt는 이와 같이 예외상태를 전제로 하면서 국가를 논하고 있기 때문에 국가론에 있어서의 핵심을 주권론에 두고 있다. 즉 그는 계속적인 위기를 극복하기위해 강력한 권위 내지 국가를 요구하고 있고, 아울러 그는 계속적으로 발생하는 위기에 대한 해결책으로 국민투표적 민주주의형태의 확립을 주장하고 있다.892) Schmitt는 바이마르공화국헌법과 관련해서 군주정적 정당성을 받아들일 수 없는 것이었기 때문에 정부형태의 측면에서 주권자인 국민에 의해 직접 선출되는 대통령제를 받아들이면서 민주적 정당성의 개념을 제창하고 있는 것이다.893) 이것은 그가 국민의 정치적 통일체로서의 국가를 정치형태적으로 형성함에 있어서 주권재민의 민주주의원리가 지배해야 한다고 보고 있는 것이다.894) 그는 국가권력(통치구조)의 문제를 일단 기본권과 이념적으로 분리시켜서 국가의 정치적인 권력구조의 문제로 이해하면서 동일성이론에 입각한 국민의 자기통치를 합리적이고 실효성 있게 보장하기 위한 국민투표적 민주주의형태를 주장하고 있는 것이다.895)

그런데 Schmitt는 예외상태를 전제로 한 주권론을 전개함에 있어서 상대적으로 안정된 시기에는 결단주의적 요소가 사라지는 것을 보고 주권론에 있어서 결단주의적 요소를 최소화 하려고 한다. 그리하여 그는 주권자의 권력을 법적 한계 내에 종속시키려고 했던 Locke의 이론구조에서 그 해결책을 찾았다.896) 즉 19세기 말까지 독일에서는 주권자의 권력을 법적 한계 내에 종속시켜야 한다는 사고는 없고 주권자가 누구이냐에 대해서만 관심이 집중되었었는데, Schmitt는 자연법의 존재를 인정하면서 법을 우선시키는 국가관을 피력하게 된 것이다.897) 그는 국가의 궁극적인 존재이유와 과제는 법을 실현시키는 것이라고 하고 있으며, 그 법은

891) C. Schmitt, Hüter der Verfassung, S.16, 19, 20.

892) C. Schmitt. Verfassungslehre, S.82-87; George Schwab, The Challenge of the Exception, p.22.

893) C. Schmitt, Verfassungslehre, S.90f; George Schwab, The Challenge of the Exception, p.22.

894) C. Schmitt. Verfassungslehre, S.125ff.

895) 허영, 헌법이론과 헌법, 818면. 이러한 입장에서 C. Schmitt는 '정치적 통일체'로서의 국민이 현실적인 크기로 존재하면서 '통일된 정치의사'를 가지고 통일된 정치활동을 할 수 있다는 것을 논증하기 위하여 꾸준한 노력을 하고 있다고 한다.

896) C. Schmitt, "Die Diktatur", in: George Schwab, The Challenge of the Exception, p.47.

897) C. Schmitt, Der Wert des Staates und die Bedeutung des Einzelnen, S.48.

Kelsen에게 있어서처럼 국가와 동일한 것이 아니고 또한 단순한 국가의 명령도 아니며, 오히려 그것은 선국가적이고 초국가적인 자연법을 의미한다고 하였다.[898] 그리하여 그는 초국가적인 자연법의 우선적 효력과 그 내용으로서의 자유의 실현을 국가적인 과제로 생각하고 있으며, 특히 그는 기본권과 국가권력의 상호관계에 대한 '배분의 원리'를 주장하면서, 인간의 자유는 무제한한 것이지만 국가권력은 제한적인 것이라고 강조하고 있다[899]. 이것은 그가 국가권력 스스로가 어떤 목적일 수는 없고, 자연법적인 자유의 실현이 바로 국가의 목적이며, 이 자유실현의 목적이 국가권력을 정당화시켜 준다고 보고 있음을 의미한다.[900]

이러한 의미에서 Schmitt가 주장한 국가권력은 국민에게 일방적인 명령만을 강제하는 '강제기구'도 아니고, '힘의 복합체'도 아니며, 오로지 국가권력이란 국가에 주어진 자연법실현이라는 과제 때문에 정당화되는 것이므로, 국가의 이 같은 과제를 떠난 국가권력의 정당성이란 인정될 수 없다고 한다.[901] 따라서 Schmitt에 있어서 국가권력은 인간이 가지는 선천적이고 전국가적인 자유를 보장하는 기능 때문에 그 존립이 정당화되는 것이며, 그 결과 인간은 그러한 선천적이고 전국가적인 자유를 보장하기 위한 '최후수단'인 동시에 '불가양의 권리'로서 저항권을 갖지 않으면 안 된다고 한다.[902]

3) 評價

Schmitt의 결단주의 국가사상은 법실증주의의 자기목적적인 국가사상을 탈피하고, 인간의 선천적이고 초국가적인 자유와 권리의 보장을 국가의 목적이자 과제로 내세우면서, 이를 위해 국가권력의 제한과 권력분립의 필요성을 강조하고 있는데, 이처럼 자유주의적인 국가사상을 확립한 그의 공헌은 매우 크다고 할 수 있다.[903] 그러나 그는 선재하는 국가권력으로부터 인간의 선천적이고 초국가적인 자유와 권리를 어떻게 보호할 수 있을 것인가를 전제로 하기 때문에, 국가권력과 기본권의 관계를 이념적으로 분리시키고 있다는 점에서 문제점이 제기된다. 즉 그는 기본권의 본질을 '국가로부터의 자유'로 파악함으로써 기본권에 내포된 input기능과

898) C. Schmitt, Der Wert des Staates und die Bedeutung des Einzelnen, S.52, 55, 75, 80.
899) C. Schmitt. Verfassungslehre, S.166. 따라서 그러한 C. Schmitt의 이론은 헌법질서를 이원적인 것으로 평가하고 있다. 이 점은 제5장에서 자세히 살펴본다.
900) C. Schmitt, Der Wert des Staates und die Bedeutung des Einzelnen, S.53.
901) C. Schmitt, Der Wert des Staates und die Bedeutung des Einzelnen, S.55.
902) C. Schmitt, Der Wert des Staates und die Bedeutung des Einzelnen, S.164.
903) 허영, 헌법이론과 헌법, 818면.

국가형성적 기능을 무시하는 결과를 초래했고, 그 결과 국가의 통치질서를 이원적인 것으로 이해함으로써 기본권보장을 핵심으로 하는 자유주의원리와 국가의 권력작용을 규율하기 위한 민주주의원리를 상호모순되는 것으로 평가하고 있다.[904] 특히 그는 기본권보장에 관한 규정들은 자연법적인 자유주의사상에 바탕을 두고 있기 때문에 비정치적인 구성부분의 것으로 보고 있고, 국가의 권력작용에 관한 규정들은 루소적인 국민주권사상을 바탕에 두고 정치형성적인 원리로서의 민주주의원리가 지배하는 정치적인 구성부분에 해당한다고 보고 있다.[905] 그러나 자유권을 포함한 참정권 등의 모든 기본권적 가치는 사회공동체의 동화적 통합을 달성하기 위하여 반드시 실현되어야하는 공감대적 가치에 해당하는 것이기 때문에 기본권 그 자체에 이미 국가를 향한 input기능과 국가창설적 기능이 내포되어 있기 마련인데, 이 점을 Schmitt는 간과하고 있다.[906] 뿐만 아니라 한나라의 통치질서를 기본권부분과 통치구조부분으로 구분하고 상호간에 인위적인 장벽을 쌓으려고 하는 Schmitt의 결단주의적 이원질서론은 자기모순을 초래하고 있다. 왜냐하면 자연법적인 자유의 실현이 국가의 목적이요 과제라고 주장하면서도 기본권부분과 통치구조부분이 별개의 지배원리에 따라 별개의 목적을 추구하는 이념적인 단절관계에 있는 것으로 설명하고 있기 때문이다.[907] 따라서 통치질서를 이원질서로 보고 통치구조만을 정치질서로 파악해서 통치구조를 국가의 권력작용에 관한 정치형성적인 구조라고 이해하는 시각은 오늘날의 입장에서 받아들이기 어렵다.

한편 Schmitt가 위와 같이 이원적 통치질서를 주장하고 있는 가운데, 그는 국가에 권력이 있다는 사실이야말로 국가의 본질이라고 보는 점에서 주목을 끈다. 그는 '주권자란 예외적 상황에서 결단을 내리는 자'라고 하면서, 전쟁, 혁명, 내란, 극도의 경제적 위기 같은 예외상황 내지 비상사태가 발생하면 주권자는 가공할 만한 국가권력을 유감없이 발휘하여 사태를 극복해야 한다고 보고 있기 때문이다.[908] 그 결과 그의 국가사상은 결단을 할 수 있는 권력을 쟁취하기 위한 투쟁적 요소가 국가의 본질인 것처럼 간주되고 있으며, 그는 이처럼 권력의 문제는 진지하게 다루고 있으나 권력행사가 도덕적으로 일정한 기속을 받는 것인지의

904) 허영, 헌법이론과 헌법, 819면: Jügen Fijalkowski, "Schmitt Carl", p.58.
905) 허영, 헌법이론과 헌법, 819면 이하.
906) 허영, 헌법이론과 헌법, 820면.
907) 허영, 헌법이론과 헌법, 820면 이하.
908) C. Schmitt, Politische Theologie, S.11.

여부는 중요하게 다루지 않고 있다.[909] 더욱이 그는 자연법적인 자유는 비정치적 성격의 것이기 때문에 그 자유의 원리는 아무것도 창설하지 못한다고 한다. 다만 정치적 민주주의원리가 순수한 민주국가에서 입헌민주국가로 변화되었기 때문에 국가권력의 법치국가적 한계가 인정되고 국가가 절대적이지 않는 한도 내에서 국민의 자유의 원리가 국가형태와 결합되고 보장될 수 있다고 보고 있을 뿐이다.[910]

여기서 Schmitt는 기본권과 국가권력(통치구조)사이에서 갈등이 생길 때, 그 갈등을 해소하기 위한 원리로 법치국가원리를 제안하고 있는 것이다. 즉 그의 결단주의에서는 '주권자인 국민이 원하는 것이면 무엇이든지 옳다'는 루소적인 논리가 그대로 원색적으로 받아들여지고 있기 때문에 주권자의 의지적 측면을 선이요 진리이며 보다 큰 합리성을 뜻하는 것으로 생각하고 있으며,[911] 반면에 그는 자연법사상에 젖어 인간의 선천적이고 전국가적인 자유의 보장을 국가의 목적 내지 과제로 인식하고 있어서 불가피하게 갈등이 생길 것으로 보았고, 그러한 갈등을 해소하기 위해서, 즉 자연법적인 자유를 국가권력으로부터 보호하기 위해서 헌법 속에 법치국가원리를 제도화하는 것이 불가피하다고 역설하고 있다.[912] 그런데 Schmitt가 주장한 법치국가원리는 선재하는 국가권력에 대한 자유의 보장수단 내지 권력의 통제수단에 불과할 뿐만 아니라 공감대적 가치를 실현시키기 위한 국가창설과 존립의 구조적 원리가 아니며,[913] 또한 그에 있어서 법률은 민주주의원리에 따라 제정된 '주권자의 구체적인 의지와 명령'을 의미하기 때문에 형식적 법치국가원리를 의미하게 된다는 점에서 문제점으로 지적된다.

결국 Schmitt의 국가사상은 "정치적 통일체로서의 국가는 그것이 존재하는 한 결단하는 통일체이며, 예외상태를 포함한 결정적 상황에 대한 결단을 내릴 수 있는 결정권을 개념필수적으로 항상 보유하고 있어야 한다는 의미에서 주권적이지 않으면 안 된다"는데 핵심이 있었다.[914] 그리하여 그는 바이마르공화국시대의 의회주의에 대하여 사망선고를 내렸었고, 그 대체물로서 '치자와 피치자의 동일성'이라는 민주주의형태에 위기상태에서의 독재의 유용성을 결합시켜 전체주의적 대

909) 허영, 헌법이론과 헌법, 163면. 이러한 점에서 C. Schmitt의 국가사상은 국가이론(Staatstheorie)이라기보다는 정치이론적 성격을 띠고 있다고 한다. 계희열, "헌법관과 기본권이론", 30면.

910) C. Schmitt. Verfassungslehre, S.200f.

911) C. Schmitt. Verfassungslehre, S.235.

912) C. Schmitt. Verfassungslehre, S.123ff.

913) 허영, 헌법이론과 헌법, 370면.

914) C. Schmitt, Der Begriff des Politischen. S.39.

통령독재이론을 구축하기에 이르렀다.[915] 그리고 그는 국가의 기능이란 법의 실현에 있으며 법은 국가에 선행한다는 초기의 사상과 달리, 그의 전체국가개념 등의 공허한 형식성 때문에 어떠한 현실경향에도 적응할 수 있는 가변성을 가지는 주장으로 되었고, 또한 현실추인의 이데올로기로 타락할 가능성을 그의 사상 속에 잉태하고 있었다.[916] 그리하여 Schmitt의 국가사상은 나치정권이 출범하게 되는 이론적 바탕으로 원용됨과 동시에, 나치정권이 우·적이론과 권역이론에 기반을 두고 침략주의로 나아가게 한 계기를 마련해 주었다. 반면에 전후 세계도처에서 비참한 내란이 끊임없이 발생하고 있는데, 그러한 경우에 국가의 통일과 안정을 정의에 우선하여 주장하고 있는 Schmitt의 국가사상은 아직도 상당한 설득력을 가지고 있다고 할 수 있다.[917]

(3) R. Smend의 統合過程論的 國家觀

1) 思想的 背景

Smend는 1882년 스위스의 바젤에서 태어났다. 그의 아버지는 바젤대학의 구약학 및 동양어 교수였고, 선조대대로 신학자와 법률가가 많이 배출된 명문집안에 속했기 때문에, Smend도 그러한 학문적 분위기와 진지하고 경건한 휴머니즘의 정신적 분위기속에서 자라났다. 1889년 아버지가 독일의 괴팅겐 대학으로 초빙됨에 따라 괴팅겐에서 생활을 시작한 그는 1904년 괴팅겐대학을 졸업하였고, 1908년 키일대학에서 교수자격을 획득했으며, 이듬해인 1909년에는 그라이프스발트대학에 객원교수로 되었다. 1911년 튀빙겐대학의 정교수가 된 이후로 1915년에는 본대학으로 1922년에는 베를린대학으로 옮겨다니며 학문연구를 하였고, 1935년에는 다시 괴팅겐으로 돌아와 1975년 7월 5일 생의 마지막 날까지 그곳에서 머물렀다. 특히 Smend는 Schmitt와 함께 현대독일의 헌법학 내지 국법학의 쌍벽으로 불리어 왔으며, 그러한 가운데서도 Schmitt와 달리 Smend는 독일현대사의 가공스런 변화속에서도 단절 없는 계속성과 항구적 노선을 유지해 온 학자로서 높이 평가되기도 한다.[918]

그런데 Smend는 Schmitt가 카톨릭교회에 대하여 가졌던 태도와 달리 선조대대로 이어져 온 기독교신앙을 회의 없이 받아들이고 있을 뿐만 아니라 학문생활 못

915) 中道壽一, 김효전 역, "칼 슈미트의 「전체국가」의 개념", 독일헌법학설사, 법문사, 1982, 176면.
916) 中道壽一저, 김효전 역, "칼 슈미트의 「전체국가」의 개념", 211면.
917) 최종고, 위대한 법사상가들2, 289면.
918) 최종고, 위대한 법사상가들2, 187-189면.

지않게 교회단체의 동역자로서도 일함으로써 '신교적 의무감에 투철한 직업윤리의 인간'이라고 불릴 정도로 철저한 신앙인이었다.[919] 그리하여 그의 대부분의 저작은 전체적으로 커다란 하나의 주제를 보여주고 있는데, 그것은 '국가와 교회'라고 하는 것이다.[920] 즉 국가이론을 형성하여 현실생활에 적용하기를 추구하면서 그는 기독교사상에 바탕을 두고 전개해 나갔던 것이다.

한편 Smend의 국가사상의 핵심을 이루는 것은 통합이론(Integrationslehre)라고 할 수 있는데, 이것은 너무나 독특한 이론이요 사상이기 때문에 어느 누구의 영향을 받은 것이라고 단정하기 어렵다.[921] 다만 그는 통합이론을 전개함에 있어서 국가를 힘이나 국가이성에 의해서 설명하려는 종래의 법실증주의적 국가관은 물론이고 국가를 단순히 개인이익을 위한 목적단체로 보는 자유주의적 국가관도 배척하고 있다는 점은 분명하다.[922] 즉 그는 국가란 결코 법실증주의 내지 규범주의에서처럼 고정적인 조직규범일 수도 없고, 또 '정적인 존재'일 수도 없다는 점에서 전자를 배척하고 있고,[923] Hobbes에서 Humboldt에 이르는 자유주의 국가사상이 개인과 국가를 완전히 별개의 것으로 보면서 국가는 개인의 이익을 위해서 존재하는 일종의 메카니즘으로 보는 것에 대해서도 반대하고 있기 때문이다.[924] 그러한 전제 때문에 Smend는 국법학적 규범의 전제요 대상인 사회적 내지 목적론적 가치에 관한 고찰을 통하여 국가생활의 독자적인 정신적 내지 문화적 영역의 탐구를 요구하게 된다.[925] 즉 그는 국가라는 조직체 내에서 진행되는 모든 생활현상의 율동적이고 변증법적인 실태를 중요시하고 있다는 점에서 존재론적(ontologisch) 내지 현상학적(phänomenologisch) 철학사상과 관련을 맺고 있으며 그 접근방법을 사용하고 있다.[926] 특히 그는 Theodor Litt에 의하여 발전된 정신과학상의 나(Ich)의 현상학적 구조를 기초로 하면서, 정신생활상의 모든 학문은 그들의 중요한 대상, 즉 사회공동체, 개인, 그리고 객관적인 정신적 상호관계를 고립된 요소나 대상으로 파악해서는 안 되고 변증법적 상호질서의 동기로서만 추구될 수 있다는 견해를 갖고 있다.[927] 뿐만 아니라 그러한 Smend의 사상은 부분보다는 전체를 이해

919) U. Scheuner, "Rudolf Smend:leben und Werk", 최종고, 위대한 법사상가들2, 189면.
920) 최종고, 위대한 법사상가들2, 189면.
921) 최종고, 위대한 법사상가들2, 190면.
922) 허영, 헌법이론과 헌법, 18면.
923) R. Smend, "Integrationslehre", in: Staatsrechtliche Abhandlungen und andere Aufsätze, 2. Aufl., Duncker and Humblot, 1968, S.475ff.
924) 허영, 헌법이론과 헌법, 21면.
925) Thomas Würtenberger, Die Legitimität Staatlicher Herrschaft, S.295.
926) 허영, 헌법이론과 헌법, 17면.

관계의 다양성보다는 그 동화적 통합을 강조하는 점에서 보수주의 국가사상을 전제로 하고 있으며, 그 가운데서도 Hegel의 국가사상을 그 이론적 기초로 하고 있다.[928)]

결국 Smend는 국가사상을 전개함에 있어서 정신적 내지 사회적 현실의 구조를 주기적으로 순환하는 상호작용체제에서 달성되는 표현방법으로 파악하고자 했으며,[929)] 또한 그는 관념적이거나 인과론적인 연역을 거부하고 국가생활의 동기를 전체로서 이해하고자 하였다.[930)] 그리하여 그는 국가란 법률과 결단 등으로 나타나는 정적인 전체인 것이 아니고, 그것은 항구적인 갱신의 과정에 있는 것이며, 정신적 총체관계의 구조 속에서 계속적으로 갱신되어지는 것으로 평가되고 있다.[931)] 즉 동화적 통합이론이 Smend가 국가론을 위해 함축적으로 설명한 기본주제였으며, 사회공동체와 국가를 개인적인 생활의 통일적인 구조로 파악하려고 했던 스멘트국가사상의 핵심을 이루고 있는 것이다.

2) 國家權力의 正當性과 抵抗權

국가를 이해함에 있어서 Smend는 종래의 모든 정태적 사고방식은 물론이고 신칸트학파의 이원주의적 사고방식도 극복하고자 했다. 뿐만 아니라 그는 국가란 국가 밖에 있는 목적과의 목적론적 관계를 통하여 설명되어서는 안 된다고 했다. 국가란 그에게 있어서 처음부터 하나의 규범적 체계 내지 형식적 통일체에 머무르는 것이 아니고, 역사적 · 현실적 통일체 내지는 살아있는 힘으로서 항구적인 가치와 고도의 윤리적인 요소에 결부되어 있는 실체로 평가되고 있다.[932)] 특히 그에 따르면 국가는 고립된 개인으로부터 출발하여 설명될 수 없고, 또한 개인의 생활에서부터 인과론적으로 집단의 생활이 유도될 수 없다고 본다. 오히려 그에 있어서는 국가에 관한 어떠한 계기(Moment)도 개념적으로나 인과론적으로 다른 계기로부터 유도되어서는 안 되며, 모든 계기는 전체로부터만 이해되어야 한다고 한다.[933)] 그리하여 그는 개인과 사회공동체, 규범과 현실의 일방만을 고립시켜 이해

927) Thomas Würtenberger, Die Legitimität Staatlicher Herrschaft, S.295. 보다 자세한 내용은 계희열, “헌법관과 기본권이론”, 43-47면 참조.

928) 허영, 헌법이론과 헌법, 20면 이하.

929) R. Smend, “Verfassung und Verfassungsrecht”, in: Staatsrechliche Abhandlungen und andere Aufsätze, S.130.

930) Thomas Würtenberger, Die Legitimität Staatlicher Herrschaft, S.295.

931) R. Smend, “Integration”, in: Staatsrechliche Abhandlungen und andere Aufsätze, S.482ff.

932) R. Smend, “Verfassung und Verfassungsrecht”, S.136; Thomas Würtenberger, Die Legitimität Staatlicher Herrschaft, S.297.

하는 것을 거부하고, 국가는 정신과학적인 측면에서 개인과 전체를 유동적으로 실현하고 발전하는 변증법적 관계로 파악되어야 한다고 한다.[934)]

따라서 Smend에 의하면 국가는 개별적인 생활표현, 법률, 외교행위, 판결, 행정행위 등을 스스로 만들어 낼 수 있는 정적인 전체가 아니라, 국가란 이 생활표현들이 정신적으로 전체와 관련을 가지고 활동을 하는 조건 하에 바로 이 개별적인 생활표현 가운데 존재하며, 아울러 더욱 중요한 것은 이 개별생활들이 계속 새로워지고 계속 형성되는 과정 속에 국가가 존재한다고 한다.[935)] 그는 국가를 부단한 갱신과 재생산의 과정 속에서만 존재하는 정신적인 현실이라고 파악하고 있으며,[936)] 그 결과 Renan의 유명한 말처럼 그는 국가현상을 날마다 반복되는 일종의 국민투표에 의한 생활이라고 하고 있다.[937)] 즉 Smend는 국가의 본질과 가치를 역사적 구체성에서 파악될 수 있는 것으로 보았고, 그렇기 때문에 국가는 추상적으로 구성하거나 재구성할 수 없고 오직 딜타이적 의미로 이해할 수밖에 없다고 본다.[938)]

그리고 Smend는 끊임없이 새롭게 형성되는 이러한 생활과정을 통합(Integration)이라고 부르고 있다.[939)] 이때 통합이라고 하는 것은 수학에 있어서의 적분과 같이 단순한 합계를 의미하는 것이 아니라 개개요소들로부터 새로운 통일체 또는 전체를 성립시키거나 형성하는 것을 뜻하며, 따라서 과학적인 방법에 의한 수량적인 통합이 아니라 '새로운 전체의 구성'을 뜻하는 과정에 해당한다.[940)] 그런데 이러한 통합과정은 새로운 의사형성과 통일체형성의 과정, 그리고 국가의 끊임없는 갱신의 과정으로서 기능할 뿐만 아니라 가치관계적이라고 한다.[941)] 왜냐하면 국가를 사회공동체가 동화적으로 통합되어 나가는 동화적 통합과정이라고 본다면, 일정한 가치실현을 지향한 동화적 통합이 필수불가결할 뿐만 아니라 국가의 목적이 된다고 할 수 있기 때문에, 객관적 가치의 실현에 입각한 사회질서와 사

933) R. Smend, "Verfassung und Verfassungsrecht", S.127ff.
934) 계희열, "헌법관과 기본권이론", 47면.
935) R. Smend, "Integrationslehre", S.475.
936) R. Smend, "Verfassung und Verfassungsrecht", S.136.
937) R. Smend, "Integrationslehre", S.475.
938) P. Badura, "Staat, Recht und Verfassung in Integrationslehre, Zum Tode von R. Smend", in: Der Staat. 1977, S.314.; 계희열, "헌법관과 기본권이론", 49면 참조.
939) R. Smend, "Integrationslehre", S.475. 여기서 Smend는 통합의 유형으로 인적 통합, 기능적 통합 및 사항적 통합이 있다고 했다.
940) R. Smend, "Integrationslehre", 475f; 허영, 헌법이론과 헌법, 22면.
941) H. Ehmke, Grenzen der Verfassungsänderung, Duncker and Humblot, 1953, S.55.

회평화의 유지가 국가의 가장 중요한 과제로 꼽히게 되는 것이다.[942] 그리하여 Smend는 국가란 다양한 이해관계를 내포하고 있는 사회공동체가 일정한 가치세계를 바탕으로 동화통합되어 가는 과정을 뜻한다고 하고 있으며, 그 동화적 통합의 과정에서 원동력이 되는 일체감 내지 연대감의 가치적인 공통분모가 헌법이라고 한다.[943]

이처럼 Smend는 다양한 이해관계를 가진 사회구성원이 하나의 정치적인 생활공동체로 동화되고 통합되어가는 부단한 과정을 국가라고 이해하고 있고, 헌법은 그와 같은 동화적 통합의 '생활형식'(Lebensform)내지 '법질서'(Rechtsordnung)를 뜻한다고 하면서 헌법을 전체로서 이해할 것을 강조한다.[944] 그런데 헌법질서와 관련하여 Smend는 Schmitt와 달리 기본권과 통합구조가 단절관계에 있는 것이 아니고 기능적인 상호교차관계에 있다고 보면서, 통치구조는 동화적 통합의 실질적 원동력인 기본권을 실현시키기 위한 하나의 정돈된 기능구조에 지나지 않는다고 한다.[945] 더욱이 Smend는 기본권의 동화적 통합기능과 국가창설적 기능을 강조함으로써 기본권은 동화적 통합의 당위적 가치질서요 문화질서라고 한다.[946] 그리하여 그에 따르면 기본권은 동화적 통합의 실질적인 계기가 되고, 이 기본권에 의하여 비로소 정치적 통일체인 국가 내지 국가권력이 창설되며 정당화될 뿐만 아니라 국가의 본질이 정해진다고 본다.[947] 즉 그에 따르면 기본권은 국가권력을 창설하는 원동력인 동시에 그 존립에 정당성을 부여하는 '질서의 원리'(Ordnungsprinzipien)를 뜻하게 된다.[948] 다시 말해서 인간은 국가적으로 통합되고, 그 속에서 인간은 가치완성의 개개동기들을 국가의 본질적 동기로 체험하게 되는데,[949] Smend는 국가통치를 가치실현으로 묘사하면서 바로 거기서 국가권력의 정당성을 찾고 있다. 즉 그는 국가권력의 정당성이란 사항적인 가치실현을 통한 본질적인 통합 속에 존재한다고 본다.[950] 따라서 Smend에 있어서 국가는 국가 밖의

942) 허영, 헌법이론과 헌법, 164면.

943) 허영, 헌법이론과 헌법, 16면; R. Smend, "Verfassung und Verfassungsrecht", S.189.

944) R .Smend, "Verfassung und Verfassungsrecht", S.119ff., 190.

945) R .Smend, "Verfassung und Verfassungsrecht", S.91.

946) R .Smend, "Verfassung und Verfassungsrecht", S.94.

947) R .Smend, "Verfassung und Verfassungsrecht", S.91, 217.

948) 허영, 헌법이론과 헌법, 376면.

949) Thomas Würtenberger, Die Legitimität Staatlicher Herrschaft, S.297; R. Smend. R .Smend, "Verfassung und Verfassungsrecht", S.162.

950) R. Smend, "Verfassung und Verfassungsrecht", S.226. 다만 Smend는 정당성이 기초하는 구체적인 가치들은 다양하다고 보았고, 이것은 국가마다 다르게 성립된다고 하였다. R. Smend, "Verfassung und Verfassungsrecht", S.166, 215ff.

목적과의 목적론적 관련에 의해서 설명되거나 정당화되어서는 안 되고 국가의 실존 속에서 기본권적 가치실현을 통하여 정당화되어야 한다.951)

결국 이와 같이 헌법상의 기본권이 동화적 통합의 가치적인 방향을 제시하고 기본권적인 가치가 모든 실정법질서의 정당성근거를 뜻한다고 보는 Smend의 논리형식에 따르면, 기본권적 가치는 동시에 모든 국가작용의 가치기준이며 국가권력의 정당성근거를 의미하게 된다.952) 또한 Smend에 있어서 기본권적 가치를 무시한 국가작용은 당연히 그 정당성을 상실하게 된다.953) 따라서 그에 있어서 국가권력이 기본권적 가치의 실현을 통한 동화적 통합을 성취하지 못할 때, 국민의 저항을 받을 것이라는 점은 의심의 여지가 없다.

3) 評價

Smend의 통합이론은 당시까지의 지배적이었던 독일국법학 및 국가학에 있어서의 실증주의와 형식주의에 반대하여 '사회가 어떻게 하여 국가로 변화되는가'의 문제에 직접적으로 답하려고 하였다.954) 또한 그는 국가를 개인의 자유로운 생존을 계속적으로 가능하게 하고 고양시키는 하나의 '정신과학적으로 이해되는 과정'으로 이해했으며, 또한 그는 국가를 그 사회적·법적 관계의 전체성 속에서 경험적으로 인식할 수 있다는 관점에 서 있고, 국가는 내재적인 자기갱신과 자기창조 속에서 이념적 의미영역을 발견하게 된다고 한다.955) 그리하여 Smend는 국가 내지 국가권력을 정태적인 입장에서가 아니라 동태적인 입장에서 고찰하게 되었고, 또한 초월적·권위적인 국가개념을 제시하기 보다는 '아래로부터의 국가권력의 창소'라는 현대적 계기를 만들어 주었다.956) 뿐만 아니라 그가 국가 내지 국가권력은 기본권적 가치의 실현을 통한 동화적 통합이 정당성의 근거라고 함으로써 국가작용을 가치와 결부시킨 점과 헌법질서 전체를 통일적으로 파악하려고 한 점은 현대의 국가사상에 크나큰 영향을 끼쳤다. 즉 국가와 헌법을 보는 관점에서 국가와 사회를 구분하지 않을 뿐만 아니라 모두를 가치에 결부시켰고, 헌법질서를 기본권과 통치구조라는 이원질서로 보지 않고 이를 전체적으로 파악하는 통합적

---

951) R .Smend, "Verfassung und Verfassungsrecht", S.158. Smend는 현대에 있어서 기본권은 가장 특징적이고 중요한 정당성의 원천이라고 설명한다. R. Smend, "Verfassung und Verfassungsrecht", S.266.

952) R. Smend, "Verfassung und Verfassungsrecht", S.89ff., 260ff.

953) R. Smend, "Verfassung und Verfassungsrecht", S.89ff.

954) 최종고, 위대한 법사상가들2, 191면.

955) 최종고, 위대한 법사상가들2, 191면.

956) 서원우, "스멘트의 이론과 현대공법학", 김효전編, 독일헌법학설사, 228면 이하.

헌법해석을 제창함으로써 독일의 학문적 주류를 그러한 방향으로 이끌게 된 것이다.[957] Smend는 현대민주주의국가에서 기본권을 지배하는 가치는 '사회적 공동체에 있어서의 인간의 인격과 그 존엄의 자유로운 발현'이라고 규정하면서, 이러한 가치체계는 기본권만을 지배하는 가치체계인 것이 아니라 헌법전체를 지배하는 가치체계로 그것을 확대하고 있고, 그 결과 종합적이고 통일적인 헌법해석론을 제창한 것이다.[958]

그런데 이렇게 Smend의 주장처럼 통일적 질서를 지향하고 각 개인의 법적 지위나 여러 가지 법제도 등을 모두 이러한 전체질서와 관련해서만 해석되어야 함을 강조할 때, 그것은 곧 전체주의에로의 길을 열어주는 것은 아닌가 하는 비판이 제기된다.[959] 특히 국가와 사회의 이원론을 부정하는 입장에 대하여 자유에 대한 위협으로 간주하면서 개인의 자유보장을 위하여 '상호의 한계획정' 내지 '법치국가적 분할원리'의 필요성을 강조하고 있는 점은 그 예다.[960] 그러나 그의 통합이론은 언제나 일정한 가치세계를 촉매로 한 일체감 내지 연대의식의 조성에 의한 동화적 통합을 뜻하기 때문에 전체주의적 성향을 띤 강제적 통합이론과는 차이가 있다.[961] 또한 Smend의 동태적 국가사상은 스멘트의 학파 자체 내에서도 비판이 있다. 왜냐하면 국가란 단순히 과정으로 이해하는 것만으로도 충분하지 않고 비교적 정태적인 제도로서도 인식되지 않으면 안 될 부분이 명백히 있다고 평가하는 사람이 있기 때문이다.[962] 따라서 현대공법학에서는 동태성 내지 개방성의 주장 그 자체보다도 그것을 전제하는 바탕 하에서 오히려 그것에 어떻게 제동을 걸 것인가에 관심이 쏠리고 있다고 본다. 그리고 Smend의 통합이론은 기본적으로 국가생활의 정당성과 일상성을 기대하거나 전제하는 일종의 낙관론에 바탕을 두고 있다는 점에서 문제점이 지적되기도 한다. 공동체의 전 생활에 주관적·적극적으로 참여함으로써 상호간의 충돌이 없이 통일적인 의사형성이 이뤄질 수 있다면 '권력'이니 '자유'이니 하는 문제는 물론이고 '전체와 개인의 관계' 등의 문제는 처음부터 제기될 이유가 없을 것이기 때문이다. 즉 현대공법학에서는 국가의 비관론적

957) R. Smend, Integrationslehre, S.299, 300.

958) 최종고, 위대한 법사상가들2, 198면.

959) W. Friedmann, Legal Theory, p.176, 379.

960) E. Forsthoff, "Begriff und Wessen des Sozialen Rechtsstaates", in: Rechtsstaat im Wandel, S37; 한태연, "스멘트학파에 있어서의 기본권이론", 백남억 박사 회갑기념논문집, 1975, 8면 이하.

961) 허영, 헌법이론과 헌법, 22면, 이에 대해 Smend 자신도 통합이론은 보수주의 측으로부터는 超민주주의적 이라고 하고, 자유주의나 사회주의 측으로부터는 파시즘적이라고 고발되었다고 말한다. R. Smend. Integrationslehre, S.481.

962) R. Bäumlin, ZevKR 16, 1971, S.37; 최종고, 위대한 법사상가들2, 213면 이하.

측면을 도외시할 수 없을 정도로 많은 문제점을 안고 있기 때문에 지나친 낙관론은 경계해야 한다는 것이다.[963)]

이렇게 문제점이 없지 않지만, Smend의 통합이론은 현대공법학에 있어서 가장 관심을 끌고 있는 이론이라고 할 수 있다. 왜냐하면 현대자유민주국가에 있어서는 국민주권이 확립되어 있고, 또한 국가의 과제적 질서로서의 규범체계도 어느 정도 갖추어 있기 때문에, 이제 그러한 요소를 바탕으로 사회 내의 정치세력상호간의 일체감과 연대의식을 통하여 동화적 통합을 추구해 나가는 것만이 요구된다고 할 수 있기 때문이다. 특히 법실증주의를 극복하고 나타난 결단주의와 통합과정론이 독일에서 양대산맥으로 대립되어 오는 과정에서도 안정된 사회를 바탕으로 통합과정론의 중요성이 점증하고 있는 것도 바로 그러한 이유 때문이라고 본다.

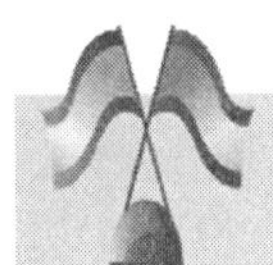

제4절 國家權力의 正當性 측면에서 본 無政府主義와 國家消滅論

Ⅰ. 序言

앞에서 우리는 신학적 국가사상을 제외하고 근대이후의 국가사상을 대표적인 사상가들을 중심으로 살펴보았다. 대체로 근대이후의 국가사상은 당대의 문제점을 전제로 한 것이었지만, 그래도 일관되게 흐르고 있는 것은 사회적 동물로서의 인간에서 출발하여 어떻게 하여 공동생활을 확보하고 국가의 존립을 유지할 수 있을 것인가라는 관심으로부터 국가생활의 질서정립을 목표로 하는 것이었다고 단정할 수 있다.[964)] 특히 근대자연법사상이 구체적으로 사회계약설로 전개되고, 또한 그것이 자유를 본질로 하는 개인에서 출발하여 이 자유가 어떻게 확보되는가와 관련하여 인간의 국가생활에서의 본연의 자세를 기초지우는 것을 목적으로 하고 있었다고 할 수 있다.[965)] 즉 근대이후의 모든 사상가들은 대부분 자신들이 살고 있는 시대의 문제점을 직설적으로 지적하고 있거나, 아니면 그들이 생각하고

963) 최종고, 위대한 법사상가들2, 214면.
964) 上妻 精 外, 윤길순譯, 헤겔법학입문, 50면.
965) 上妻 精 外, 윤길순譯, 헤겔법학입문, 50면 이하.

설정한 시대적 문제를 유토피아라는 형식으로 피력함으로써 완곡하게 당대의 모순을 지적할 뿐만 아니라 사회의 개혁을 주장해 왔다. 그리고 지금까지 살펴본 대부분의 국가사상가들은 국가란 사회를 발판으로 해서 사회구성원 각 개인의 능력과 개성이 최대한으로 발휘될 수 있는 정의로운 사회질서와 사회평화의 확립과 이것을 보장하는 기능 때문에 그 존재근거가 인정되고 정당화된다는 점을 보여주고 있으며,[966] 국가권력을 담당하고 있는 자들이 그러한 과제를 수행하지 못할 때 국민의 저항에 부딪힐 뿐만 아니라 국가의 존립자체가 위험에 빠지게 된다는 사실을 지적해 주고 있다.

그런데 상기한 전통적인 국가사상가들과는 달리 국가의 존재자체를 부인하거나 해악시하는 흐름이 있음을 간과해서는 안 된다. 국가권위의 도덕성 내지 사회적 정당성의 입장에서 이것을 무조건 부인하는 흐름이 국가사상사의 발전과 더불어 항상 존재해 왔던 것이다. 다만 시대에 따라 고대에서는 선량한 생활의 방법으로서 정치제도의 필요성을 경시하고 선량한 사회적 본능에 따라 인간이 자유롭게 활동할 수 있기를 바라면서 무정부주의를 주장해 왔고, 중세에는 일부 종교인들의 입장에서 종교만이 정당하고 질서 있는 시민생활의 적절한 보루라고 생각하며 국가권력의 여하한 제한에 구애받지 않고 그 신앙적 통제 하에서만 생활할 것을 주장했었다.[967]

다만 근대에 들어오면서 상기한 바와 같이 국가권력을 정당화하는 국가사상이 적극적으로 대두된 것에 반대하여 모든 권위나 강제로부터 벗어나고자 하는 무정부주의(Anarchismus, anarchism)가 논리적인 근거를 제시하면서 등장하였고, 아울러 마르크스주의의 출현과 함께 국가소멸론이 나타나게 되었음을 알 수 있다. 따라서 다음에서는 전통적인 국가사상에 대비되는, 다시 말해서 국가존립의 정당성을 부인하는 사상을 간략히 살펴보고자 한다.

Ⅱ. 無政府主義 國家思想

1. 序言

온건한 초기 사회주의자들의 주장이 현실정치생활에서 받아들여지지 않았을 뿐만 아니라 직접 실천에 나섰던 그들의 계획이 실패로 끝나자 이에 대한 반동으로

966) 허영, 헌법이론과 헌법, 183면.
967) 이영재, "무정부주의", 정치학대사전, 577면.

무정부주의가 등장하게 되었다. 즉 "정부는 인류의 악덕에 의해서 강제된 것이기 때문에 인류의 무지와 오류의 산물이다"고 하면서, 정부는 인간의 사악함에서 요청되기는 하지만 인간의 자유와 독자성을 압살하기 때문에 모든 정부는 부인되어야 한다고 주장한 William Godwin(1757-1836)에 의하여 무정부주의는 싹트기 시작했다.968) 그리고 이러한 사상을 배경으로 하여 과격한 사회주의운동의 일환으로서 무정부주의를 선언한 사람은 Proudhon(1809-1865)이었다. 그는 국가권력은 물론이고 재산도 지배자들이 권력을 유지하기 위해 사용하는 도구이며, 인간의 발전에 더욱 유리한 분위기를 만들기 위해서는 국가와 사유재산 모두는 폐지되어야 한다고 주장했다.969) 뿐만 아니라 Proudhon의 이론에는 지지하면서도 그 실천방법에 있어서 더욱 난폭한 폭동을 주장했던 Mikhail Bakunin(1814- 1876)도 사회주의적 무정부주의의 대표자라고 할 수 있으며,970) 그와 같이 러시아 태생인 Kropotkin (1842-1921)은 반대로 Bakunin보다는 덜 파괴적이고 건설적인 무정부주의자로서 인간상호간의 상호부조를 강조하는 경향을 나타내고 있다.

아무튼 무정부주의란 누구도 타인이나 몇몇 사람의 집단적 권위나 명령에 복종되어서는 안 된다는 의미에서의 사회적 조건을 추구하는 것이며, 이것은 강령에 관한한 철학적 기초로서 인간의 최초의 의무란 자율인 것이요 지배받는 것에 대한 거부라는 전제 하에 있다.971) 따라서 무정부주의가 지배하는 곳에서는 사회의 구성원에게 의무적인 규정을 부과시키는 정부 내지 국가권력이란 존재해서는 안 되는 것이며, 모든 인간사는 임의적인 승인의 수단에 의해서만 규제되는 것이어야지 어떠한 상황 하에서도 강제적 권위의 사용에 의해서 규제되어서는 안 된다는 것을 의미한다.972) 그리고 특히 위에서 언급한 무정부주의자들은 인간이란 깊은

968) 平井俊彦・德永 恂編, 고영대譯, 사회사상사, 121면 이하.
969) L. P. Baradat, 신복룡外譯, 현대정치사상, 309면.
970) L. P. Baradat, 신복룡外譯, 현대정치사상, 309면.
971) E. Bodenheimer, Jurisprudence, p.181.
972) E. Bodenheimer, Jurisprudence, p.181. 여기서 다수의 무정부주의자들 사이에 차이는 있지만 공통점인 점을 간추리면 다음과 같다. 첫째는 인간은 본성에 있어서 선한 존재이며, 선하게 태어나고 선을 위한 잠재력을 가지고 태어난다는 점이다. 그러나 인간은 권위적인 습관과 제도들에 의하여 방해를 받아왔다. 종교, 교육, 정치학 그리고 경제생활 등의 모든 생활은 인간이 선천적으로 타고난 자연적 선을 뒤틀리게 했다. 둘째로 인간은 사회적 동물이고 인간은 자발적이고, 자연적으로 다른 사람과 협동하며 살 때 그들의 완성에 도달할 수 있다. 사회는 자연스런 것임에 반하여 국가는 그렇지 않다. 따라서 공동생활을 향한 추구는 모든 인간에게 본질적인 것이다. 셋째로 특히 사유재산제와 국가와 같은 널리 행해지는 사회제도는 인간이 다른 사람을 착취하고 타락시키는 인위적 힘이다. 어떤 형태의 권위이건, 즉 민주적 국가권력이거나 사회주의적 경제체제이건 개인을 무가치하게 만든다. 넷째로 사회적 변화는 잠재적이고 직설적이며 집단적이어야 한다. 정당이나 노동조합은 그 자체가 권위의 창조물이다. 개혁을 추구하거나 아니면

연대감에 물들어 있다고 하지만 조직적 국가권력을 강제적으로 파괴되고 나면 완전히 자유롭고, 평화로우며, 조화로운 체제 하에서 함께 살 수 있을 것이라고 믿었다.973)

그러나 국가나 조직적인 국가권력의 어떤 형태를 완전히 폐지하는 것이 인간 사이의 안정되고 조화로운 조직사회를 가져다 줄 것이라고 보는 것은 거의 기대하기 어렵다. 인간사에 있어서 질서는 자율적으로 지켜지지 않는 것이며, 인간은 대부분이 본질적으로 사회적 성격을 가지고 있고 선하다고 가정한다고 하더라도 최후수단으로 강제력이 사용되지 않으면 안 되는 비협조적이고 공격적인 소수가 있는 법이기 때문에, 소수의 불균형이나 범죄적 요소들이 쉽게 공동사회를 깨뜨릴 수 있는 것이다.974) 그리고 자유로운 무정부주의적 형태에 근거한 사회형태는 인간이 살아가고 노동하는 기회와 조건의 평등성을 제공할 것이라는 것도 상상할 수 없다. 많은 역사적 증거가 있듯이 조직적인 국가권력이 존재하지 않거나 허약한 상태에 있다는 것은 쉽게 계층제적 위계나 경제적 의존상태를 만들어 낸다. 예를 들어 고대 말에서 중세 초에 이르는 시기에 거의 무정부주의적인 상태가 유지되었는데, 사회에서 낮은 계층에 있던 사람들의 자유는 거의 제한되어서 중세적 사회질서의 형태를 형성하는 결과를 가져왔었다.975) 따라서 한때는 무정부주의사상이 서유럽을 비롯하여 전세계적으로 하나의 운동형태로 번져나갔던 것은 사실이지만, 각국의 사회적·경제적·정치적 안정과 발전에 힘입어, 그리고 또한 이 사상 자체가 가지는 모순으로 인하여 무력해졌다. 그렇지만 다음에서는 상기한 무정부주의자들이 어떠한 이유로 그들의 주장을 내세우게 되었었는지를 간단히 살펴보기로 한다.

혁명을 추구하는 경우에도 그들은 하나의 해악적 요소를 유사한 종류의 다른 것으로 대체시키기 위해 구성되는 것에 불과하다. 따라서 중요한 변화는 외적인 지시 없이 행동하는 자율적인 개인들의 자연스런 집단감정의 표현이어야 한다. 다섯째로 생산수단의 소유형태가 어떠하든지 산업문명은 인간의 정신문명을 파괴한다. 기계가 인간을 지배하며 인간의 개성을 협소하게 하고 창조성을 방해한다. 산업구조화된 어떤 사회나 그 속에 사는 사람의 동기와 충동을 떨어지게 한다. Andrew Hacker, “Anarchism”, in: International Encyciopedia of the Social Sciences, Vol, 1., p.283.

973) E. Bodenheimer, Jurisprudence, p.182. 특히 톨스토이와 같은 문인도 모든 인간이 서로간의 사랑과 형제애라는 유대관계로 결합된 비강제적 사회의 가능성을 믿었었다.

974) E. Bodenheimer, Jurisprudence, p.182.

975) E. Bodenheimer, Jurisprudence, p.183.

2. P. J. Proudhon의 國家觀

앞에서 살펴본 Saint-Simon, Owen, Fourier의 초기사회주의사상의 구체적인 실현이 현실적으로 실패로 끝나고 자본주의의 모순이 줄어들지 않고 계속되자 상기한 온건한 개혁론자들에 반대하여 보다 과격한 사회주의의 새로운 조류가 나타났다. "소유란 도둑질한 것이다"고 말하면서 무정부주의를 선언한 Proudhon의 사상이 그것이다.[976] 지금까지의 혁명의 지도자들이나 사회운동의 지도자들 대다수가 정치주의자였고, 그 결과 보통선거의 실시를 만능시하여 한 정부(국가권력)의 타도에 의하여 사회문제를 해결하려고 했던 것에 반하여, Proudhon은 "금일의 혁명은 복음서나 사회계약이 아닌 경제학이다"고 하면서, 자본에 의한 노동자의 착취와 국가권력을 동시에 타도할 것을 목적으로 하는 사회혁명만이 자본주의의 모순을 해결할 수 있다고 보았다. 즉 노동자계급이 부르조아지와 국가로부터 완전히 자신을 분리하여 정치적 · 경제적 · 사회적 해방을 획득할 때에야 사회혁명은 완성된다고 했다.[977] 따라서 그는 무정부주의를 철학적으로 이론화하게 되었고, 그의 급진적 주장은 혁명을 선동했다는 이유로 여러 차례 기소되기도 했으며, 1849년에는 군주를 규탄했다는 이유로 3년간 투옥되기도 했다.[978]

Proudhon은 그의 사상을 전개함에 있어서 모든 국가권력과 국가의 존재자체를 비난함으로써 시작한다. 그는 국가의 목적이 부자에 대한 가난한 자의 종속, 기생생활자에 대한 노동자의 복종을 성스러운 질서로 유지하는데 있다고 보았다. 즉 "경험에 의하면 국가의 발생이 아무리 민중에 기반을 두고 있다고 해도 언제 어디서나 국가권력은 가장 지식 있고 가장 부유한 계급의 편에 서서 가장 빈곤하ㄱ 다수인 계급에 적대하여 잠시 자유로운 자세를 보일 뿐이며, 그 후에는 점차 배타적으로 되어 민중들의 자유와 평등을 보장하기는커녕 특권을 향한 본래의 경향에 따라서 집요하게 자유와 평등을 파괴하려고 노력한다"고 주장하면서,[979] 그는 권력을 통한 질서의 체제인 국가는 본질적으로 악하고 다루기 힘든 존재라고 한

976) L. P. Baradat, 신복룡外譯, 현대정치사상, 309면. 여기서 Proudhon의 '소유란 도둑질한 것이다'라는 명제는 일체의 소유를 부인하고 공산제를 주장한 것이 아니라 불로소득을 논박한 것이다. 즉 Proudhon은 인격의 자유를 확보하는 수단으로서 일정량의 소유를 청구하고 있으며, 다만 소유는 상호침투하려는 속성을 가지므로 외적 권위에 의한 유지가 요구된다고 한다. 그리고 이 명제는 Marx의 잉여가치론으로 발전되었다. 平井俊彦 · 德永 恂 편, 고영대 역, 사회사상사, 124면 이하.

977) 平井俊彦 · 德永 恂編, 고영대譯, 사회사상사, 127면 이하.

978) 강민, "프루동", 정치학 대사전, 1683면.

979) 平井俊彦 · 德永 恂編, 고영대譯, 사회사상사, 125면.

다.[980] 또한 그는 그러한 국가권력의 남용에 대항하여 다투는 것은 공허한 것이며, 오히려 그러한 싸움은 남용을 빈번하게 하는 것이라고 한다. 뿐만 아니라 그는 선거권에 관하여 현실을 왜곡시키는데 기여할 뿐만 아니라 인민의 뜻에 일치하는 국가를 만드는데 대한 불가능성을 감추는데 봉사할 뿐이라고 느꼈기 때문에 선거권의 확장을 통한 민주적 개혁을 시도한 사람들에 대해서도 반감을 가졌었다.[981] 결국 Proudhon은 국가는 물론이고 소유권이란 지배자들이 권력을 유지하기 위하여 사용되는 도구이기 때문에 인간의 발전에 더욱 유리한 분위기를 만들기 위해서는 국가와 소유권은 모두 폐지되어야 한다고 주장했다.

이렇게 Proudhon은 국가권력을 인민의 보장체로서의 지위를 부여하는데 거부했기 때문에 그에 있어서는 권위에 근거한 상호보장을 위하여 어떻게 상호간의 보장을 대신할 것인가의 문제가 제기된다. 그에 대한 대책으로 Proudhon은 정치학의 영역 속에 전가된 상호주의(mutualism)인 연방주의를 제안하고 있다.[982] 연방주의는 사회공동체 또는 지방국의 몇몇 그룹이 하나 또는 몇 가지 목적을 위하여 그들 스스로를 상호평등하게 구속하는 계약을 말하며, 그러한 연방계약은 사회계약과는 달리 개인의 자유와 권리의 완전한 양도가 아니라 제한된 자유와 권리의 포기를 의미한다.[983] 따라서 Proudhon이 주장한 무정부주의적 연방주의의 궁극적 결과는 자신의 관리권을 그들 스스로가 갖는 다수의 자율적인 그룹으로 국가를 해소시키는 것이다. 그렇게 하여 국가가 가지고 있던 권위의 원리를 사라지게 하고, 국가권력이 더 이상 존재하지 않게 하는 것이다. 그리고 여기에서는 사회공동체가 자율적인 관리체로 창설된다. 왜냐하면 사회공동체는 본질에 있어서 주권적인 존재이기 때문이다.[984] 이렇게 Proudhon은 법률에 대신하여 계약을, 정치권력에 대신하여 개인의 동질성을, 정치적 집권에 대신하여 경제적 집권을 요구하면서 무정부주의를 주장한 것이다.[985]

이러한 Proudhon의 무정부주의적 국가사상은 당시의 중앙집권적이고 민족주의적인 국가현상에 걸맞지 않은 관계로 받아들여지지 않고 무시되었다. 그러나 그의

980) Marcel Prèlot, "Proudhon", in: International Encyclopedia of the Social Sciences, Vol. 12., p.605.
981) Ibid. p.605. 그리하여 Proudhon은 인민을 기만하는 최선의 방법은 보통선거를 확립하는 것이며, 경제혁명이 이뤄지지 않는 한 보통선거는 군주정이나 전제 또는 야만 상태로 역행하게 된다고 역설했다. 平井俊彦・德永 恂編, 고영대譯, 사회사상사, 125면 이하.
982) Marcel Prèlot, "Proudhon", p.606.
983) Marcel Prèlot, "Proudhon", p.606.
984) Marcel Prèlot, "Proudhon", p.606.
985) 平井俊彦・德永 恂編, 고영대譯, 사회사상사, 126면.

사상은 미래에 대한 예언적 의미를 갖게 되었고, 그의 사상의 많은 부분이 친구였던 마르크스에 의하여 원용되었다. 특히 '공장이 정부를 대신할 것이다'고 함으로써, 노동조합의 중요성을 강조한 것은 오늘날도 그 의미가 사라지지 않고 있다.[986)]

3. M. A. Bakunin의 國家觀

Proudhon의 무정부주의사상에 전적으로 동감하면서 일체의 국가권력을 악으로 간주하고 개인의 절대적 자유를 국가 밖에서 실현하려고 한 대표적인 무정부주의자가 Bakunin이다.[987)] Bakunin은 러시아의 귀족태생으로서 포병사관으로 복무하던 중 독일고전철학에 흥미를 느껴 사관직을 그만두고 철학을 공부하기 위하여 베를린 대학과 드레스덴 대학에 유학을 했다. 그곳에서 그는 Hegel 연구에 몰두하게 되었고, 결국 Hegel 좌파의 사상가가 되었으며, 다만 독일의 아카데믹한 보수적 생활에 싫증을 느껴 유럽을 여행하면서 급진적인 Proudhon, Marx 등과 교유하면서 그들의 사상을 받아 들였다.[988)] Bakunin은 1848년의 혁명을 열정적으로 환호했으며, 파리로 건너가 슬라브민족의회의 결성에 결정적 역할을 했다. 그리고 1849년 5월 실패로 끝난 드레스덴의 폭동에 참여했다가 체포되어 사형을 언도받았고, 결국 오스트리아 정부를 거쳐 러시아정부로 인도되었으며, 사형은 집행되지 않고 시베리아로 유배되게 되었다. 유배생활 4년이 경과한 1861년 새로운 러시아 황제 알렉산더2세의 도움으로 탈출에 성공하여 영국에 정착하고, 그곳에서 무정부주의의 강령작성에 주력하게 된다.[989)]

무엇보다도 Bakunin의 사상은 이론으로서 보다는 심리학적인 필요성에 따른 무정부주의를 전개하는데 특색이 있다. 특히 그의 사상은 보수적이고 낭만적인 독일 관념철학에 빠졌던 청년기를 제외하고, 어떻게 하면 오스트리아의 합스부르크제국을 해체시키고 슬라브민족의 자유로운 연합으로 대체시킬 수 있을 것인가와 관련된 유럽 혁명에 핵심을 두었었고, 그 결과를 무정부주의라고 생각했던 것이다.[990)] 즉 그의 사상은 '독일에 있어서의 반동'이라는 논문을 통해 파괴를 위한

986) 平井俊彦・德永 恂編, 고영대譯, 사회사상사, 127면; Marcel Prèlot, "Proudhon", p.606.

987) 平井俊彦・德永 恂編, 고영대譯, 사회사상사, 128면.

988) Robert Wohl, "Bakunin, Mikhail A.", in: International Encyclopedia of the Social Sciences, Vol. 1., p.505.

989) Robert Wohl, "Bakunin, Mikhail A.", p.505.

990) Robert Wohl, "Bakunin, Mikhail A.", p.505.

정열은 창조의 정열이라고 했고, 그러한 사상에 따라 그는 혁명의 선전과 폭력의 선동을 연속으로 주장한 결과 파괴의 사도로 일컬어져 왔지만, 결국 무정부주의로 그 사상이 집약되었다.

다시 말해서 Bakunin 말기의 사상은 파괴를 찬양하는데 있었다. 즉 모든 사람이 소유관계를 포함하여 평등한 권리와 특권을 갖게 되는 독립된 조직사회 사이의 자유로운 연합을 목표로 하면서, 모든 정치적·사회적·종교적 제도들은 파괴되어야 한다고 보았다.[991] 그리고 이러한 무정부주의적 유토피아를 달성하는데 필요한 수단은 고도의 규율에 묶여 있고 단일한 의지에 복종하는 비밀결사에 의하여 유도된 사회의 하부계급의 보편적 혁명에 의하여야 한다고 보았다. 또한 국가를 무너뜨리고 나면, Fourier가 예측했던 것과 같이 그 사회는 다수의 부락자치공동체로 재편될 것을 바쿠닌은 기대했다.[992]

Bakunin이 사회이론가로서 끼친 영향력을 결코 과소평가할 수는 없다. 물론 그의 저술들이 단편적이고, 날카로운 통찰력을 가지고 있으면서도 지나치게 논쟁적인 경향을 띄며, 사회사상가에게 필요한 일종의 지속성과 엄격한 분석력이 부족한 것은 사실이다. 하지만 19세기 사회운동의 역사에 있어서 그의 중요성은 의문의 여지가 없다. 특히 그의 정치적 유산이 모호하기 때문에, 아무도 개인주의원리와 개인적 자유를 더욱 확장시킨 것으로 보고 있지는 않으나, 최근에 Bakunin의 궁극목표가 자유의 실현에 있었다는 점들이 지적되고 있다.[993] 즉 Bakunin은 일체의 전통이나 권위에 구애받지 않는 개인의 자유를 최고의 가치로 보고 그 원리에 따라 살기를 원했으며, 이 자유는 먼저 신으로부터의 자유로 정립되지 않으면 안되고, 또한 국가의 명령은 인간의 자유로부터 그 가치를 빼앗아 가는 것이므로 국가에 대한 반역이야말로 인간에게 있어서 가장 어울리는 행위라고 보았다.[994] 결국 1872년 헤이그에서 열린 사회주의인터내셔널대회에서 Bakunin과 그 추종자들은 Marx와 Engels 등에 의하여 분파주의자로서 제명되기는 했으나,[995] Lenin에 의하여 주도된 볼셰비키당과 파시스트당, 그리고 국가사회주의정당의 명백한 선

---

991) Robert Wohl, "Bakunin, Mikhail A.", p.505. 이와 같이 Bakunin에 의하면 국가는 즉각 폭력을 통하여 폐지되어야 하며, 그것은 소수의 혁명가집단의 지도 밑에 대중이 봉기함으로써 가능하다고 하였기 때문에 미국과 유럽전역에 충격을 주었고, 혁명과 암살정책을 제안한 결과 많은 혁명과 암살(미국대통령 Mckinley) 등이 있었다. L. P. Baradat, 신복룡外譯, 현대정치사상, 310면.

992) L. P. Baradat, 신복룡外譯, 현대정치사상, 309면 이하.

993) Robert Wohl, "Bakunin, Mikhail A.", pp.505.

994) 平井俊彦·德永 恂編, 고영대譯, 사회사상사, 128면.

995) 김대환, 사회사상사, 412면.

구자가 되었음은 의심의 여지가 없다.[996)]

4. P. A. Kropotkin의 國家觀

Proudhon에 의하여 선언되고 Bakunin에 의하여 과격하게 전개된 무정부주의국가사상은 Kropotkin에 의하여 이론적인 정립이 이뤄진다. Kropotkin은 모스크바의 부유한 귀족출신으로서 육군사관학교를 졸업하고, 코자크기병대에 배속되어 동부 시베리아와 만주지방의 지리에 통달했을 뿐만 아니라 그 지역에 거주하는 농민과 노동자들의 생활상태를 체험함으로써 무정부주의이론의 핵심을 발견하게 된다. 즉 실질적으로 완전한 자유의 조건 하에서 생활하는 인간과 동물의 생활상태를 관찰하면서 무정부주의이론의 핵심을 관찰할 기회를 가지게 된다.[997)] 특히 Kropotkin은 사회주의문헌들을 읽기 시작하면서 그 인생을 사회주의의 원인규명에 헌신하기로 하게 되었고, 이러한 결심은 스위스를 방문하는 동안 Bakunin이 결성한 쥬라(Jura)연합에 소속된 무정부주의자들은 물론이고 유럽사회주의의 지도자들을 만나는 동안에 세워졌다. 그리하여 그는 러시아에 돌아온 이후로 비밀써클과 연합하여 무정부주의운동을 전개하기 시작했다.[998)]

그런데 Kropotkin의 무정부주의사회이론은 Darwin의 진화론을 반박하는데 집중하고 있다. 즉 Darwin이 생각한 인간생활은 '생존경쟁'이요 '적자생존'의 원리라고 할 수 있는데, Kropotkin은 그에 반대하여 그가 생각하기에 윤리적인 것이 아니라 과학적인 근거를 갖는 '상호부조'의 개념을 제시한다. 그리하여 그는 Darwin의 주장과 자신의 주장의 진위를 가리기 위해 시베리아에 있는 동안 명백한 증거를 찾으려고 노력하는 가운데 놀랍게도 동물의 생활에 있어서도 생존경쟁은 별로 큰 역할을 하지 않고 있으며, 대신에 인간에 있어서 자연과 싸우는 거대한 유대본능이 있음을 발견하게 되었다. 뿐만 아니라 그것은 후에 시베리아에 있는 종족들 사이에서 뿐만 아니라 서유럽의 노동자들의 생활상에서도 나타나고 있다고 믿었다.[999)] 그리고 그는 후에 상호부조의 개념을 사회문제들에 결부시킴에 있어서 법이나 규범적 권위보다도 관습과 자율적인 합의가 역사에 있어서 창조적 원동력이었다고 보았으며, 결국 국가권력이나 법률적 강제는 인간의 약탈본능을 현실화하고 착취를 용이하게 하는 제도이기 때문에 이러한 것들은 자율적인 것으로 바뀌

996) Robert Wohl, "Bakunin, Mikhail A.", p.506.
997) Richard Pipes, "Kropotkin, P'etr", in: International Encyclopedia of the Social Sciences, Vol. 8., p.463.
998) Richard Pipes, "Kropotkin, P'etr", p.463.
999) Richard Pipes, "Kropotkin, P'etr", pp.463.

어야 된다고 생각했다.[1000] 결국 Kropotkin이 생각한 사회는 자유로운 조직사회이었고, 그 속에서는 생산물은 물론이고 생산수단이 공유로 유지되며, 모든 국민은 그들의 필요에 따라 생산물을 받아쓰는 소위 마르크스주의에 대비하여 무정부주의적 공산사회를 꿈꾸고 있었다.[1001]

Kropotkin은 그의 전체사회이론이 상호부조의 개념에 놓여 있는 점에서 윤리적인 이념에 근거하고 있다고도 볼 수 있다. 즉 그의 주장은 환경에 직면한 같은 종족의 개개인들 사이에서 협동의 필요성이 그들 속에서 정의감정으로 필연적으로 발전하고 있음을 보았고, 정의는 다른 개인의 권리를 인정하고 평등을 존중하는데서 발생하며, 정의는 곧 공동사회의 이익을 위하여 개인적 이익을 희생하는데서 나온다고 보았다.[1002] 이것은 바로 권력국가에 대해서는 무조건적으로 파괴해야 된다고 생각했던 Bakunin과는 대조적인 건설적인 구상인데, Kropotkin은 역사 속에는 생존경쟁과 상호부조라는 두 원리가 대립하여 항쟁하고 있는데, 전자를 강조하는 Darwin의 주장에 비하여 후자를 지지하고 있으며, 이 상부상조의 원리가 현대의 거대한 국가에 의하여 압살당하고 있다고 보고 있다. 그리고 이 권력기구를 제거하기만 하면 상부상조의 원리가 다시 작용하여 인간의 자유가 회복될 것이라고 하면서 무정부주의를 주장했던 것이다.[1003]

Ⅲ. 國家消滅論

1. 마르크스주의와 國家消滅論

사회주의운동의 일환으로 주장되기 시작한 무정부주의는 일반적으로 개인의 자유에 대한 절대적 옹호를 주장하기 때문에 그 목적달성에 필요한 집단적 이론으로서의 조직이론에 있어서 약점이 있었다.[1004] 더욱이 Bakunin과 같은 폭력적 무정부주의자가 없었던 것은 아니지만, 대체로 무정부주의는 여하한 형식의 정치

1000) Richard Pipes, "Kropotkin, P'etr", p.464.
1001) Richard Pipes, "Kropotkin, P'etr", p.464.
1002) Richard Pipes, "Kropotkin, P'etr", p.464.
1003) 平井俊彦・德永 恂編, 고영대譯, 사회사상사, 128면 이하.
1004) 물론 무정부주의가 꼭 사회주의와 관련하여 제기된 것은 아니다. 무정부주의는 정치적 개인주의의 가장 순수한 표현형태로도 나타날 수 있는 것이기 때문이다. 즉 무정부주의는 우파에 속하는 개인주의적 무정부주의도 있고, 좌파에 속하는 사회적 무정부주의도 있다. L. P. Baradat. 신복룡外譯, 현대정치사상, 105-111면. 그러나 여기서의 논점은 주로 사회주의운동의 흐름 속에서 무정부주의를 살펴보고 있다.

적·종교적 권위도 부인하고, 오로지 자유로운 협동사회를 구상한데 그치고 있기 때문에 보다 구체적인 실천방법을 제시하지 못하고 있다. 결국 Proudhon과 같은 사람은 Marx에게 많은 영향을 주었으면서도 그의 폭력적이고 권위주의적인 경향 때문에 개인적 관계를 끊은 것도 무정부주의자들의 대부분이 지나치게 인간의 본성이 선하다는 데서 출발하고 있기 때문이라고 본다. 결국 무정부주의는 상기한 바와 같은 약점들 때문에 사회주의운동의 주류가 되지 못하고 마르크스주의자들에게 사회주의운동의 주류를 빼앗기고 만다.[1005] 왜냐하면 무정부주의자들은 국가의 폐지를 우선적인 과제로 생각했던 것에 반하여, 마르크스주의자들은 국가를 부르조아계급의 지배수단으로 규정하고, 그것에 대한 극단적인 적개심을 드러내면서도 국가 그 자체는 단순히 정치적 억압을 위한 계급지배의 도구 이상의 것으로 보면서, 국가의 폐지는 즉각적인 목표가 아니라 노동계급, 즉 프롤레타리아의 혁명활동에 의하여 점차적으로 획득될 궁극적 목표로 제시함으로써 보다 현실적인 설득력을 보였기 때문이다.[1006]

하여튼 마르크스주의가 주장하고 있는 국가소멸론은 앞에서 어느 정도 살펴보았기 때문에 여기서는 자세한 논의는 생략하기로 한다. 다만 앞에서도 언급했듯이 무정부주의자들이 처음부터 국가의 존재를 부인하고 있는 점에 반하여, 마르크스주의에서는 궁극적으로 국가가 소멸될 것이되 계급 없는 사회로 이끄는 과도기적 단계로서 프로레타리아 독재국가가 필요하다고 하였고, 더 이상 억압할 사회계급이 사라지고 노동이 생산일 뿐만 아니라 생활욕구로 될 때 국가는 소멸될 것이라고 한다.[1007] 그러나 이러한 마르크스주의의 국가소멸론은 Engels의 변증법적 三法則, 특히 부난한 혁명이론과 모순될 뿐만 아니라, 마르크스주의자들은 국가현상을 오로지 물질적 측면에서만 관찰함으로써 국가현상에 내재되어 있는 경제적·종교적·철학적·전통적·역사적·지정학적·정치적 요소들의 합법적인 상승작용을 도외시한 과오를 범하고 있다.[1008] 또한 현실적으로 마르크스주의자들의 핵심이론인 프롤레타리아독재가 이루어지고 있지 않은 것과 마찬가지로 그들이 예언한 계급 없는 사회 내지 국가소멸론은 결코 실현될 수 없는 잠꼬대에 불과하며, 여기서 프롤레타리아독재가 지연되고 있는 사실을 정당화시키지 못하는 한 마르크스주의 국가사상은 허구성을 면치 못한다고 할 수 있다.[1009]

1005) 平井俊彦·德永 恂編, 고영대譯, 사회사상사, 128면 이하.
1006) 박상섭, 자본주의 국가론, 51면 이하.
1007) 김한식, "마르크스의 정치사상", 정치학대사전, 532면; 허영, 헌법이론과 헌법, 165면.
1008) 허영, 헌법이론과 헌법, 165면.

2. 國家肯定의 國家消滅論

마르크스주의 국가사상이 국가권력의 정당성을 부인하고 국가는 소멸되어야 한다고 주장한 것과는 달리, 또 다른 측면에서 그리고 시기적으로도 20세기 후반에 해당하는 최근에 새로운 국가소멸론이 제창되어 국가사상을 연구하는 사람들에게 비상한 관심을 끌고 있다. Schmitt는 그의 포괄적인 정치철학을 담고 있는 「정치의 개념」이라는 저술을 통하여 인간성에 관한 성악설적인 입장에서 모든 진정한 정치이론은 인간이란 위험하고 동적인 존재라는 점을 전제해야 한다고 결론짓고, 정치생활의 기본성격은 敵意에 있다고 하였다.[1010]

그 결과 그는 모든 정치행위와 정치적 동기가 분류될 수 있는 특별한 정치적 구분은 '우와 적'의 구분이라고 선언하게 되었으며, 따라서 정치적인 것은 본질적으로 명백하고 불가변한 본질을 갖는 것이 아니고 가장 강력하고 극단적인 적개심에 있다고 하면서, 국가는 바로 결정적이고 정치적인 것이 본질이라고 하였으며, 국가의 첫 번째 목적은 평화와 안정과 질서를 창조하는데 있다고 보았다.[1011] 그리하여 그는 국가 내적인 '우와 적'의 적개심이 두 그룹 사이의 무력충돌에 이를 정도로 강력해지면 국가는 더 이상 결정적인 정치적 본질을 갖는 것을 중단해야 할 것이라고 하였다.[1012] 그러한 가운데 그는 현대산업사회의 국가현상을 평가하면서 더 이상 국가는 평화와 안정과 질서를 유지해 줄 수 없을 정도로 변화했다고 하면서, "국가의 시대는 이제 끝났다. 이에 대해서는 더 이상 할 말이 없다"고 주장하게 된 것이다.[1013]

Schmitt에 이어서 Ernst Forsthoff도 그의 저서 「산업사회에 있어서의 국가」에서 '실존하는 주권적 권력'으로 관념되는 국가의 본질을 정신적인 측면에서 해명하려고 하면서, 법치국가란 "국가가 걸치고 있는 의상이요, 국가를 감싸고 있는 외투"라고 보았다.[1014] 즉 국가란 필요할 때에는 언제든지 외투를 벗어버리고 실재하는 주권적 권력으로 드러나야 하는 것인데, 현대산업사회에서의 국가는 그러한 주권적 권력을 행사함에 있어서 능력을 상실해 가고 있다고 보았다. 예를 들어 그는

1009) 허영, 헌법이론과 헌법, 165면 이하.

1010) C. Schmitt, Der Begriff des Politischen, in: Joseph W. Bendersky, Carl Schmitt, pp.87.

1011) Joseph W. Bendersky, Carl Schmitt, p.88, 90.

1012) Joseph W. Bendersky, Carl Schmitt, pp.90.

1013) "Die Epoche der Staatlichkeit geht jetzt zu Ende. Darüber ist kein Wort mehr zu verlieren". C. Schmitt, Der Begriff des Politischen, S.10. in: Ernst-Wolfgang Böckenförde, Der Staat ais sittlicher Staat, S.9.

1014) E. Forsthoff, Der Staat der Industriegesellschaft, in: M. Kriele, 국순옥譯, 민주적 헌정국가의 역사적 전개, 388면.

독일적인 특수한 상황에서 유사시에 긴급사태에 대처할 능력을 독일연방공화국이 가지고 있지 못하다고 하였으며,[1015] 또한 현대산업사회에서의 산업 및 경제계가 보유하고 있는 '기술실현'의 능력이 인간의 욕구나 이에 따르는 결과를 고려하지 않고 기술적으로 가능한 것을 실현하려고 하는 경향이 있음으로 해서, 국가의 입장에서 이러한 위기로부터 인간을 보장할 수 있는 대책을 강구해야 함에도 불구하고 그러한 대처능력이 없다고 한다.[1016] 다시 말해서 인간의 자유를 보장하고 산업에 의한 파괴로부터 환경을 보호하며, 인간이 유전공학의 연구대상이 되고 있는 이때에, 인간의 완전무결성을 보호할 수 있을 만큼 강력한 국가가 요구됨에도 현대의 산업국가는 제사회세력에 종속됨으로 인하여 점점 그러한 문제의 해결능력을 상실(국가의 쇠퇴)해가고 있다고 한다.[1017]

위와 같이 우리가 살고 있는 현대의 산업국가에 대하여 잇따른 학술적 사망선언(Todeserklärung)이 행해지고 있음에도 불구하고,[1018] 오늘날의 인류사회에서는 아직도 인간의 정치적 공동생활의 질서를 위하여 결정적인 그리고 명백한 대안을 국가 이외에서 찾지 못하고 있다[1019]. 그럼에도 불구하고 그러한 국가의 사망선언이 계속해서 행해지고 있는 것은 사회의 산업화와 발을 맞추어 노동조합, 기업동맹, 언론단체 등 거대한 사회세력이 마침내 국가권력을 무색케 할 정도로 팽창함으로 인하여 상대적으로 '국가의 쇠퇴' 내지 '국가권력의 무력화'를 가져왔다고 보고, 사회영역에 대한 국가적 간섭의 확대를 정당화시키기 위한 이론으로 제기되고 있기 때문이라고 본다.[1020] 특히 국가의 사망선언에 관한 주장이 국가와 사회의 교차관계에서 사회에 대한 국가의 백지위임적 간섭권을 강조하면서 국가의 적극적인 사회형성적 기능을 강조하는 것으로 나타난다든가,[1021] 국가와 사회를 국민의 상이한 집합상태로 보면서 국가는 사회 내에서 제기되는 인간생활의 복잡하고 불가결한 사항들을 합리적으로 처리하기 위하여 마련된 하나의 생활수단 내지 제도이기 때문에 국가는 사회의 '보다 나은 양심' 내지 '보다 나은 두뇌'라고[1022]

1015) 그 이유로 E. Forsthoff은 독일연방공화국은 불신이 특히 계기가 되어 긴급권을 철저히 규범화시키는 결과를 가져왔다고 보았고, 그 결과 긴급권이 세계에서 가장 자유주의적이고 민주적인 것은 좋으나 유사시에 충분한 기동력을 발휘할 수 없을 것이라고 보았다.

1016) M. Kriele, 국순옥譯, 민주적 헌정국가의 역사적 전개, 388면 이하.

1017) M. Kriele, 국순옥譯, 민주적 헌정국가의 역사적 전개, 389,391면.

1018) 허영교수는 상기한 사람 이외에도 H. Krüger와 R. Herzog을 이러한 학자에 포함시키고 있다. 허영, 헌법이론과 헌법, 191면.

1019) Böckenförde, Der Staat ais sittlicher Staat, S.9f.

1020) 허영, 헌법이론과 헌법, 191면.

1021) H. Krüger, "Die deutsche Staatlichkeit in Jahre 1971", Der Staat. 10(1971), S.1ff.

주장되고 있는 것은 결국 사회의 자율능력에는 일정한 한계가 있다는 전제아래 국가에 의한 조종 내지 보충의 필요성을 강조하는 국가사상에 근거하고 있다고 볼 수 있다.[1023)]

위와 같이 Schmitt에서 시작되어 Forsthoff에 있어서 절정을 이루고 있는 국가소멸론은 마르크스주의 국가사상에서 보는 것과는 근본적으로 다르다. 그것은 국가의 존립근거를 원천적으로 부인하고 있는 것이 아니라 서구의 선진산업국가에서 국가기능이 쇠퇴하고 있는 현실을 보면서 Hobbes의 사상을 재상기시키기 위한 이론으로 대두된 것이기 때문이다.[1024)] 뿐만 아니라 사회의 자율능력을 지나치게 강조하여 산업별 노동조합 또는 전국가 내지 초국가적 압력단체들이 세력을 강화해가고 있는 현상을 바라보면서, 이들 이론은 국가권력이 정당화되기 위하여 요구되고 있는 현대적 과제가 무엇인가를 제시해 보려고 한 국가긍정의 경고이론이라고 할 수 있다. 따라서 Schmitt와 특히 Forsthoff의 주장이 실업계와 경제계를 국가의 엄격한 통제 하에 두는 것을 제1차적인 급선무로 생각한 것이라면, 그의 이론은 처음부터 국가와 사회의 권력을 적절하게 분담하는 방향으로 전개되었어야 하며,[1025)] 그의 결론처럼 본래 통제의 대상이었던 사회제세력에게 국가권력을 넘겨주는 방향으로 귀결된 것은 문제를 해결하기 위한 방안이 되지 못한다고 할 수 있다.

1022) R. Herzog, Allgemeine Staatslehre, S.136ff.

1023) 허영, 헌법이론과 헌법, 191면. 허영교수는 국가와 사회의 관계에 관한 이러한 견해를 국가중심의 교차관계이론이라고 한다.

1024) Joseph W. Bendersky, Carl Schmitt, p86.

1025) M. Kriele, 국순옥譯, 민주적 헌정국가의 역사적 전개, 391면.

5장 國家論의 입장에서 憲法國家의 正當性 問題

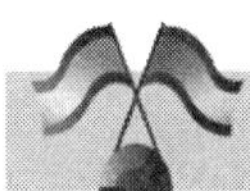

제1절 序 說

앞에서 고찰한 바와 같이 국가권력의 정당성에 관한 문제를 파고들수록 국가를 결속시키고 있는 핵심은 무엇이고, 국가와 헌정사를 움직이고 있는 것은 무엇이며, 국가권력과 법은 어떻게 상호 제약하는가 하는 데 대한 이해가 가능해 지고, 국가의 안정과 불안정이 무엇에 달려 있으며, 민주적 입헌국가가 당면하고 있는 미래의 가능성과 위태로움은 어디에 있는가, 그리고 어떠한 변증법적 운동법칙과 자동장치가 내재적으로 작용하고 있는지를 예견할 수 있게 된다.[1] 그 중에서도 오늘날 국가권력의 본질과 과제 내지 정당성에 관하여 논의할 때, 결정적 의미를 갖는 것은 법과 국가권력이 갖는 불가분의 변증법적 관계이다. 왜냐하면 법을 창설하고 관철하는 것은 국가권력이지만 국가권력의 근거와 정당성을 마련해 주는 것은 법이기 때문이고,[2] 꼭 법치국가가 아니라 할지라도 국가는 최소한 하나의 법적으로 질서 잡힌 공동체이며, 그 권력의 행사가 법으로 나타나는가 하면 그 권력의 행사는 법에 의해 규제받기도 하기 때문이다.[3] 특히 현대는 국가권력의 사실상의 사용과 내적 구속력에 관하여 국민의 대의기관에 의하여 마련되고 국민전체로부터 수용되어 효력을 갖게 되는 헌법 속에 그러한 변증법적 관계가 표현된다. 즉 오늘날 국가권력의 근거와 정당성은 민족사상, 전통, 사회복지 및 개혁 등과 같은 정치이념과 이념적 동인 그 자체에 기초할 수도 있지만, 현대국가에 있어서는 국민적 합의와 Konsens에 바탕을 둔 헌법에서 찾는 것이 일반적인 경향이고 중요성도 커졌다는 것이다.[4]

현대의 헌법국가는 국가권력이 가지는 기본적 과제와 기능을 헌법 내의 기본원리와 구체적 규정들을 통하여 제시하고 있고,[5] 따라서 오늘날의 국가권력은 헌법이 부여하고 있는 권능행사를 그러한 과제와 기능의 실현에 맞출 때 정당성을 인

---

1) M. Kriele, 국순옥譯, 민주적 헌정국가의 역사적 전개, 7면 이하.
2) M. Kriele, 국순옥譯, 민주적 헌정국가의 역사적 전개, 124면.
3) 심헌섭, 법철학1, 165면.
4) U. Scheuner, Staatstheorie und Staatsrecht, S.27.
5) 그러한 헌법의 결단은 일부분이 지배적인 사회윤리적 내지 정치적 관념의 결정체이고, 또 다른 일부분은 국가목적의 결단이라는 의미의 방향설정적 결단을 의미한다. R. Zippelius, Allgemeine Staatslehre, S.324.

정받게 된다는 것이다.[6] 다시 말해서 현대헌법국가에서는 과거에 주장되었던 것과 같이 선재하는 국가권력을 전제하고 있는 것이 아니라 헌법에 의하여 비로소 창설된 국가권력을 의미하기 때문에 국가권력은 항상 헌법에 구속되는 것으로 보아야 하고, 그 결과 국가권력의 정당성에 관한 논의의 핵심도 오늘날은 헌법이 추구하는 가치의 실현에 맞추어지고 있다. 즉 헌법은 국가권력이 지향해 나가야 할 중력의 핵심이고, 그것을 통해서 국가권력은 정당화되는 것이다.[7] 그것은 여기서 일일이 열거할 수는 없지만, 국가의 정치질서를 어떻게 형성하는 것이 인권존중과 개성신장을 최대한으로 보장해 주고 사회정의를 촉진시킬 수 있는 것인가에 핵심이 주어져 있으며, 대체로 이것은 헌법이 내포하고 있는 국가의 구조적 원리로 집약되어 있다.[8] 따라서 현대헌법국가의 국가권력은 현대국가의 구조적 원리에 해당하는 민주주의원리, 법치국가원리, 사회국가원리, 연방국가원리 등이 지향하는 기본적 가치들을 어떻게 구현하느냐에 따라서 정당화된다고 할 수 있는 것이다.

다만 주목해야 할 것은 헌법은 이미 언급했듯이 하나의 완성된 질서를 의미하는 것은 아니기 때문에 아마도 공개성과 논의의 여지가 주어짐으로써만 분명해진다는 점이다.[9] 즉 헌법은 가능한 완전한 실질적 권리의 규제를 기대하지만, 그 밖의 다른 규범보다도 헌법은 사회공동체 내에 존재하는 모든 문제에 대한 명백한 답변을 훨씬 적게 제시하고 있는 것이다. 왜냐하면 헌법이 추구하는 기본원리와 가치들은 일반적이고 추상적인 개념들로 이루어져 있어서 개방된 상태로 국가권력에게 그 해석과 적용의 과제가 부과되어 있는 것이다.[10] 따라서 현대헌법국가

6) 이와 관련하여 국가권력의 정당성과 헌법의 정당성의 개념을 구별하면서 전자는 국가통치에 관한 정치학적, 사회학적 개념인 반면에 후자는 법적 개념이라는 견해가 있다. 그리고 이들은 개념상으로는 구별되지만 서로 분리될 수 없는 밀접한 관계를 형성하고 있다고 한다. 그러나 법학적 국가론의 관점에서의 국가권력의 정당성에 관한 논의는 상기주장에서 지적하듯이 국가권력이 국민을 통치할 근거와 자격에 관한 문제이기 때문에 '권력의 궁극적 근원'에 관한 가치의 문제이다. 그 결과 이 문제는 단순히 정치학적 · 사회학적 개념이라고만 할 수 없다. 이런 까닭에 여기서 다루고 있는 국가권력의 정당성은 헌법의 정당성보다는 하위의 개념이라고 볼 수 있다. 왜냐하면 여기서의 국가권력은 통치권력을 의미할 뿐만 아니라 이것은 헌법에 의하여 창설된 권력을 의미하기 때문에 헌법 그 자체 내지 헌법제정권력의 한계에 따른 정당성의 문제와는 다르다. 왜냐하면 국가권력의 정당성 문제는 국가적인 힘의 행사원리를 확립할 권리를 누가 가질 것인가에 관한 헌법제정권력의 주체와 정당성에 관한 문제와 다르기 때문이다. H. Hofmann, Legitimität und Rechtsgeltung, S.48f.

7) Klaus Stern, Das Staatsrecht der Bundesrepublik Deutschland, Band I, C. H. Beck, 1984, S.81f.

8) 허영, 헌법이론과 헌법, 209면.

9) Klaus Stern, Das Staatsrecht der Bundesrepublik Deutschland, S.83.

10) 이 경우 헌법이 법률제도를 위한 법적 근거를 제시하고 있지만 그 입법행위는 그럼에도 불구하고 단순한 헌법의 집행이 아니다. 왜냐하면 입법자는 고유한 정치적 형성영역을 그 개방성을 통하여 갖기 때문이다. Klaus Stern, Das Staatsrecht der Bundesrepublik Deutschland, S.84f.

의 국가권력은 정치적 내지 사회학적 정당화를 떠나서 무엇보다도 먼저 헌법이 제시하고 있는 가치를 구체화하고 형성해 나감으로써 정당화될 것이 요구된다.[11]

위와 같은 관점에서 아래에서는 현대헌법국가가 정당화될 수 있는 조건들에 대하여 살펴보고자 한다. 먼저 헌법국가가 갖는 현대적 의미를 살펴보고, 현대헌법국가에서 국가권력의 정당성에 관련된 몇 가지 문제들을 상호관계의 관점에서 논술하려고 한다.

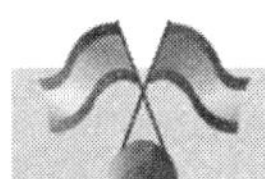

제2절 憲法國家의 現代的 意義

헌법국가란 대체로 헌법에 따라서 통치가 행하여지고 국가공동체의 모든 생활이 헌법에 따라 영위될 것을 요구하는 입헌주의(Konstitutionalismus, constitutionalism)가 지배하는 국가를 말한다. 오늘날은 헌법국가가 자유민주주의 국가와 같은 뜻으로 사용되고 있지만, 사실상 헌법국가라는 개념은 시대와 장소에 따라 달리 이해되어 왔기 때문에,[12] 현대국가의 국가권력의 정당성을 논함에 있어서도 그 개념의 올바른 이해가 전제되어야 한다고 생각된다.

헌법국가를 논함에 있어서 가장 문제가 되는 것은 어떠한 헌법개념을 전제한 것이며, 그 헌법은 어떠한 기능과 과제를 갖고 성문화되기 시작했느냐에 있다.[13] 헌법을 난순히 기본법 내지 근본조직법이라고 정의할 때, 그러한 헌법개념은 전체주의적 독재체제와도 결합될 수 있는 것이기 때문이다. 따라서 이러한 경우는 비입헌국가와 대비되는 헌법국가를 구별하고 설명할 수 없게 된다. 대체로 헌법이 갖는 가장 중요한 기능의 하나는 정치적 공동체에 속한 모든 구성원의 안전과 자유를 보장하는 것이라는 점은 과거나 현재에 있어서도 변함이 없다. 그러나 헌법국가 내지 입헌주의라는 개념이 갖는 보다 중요한 의미는 국가권력(통치권력)을 제한하고 합리화함으로써 개인의 자유와 권리를 보장하려는데 목적을 둔 것이기

11) 물론 이러한 견해는 현대자본주의 국가체제를 부인하는 것과 같은, 다시 말해서 헌법질서를 부인하는 것과는 반대되는 관점에서 보는 견해이다.

12) 계희열, "입법주의", in: 정치학대사전, 1246면.

13) Carl J. Friedrich, "Constitutions and Constitutionalism", in: International Encyclopedia of the Social Sciences, Vol. No. 3., p.319.

때문에,[14] 이것은 무엇보다도 '사람의 자의에 의한 지배'가 아니라 '헌법에 의한 지배'에 핵심이 있음을 알 수 있다. 사실 어떠한 국가의 헌법을 막론하고 그것이 이상에 기초한 미래에의 설계를 의미하는 한, 그것은 반드시 그 미래를 약속하는 어떤 정치적 이데올로기와 결부되지 않을 수 없다.[15] 이러한 점에서 헌법국가 내지 입헌주의라는 개념은 근대국가의 태동과 더불어 본격적으로 논의되기 시작했다고 볼 수 있다. 그 중에서도 영국, 미국, 그리고 프랑스의 혁명을 기점으로 하여 무엇보다도 모든 국가권력은 법에 의해 제정되어야 한다는 법의 지배사상과 당시의 자유주의와 개인주의사상이 종합되어 나타난 개념인 것이다.[16]

이러한 점에서 근대국가의 성립과 더불어 나타난 헌법국가란 개념은 개개인 사이의 인격적 자율영역에 간섭하는 국가권력으로부터 개인의 자유와 권리를 보장하는데 최고의 목적을 두고 있고, 이를 보장하기 위해 국가권력을 기능상으로나 공간적으로 분리하여 상호견제와 균형을 유지하게 해야 한다는 권력분립원리와 연방주의를 그 기본원리로 하는 헌법개념을 전제로 그에 의하여 지배되는 국가를 의미한다고 할 수 있다.[17] 즉 프랑스의 '인간과 시민의 권리선언' 제16조에서 "인간의 자유와 권리의 보장이 확보되지 아니하고 권력의 분립이 규정되지 아니한 사회는 헌법을 가진 것이라고 할 수 없다"고 하였듯이, 그러한 의미의 입헌주의적 헌법을 가지고 있으면서 그에 의하여 지배되는 국가를 헌법국가라고 하는 것이다. 따라서 오늘날 헌법국가라고 하는 개념 속에는 일정한 가치를 내포하고 있지 않으면 안 되고, 그 내용 하나하나에 대한 설명은 사람마다 차이가 있으며,[18] 또한 시대의 변천에 따른 변화가 있기도 하다. 즉 개인의 자유와 권리를 보장한다는 근본이념에 있어서도 단순히 정치적 내지 법적인 측면에서만 요구되고 있는 것이 아니고 실질적인 측면에서도 보장될 것이 요구되고 있고, 단순히 권력분립을 하는데 그치지 않고 개인의 자유와 권리를 보다 실효성 있게 보장할 수 있는 적극적인 제도들을 갖출 때에만 헌법국가라고 할 수 있다.[19] 뿐만 아니고 비입헌국가(입

---

14) 계희열, "입법주의", 1246면; H. Hofmann, Legitimität und Rechtsgeltung, Duncker und Humblot, 1977, S.47.

15) 한태연, 헌법학, 20면.

16) M. Kriele, 국순옥譯, 민주적 헌정국가의 역사적 전개, p.v.

17) Carl J. Friedrich, "Constitutions and Constitutionalism", p.319.

18) 권영성, 헌법학원론, 6면 이하; 김철수, 헌법학개론, 6면 이하; 구병삭, 헌법학I, 11면 이하; 한태연, 헌법학, 21면 등이 대표적인데, 이들에서 소개되고 있는 입헌국가의 가치지표는 국민주권원리, 기본권보장정신, 권력분립원리, 법치국가원리, 의회주의원리, 성문헌법주의 등이다.

19) 그러한 것들 가운데서 대표적으로 언급되고 있는 것으로는 헌법재판제도의 강화, 정당제도의 확립, 행정국가화 경향에의 대처, 국제평화주의의 지향 등이 있다.

헌적 국가)와 구별되는 헌법국가이기 위해서는 헌법규범과 헌법현실 사이의 갭이 크지 않아서 헌법이 무시되지 않고 살아있는 '생활규범'으로서 기능을 다해야 한다.[20] 결국 오늘날 헌법국가란 대다수 선진 자유민주주의국가들이 보여 주고 있는 바와 같이 자유주의와 개인주의를 바탕으로 하는 헌법적 가치의 구현을 목표로 하면서 Konsens에 의하여 주도되어 나가는 국가라고 할 수 있다.

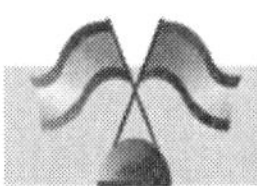

제3절 現代憲法國家에서 國家權力의 正當性 問題

Ⅰ. 序言

상기한 바와 같이 헌법국가를 입헌주의적 헌법을 가지고 있으면서 그것을 통하여 정치생활을 주도해 나가는 현대자유민주주의국가를 의미한다고 하더라도 국가권력은 항상 정당화가 요청된다. 즉 국가권력의 권능행사가 헌법이 정하고 있는 절차와 방법에 따라 정해진 범위 내에서 이뤄지고 있는지가 수시로 의문으로 제기되는 것이다. 또한 헌법이 규정하고 있는 가치들은 일반적이고 추상적인 개념들로 이뤄져 있고, 아울러 기본원리와 같은 형식으로 되어 있어서 그 가치를 구체적으로 실현함에 있어서, 국가권력은 다양한 가치 가운데서 선택하지 않으면 안 되는 결단의 필요성이 항상 남아 있게 되므로 그에 따른 정당화의 요구가 제기되는 것이다.[21] 더욱이 현대헌법국가의 헌법은 헌법제정권력이론에서 지적되듯이 주권자인 국민의 통합된 의사를 의미한다고 하더라도 하나의 특정한 내용상의 원리만으로 정당화될 수 없고, 그 경우에도 이데올로기적 순수성이란 의미에서 Konsens능력(Konsensfähig)이 있는 전체로서의 모순 없는 정당화란 가능하지가 않다는 점을 전제하고 있다.[22] 왜냐하면 오늘날의 자유민주주의국가 내지 사회적 법치국가의 헌법은 국민의 역사적 경험이요, 최선의 전통이며, 국민의 고귀한 목적과 희망의 결정체로 이해되는 가치적 Konsens이기는 하지만, 초월적이며 이데올로기적인 것은 아니기 때문에, 그것은 구체적 실현에 따른 승인으로서

20) 허영, "헌법과 국민의 소리"-진정한 의미의 헌법과 헌법국가의 당위적 전제-, 연세춘추, 1983. 5. 9.

21) H. Hofmann, Legitimität und Rechtsgeltung, S.63f.

22) H. Hofmann, Legitimität und Rechtsgeltung, S.71f.

의 민주적 증명을 통하여, 직접적이며 다양하게 조정된 승인이라는 민주적 증명을 통하여, 그리고 그에 내재된 가치의 지속적인 개혁을 통하여 정당화되어야 하는 것이다.[23)]

따라서 현대헌법국가에서도 헌법제정권력자가 정치적 통일이 형성되고 국가적 과제가 수행됨에 있어서 준거가 될 지도원리와 그 밖의 과제수행에 필요한 법질서 전체의 골격을 구속력 있게 확정해 놓은 경우는 물론이고 역사적인 변화에 대처하기 위해 구체적인 내용에 대해 개방해 둔 문제들에 관해서도, 국가권력은 그의 실현을 통해서 가치적 Konsens를 입증하고 정당화해 나가야 한다.[24)] 즉 헌법의 성립에 있어서의 정당성이 아니라 현존하는 헌법적 가치의 유지와 지속적인 적용에 있어서 계속적인 민주적 조명을 통하여 국가권력은 자신을 정당화시켜 나가야 하는 것이다.[25)] 특히 오늘날의 헌법은 구체적이고 개별적인 규정을 두기보다는 헌법이 추구하는 가치와 근본원리를 선언하는 방법을 택하고 있기 때문에,[26)] 그의 가치적 Konsens를 찾아 구체적으로 실현하는 과제가 국가권력에게 부여되고 있고, 이에 따라 국가권력의 정당성이 인정되기도 하고 부인되기도 한다.

아무튼 현대헌법국가에 있어서 국가권력의 정당성문제는 헌법을 중심매개로 하여 고찰하되, 헌법제정권력과의 관계로부터 출발하여 그에 의하여 확립된 전체로서의 헌법질서와의 관계를 설명함으로써 그 의미가 파악되어야 한다. 따라서 다음에서는 국가권력과 헌법제정권력의 관계를 살펴보고, 국가권력과 헌법질서의 관계를 설명한 다음, 국가권력과 국가의 구조적 원리와의 관계를 고찰해 보고자 한다.

Ⅱ. 國家權力과 憲法制定權力과의 關係

현대헌법국가는 헌법의 제정과 더불어 창설되고 그로부터 국가권력이 형성되는 것이기 때문에 국가권력의 정당성문제를 고찰함에 있어서는 주권문제 내지 헌법제정권력의 문제와의 관련성을 고려하지 않을 수 없다. 이미 살펴보았듯이 국민주권사상이 갖는 가장 중요한 현대적 의미는 국가권력의 정당성이 국민에게 있고

---

23) H. Hofmann, Legitimität und Rechtsgeltung, S.71ff.

24) K. Hesse, Grundzüge des Verfassungsrechts der Bundesrepublik Deutschland, S.12.

25) 이러한 점에서 헌법에 근거한 권능행사라 하더라도 국가권력은 무조건 정당화되는 것이 아니라고 하는 논리가 성립하고, 또한 심한 경우 헌법개정의 절차를 거쳐서라도 새로운 가치적 Konsens를 수렴하고 실현해 나가야 한다.

26) 대표적인 예로는 독일기본법의 사회적 법치국가에 관한 규정이다.

모든 국가권력의 행사를 최후적으로 국민의 의사에 귀착시킬 수 있어야 한다는 것을 뜻할 뿐이라고 하였다.[27] 그 결과 주권자인 국민은 오늘날 헌법제정권력의 주체로서 헌법에 관한 주권적 결정권을 행사함으로써 가장 중요한 주권행사를 하게 되고, 그 밖의 주권행사는 대의제의 원리에 따라 '헌법에 의해 조직된 권력'인 대의기관에 맡겨지기 때문에 주권자로서의 국민의 소임은 크지 않다.[28] 즉 현대 자유민주국가의 국민은 그 자체로서 '국가기관'이라고 하기보다는 주권자인 동시에 헌법제정권력의 주체로서 모든 국가권력의 원천이며 그에 정당성을 부여하는 근거를 의미할 뿐이다.[29] 또한 그러한 헌법제정권력의 주체로서의 국민만이 국가권력의 상위에 위치하고, 그에 시간적으로 선행하는 것이 되며, 국가권력의 원천으로서의 의미를 갖게 된다.[30]

아무튼 현대헌법국가의 국가권력의 정당성을 논함에 있어서 국가권력의 개념은 협의의 국가권력을 의미하기 때문에, 그 국가권력은 주권자인 국민의 헌법제정과 더불어 헌법에 의하여 창조된 권력을 전제한다. 이 때 주권자인 국민은 모든 '국가권력'의 원천으로서 헌법제정권력으로 기능하고, 선거권을 통하여 헌법상의 여러 국가권력을 창설하며, 그 권능행사에 민주적 정당성을 제공해 줄 뿐만 아니라 국가의 정치적인 의사결정과정에 여론의 힘으로 영향력을 행사함으로써 국가작용의 민주적인 조종자로 기능한다.[31] 즉 국가권력은 헌법제정권력에서 연원하고 헌법제정권력에 의하여 조직된 권력이며, 구체적인 국가목적을 수행하기위하여 헌법제정권력이 포괄적으로 위임한 권력의 총칭이다.[32] 따라서 국가권력은 헌법의 테두리 내에서만 포괄적인 직무고권을 가지고 있으며,[33] 헌법이 부여한 권능의 범위 내에서만 행사되어야 하는 헌법적 기속을 받고 있다. 그리고 이것은 곧 국가권력이란 무제한적인 권능행사가 보장된 존재가 아니고 그 권능행사에 일정한 한계가 있다는 것을 의미하며, 무엇보다도 주권자인 국민에 의하여 헌법제정과 더불어 창조된 권력으로서 그의 창조목적과 과제에 합당하게 행사될 때에만 정당화될 수 있다는 것을 의미한다.[34]

---

27) 이승우, 헌법학, 두남, 2009, 228면 이하. 특히 주권주권이념의 통합적 논의를 주목하기 바람.
28) M. Kriele, 국순옥譯, 민주적 헌정국가의 역사적 전개, 126면.
29) Klaus Stern, Das Staatsrecht der Bundesrepublik Deutschland, S.10, 17, 23.
30) 이러한 점에서 주권과 헌법제정권력은 실질적으로 동일한 권력을 의미하는 것으로 된다.
31) 이승우, 헌법학, 236면 이하.
32) 권영성, 헌법학원론, 1984, 149면.
33) M. Kriele, 국순옥譯, 민주적 헌정국가의 역사적 전개, 99면 이하.
34) 물론 여기서 국가권력의 원천이요 권능행사의 근거인 헌법은 그 자체로서 정당할 것을 전제로 하고 있다.

Ⅲ. 國家權力과 憲法秩序와의 關係

1. 序言

국가권력이 헌법제정권력에서 연원하고, 헌법제정권력에 의하여 조직된 권력이며, 구체적인 국가목적을 수행하기 위하여 헌법제정권력이 포괄적으로 위임한 권력의 총칭이라면, 그것은 자기목적적인 존재가 될 수 없고 무엇인가를 위한 수단적 내지 기능적 존재임을 알 수 있다. 헌법자체가 자기목적적인 존재가 아니고 기능적인 존재라고 보는 오늘날의 관점에서는, 그에 의하여 창조된 국가권력이 자기목적적인 존재가 될 수 없음은 의심의 여지가 없는 것이다. 그렇다면 이제 현대헌법국가의 국가권력이 추구해야 할 목적과 과제는 어디에서 비롯되는 것인가를 살펴야 하는데, 그것은 곧 헌법이 내포하고 있는 전체로서의 헌법질서의 의의와 기능으로부터 비롯되어야 한다고 본다.[35] 즉 전체로서의 통일적인 헌법질서 속에서 국가권력이 차지하는 위치와 의미를 고찰할 때, 현대입헌국가에 있어서의 국가권력의 정당성에 관한 논의가 분명하게 드러날 것이기 때문이다. 다만 헌법과 헌법질서가 무엇을 의미하는지에 대해서는 헌법관에 따라서 차이를 보이고 있기 때문에 그에 대한 설명과 아울러 국가권력의 정당성 문제를 살펴보기로 한다.

2. 法實證主義 憲法觀에서 본 國家權力과 憲法秩序의 關係

Kelsen에 의해 대표되는 법실증주의적 헌법관에서는 법질서 그 자체를 국가라고 본다.[36] 그리고 그 법질서는 헌법을 정점으로 하는 '규범의 계층구조'로 이루어져 있으며, 그 결과 헌법은 국가의 법적인 기본질서로서 '최고규범' 내지 '규범중의 규범'이라고 한다.[37] 또한 그에 있어서 법의 본질은 '인간의 행동양식에 관한 강제규범'이라고 생각하기 때문에, 그에 있어서 국가의 통치기능은 인간의 행동양식을 강제력에 의해서 정해주는 명령적 기능이 되고, 국가의 통치구조는 인간의 행동양식을 정해주기 위한 권능기구에 지나지 않게 된다.[38] 즉 법실증주의적 헌법관에서는 국가의 법목적성을 강조하고, 국가와 법의 동일성에 입각해서 국가

35) 여기서 헌법질서(verfassungsmäßige Ordnung)는 통치질서(Herrschaftsordnung)와 같은 의미로 사용한다.
36) H. Kelsen, Allgemeine Staatslehre, S.16f.
37) H. Kelsen, Hauptprobleme der Staatsrechtslehre, 1923, S.XV.
38) 허영, 헌법이론과 헌법, 807면.

의 법목적 실현이 국가목적 실현으로 이해되는 까닭에, 국가의 통치기능은 법을 정립하고 실현하는 기능으로 집약된다.[39] 이것은 결국 국가는 곧 Mida의 왕이기 때문에 그가 말하는 것은 무엇이든지 '법률'(Gesetz) ='법'(Recht)이 되어 법질서를 형성하고, 그 법질서는 곧 국가를 뜻한다고 한다.[40] 즉 국가를 국민과는 유리된 별개의 완성물로 보고[41] 이미 선재하는 존재로 생각한다.

이와 같이 국가를 법질서와 동일시함으로써 법질서의 실현에 의하여 비로소 국가목적이 달성된다고 믿는 법실증주의에서는 국가는 일종의 '자기목적적인 강제질서'인 동시에 '힘의 조직'에 지나지 않게 되며,[42] 그 결과 헌법질서도 국가목적 내지 법목적을 실현하기 위한 '자기목적적인 강제질서'로 보게 된다. 즉 국가 내지 국가권력을 국민의 의사와는 무관한 독자적인 완성물로 생각하고 그 스스로 자기목적을 추구하는 강제기구로 보기 때문에 오늘날의 국민주권사상이나 국민의 이익을 위한, 국민의 의사에 바탕을 둔, 국민에 의한 민주적 통치질서와는 거리가 있게 된다.[43] 예를 들어 Kelsen에 따르면 법은 목적이고 국가는 수단이라는 법과 국가의 이원주의가 용납될 수 없고,[44] 국가란 법을 실현시키기 위한 수단이기 때문에 국가는 법질서에 구속된다는 논리가 성립될 수 없으며,[45] 실정법질서 이외에 또 다른 자연법질서가 존재한다는 법질서의 이원주의를 배척한다.[46] 그 결과 법실증주의 헌법관에서는 일원적인 헌법질서(통치질서)를 주장하되, 국가권력(통치구조 내지 통치권능) 우위의 일원적 헌법질서론을 주장하고 있다.[47] 국가권력을 선재하는 것으로 보고 인간의 모든 자유와 권리는 법질서에 의하여 강제되지 않는 범위 내에서만 허용되는 것으로 보는 것은 바로 그러한 입장을 반영한다.[48]

결국 이처럼 국가권력 우위의 일원적 헌법질서론을 주장하는 법실증주의적 헌법관 내지 국가관에서는 국가권력의 정당성에 관한 문제는 처음부터 제기될 여지

39) H. Kelsen, Reine Rechtslehre, 1934, S.125.
40) H. Kelsen, Allgemeine Staatslehre, S.16f, 42, 76.
41) 허영, 헌법이론과 헌법, 353면.
42) H. Kelsen, Allgemeine Staatslehre, S.39f, 43.
43) 허영, 헌법이론과 헌법, 804면.
44) H. Kelsen, Allgemeine Staatslehre, S.42, 76.
45) H. Kelsen, Allgemeine Staatslehre, S.108, 109.
46) H. Kelsen, Allgemeine Staatslehre, S.40, 59, 154, 162.
47) 여기서 일원적 헌법질서론이란 헌법질서의 주요내용으로 기본권보장부분과 통치구조부분이 있는 것으로 보고, 그 2가지 구성부분 중에서 어느 하나를 우위에 두는 입장을 말한다.
48) 허영, 헌법이론과 헌법, 350면. 따라서 법실증주의적 헌법관에서의 기본권이 '은혜적인 것' 내지 '반사적 효과'로 설명되고 있기도 하다.

가 없다. 국가와 법질서를 동일시하고 국가와 법을 Sollen의 세계에서만 고찰하려고 하는 그들의 입장에서는 오로지 Sollen의 규범구조(계층체)에 비추어 본 합법성의 문제만이 있을 뿐이며, 실정법질서 속에는 이미 정당성이 내포된 것으로 보기 때문이다.[49] 즉 국가권력은 국민의 기본권과 무관한 일종의 자기목적적 권능구조이기 때문에, 그 행사가 법률을 매개로 이루어지는 한 국가권력의 행사는 '자기 정당화' 내지 '자생적 정당성' (Selbstlegitimation)이 인정된다는 것이다.[50] 뿐만 아니라 이들이 보는 국가 내지 국가권력은 국민의 의사와는 무관한 독립적인 완성물로 생각하기 때문에 국민의 기본권과는 무관한 자기목적적인 권능구조를 의미하며, 그 결과 국민의 자연법적 자유를 존중하고 권리를 보장하기 위한 국가권력의 제약이란 있을 수 없고, 국가권력은 그의 강제질서에 의해서 무엇이든지 규제할 수 있어서 정당화를 필요로 하지 않는다고 보게 된다.[51]

3. 決斷主義 憲法觀에서 본 國家權力과 憲法秩序의 關係

결단주의 헌법관을 대표하는 Schmitt는 그의 국가철학을 체계적으로 발표하지는 않았지만 그의 여러 문헌을 통하여 국가관을 엿볼 수 있다.[52] 그는 민주주의를 치자와 피치자를 동일시하는 Rousseau의 동일성이론을 받아들여 '주권자인 국민이 원하는 것은 무엇이든지 옳다'는 사고에 바탕을 두고 있고,[53] 그 결과 그는 헌법이란 '사회공동체의 정치적 생활방식에 대하여 국민이 내린 정치적 결단'이라고 하면서,[54] 헌법제정권자의 정치적 결단을 위한 의지야말로 헌법이 효력을 가지게 되는 근거가 되는 동시에 한 헌법의 정당성의 근거이기도 하다고 한다.[55] 또한 Schmitt의 결단주의 헌법관에서는 주권자인 국민이 가지는 정치결단적인 입헌의지 때문에 그 헌법의 정당성이 인정되는 것으로 보기 때문에 무엇보다도 헌법과 국가란 자기목적적인 것이 아니라 무엇인가를 위한 수단적인 것이라고 본다.[56] 즉 그는 헌법이란 주권자인 국민의 뜻을 존중하고 국민의 정치적 결단에 따라서

49) H. Kelsen, Allgemeine Staatslehre, S.40, 59.
50) 허영, 헌법이론과 헌법, 807면.
51) 허영, 헌법이론과 헌법, 353면.
52) 허영, 헌법이론과 헌법, 163면.
53) C. Schmitt, Verfassungslehre, S.235.
54) C. Schmitt, Verfassungslehre, S.23.
55) C. Schmitt, Verfassungslehre, S.23, 90.
56) C. Schmitt, Der Wert des Staates und die Bedeutung des Einzelnen, Verlag von J. C. B. Mohr, 1917, S.55, 56, 68.이 점은 법실증주의 헌법관이 자생적 정당성을 내세워 국민의 정치활동과 무관한 헌법질서가 있다고 믿는 것과 다른 점이다.

행해지는 국민의 통치로서의 '민주적 정당성'을 그의 불가결한 요소로 간주할 뿐만 아니라, 인간이 갖는 자연법적인 자유와 권리의 실현을 중요한 목적으로 하는 기능적인 존재로 평가하고 있다.57) 따라서 결단주의 헌법관에서 본 헌법질서는 결국 국민주권의 원리에 입각한 민주적 정당성의 요청을 충족시키고 또한 자연법사상에서 유래하는 인간의 천부적인 자유와 권리를 실현시키기 위한 이원질서로 집약된다.58)

이처럼 Schmitt는 자연법적 자유의 실현을 보장하는 '비정치적 구성부분'과 민주적 정당성의 요청을 충족시키기 위한 '정치적 구성부분'으로 구성된 이원적 헌법질서가 현대자유민주주의국가의 특징이라고 하면서 그 상호관계를 설명하고 있다.59) 즉 그는 비정치적 구성부분에서는 국민의 기본권보장을 그 주요내용으로 하는 법치국가원리가 지배하는데, 여기서는 원칙적으로 제한적인 국가권력에 의하여 부당하게 침해되는 것을 막기 위하여 비정치적인 법치국가원리가 적용되어야 한다고 하며,60) 정치적 구성부분에서는 국민주권의 원리에 입각한 국가권력의 민주적 정당성의 요청을 충족시키기 위하여 민주주의원리가 적용되어야 한다고 보면서 헌법질서를 이원질서로 본다.61) 더욱이 그는 국가로부터 자연적 자유를 보장받는데 필요한 법치국가원리는 국가권력의 창설과는 무관한 비정치적이고 형식적인 원리에 지나지 않는 것으로 보기 때문에,62) 국가의 헌법질서에는 국가권력의 창설에 관한 정치적인 구성원리가 따로 있을 수밖에 없다고 한다.63) 따라서 그에 있어서 기본권과 국가권력 사이에는 이념적인 단절관계가 존재하는 것으로 본다.64) 다시 말해서 국민의 기본권이 국가권력을 비로소 창설하는 것이 아니고 이미 다른 정치적 형태원리 내지 구조적 원리에 의해서 창설된 국가권력 내에서 그 국가권력으로부터 국민의 선국가적 기본권을 보장받는 수단으로 법치국가원리가 작용하게 되는 까닭에 기본권과 국가권력의 이념적인 단절관계가 존재한다는 논리가 성립하는 것이다.65) 즉 이원적인 구성부분의 상호간에 상하의 관계는 있

57) C. Schmitt, Verfassungslehre, S.123ff, 223ff.

58) 허영, 헌법이론과 헌법, 808면 이하.

59) C. Schmitt, Verfassungslehre, S.123ff, 200, 221ff.

60) C. Schmitt, Verfassungslehre, S.126, 131, 166.

61) C. Schmitt, Verfassungslehre, S.125ff, 223ff.

62) C. Schmitt, Verfassungslehre, S.204.

63) C. Schmitt, Verfassungslehre, S125.

64) 허영, 헌법이론과 헌법, 821면.

65) 물론 C. Schmitt는 법치국가원리란 국민의 자유와 권리를 보장하고 국가권력을 통제하기 위한 형식적이고 비정치적인 기교라고 설명하면서 자유의 제한과 침해는 일반성을 가지는 법치국가

을지 몰라도 두 부분 사이에 어떤 국가창설적인 기능관계는 없다는 것이며,[66] 극단적인 경우 기본권을 떠난 민주주의가 가능하다는 논리형식이다.[67]

위와 같이 Schmitt의 결단주의 헌법관에서는 헌법질서를 정치적 구성부분과 비정치적 구성부분, 민주주의원리가 지배하는 영역과 법치국가원리가 지배하는 영역, 그리고 국가권력과 기본권이라는 이원적인 부분으로 구성되어 있고, 그 상호간에는 이념적인 단절관계가 존재하는 것으로 보고 있기 때문에, 국가권력의 정당성을 설명함에 있어서도 어려움이 뒤따른다. 즉 그는 국가권력을 기본권으로부터 이념적으로 분리시켜 놓았음에도 불구하고 그의 자유주의적 국가관에 따라 국가는 스스로가 목적일 수 없고 자연법적인 자유의 실현이 바로 국가의 목적이며, 이 자유의 실현이 국가를 정당화시켜주고 국가를 충족시켜준다고 함으로써 상호모순된 견해를 보이고 있다.[68] 그에 따르면 국가에 주어진 통치권은 오로지 국가에 주어진 자연법실현이라는 과제 때문에 정당화되는 것이기 때문에 국가의 이 같은 과제를 떠난 통치권이란 인정될 수 없다고 하면서도,[69] 기본권으로부터 국가권력을 이념적으로 분리시켜 놓고 있는 것이다. 그리고 정치적 구성부분에 관한 설명에서 그는 민주주의원리를 '국민의 자기통치'로 이해하고 있기 때문에 주권재민의 이념이 합리적이고 실효성 있게 실현될 때 정당화된다고 보기도 한다.[70] 즉 모든 국민이 평등하게 정치적인 의사결정에 참여하고, 모든 정치적인 결정이 국민에 의하여 직접 행해질 수 있는 경우에 '국민의 자기통제'가 실현되고 또한 정당화된다고 보고 있는 것이다.[71]

4. 統合過程論的 憲法觀에서 본 國家權力과 憲法秩序의 關係

통합과정론적 헌법관을 대표하는 Smend는 국가를 법실증주의 헌법관처럼 '완성물' 내지 '법질서'로 생각하는데 반대하고, 또한 결단주의 헌법관처럼 주권자인

적 법률에 의해야 한다고 함으로써 결국 국민의 자유는 법률유보 밑에 있게 되어 형식적 법치국가원리로 전락한다. 허영, 헌법이론과 헌법, 821면 이하.

66) C. Schmitt, "Grundrechte und Grundpflichten, in: Verfassungsrechtliche Aufsätze, 2. Aufl., Duncker und Humblot, 1973, S.189f, 229.

67) 허영, 헌법이론과 헌법, 362면.

68) C. Schmitt, Der Wert des Staates und die Bedeutung des Einzelnen, S.53.

69) C. Schmitt, Der Wert des Staates und die Bedeutung des Einzelnen, S55.

70) C. Schmitt, Verfassungslehre, S.234ff.

71) 허영, 헌법이론과 헌법, 815면 이하. C. Schmitt는 이렇게 국민의 자기통제가 이상이라고 하면서도 대의성의 필요성과 중요성을 무시할 수 없는 것으로 보아 그 합리적인 조화가 통치구조의 과제라고 한다. C. Schmitt, Verfassungslehre, S.206.

국민의 단한번의 정치적인 결단에 의하여 조직이 완성되는 '정적인 전체'도 아니라고 하면서, 국가란 다양한 이해관계를 가진 사회구성원들이 일정한 가치세계를 바탕으로 하나의 정치적인 생활공동체로 동화되고 통합되어가는 부단한 과정이라고 한다.72) 그리고 헌법은 이처럼 끊임없이 흐르는 동화·통합의 과정에서 그 원동력이 되는 일체감 내지 연대감의 가치적인 공통분모를 뜻하는 것으로서, 결코 완성물인 국가의 기능이나 조직에 관한 단순한 조직규범에 그치는 것이 아니고, 항구적인 동화·통합과정을 뜻하는 국가의 생활형식 내지는 법질서를 의미한다고 한다.73) 뿐만 아니라 Smend에 있어서의 헌법은 사회공동체를 정치적인 일원체로 동화·통합시키기 위한 국가의 법질서이기 때문에 '사회통합의 기능적인 전체'라는 관점에서 헌법을 전체로서 파악할 것을 요구하고 헌법의 통일성을 존중할 것을 요구한다.74) 또한 그는 기본권이란 그와 같은 생활형식 내지 법질서의 바탕이 되는 '가치체계'내지 '문화체계'를 의미하는 것으로 보면서,75) 사회공동체의 저변에 깔려 있는 가치질서 내지 문화질서가 그 국가의 헌법에 기본권으로 나타나기 때문에, 기본권이야말로 사회공동체를 정치적인 일원체로 동화시키고 통합시켜주는 실질적인 계기인 동시에 원동력으로 본다.76) 그 결과 자유민주국가에 있어서 기본권은 헌법질서의 방향을 제시하는 지침적인 성격을 가질 뿐만 아니라77) 그 헌법질서를 정당화시켜 주는 정당성의 원천을 뜻한다고 한다.78)

이와 같이 동화적 통합의 가치질서 내지 가치적 Konsens가 바로 기본권이라고 이해하는 Smend에게 있어서는 기본권이야말로 사회공동체의 동화적 통합을 가능케 하는 실질적 요소를 뜻하기 때문에 기본권에 의해서 비로소 '전체로서의 국가'가 창설되게 된다.79) 즉 그에게 있어서 국민의 기본권은 단순한 초국가적인 자유와 권리가 아닌 것처럼, 국가도 국민과는 별도로 선재하는 완성물이 아니고 공감대적 가치로서의 기본권실현을 통한 계속적인 통합과정으로 이해되기 때문에, 기본권은 국가창설의 실질적 원동력이 되고 또 국가존립의 가치질서적 정당성을 의미하게 된다.80) 따라서 그에 있어서는 기본권과 국가권력(통치구조)의 이념적인

72) R. Smend, "Verfassung und Verfassungsrecht", in: Staatsrechtliche Abhandlungen und andere Aufsätze, 2.Aufl., Duncker und Humblot, 1968, S.119ff(136).
73) R. Smend, "Verfassung und Verfassungsrecht", S.189.
74) R. Smend, "Verfassung und Verfassungsrecht", S.190.
75) R. Smend, "Verfassung und Verfassungsrecht", S.119ff.
76) R. Smend, "Verfassung und Verfassungsrecht", S.217, 264.
77) R. Smend, "Verfassung und Verfassungsrecht", S.265.
78) R. Smend, "Verfassung und Verfassungsrecht", S.266.
79) R. Smend, "Verfassung und Verfassungsrecht", S.94.

단절관계란 생각할 수도 없고, 각자가 독자적인 지배원리를 가지는 헌법의 구성부분으로 이해될 수도 없다.[81] 즉 기본권과 국가권력은 단절관계에 있는 것이 아니고 기능적인 상호교차관계에 있는 것으로서 국가권력(통치구조)이란 동화적 통합의 실질적인 원동력으로서의 기본권을 실현시키기 위한 하나의 '정돈된 권능구조'에 지나지 않는 것으로 보아 기본권우위의 일원적 헌법질서를 안중에 두고 있다.[82]

이처럼 기본권에 의하여 국가권력이 창설되고 기본권이 국가권력의 존립에 정당성을 부여하는 일종의 '질서의 원리'로 평가하는 Smend에 있어서, 헌법에 기반을 두고 있는 국가권력(통치구조)은 기본권과 유리된 단순한 권력구조가 아니고 어디까지나 기본권적 가치를 실현시키기 위해서 마련된 기능적 · 제도적 메카니즘이기 때문에, 기본권적 가치는 국가권력 행사의 가치지표이며 정당성의 근거이다.[83] 따라서 그에게 있어서 기본권적 가치는 모든 국가작용, 즉 입법 · 행정 · 사법작용을 기속하며, 이러한 기본권적 가치를 무시한 국가권력의 행사는 당연히 그 정당성을 상실하게 된다.[84] 즉 국가권력의 '민주적 정당성'은 물론이고 기본권보장이라는 '목적적 정당성' 및 국가권력행사의 기본권적 한계를 보장하기 위한 '절차적 정당성'이 이뤄질 것을 요구함으로써 국가권력 행사(통치권행사)의 기본권적 한계를 제시하고 있는 것이다.

5. 批判 및 結語

앞에서 헌법이란 무엇이고 헌법이 내포하고 있는 기본권과 국가권력(통치구조)을 전체로서의 헌법질서 속에서 어떻게 평가해야 할 것인가를 각 헌법관을 통하여 살펴보았다. 각각에 대한 간단한 비판과 함께 결론을 내려보면 법실증주의 헌법관에서는 국가 내지 국가권력을 선재하는 완성물로 생각한 나머지 국민과는 유리된 것으로 생각할 뿐만 아니라 국민이 국가의 원동력인 동시에 그 존립근거라는 것을 잊고 있다.[85] 국가란 인간적인 사회생활과정에서 일정한 목적에 의하여 조직된 사회의 정치적인 활동단위임에도 국민을 떠나서 존재할 수 있는 것으로

80) 허영, 헌법이론과 헌법, 823면 이하.
81) 허영, 헌법이론과 헌법, 374면.
82) 허영, 헌법이론과 헌법, 375면.
83) 허영, 헌법이론과 헌법, 826면.
84) R. Smend, "Verfassung und Verfassungsrecht", S.89ff(102).
85) 허영, 헌법이론과 헌법, 356면 이하.

생각하고 있고, 국가권력도 이 사회의 조직과정에서 비로소 창조되는 것이라는 점을 간과하고 있으며, 이 조직과정을 떠나서 국가권력이 독자적으로 존재하는 것처럼 생각하고 있는데,[86] 이것은 국민주권이 확립된 오늘날에 있어서 용납될 수 없는 생각이다. 국민주권이 확립된 현대민주주의국가에서는 국민의 Kosens와 직결되는 '민주적 정당성'만이 국가권력의 행사를 정당화시켜 줄 수 있기 때문이다.[87] 더욱이 국가는 어디까지나 인간중심의 것이고, 인간의 이익 때문에 그 권력행사가 정당화되는 것이라고 보는 오늘날의 입장에서는, 위와 같은 국가목적적 국가관 내지 국가권력의 '자생적 정당성'을 주장하는 법실증주의 헌법관은 받아들일 수 없다.[88]

또한 결단주의 헌법관처럼 국가의 헌법질서를 이원적인 것으로 이해함으로써 각 부분의 성격과 지배원리를 각각 다른 곳에서 찾고 있는 것은 문제점이 있다. 왜냐하면 오늘날 기본권은 국가의 권력구조 내지 정치형성적인 구조와는 무관한 비정치적인 성질의 것이 아니고, 오히려 기본권행사에 의해서 비로소 국가의 정치형성적인 구조가 정해지고 영향을 받는 지극히 정치적인 성질의 것으로 보는 것이 현대적인 경향이기 때문이다.[89] 뿐만 아니라 한 나라의 헌법질서는 사회공동체가 일정한 가치적인 공감대를 바탕으로 정치적인 통합을 이루기 위한 정치적인 생활질서를 의미하기 때문에, 그것을 전체적으로 파악해야지 그것을 인위적으로 두 구성부분으로 나누고 두 부분사이에 인위적인 장벽을 쌓으려고 하는 것은 헌법질서의 본질과 기능을 무시한 이론이라고 할 수 있다.[90] 다시 말해서 한나라의 전체로서의 헌법질서가 공감대적 가치로서의 기본권보장을 통한 사회공동체의 정치적인 통합질서라고 보아야 하기 때문에, 기본권과 국가권력(통치구조)은 결코 별개의 목적을 추구하는 이념적인 단절관계에 있지 않다고 보아야 한다.[91] 즉 기본권이 한나라의 헌법질서의 목적이라면 국가권력은 이 목적달성을 위한 수단 내지 방법에 지나지 않는 것으로 보는 것이 현대적인 경향이다. 따라서 한나라의 헌법질서를 이원적으로 봄으로 인하여 국가권력의 '민주적 정당성'만을 문제시 할 것이 아니라 자유 · 평등 · 정의와 같은 인류사회의 기본가치 내지 공감대적 가치를 실현하기위하여 국가권력이 창설되었고, 국가권력은 그러한 가치의 실현을 통

86) 허영, 헌법이론과 헌법, 357면.
87) 허영, 헌법이론과 헌법, 806면.
88) 허영, 헌법이론과 헌법, 807면.
89) 허영, 헌법이론과 헌법, 820면.
90) 허영, 헌법이론과 헌법, 820면 이하.
91) 허영, 헌법이론과 헌법, 821면.

해서만 정당화되기 때문에 민주적 정당성은 물론 목적적 정당성과 그를 추구하는 절차적 정당성이 아울러 고려되지 않으면 안 된다고 본다.

그리고 통합과정론적 헌법관에서는 기본권이 가지는 '주관적 권리'의 측면을 너무 소홀히 취급한다든가, 국가를 창설하고 정당화시키는 기본권의 민주적인 input 기능을 강조한 나머지 기본권을 지나치게 정치적인 것으로 보거나 의무적인 요인을 그 핵심인 것처럼 보는 점에서 비판의 요소가 있고,[92] 또한 기본권을 하나의 '가치체계' 내지 '문화체계'로 이해하는 나머지 다양한 가치판단을 허용하는 여지가 있다는 비판의 소리가 있지만,[93] 사회공동체를 동화·통합시키고 정치적인 일원체로 창설하는 기본권의 정치적·민주적 기능을 강조하면서 기본권을 기능적인 측면에서 정당화시키려고 한 점과,[94] 기본권과 국가권력(통치구조)의 이념적·기능적 상호관계를 설득력 있는 논리로 부각시킴으로써 헌법질서의 전체적인 연관성을 분명히 밝힌 점은 큰 이념적 공적이라고 할 수 있다.[95]

아무튼 헌법은 한나라의 헌법질서(통치질서)의 규범적 표현형태이다. 또한 헌법에 의하여 구체화된 헌법질서는 그 자체가 기본권보장을 위한 마그나카르타(Magna Carta)이다. 즉 헌법질서는 복합적인 사회공동체가 이해관계의 다양성에도 불구하고 정치적인 일원체로 조직되고 기능하게 하기 위한 법적·제도적 테두리를 뜻한다. 따라서 헌법은 한나라의 헌법질서의 가장 기본이 되는 가치지표인 동시에 국가 내에서 행사되는 모든 권능행사의 정당성근거인 국민의 자유와 권리를 보장하기 위한 기본권조항을 내포하고 있음은 물론이고, 이 국민의 기본권을 최대한으로 존중하고 실현시킬 수 있는 구조적·기능적 메카니즘으로서의 통치기관의 조직과 권한분배, 권능행사의 절차와 방법, 통치기관상호간의 통제수단 등 국가권력(통치구조)의 장치를 마련하고 있다. 이것은 기본권과 국가권력의 상호관계를 이념적으로 단절관계에 있는 것으로 평가하는 것도 아니고, 또한 국가목적적인 관점에서 기본권을 '국가권력이 베푸는 은혜로서의 자유' 내지 '국가권력의 자제에 의한 반사적 효과로서의 자유'에 불과한 것으로 보는 것이 아니며, 결국 기본권에 의하여 국가권력이 창설되고 그 국가권력의 권능행사가 정당화되는 가치질서로 헌법질서를 평가한다는 것이다. 즉 헌법질서는 사회공동체의 정치적인 통합질서이기 때문에 기본권과 국가권력(통치질서)사이에 이념적·기능적 불가분성이 존재한다는

92) 허영, 헌법이론과 헌법, 381면 이하.
93) 허영, 헌법이론과 헌법, 382면 이하.
94) 허영, 헌법이론과 헌법, 381면.
95) 허영, 헌법이론과 헌법, 830면.

것이며, 관권과 힘을 배경으로 하는 물리적 통합이 아니고 사회공동체 내의 공감대적 가치의 실현을 바탕으로 하는 가치지향적이고 자주적인 통합을 전제로 한 것이다.

결국 국가권력은 헌법질서와의 관계에 있어서 헌법질서의 한 요소이면서 다른 한 요소인 기본권을 실현해야 할 수단적 의미를 갖는다고 할 수 있다. 다시 말해서 현대입헌국가의 헌법절서에서 국가권력은 국민주권이념을 실현시킨다는 측면에서의 민주적 정당성이 요청됨은 물론이지만, 기본권적 가치의 실현을 위한 수단적 존재라는 의미에서 목적적 정당성이 갖추어져야 하고, 또한 민주적 정당성과 목적적 정당성이 추구되는 절차와 방법에 있어서 합리적일 것을 요구하는 절차적 정당성이 인정되지 않으면 안 된다. 즉 국가권력의 민주적 정당성이란 국가권력의 창설은 물론이고 국가 내에서 행사되는 모든 권능이 언제나 국민의 Konsens에 귀착될 수 없는 국가권력행사는 정당화될 수 없다는 것이고, 목적적 정당성이란 헌법질서 내의 모든 기능은 어디까지나 기본권실현의 수단이고 기본권에 봉사하는 기능에 지나지 않기 때문에 국가권력은 자기목적적일 수 없고 기본권의 충실한 실현을 통해서 정당화되어야 한다는 것이며, 절차적 정당성이란 국가권력의 창설에 있어서는 물론이고 그 행사과정에 있어서 국가권력의 남용 내지 악용이 불가능하도록 권능에 대한 합리적이고 효율적인 통제수단을 마련함으로써 그의 행사가 방법과 과정의 측면에서도 정당화되어야 한다는 것을 말한다.[96] 현대헌법국가 내에서 국가권력의 구조와 권능을 제도화하고 운영하는 면에서 위와 같은 자유민주적 국가구조의 근본이념과 기본원리를 무시하는 헌법질서가 마련될 때, 그 국가권력이 정당화되지 못할 뿐만 아니라 사회공동체의 동화적 통합이 달성될 수 없을 것이란 점은 의심의 여지가 없기 때문이다. 그리고 그러한 헌법질서 내에서의 국가권력의 정당화는 단한번의 결단으로 완성되는 것이 아니고 부단히 경신되고 개선되어 나가야 할 과제에 해당한다. 왜냐하면 헌법질서와 그 속에서 생활해 나가는 자유와 권리의 주체로서의 인간은 서로 영향을 미치면서 합리적인 형성과 발전을 해나가야 하는 존재들이기 때문이다.

96) 여기서 민주적 정당성, 목적적 정당성, 절차적 정당성에 관한 자세한 설명은 제4장 제2절 IV. 現代國家에 있어서 國家權力의 正當性의 源泉 내지 價値判斷基準 참조.

Ⅳ. 國家權力과 國家의 構造原理 내지 憲法의 基本原理와의 關係

1. 序言

헌법이 자기 목적적인 것이 아니라 무엇인가를 위한 기능적 존재라고 보는 오늘날의 시각에서 그 헌법이 제정됨과 동시에 특정한 국가 내지 국가권력이 창설된다고 하는 점은 이미 전술했다. 그리고 국민주권이념을 전제하는 한, 기본권과 국가권력(통치구조)으로 징표되는 헌법질서는 그 자체가 기본권보장을 위한 마그나카르타라고 보아야 하기 때문에, 결국 모든 자유민주국가의 헌법질서는 국민의 자유와 평등, 그리고 사회정의의 실현을 보장하는데 가치를 두어야 한다는 점도 의심의 여지가 없는 것으로 지적되었다. 다만 이제 남은 문제는 국가 내지 헌법질서가 기본권보장을 위한 마그나카르타라고 인정한다고 하더라도, 구체적으로 어떻게 형성하는 것이 인간존중과 개성신장을 최대한으로 보장해 주고 사회정의의 실현을 촉진시킬 수 있을 것인가의 문제로 논점이 귀착된다. 다시 말해서 사회공동체가 기능국가로 조직되고 통일되는데 있어서 갖추어야 되는 '정치질서의 법적인 상수'를 찾아내는 것이 현대국가가 당면한 과제라는 것이다.[97)]

오늘날 자유와 평등, 그리고 사회정의의 실현을 확보하기 위해서, 다른 말로 표현해서 현대헌법국가의 헌법질서가 기본권보장을 위한 마그나 카르타로서 올바로 기능하기 위해서, 현대국가는 구조원리로서 민주주의원리, 법치국가원리, 사회국가원리, 연방국가원리 등을 요구하고 있다.[98)] 다른 말로 표현해서 현대자유민주국가의 통치질서가 민주적 정당성과 목적적 정당성 및 절차적 정당성이 확보되도록 하기 위하여 일정한 원리에 의하여 국가권력을 형성하고, 또한 그러한 원리에 입각하여 국가권력이 행사되도록 해야 하는데, 그것이 곧 현대헌법국가의 기본원리이며, 민주주의원리, 법치주의원리, 사회국가원리, 문화국가원리, 평화주의원리 등이 그에 해당하는 것으로 지적되고 있다.[99)] 국가의 구조적원리 내지 헌법의 기본원리 각각에 대해서는 다음에서 설명하기로 하고, 여기서는 현대국가의 국가권력과 이들의 상호관계에 관한 일반적 문제를 간단히 살펴보기로 한다.

민주주의원리를 비롯하여 각 구조원리의 본질이 무엇인가에 대한 견해는 지금

---

97) 허영, 헌법이론과 헌법, 209면. 여기서 '정치질서의 법적인 상수'를 현대국가의 구조적 원리라고 부르고 있다.

98) 허영, 헌법이론과 헌법, 209면.

99) 이승우, 헌법학, 240면 이하.

까지 무수하게 많았지만, 오늘날 지배적인 견해에 따르면 민주주의란 국민의 정치참여에 의해서 자유·평등·정의라는 인류사회의 기본가치를 실현시키려는 국민의 통치형태를 뜻한다고 한다.100) 그리고 법치국가원리도 법우선의 원칙에 따라 국가공동생활에서 지켜야 할 행동지침을 마련하고 국가활동을 이에 입각하여 형성·조절함으로써 인간생활의 불가결한 기초가 되는 자유·평등·정의를 실현시키려는 국가의 구조원리를 뜻한다고 한다.101) 또한 사회국가원리란 실질적인 자유와 평등의 실현수단으로서 자유와 평등의 효과가 실질적으로 발휘될 수 있는 생활환경을 조성하고 사회구조의 골격적인 테두리를 마련하는 현대국가의 구조원리로 지적된다.102) 또한 연방국가원리도 현대국가의 과업을 능률적으로 성취하기 위한 국가의 조직원리로 간주됨은 물론 국가권력을 연방과 지방간에 수평적·수직적으로 분산시킴으로써 국민의 자유와 권리를 보다 효과적으로 보호하려는 구조원리로 평가되고 있다.103) 한편 국가와 특별한 관계를 가지고 있는 인간의 정신적·창조적 문화활동의 영역에 대한 규율을 전제로 하는 문화국가원리는 물론이고,104) 모든 국가의 본질이 '정치적 통일체'와 '평화의 통일체'로 인식될 뿐만 아니라 국가의 제1차적 목적과 과제는 기본권보장의 전제조건으로 국가 내의 질서와 평화의 유지에 있다고 보고 평화주의원리를 실현하고자 하는 것도 이에 해당한다.105)

이와 같이 모든 현대국가의 구조적 원리들은 인류사회의 보편적 가치인 자유·평등·정의를 실현하려고 하는 점에서는 공통적이다. 다만 민주주의원리는 국가의 통치활동에 참여할 수 있는 정치적인 자유와 평등을 실현하고자하는 국가의 통치형태적 구조원리를 의미하는데 비하여, 법치국가원리는 국가권력의 조직과 기능을 객관적인 가치인 법규범을 매개로 하여 자유와 평등을 실현하려는 국가의 기능 형태적 구조원리이고, 사회국가원리는 국민각자가 자율적으로 일상생활을 꾸려 나가도록 사회생활 환경을 조성하되 '자유의 조건'으로서의 실질적인 자유와 평등을 실현하려는 사회구조의 골격을 마련하는 구조원리이다.106) 그리고 연방국가원리는 국민의 자유와 평등, 그리고 정의를 실현하고자 하는 상기 3가지 구조원

100) 허영, 헌법이론과 헌법, 223면.
101) 허영, 헌법이론과 헌법, 294면 이하.
102) 허영, 헌법이론과 헌법, 314면.
103) 허영, 헌법이론과 헌법, 332면 이하.
104) 이승우, 헌법학, 275면.
105) 이승우, 헌법학, 286면.
106) 허영, 헌법이론과 헌법, 302-305면.

리의 효과를 실효성 있게 하고 강화시켜 주는 또 다른 구조적 원리로 평가할 수 있다. 뿐만 아니라 위와 같은 국가의 구조적원리가 기능하기 위한 전제가 평화주의원리이고, 국가의 구조원리가 보다 실효성 있게 실현되게 하는 것이 문화국가원리이다. 따라서 이들은 과거와 같이 민주주의의 본질을 '국민이 국가권력의 주체인 통치형태'나 '치자와 피치자가 동일한 통치형태'(동일성이론), 또는 '다수의 통치형태'로 평가하거나, 법치국가원리를 '국가권력을 통제하기 위한 형식적이고 비정치적인 기교'라고 봄으로 인하여 상호간에 이념적 갈등관계에 있는 것으로 보아서는 안 되고,[107] 이들 각자는 헌법질서의 적극적 구조원리 내지 기본원리로서 그 특성과 효과는 다르지만 그 기초상의 공통점을 가지고 있다고 보아야 하며, 전혀 긴장이 없다고 할 수는 없지만 상호보완하고 제약하는 상태로 내적인 통일을 이루도록 상호정서 되어 있다고 보아야 한다.[108] 즉 헌법질서의 전체가 이러한 통일이 이뤄지는 가운데서만 분명해지는 것처럼, 전술한 각각의 원리는 상호제약하고 제약되며, 보완하고 보완되면서 헌법질서에 편입되어 있는 것이다.[109] 다만 공동체의 생활과정에 따른 질서에 있어서 민주주의원리는 동적·형성적 계기를 보다 강조하고, 법치국가원리는 정적·유지적 계기를 보다 강조한다는 등의 특징이 없는 것은 아니다.[110] 아무튼 아래에서는 위와 같은 전제하에 국가권력과 국가의 구조원리 내지 헌법의 기본원리와의 관계를 통하여 국가권력의 행사가 정당화될 수 있는 조건들을 살펴보고자 한다.

2. 民主主義原理와 國家權力의 正當性

(1) 民主主義의 本質과 正當性論議

민주주의의 본질이 오늘날 국민의 정치참여에 의해서 자유·평등·정의라는 인류사회의 기본가치를 실현시키려는 국민의 통치형태를 뜻한다고 하지만, 그것이 이의 없이 받아들여지고 있는 것은 아니다. 얼마 전까지만 하더라도 Rousseau의 사상에서 연유하는 동일성이론이나 다수결원리가 그 핵심으로 평가되는 다수의

107) 특히 C. Schmitt의 견해가 그러함에 대하여는 허영, 헌법이론과 헌법, 303면 이하 참조.

108) K. Hesse, Grundzüge des Verfassungsrechts der Bundesrepublik Deutschland, S.106. 기타 이와 관련하여 민주주의원리와 법치국가원리, 그리고 법치국가원리와 사회국가원리 사이의 상호관계에 관한 자세한 설명은 허영, 헌법이론과 헌법, 302-305면 참조.

109) K. Hesse, Grundzüge des Verfassungsrechts der Bundesrepublik Deutschland, S.106. 여기서 K. Hesse는 법치국가원리는 민주주의의 조건이 된다고 볼 수 있고, 민주주의원리는 법치국가의 조건이라고 한다.

110) K. Hesse, Grundzüge des Verfassungsrechts der Bundesrepublik Deutschland, S.104f.

통치형태가 민주주의의 본질인 것으로 우리사회에 인식되어 왔었기 때문이다. 더욱이 동일성이론이나 다수의 통치형태로 민주주의의 본질을 이해하는 사고방식을 전근대적인 것으로 본다고 하더라도 구체적으로 민주주의의 본질이 무엇인가에 대해서는 이렇다할 통일된 이론이 형성되지 못한 상태에 있고,111) 그리하여 국가권력의 민주적 정당성을 어떠한 관점에서 평가할 것인지도 일정한 준칙이 없다. 민주주의의 개념이 매우 광범하고 포괄적인 것이기 때문에 아주 소수의 예외를 제외하고는 자기 자신의 민주적 정당성을 믿지 않는 국가는 오늘날 하나도 없을 것이기 때문이다.112)

그러나 상기한 바와 같이 민주주의를 정의하는 것이 오늘날 일반적으로 받아들여지고 있기 때문에 그러한 관점에서 민주주의원리를 실현하기 위하여 어떠한 실현형태가 요구되고 있고, 그 구체적인 내용이 의미하는 바가 무엇인지에 따라 오늘날 국가권력의 정당성문제가 논의될 수 있다고 본다. 다만 민주주의의 본질이 단순히 '국민의 자기지배형태'를 의미하는 것이 아니고, 국가권력의 창설은 물론 국가 내에서 행사되는 모든 권력의 최후적 정당성이 자유·평등·정의라는 객관적 가치를 실현시키려는 사회의 Konsens에 귀착시켜야 하는 것으로 보는 일정한 세계관 내지 가치관적 통치형태를 뜻한다고 하더라도,113) 결국은 사람의 사람에 대한 통치형식에 지나지 않을 뿐만 아니라 권력은 그 본질상 남용의 가능성을 내포하고 있기 때문에, 그러한 기본권적 가치를 방어하기 위한 기능은 자유민주주의 국가에서는 항상 필요하다.114) 따라서 다음에서는 현대적 의미에서의 민주주의원리가 실제로 기능함에 있어서 요구되는 실현형태의 3가지 필수요소를 통하여 국가권력이 정당화될 수 있는 조건을 살펴보고자 한다.

(2) Input手段의 合理化를 통한 正當化

오늘날 자유민주국가의 국가통치는 Konsens를 통하여 정당화된다.115) 이것은 어차피 현대의 모든 국가가 직접민주주의를 포기하고 간접민주주의로 나아가지 않을 수 없기 때문이다. 즉 현대국가는 치자가 동시에 피치자가 되는 국민의 자기

---

111) 허영, 헌법이론과 헌법, 222면.

112) M. Kriele, 국순옥譯, 민주적 헌정국가의 역사적 전개, 289면.

113) 허영, 헌법이론과 헌법, 223면; K. Hesse, Grundzüge des Verfassungsrechts der Bundesrepublik Deutschland, S.55ff.

114) 허영, 헌법이론과 헌법, 393면 이하.

115) T. Würtenberger, "Legitimationsmuster von Herrschaft im Laufe der Geschichte", S.348.

통치형태가 아니고 치자(Regierende)와 피치자(Regierte)가 다르다는 것을 전제로, 치자에게는 '정책결정권'과 '책임'을, 그리고 피치자에게는 '기관구성권'과 '통제'를 손안에 쥐어주는 대의제원리를 불가결한 원리로 받아들이고 있다는 것을 의미한다.[116] 따라서 오늘날은 주권자인 국민이 직접 정치문제에 대한 결정권을 행사하는 것이 아니고, 국민은 정치문제에 대한 결정을 책임지고 행사할 기관을 선임하며, 그 기관을 통제·감시함으로써 그 기관의 민주적 정당성이 유지되도록 하는 대의제원리에 본질을 두고 있다. 현대의 모든 자유민주주의국가는 결국 국가권력(통치권력)이 주권자인 국민의 Konsens에서 비롯되며, 신임과 책임과 절제에 의해서 행사되고, 그 대의기관의 의사결정이 국민전체에게 기속력을 미치는, 그리고 반면에 주권자인 국민의 민주적 정당성을 계속적이고 다양한 정치체제에 의해서 인정받지 않으면 안 되는 대의제원리를 국가구조(통치구조)의 구성원리로 하고 있는 것이다. 뿐만 아니라 현대자유민주국가의 민주적 질서는 자유로운 정치적 생성과정이라는 과제를 제기하며, 이러한 생성과정의 형식을 의미하기 때문에, 여기서는 목표의 설정, 이들 목표를 달성하기 위한 투쟁과정에서의 정치적 세력들의 전개와 형성, 대결, 합치, 이 생활의 결과 및 의미로서의 정치적 통일의 자유로운 형성과 유지, 그리고 공동체질서의 적정한 형성이 Konsens에 바탕을 두고 이루어질 것을 요구한다.[117]

더욱이 현대자유민주국가의 헌법질서는 인간의 인식에 한계가 있다는 것의 인정, 어느 누구도 오류가 없을 수 없다는 통찰, 그리고 이념적 절대성의 주장이 항상 개인적 자유의 적이었다고 하는 경험에 그 기초를 두고 있고, 그 결과 자유민주적 헌법질서는 진리에 대한 어떠한 주장이든 그것을 절대화하는 것을 배제하고 스스로도 어떠한 특정한 종교적 내지 세계관적 지도원리에 구속되지 않고 있다.[118] 이렇게 현대자유민주주의국가에서 절대적 진리에 대한 거부를 함에도 불구하고 대의기관으로서의 국가권력의 의사결정이 국민을 정치적으로나 법적으로 기속할 수 있는 것은 국가권력의 의사결정이 국민의 의사와 완전히 일치하기 때문이 아니고, 국가권력의 의사와 국민의 의사가 일치할 수 있도록 유도하는 여러 가지 input수단이 제도적으로 보장되고 있기 때문이다.[119] 즉 국가의사와 국민의사가 일치하는 것이 이상이기는 하겠지만, 그것은 현실적으로 불가능하고 그것을 일

116) 이승우, 헌법학, 245, 860면 이하; 허영, 헌법이론과 헌법, 857면 이하.
117) K. Hesse, Grundzüge des Verfassungsrechts der Bundesrepublik Deutschland, S.104f.
118) K. Hesse, Grundzüge des Verfassungsrechts der Bundesrepublik Deutschland, S.62.
119) 허영, 헌법이론과 헌법, 861면.

치시키는 것은 위험하기까지 하므로, 국가의사의 국민의사에로의 일치의 가능성을 높여 줄 수 있는 input수단을 보장함으로써 국가권력의 의사결정이 국민의 Konsens에 의해서 정당화되고 국가의사가 국민에 대하여 기속력을 가지게 되는 것이다.[120] 뿐만 아니라 현대자유민주국가의 헌법질서는 서로 다른 정치세력간의 타협의 산물로 마련된 결정체이기 때문에 타협의 계기를 마련하고 매개체가 된 기본권적 가치의 실현에 의하여 국가권력이 정당화되지 않으면 국가의사가 국민을 기속할 수 없게 되기 때문에 input수단이 제도적으로 보장되는 것이 필요한 것이다.

따라서 오늘날의 자유민주국가는 국민의 공감대적 가치로서의 Konsens가 국가의사에 반영되는 통로로서의 input수단을 제도화함으로써 정당화되도록 하지 않으면 안 된다.[121] 이를 위해서 오늘날 헌법이 보장하고 있는 input수단으로는 크게 2가지 부분으로 되어 있다. 하나는 정치사회생활영역의 기본권을 보장함으로써 국민의 의사가 수시로 국가의사에 반영되게 하는 것이며, 다른 하나는 국민투표와 각종의 선거제도를 통하여 주기적으로 국가권력의 정당성을 묻는 방법이다. 이에 대한 자세한 설명을 하면 다음과 같다.

1) 基本權保障을 통한 input의 實現

현대자유민주국가에 있어서 국가권력이 국가의사를 결정함에 있어서 국민의 의사를 최대한으로 번영하려는 제도적인 장치 가운데 하나가 정치사회생활영역에 관한 기본권의 보장이다. 정치적 견해의 자유로운 형성과 전파, 끊임없는 지성적 토론, 다양한 견해들 사이의 논쟁을 통하여 포괄적인 합의에 이르게 되는 것은 바로 자유민주적 기본질서의 본질을 이루고 있는 이들 기본권이 있기 때문이다.[122] 특히 오늘날과 같이 국가권력의 창설과 국가 내에서 행사되는 모든 권력의 최후적 정당성이 국민의 가치적인 Konsens에 귀착될 수 있는 통치형태를 지향하는 대의민주주의국가에서는 국민의 국가권력에 대한 input의 수단으로서의 기능을 가진 참정권, 청원권, 언론・출판・집회・결사의 자유와 같은 기본권은 단순한 기본권으로서 뿐만 아니라 국가권력의 창설과 정당성의 원천이고, 또한 사회구성원 상호간의 커뮤니케이션을 가능하게 함으로써 동화적 통합의 바탕을 마련하는 국가의 정치・사회생활의 초석이라고 할 수 있다.[123] 즉 이들 기본권은 국가권력의 창설

120) 허영, 헌법이론과 헌법, 862면.
121) 이승우, 헌법학, 245면 이하.
122) K. Hesse, Grundzüge des Verfassungsrechts der Bundesrepublik Deutschland, S.63.
123) 허영, 헌법이론과 헌법, 717면 이하. 반면에 독재국가에서는 의사나 정보가 자유롭게 교류되도

에 국민이 적극적으로 참여함으로써 국가권력이 민주적 정당성(국민적 정당성)을 인정받을 수 있게 하는 기초를 마련할 뿐만 아니라,[124] 국민의 정치적인 Konsens를 형성하여 국가의사에 반영되도록 함으로써 국가권력의 행사가 목적적 정당성을 잃지 않도록 하며,[125] 그러한 Konsens의 형성과 국가의사에의 반영이 합리적인 방법과 과정을 통하여 이뤄져야 하는 절차적 정당성이 확보될 것을 요구하고 있기 때문에 민주주의에 있어서는 가장 기초적이고 중요한 input수단에 해당한다.[126] 다시 말해서 그 기본권에 내재되어 있는 가치실현 내지 자유로운 개성신장을 통해 국가권력은 정당화되어야 하고, 그러한 기본권의 보장을 통하여 정치적인 Konsens형성을 가능하게 하며, 그 Konsens에 의하여 국가통치가 이뤄져야 한다.[127] 즉 '계속적인 국민투표'로서의 input기능을 이들 기본권은 가지고 있어서 국가권력의 목적적 정당성은 물론이고 민주적 정당성과 절차적 정당성을 보장하는 바탕이 되고 있다.

2) 각종 選擧制度를 통한 input의 實現

현대자유민주국가에서는 위와 같이 기본권보장과 Konsens형성절차를 통하여 국가권력이 계속적으로 정당화되어야 하는 것이 원칙이지만, 그것을 보다 실효성 있게 실현하기 위해서는 구체적으로 제도화시키는 것이 필요하다. 주권자인 국민의 의사가 굴절 없이 직접 국가의사에 반영되도록 정당화하는 형식으로서 선거제도를 통하여 구체화되고 현실화되는 것이 요구되는 것이다. 따라서 오늘날 모든 자유민주국가는 국민의 의사를 국가의사에 반영시키는 주기적 input수단으로서의

록 국경을 개방하지 않는다.

124) 허영, 헌법이론과 헌법, 718면 이하.

125) 즉 언론·출판의 자유는 국민상호간에 의사의 접촉을 가능하게 하여 여론형성을 촉진시키고, 이를 통하여 장차 불의가 제거될 것이라는 희망을 갖게 하며, 이미 내려진 국가권력의 의사결정이 비판적 검토를 거쳐서 나온 것이라는 신뢰감을 갖도록 해주기 때문에 정당성을 제고시키는 기능을 갖게 된다. M. Kriele, 국순옥譯, 민주적 헌정국가의 역사적 전개, 422면.

126) 특히 K. Hesse는 조직과 절차가 참여권사상보다도 오히려 변화된 인간의 자유의 조건에 적절히 대처할 수 있는 수단이라고 한다. 왜냐하면 이 조직과 절차규정을 통해서만 자유의 기회가 공정하게 분배되도록 보장할 수 있기 때문이다. K. Hesse, Grundzüge des Verfassungsrechts der Bundesrepublik Deutschland, S.143.

127) 특히 그러한 Konsens에 의한 국가통치를 가능하게 하는데는 의회의 기능이 크다. 왜냐하면 입법은 정치적 의사형성의 제1차적인 형성이기 때문이다. 즉 헌법이 확정하지 않은 채로 두고 있고, 규범화를 필요로 하는 공동체생활의 기본적 문제들이 의회에 의해 입법화되어야 하고, 이에 따라 한편으로는 국가권력의 정치적 지도, 형성, 책임과 다른 한편으로는 국민다수에 의한 정치적 지도의 정당화, 정치적 의사형성에의 국민의 참여, 동의, 비판 및 통제라고 하는 민주적 질서의 본질적 요소들이 의회에서 다뤄지기 때문이다. K. Hesse, Grundzüge des Verfassungsrechts der Bundesrepublik Deutschland, S.193, 219.

의미를 가지는 선거를 제도화시키고 있고, 이러한 선거제도는 대의민주주의를 택하는 모든 국가의 국가권력(통치구조)의 기능적인 전제조건인 동시에 그 골격적인 핵심을 이루고 있다.[128] 그리고 주기적인 input수단으로서의 선거제도는 국가권력이 특정인 또는 특정계급에 의해서 독점되는 것을 막음으로써 평화적인 정권교체라는 정치적 정의를 실현시키고 통치권이 갖는 '민주적 정당성의 신진대사'를 촉진시키는 기능을 갖는다.[129] 또한 정치사회생활영역의 기본권보장이 정당을 비롯한 각종 정치단체 또는 노동조합에 가입하거나 정치적인 집회 내지 시위에 참여하는 일부국민에 대해서만 의미를 갖는 것에 반하여, 선거제도는 주권자의 주류를 이루는 대다수 국민들에게 있어서 정치형성과정에 참여하게 하는 거의 유일한 형식과 수단을 의미한다는 점에서 자유민주국가의 통치질서에서는 가장 중요한 input수단으로서의 의미를 갖는다.[130] 특히 선거는 국민의 참정권을 실현시킴으로서 국가권력(대의기관)을 구성하는 민주적 방법인 동시에 국가권력(통치기관)으로 하여금 민주적 정당성을 확보케 함으로써 대의민주주의를 실현시키기 위한 불가결한 수단이다. 현대의 산업화된 대중사회에서 국민이 그 주권에 의해서 통치권을 통제할 수 있는 가장 효과적이고 최상의 방법이 바로 선거이기 때문이다.[131] 따라서 자유민주국가에 있어서 선거는 역사적인 상황에 따라 그 기능의 정도와 진지성에 차이가 있을 수 있지만, 선거인이 피선거인에게 그 신임을 표시하고 무기속적인 자유위임을 하는 '신탁의 부여기능'과 통치기능을 수행할 대의기관을 구성하는 '대의기관의 구성기능', 그리고 국가권력에 대한 통제를 통하여 민주적 정당성을 확보하고자 하는 '정치적 통제기능'을 주로 갖는다고 할 수 있겠고,[132] 그러한 주기적인 input수단을 통하여 궁극적으로 동화적 통합을 달성하는데 그 의미와 기능이 있다고 하겠다.

(3) 少數의 保護를 통한 正當化

오늘날 자유민주국가의 국가권력은 Konsens에 바탕을 둔 통치를 통해서 정당화

128) 허영, 헌법이론과 헌법, 1065면. 특히 현대입헌국가에서 국민적 정당성의 징표는 주기적인 선거제도에서 나타내며, 최근에 선거는 정당성에 대한 중대한 기준이 되어 거의 모든 국가권력은 선거를 통하여 국민의 신임을 묻는 것이 의무로까지 되어 있다고 한다. D. Sternberger, "Legitimacy", p.245.

129) 이승우, 헌법학, 245면 이하.

130) 허영, 헌법이론과 헌법, 1068면 이하. 특히 여기서 정치적 무관심집단인 서민대중의 정치참여를 가능하게 하는 거의 유일한 형식이라고도 한다.

131) 허영, 헌법이론과 헌법, 1066면.

132) 허영, 헌법이론과 헌법, 1070면 이하.

되어야 한다는 점은 의심의 여지가 없다. 그러나 정치적 이념의 다양성과 가치관의 다원성을 전제로 하는 민주주의 본질상 국민주권 · 자유 · 평등 · 정의라는 가치의 실현에 관한 상이한 정책간의 경쟁을 도외시할 수 없는 까닭에 Konsens도출의 방법과 과정이 그리 쉽지 않다. 따라서 자유민주주의국가의 국가권력이 형성되고, 그의 기능이 행사됨에 있어서 항상 통일적인 국민의사로부터 출발할 수 없고, 현실의 기본적 전제조건, 즉 의견 · 이해 · 의사방향의 다양성과 대립, 그리고 그것에 기인하는 국민내부의 갈등이 존재한다고 하는 점에서 출발해야 한다고 했다. 특히 민주주의 원리는 국가권력이 창설되고 국가권력이 작용하게 되는 정치과정의 질서의 지도원리에 해당하기 때문에,133) 그것은 자유롭고 개방된 정치적 과정의 질서로서 시간적 · 사항적으로 한정되고 국민의 다수에 의하여 정당화되는 통치에 대한 근거부여 뿐만 아니라, 상이한 정치적 목표의 추구에 대하여 여지를 부여하는 것과 마찬가지로 갈등도 부여하고 그 해결을 가능하게도 한다. 또한 그 목표의 관철을 위해 민주주의원리는 누구에게나 균등한 기회를 확보해 주고 통치를 담당하고 있지 않는 다수에 속하지 않는 집단에 대해서도 참여와 영향력 행사의 가능성을 열어두고 있다.134)

즉 오늘날의 자유민주주의국가의 국가권력은 전체국민의 동의에 기인한 통치를 할 수는 없기 때문에 끊임없이 여론을 고려하는 가운데 그들이 정립한 규율의 근거를 밝히고 정당성을 제시해야 하며 전체적으로 국민다수의 동의를 얻도록 하지 않으면 안 되며,135) 아울러 다수에 속하지 않는 소수의 보호가 현대민주주의 이론에 있어서 불가결한 요소로 된다.136) 따라서 민주주의원리의 기본요소로서 모든 국가의 정치과정에의 참여 · 합의의 원리와 다수결원칙, 소수자의 균등한 기회와 보호, 그리고 실질적 기본원리인 자유와 평등에 구체적인 내용을 갖게 해 주는 질서를 구성함으로써 국가통치를 정당화하려는 원리가 곧 민주주의 원리인 것이다.137)

1) 多數決原則을 통한 正當化

이처럼 민주주의원리는 본질상 모든 국민의 정치적 의사의 다양성과 가치관의

133) K. Hesse, Grundzüge des Verfassungsrechts der Bundesrepublik Deutschland, S.51.
134) K. Hesse, Grundzüge des Verfassungsrechts der Bundesrepublik Deutschland, S.53.
135) R. Zippelius, 김형배譯, 법학입문, 52면.
136) 허영, 헌법이론과 헌법, 233면 이하.
137) K. Hesse, Grundzüge des Verfassungsrechts der Bundesrepublik Deutschland, S.63.

다원성을 전제로 하지만, 자유민주국가의 국가권력은 어떻게 하든지 단일하고 구속력 있는 의사를 형성해 내지 않으면 안 된다.[138] 왜냐하면 통일된 헌법질서를 유지하기 위해서는 국가권력은 다양한 부분의사의 대립과 갈등을 해소시키고 정치적인 통일체로서 기능해야 하기 때문이다. 그리하여 국가권력은 오늘날 합의에 입각하여 정치적 의사를 형성해 내고 있다. 합의는 보통 치자인 국가권력의 이익에 부합하고, 또한 합의를 통하여 내려진 결정의 실현을 국민의 동의에 의존시킬 수 있어서 유용성이 크기 때문이다.[139] 그러나 '전원일치'를 전제로 하는 합의는 기대하기 어렵기 때문에 국가권력은 자유로운 정치적 의사형성을 추진해 나감에 있어서 그러한 합의에 이르지 않고서도 실질적인 결정을 가능하게 하는 방법이 존재해야 하는데, 이 방법이 곧 다수결원칙이다.[140] 이 다수결원칙은 전원일치의 합의제가 갖는 제도적 약점을 보완하기 위한 정책결정의 예비적인 수단을 의미하는데, 이것은 현대의 다원적인 대중사회에 존재하는 다양한 정치적인 의견을 하나의 기속적인 의견으로 조정 내지 통일시키기 위한 예비적인 합의원칙이다.[141] 따라서 자유민주국가에서는 진정한 민주적 정당성을 인정할 수 없는 경우가 있을지라도, 다수결원칙이 국민투표나 각종선거에서, 그리고 의회표결의 영역에서 결단을 내리는데 사용되고 있다.[142] 다수의 의사가 이미 그 자체로서 객관적으로 보다 올바른 것이기 때문이 아니라, 다수에 의해 결단이 내려질 경우 적어도 다수는 스스로 승인하지 않은 행위를 강요당하는 일은 없을 것이기 때문이다.[143] 뿐만 아니라 다수결원칙이 그 본래의 제도적 취지에 따라 소수를 기속하고 소수의 복종을 요구하는 합의의 원칙으로 완전한 기능을 발휘하기 위한 전제조건에서 지적되듯

138) K. Hesse, Grundzüge des Verfassungsrechts der Bundesrepublik Deutschland, S.55.

139) K. Hesse, Grundzüge des Verfassungsrechts der Bundesrepublik Deutschland, S.55.

140) K. Hesse, Grundzüge des Verfassungsrechts der Bundesrepublik Deutschland, S.55.

141) 허영, 헌법이론과 헌법, 230면.

142) H. Hofmann, Legitimität und Rechtsgeltung, S.87. 여기서 진정한 민주적 정당성이란 민주주의의 본질을 '다수의 통치형태'로 보는 상대적 민주주의에서는 다수는 곧 정당하다는 논리를 전개하고 있기 때문에 이에 대비하여 사용한다. 왜냐하면 정당성의 개념은 이미 전술했듯이(제4장 제2절) 가치개념이지 숫자나 의지의 개념이 아니기 때문이다.

143) K. Hesse, Grundzüge des Verfassungsrechts der Bundesrepublik Deutschland, S.55. 여기에서 Hesse는 다수결원칙이 진정으로 민주적 정당성을 획득하려면 3가지의 전제조건이 갖춰져야 한다고 한다. 첫째로 다수가 내린 결단을 소수에 속하는 사람들도 민주적 평등의 관점에서 받아들인다는 원칙적인 합의가 있어야 하고, 둘째로 관점의 다양성과 다수관계의 가변성을 전제로 하고 그를 위한 법적·제도적 보장이 이뤄질 것, 셋째로 공동체 내에 수많은 상대적 대립은 존재하지만 타협할 수 없는 원칙적 대립은 존재하지 않을 것 등이다. 그러나 U. Scheuner는 위 3가지 외에도 결정에 참여하는 자 상호간에 평등한 지위가 보장되어야 한다고 본다. U. Scheuner, Das Mehrheitsprinzip in der Demokratie, 1973, S.9, 48, 63.

이 소수의 다수에 대한 신뢰와 자유로운 절충과 타협과정에서의 논증을 통한 설득력, 그리고 다수관계의 가변성에 대한 소수의 기대가 자발적인 승복의 요인이 되기 때문이다.144) 이런 점에서 결국 다수결원칙은 다수의 의사로 결정되어 가는 절차적 관점에서 이성적 지배의 가능성을 높여 주기 때문에 민주적 정당성이 확보된다고 볼 수 있다.145) 더욱이 다수결원칙이 기능하는 과정에서 중요한 논의들이 제시되고 충분한 토의가 이뤄지며 그 결과 진리발견의 가능성과 합리적 정당성을 가질 가능성을 높여 주기 때문에 민주적 정당성이 확보되기도 하고,146) 그러한 과정의 공개성이 생명력을 부여하며 합리성을 만들어 내기 때문에 민주적 정당성이 인정되게 된다.147) 다시 말해서 다수결원칙은 절차적 정당성을 매개로 하여 국가권력이 민주적 정당성을 확보하게 한다.

2) 少數의 保護를 통한 正當化

그런데 위와 같이 다수결원칙이 민주주의원리의 형성원리 가운데 주요한 한 요소이고, 합의에 입각한 국가통치를 가능하게 하기 때문에 정당한 것으로 받아들인다고 하더라도, 그것은 일정한 한계가 있게 마련이다.148) 상기한 전제조건들이 완전히 충족되어야 할 뿐만 아니라 민주주의의 실질적 요소에 해당하는 사회공동체의 Konsens와 '소수의 존립'에 관해서는 다수결원칙의 대상이 될 수 없다는 것이 그것이다.149) 이것은 민주주의원리가 다수결원칙을 중요한 형성원리고 하면서도 그와 동시에 소수의 의사도 존중하고 소수의 존재를 보호해 주지 않으면 안 된다는 것을 의미한다. 즉 국민다수의 지지를 받고 있는 국가권력의 정당성이 소수국민의 목표와 활동의 여지를 전혀 보장하지 않아도 된다는 것이 아니라, 다원적 사회공동체에 있어서는 정치과정이 전국민의 사항이어야 하기 때문에, 다수 뿐만 아니라 소수도 중요하다는 것을 의미한다.150) 왜냐하면 민주주의란 의사의 다양성을 바탕으로 '정책경쟁'과 '정책의 선택가능성'을 그 불가결한 제도적 요건으로 하고 있는데, 이것은 소수의 보호를 통한 정책경쟁과 정책의 선택가능성이 보장되는 관용의 정치풍토에서만 민주주의의 바탕이 되는 Konsens가 형성될 수 있기 때문이

144) 허영, 헌법이론과 헌법, 231면 이하.
145) M. Kriele, 국순옥譯, 민주적 헌정국가의 역사적 전개, 228면 이하.
146) M. Kriele, 국순옥譯, 민주적 헌정국가의 역사적 전개, 31면, 230면.
147) K. Hesse, Grundzüge des Verfassungsrechts der Bundesrepublik Deutschland, S.54. 60.
148) H. J. Laski, 김영국譯, 국가란 무엇인가, 두레, 1983, 66-69면.
149) U. Scheuner, Staatstheorie und Staatsrecht, S.60, 62; 허영, 헌법이론과 헌법, 233면.
150) K. Hesse, Grundzüge des Verfassungsrechts der Bundesrepublik Deutschland, S.60f.

다.[151] 따라서 오늘날의 헌법질서는 민주주의원리의 실현수단으로서 가능한 범위 내에서 국민다수에 의한 통치의 정당화원리와 소수가 언젠가는 다수로 될 수 있는 균등한 기회를 제도적으로 보장함으로써 양자를 불가분하게 결합해야 하고, 또한 사실상 다수로 될 가능성이 없는 소수나 다수를 지향하지 않는 소수도 제도적으로 보호해야만 정당화된다.[152] 예를 들어 헌법개정을 어렵게 함으로써 나타나는 '저지하는 소수의 보호'라든가 각종선거를 일정한 주기마다 반복하게 함으로써 다수관계의 가변성을 제도적으로 보호하는 것, 국회의 야당에게 일정한 권리를 부여하는 것 등은 소수보호를 통한 민주주의의 실현이며,[153] 이것은 곧 민주적 정당성을 확보하는 길인 것이다. 만약 그렇지 않고 다수와 소수가 고정되어 있고 사회의 영구적인 부분들이 매우 깊이 종교·이데올로기·국적·종족·피부색 등으로 나뉘어 있어서 다수관계의 가변성이 존재하지 않을 때, 헌법질서는 유지되기 어렵고 국가권력은 신뢰를 얻을 수 없게 된다.[154]

3) 複數政黨制度를 통한 正當化

그리고 현대자유민주국가가 국가의사를 결정함에 있어서 다수결원칙을 기반으로 하되 소수의 보호수단이 강구되지 않으면 국가권력의 정당화가 이룩될 수 없다고 할 때, 그 가운데서 가장 핵심이 되는 것은 복수정당제도의 확립이라고 할 수 있다. 오늘날 민주주의를 '민의에 의한 통치', '여론에 의한 통치', 또는 'Konsens에 의한 통치' 등으로 말할 때, 그 '민의', '여론', 또는 'Konsens'는 국민개개인의 의사의 총합으로 이뤄지는 것이 아니고, 다양하고 비집결상태로 부동하는 국민의 정치적 의사가 정당에 의해서 일단 '예비적 형태'로 나마 집결 내지 통합되어 국가의 의사로 승화될 때 실효성이 보장되는 것이기 때문에, 정당의 중개적 내지 교량적 기능을 무시한 민주주의란 기대할 수 없다.[155] '통일된 전체'로서의 국민이 현실적으로 존재할 수 없고, 국민은 또 정치적으로 통일된 행동을 할 수 없기 때문에, 현대와 같은 대중사회에서는 정당이야 말로 국민을 정치적인 이해공동체로

151) 허영, 헌법이론과 헌법, 234면.

152) K. Hesse, Grundzüge des Verfassungsrechts der Bundesrepublik Deutschland, S.61.

153) 허영, 헌법이론과 헌법, 235면.

154) J. W. Gough, John Locke's Political Philosophy, p.58.

155) 허영, 헌법이론과 헌법, 264면 이하. 물론 여기서 정당만이 그러한 기능을 하는 것은 아니다. 정당 이외의 이익단체들도 아직 구속력은 없지만, 그렇기 때문에 도리어 보다 효과적일 수도 있는, 정치적 의사의 예비형성활동을 통하여 그들의 뜻을 관철시킬 수 있다. K. Hesse, Grundzüge des Verfassungsrechts der Bundesrepublik Deutschland, S.59f.

조직하고 국민을 정치적으로 활성화시키는 중요한 매개체가 아닐 수 없기 때문이다.[156] 따라서 이와 같은 정당의 필연성을 인식하고 복수정당제도를 보장하여 정당간에 자유롭고 평등한 정책경쟁을 통해 국민의 정치적 의사를 국가의사에 반영하게 하고, 그렇지 못한 소수파인 야당에게 정치활동과 정책비판의 자유를 광범하게 허용함으로써 정권담당의 기회균등을 보장하는 것이 민주주의의 실현을 위해서는 불가결한 것이다.[157] 즉 복수정당제도는 정당의 기회균등을 통하여 정권교체의 가능성을 부여하고 소수파인 야당이 통치로부터 계속적으로 배제되는 것이 아니라 다수가 되도록 노력함으로써 동화적 통합을 촉진시키기도 하고, 정치세력간에 세력균형을 통해 권력남용의 가능성을 감소시키며, 결과적으로 다수독재를 방지하는 효과를 가져온다.[158] 따라서 복수정당제도는 민주주의의 형식원리이면서도 정치생활영역에서 소수의 보호를 가장 실효성 있게 보장하는 제도이고, 소수의 보호를 전제하지 않는 복수정당제도는 사실상의 '일당독재'를 위장하는 수단에 불과한 것이 된다.[159] 그리고 현대 자유민주주의국가에서는 소수보호를 전제로 한 복수정당제도의 보장을 통하여 정권담당의 기회균등이 실현될 때, 현존하는 국가권력의 민주적 정당성이 확보될 뿐만 아니고 동화적 통합도 달성된다고 할 수 있다.[160]

(4) Output의 牽制·抑制手段을 통한 正當化

현대자유민주국가의 국가통치가 Konsens를 통하여 정당화된다고 할 때, 그것은 국민의 의사가 국가의 의사에 반영되고, 국민의 의사가 국가의사로 되어 다시 국민에게 환원되는 것을 말한다. 그러나 대의제도를 택할 수밖에 없는 오늘날의 모든 국가의사가 국민의 의사와 항상 일치하는 것을 현실적으로 기대할 수 없다.[161] 따라서 오늘날의 국가권력(대의기관)은 대의(Repräsentation)의 본질과 이념에 따라 국민의 추정적 의사를 경험적 의사보다도 존중하는 것이 요구되며, 또한 국가권력의 의사결정에 국민의 경험적 의사도 최대한으로 반영될 수 있는 제도적인 장치를 마련하고, 이 제도를 통하여 국민의 경험적 의사가 합리적이고 이성적인

156) G. Leibholz, Strukturprobleme der modernen Demokratie, S.76.
157) 칼 베거/립셀, 마상조譯, 민주주의란 무엇인가?, 종로서적, 1980, 130면.
158) K. Hesse, Grundzüge des Verfassungsrechts der Bundesrepublik Deutschland, S.62.
159) 허영, 헌법이론과 헌법, 234면 이하.
160) K. Hesse, Grundzüge des Verfassungsrechts der Bundesrepublik Deutschland, S.62.
161) 허영, 헌법이론과 헌법, 862면.

추정적 의사로 용해되어 나옴으로써 Konsens에 의한 통치가 이뤄질 것을 요구한다.[162] 즉 국가의사인 output의 견제 · 억압수단을 마련함으로써 국가권력의 과잉행사를 막고, 적정하고 효율적인 국가작용을 통하여 국가권력의 정당화가 요구되는 것은 민주주의 실현을 위한 불가피한 조건에 해당하는 것이다.

1) 權力統制를 통한 正當化

국가권력이 기본권적 가치의 실현을 통하여 목적적 정당성을 확보하고 그 기능을 충실하게 수행하게 하기 위해서는 무엇보다도 먼저 그 기능과 성질에 따라 국가권력을 입법 · 사법 · 행정으로 나누어 각각 다른 국가기관에 분담시킴으로써 국가권력 상호간에 견제와 균형을 유지하게 하는 것이다.[163] 따라서 이 권력분립원리는 선재하는 국가권력을 전제로 그것을 분리 · 견제 · 통제함으로써 국민의 자유와 권리를 보호하려는 소극적 성격의 원리가 아니고 국가권력의 민주적 정당성을 보장하기 위한 적극적 성격의 원리로 보는 것이 현대적 의미이기 때문에, 현대자유민주주의국가의 헌법질서에 있어서 권력분립원리는 빼놓을 수 없는 통치기관의 구성원리이며,[164] 권력통제를 통한 민주주의의 실천원리에 해당한다.[165] 즉 민주적 정당성에 입각하여 국가권력을 창설하되 권력분립원리의 실현이 이뤄지도록 하며, 창설된 국가권력은 그 기능과 과제에 따라 부여된 기능을 행사하고, 권력상호간에도 견제와 균형의 원리에 의해 권력통제가 이뤄지도록 하여 절차적 정당성이 보장되도록 하는 것이 권력분립원리가 갖는 현대적 의미인 것이다. 다만 현대자유민주주의국가의 통치구조에서는 국가권력의 엄격하고 기계적인 분리보다는 입법 · 행정 · 사법의 3가지 기본적인 국가기능이 기본권적 가치의 실현을 위하여 서로 기능적인 협력관계를 유지하면서도 서로의 기능을 적절히 통제함으로써 국가의 통치권행사가 언제나 협동과 통제아래 조화될 수 있는 제도적인 메카니즘을

162) 허영, 헌법이론과 헌법, 862면. 이런 점에서 Konsens주의자들은 참여 자체는 정치적 악(evil)이고, 정치는 오직 묵시적 Konsens가 위험한 정치적 행위의 흥분에 대항하여 우월한 때에만 자유롭고 안정적일 수 없다고 생각한다고 본다. J. G. Merquior, Rousseau and Weber, p.59.

163) 오늘날은 Montesquieu의 삼권분립이론을 가지고는 현대국가의 권력분립적 기능과 효과를 설명하는데 한계가 있기 때문에, 그와 더불어 기능적 권력분립원리에 따른 시각이 요구되고 있음에 대해서는 다음을 참조바람. 허영, 헌법이론과 헌법, 927면 이하.

164) 허영, 헌법이론과 헌법, 855면 이하.

165) K. Hesse는 권력분립원리가 민주적 · 법치국가적 · 연방국가적 전체질서의 본질적 구성부분이며, 여러 국가권력을 하나로 묶어 정서하며 실존하는 권력요소들을 제한하고 통제하는 헌법질서를 관류하는 헌법의 '중추적 조직원리'라고 한다. K. Hesse, Grundzüge des Verfassungsrechts der Bundesrepublik Deutschland, S.190.

마련해야만 한다.[166] 왜냐하면 현대국가의 국가작용은 기능별분리와 기능별기관구성이 철저하게 이뤄질 수 없고, 같은 성질의 국가기능이 여러 국가기관에 의해서 함께 이뤄지는 까닭에 '기관간의 협동적인 통제관계'가 당연히 요청되는 것이다.[167]

따라서 오늘날은 연방국가제도, 지방자치제도, 직업공무원제도, 복수정당제도, 헌법재판제도, 국가와 사회의 교차관계적 이원론 등이 실질적인 기능통제의 관점에서 중요한 새 권력분립제로 주장되고 있으며,[168] 그러한 권력통제의 메카니즘을 통하여 국가권력의 정당화가 추구되고 있다. 즉 오늘날은 연방국가제도가 단순한 국가형태의 문제로만 취급되는 것이 아니라 권력통제(수직적 권력분립 내지 수평적 권력분립의 측면에서)의 실효성을 높여 줌으로써 국가권력행사의 절차적 정당성을 보장해 주는 중요한 새 권력분립제로 등장했으며,[169] 지방자치제도도 지방자치단체의 기관구성이 그 지역주민의 민주적 정당성에 뿌리를 두는데 있고, 지방자치단체의 기관 상호간의 관계는 물론 중앙정부와 지방자치단체사이의 견제와 균형을 통한 권력통제에 그 주된 기능이 있기 때문에, 국가권력의 민주적 정당성은 물론이고 절차적 정당성을 보장하기 위한 민주주의 실현수단임을 알 수 있다.[170] 또한 직업공무원제도는 정권교체 또는 정당국가에서의 권력통합에 영향받지 않고 국가의 행정업무가 계속적으로 동일한 기준과 방법에 따라 처리되도록 하기 위한 제도로 발전했으나, 공무원의 정치적 중립성과 신분보장이 확립되면서 이 제도는 정태적이고 계속적인 행정조직이 동태적이고 한시적인 정치세력을 견제하고 통제하는 중요한 권력분립적 효과를 나타냄으로써[171] 절차적 정당성은 물론 정치적 계속성을 통한 정당화를 가능하게 하는 제도가 되고 있다. 복수정당제도도 오늘날처럼 정치적인 힘의 중력이 정당으로 옮겨진 정당국가적 상황에서 여당과 야당의 상호관계를 단순히 정권획득을 위하여 국민의 기대를

166) 허영, 헌법이론과 헌법, 927면; K. Hesse, Grundzüge des Verfassungsrechts der Bundesrepublik Deutschland, S.188f.

167) 허영, 헌법이론과 헌법, 927면 이하. 그러나 K. Hesse는 민주적으로 선출된 의회에 의한 결정이 민주적 정당성을 가장 잘 부여해 줄 수 있다고 한다. 왜냐하면 일정한 국가의사가 결정되려면 완전한 공개 하에, 다양한 기도에 대한 최적의 고려와 최적의 조정을 보장하는 자유로운 정치적 의사형성을 가능케 하는 민주적 절차가 요구되는데, 이러한 요청에 부합하는 기관은 구조상 의회로 보기 때문이다. K. Hesse, Grundzüge des Verfassungsrechts der Bundesrepublik Deutschland, S.193.

168) 허영, 헌법이론과 헌법, 928면 이하.

169) 허영, 헌법이론과 헌법, 931면.

170) 허영, 헌법이론과 헌법, 931면 이하.

171) 허영, 헌법이론과 헌법, 934면 이하.

얻으려는 데 있는 것이 아니고 여당수뇌에 의하여 행사되는 국가권력을 효과적으로 통제하기 위한 것으로 인식함으로써 국가권력의 민주적 정당성은 물론 절차적 정당성을 보장하기 위한 새로운 권력분립제로 평가되고 있다.172) 뿐만 아니라 헌법재판제도도 헌법규범의 해석과 적용이라는 규범의 최종적 인식작용을 통하여 입법·행정·사법 등의 국가기능을 통제함으로써 국가권력의 목적적 정당성은 물론이고 절차적 정당성을 보장하며, 그를 통하여 사회공동체의 동화적 통합을 달성하려는 제4의 국가작용이기 때문에 권력분립제를 실효성 있게 보장하는 가장 중요한 제도이다.173)

2) 情報의 公開를 통한 社會의 統制와 正當化

현대자유민주국가에서 국가의 사회조정적, 사회통합적, 사회형성적 기능이 불가피하게 요청되고, 이것은 사회 내의 자발적인 수용태세를 전제로 해서만 그 소기의 성과를 거둘 수 있으며, 사회 내의 자발적인 수용태세는 국가의 정택결정에 대한 적극적인 사회참여를 통해서만 생기기 때문에, 현대자유민주국가에 있어서는 사회의 국가에 대한 input기능은 물론 국가의 output에 대한 사회의 통제가 대단히 중요하다. 즉 사회여론의 국가에 대한 정책통제적 기능을 높여 줌으로써 국가정책의 합리성을 추구하고 국가권력의 절차적 정당화가 이뤄지도록 하는 새로운 권력통제의 필요성이 등장하고 있다.174) 그 중에서도 가장 중요한 것은 전체 국민이 국가통치에 대하여 찬반의견을 표시하고 통제권을 적절히 행사하는 것은 그에 대한 판단자료에 자유로이 접할 수 있는 경우에만 가능하기 때문에 국가행위는 공개될 것이 요청된다.175) 즉 국가활동을 공개함으로써 중대한 정치적 결정을 국민전체가 알 수 있도록 하여 국민의 궁금증을 풀어주는 면도 있지만, 보다 중요한 것은 자유로운 논쟁에 의하여 국가시책에 대하여 국민대중이 여론을 행사할 수 있는 가능성을 부여한다는데 공개의 의미가 있다. 더욱이 공개의 목적은 그러한 결정과정에의 국민의 직접적인 참여에 있는 것이 아니라 결정의 투명성을 매개로한 대표의 원리에 있기 때문에 결정이유에 관한 설명이 불가피해지고, 그 결과 상식이 통할 수 있는 가능성을 높여준다. 즉 국가정책의 결정과정을 투명화함으로써 결정의 민주적 정당성을 확고히 해주며 절차를 통한 정당화가 이

172) 허영, 헌법이론과 헌법, 935면 이하.
173) 허영, 헌법이론과 헌법, 937면 이하.
174) 허영, 헌법이론과 헌법, 938면 이하.
175) R. Zippelius, 김형배譯, 법학입문. 152면.

뤄지게 된다.[176]

(5) 小結

결국 민주주의원리가 한나라의 헌법질서를 지배하는 국가의 구조적 원리로 기능하기 위해서는 위와 같이 국민의 의사가 국가의사에 반영되게 하는 input의 수단이 확립되어야 하고, 다수결원칙을 통하여 국민의 Konsens를 형성하고 파악하되 소수가 보호되게 하며, 국가권력의 권능행사가 남용되지 않도록 권력분립원리에 입각한 권력통제가 실효성 있게 보장되어야 한다. 그리고 상기와 같은 민주주의의 실현형태들이 실효성 있게 보장될 때 국가권력은 정당성을 인정받게 된다.

3. 法治國家原理와 國家權力의 正當性

(1) 法治國家原理의 本質과 正當性論議

법치국가원리가 오늘날 국가권력의 조직과 기능을 객관적인 가치와 결부시켜 자유・평등・정의를 실현시키려는 국가의 기능형태적 구조원리라고 받아들여지고 있지만, 이것도 이의가 없지 않다. 즉 법치국가원리는 제2차 세계대전 전까지만 해도 선재하는 국가권력을 전제로 해서 무절제한 국가권력으로부터 국민의 자유와 권리를 보호하기 위한 것으로서 국가권력에 대한 방어적 개념으로 이해되었기 때문에, 특히 행정작용을 법률에 기속시키고 이 행정작용에 의해서 야기되는 권리침해에 대한 사법적 권리구제를 요구하는 비정치적이고 법기술적인 원리로 평가되는 것이 보통이었다.[177] 예를 들어 법실증주의 국가관에서는 국가=법질서를 의미하는 것으로 보았으므로 모든 국가는 자동적으로 법치국가일 수밖에 없었고,[178] 그 결과 법치국가란 내용이 없는 국가의 대명사에 지나지 않았다. 또한 Schmitt를 비롯한 결단주의 국가관에서는 자유를 보장하고 국가권력을 통제하기 위한 '형식적이고 비정치적인 기교'[179]에 그치는 것으로 보았었다. 그 결과 급기야는 '법치국가'(Rechtsstaat)를 '법률국가'(Gesetzesstaat)와 동일시하고 '법률의 형

176) M. Kriele, 국순옥譯, 민주적 헌정국가의 역사적 전개, 231면; K. Hesse, Grundzüge des Verfassungsrechts der Bundesrepublik Deutschland, S.54. 특히 K. Hesse는 정치적 의사형성의 절차를 공개함으로써 국가권력의 정당성의 기초인 실질적 합리성을 만들어 낸다고 한다. 제4장 제2절 Ⅳ의 2참조.

177) 허영, 헌법이론과 헌법, 281면 이하.

178) H. Kelsen, Allgemeine Staatslehre, S.44, 109.

179) C. Schmitt, Verfassungslehre, S.125ff, 200; E. Forsthoff, "Die Umbildung des Verfassungsgesetzes", in: Festschrift für C. Schmitt(1959), S.61.

식으로 이루어지는 불법통치현상'도 법치국가로 볼 수밖에 없었다.[180)]

그러나 오늘날 법치국가원리는 선재하는 국가권력을 전제로 사후적으로 제약을 가하려는 것과 같은 어떤 선재하는 통일체 내지 무한정한 국가관을 전제로 하지 않는다. 즉 민주주의원리와 마찬가지로 법치국가원리는 헌법적인 원칙과 절차내용을 규범으로 정립함으로써 총체적인 법질서의 기초를 형성하고, 아울러 이러한 법치국가가 현실화될 때 정치적인 통일이 이루어지고 공고해지며, 그것의 현실화를 통하여 비로소 헌법에 의해서 창설된 국가라는 존재가 구체적인 역사적 형태를 가지게 된다.[181)] 다시 말해서 법치국가원리는 여러 가지 기능과 권능을 창설하고 정서함으로써 국가활동의 전제조건을 마련하고, 또한 그 활동자체를 내용적인 여러 원칙에 부합하도록 규율함으로써 정치적 통일을 기능적으로 근거지우는 국가의 구조원리를 의미한다.[182)] 예를 들어 입법권과 집행권 및 사법권을 구성함으로써 국가를 비로소 활동할 수 있게 하며, 정치과정의 동태성 이외에도 비교적 고정적이고 현상유지적이며 고착적인 질서와 그 인적 구성에 있어서 항구적인 기관을 성립시킴으로써 국가생활에 안정화적 요소를 부가하여 정치적 통일을 공고하게 하는 것이 법치국가원리다.[183)] 왜냐하면 이러한 요소가 없으면 고도로 분화되고 긴밀하게 연결된 오늘날 사회적·경제적 생활은 무질서에 빠지게 될 것이며, 민주적 의사형성과정에 필요한 개방성과 탄력성도 있을 수 없게 될 것이기 때문이다.[184)] 뿐만 아니라 법치국가의 이념적 기초는 인간의 존엄성과 자유의 가치를 인정하고 평화로운 인간공동생활의 기초가 되는 정의로운 생활환경을 중요시할 뿐만 아니라 공동생활에 불가피한 권력현상을 순화시킴으로써 국가존립의 기초를 튼튼히 하는데 있다.[185)] 따라서 법치국가원리는 국가작용의 형성을 규율하는데 그치는 것이 아니고 권력남용과 국가의 자의를 방지하기 위한 그 밖의 원칙과 국가생활의 내용, 즉 법적 안정성, 비례의 원칙, 과잉금지의 원칙, 기본권보장 등이 중요한 내용이 된다.[186)] 즉 법치국가원리는 자유·평등·정의를 실현시킬 수 있도록 국가의 정치질서나 국가권력의 기능적·조직적 형태를 정하여 주는, 그리고 국가생활의 내용과 기준과 형성을 정하여 주는 구조원리에 해당하는 것이다.[187)]

---

180) 허영, 헌법이론과 헌법, 282면.
181) K. Hesse, Grundzüge des Verfassungsrechts der Bundesrepublik Deutschland, S.73.
182) K. Hesse, Grundzüge des Verfassungsrechts der Bundesrepublik Deutschland, S.74.
183) K. Hesse, Grundzüge des Verfassungsrechts der Bundesrepublik Deutschland, S.74.
184) K. Hesse, Grundzüge des Verfassungsrechts der Bundesrepublik Deutschland, S.105.
185) 허영, 헌법이론과 헌법, 302면.
186) R. Zippelius, 김형배譯, 법학입문, 135면.

따라서 다음에서는 법치국가원리의 구체적 실현형태와 관련하여 국가권력의 정당성을 논하고자 한다. 이에 대해서는 법치국가원리가 구조적·제도적·절차적·형식적·실질적 내용을 내포하고 있는 것으로 봄으로,[188] 그러한 분류방식에 따르되 핵심이 되는 원리에 대해서만 살펴보기로 한다. 또한 여기서 전제해둘 것은, 법치국가원리는 불법적이고 무기속적인 정치권력의 시대를 체험한 공동체의 질서가 이 정치권력의 법에의 구속, 권리의 보호, 인류와 기본적인 법원칙의 승인 등을 통하여 국민의 자유에 대한 최대한의 보장이고, 국가의 기능도 개인의 생명·자유·재산을 최대한으로 보장할 수 있는 방향으로 행사됨으로써 정당화작용을 발휘하고 공동체의 동화적 통합을 달성하게 되는데 목적이 있다는 점이다.[189]

(2) 實質的 內容인 基本權保障을 통한 正當化

법치국가원리는 국가활동의 목적과 내용을 언제나 객관적인 가치와 결부시킴으로써 국가의 기능이나 조직형태를 통하여 국민의 자유·평등·정의를 실현시키려는데 있다.[190] 그리하여 법치국가는 헌법의 기본권영역에서 인간이 누릴 수 있는 구체적인 자유들을 헌법상의 권리로서 구체적으로 형성하고 한정하며, 또한 모든 사람은 법앞에 평등하다는 규정을 통해 자유권을 실현시킬 방법적 기초를 제시하고 있다.[191] 즉 법치국가의 헌법은 국가권력 마음대로 할 수 없는 불가침의 개인의 자유영역과 평등취급에 대하여 기본권으로 규정함으로써 그러한 기본권의 보장을 통해서만 국가권력이 정당화될 수 있음을 밝히고 있다. 이것은 법치국가의 실질적 내용이 강조되고, 법률의 내용이나 법률의 목적을 중요시하며, 인간생활의 기초가 되는 자유·평등·정의의 실현을 법치국가질서의 핵심적인 내용으로 이해하는 실질적 법치국가사상에 바탕을 둔 것이기 때문에,[192] 현대국가에 있어서는 이 기본권보장원리는 자주적 인간의 개성신장 내지 인격신장을 가능하게 하는 최적조건을 보장함으로써 그 정당성을 인정받게 되는 것이다.[193]

---

187) 허영, 헌법이론과 헌법, 297면 이하.

188) 허영, 헌법이론과 헌법, 294면.

189) K. Hesse, Grundzüge des Verfassungsrechts der Bundesrepublik Deutschland, S.73. 이러한 결과 법치국가원리에 의하여 순화된 국민은 개인의 간섭과 개인의 설계와 개인의 조종에 의한 생활의 타율화를 싫어하고 어떻게 해서든지 자신의 독자적인 자유의 영역, 자결의 영역을 최대한으로 확보하는데 가치를 둔다. 허영, "헌법과 사회국가와 사회보장", 73면.

190) 허영, 헌법이론과 헌법, 295면.

191) K. Hesse, Grundzüge des Verfassungsrechts der Bundesrepublik Deutschland, S.78.

192) 허영, 헌법이론과 헌법, 293면.

(3) 制度的 保障內容인 權力分立原理의 실현을 통한 正當化

'국가권력의 제한', '권력남용의 저지', '자유실현'이라는 3가지 기본목적에 의해서 징표되는 권력분립이론은 사실상 법치국가실현의 한 수단으로 출발하였다.[194] 왜냐하면 영국의 보통법사상과 자연법사상에 바탕을 두고 나타난 '사람의 통치'가 아닌 '법의 통치', 그리고 '힘의 통치'가 아닌 '법의 통치'를 실현하기 위하여 권력분립이론이 등장했기 때문이며, 또한 국가권력을 그 기능에 따라 입법권·집행권·사법권의 3가지로 나누어서 이 3가지 기능을 각각 다른 3기관에 맡김으로써 이 3기관끼리 상호견제하게 하고, 그를 통하여 인간의 자유를 보장하겠다는 것은 법치국가적인 자유보장이론에 해당하기 때문이다.[195] 그런데 이러한 권력분립원리는 사회공동체의 동화적 통합이라는 헌법질서의 기본과제를 효과적으로 수행할 수 있는 통치기관의 구성원리라고 보는데 그 핵심이 있으며,[196] 그 결과 국가기관이 기본권적 가치의 실현을 위해서 서로 기능적인 협력관계를 유지하면서도 서로의 기능을 적절히 통제함으로써 국가의 통치권행사가 언제나 협동과 통제 아래에서 조화될 수 있는 제도적인 메카니즘을 요구하므로[197] 법치국가원리의 도움 없이는 기능할 수 없다. 즉 권력분립의 구체적인 메카니즘은 헌법과 법률이 정하고 있는 원칙과 절차에 따라서 기능하는 것이기 때문에 법치국가원리와 불가분의 관계에 있고, 반면에 법치국가원리는 권력분립원리에 입각한 제도적 메카니즘을 통해서만 '사람의 통치'가 아닌 '법의 통치'를 기대할 수 있게 된다.[198] 따라서 현대의 권력분립이론에서는 선재하는 국가권력의 단순한 '소극적 제한원리'가 아니고 기본권실현수단으로서의 국가권력을 창설하고, 국가권능과 그 한계를 설정하며, 권능간의 견제와 협동관계를 정함으로써 통치권행사의 절차적 정당성을 보장하기 위한 국가권력의 '적극적인 창설원리'라고 본다.[199] 그리고 이것은 현대의 권력분

193) 제4장 제2절 Ⅳ의 3 참조. 따라서 국민 개개인의 양심과 국가의 헌법질서 사이에 긴장과 갈등이 자주 일어나게 되면 그것은 벌써 그 정치질서 내지 헌법질서의 정당성이 위협받고 있다는 신호가 된다. 그러한 경우에는 양심의 소리를 따르는 국민을 보호하고 국가의 헌법질서와 국가권력의 정당성을 유지하기 위해 조속한 긴장과 갈등의 해소가 필요하다. 허영, 헌법이론과 헌법, 576면.

194) 허영, 헌법이론과 헌법, 906면 이하.

195) 허영, 헌법이론과 헌법, 911, 914면.

196) K. Hesse, Grundzüge des Verfassungsrechts der Bundesrepublik Deutschland, S.188f.

197) 허영, 헌법이론과 헌법, 927면.

198) 군주에게 독점되어 있던 기관주권을 여러 국가기관으로 나누어 맡기는 것이 가능하다는 믿음에서 권력분립원리가 수장된 것을 상기하라.

199) 허영, 헌법이론과 헌법, 904면 이하; K. Hesse, Grundzüge des Verfassungsrechts der Bundesrepublik Deutschland, S.185.

립이론은 C. Schmitt가 주장한 바와 같이 법치국가원리를 실현시키기 위한 양대지주 가운데 하나로 평가하지 않는다는 것을 의미한다. 즉 칼 슈미트는 '지배의 원리'와 함께 '조직의 원리'를 법치국가의 양대지주라 하면서 조직의 원리를 전통적인 권력분립이론과 동일시하였고, 그리하여 권력분립원리는 배분의 원리의 실현에 기여하여야 한다고 하면서 그것을 법치국가원리의 본질적 내용으로 평가하였기 때문이다.[200]

따라서 기본권보장은 물론이고 권력분립제도도 법치국가원리에 따라 여러 가지 국가의 기능과 권능을 창설함에 있어서 권력분립원리에 입각한 견제와 균형의 메카니즘이 기능할 수 있도록 해야 한다. 그러한 경우에야 국가권력은 권력남용을 피하고 정당성을 인정받을 수 있는 토대가 마련되기 때문이다. 다시 말해서 국가권력의 창설에서는 물론이고 국가권력이 행사되는 과정에서 권력의 남용이 이뤄지지 않도록 권력상호간에 견제와 균형이 이뤄질 때 국가권력은 절차적 정당성을 획득하게 된다. 그리고 그 중에서 가장 중요한 법치국가적 권력균형의 요소는 집행권의 사법적 통제이며, 특히 헌법이 허용하고 있는 헌법재판에 의한 국가권력의 통제는 그 의미가 더욱 크다.

(4) 모든 國家權力의 憲法 및 法羈束을 통한 正當化

현대의 법치국가원리란 국가활동을 법우선의 원칙에 입각해서 형성·조절함으로써 자유·평등·정의를 실현시키려는 국가의 구조적 원리라고 하였다. 이것은 따라서 자유·평등·정의의 실현을 위한 국가작용을 처음부터 무절제한 정치투쟁의 우연성에 맡겨 두어서는 안 되고, 조직화되고 절차적으로 질서가 잡힌 협동작용을 위한 법질서를 요구한다는 점을 가리킨다. 즉 일반적이고 객관적인 법질서에 바탕을 두고 국가작용의 형성과 절차가 정하여지도록 함으로써 법치국가원리는 정권교체나 정치적 노선변화로부터 독립되고 모든 변화로 부터 국가를 안정화시키는 계속성의 창설형식인 것이다.[201] 다만 '법우선의 원칙'이란 국가작용의 모든 부분을 빠짐없이 법제화할 것을 요구하는 것이 아니고, 국가작용의 기준과 형식, 즉 국가작용의 행동지침만을 법규로 정하고, 기타에 관해서는 구체적인 상황에 맞는 합리적인 국가작용이 이뤄지도록 재량의 여지를 남겨두되, 법적 규

200) C. Schmitt, Verfassungslehre, S.126, 127, 182ff.

201) K. Hesse, Grundzüge des Verfassungsrechts der Bundesrepublik Deutschland, S.74. 정치적 계속성을 통한 정당화 부분 참조.

정과 그 밖의 기준이 상충되는 경우에는 법을 우위에 두어야 한다는 것이다.[202] 다시 말해서 법치국가의 내용인 법우선의 원칙은 어떠한 국가작용도 헌법에 모순되면 안 된다는 것과 입법의 형식으로 행하여지는 국가작용은 법률규정으로 존재하는 한 모든 그 밖의 국가작용에 우선한다는 것이다.[203] 모든 국가권력은 헌법과 법에 구속됨으로써만 정당화의 길이 있게 된다는 것이다. 따라서 이제 법우선의 원칙을 실현하기 위한 구체적 실현형태를 찾아보는 것이 필요하다. 이에는 3권분립원리에 입각한 국가권력의 분리가 일반적이기 때문에 그에 따라서 입법작용의 헌법 및 법기속과 법치행정, 그리고 효과적인 권리구제의 형태로 나누어 살펴보기로 한다.

무엇보다도 먼저 법우선의 원칙은 입법작용의 헌법 및 법기속으로 나타난다. 헌법이 확정되지 않고 개방해 두고 있으면서 규범화를 필요로 하는 공동체생활의 기본문제들을 일반적 법규범으로 입법화하는 것이 입법기관의 과제로 등장한다.[204] 즉 국가권력을 구속하고 국민생활을 규율하는 내용의 법률을 실정화 함으로써 법치국가질서를 특징짓는 계속성과 안정성, 그리고 국가권력의 합리화와 정당화가 이뤄지도록 해야 한다.[205] 현대자유민주국가에 있어서 입법은 정치적 의사형성의 가장 중요한 형식이기 때문에, 국민주권의 실현이 분명하게 확인될 수 있는 기관에 의하여 이뤄져야 하며, 따라서 오늘날의 헌법국가에서는 의회주의적 법률제정이 가장 모범적이다.[206] 그리하여 의회는 헌법이 정하고 있는 바에 따라 국민의 권리의무와 관련된 기본권실현의 본질적 사항에 대하여 일반적·추상적 법률을 제정해야 하고, 특별히 헌법이 권능을 부여하지 않았더라도 정치적 과정으로부터 도출된 모든 국가작용에 대하여 제1차적인 규범형성기능을 행사하여야 할 유일한 입법기관이다.[207] 그리고 그 결과로 의회는 자신의 결단인 법률제정을 통하여 헌법적 정당성의 기초체계를 세우게 된다.[208] 다만 그러한 입법작용은 자유

202) K. Hesse, Grundzüge des Verfassungsrechts der Bundesrepublik Deutschland, S.75f.

203) K. Hesse, Grundzüge des Verfassungsrechts der Bundesrepublik Deutschland, S.77.

204) K. Hesse, Grundzüge des Verfassungsrechts der Bundesrepublik Deutschland, S.193.

205) K. Hesse, Grundzüge des Verfassungsrechts der Bundesrepublik Deutschland, S.193.

206) H. Hasso, Legitimität und Rechtsgeltung, S.79f.

207) H. Hasso, Legitimität und Rechtsgeltung, S.79f. 이 문제는 입법권의 범위와 관련된 문제로서 의회만이 행사할 수 있는 입법권의 범위에 관한 것이다. 전자는 본질적 이론에 관한 것이고, 후자는 형성이론에 관한 설명이다. 다만 오늘날의 통설은 형성이론이기 때문에 위와 같이 정의했다. 허영, 헌법이론과 헌법, 298면.

208) H. Hasso, Legitimität und Rechtsgeltung, S.79f. 여기서 의회입법이 정당성의 기초요 Konsens능력이 있는 것으로 추정되는 근거는 국민총선거를 통한 민주적 정당성이 인정되고, 원칙적으로 입법과정의 민주적 공개성, 중요한 기준을 투명화하고 그 밖의 평등 취급을 보증하는 일반법

의 보장이라는 민주적·연방국가적·법치국가적 질서요소를 바탕으로 하는 헌법적 테두리 내에서 이뤄져야 한다.[209] 왜냐하면 실질적 헌법이해라는 논리에 따르면 입법은 중요한 영역에서 항상 그리고 필연적으로 헌법의 실현으로서의 헌법의 집행이며, 특별히 개별적인 헌법위임에 따른 집행일 뿐만 아니라 헌법적 Konsens와 그에 따른 정당성의 기초를 형성하는 것의 현실화요 구체화이며 완성이기 때문이다.[210] 따라서 입법작용이 정당화되기 위해서는 민주적 정당성을 가진 의회, 곧 국민이 직접 민주적으로 선출한 의회에 의하여 행사되어야 하며, 입법과정에서 자유로운 의사형성이 보장되는 절차, 곧 완전히 공개되고 장래를 향한 갖가지 계획의 최적의 고려와 최적의 조종을 통하여 자유로운 정치적 의사형성이 보장되는 민주적 절차 속에서 행사되어야 한다.[211] 그래야만 민주적 정당성과 절차적 정당성은 물론 입법작용의 목적적 정당성이 보장될 수 있을 것이기 때문이다.

상기한 바와 같이 입법작용의 헌법 및 법기속이 법우선의 원칙을 보장하는 현실형태 가운데 가장 기초가 되고 중요한 것임은 말할 나위도 없다. 하지만 국가작용은 입법활동으로 그 목적을 달성하는 것이 아니고 그 법률을 구체적으로 집행함으로써 완수되게 되는 것이다. 의회에 의하여 제정된 법률이 집행기관에 의하여 집행됨으로써 비로소 국가작용은 그 실효성을 갖게 된 것이다. 그런데 법률을 집행하는 국가작용은 헌법과 법률을 구체화하는 단순한 '연장된 팔'로 이해되어서는 안 되고, 오히려 헌법과 법률의 종속적 집행 이상의 것이요, 몰가치적 기술 이상이라는 점을 인식할 필요가 있다.[212] 그렇기 때문에 집행기관의 집행작용은 합헌적 내지 합법적이어야 하지만 합목적성도 추구하게 되며, 그 때 집행작용은 헌법과 법률에 반하는 경우가 발생하게 된다. 이러한 경우에 법우선의 원칙의 실현형태로서 요구되는 것이 '법률의 우위'와 '법률유보'로 특징지어지는 법치행정의 원리이다. 국가권력의 불편부당한 행사를 실현하고, 국가와 법이 정치적 권력보유자의 단순한 도구로 되는 것을 막기 위해 합법성에 입각한 국가권력의 행사를 요구하는 것이 법치행정의 원리이며, 모든 자의적인 목적에 봉사하는 국가권력을 배격하고 실질적 정당성을 획득하고자 하는 것이 법치행정의 원리인 것이다.[213] 즉 헌

률의 고도의 추상성, 그리고 헌법질서의 법적 통일성을 기하는 입법적 재생산에 있다고 한다.

209) K. Hesse, Grundzüge des Verfassungsrechts der Bundesrepublik Deutschland, S.194.

210) H. Hasso, Legitimität und Rechtsgeltung, S.86.

211) K. Hesse, Grundzüge des Verfassungsrechts der Bundesrepublik Deutschland, S.193.

212) K. Hesse, Grundzüge des Verfassungsrechts der Bundesrepublik Deutschland, S.204f.

213) K. Hesse, Grundzüge des Verfassungsrechts der Bundesrepublik Deutschland, S.76f. 따라서 민주적 입헌국가에서는 모든 행정적 내지 사법적 결단에 있어서 합법성의 원칙이 중심적 역할을 한다.

법질서 내에서 합법성은 법우선의 원칙에 따를 때 정당성의 근거가 되기 때문에, 법률은 여타의 모든 국가작용보다 우위에 있고 국가권력은 법률에 근거를 두고 행사되어야 한다는 것이다.214) 왜냐하면 법률은 민주적 정당성에 기초하여 성립되었으며 정치적 의사형성의 민주적 형식과 절차에 의해 확정된 것이기 때문에 우위성이 보장되며, 아울러 법률은 자유를 보장하는 모든 국가작용의 전제가 되는 매개체가 되기 때문에 그러한 효력이 인정된다.215) 다만 법치행정의 원리가 운영됨에 있어서 전통적으로 등한시되어 왔던 것으로서 오늘날 새롭게 그 중요성이 평가되고 있는 것이 있다. 즉 입법권자로부터 사전에 계획되지 않은 경우이지만 조직적 내지 비조직적 이해관계자의 절차법상의 협력을 통하여 행정적 결단에 관한 부수적 정당화의 문제가 제기된 것이다.216) 다시 말해서 행정절차법에 관한 관심과 평가가 그것인데, 행정작용이 이뤄지는 과정이 투명하고 공정하게 이뤄질 수 있도록 행정절차법에 따르는 행정작용이 이뤄져야 민주적 정당성은 물론 절차적 정당성이 부여되는 것으로 보게 됐다는 것이다.

법우선의 원칙이 입법작용의 헌법 및 법기속과 법치행정을 통하여 구현된다는 점은 더 이상 논의의 여지가 없지만, 그러한 경우 항상 법치국가원리의 실질적 내용이 실현된다고 볼 수 없다. 의회주의적 법률제정이 충분히 공정하게 이뤄지지 못하는 경우는 물론이고, 집행작용에 따른 합목적성의 추구가 헌법과 법률을 위반하는 경우가 항상 예상되기 때문에, 민주적 법률의 우위와 관련된 정당성의 문제가 제기된다.217) 따라서 민주적 헌법국가에서는 위헌적 또는 위법적인 국가작용(입법작용과 집행작용)은 물론 합법적인 공권력행사에 의하여 발생하는 국민의 권리침해 내지는 재산상 손해에 대해서도 이를 구제해 줄 수 있는 효과적인 권리구제제도를 그 불가결한 내용으로 하는 것이 필요하고, 이것이 곧 법우선의 원칙인 것이다.218) 즉 법치국가원리는 국가의 모든 공권력행사에 대하여 포괄적인 사법적 권리구제를 보장함으로써 개인의 주관적 권리를 보호할 뿐만 아니라 모든 국가권력을 헌법과 법률에 기속케 함으로써 그 정당성을 추구한다.219) 국가를 위하여 국

---

214) 합법성과 정당성이 여기서는 대립적인 명제가 아니다. 그러나 C. Schmitt는 그들을 대립적인 것으로 보았다.

215) K. Hesse, Grundzüge des Verfassungsrechts der Bundesrepublik Deutschland, S.195.

216) H. Hasso, Legitimität und Rechtsgeltung, S.85.

217) H. Hasso, Legitimität und Rechtsgeltung, S.80.

218) 허영, 헌법이론과 헌법, 299면.

219) K. Hesse, Grundzüge des Verfassungsrechts der Bundesrepublik Deutschland, S.78. 여기서 사법적 권리구제는 광의의 개념으로서 헌법재판을 통한 권리구제도 포함하는 것으로 본다.

민이 존재하는 것이 아니라 국민을 위하여 국가가 창설되었다고 하는 국가사상을 담보하여 주는 최종적 제도에 해당하는 것이 바로 법치국가원리에 입각한 사법적 권리구제이며, 국가권력의 기본권 기속성을 실효성 있게 하는 제도인 것이다. 그리하여 오늘날은 이 사법적 권리구제를 보다 효과적으로 보장하기 위하여 사법권 독립과 같은 제도적인 면에서는 물론이고, 법률상의 불특정개념에 대한 판단재량의 통제가능성, 주관적 공권의 범위확대, 국가책임제도에 있어서의 위험책임정신의 확대적용, 공법상 손실보상제도의 확충, 특별권력관계이론의 재검토, 행정사법분야의 기본권기속 등이 요구되고 있다.[220] 이것은 결국 법우선의 원칙이 사법적 권리구제에 의해서 보장될 수 있다는 것이고, 국가권력의 목적적 정당성과 절차적 정당성이 그에 의해서 확보되는 것이라는 것을 의미한다.

(5) 法的安定性의 原則과 過剩禁止의 原則을 통한 正當化

오늘날 법이념의 하나로 평가되고 있는 법적 안정성이라는 원칙은 법치국가원리의 한 요소로서, 일반적으로 국가 및 사인의 행위에 대한 예측가능하고 확실한 행위기준을 정립할 것을 목표로 한다.[221] 즉 모든 집행작용의 근거가 되는 법규범이 법정립 단계에서부터 가능한 자세히 규정되어 모든 국가작용에 대해 국민이 예견가능하도록 하는 것이 바람직하지만, 입법의 한계로 인하여 입법권자는 규율의 목적과 일반적 재량의 한계에 대한 대강을 정하고, 개개사정에 따른 구체적 결정은 권한을 가진 집행기관에 위임할 수밖에 없다.[222] 그 결과 법개념의 불명료성과 행정재량의 불가피성 때문에 법적 안정성을 깨뜨릴 위험이 존재하고, 그에 따라 나타난 것이 집행(행정)작용에 있어서의 신뢰보호의 원칙이다. 즉 법규가 구체적으로 규정하고 있지 못한 영역에 대한 집행기관의 결정 내지 언동에 대해 그 결정이나 언동의 정당성 또는 존속성을 신뢰한 개인의 보호가치 있는 신뢰를 보호해 주는 원칙이 곧 신뢰보호의 원칙인데, 이것이 오늘날 법치국가원리의 한 요소인 법적 안정성을 근거로 주장되고 있는 것이다.[223] 뿐만 아니라 법적 안정성의 원칙은 확실한 행위기준에 해당하는 법규범 자체의 존립과도 관계가 있다.[224] 법

220) 허영, 헌법이론과 헌법, 297면 이하.
221) R. Zippelius, 김형배譯, 법학입문, 136면 이하.
222) R. Zippelius, 김형배譯, 법학입문, 137면.
223) K. Hesse, Grundzüge des Verfassungsrechts der Bundesrepublik Deutschland, S.73; 김도창, 일반행정법론(상), 청운사, 1984, 141면 이하.
224) R. Zippelius, Allgemeine Staatslehre, S.74.

규범은 법 자체의 안정성을 우선적으로 요구하고 있고, 그것이 자주 변경되어 국민의 행위기준이 흔들려서는 안 되기 때문이다.[225] 더욱이 그러한 규범의 변경이 국민에게 불이익하게 소급하여 이뤄질 때, 국민의 행위는 말할 수 없는 불안에 빠지게 되기 때문에, 소급입법금지를 통하여 법적 안정성을 추구하는 것이 현대법치국가에서는 중요한 부문을 차지하게 되었다. 이렇게 법치국가원리는 국가권력의 권능수행의 규율을 통하여 국가권력의 과제를 합목적적이고 효율적으로 실현하게 하며, 그것은 동시에 그러한 국가행위에 준거하여 행동하여야 할 국민들에게 국가행위를 예측할 수 있게 해 주고, 또한 법적 명확성과 법적 안정성을 마련해 주는 과제에도 봉사하게 되고, 국민들의 공적 사항에 대한 의식적이고 책임 있는, 그리고 활발한 참여의 기초를 이루게 함으로써 민주주의에 있어서 자유로운 정치적 생활과정의 기본조건을 형성시켜 준다.[226] 따라서 현대자유민주주의국가는 법적 안정성의 원칙에 따라 입법작용에 있어서의 소급입법금지의 원칙과 집행작용에 있어서의 신뢰보호의 원칙을 통하여 법치국가원리를 실현할 때에만 그 민주적 정당성과 절차적 정당성을 인정받게 된다.[227]

또한 국가권력의 모든 행위 내지 작용에 대해서는 그 한계로서 과잉금지의 원칙 내지 비례의 원칙이 법우선의 원칙에 따라 당연히 요청된다.[228] 즉 이 원칙은 최적의 이익충족에 대한 요청의 결과이며, 개인의 자유와 재산을 필요 이상으로 침해해서는 안 된다는 자유주의적 국가사상의 산물로서 사회 내의 이익충족을 극대화하려는 이익형량의 일반적 사상을 특징적으로 표현한 것이다.[229] 예를 들어 국가작용을 하는데 있어서 사안이 요구하는 합당한 조치를 취해야 한다는 사항의 합당성, 목적한바 소기의 성과를 달성할 수 있는 가장 효과적이고 적절한 방법을 선택해야 한다는 방법의 적당성, 국민의 자유와 권리가 필요이상으로 침해되어서는 안 된다는 최소침해성, 국민의 자유와 권리의 침해정도와 보호되는 공공의 이익이 정비례관계가 성립해야 한다는 비례성, 기타 국민의 수인의 기대가능성 등이

225) Gustav Radbruch, Rechtsphilosophie, 최종고역, 법철학, 삼영사, 1975, 112면.

226) K. Hesse, Grundzüge des Verfassungsrechts der Bundesrepublik Deutschland, S.73.

227) 허영, 헌법이론과 헌법, 299면 이하. 허영교수는 상기부분을 법우선의 원칙으로 설명하고 있으나, 구체적인 입법・사법・집행작용의 헌법 및 법기속이라는 점과 구분하기 위해 분리하여 설명한다.

228) 허영, 헌법이론과 헌법, 300면 이하; K. Hesse, Grundzüge des Verfassungsrechts der Bundesrepublik Deutschland, S.73. 대개 행정법상으로는 비례의 원칙이란 용어를 많이 써 왔으나, 요즘 독일 헌법학계에서는 과잉금지의 원칙이란 용어를 많이 쓰며, 특히 비례의 원칙을 협의로 볼 때는 과잉금지의 원칙의 한 요소로 본다.

229) R. Zippelius, 김형배譯, 법학입문, 137면 이하.

과잉금지의 원칙의 요소들이다.[230] 이와 같이 국가권력이 행사됨에 있어서 과잉금지의 원칙이 지켜질 때에야 비로소 국가권력의 목적적 정당성이 지켜진다. 왜냐하면 국가안전보장, 질서유지, 공공복리를 위하여 국민의 자유와 권리가 제한되는 것은 필요하나 항상 그 정도의 문제가 국가권력의 정당성문제를 제기해 왔었기 때문이다. 예를 들어 국가권력의 형벌권발동은 일반적 법치국가의 원칙인 과잉금지의 원칙과 비례의 원칙에 부합되어야 하는 것이며,[231] 그렇지 않는 경우 그것은 적나라한 폭력과 다를 바가 없는 것이다.

4. 社會國家原理와 國家權力의 正當性

(1) 社會國家原理의 理念과 正當性論議

민주주의원리, 법치국가원리, 연방국가원리의 내용과 실현형태가 서독에서 학설과 판례를 통하여 지배적인 이론이 형성되고 있는 것에 반하여, 사회국가원리는 그 이념적인 새로움 때문에 개념의 사용의도에 비하여 뚜렷한 정설이 확립되지 못하고 있다.[232] 19세기의 지나친 자유주의사상이 몰고 온 국가의 불간섭주의 내지 야경국가적 경향에 따라 발생한 국민생활의 실질적 부자유와 불평등을 시정하고자 나타난 이념적인 원리이기 때문에,[233] 사회국가원리는 적극적인 국가활동을 특징으로 하면서도 사회국가가 '무슨 목적으로', '무엇을 추구하여', '어떻게' 적극적으로 활동할 것이냐에 대해서는 쉽게 해결되기 어려운 문제점들이 있기 때문이다.[234] 사회국가원리가 지향하는 이념이 전래적인 '침해행정'에서 '급부행정'으로 그 중점이 변화되었다고 하더라도 그 구체적인 실현형태에 따라 구제국가(Fürsorgestaat), 부양국가(Versorgungsstaat), 복지국가(Wohlfahrtsstaat), 사회주의국가(sozialistischer Staat) 등으로 실현되기도 하여, 그에 대비되는 사회국가를 추구한다는 것은 쉬운 일이 아닌 것이다.[235] 특히 영미와 스칸디나비아제국에서 실현되고 있는 복지국가원리는 경제적인 약자 뿐만 아니라 국민전체의 생활이 국가에 의해 법적으로 보장되는 것을 이상으로 하고 있고, 그 구체적인 실현을 위해 국민

---

230) 허영, 헌법이론과 헌법, 300면.
231) R. Zippelius, 김형배譯, 법학입문, 168면.
232) 허영, 헌법이론과 헌법, 306면.
233) 이 점에서 사회국가원리는 사유재산제도를 바탕으로 하는 수정자본주의원리의 형태로 발전된 것임을 알 수 있다. 이승우, 헌법학, 두남, 269면 이하.
234) 허영, "헌법과 사회국가와 사회보장", 성곡논총 제6집, 1975, 60면.
235) 허영, "헌법과 사회국가와 사회보장", 70면.

전체의 생활보장을 법적으로 강요된 사회보험의 급부에 의하거나 과중한 세금징수에 근거한 국가재정으로 충당하는 방향으로 이뤄지고 있는데, 이것은 국민각자의 자유로운 생활설계나 결정의 영역을 근본적으로 좁히는 결과를 가져오고 있다.[236] 다시 말해서 그러한 복지국가원리는 지나치게 국민생활을 규제하고 조종하며 적극적으로 형성하는 결과 개인의 개성신장의 자유를 박탈하거나 개인의 창의성을 말살하는 등 경쟁의 선별기능을 마비시키기 때문에,[237] 현대인의 생활감각에 맞지 않는다는 사상적인 바탕에서 그에 대비되는 사회국가원리가 제기된 것이라고 볼 수 있다. 즉 현대와 같은 산업사회에서는 노후시, 질병시, 재난시 등의 보장책은 물론 국민각자의 일상생활이 국민각자의 자유로운 결정에 의해 강구되는 생활형태로 마련하는 것이 필요해진 것이다.[238]

따라서 오늘날 주장되고 있는 사회국가원리는 국민각자가 자율적으로 일상생활을 꾸려 나가도록 사회생활환경을 조성하되, '자유의 조건'으로서의 실질적인 자유와 평등을 실현시키려는 사회구조의 골격적인 테두리를 마련하는 원리로 평가되고 있으며, 되도록이면 국민각자가 국가에 의존함이 없이 자기의 생활설계와 자기 책임 밑에, 자기의 생활감각에 맞는 생활을 누릴 수 있도록 이를 뒷받침하고 장려하는 방향으로 나감으로써 국가의 활동이 불가피한 경우에만 반동적으로 움직이는 국가를 지향한다.[239] 즉 국민의 실질적인 자유와 평등의 실현수단으로서 자유와 평등의 효과가 실질적으로 발휘될 수 있는 생활환경을 조성하고 사회구조의 골격적인 테두리를 마련하는 현대국가의 구조원리로 사회국가원리를 평가하고 있는 것이다.[240] 다시 말해서 사회국가원리는 현대의 산업사회에서 '빵과 일자리와 재난으로부터의 해방'을 둘러싸고 전개되는 사회적 대립과 갈등을 '사회완성'을 통하여 해소하려는 것이고, 이 경우 '사회완성'은 사회구성원 개개인의 자유와 개성을 상실함이 없이 다원적인 하나의 사회로 되는 것을 뜻한다.[241] 그 결과 국가권력의 기능과 과제도 국민개개인의 정신과 인격이 스스로 발전할 수 있는 조건을 확보해 주는 데 있는 것이며, 국민이 스스로의 노력에 의해서 인간다운 생활

236) 허영, "헌법과 사회국가와 사회보장", 72면.
237) R. Zippelius, 김형배譯, 법학입문, 67면.
238) 허영, "헌법과 사회국가와 사회보장", 72면.
239) 허영, "헌법과 사회국가와 사회보장", 72면; 허영, 헌법이론과 헌법, 314면 이하.
240) 허영, 헌법이론과 헌법, 315면.
241) 허영, "헌법과 사회국가와 사회보장", 62면. 그런데 신좌파의 학자들은 복지국가정책에 따른 국가개입을 "계급투쟁을 잠재적인 것으로 유지시키는 것"이라고 하기도 하고 복지국가정책이란 궁극적으로 "중단없는 자본축적의 발전에 의존하는 부르조아지의 정치적 지배를 보장"하기 위한 장치에 불과하다고 한다. 박상섭, 자본주의국가론, 207면.

을 영위하는데 필요한 모든 것을 획득할 수 있는 조건을 확보해 주는데 있는 것이지, 국민에게 모든 의식주를 제공해 주는데 있지 않다.[242] 즉 국민 스스로의 힘만으로 관철시킬 수 없는 실질적 자유와 평등의 실현을 적극적으로 뒷받침해 줌으로써 사회평화와 사회안정을 꾀하는 점에서 사회국가의 기능이 정당화된다고 보는 것이다.[243]

그러나 앞에서도 지적했듯이 사회국가원리는 구체적으로 실현함에 있어서 많은 어려움이 있다. 사회국가원리가 사회완성의 사회적 의무를 지고 있는 국가권력으로 하여금 사회적 대립과 갈등을 해소하고 사회정의를 실현하는 데 필요하다고 생각되는 활동을 적극적으로 펴나가게 하며, 그 결과 국가권력의 활동을 특히 입법 및 행정의 영역에서 팽창하게 했지만,[244] 어느 정도에서 그 활동을 그쳐야 하는지 명백한 정설이 확립되지 않고 있기 때문이다. 즉 경제질서에 국가가 적극적으로 참여함으로써 경제적인 면에서도 계급간의 격차가 좁아질 수 있는 방향으로 경제체제를 유도·조정·규제해 나가야 할 뿐만 아니라, 사회적·경제적 약자들의 기본자산형성을 촉진시키기 위해서 합리적이고 효과적인 조세정책과 금융정책을 추진해야 할 것이고, 사회적·경제적 약자계급의 출신에게도 균등한 교육의 기회를 부여하기 위하여 적절한 장학제도를 마련할 필요가 있으며, 또 '재난으로부터의 해방'을 보장하기 위한 적절한 사회보장제도를 마련하는 등 국가권력이 급부의 주체로서 적극적인 활동이 기대되는 것은 사실이지만,[245] 그것이 일정한 한계를 벗어날 때 국가에 의한 포괄적인 부조가 행해지는 복지국가나 부양국가로 나아갈지도 모르는 것이다.[246] 다시 말해서 사회국가란 복지국가와 달리 단순한 '물질적 생존'의 보장을 말하는 것이 아니고, '인격체로서의 생존' 내지 '생존가치 있는 생존'을 보장하려는데 그 뜻이 있고, 그것은 인간의 개성과 인격을 존중하는 바탕위에서의 생존보장을 요구하기 때문에 구체적 실현의 어려움이 뒤따르고 있는 것이다.[247] 따라서 사회국가원리를 구체화함에 있어서는 그것이 복지국가나 부양국가로 나아가지 않도록 하기 위해 체계적합성에 따른 일정한 한계 내에서 이

242) L. T. Hobhouse, 김택현譯, "자유주의적 사회주의", 노명식編, 자유주의, 종로서적, 1983, 249면.
243) 허영, 헌법이론과 헌법, 317면 이하. 더 부연하면, 자유방임주의 사상과 형식적 법치국가사상에 기초하여 초래된 실질적 부자유와 불평등을 국가가 적극적으로 간섭하여 사회평화와 사회안정을 꾀한다는 기능적 측면에서 사회국가의 정당화가 이뤄지고, 이러한 성격이 현대국가의 존립근거의 핵심으로 등장하고 있다.
244) 허영, "헌법과 사회국가와 사회보장", 69면.
245) 허영, "헌법과 사회국가와 사회보장", 69면.
246) K. Hesse, Grundzüge des Verfassungsrechts der Bundesrepublik Deutschland, S.83.
247) 허영, "헌법과 사회국가와 사회보장", 75면.

뤄지도록 해야 한다.248)

먼저 사회국가원리는 이념적으로 인간다운 생활을 보장하기위해 실질적인 자유와 평등을 실현하고자 하는데 그 핵심이 있기 때문에 최소한의 물질적 생활수단을 보장하되 '생활수준의 상향식 조정'이 이뤄지도록 실현되어야 한다.249) 또한 사회국가원리가 국민개개인의 자유나 이익보다는 사회전체의 복리증진과 사회정의 실현을 요구하는데 그 뜻이 있지만, 그것은 법치국가원리가 추구하는 국민의 생명과 자유와 재산에 대한 최대한의 보장을 전제로 해야 하며, 인격과 개성의 신장을 도울 수 있는 한계 내에서 실현되도록 해야 한다.250) 그밖에 사회국가원리는 합리적인 경제정책과 조세제도에 의한 재원확보가 이뤄져야 하며, 사회국가의 실현수단으로서 사회보장제도 등은 성격상 세대를 초월하는 장기적인 제도의 지속을 요구할 뿐만 아니라 쉽사리 취소되거나 번복될 수 없는 일종의 '돌이킬 수 없는 국가시책'이기 때문에 신중하게 단계적으로 실시해야 한다.251)

위와 같은 관점에서 아래에서는 사회국가원리의 실현과 관련하여 제기되는 이념적인 것과 절차적인 것, 그리고 방법에 관한 문제를 간략히 논해보기로 한다. 그리고 이러한 사회국가원리의 실현을 통해서만 현대자유민주주의국가가 정당화될 수 있음을 지적하고자 한다. 즉 자유와 평등에 관한 올바른 기준과 자율적인 개성신장의 영역 및 국가적 생존배려에 관한 올바른 기준을 발견한 성공적 급부로부터 현대자유민주국가의 정당성이 성립됨을 제시하고자 한다.252)

(2) 社會國家原理의 內容으로서의 實質的인 自由와 平等의 실현을 통한 正當化

오늘날의 사회국가원리는 결국 입법권자의 형성재량권의 행사에 의해서 구체화되고 실효성을 갖게 된다는 점은 부인할 수 없다. 다만 그러한 입법권자의 형성재

248) 허영, 헌법이론과 헌법, 316면 이하.

249) 허영, 헌법이론과 헌법, 317면.

250) 허영, "헌법과 사회국가와 사회보장", 73면 이하. 이러한 관점에서 K. Hesse는 사회국가원리의 실현은 인격과 개성을 존중하는 법치국가원리의 바탕위에서 이뤄져야 하며, 바로 이곳에 사회국가실현의 법치국가적 한계가 있다고 한다. K. Hesse, Grundzüge des Verfassungsrechts der Bundesrepublik Deutschland, S.83. 그러나 허영 교수는 그것을 사회국가실현의 법치국가적 한계라고 보기보다는 체계적합성의 문제로 본다. 왜냐하면 사회국가원리는 헌법이 내포하고 있는 다른 기본원리와 조화되는 방향으로 실현되어야 하므로 이미 헌법자체에 의한 제약을 받고 있는 것으로 본 때문이다. 허영, "헌법과 사회국가와 사회보장", 69면 이하.

251) 허영, 헌법이론과 헌법, 319면.

252) T. Würtenberger, Die Legitimität staatlicher Herrschaft S.347.

량권이 합리화되고 정당화되기 위해서는 국가의 구조원리로서의 사회국가원리가 추구하는 실질적 내용의 실현을 위한 입법화이어야 한다. 앞에서도 언급했지만 사회국가원리가 추구하는 핵심적인 가치도 자유와 평등에 있음은 말할 나위도 없다. 다만 민주주의원리나 법치국가원리와 달리 사회국가원리는 실질적인 자유와 평등의 실현에 그 목적을 두고 있는 원리이며,[253] 그를 위하여 실질적인 자유와 평등이 국민스스로의 자율적인 생활설계에 의해서 실현될 수 있도록 생활여건을 조성해 주는 이른바 사회구조의 골격적인 테두리를 정하는 원리이기 때문에, 이것은 곧 '자유의 조건'을 설정하는 것이라고 할 수 있다.[254] 그리고 사회국가원리는 자유의 이념이라는 자연법적 원칙 그 자체를 의미하며, 그 자연법적 원칙은 한사람의 자유는 다른 사람의 자유와 공존해야 한다는 원칙의 논리적 귀결에 불과하므로, 사회국가원리는 평등 지향적 성격도 내포한다.[255] 즉 사회국가원리는 일반적 평등원칙을 기본요소로 하며, 그 결과 고전적인 정의의 원칙에 따라 각자에게 그의 몫이 돌아가게 하기 위하여 국가권력 특히 입법권자에게 평등하게 취급하거나 차별하는데 있어서 그때그때 공정한 기준에 따라야 할 과제를 부과하고 있다.[256] 그러나 사회국가원리의 기본요소인 일반적 평등원칙은 그 자체로서의 의미가 있는 것이 아니고 기본권상의 자유를 비롯한 여러 가지 자유가 내용이 없는 자유 이상이 되게 하는데 그 핵심이 있다.[257] 즉 평등이 실현됨으로써 자유가 현실적으로 이루어지고 보존되도록 하는데 그 의미가 있는 것이지, 그와 반대로 자유가 현실적으로 존립하기 위하여 필요로 하는 제조건이 파괴되는 결과를 가져오는 평등실현을 사회국가원리는 요구하고 있는 것이 아니다.[258]

따라서 사회적 기본권으로 표명되고 있는 사회국가원리의 내용을 실현함에 있어서 국가권력은 국민의 자유와 평등을 보장하고 이를 증대시키기 위하여 사회정책, 노동정책, 경제정책, 조세정책 등을 실현하되 일반적 평등원칙에 입각하여 하고, 그러한 사회적 기본권의 내용인 자유와 평등은 어디까지나 정의에 바탕을 둔 자유와 평등이어야 하기 때문에 반드시 '자유속의 평등'이어야지 '자유대신에 평

---

253) 그 중에서도 국가는 경제적 영역에서 분배적 정의의 옹호자로서의 지위에 있게 된다.

254) 허영, 헌법이론과 헌법, 315면 이하.

255) M. Kriele, 국순옥譯, 민주적 헌정국가의 역사적 전개, 418면.

256) K. Hesse, Grundzüge des Verfassungsrechts der Bundesrepublik Deutschland, S.168. 여기서 차별에 대한 공정한 기준이 문제되는바, 이것은 일반적, 추상적으로 확정될 수 없고 언제나 구체적 상황을 고려해야 하나, 서독에서는 자의금지의 원칙을 일반적 평등원칙의 판단기준으로 자주 사용하며, 그것도 구체적인 문제에서 체계정당성의 관점에서 평가되어야 한다고 한다.

257) K. Hesse, Grundzüge des Verfassungsrechts der Bundesrepublik Deutschland, S.83.

258) M. Kriele, 국순옥譯, 민주적 헌정국가의 역사적 전개, 418면.

등'을 추구하는 것이어서는 안 된다.[259] 왜냐하면 평등이란 평등 그 자체에 의미가 있는 것이 아니고, 자유의 조건으로서 또는 자유를 실효성 있게 실현시키는데 그 본래의 기능과 의미가 있기 때문에, 자유의 가치를 평등의 가치보다 그 우위에 두는 것이 필요한 것이다.[260] 그런 까닭에 현대자유민주주의국가는 극단적인 복지국가나 사회주의국가처럼 '자유대신에 평등'을 추구해서는 정당화될 수 없고 '자유속의 평등'을 추구해 나갈 때만 정당화될 수 있다고 본다. 왜냐하면 모든 국민의 생활수준을 평등화하고 생활관계의 변화에 따른 모험부담을 일원화시키려는 '평등속의 자유'사상은 결국 '생활수준의 하향식 조정'을 가져옴으로 모든 국민이 다같이 배고프고 불행한 것도 평등의 실현이라고 보는 모순에 빠지기 때문이다.[261]

(3) 社會國家原理의 具體化로서의 立法을 통한 正當化

사회국가원리가 헌법에 반영되어 있는 형식은[262] 별로 문제가 되고 있지 않으나 그 법적 성격에 관해서는 논란이 있어왔다. 헌법이 정하고 있는 사회국가원리를 '입법방침'으로서의 '정치적인 선언'에 불과하다고 보는 견해가[263] 없는 것은 아니지만, 오늘날 사회국가적 요청은 몇 가지 적극적인 법적 의미를 갖고 있다고 본다. 즉 헌법의 사회국가원리에는 현실적으로 헌법제정권자가 국가의 목적과 관련하여 하나의 결단으로서의 명백한 의지를 표명하고 있다고 보아야 한다.[264] 다시 말해서 사회국가원리는 일종의 '국가목표규정' 또는 '국가의 목적과 의의에 관한 법규범적 표현'이라고 볼 수 있기 때문에 헌정생활의 실제에 있어서 헌법지침적 성격을 갖는다.[265] 따라서 사회국가원리는 사회적 기본권의 보장과 관련된 실정법을 해석하고 적용하는 집행기관과 사법기관의 '가치결정적 원칙규범'이며 기속적인 재량기준이 된다.[266] 그 결과 사회국가원리를 위배하는 국가권력은 헌법위

---

259) 허영, 헌법이론과 헌법, 399면.

260) 허영, 헌법이론과 헌법, 454면.

261) 허영, 헌법이론과 헌법, 317면.

262) 사회국가원리가 헌법에 반영된 형식은 3가지가 있다. 첫째는 우리나라 헌법처럼 사회적 기본권을 통하여 간접적으로 제도화하는 방법, 둘째는 서독기본법처럼 사회적 기본권 규정을 포기한 채로 사회국가원리만을 헌법원리로 채택한 경우, 셋째는 사회적 기본권은 물론 사회국가원리를 명문으로 헌법에 규정하는 경우가 그것이다.

263) E. Forsthoff, “Begriff und Wesen des sozialen Rechtsstaats”, in: VVDSTRL 12, S.34ff.

264) 허영, “헌법과 사회국가와 사회보장”, 67면.

265) 허영, 헌법이론과 헌법, 310면.

266) 허영, “헌법과 사회국가와 사회보장”, 67면 이하.

반으로서 정당성을 상실하게 된다.

뿐만 아니라 사회국가원리는 헌법제정권자가 국가권력에게 그의 실현을 요구하고 있는 수권규범적 성격을 갖는다.[267] 즉 헌법상의 사회국가원리는 전체로서의 국가의 사회형성작용에 대한 헌법적인 수권과 의무부과라고 할 수 있다. 다만 사회국가실현에 관한 문제는 헌법에 특별한 방법이 제시되어 있지 않은 경우가 일반적이므로 결국 사회국가의 실현방법에 대한 재량권은 대개 국가권력인 입법권자에게 부여된다.[268]

하지만 사회국가원리는 실질적인 자유와 평등의 실현을 그 내용으로 하는 것이기 때문에, 사회국가실현에 관한 입법권자의 재량은 무제약적인 것이 아니다. 입법권자는 사회국가실현에 관한 수권위임을 아무런 구속적 지침이 없이 받고 있는 것이 사실이지만, 그러나 그 것은 하나의 헌법질서 속에서 기능해야 하는 것이기 때문에 기타의 구조원리와 조화되는 방법으로 수행되어야 한다.[269] 인간의 존엄성에 바탕을 둔 실질적 자유와 평등의 실현이라는 사회국가원리의 내용이 입법권자의 재량에 백지위임형식으로 주어진 것은 아닌 것이다. 이것은 곧 사회국가실현의 필요성이 모든 수단과 방법을 합리화 내지 정당화시키는 것은 아니라는 것이며, 따라서 입법권자는 사회국가실현의 방법과 기준·범위·시기 등에 관해서만 재량권을 갖는다고 보아야 한다.[270] 그 결과 이러한 한계를 넘어서 오히려 자유와 평등을 지나치게 제한하는 사회보장법률을 제정하는 경우, 그러한 국가권력(입법권자)은 정당성을 인정받을 수 없다.

그런데 사회국가원리가 국가의 사회형성작용에 대한 헌법적인 수권규범으로서의 성격을 갖는다고 할 때, 오늘날의 국가권력은 사회적인 대립과 갈등을 해소하기 위한 적극적인 사회정책을 수행해 나가야 할 권리와 의무가 있다는 점을 인식할 필요가 있다. 즉 기본권이 국가권력을 기속한다는 사고가 일반화된 오늘날에 있어서는 입법권자는 사회적 기본권으로 표명된 사회국가원리를 구체적으로 실현시킬 헌법적 기속을 받고 있는 것이다.[271] 따라서 사회적 기본권의 효력을 경시하고 사회국가 실현에 관한 헌법적 소임을 게을리 한 국가권력(입법권자)은 이미 그 권력의 정당성을 상실한 것이 되며 '불법권력'의 이론에 따라 저항권행사의 대상

267) 허영, "헌법과 사회국가와 사회보장", 68면.
268) 허영, 헌법이론과 헌법, 316면 이하.
269) 허영, 헌법이론과 헌법, 316면 이하. 여기서 허영교수는 이 문제를 사회국가원리의 체계적합성(Systemadäquatheit)내지 체계동질성(Systemhomogenität)의 문제라고 한다.
270) 허영, "헌법과 사회국가와 사회보장", 69면.
271) 허영, 헌법이론과 헌법, 423면.

이 된다고 할 수 있다.[272] 즉 '입법개선의무'를 위반한 경우는 물론이고 '입법의무의 내용과 범위를 분명히 정한 법률제정의 명백한 수권위임'이 헌법상 존재함에도 불구하고 입법권자의 부작위에 의하여 사회적 기본권이 침해되고 사회국가실현이 지연될 때, 소송법적 차원에서 인위적으로 해결될 수는 없지만 '헌법에의 의지'를 바탕으로 청원권이나 아니면 저항권을 행사할 수 있게 된다.[273]

이러한 점에서 현대의 자유민주국가는 사회국가원리를 지향하지 않을 수 없고, 국가권력(입법권자)은 사회적 기본권의 형식으로 표현된 사회국가의 실현을 위해 교육의 기회균등, 사회보장, 고용증진, 근로조건의 개선, 영세민의 생활대책, 환경보전 등에 관한 적극적인 정책을 개발해서 입법활동을 해야 할 헌법적 기속을 받고 있으며, 이러한 입법화를 통하여 국가권력의 정당화가 이뤄짐을 알 수 있다.

(4) 社會國家原理의 一般的 實現形態로서의 社會保障制度를 통한 正當化

사회국가원리가 국민의 '자유의 조건'을 마련하는데 목적을 두고 있고, 그것은 결국 입법권자에 의하여 구체적으로 형성되어야 할 사항이라고 하지만, 그 구체적 실현형태는 간단하지가 않다. Friedmann교수가 현대입헌국가의 주된 국가기능을 다섯 가지로 분류하여 설명하고 있는데, 대부분의 내용이 사회국가원리의 실현과 관계가 있다.[274] 즉 전통적인 기능에 해당하는 보호자 내지 질서유지자로서의 국가기능을 제외하고, 사회봉사자로서의 기능, 산업경영자로서의 기능, 경제통제자로서의 기능, 중재자로서의 기능 등은 사회국가의 이념을 실현하고자 하는 바탕위에서 새롭게 제기된 국가기능들에 해당하는 것이다. 다만 여기서는 사회국가실현에 관련하여 자주 검토되는 사회보장제도에 대해서만 살펴보고자 한다.

사회보장제도란 주로 국가가 그 구성원인 국민에 대하여 지는 '사회적 책임'을 제도적인 형태로 보장하는 사회국가원리의 실현형태이다. 즉 그 구성원인 국민이 갑작스럽고 예상하지 않은 생활의 변화에 의하여 지나친 타격을 받지 않도록 도와주는 예방적이고 구제적이며 대책적인 국가의 사회적 책임에 관한 보장형태이다.[275] 자본주의가 극도로 발달하면서 생겨나게 된 실업, 독점, 부의 편재 뿐만 아니라 생존을 위협하는 모든 위험에 직면하여 국가가 종합적인 사회보장자로서 적극적으로 대처하는 것이 요구되는바 이것이 사회보장제도인 것이다.[276] 그 결과

272) 허영, 헌법이론과 헌법, 423면.
273) 허영, 헌법이론과 헌법, 494면 이하.
274) W. Friedmann, Law in a Changing Society, 2nd. ed., Stevens and Sons, 1972, p.506.
275) 허영, "헌법과 사회국가와 사회보장", 81면.

오늘날의 사회보장제도는 과거와 같이 사회적 약자만을 상대로 하는 국가적 시혜라는 성격을 띠는 것이 아니라, 사회구성원 모두에게 모든 경우에 대비되는 생활보호제도인 것이다. 즉 사회보장제도는 제1차적으로는 사회적·경제적 약자에게 최소한의 인간다운 생활을 보장함으로써 사회정의의 실현에 기여하는 것이지만, 오늘날 그것은 원칙적으로 그 재산이 국민의 세금이나 기타 출원금에 의해서 충당되고 또한 사회구성원 상호간에 야기되는 대립과 갈등을 조정·중재함으로써 사회적 평화를 구현하는데 궁극적인 목적이 있기 때문에 국가적 시혜 이상인 것이다.[277] 따라서 오늘날의 사회보장제도는 '사회구제'(soziale Fürsorge), '사회대책'(soziale Vorsorge), '사회평화'(soziale Befriedung)의 유지를 보장하는 종합적인 보장제도이다.[278]

사회보장제도의 구체적 형태는 행정법 학자들에 의하여 여러 가지로 구분되고 있으나 크게 나누어 3가지 유형으로 분류해 볼 수 있다. 즉 사회보장이 보험제도의 형태로 실현되는 '사회보험'(Sozialversicherung)제도와 사회보장이 국가의 금전적·물질적·시설적 급부의 형태로 실현되는 '사회급부'(Sozialleistung)제도 및 사회보장이 국가의 적극적·조정적 기능의 형태로 실현되는 '사회조정'(Sozialausgleich)제도가 그것이다.[279] 아무튼 그 유형과 형태가 어떠하던 오늘날 사회국가를 실현함에 있어서 각종의 사회보장제도가 종합적으로 이루어져야 하는 것은 말할 나위도 없다. 또한 여러 가지 사회보장제도들 가운데서도 그때그때의 생활감각에 맞는 사회보장형태들이 보다 실효성 있게 실시되는 것도 필요하다고 생각한다. 뿐만 아니라 사회국가의 실현수단으로서의 사회보장제도들은 어디까지나 법치국가의 바탕위에서 이뤄져야 하며, 개성신장의 바탕위에서 실현되어야 하고, 보충의 원리에 따른 그 정신이 존중되는 바탕에서 실시되는 것이 요청된다.[280] 그러한 때에만 사회국가원리라는 측면에서 국가권력은 정당화된다고 볼 수 있다.[281] 왜냐하면 사회

---

276) 이상규, 신행정법론(하), 법문사, 1986, 424면.

277) 허영, "헌법과 사회국가와 사회보장", 83면.

278) 허영, "헌법과 사회국가와 사회보장", 83면.

279) 허영, "헌법과 사회국가와 사회보장", 84면.

280) 허영, "헌법과 사회국가와 사회보장", 89면. 특히 자기결정의 가능성을 제공하는 구조적 원리의 하나인 보충의 원리가 사회국가의 실현에 하나의 한계로 등장한다. 보충의 원리에 따를 때 결단의 권력이 下流사회 내지 小사회에 있기 때문에 각개인의 관심이 크고 개개인격의 발현이 실효성 있게 보장되는 장점이 있으므로 극히 제한적이기는 하지만 사회국가실현의 방법적 한계로 된다. R. Zippelius, Allgemeine Staatslehre. S.314.

281) 사회보장이 국가에 의하여 어느 정도까지 실시되고 있느냐에 따라 구제국가, 부양국가, 사회국가, 복지국가, 사회주의국가 등으로 구별될 수 있음은 전술했다.

국가원리는 국민각자의 자유로운 생활설계를 가능하게 하는 자유의 조건을 충족시켜줌으로써 국가의 존립목적을 달성케 해주기 때문이며, 그러한 자유의 조건을 통하여 국민각자가 추구하는 생활형태의 다양성을 유지시켜 주기 때문이다.

5. 聯邦國家原理와 國家權力의 正當性

(1) 聯邦國家原理의 機能과 正當性論議

연방국가원리는 현대국가의 과업을 능률적으로 성취하기 위하여, 즉 국민의 자유를 보다 효과적으로 보호하기 위하여 제시된 국가의 조직원리로 평가되면서부터 단순한 국가형태의 문제가 아니라 현대국가의 중요한 구조원리로 다뤄지게 되었다.[282] 그 결과 오늘날 연방국가원리는 지역적으로 분산된 주권적인 정치적 활동단위를 통합시켜서 정치적 통일체를 조직하면서도 전통적인 지방국(Gliedstaat, state)의 주권과 독립성을 최대한으로 존중하고 보장해 주는 국가의 구조원리로 본다.[283]

역사적으로 연방국가는 1781년 북미대륙에서 연방규약(Articles of Confederation)에 의한 과도기를 지나서 1787년에 이르러 13개의 독립된 지방국(州, state)이 연방헌법을 만듬으로써 현대적 의미의 연방국가가 탄생되었고,[284] 그 연방헌법을 제정하는 과정에서 연방국가원리가 갖는 의미와 기능 등이 최초로 논의되기 시작했다. 즉 연방국가원리란 지방국 사이의 어느 정도의 동질성을 전제로 하면서 상호 독립적으로 존재하던 다양성과 통일성을 상호 결합시키려고 하는 국가의 구조원리로 평가되기 시작한 것이다.[285] 하지만 연방국가원리는 지방국 상호간의 어느 정도의 동일성과 개성의 다양성을 전제로 정치적 총체를 분할 편성하는데 기여한다는 점에서 그 의미와 기능을 찾고 있다.[286] 즉 현대국가의 구조원리로서의 연방국가원리는 현대국가가 가지는 다양한 과업을 효과적으로 성취하기 위하여 입법·사법·행정 등의 국가작용을 여러 지방국들에 분할하여 행사시키는 것을 본

282) 허영, 헌법이론과 헌법, 322면.
283) 허영, 헌법이론과 헌법, 332면.
284) 허경, "연방제에 관한 연구", 법학연구 제4집, 연세대학교 법률문제연구소, 1986, 402면.
285) K. Hesse, Grundzüge des Verfassungsrechts der Bundesrepublik Deutschland, S.85. 이렇게 보는 결과 K. Hesse는 연방국가원리가 이제는 지금까지 통일적인 정치적 총체(Gesamtkorper)로 기능하던 것을 분할 편성하는데도 기여하게 된다고 한다. 즉 역사적인 배경이 없더라도 연방국가원리가 추구하는 이념을 위해 실현될 수 있다는 것이다. 따라서 여기서는 우리나라의 현행헌법이 연방제를 택하고 있지 않지만 그 의미를 살펴보고자 한다.
286) K. Hesse, Grundzüge des Verfassungsrechts der Bundesrepublik Deutschland, S.85.

질로 하고 있으며, 그 결과 연방국가원리의 중심문제는 주권의 소재나 위계질서를 따지는 것보다는 연방과 지방국간의 분배된 국가기능의 실효성확보를 위해 연방과 지방국간의 교차적인 상호영향관계를 실현시키고 유지함은 물론, 연방국가로서의 동질성과 이질성이 동시에 보장될 수 있도록 적절한 상호 조정적·통제적 수단을 마련하는데 있다.[287] 다시 말해서 지역적으로 분산된 주권적인 정치적 활동단위를 통합시켜서 정치적 일원체로 조직하게 하는 정치적인 구조원리로서 필요성이 인식된 것은 사실이었으나, 그러한 통합목적만 가지고는 현대적 의미의 연방국가원리를 설명할 수 없고,[288] 오늘날의 연방국가원리는 국가권력을 보다 능률적인 자유의 실현과 확보에 결부시키려고 하는 시도 속에서 평가되고 정당화되는 것이 필요하게 되었다.[289] 따라서 다음에서는 정치적 통합목적과 통합목적 이외의 다른 정치기능적 의미에서 연방국가원리가 갖는 실질적 의미를 살펴봄으로써 현대국가의 구조원리로서의 연방국가원리가 가지는 정당성의 근거를 살펴보고자 한다. 그리고 연방국가원리의 채택이 필수적인 것은 아니라 하더라도 그에 근거하여 국가권력이 정당화되는 계기가 있음을 제시해 보려고 한다.

(2) 政治的 統合을 통한 正當化

연방국가가 발생하게 된 역사적 배경을 살펴볼 때, 모든 연방국가의 성립은 주로 분산된 정치권력을 통합시킴으로써 민족적 통합 내지 정치적 일원체를 형성한다는 목적과 필요성 때문에 이루어졌음을 알 수 있다. 즉 지역적으로 분산된 주권적인 정치적 활동단위를 통합시켜서 정치적 일원체로 조직하는 필요성과, 그들의 전통적인 주권과 독립성을 최대한으로 존중하고 보장해 줄 수 있는 정치적인 구조원리가 요구되었던 것인데, 바로 연방국가원리가 이와 같은 필요성을 충족시켜 주었던 것이다.[290] Smend가 연방국가를 사회공동체의 동화적 통합을 가장 효과적으로 촉진시킬 수 있는 구조원리라고 보고, 연방국가의 바로 이러한 동화적 통합기능에서 연방국가원리의 정당성을 찾아내려고 했던 것도 바로 그와 같은 이유 때문이었다.[291]

그러나 오늘날의 연방국가들에 있어서 연방적 통일형성의 전제조건들은 상당한

---

287) 허영, 헌법이론과 헌법, 331면.
288) 허영, 헌법이론과 헌법, 332면.
289) K. Hesse, Grundzüge des Verfassungsrechts der Bundesrepublik Deutschland, S.90.
290) 허영, 헌법이론과 헌법, 332면.
291) R. Smend, "Verfassung und Verfassungsrecht", S.119ff.

정도로 상실되거나 소멸되어 버렸다.[292] 즉 연방국의 다양성이 존재하고, 지방국의 개성이 연방적 구조에 의하여 유지·확보되며, 전체국가의 통일성 가운데서 공동의 협동작용을 위하여 결합되어야 하지만, 오늘날의 연방국가에 있어서 국가 전체의 실질적 다양성은 흔적도 없이 사라지고 있다.[293] 왜냐하면 지방국마다 가지고 있던 역사와 전통, 개성 등의 본질적 기초들이 상실되었기 때문이기도 하고, 현대적 사회국가로의 발전경향도 지방국의 개성과 다양성을 더 이상 용납하지 않고 전체국가의 통일성과 균형을 요구하게 되었기 때문이다.

따라서 종래와 같이 다양성과 통일성의 결합을 중심으로 연방국가원리의 정당성을 논하는 것은 그 의미가 크지 않다. 연방적 통일형성에의 전제조건이 상실되었고, 이들 요소는 오늘날의 연방국가원리의 과제와 의미로서 의문시되기 때문이다. 그렇지만 연방국가원리는 오늘날에 있어서도 정치적 통합이라는 측면에서는 그 의미가 상실되지 않고 있다.[294] 정치적으로 통합이 와해되고 있는 국가들에 있어서 뿐만 아니고 분리주의자들에 의하여 정치적 통합이 와해되고 있는 국가들에 있어서, 연방국가원리는 동화적 통합을 이루어 나갈 수 있는 가장 실효성 있는 구조적 원리이기 때문이다. 이러한 점에서 연방국가원리는 정치적 통일체요 평화의 통일체로서의 국가 내지 국가권력이 기능하는데 중요한 정당화 원리가 된다.

(3) 現代國家의 構造原理의 補充을 통한 正當化

연방국가원리가 사회공동체의 동화적 통합을 촉진시키고 보장해 줄 수 있는 구조원리로서 그 정당성을 인정받게 된다고 하지만, 오늘날 그 의미는 매우 악화되었다. 현대적 사회국가는 지역적 다양성을 보존하려는 전통적인 연방국가원리와는 모순되게 단일국가화현상을 보이고 있기 때문이다.[295] 따라서 사회공동체의 동화적 통합기능을 제외한 연방국가적 구조의 정당성을 찾아내지 않는 한 국가의 구조원리로서의 설득력은 없어지게 된다. 그리하여 권력분립의 관점에서는 물론이고 기타의 구조원리와의 관계에서 연방국가를 정당화시키려는 노력이 시도되었으며, 그 결과 연방국가적 구조가 갖는 새로운 의미가 부각되게 되었고, 아울러

292) K. Hesse, Grundzüge des Verfassungsrechts der Bundesrepublik Deutschland, S.86. 여기서 K. Hesse는 독일의 경우를 그 예로 들고 있지만, 연방국가체제를 유지하고 있는 대부분의 국가가 같은 경향에 있음은 분명하다.

293) K. Hesse, Grundzüge des Verfassungsrechts der Bundesrepublik Deutschland, S.86.

294) K. Hesse, Grundzüge des Verfassungsrechts der Bundesrepublik Deutschland, S.87.

295) K. Hesse, Grundzüge des Verfassungsrechts der Bundesrepublik Deutschland, S.86.

새로운 정당화근거가 제시되었다. 아래에서는 연방국가원리가 갖는 정당성의 근거를 몇 가지 관점에서 살펴보기로 한다.

1) 權力分立의 觀點에서의 正當化

오늘날 연방국가원리가 정당화되는 가장 중요한 이유는 그것이 현대적인 권력분립의 한 수단을 의미하기 때문이다. 즉 오늘날 연방국가원리는 연방과 지방국간의 상호보완과 협동에 주안점을 두면서 국가생활을 명령과 강제보다는 오히려 이해와 협력에 기초하게 하고, 다른 수단으로는 거의 달성할 수 없는 효과를 발휘하고 있기 때문에 정당화되고 있다.[296] 예를 들어 Montesquieu의 권력분립모델이 이미 두 가지 측면에서 권력분립의 효과를 발휘하게 된다. 하나는 연방과 지방국간의 '수직적 권력분립'의 효과가 그것이고, 다른 하나는 연방과 지방국간의 '수평적 권력분립'의 효과가 그것이다.[297] 국가의 과제가 수행되려면 입법권한, 집행권한, 사법권한 등이 연방과 지방국사이에 분할되어 상호보완이 필요한 것이고, 이러한 권한 분할을 통하여 절대적 국가권력이 출현하는 것을 저지하는데 기여하여 권력균형을 유지하는 것이 전자라면, 후자는 연방정부와 연방의회를 일방당사자로 하고 연방참사원(상원)을 타방당사자로 하여 양자간에 권력균형을 유지하게 하는 것이다.[298] 특히 Montesquieu의 수평적 권력분립이론이 정당국가에서 흔히 나타나는 정부와 의회다수당의 동질성 내지 권력통합현상 때문에 그 실효성을 크게 상실하고 있는 오늘날, 연방국가원리에 의한 수직적 권력분립과 수평적 권력분립의 효과는 정당국가적 경향에 의한 권력통합현상을 저지하고 수정할 수 있는 가장 강력한 수단이 된다고 할 수 있다.[299]

이와 같이 연방국가원리는 정치적 자유의 자유로운 통합을 통하여 절대적 국가권력의 출현을 저지하고 자유의 실현과 확보에 결부됨으로 인하여 권력분립이론에 기여하게 된다. 즉 서로 다른 정치세력이 연방과 지방국을 장악하거나, 연방정부와 연방의회를 지배하는 정치세력과 연방참사원을 지배하는 정치세력이 동일하

---

296) K. Hesse, Grundzüge des Verfassungsrechts der Bundesrepublik Deutschland, S.90.

297) K. Hesse, Grundzüge des Verfassungsrechts der Bundesrepublik Deutschland, S.89f; 허영, 헌법이론과 헌법, 334면.

298) K. Hesse, Grundzüge des Verfassungsrechts der Bundesrepublik Deutschland, S.90. 이 때 연방참사원 내지 상원의 구성을 지방국의 관료대표로 하는 경우 정치세력과 관료세력간의 견제와 균형의 효과도 기대할 수 있고, 지방국 단위의 행정적 경험을 국가의 정치적 의사형성과정에 반영할 수 있는 효과를 기대할 수 있다.

299) 허영, 헌법이론과 헌법, 334면.

지 않을 경우에, 연방국가원리는 수직적 내지 수평적 권력균형을 가능하게 하게 함으로써 권력분립의 효과를 증대시키게 됨으로 오늘날 정당화가 이뤄지고 있다.

2) 民主主義의 觀點에서의 正當化

연방국가원리는 우선 국민의 정치참여를 본질로 하는 민주주의를 강화·보충 내지 조성하는 기능을 가진다고 보기 때문에 민주주의의 관점에서도 정당화된다.[300] 그것은 연방국가원리가 국민의 정치생활에 참여할 수 있는 폭을 넓혀 줌으로써 국민과 정치현실과의 접촉면적이 단일국가에서보다 확대되는 것을 의미하며,[301] 연방국가원리는 사실의 본질에 가까운, 그리고 자기책임에 기초하는 민주적 결정 및 형성의 가능성을 만들어 내는데 중점이 있기 때문에, 국가작용을 국가구조의 정점에 국한시키는 것이 아니라 토대에 접근시킴으로써 민주적 질서를 완벽하게 하고 강화한다.[302] 또한 연방국가원리는 사회공동체 내에 공존하고 있는 지역적·종교적·문화적·인류적 다양성을 최대한으로 존중함으로써 민주주의의 전제가 되는 '소수의 보호'에 가장 적합한 구조원리로 기능하게 된다.[303] 왜냐하면 이것은 다수가 지역적 소수자를 침해하는 것을 곤란하게 하고, 지역적 소수가 정치세력과 경쟁하는 가운데서 소수의 자기주장을 용이하게 해주는 구조원리에 해당하기 때문이다.[304] 예를 들어 연방정부와 지방정부가 각각 이질적인 정치세력에 의하여 이끌어질 수 있는 것을 연방국가원리는 전제하고 있으며, 이때 연방국가원리는 다수관계의 가변성을 전제로 야당이 정권을 담당할 수 있도록 정권교체를 가능하게 하며, 이와 같은 여당과 야당의 기능적인 교차관계는 결국 상대방을 이해하는데 도움이 될 뿐만 아니라 정치생활을 순화시키는 효과를 가져올 수 있게 되기 때문에 그 정당성을 인정할 수 있다.[305] 뿐만 아니라 정당국가적 현상을 피할 수 없는 오늘날에 있어서 연방국가원리는 정당의 내부질서를 민주화하는데 적지 않게 기여한다. 왜냐하면 지역적 정당기구들이 전체적 당지도에의 엄격한 중앙집권경향과 종속경향에 대하여 독립성과 자주성을 발휘할 수 있는 지위를 연방국가원리가 제공해 주기 때문에 정당내부질서의 이완을 통하여 민주화를 가져오는 것이다.[306]

---

300) 허영, 헌법이론과 헌법, 336면.
301) 허영, 헌법이론과 헌법, 335면 이하.
302) K. Hesse, Grundzüge des Verfassungsrechts der Bundesrepublik Deutschland, S.87f.
303) 허영, 헌법이론과 헌법, 335면.
304) K. Hesse, Grundzüge des Verfassungsrechts der Bundesrepublik Deutschland, S.88.
305) 허영, 헌법이론과 헌법, 334면 이하.

결국 연방국가원리는 다양한 정치세력이 통치실습을 할 수 있는 기회를 효과적으로 보장함으로써 민주주의의 실현에 도움을 주고, 비교적 좁은 영역 내에서 국가적 사무가 이뤄지도록 함으로써 국민이 이를 개관가능하고 투시가능하며 이해가능하게 하여 국민의 정치참여의욕을 북돋아 주는 결과를 가져온다. 이러한 점에서 연방국가원리는 민주주의의 관점에서도 정당화되는 것이다.

3) 社會的 法治國家의 觀點에서의 正當化

연방국가원리가 권력분립의 관점에서와 민주주의의 관점에서 그 정당화가 가능하다고 한다면, 그것은 또한 사회적 법치국가의 관점에서도 정당화가 가능하다. 즉 연방과 지방국간의 조직 내지 기능분산은 권력분립적 효과와 아울러 국가적 과업을 보다 국민의 생활환경에 접근시킴으로써 민주주의적 효과를 거두는 것이기도 하지만, 이것은 또한 법치국가의 중요한 요소인 절차적·형식적 요소를 충족시켜 주는 결과를 가져온다.[307] 뿐만 아니라 지방국 상호간의 정책적 경쟁심리가 잘 활용될 때 국민의 기본권침해가 최소한으로 경감되고 보다 잘 실현될 수 있는 여지가 성립됨으로 법치국가적 관점에서도 그 의미가 과소평가될 수 없다.[308]

그리고 현대의 사회국가경향이 연방국가원리와 조화될 수 없다는 주장도 있으나,[309] 사회국가를 '자유의 조건'으로 이해하고 사회국가가 실질적인 자유와 평등을 실현시키기 위한 하나의 수단이라고 보는 관점에서는 오히려 생활관계의 다양성을 조성해 주는 연방국가원리가 사회국가적 목표달성에 도움을 주기 때문에 그에 입각한 정당화가 가능하다.[310] 왜냐하면 사회국가는 반드시 생활관계의 절대적인 평준화를 요구하는 것이 아니고 국민각자의 자율적인 생활설계와 자기의 생활감각에 맞는 생활을 누리도록 생활형태의 다양성을 뒷받침하는 생활환경을 조성하는데 목적이 있는 점에서 연방국가와 다를 바가 없다.[311] 따라서 연방국가원리는 사회국가를 실현하기 위한 보조수단에 해당한다고 볼 수 있고, 그러한 점에서 연방국가원리는 법치국가와 사회국가의 관점에서도 정당화될 수 있다.

---

306) K. Hesse, Grundzüge des Verfassungsrechts der Bundesrepublik Deutschland, S.88.
307) 허영, 헌법이론과 헌법, 338면.
308) 허영, 헌법이론과 헌법, 338면.
309) U. Scheuner, "Struktur und Aufgabe des Bundesstaats in der Gegenwart", in: Staatstheorie und Staatsrecht, S.425.
310) 허영, 헌법이론과 헌법, 338면 이하.
311) 허영, 헌법이론과 헌법, 339면.

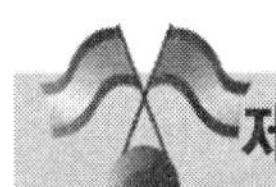

제4절 現代憲法國家에서 國家權力의 正當性과 抵抗權의 問題

Ⅰ. 序言

국가권력의 존립근거 내지 정당성을 평가하는 기준이 여러 가지 있을 수 있지만, 현대헌법국가에서는 국민적 합의와 Konsens에 바탕을 두고 성립된 헌법에서 그 원천을 찾는 것이 일반적이다. 그리하여 앞에서 우리는 헌법의 기본원리나 그 밖의 규정들을 통하여 지향하고 있는 가치들을 살펴봄으로써 국가권력이 정당화될 수 있는 계기들을 살펴보았다. 즉 오늘날의 국가권력은 헌법이 추구하는 근본적 가치들을 실현함으로써 그 과제와 기능을 완수하는 것이라고 지적했고, 아울러 그러한 과제를 달성함으로써 국가권력이 정당화될 수 있다는 측면에서 고찰해 왔다. 그런데 이미 지적했듯이 하나의 헌법질서란 완성된 질서를 의미할 수 없을 뿐만 아니라 헌법의 일반적이고 추상적인 규정들은 국가권력에게 그것을 구체화해서 실현할 과제를 부여하고 있기 때문에, 그 구체화가 국민의 입장에서 납득할 수 있는지가 항상 문제로 등장한다. 더욱이 국가권력이란 추상적인 제도 내지 기관 그 자체를 의미하는 것이지만 실제로 국가권력이 행사되는 것은 그 기관을 담당하는 인간에 의해서 행사되는 것이기 때문에 남용의 가능성이 항상 존재한다. 그리고 국가권력이 헌법을 구체적으로 실현함에 있어서 국민의 Konsens를 충분히 수렴하지 못하고 자의적인 지배가 될 때, 국민은 국가권력을 신뢰하지 않게 되고 그에 따라 정당성은 점점 상실되어 간다. 뿐만 아니라 국가권력의 정당성의 상실은 반대로 국민의 저항의지를 갖게 하여 저항권을 발동케 한다.[312)]

따라서 다음에서는 국가권력의 정당성이 상실됨으로 인하여 대두되기 시작하는 저항권의 문제를 현대헌법국가의 측면에서 고찰하려 한다. 그리고 대개 저항권의 문제는 그 본질상 초실정권적인 것인가 아니면 실정권인가에 대한 논란으로부터 논의가 시작되므로 여기서도 저항권의 본질을 먼저 논하고, 저항권의 발동이 요구되는 전제로서의 상황, 즉 헌법침해에 관한 일반론을 제기한 다음 저항권의 행사

312) 우리 헌정사에서 저항권의 전개과정에 대해서는, 이승우, "현대입헌민주국가에서의 저항권에 관한 연구", 연세법학연구, 법문사, 1989, 11-13면 참조.

요건상의 특징을 살펴보기로 한다.[313)]

Ⅱ. 抵抗權의 本質

저항권(Widerstandsrecht, right of resistance)이란 국가권력의 불법적인 권한행사에 대해서 저항할 수 있는 권리라고 알려져 왔다.[314)] 그리고 이러한 저항권사상은 고대와 중세에 있어서는 폭군방벌론의 형태로 나타났었다.[315)] 뿐만 아니라 근대에 들어오면서도 폭군방벌을 중심으로 해서 인정여부가 정치사상 내지 국가사상의 핵심을 이루어 왔다.[316)] 대체로 자연법사상이 지배하는 경우는 폭군방벌론을 주장해 온 반면에 자연법사상이 쇠퇴하고 현실정치를 찬미하는 시기나 법실증주의가 지배하던 때에는 그것을 부인하는 경향이 두드러지게 나타났다. 그런데 제2차 세계대전이 끝난 이후 나치정권의 반인도적이고 반문명적인 압제에 대한 반성과 함께 저항권에 관한 관심이 높아짐과 아울러 현대적 의미의 저항권사상이 탐구되기 시작했다. 즉 오늘날의 국가통치는 인간으로서의 존엄과 가치를 실현하는데 과제를 두고 있는 것이며, 그러한 과제를 달성하지 못할 때 국가권력은 국민으로부터 정당성을 인정받을 수 없고 불법통치가 된다는 입장에서 저항권논의가 이뤄지고 있다.

그 결과 오늘날의 저항권사상은 단순히 통치자 일개인의 문제에 국한시키지 않고 국가의 과제와 기능이라는 측면에서 탐구되고 있다. 즉 오늘날은 저항권이 위헌적인 권력행사에 의하여 헌법적 가치질서가 완전히 무너지는 것을 저지하기 위한 예비적이고 최후적인 헌법보호수단이라고 정의되기도 하고,[317)] 저항권은 입헌주의적 헌법질서를 침해하거나 파괴하려고 하는 국가기관 또는 공권력의 담당자에 대하여 다른 법적 구제방법이 더 이상 없을 경우에 (예비성 내지 보충성) 주권자로서의 국민이 그 헌법질서, 특히 법치국가적 질서를 유지하고 회복하기 위하여 최후의 비상수단(최후수단성)으로서 그 국가기관이나 공권력의 담당자에 대하여

---

313) 이하의 내용은 주로 다음 문헌에 따라 설명하려고 한다. Josef Isensee, Das legalisierte Widerstandsrecht, Verlag Gehlen, 1969, S.7ff. 그런데 Isensee는 C. Schmitt의 결단주의에 가까운 학자이기 때문에 결단주의적인 표현을 많이 하고 있으나, 그러한 측면의 설명은 동화적 통합이론의 가치공감대인 Konsens와 같은 것으로 볼 수 있음을 전제해야 한다.

314) 김철수, "저항권소고", 법학 제20권 제2호, 서울대학교 법학연구소, 1980. 5, 174면.

315) 김철수, "저항권소고", 175면.

316) 제4장 제3절의 국가사상사는 바로 이러한 저항권의 발전사라고도 할 수 있다.

317) 허영, 헌법이론과 헌법, 131면.

대항할 수 있는 권리라고 한다.[318] 다만 현대의 저항권사상이 이렇게 헌법보호를 위한 수단으로서의 기본권의 일종으로서 인정하는 경향에 있음은 부인할 수 없으나, 그 법적 성격과 관련하여 저항권의 본질을 자연법상의 권리로 인정할 것인가 아니면 실정법상의 권리로 인정할 것인가에 대해 의견이 나뉘고 있다.

먼저 전통적인 자연법사상을 부인하면서 저항권의 본질을 실정권이라고 보는 법실증주의자들에 의하면 실정법질서를 떠난 인간의 자유와 권리 같은 것은 있을 수 없다고 하며, 특히 실정법질서를 초월하는 초실정법적 저항권행사의 정당성 여부에 대한 권위 있는 심판기관이 없는 이상 저항권을 인정하는 것은 결국 무질서를 초래할 뿐이라고 보기 때문에 저항권의 초실정권성을 부인한다.[319] 이에 반하여 저항권의 초실정권성을 인정하는 결단주의자들은 물론이고 동화적 통합이론자들에 의하면 저항권이란 인간의 선천적이고 천부적인 자유와 권리를 보장하기 위한 '최후의 수단'인 동시에 '불가양의 권리'라고 보아 실정화될 수 없다고 본다든가,[320] 저항권은 현존하는 헌법적 가치질서를 전제로 하면서 현존하는 헌법적 가치질서를 보호하여 사회공동체의 동화적 통합을 촉진시키려는 수단으로 평가한다. 그리고 이들은 법실증주의자들의 논리에 반대하여 초실정적 저항권의 행사에 대한 권위 있는 심판기관이 없다는 사실 그 자체가 예비성과 최후수단성으로 상징되는 저항권의 특징이라고 하면서 실정법을 떠나서 초실정법적으로 저항권을 인정해야 한다고 본다.[321] 아무튼 오늘날 통설적인 견해에 해당하는 후자에 따르면, 저항권은 그 본질상 오로지 초실정법적으로만 인정될 수 있는 것이며, 저항권을 헌법전화 하는 것은 규범화될 수 없는 것을 규범화한 무리한 시도로 평가하고 있다.[322]

318) 권영성, 헌법학원론, 79면 이하.
319) 허영, 헌법이론과 헌법, 133면.
320) C. Schmitt, Verfassungslehre, S.164.
321) 허영, 헌법이론과 헌법, 133면.
322) 허영, 헌법이론과 헌법, 133면; J. Isensee, Das legalisierte Widerstandsrecht, S.97ff. 여기서 Isensee는 서독기본법이 1968년 저항권을 명문화한 것과 관련하여 이것은 법률에 의하지 않는 자유의 제한을 가능하게 하는 긴급권을 헌법에 규정한 것에 대응하는 능가물로서 제공된 것이라고 보있고, 이것은 현존하는 법상태를 바꾸는 것이 아니라 불문헌법의 제도화로 보아야 한다고 하였다. J. Isensee, Das legalisierte Widerstandsrecht, S.7f.

Ⅲ. 抵抗權의 前提로서의 憲法侵害

1. 憲法侵害의 對象

오늘날 저항권은 국민의 천부적 기본권임과 동시에 현대적인 시각에서는 헌법보호를 위한 수단으로서 인정되고 있는 것이기 때문에 저항권이 행사되기 위해서는 무엇보다도 헌법의 침해가 전제되지 않으면 안 된다. 아울러 저항권이 발동되기 위한 전제로서의 헌법침해의 대상은 어떠한 경우를 의미하는지 명백히 하지 않으면 안 된다. 왜냐하면 모든 헌법위반 또는 법위반이 저항권발동의 대상이 되는 것은 아니기 때문에, 저항권발동의 한계설정을 위해 먼저 헌법침해의 대상이 확정되어야 한다.[323)]

대체로 저항권발동의 전제가 되는 헌법침해는 각국가의 국가형태와 관련되며, 또한 전체로서의 헌법질서의 기본원리와 관련된다고 할 수 있다.[324)] 즉 단일국인가, 연합국인가, 군주국인가, 공화국인가에 따라 헌법침해의 대상이 달라지며, 민주주의원리, 법치국가원리, 사회국가원리, 연방국가원리는 물론이고 국민주권원리와 권력분립원리도 헌법이 내포하고 있는 기본원리로서 헌법침해의 대상이 된다. 왜냐하면 이러한 헌법규범상의 영역들은 Schmitt의 관점에서 볼 때 정치적 실존의 태양에 관한 근본결단에 해당하는 것이어서 헌법의 고유한 총체를 형성하는 것이기 때문이다.[325)] 뿐만 아니고 헌법규정에 따라서는 질서개념을 통하여 표현하고 있기도 하다. 즉 자유민주적 기본질서라든가 사회적 시장경제질서 등은 상기한 헌법질서의 기본원리를 달리 표현하고 있는 것으로 볼 수 있다는 점에서 저항권발동의 대상으로서의 헌법규범이라고 할 수 있다.[326)]

그런데 여기서 저항권발동의 전제가 되는 헌법침해를 평가함에 있어서는 상기한 기본원리 등의 하나하나의 요소들을 고립적으로 고찰해서는 안 된다. 왜냐하면 그들은 상호간에 전제조건으로서의 기능을 하고 있기 때문이다. 또한 이러한 기본질서를 구체화하는 제도들이 성문헌법 속에 포함되어 있다고 하더라도 그 모두가 헌법침해의 대상이 되는 것은 아니다. 국가형태의 내용은 개개제도로부터 추론될 수 있지만, 헌법침해의 대상이 되는 것은 근본적인 결단에 해당하는 것이

---

323) K. Hesse, Grundzüge des Verfassungsrechts der Bundesrepublik Deutschland, S.282.
324) J. Isensee. Das legalisierte Widerstandsrecht, S.13f.
325) J. Isensee, Das legalisierte Widerstandsrecht, S.14.
326) J. Isensee, Das legalisierte Widerstandsrecht, S.14f.

어야 하기 때문이다.[327] 다만 근본적인 결단에 해당하는 기본원리나 질서도 고정적이고 불변하는 것은 아니기 때문에 끊임없이 새로운 형식과 관점에서 제기되어야 할 문제로 인식되어야 한다.[328] 국가의 특정한 존립형식이 나라마다 다르듯이 저항권에 의해 보호되어야 할 헌법적 가치의 대상도 변화할 수 있는 것이기 때문이다.

2. 憲法侵害의 目的과 企圖

저항권발동의 전제가 되는 헌법침해는 단순히 헌법위반이나 법위반이 이뤄졌다고 해서 충족되는 것은 아니다. 즉 불법성이라는 것이 저항권발동의 필수불가결한 요소이기는 하지만 저항권의 발동에 필요한 충분조건은 아니다.[329] 저항권발동의 전제인 헌법침해란 타격을 가하여 헌법질서를 제거하려는 경향을 띠어야 하며, 그러한 헌법침해는 헌법질서 전체를 상대로 하는 것이어야 한다. 다시 말해서 헌법을 무시하는 사람이면 모두가 헌법을 제거하려고 하는 것은 아닌 것이다. 왜냐하면 헌법을 무시하는 그러한 갈등은 국가의 규범적 기초 내에서 해결될 수 있는 것이기 때문이다.[330] 따라서 저항권발동의 전제가 되는 헌법침해란 단순히 헌법의 효력 그 자체에 대해 의문을 제기하는 헌법의 불이행이 중요한 것이 아니라 헌법질서에 대항하는 투쟁이 중요한 것이며, 헌법위반이 문제가 아니라 헌법을 적대시하는 행위가 문제이다.[331] 다만 그러한 헌법침해는 헌법의 모든 기본질서에 대항하여 적대시하는 것이 요구되는 것은 아니다. 대개 의회주의원리와 같은 중요한 국가형태의 본질적인 징표가 제거되는 것만으로 충분하다.[332]

한편 저항권발동의 전제인 헌법침해는 헌법제거를 목적으로 하는 정치적 행위에의 의지이기 때문에 의도한 결과를 초래할 수 있는 객관적인 동기로 농후해져야 한다. 즉 헌법적대감이 밖으로 드러나야 하며, 보다 명백한 방법으로 행동으로 옮겨져 구체적 위험을 야기시켰어야 한다.[333] 만약 사항적 기초나 법적 기초의 불명확성 때문에 헌법침해가 명백하지 않은 경우나 저항을 성취할 수 있는 소수의

---

327) J. Isensee, Das legalisierte Widerstandsrecht, S.16.
328) J. Isensee, Das legalisierte Widerstandsrecht, S.17.
329) J. Isensee, Das legalisierte Widerstandsrecht, S.20.
330) J. Isensee, Das legalisierte Widerstandsrecht, S.21.
331) J. Isensee, Das legalisierte Widerstandsrecht, S.21.
332) J. Isensee, Das legalisierte Widerstandsrecht, S.21. 김영삼정부 말기에 있었던 노동관계법 및 안기부법 날치기통과의 경우가 그에 해당한다.
333) J. Isensee, Das legalisierte Widerstandsrecht, S.22f.

전문가들에게 있어서나 인식되는 경우에는 그 불법(헌법침해)은 저항의 모험을 정당화하는데 충분하지가 않다. 오히려 이러한 경우에는 국가적으로 조직화된 헌법보호의 수단들에 의하여 해결되어야 한다.[334] 따라서 저항권발동이 전제되는 헌법침해는 헌법제거의 기도가 헌법침해의 착수와 완료를 포괄하면서 명백한 것이어야 한다. 왜냐하면 예방적 저항은 저항권의 보충성이라는 전제된 기준에 반하기 때문에 저항권발동의 요건이 갖춰지지 않은 것이며, 또한 헌법질서에 대한 침해가 타도되거나 단념되는 경우는 물론이고 헌법의 적이 새로운 질서를 관철시킴으로 인하여 기존의 헌법이 무효화되어 버린 경우에는 저항의 전제가 사라져 버리기 때문이다.[335] 이것은 저항권발동의 전제인 헌법침해는 객관적인 침해이어야 한다는 것이며, 고의·위법성 인식과 같은 침해자의 주관적 동기는 중요하지가 않다는 것을 의미한다. 보호방향에 있어서나 보호법익의 객관화에 있어서 저항권은 공적인 안정과 질서를 교란자의 주관적인 관점을 고려함이 없이 위해방지 그 자체에 목적이 있는 것이므로 저항권은 행위자의 문제가 아니라 사실로서의 행위의 문제인 것이다.[336] 결국 헌법제거의 목적과 기도에 관한 관점은 객관적으로 명백해야 하며 하나의 기도에 고유한 헌법적 위험경향으로 평가되어야 한다.[337] 왜냐하면 헌법의 적의 입장에서 자신들의 행위를 정당화하는 명목상의 주장은 얼마든지 있을 것이기 때문이다.[338]

3. 憲法侵害의 主體

저항권발동의 전제인 헌법침해의 기도는 국가조직 내부의 국가권력보유자에 의해서 이뤄지는 것이 보통이다.[339] 즉 국가권력을 보유한 통치자가 위로부터의 정

---

334) J. Isensee, Das legalisierte Widerstandsrecht, S.23f.

335) J. Isensee, Das legalisierte Widerstandsrecht, S.25f. 특히 후자의 경우, 즉 헌법이 하나의 새로운 질서로 대체되는 경우에는 회복을 위한 투쟁은 이제 저항이 아니라 혁명이 되어 버린다고 Isensee는 말한다. J. Isensee, Das legalisierte Widerstandsrecht, S.26.

336) J. Isensee, Das legalisierte Widerstandsrecht, S.26.

337) J. Isensee, Das legalisierte Widerstandsrecht, S.28. 왜냐하면 헌법의 적의 입장에서 그들에게도 자신의 행위를 정당화할 수 있기 때문이다. 따라서 선의의 관점에서 행해지는 불법은 불법이 아니라는 논리가 성립되어서는 안 되기 때문에 헌법적 위험경향으로 보려고 하는 것이다.

338) 이와 같이 헌법침해의 목적과 기도를 헌법적 위험경향으로 보려고 하는 이유는 선의의 관점에서 행해지는 불법은 불법이 아니라는 논리가 성립되게 해서는 안 되기 때문이다. 이와 관련하여 Hesse는 헌법제거의 기도라는 요건이 현실적으로 존재하는가의 여부를 유권적으로 결정할 수 있는 기관이 없기 때문에 명백하지 않으면 안 된다고 강조한다. K. Hesse, Grundzüge des Verfassungsrechts der Bundesrepublik Deutschland, S.282

339) J. Isensee, Das legalisierte Widerstandsrecht, S.28; K. Hesse, Grundzüge des Verfassungsrechts der

변(Staatsstreich von oben)을 일으킴으로써 헌법침해를 유발하는 경우가 그것이다. 예를 들어 위로부터의 정변은 헌법의 효력을 중단시킨다든가 헌법적 제도들을 제거하고 헌법적 명령을 시행하지 않음으로써 헌법을 침해하게 된다.[340] 특히 권한 있는 국가권력의 보유자가 자유로운 개인에게 안정과 질서를 보장하는 것을 일반적으로 거절한다면, 그리고 그에 의해서 사회적 국가목적결정(사회국가원리의 실현)이 원칙적으로 무시되거나, 대외적인 위기 속에서도 사회생활이 국민 스스로의 결정에 내맡겨져 있는 경우에는 저항권발동의 전제인 헌법침해가 성립된 것이다.[341]

그런데 저항권 발동의 전제인 헌법침해의 기도는 국가권력의 보유자로부터만 발생하는 것은 아니다. 국가권력을 탈취하고자 하는 혁명세력에 의해서도 헌법의 불법적 제거가 의도되기 때문에 저항의 대상이 되는 것이다.[342] 과거에는 특히 아래로부터의 정변에 대해서 현존하는 국가권력에 충성하는 국민을 동원함으로써 헌법질서를 방어하는 최후의 수단으로서 이러한 저항권이 원용되었다.[343] 다만 이러한 아래로부터의 정변에 대해서는 저항권이 발동됨에 있어서 명백한 한계가 있게 된다. 즉 다수국민의 혁명적 운동으로 아래로부터의 정변이 이뤄지고 있을 때에는 다수국민의 의사와 일치하지 않은 헌법을 지지하는 소수국민에게 헌법질서를 방어할 권리가 주어져 있다고 보기 어렵게 된다.[344] 따라서 국가권력의 보유자에 의한 헌법침해의 경우 뿐만 아니라 국민에 의한 헌법침해에 대해서 저항권이 행사되는 것은 부인할 수 없으나, 이미 공감대적 가치가 변화되어 버린 가운데 발생하는 다수국민에 의한 헌법침해에 대해서는 저항권의 행사는 한계를 벗어난 것으로 평가해야 한다.[345] 왜냐하면 이것은 오히려 역사발전의 계기로 삼아 새롭게

Bundesrepublik Deutschland, S.282.

340) J. Isensee, Das legalisierte Widerstandsrecht, S.29.

341) J. Isensee, Das legalisierte Widerstandsrecht, S.30.

342) K. Hesse, Grundzüge des Verfassungsrechts der Bundesrepublik Deutschland, S.282. 다만 국가권력 내부로부터의 헌법침해와 국가권력 외부로부터의 헌법침해를 그 효과의 측면에서 구별하는 것은 불필요하다. 왜냐하면 저항권의 보호효과는 포괄적이기 때문이며, 아울러 수신인의 공적 또는 사적 지위로부터 법의 실현을 위한 다른 어떤 결과가 발생하지는 않기 때문이다. J. Isensee, Das legalisierte Widerstandsrecht, S.31.

343) J. Isensee, Das legalisierte Widerstandsrecht, S.31. 다만 이때 Isensee에 따르면 내란상태에 빠진 것으로 법적 평가가 이뤄진다. 왜냐하면 양측은 모두 자신들의 권리를 주장하게 될 것이고, 이때 불법한 저항권을 정당한 저항권과 구별할 중립적인 판단기관이 존재하지 않기 때문이다.

344) J. Isensee, Das legalisierte Widerstandsrecht, S.31.

345) 이러한 이유 때문인지는 분명하지 않지만, 허영교수를 비롯한 국내학자들은 저항권에 대해 국가권력에 의한 헌법침해에 대한 보충적이고 예비적인 헌법보호수단으로서만 기술하고 있다. 허영, 헌법이론과 헌법, 131면; 권영성, 헌법학원론, 79면 이하.

출발하려는 인간의 특성을 가로막고 현실에 안주하고자 하는 극단적인 보수주의의 표현이기 때문이다.

4. 憲法侵害의 範圍와 限界

오늘날 헌법은 대개 헌법의 적에 대하여 최종적으로 구속적인 제재를 가하고 그것을 관철시킬 권능을 국가의 통치기관들에 부여하고 있다. 대의민주주의를 지향하지 않을 수 없는 오늘날 국가통치에 있어서 국가의 통치기관들은 권력적 결단의 권능을 독점적으로 부여받고 있는 것이다.[346] 그리하여 오늘날의 국가통치기관들은 국가권력의 기초에 대한 침해를 방어할 권능을 가지고 있으면서 헌법침해에 대한 국민의 자력구제를 가능한 배제시키고 있는 것이다.

그런데 헌법의 정상상태를 전제로 해서 만들어진 헌법보호의 메카니즘은 비정상적인 예외가 발생한 경우에는 효력을 발할 수 없게 되는 경우가 생긴다. 예를 들어 위로부터의 정변의 경우처럼 국가권력의 보유자가 헌법질서를 붕괴시킬 정도로 헌법적 가치질서를 위반하고, 또한 그의 억압과 통제의 체제가 국가통치기관 내의 자체정화를 더 이상 유도해 내지 못하는 경우에는 합헌적 헌법보호는 기대할 수 없게 된다.[347] 따라서 이러한 경우에는 민주적 정당성의 개념에 따라 국민으로부터 국가권력을 담당할 대표자들에게 위임되었던 국가의 조직적 기능들이 국민에게 되돌려지는 것이 요구되고, 이때는 대의민주주의 헌법의 기초가 제거되면서 주권자인 국민에 의한 직접통치가 일시적으로 요구되게 된다.[348] 즉 헌법 적대적 기도에 대한 다른 구제방법이 없는 경유에 저항권이 발동하게 되는 것이다.[349] 다시 말해서 저항권발동의 전제인 헌법침해는 헌법규범이 정하고 있는 모든 헌법보장수단을 동원해서도 해결할 수 없는 경우에 해당해야 하기 때문에 저항권은 보충적으로만 행사되어야 한다는 것이다.[350] 그리고 이러한 보충성의 경우 아래로부터의 정변에 있어서는 국가긴급권에 의해서도 헌법 적대적 행위에 효과적으로 대처하기에 충분치 못한 경우에 비로소 저항권발동의 전제인 헌법침해가

---

346) J. Isensee, Das legalisierte Widerstandsrecht, S.32.
347) J. Isensee, Das legalisierte Widerstandsrecht, S.34.
348) J. Isensee, Das legalisierte Widerstandsrecht, S.33.
349) J. Isensee, Das legalisierte Widerstandsrecht, S.32.
350) 그러나 여기서 보충성의 문제는 간단하지가 않다. 특히 국가권력이 헌법침해를 방어할 수 있음에도 불구하고 그럴 용의가 없는 경우도 있기 때문이다. 만약 이런 경우에도 보충성을 고집한다면 저항권발동의 전제인 헌법침해는 아직 성립되지 않고 있는 것으로 보게 되는 것이다. 이 점에 관한 자세한 논술은 J. Isensee, Das legalisierte Widerstandsrecht, S.34; K. Hesse, a.a.0.,S.283.

성립한다고 볼 수 있다.[351)]

따라서 저항권발동의 전제가 되는 헌법침해는 헌법적대적 기도에 대한 다른 구제방법이 없는 경우에 성립되는 것이고, 이러한 경우에만 저항권이 발동되는 것으로 보아야 한다. 그리고 이렇게 저항권발동의 전제인 헌법침해를 좁게 평가하려고 하는 것은 저항권이란 헌법규범이 스스로 정하고 있는 모든 다른 헌법보호수단을 동원해서도 해결할 수 없는 경우에 보충적으로만 행사되어야 한다는 의미 때문이며,[352)] 저항권발동에 일정한 한계를 부여하고자 하는 의미에서이다.

Ⅳ. 抵抗權의 行使要件上의 特徵

1. 抵抗權의 主體

현대와 같은 복잡하고 다양한 대의민주주의 국가에 있어서 현존하는 헌법질서를 근본적으로 부인하는 세력이 있을 때, 국가의 통치기관상호간에 견제와 균형 및 협동을 유지함으로써 그 헌법의 적대세력으로부터 헌법질서를 방어해야 한다는 것은 두말할 필요가 없다. 즉 위로부터의 정변 내지 국가권력의 보유자에 의한 헌법침해에 대해서는 권력분립의 원리에 따라 타통치기관에 의해서 방어하는 것이 요구되고, 아래로부터의 정변에 대해서는 헌법상 예비된 국가긴급권을 발동해서라도 헌법침해가 확대되지 않도록 해야 한다. 다시 말해서 헌법질서를 교란시키는 헌법의 적대세력에 대해서는 제1차적으로 국가의 통치기관들이 자신에게 부여된 기능을 행사함으로써 헌법질서를 보호해야 하는 것이다.

그러나 헌법이 정하고 있는 국가의 통치기관들을 통한 헌법보호가 한계에 부딪혀 실효성을 발휘하지 못하게 될 때에는 주권자인 국민이 전면에 나타나지 않을 수 없다. 대의민주주의원리에 따른 민주적 정당성의 관념에 따라 국민으로부터 국가권력의 행사를 위임받는 통치기관들이 스스로 헌법질서를 붕괴시키고 국민을 억압하는 경향을 보이거나,[353)] 아래로부터 출현하는 헌법의 적대세력을 효과적으

351) K. Hesse, Grundzüge des Verfassungsrechts der Bundesrepublik Deutschland, S.282f.

352) 그러나 저항권발동의 보충성에 관한 문제는 간단하지가 않다. 특히 국가권력이 헌법침해를 방지할 수 있음에도 불구하고 그럴 의사가 없는 경우도 있기 때문이다. 만약 이런 경우에도 보충성의 요건을 고집한다면 저항권발동의 전제인 헌법침해는 아직 성립되지 않는 것으로 보게될 것이다. 이점에 대한 자세한 설명은 다음을 참조하기 바람. J. Isensee, Das legalisierte Widerstandsrecht, S.34; K. Hesse, Grundzüge des Verfassungsrechts der Bundesrepublik Deutschland, S.283.

353) J. Isensee, Das legalisierte Widerstandsrecht, S.33.

로 방지하여 국민에게 안정과 질서와 가치실현을 제공하지 못할 때 국민의 저항을 받게 될 것은 자명한 것이다. 즉 저항권이란 민주적 정당성의 관념에 따라 국민에 의하여 국가통치가 위임되었던 조직된 통치기관의 기능이 주권자인 국민에게 다시 되돌려지는 것을 의미하며, 대의민주정적 헌법의 기초가 제거되고 직접민주정적 권력의 행사가 실현되는 것을 의미한다.354) 따라서 현대자유민주주의국가에 있어서 저항권의 주체는 국민이 되지 않을 수 없다. 다만 주권자인 국민이 최후의 헌법보호의 주체로서 저항권을 행사한다 하더라도, 국민의 의미와 관련하여 다음과 같은 문제점이 고려되지 않으면 안 된다.

첫째, 저항권의 주체가 되는 국민은 내국인만을 의미한다. 저항권은 본질상 인간의 존엄성에 내포된 최소한의 자유에 해당한다고 볼 수 없고, 또한 공공의 안정과 민족적 국가이성과 관련된 것이기 때문에 인간이면 누구에게나 귀속되는 인간의 권리가 아니다.355) 따라서 외국인에게는 원칙적으로 저항권이 인정되지 않으며, 주권을 가진 내국인에게만 인정된다. 다만 외국인에게도 저항권을 통해 개성신장의 가능성을 허용할 것인가에 대하여 입법권자는 정치적 재량권을 가지고 있다.356)

둘째, 저항권의 주체인 국민은 인격주체인 개개국민을 의미하며, 일정한 한계 내에서 행동하는 개개인을 의미한다. 왜냐하면 대의제도를 전제하는 국가통치를 방어하는 과제는 개개인에게 귀속되는 것이 아니라 국민전체에게 귀속되어 있는 것이지만, 전체로서의 국민은 행위능력이 없기 때문에, 전체국민을 대표하는 개개국민들에 의하여 저항권은 행사되는 것으로 보아야 한다. 또한 이 경우 저항권의 행사자인 개개국민은 개인적 특수이익을 위해서가 아니라 법치국가적 측면에서 사회적 연대를 위하여 행사하는 것이기 때문에, 저항권의 주체로서의 개개국민은 사적 인간으로서의 개개인이 아니라 정치적 인간으로서의 개개인을 의미한다.357)

셋째, 저항권의 주체인 국민은 내국자연인을 원칙으로 하지만, 법인 내지 단체도 포함된다. 물론 저항권이 헌법보호를 위한 예비적이고 최후적인 수단이라는 점에서 근본적으로 임의적 단체들에게 저항권을 귀속시킬 수 없다. 그 이유는 임의

354) Josef Isensee, Das legalisierte Widerstandsrecht, S.33.

355) Josef Isensee, Das legalisierte Widerstandsrecht, S.44f.

356) 외국인의 저항권주체성의 문제는 거주 · 이전의 자유나 직업의 자유의 경우와 다르다. 저항권의 경우는 외국인에게 기본권능력이 인정되지 않는다는 것임에 비하여 다른 기본권의 경우는 기본권행사능력의 문제에 해당한다.

357) Josef Isensee, Das legalisierte Widerstandsrecht, S.45.

적 단체들은 국가적 공공이익을 희생하면서 자신들의 이익을 추구하는 것이 본질이기 때문에, 저항권을 인정할 경우 남용할 위험성이 내포되어 있다. 그러나 단체를 통한 저항권의 행사에 있어서 그것이 저항의 목적을 위한 목적적 조직이라면, 그리고 그것이 법형식과 목적설정을 가능하게 하는 현존하는 단체의 매개물에 관한 것이라면, 저항권이 단체에 의하여 행사되는 것을 배제하려는 의도는 그 단체의 특권을 위하여 독점적으로 행사되는 것을 막기 위한 것에 국한시켜 이해해야 한다. 왜냐하면 개개인의 입장에서는 불법통치에 대하여 무력할 수밖에 없지만, 사회가 단체로 조직되듯이 저항단체를 통하여 사회적 조직력을 발휘하는 것은 오히려 저항을 유효하게 하는 유일한 수단이기 때문이다.358) 특히 교회・정당・노동조합 등이 그 대표적 예이며, 이와 같은 단체를 통하여 저항권이 행사되는 경우 고도의 전문지식과 세심한 형량, 광범한 계산, 강력한 효율성 등의 확실한 담보를 제공받게 된다는 점에서 더욱 장점이 있다.359) 다만 단체가 저항권의 주체가 된다고 하더라도 저항이 요구되는 상황이 존재하는가에 대해서나 어떤 저항수단이 사용되어야 할 것인가의 문제에 대하여 단체 자체가 일반적으로 구속력 있는 결단능력이 있는 것은 아니라는 점이다. 단체들이란 그들이 매개물로 봉사하는 그들 뒤에 존재하는 개개인들로부터 저항권의 주체성이 추론되는 것이기 때문이다.360)

넷째, 저항권의 주체가 되는 국민은 모든 국민이라고 하지만, 저항이 요구되는 상황은 국가적 위기 내지 분열과 같은 상황을 의미하기 때문에, 일정한 자격을 갖춘 자나 일정한 연령에 도달한 자에 대해서만 인정할 것인가의 문제가 제기된다. 왜냐하면 저항권의 행사에 있어서는 특별한 법감정과 책임의식 및 통찰능력을 필요로 하는 것이기 때문에, 저항권은 일정한 정치적 엘리뜨에게만 승인하는 것이 적절하다고 보는 경우와 질서정연한 절차에 따라 행사되는 선거권처럼 연령제한을 가하는 것이 바람직하다는 등의 견해가 있을 수 있다.361) 그러나 저항권과 같이 비조직적인 권리의 실현에 있어서 위와 같이 그 행사능력을 제한하는 문제는 일반적 평등원리에 반할 뿐만 아니라 실패를 최소화하고 실패의 결과에 대한 위험을 최소화할 수 없으며, 오직 저항권의 행사능력에 관한 문제는 개인적 성숙도에 의존할 수밖에 없다. 따라서 저항권의 행사능력과 관련된 자격 내지 연령과 결

358) Josef Isensee, Das legalisierte Widerstandsrecht, S.47.
359) Josef Isensee, Das legalisierte Widerstandsrecht, S.46.
360) Josef Isensee, Das legalisierte Widerstandsrecht, S.47f.
361) Josef Isensee, Das legalisierte Widerstandsrecht, S.49f.

부시켜 제한하는 것은 결코 바람직하지 않으며, 오히려 현실에 맡겨두는 것이 필요하다.[362)]

다섯째, 저항권의 주체인 국민의 범위를 정함에 있어서 우리나라의 국적을 가지고 있으면서 외국에 장기적으로 정주하는 자 및 현행헌법의 효력이 현실적으로 미치지 않는 북한지역에 사는 한국인도 포함되는지가 문제이다. 이 문제는 우리헌법 제3조의 영토조항 때문에 특히 중요한 문제로 제기된다. 그런데 이 문제는 헌법의 인적 내지 물적 효력범위와 관련된 문제이고, 저항권의 문제는 현존하는 국가형태 내지 헌법질서의 보호를 목적으로 하는 것이라는 점에서 해결책을 찾아야 한다. 결국 저항권의 주체가 되는 국민이기 위해서는 헌법의 효력이 미치는 국가영역 내에서 능동적이거나 수동적으로 존재하는 국민이어야 하고, 계속성 여부는 문제가 되지 않는다고 하더라도 헌법의 효력이 미치는 국가영역 내에 주소 내지 거소가 있는 국민이어야 한다.[363)] 왜냐하면 저항권은 국가영역 내에서 전체국민의 법적 기초를 발견하려는 개개인의 정치적 권리와 의무가 문제로 되는 것이기 때문이다.

2. 抵抗權의 目的

전술한 바와 같이 위헌적인 권력행사에 의하여 헌법적 가치질서가 완전히 무너지는 것을 저지하기 위한 예비적이고 최후적인 헌법보호수단이라고 정의할 때, 저항권의 목적이 헌법적 가치질서의 보호에 있음은 의심의 여지가 없다. 즉 국가의 존립형태는 물론이고 그 구체적 실현형태인 전체로서의 헌법질서의 기본원리들을 보호하는 것이 저항권의 목적이라고 할 수 있다.[364)] 그 가운데서도 헌법질서의 목적이라고 할 수 있는 기본권을 그 침해로부터 보호하기 위하여 모든 가능한 제도들을 동원해 보았지만 기본권침해가 계속될 때, 예비적이고 최후수단적인 보호수단으로서 제기되는 것이 저항권이라고 볼 수 있다.[365)] 따라서 저항권의 목적은 저항이 요구되는 상황을 발생시킨 침해목적의 실질적 이면을 의미한다.

이처럼 저항권의 목적이 헌법적 가치질서의 보호에 있기 때문에 저항권의 본질상 헌법질서의 유지와 회복에 관한 긴급권으로서 방어적이어야 하며, 무엇보다도 저항권은 체제개혁의 수단으로 이용되어서는 안 된다. 즉 저항권의 목적은 현존하

362) Josef Isensee, Das legalisierte Widerstandsrecht, S.50.
363) Josef Isensee, Das legalisierte Widerstandsrecht, S.51.
364) Josef Isensee, Das legalisierte Widerstandsrecht, S.13f.
365) 허영, 헌법이론과 헌법, 512면 이하.

는 국가형태 내지 헌법질서의 방어를 목적으로 하는 것이기 때문에 미래의 보다 나은 질서를 위해 현존하는 질서의 전복을 꾀하는 혁명과 다르다.366)

다시 말해서 저항권의 목적은 체제개혁의 수단으로 이용되어서는 안 되며, 사회적 진보의 추진력으로 추구되어서는 안 된다는 것을 의미한다. 저항권은 위헌적인 권력행사로 인하여 헌법규범의 규범적 효력이 크게 약화되고 헌법규범이 권력제한적 또는 생활규범적 기능을 다하지 못하게 되어 국가권력의 정당성이 상실된 경우에 제기되는 것이기 때문에, 저항권은 헌법의 규범적 효력과 권력제한성을 재생시키는데 주목적이 있는 것이다.367) 따라서 저항권은 기본권을 포함한 헌법적 가치질서를 보호하기 위한 국민의 최후수단적인 자조수단(Nothilfe des Bürgers)으로서의 궤도를 이탈하여 정치적인 선전과 선동의 도구로 악용되어서도 안 되고, 대의민주주의원리에 입각하고 있는 정책결정에 반대하는 수단으로 사용되어서도 안 된다.368)

예를 들어 저항권은 헌법적 명령인 사회국가조항의 명령을 달성하기 위한 것일지라도 보다 나은 정치적 기도를 위하여 행사되어서는 안 되고, 또한 정치적 분파주의자들에게 법적 명분을 제공하게 되는 특정한 헌법해석을 허가하기 위한 수단으로 행사되어서는 안 되며, 특히 저항권의 초실정권성을 전제로 헌법의 근본가치에 반하는 초실정적 기본권을 주장하는 방법으로 남용되어서는 안 된다.369) 즉 저항권을 정치적인 선전과 선동의 도구로 악용하여 예방적인 기본권보호 또는 편의적인 기본권보호의 방법으로 행사하게 해서는 안 되며, 저항권이라는 미명아래 대의민주정적인 정책결정의 메카니즘을 위협하는 시민참여운동 등도 경계해야 할 경우들에 해당한다. 왜냐하면 이러한 행위들은 대의민주주의의 본질을 잘못 인식하고 있을 뿐만 아니라 저항권의 본질과 기능을 올바로 인식하고 있는 것이라고 볼 수 없기 때문이다.370) 이것은 결국 저항권을 행사하는 국민의 입장에서 저항목적에 대한 국민의 의식이 지나치게 요구될 필요는 없다 하더라도, 국민이 헌법침해의 기초를 인식하지 못하거나 헌법침해에 대한 방어의지가 결여되어 있는 경우 정당성을 획득하기 어렵다는 것을 의미한다.371)

---

366) Josef Isensee, Das legalisierte Widerstandsrecht, S.53; 권영성, 헌법학원론, 80면.
367) 허영, 헌법이론과 헌법, 64면.
368) 허영, 헌법이론과 헌법, 513면 이하.
369) Josef Isensee, Das legalisierte Widerstandsrecht, S.54f.
370) 허영, 헌법이론과 헌법, 513면 이하.
371) Josef Isensee, Das legalisierte Widerstandsrecht, S.56.

3. 抵抗權의 手段

저항권을 행사함에 있어서 오늘날 가장 문제가 되고 있는 것은 행사방법 내지 수단에 관한 것이다. 목적이 항상 수단을 정당화하는 것은 아니라고 보는 견해가 타당성을 인정받고 있듯이, 저항권의 경우 그 행사목적이 정당할 뿐만 아니라 그 실현방법에 있어서도 정당성이 요구된다고 보는 것이다.

(1) 傳統的인 抵抗權手段에 관한 理解

고대 이후의 인류의 역사를 더듬어 보면 저항권은 폭군방벌론을 중심으로 해서 논의되어 왔다. 따라서 저항권의 행사방법에 있어서 고대와 중세에 있어서는 폭군의 刺殺者를 찬미하고 그에게 재보를 주어 장려하는 형태로 이루어져왔다. 특히 중세 이후에는 신의 의사를 위배하는 폭군에 대해서는 교회가 폐위를 선언할 권리를 갖고 있으며, 국민도 본래적으로 군주의 폐위권을 갖는다고 주장한 Thomas Aquinas의 저항권사상에 기초하여 폭군방벌의 형태로 전개되었다.[372)]

그런데 근대자유주의 국가사상이 전개되면서 저항권의 인정여부와 더불어 폭군방벌론도 주춤한 상태로 주장되었다가 Locke에 와서는 본격적인 논의가 이뤄지고 있다. Locke는 국민의 행복을 보장하는 것, 즉 국민의 생명과 자유와 재산을 확보하는 것이 국가의 최고의 목표라고 하면서, 이러한 목적을 위하여 인간이 자연상태에서 가지고 있던 자연권을 통치자에게 신탁했다고 한다. 따라서 만약 통치자가 이러한 신탁목적을 위배하고 신탁계약을 파괴할 때에는 국민에게 복종을 구할 권리가 없고 스스로 퇴위하여 조용히 사인으로 돌아가야 한다고 그는 주장했다. 그리고 통치자가 이것을 행동으로 표시하지 않으면 그는 국민과 대립하고 전쟁상태에 들어가게 된다고 Locke는 주장함으로써 불법통치에 대한 유일의 수단은 전쟁 내지 폭력이라는 점을 암시하고 있다. 즉 Locke의 계약사상과 더불어 저항권사상은 국민의 현실적인 권리로서의 저항권을 주장하고 있고, 그 행사방법에 있어서도 국민의 조직적이고 폭력을 수반한 저항이 가능함을 지적하고 있다.[373)]

그리하여 로크이후로 전통적인 학설에 따르면 저항권의 행사는 곧 힘의 행사로 인식되어 왔고, 그것이 아무리 평화적인 방법으로 행사된다고 하더라도 공공의 안

---

372) 김철수, "저항권소고", 175면.

373) 이극찬譯, 시민정부이론, 242면. 이러한 의미 때문에 J. Locke의 위임계약사상이 종종 대의민주주의의 이론적 온상이라고도 한다. 허영, 헌법이론과 헌법, 175면.

념질서를 보장하기 위한 실정법과 불가피하게 충돌이 일어나게 되었으며, 심한 경우엔 화산의 폭발과 같은 극심한 무질서와 혼돈상태를 초래하기도 하였다. 더욱이 불법통치가 위세를 떨치고 있는 상황에서의 저항권행사는 저항권행사요건의 충족여부에 관한 심각한 의견대립과 함께 불법적인 행위로 낙인을 찍히고 불법통치가 더욱 강화되는 악순환을 낳기도 하였다.[374] 이처럼 저항권행사를 힘의 행사로 생각한 전통적 학설에 따를 때 저항권행사는 불가피하게 딜레마에 빠지지 않을 수 없었다. 즉 '성공하지 못한 저항권의 행사는 저항권이 아니고 범죄이다'는 주장이 설득력 있게 상황을 설명해 주고 있기 때문이다.[375]

(2) 抵抗權의 行使方法 내지 手段에 대한 現代的 視覺

위와 같은 전통적 견해의 문제점을 인식하고, 현대 입헌민주국가에 들어오면서 저항권행사에 관한 새로운 인식이 요구되게 되었다. 즉 저항권의 행사를 곧 힘의 행사로 인식하는 전통은 입헌주의의 정착과 더불어 변화하기 시작했고, 저항권의 본질에 대한 이해에 있어서도 변화가 이루어졌다. 특히 저항권이 불법하고 부패한 통치권력에 대항하는 극단적이고 최후적인 긴급방어권이라는 의미로 인식하여 아주 긴급한 예외상태에서만 한정적으로 행사되는 것으로 생각했던 것에 대한 의식이 바뀌었다.[376] 지금까지 국가질서가 최소한이나마 법의 형식과 한계 내에서 유지되고 또한 법치국가의 기본원리들이 완전히 포기되고 있지 않는 한 저항권이 행사될 수 없다는 생각을 버리게 되었다는 것을 의미하고, 한편으로 법치국가성에 입각한 최소한의 것조차 제거되고 힘에 의한 통치가 확고하게 확립되고 나면 저항권은 의미가 사라진다는 점을 인식하기 시작한 것이다.[377]

그리하여 지금까지 저항권행사에 있어서 폭력적 힘의 행사가 실제로 회피된 경우는 없다고 하더라도, 그러한 폭력적 힘의 행사가 저항권의 본질적인 것은 결코 아니라는 의미에서 저항권의 수단에 대한 새로운 인식이 Kaufmann에 의하여 요구되었다. 즉 저항권은 적어도 부패한 통치권력에 대항하는 최초의 수단도 아니지만 최후의 수단도 아니라고 하면서, 저항권의 첫째 기능을 권력남용의 저지로 이

374) 허영, 헌법이론과 헌법, 513면 이하.

375) J. Isensee, Das legalisierte Widerstandsrecht, S.32.

376) A. Kaufmann. Widerstandsrecht, Luchterhand, 1972, S.XI. 여기서 Kaufmann은 이처럼 전통적으로 저항권을 극단적이고 최후적인 긴급방어조치로 인식한 결과 폭군살해, 권력남용, 폭동, 징부진복 등과 저항권이 비정상적으로 결합하게 되었다고 한다.

377) A. Kaufmann. Widerstandsrecht, S.XII.

해하려는 경향이 그것이다.[378)]

다시 말해서 현대헌법국가에서는 저항권의 행사가 요구되는 상황에 대응하기 위한 여러 가지 조치들이 헌법규범 속에 통합되어 있기 때문에, 저항권행사는 법치국가적 내지 민주주의적 제도 내에서 민주적인 자기순화과정을 거쳐 이루어질 것이 요구되고, 그렇게 함으로써 저항이 요구되는 상황의 출현을 가능한 연기하고자 하는 경향을 띠고 있다고 한다.[379)]

그에 따라 Kaufmann은 저항권을 어떤 힘의 행사와 결부시키려고 하는 관념을 지양하고, 저항권을 다양한 뉴앙스가 있는 국민적 태도로 보아 정신적인 영역으로 끌어들였으며, 따라서 저항권을 일종의 국가권력에 대한 '비판적 복종의 자세'로 이해하려고 했다. 즉 그는 저항권의 행사란 화산의 폭발과 같은 것이 아니고 국가권력에 임하는 일정한 자세를 뜻하는 것으로서 권력에 대한 회의적 자세, 공공연히 비판할 수 있는 용기, 불법적 권력행위에 대한 단호한 거부태도 등을 총칭하는 것이라고 한다. 다시 말해서 그는 권력에 대한 '비판적인 복종'을 통해서 권력행사를 수시로 통제하는 것이 저항권의 행사라고 보면서, 이것은 계속적이고 수시적으로 이루어져야 한다고 보고, 그 구체적 수단은 무수히 많다고 하였다.[380)]

따라서 오늘날은 그의 주장에 따라 국민의 일상생활에서의 정치적인 의사표시를 최대한으로 보장함으로써 언로의 경색 때문에 쌓여가는 불만과 폭발의 가능성을 줄여서 기본권의 보호 뿐만 아니라 순화된 저항권을 실현하게 하는 것이 중요하다고 볼 수 있다. 이것은 현대의 저항권의 본질이 현존하는 헌법적 가치질서에 대한 Konsens를 전제로 해서 현존하는 헌법적 가치질서를 보호하는데 있다고 보기 때문에, 헌법에 의해서 보장된 정치적인 의사표시의 자유를 불필요하게 제한하는 일이 없도록 해서 저항권이 궤도를 이탈하는 것을 막자는데 목적을 두고 주장되고 있는 것이다.[381)]

결국 카우프만의 주장처럼 현대입헌민주주의국가에서는 가능한 저항권을 순화시켜 '국가권력에 대한 수시적이고 계속적인 비판적 복종의 자세'로 이해하고 실현해 나가는 것이 무엇보다도 중요한 것으로 요청되고 있다. 즉 저항권은 최대한 평화적이고 비폭력적으로 행사되어야 한다는 것이다. 그렇지만 그러한 저

---

378) A. Kaufmann. Widerstandsrecht, S.XII.

379) J. Isensee, Das legalisierte Widerstandsrecht, S.59f.

380) A. Kaufmann. Widerstandsrecht, S.XIII.; 허영, 헌법이론과 헌법, 133면 이하.

381) 허영, 헌법이론과 헌법, 514면.

항권행사에 의해서 불법통치가 중지되지 아니하는 경우에는 폭력적인 수단이 동원되지 않을 수 없다. 그러한 극단적인 경우에는 주관적인 국민의 입장에서 효과적인 방법이라고 생각되는 것은 어떠한 것이든지 사용되지 않을 수 없다는 것이다.[382]

382) 구체적인 저항권의 수단과 관련된 불복종을 통한 수동적 저항과 상제력의 행사를 통한 능동적 저항의 방법에 대해서는 다음 논문을 참조바람. 이승우, "현대입헌국가에서의 저항권에 관한 연구", 34면 이하.

6장 結論으로서의 國家論硏究의 示唆點

국가론에 관한 이 책의 바탕이 되는 학위논문은 우리나라의 헌법학이 국가론에 관한 튼튼한 바탕이 없이 전개됨으로 인하여 제한된 이론적 수준을 넘지 못했다는데서 출발하였다. 즉 우리나라의 헌법학이 국가 내지 국가권력의 본질과 과제 등에 대한 논의도 없이 실정헌법의 해석에 치우쳐 왔기 때문에 헌정생활전반에 관한 헌법이론을 확립하지 못했고, 또한 국가 내지 국가권력이 지향해야 할 목표를 제시함에 있어 소극적일 수밖에 없었다는 점을 출발점으로 삼았다. 이러한 사실을 중시하고 '법 없는 법학'이 되지 않게 하기 위하여 국가권력의 정당성을 논하게 된 것이다. 또한 이 책은 국가기능론의 입장에서 헌법 내지 통치질서를 논하려고 하는 새로운 헌법학의 조류에 맞추어, 현대의 입헌민주국가의 국가권력(통치구조)으로 하여금 사회가 안고 있는 모순과 갈등을 극복하고 그 존립의 정당성을 인정받을 수 있는 실천적 가치판단기준을 설정하도록 하기 위한 의도를 가지고 시도하였다.

그런데 학위논문을 준비하고 연구가 진행되는 가운데 우리나라에서는 국가권력의 정당성에 관한 심각한 논란이 제기되었었다. 제5공화국이 출범함과 동시에 국가권력이 정당성원리에 바탕을 두고 성립되지 않았다는 주장과 함께, 그 국가권력이 권능을 행사함에 있어서 남용이 빈번하게 이뤄짐으로 인하여 공권력에 대한 불신이 극에 달하게 되었었고, 그 결과 정당성시비와 관련하여 국민의 저항이 조직적으로 이뤄지게 되었었다. 국민들은 공권력에 대한 불신이 지나쳐 심지어 국가권력은 테러 내지 폭력집단과 다른바가 무엇인가를 의심할 정도로 극단적인 적대감을 가지는 경우가 생겨나게 되었다[1]). 그렇지만 복잡하고 다양하기 이를데 없는 오늘날의 사회에 있어서 국가권력의 존재자체를 부인하고 무정부주의를 지향한다는 것은 상상할 수조차 없는 현실이 되었다. 홉스가 지적한 것 이상으로 국가권력이 없는 사회는 투쟁이 연속되는 사회일 것으로 짐작할 수 있기 때문이다. 결국 우리는 국가권력의 출범과 권능행사에 있어서 비도덕적인 현상을 자주 목격하게 되지만, 그러한 현상을 필요악으로 간주하면서 국가권력의 정당화를 추구해 나가야 할 과제를 안고 있음을 알 수 있었다.

따라서 본 연구에서는 긍정적인 방향으로 나가기보다는 부정적인 방향으로 나

1) Michael Stohl and A. Lopez. ed., The State as Terrorist, Greenwood Press, 1984, pp.3-10. 특히 1980년대의 테러집단으로서의 국가권력에 관한 논의는 1970년대의 국제조직의 토론 중에 국가권력이 비국가적 테러리즘을 취급하기 위하여 어떻게 해야할 것인가를 고찰하는 가운데서 발전된 법치국가에 관한 긴장된 토론상의 조사로부터 비롯되었다. 그 후 UN에서도 테러리즘에 관한 성격과 방향을 평가하게 되었는데, 지역적으로나 이데올로기적 노선에 따른 견해차 때문에 더 이상 논의가 진전되지 못하고 교착상태에 빠져있다. Michael Stohl and A. Lopez. ed., The State as Terrorist, p.4.

가기 쉬운 국가권력을 제한하고 정당화시키기 위해 먼저 국가권력의 본질과 과제를 탐구하였고, 그 결과 국가의 의사주체로서 명령과 강제를 본질로 하는 국가권력은 다양하지만 그 과제의 실현을 통하여 정당화되어야 함을 지적하게 되었다. 그리고 이 과제실현을 통한 정당화란 정당성유형론에서 말하는 실질적 정당성에 해당하는 것이며, 그것은 또한 오늘날의 헌법학에서 논의되고 있는 목적적 정당성에 해당한다고 보았다. 다만 국가권력이 추구해 나가야 할 과제는 다양하고 어느 하나도 소홀히 할 수없는 것이기 때문에 내용상의 조화가 이뤄져야 한다고 본다. 그 가운데 평화와 질서의 보장이 제1차적인 국가권력의 과제이기는 하지만, 그것은 그 자체에 목적이 있는 것은 아니기 때문에 국가권력은 결국 국민으로 하여금 정치적・법적 측면에서는 물론이고 실질적・물질적 측면에서도 자유와 평등이 실현되도록 하는 최적조건을 제공해야 한다고 하였다. 아울러 그러한 최적조건을 제공함에 있어서 자주적 인간의 개성신장이 최고도로 발휘되도록 해야 함은 말할 필요도 없을 것이다. 그리고 목적이 수단을 항상 정당화하는 것은 아니기 때문에 국가권력은 그러한 과제를 실현해 나감에 있어서도 또 다른 측면의 정당화가 요구된다. 국가권력이 국민에 의하여 창설되는 과정에서는 물론이고 국가권력이 그 권능행사를 통하여 그 과제를 실현해 나가는 과정에서도 정당화가 요구되는 것이다. 특히 이러한 측면의 정당화를 본 연구에서는 정당성유형론에서 형식적 정당성이라고 하였으며, 오늘날의 헌법학에서는 민주적정당성과 절차적 정당성이라고 한다. 다시 말해서 이러한 형식적 정당성이란 국가권력이 구체적인 과제를 설정하고 실천에 옮김에 있어서 전체적으로 대개 Konsens에 입각하여 이뤄질 것을 요구하는 정당성유형이라고 할 수있다. 즉 헌법적 가치질서 속에 내포된 여러 가지 과제를 구체적으로 실현함에 있어서 국가권력은 헌법적 가치가 국민적 합의의 형태로 표현되도록 하고, 또한 그것을 합리적 절차에 따라 실현하도록 함으로써 정당화되어야 한다는 것이다.

그런데 이미 지적했듯이 국가권력을 정당화하는 정당성원천은 다양하다. 뿐만 아니라 국가권력을 정당화하는 가치판단기준은 시대에 따라 변화하는 것이며, 또한 그것은 국가마다 많은 차이를 보이고 있다. 따라서 국가권력을 정당화하는 가치기준은 그때그때의 시대사상과 정치이념 및 생활감각에 따라 결정되어야 하며, 구체적인 상황에 맞는 정당성원천들이 제시되고 추구되는 것이 요청된다. 다만 오늘날 우리가 사는 시점에서는 실질적 정당성의 측면에서는 논란의 여지가 별로 없다. 어느 나라나 그러한 과제실현을 통한 정당화가 추구되고 있는 점에서 문제

점이 적기 때문이다. 그러나 현시점에서도 형식적 정당성 내지 민주적 정당성과 절차적 정당성의 측면에서는 국가권력의 정당성에 관하여 끊임없이 논란이 일어나고 있다. 법치국가원리나 사회국가원리와 관련해서도 물론이지만, 특히 민주주의원리와 관련된 민주적 정당성 또는 Konsens에 입각한 정당화는 어떤 국가에서나 문제로 되고 있다. 즉 국민적 합의에 입각하여 성립되는 민주적 정당성은 이해관계의 다양성과 정치세력들 사이의 갈등으로 인하여 논란의 여지가 없이 추론해 낸다고 하는 것이 기술적인 측면에서 어렵고 불가능하게 보이기도 한다. 더욱이 오늘날과 같이 발달된 전파매체를 통하여 국민의 여론이 조작되는 상황에서는 의제된 국민적 합의가 주장될 가능성이 많기 때문에 정당성의 위기가 항상 존재하게 된다.

결국 여러 가지 방향의 정당성원천을 통하여 국가권력이 정당화되기 위해서는 정치적 의사형성과정의 투명성을 매개로 하여 대의제원리를 확보하는 길밖에 없다. 즉 다양한 정치적 의사가 표출되도록 언론출판의 자유를 실효성 있게 보장하고, 국가작용을 공개함으로써 국민의 궁금증을 풀어주고 국민대중의 의사를 여론의 형태로 집약하여 합리성을 제고시킬 때에만 국가권력은 정당화된다. 다시 말해서 현대입헌민주주의국가의 국가권력은 정신적인 조작이나 세뇌교육을 통해서가 아니고 실질적인 합리성을 통하여 지속적으로 정당화되지 않으면 안 된다. 그리고 그러할 때에만 '법을 만드는 것은 진리가 아니라 권위이다'고 한 Hobbes의 우려를 불식시킬 수 있을 것이라고 본다.

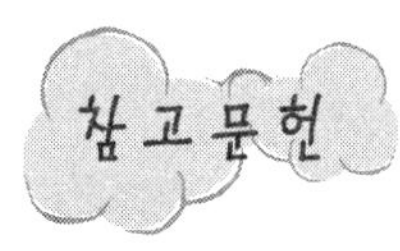

1. 國內文獻

강태수, 현대산업사회에서 국가와 사회의 상호관계에 관한 연구, 연대 석사학위논문, 1986.
계희열, "헌법과 기본권이론", 공법연구 제11집, 1983.
권영성, 헌법학원론, 법문사, 2009.
권영성, 독일헌법론, 법문사, 1976.
극동문제연구소 편, 원전 공산주의대계, 극동문제연구소, 1984.
전광석, R. Smend의 통합과정론적 헌법이론에 관한 연구, 연세대학교 석사학위논문, 1982.
김대환, 사회사상사, 법문사, 1987.
김성수, 급부주체로서의 국가기능의 한계론에 관한 연구, 연세대학교 석사학위논문, 1985.
김성수, 일반행정법, 법문사, 2001.
김여수, 법률사상사, 박영사, 1984.
김철수, 헌법학개론, 박영사, 2009.
김효전 편, 독일헌법학설사, 법문사, 1982.
노명식, 자유주의, 종로서적, 1983.
맹용길, 기독교윤리학입문, 대한기독교출판사, 1976.
박경철, 국민주권의 본질과 실현조건에 관한 연구, 연세대대학원 박사학위 논문, 2000.
박상섭, 자본주의 국가론, 한울, 1985.
박영사 편, 정치학대사전, 박영사, 1984.
박우희, 하이예크, 유풍출판사, 1982.
박정진, M. Luther의 2왕국 교리에 대한 연구, 연세대학교 석사학위논문, 1976.
송복, 사회불평등기원론, 전예원, 1984.
신면주, 저항권에 관한 이론적 고찰, 연세대학교 석사학위논문, 1985.
심재우, "인간의 존엄과 질서", 법률행정논집(고려대) 제12집, 1974.
심헌섭, 법철학I, 법문사, 1982.
유병화, 법철학, 박영사, 1984.
이극찬, 정치학, 법문사, 1977.
이상규, 신행정법론(하), 법문사, 1986.
이승우, "헌법과 국가의 상호관계에 관한 연구", 공법연구 제29집 제3호, 2001.
이승우, "국가의 기능과 역할", 헌법학연구 제7집 제3호, 2001.
이승우, "국가와 국가권력의 본질과 과제", 헌법학연구 제7집 제4호, 2001.
이승우, "국가와 국가권력의 개념", 헌법판례연구 제4권, 2002.
이승우, "헌법과 국가론", 헌법의 규범력과 법질서(허영교수 정년기념논문집), 박영사, 2002.
이승우, "국민주권의 본질과 국민주권원리의 재고찰", 공법연구 제32집 제4호, 2004.
이승우, "국가권력 내지 통치구조의 정당화원리", 공법연구 제35집 제1호, 2006.
이승우, "한국의 입법권자 본연의 임무를 다하고 있는가?", 공법연구 제35집 제2호, 2006.
이승우, "헌법제정의 정당성에 관한 연구", 헌법학연구 제15권 제1호, 2009.
이승우, 헌법학, 도서출판 두남, 2009.

이영재, 헤겔의 정치사상, 박영사, 1973.
이장식, 기독교와 국가, 대한기독교출판사, 1981.
이형기, "죤 칼빈에 있어서 교회와 국가", 박창환박사 · 주선애교수 화갑기념논문집, 1984.
이홍구, "마르크시즘과 정치이론", 마르크시즘 100년, 문학과 지성사, 1985.
장을병, "국가개념의 변천과정", 국가권력과 기독교, 민중사, 1982.
정종섭, 헌법의 정당성에 관한 연구, 경희대학교 석사학위논문, 1985.
정종섭, 대의제에 관한 비판적 연구, 연세대대학원 박사학위 논문, 1989.
최문환, 막스베버연구, 삼영사, 1981.
최재희, 헤겔의 사회철학, 형설출판사, 1981.
최종고, 국가와 종교, 현대사상사, 1983
최종고, 법사상사, 박영사, 1983.
최종고, 위대한 법사상가들II, 학연사, 1985
한상진, "마르크스와 프랑크푸르트학파", 마르크시즘 100년, 문학과 지성사, 1985.
한승조, "홉스의 사상과 리바이어던", 리바이어던, 삼성출판사, 1982.
한태연, 헌법학, 법문사, 1983.
허영, "지방자치에 관한 헌법이론적 조명", 공법연구 제13집, 1985.
허영, "통치구조의 근본이념과 기본원리", 고시연구, 1985. 3.
허영, "헌법과 사회국가와 사회보장", 성곡논총 제6집, 1975.
허영, "정당국가적 대의민주주의와 선거", 공법연구 제28권 제2집, 1999.
허영, 헌법이론과 헌법, 박영사, 2009.
허노목, J. Locke의 국가이론, 연세대학교 석사학위논문, 1983.
홍성방, 헌법학, 현암사, 2002.
황우여, 국가와 교회, 서울대학교 박사학위논문, 1982.

2. 飜譯文獻

A. Cox, 양승두 · 최양수 역, 미국의 법원과 정치, 학연사, 1983.
A. Kaufmann · W. Hassemer, 심헌섭 역, 현대법철학과 법이론의 근본문제, 법문사, 1974.
B. Jessob, 이양구 · 이선용 역, 자본주의와 국가, 돌베개, 1985.
B. Russell, 이성규 역, 권력론, 서문당, 1977.
Badie & Birnbaum, 최장집 · 정해구 편역, 국가형성론의 역사, 열음사, 1987.
C. Schmitt, 김기범 역, 헌법이론, 교문사, 1976.
D. Bonhoeffer, 손규태 역, 기독교윤리, 대한기독교서회, 1974.
E. Canetti, 강두식 역, 군중과 권력, 주우, 1982.
E. Zimmermann, 전일주 편역, '자유민주주의의 함정과 위기", 민족지성, 1986. 5.
G. Jellinek, 김효전 역, 일반국가론, 태화출판사, 1980.
G. Leibholz, 권영성 역, 헌법국가와 헌법, 박영사, 1976.
G. H. Sabine & T. L. Thorson, 성유보 · 차남희 역, 정치사상사, 한길사, 1983.
D. Easton, 임영일 · 이성형 편역, 국가란 무엇인가, 까치, 1985.
H. Laski, 김영국 역, 국가란 무엇인가, 두레, 1983.
H. J. Störig, 임석진 역, 세계철학사, 분도출판사, 1980.
J. Habermas, 임재진 역, 후기 자본주의 정당성문제, 종로서적, 1983.
J. Isensee, 이승우 역, 국가와 헌법, 세창출판사, 2001.

J. Locke, 이극찬 역, 시민정부론, 연세대학교 출판부, 1983.
J. Maritan, 한용희 역, 인간과 국가, 카톨릭출판사, 1978.
J. A. Schumpeter, 이상구 역, 자본주의·사회주의·민주주의, 삼성출판사, 1977.
J. C. Benett, 김재준 역, 그리스도인과 국가, 대한기독교서회, 1961.
J. J. Rousseau, 최석기 역, 인간불평등기원론, 문공사, 1982.
J. J. Rousseau, 박옥출 역, 사회계약론, 박영사, 1985.
J. K. Galbraith, 박현채 역, 권력의 해부, 한벗, 1984.
J. S. Schapiro, 민석홍 역, 자유주의, 문명사, 1982.
J. T. Duke, 서울대 사회학과 연구실 역, 갈등과 권력, 법문사, 1981.
K. Hesse, 계희열 역, 서독헌법원론, 삼영사, 1985.
K. Hesse, 계희열, 역, 헌법의 기초이론, 삼영사, 1985.
K. Loewenstein, 김기범 역, 현대헌법론, 교문사, 1977.
L. A. Coser, 신용하·박명규 역, 사회사상사, 일지사, 1987.
L. Boff, 김쾌상 역, 교회:카리스마와 권력, 일월서각, 1986.
L. Schapiro, 장정수 역, 전체주의연구, 종로서적, 1983.
L. P. Baradat, 신복룡 역, 현대정치사상, 평민사, 1986.
L. T. Hobbhouse, 최재희 역, 자유주의, 삼성미술문화재단, 1981.
M. Karnoy, 한기범외 역, 국가와 정치이론, 한울, 1986.
M. Kriele, 국순옥 역, 민주적 헌정국가의 역사적 전개, 종로서적, 1983.
R. Nozick, 백낙철 역, 아나키·국가·유토피아, 형설출판사, 1983.
R. Zippelius, 김형배 역, 법학입문, 삼영사, 1980.
S. Avineri, 이홍구 역, 칼 마르크스의 사회사상과 정치사상, 까치, 1987.
S. Picciotto · J. Holloway, 김정현 역, 국가와 자본, 청사, 1985.
T. Hobbes, 한승조 역, 리바이어던, 삼성출판사, 1984.
W. O. Döring, 김용정 역, 칸트철학입문, 중원문화, 1985.
W. O. Döring, 김용정 역, 칸트철학이해의 길, 새밭, 1980.
교황 레오 13세 회칙, 노동헌장, 성바오로출판사, 1983.
上妻 精, 윤길순 역, 헤겔 법철학입문, 중원문화, 1984.
田中 浩·田口富久治 外, 정치사상연구회 역, 국가사상사, 거름, 1985.
淺野榮一·飯屋要 外, 박태주 역, 경제정책의 사상, 이삭, 1985.
平井俊彦·德永 恂 編, 고영대 역, 사회사상사, 사계절, 1985.

3. 英語文獻

Avineri, Shlomo, Hegel's Theory of the modern State, Cambridge University Press, 1976.
Bendersky, Joseph W., Carl Schmitt -Theorist for the Reich-, Princeton University Press, 1983.
Bodenheimer, Edgar, Jurisprudence, Harvard University Press, 1981.
Cole, G. D. H., "Introduction to the Social Contract", in: the Social Contract, J. M. Dent & Sons, 1955.
Cole, G. D. H., The Social Contract -Discourse-, J. M. Dent & Sons, 1955.
De Smith, S. A., Constitutional and Administrative Law, 3rd ed., Penguin Books, 1978.

Dicey, A. V., An Introduction to the Study of the Law of the Constitution, with introduction by E. C. S. Wade, 10th ed., The Macmillan Press, 1982.

Dunn, John, Locke, Oxford University Press, 1984.

Finch, John, Introduction to Legal Theory, 3rd ed., Sweet & Maxwell, 1979.

Freeman, Michael, Edmund Burke and the Critique of Political Radicalism, Basil Blackwell, 1980.

Friedmann, W., Legal Theory, 3rd ed., Stevens & Sons, 1953.

Friedrich, Carl Joachim, The Philosophy of Law in historical Perspective, 2nd ed., The University of Chicago Press, 1963.

Gough, J. W., John Locke's Political Philosophy, 2nd ed., Clarendon Press, 1974.

Hayek, Friedrich A., Law, Legislation and Liberty(volume I. II. III), The University of Chicago Press, 1973.

Held, David(et al), States & Societies, New York University Press, 1983.

Hobbes, Thomas, Leviathan, Edited With an introduction by C. B. Macpherson, Penguin Books, 1968.

Kamenka, Eugene(general Ed.), Justice, Edward Arnold, 1979.

Locke, John, The Second Treatise of Government, ed, J. M. Gough, Basil Blackwell, 1976.

Macpherson, C. B., "introduction to Hobbes Leviathan", in: Hobbes Leviathan, Penguin Books, 1980.

Marshall, Geoffrey, Constitutional Theory, At the Clarendon Press, 1980.

Merquior, J. G., Rousseau and Weber, Routledge & Kegan Paul, 1980.

Miliband, Ralph, The State in Capitalist Society, Basic books, 1969.

More, Thomas, Utopia, edited by Edward Surtz, S. J., Yale Univ. Press, 1964.

Nozick, Robert, Anarchy, State, and Utopia, Basic Books, 1974.

Pelczynski, Z. A., Hegel's Political Philosophy, Cambridge Univ. Press, 1976.

Philips, O. Hood and Paul Jackson, Constitutional and Administrative Law, 6th ed., Sweet & Maxwell, 1978.

Riley, Patrick, Will and Political Legitimacy, Harvard University Press, 1982.

Rousseau, J. J., The Social Contract -Discourses-, Edited with an Introduction by G. D. H. Cole, J. M. Dent & Sons, 1955.

Sabine, G. H. & T. L. Thorson, A History of Political Theory, 4th ed., Holt-Saunders Japan, 1981.

Schwab, George, The Challenge of the Exception, Duncker & Humblot, 1970.

Shapiro, Martin and Rocco J. Tresolini, American Constitutional Law, 6th ed., Macmillan Publishing, 1983.

Sigmund, Paul E., Natural law in Political Thought, Winthrop Publishers, 1971.

Singer, Peter, Hegel, Oxford Univ. Press, 1983.

Stanlis, Peter J., Edmund Burke and the Natural Law, The University of Michigan Press, 1958.

Strauss, Leo, The Political Philosophy of Hobbes: Its Basis and its Genesis, University of Chicago Press, 1952.

Strauss, Leo & Joseph Cropsey, History of Political Philosophy, 2nd ed., The Univ. of

Chicago Press, 1981.

The Macmillan Company & The Free Press, ed., International Encyclopedia of the Social Sciences, The Macmillan Company & The Free Press, 1974.

Tribe, Laurence H., American Constitutional Law, The Foundation Press, 1978.

Tribe, Laurence H., The Constitutional Protection of individual Rights, The Foundation Press, 1978.

Weber, Max, Wirtschaft und Gesellschaft, Edited by Guenther Roth and Claus Wittich, Economy and Society, Bedminster Press, 1968.

Wrong, Dennis, Max Weber, Prentice-Hall Inc., 1970.

4. 獨語文獻

Böckenförde, Ernst-Wolfgang, Staat und Gesellschaft, Wissenschaftliche Buchgesellschaft, 1976.

Böckenförde, Ernst-wolfgang, Der Staat als sittlicher Staat, Duncker & Humblot, 1978.

Eickelpasch, Rolf, "Arbeit-Interaktion-Diskurs zur anthropologischen Begründung der Gesellschaftskritik bei Jürgen Habermas", Zeitschrift für Soziologie, Jg. 5, Heft 3, Juli 1976, S. 201-214.

Forsthoff, Ernst, Rechtsstaatlichkeit und Sozialstaatlichkeit, Wissenschaftliche Buchgesellschaft, 1968.

Häberle, Peter und Alexander Hollerbach(herausgegeben von.), Konrad Hesse Ausgewählte Schrifter, C. F. Müller Juristischer Verlag, 1984.

Habermas, Jürgen, Legitimationsprobleme im Spätkapitalismus, 5. Aufl., Suhrkamp Verlag, 1979.

Hack L., H. G. Brose, K. Czasny, I. Hack, F. Hager, R. Moser, K. Viesel, Leistung und Herrscchaft, Campus Verlag, 1979.

Heidorn, Joachim, Legitimität und Regierbarkeit, Duncker & Humblot, 1982.

Heller, Hermann, Staatslehre, 4. Aufl., A. W. Sijthoff, 1970.

Herzog, Roman, Allgemeine Staatslehre, Athenäum Verlag, 1971.

Hesse, Konrad, Grundzüge des Verfassungsrechts der Bundesrepublik Deutschland, 13. Aufl., C. F. Müller Juristischer Verlag, 1982.

Hofmann, Hasso, Legitimität gegen Legalität, Luchterhand, 1964.

Hofmann, Hasso, Legitimität und Rechtsgeltung, Duncker & Humblot, 1977.

Isensee, Josef, “Staat und Verfassung”, in: Handbuch des Staatsrechts(I), C. F. Müller, 1987.

Isensee, Josef, “Staat”, in: Staatslexikon, Görres Gesellschaft, 7. Aufl., Bd. 5.

Kielmansegg, Peter Graf, "Legitimität als analytische Kategorie", in: Politische Vierteljahresschrift, 12/1971, S.369-401.

Klose, Hans Ulrich, "Legitimationskrise unserer Demokratie-Identitätskrise der Demokraten-", in: Zeitschrift für Parlamentsfragen, 4/1978, S.556f

Kopp, Manfred und Hans-Peter Müller, Herrschaft und Legitimität in modernen Industriegesellschaften, Tudur-Verlagsgesellschaft, 1980.

Krämer-Badoni, Thomas, Zur Legitimität der bürgerlichen Gesellschaft, Campus Verlag,

1978.
Kriele, Martin, Legitimitätsprobleme der Bundesrepublik, Verlag C. H. Beck, 1977.
Krüger, Herbert, Allgemeine Staatslehre, 2. Aufl., W. Kohlhammer Verlag, 1966.
Leibholz, Gerhard, Strukturprobleme der modernen Demokratie, Verlag C. F. Muller, 1958.
Leibholz, Gerhard, Die Repräsentation in der Demokratie, Walter de Gruyter, 1973.
Luhmann, Niklas, Legitimation durch Verfahren, Luchterhand, 1969.
Maluschke, Günther, "Zur Legitimität politischer Institutionen und politischen Handelns", in: Zeitschrift für Polikik, 1976, S.366-376.
Maunz-Zippelius, Deutsches Staatsrecht, 25. Aufl., C. H. Becksche Verlagsbuchhandlung, 1983.
Mayer-Tasch, Peter Cornelius, Thomas Hobbes und das Widerstandsrecht, J. C. B. Mohr(Paul Siebeck), 1965.
Meyer-Hesemann, Wolfgang, "Legitimation des modernen Staates", in: AöR, 1981, S.129-135.
Offe, Claus, "Demokratische Legitimation der Planung", in: Strukturprobleme des kapitalistischen Staates, Suhrkamp Verlag, 1972.
Scheuner, Ulrich, Staatstheorie und Staatsrecht, Duncker & Humblot, 1978.
Schmitt, Carl, Der Begriff des Politischen, Dunker & Humblot, 1963.
Schmitt, Carl, Verfassungslehre, 6. Aufl., Dunker & Humblot, 1983.
Schmitt, Carl, Verfassungsrechtliche Aufsätze, 2. Aufl., Duncker und Humblot, 1973.
Smend, Rudolf, Staatsrechtliche Abhandlungen und andere Aufsätze, 2. Aufl., Duncker & Humblot, 1968.
Stein, Ekkehart, Staatsrecht, 5. Aufl., J. C. B. Mohr(Paulsiebeck), 1976.
Steininger, Rudolf, "Thesen zur formalen Legitimität", in: Politische Vierteljahresschrift, 3/1980, S.267-283.
Stern, Klaus, Das Staatsrecht der Bundesrepublik Deutschland, Bd. I., Verlag C. H. Beck, 1977.
Stern, Klaus, Das Staatsrecht der Bundesrepublik Deutschland, Bd. II., Verlag C. H. Beck, 1980.
Strauss, Leo, Hobbes Politische Wissenschaft, Hermann Luchterhand Verlag GmbH, 1965.
Vobruba, Georg, "Staatseingriff und Ökonomiefunktion Der Sozialstaat als Problen für sich selbst", Zeitschrift für Soziologie, Jg. 7, Heft 2, April 1978, S.130-156.
Würtenberger, Thomas, Die Legitimität staatlicher Herrschaft, Duncker & Humblot, 1973.
Würtenberger, Thomas, "Legitimationsmuster von Herrschaft im Laufe der Geschichte", in: JuS, 5/1986, S.344-349.
Zippelius, Reinhold, Allgemeine Staatslehre, 6. Aufl., C. H. Beck'sche Verlagsbuchhandlung, 1978.

▌저자약력▌

■ 이승우

연세대학교 법과대학 법학과 졸업
연세대학교 대학원 법학과 졸업(법학박사)
경원대학교 법정대학 법학과 교수취임(1984)
독일 Bonn대학교 법과대학 공법연구소 연구교수(1991.8–1992.6)
미국 Berkeley대학교 Law School 연구교수(1995.9–1996.8)
현재 경원대학교 법과대학 법학과 교수

〈주요저서〉

- 행정절차법의 비교법적 연구, 연세대 대학원 석사학위논문, 1978.
- 현대입헌국가에서 국가권력의 정당성에 관한 연구, 연세대 대학원 박사학위논문, 1988.
- 문제중심 헌법학(4인 공저), 법문사, 1992.
- 헌법재판대상으로서의 통일관련 헌법적 문제(3인 공저), 헌법재판소, 1997. 12.
- 탄핵심판제도에 관한 연구(3인 공저), 헌법재판소, 2001. 12.
- 국가와 헌법(Josef Isensee 저, 이승우 역), 세창출판사, 2001. 12.
- 직업선택의 자유와 면허제도, 세창출판사, 2002. 3.
- 헌법총론, 도서출판 두남, 2007. 8.
- 기본권론, 도서출판 두남, 2007. 12.
- 국가구조론, 도서출판 두남, 2008. 8.
- 헌법학, 도서출판 두남, 2009. 2.

● **國家論**

초 판 1쇄 인쇄 — 2010년 2월 20일
초 판 1쇄 발행 — 2010년 2월 30일
지은이 — 이 승 우
펴낸이 — 전 두 표
펴낸데 — 도서출판 **두남**
서울시 강동구 성내 1동 455-12 두남빌딩
신고 : 제25100-1988-9호
(구 제2-624호, 1988. 7. 21)
TEL : (02) 478-2065~7, 478-2311
FAX : (02) 478-2068
E-mail : dunam1@unitel.co.kr
http://www.dunam.co.kr

● **정가 23,000원**

ISBN 978-89-6414-039-0 93330